Der Sieg des Islams

EDWARD GIBBON

Der Sieg des Islams, Edward Gibbon
Jazzybee Verlag Jürgen Beck
86450 Altenmünster, Loschberg 9
Deutschland

Druck: BOD GmbH, In de Tarpen 42, 22848 Norderstedt

ISBN: 9783849682385

www.jazzybee-verlag.de
admin@jazzybee-verlag.de

Cover Design: basierend auf einem Flickr-Bild Happy Ramadan von rana ossama, lizenziert unter Creative Commons Lizenz Attribution-ShareAlike 2.0 Generic.

INHALT:

Zeittafel 1

Erstes Kapitel - Umwälzungen in Persien 3

Zweites Kapitel - Die Spaltung der orientalischen Sekten 45

Drittes Kapitel - Die griechischen Kaiser 98

Viertes Kapitel - Die Franken 163

Fünftes Kapitel – Mohammed 211

Sechstes Kapitel - Die Eroberungszüge der Araber 273

Siebentes Kapitel - Verfall des arabischen Reiches 339

Achtes Kapitel - Innerer Zustand des morgenländischen Reiches ... 379

Neuntes Kapitel – Religionswirren 409

Zehntes Kapitel - Die Barbaren Osteuropas 421

Elftes Kapitel - Die Normannen 442

ZEITTAFEL

395 n.Chr. Teilung des römischen Weltreiches. Nach Theodosius' Tod Regierungsantritt seiner zwei Söhne: Arkadius im Osten, Honorius im Westen. Der oströmische Teil umfaßt Vorderasien, die griechischen Inseln und den Balkan.
408–450 Theodosius II., Sohn des Arkadius, gründet die Universität von Byzanz. Unter ihm erfolgt der Bau der theodosianischen Mauer und die Abwehr der Hunnen.
450–457 Marcian, Gatte der Pulcheria, Schwester Theodosius' II. Mit ihr erlischt die spanische Dynastie.
457–491 Erste isaurische Herrschaft: Leo I., Leo II., Zeno. Unter diesem Belehnung Theoderichs und Odoakers mit der Herrschaft über Italien.
518–565 Justinian und Theodora. Gotenkrieg. Vandalenkrieg. Das Reich unter einem Kaiser reicht wieder vom Atlantik bis nach Persien. Justinianische Gesetzgebung. Theodoras Versöhnungspolitik mit den Monophysiten.
570 Geburt Mohammeds in Mekka.
602–610 Nach Ermordung des Mauricius Usurpation durch Phocas.
610 Erstes Auftreten Mohammeds.
610–717 Die Herakliden. Armenische Dynastie. Heraklius schlägt die Avaren; sein Monotheletismus ist der letzte vergebliche Versuch, mit den Monophysiten einen Ausgleich zu finden.
622 Übersiedlung Mohammeds nach Medina.
624 Mohammed besiegt die Koraischiten in der Schlacht bei Bedr.
627 Heraklius vernichtet das Sassanidenreich der Perser in der Schlacht bei Ninive.
630 Mohammed erobert Mekka.
632 Tod Mohammeds.
633 Erster Einbruch des Islams.
632–634 Nachfolger (Kalif) Mohammeds: Abubeker.
634–656 Die Kalifen Omar und Othman. Islamische Heere dringen weit über die arabische Halbinsel hinaus.
651 Ausdehnung des islamischen Reiches vom Oxus bis zur großen Syrte.
657 Begründung der Dynastie der Ommijaden mit Residenz in Damaskus.
717–843 Der Bilderstreit.
717–820 Zweite isaurische Dynastie. Leo III., der Isaurier, erobert Teile Kleinasiens.

749 Sturz dieser Dynastie durch Abul Abbas es-Saffach, Stifters der Dynastie der Abbassiden mit dem Sitz in Bagdad.
711 Die Abbassiden zerstören das Westgotenreich, übersetzen nach Spanien und dringen in Frankreich ein.
732 Niederlage durch Karl Martell.
820–867 Phrygische Dynastie mit Michael II.
843 Theodora führt die Bilderverehrung wieder ein.
860 Erster Angriff der Russen auf Konstantinopel.
867–1056 Mazedonische Dynastie. Kleinasien und Syrien wird zurückerobert, Vernichtung des Bulgarenreiches unter Basilius II.
842–867 Michael III.
867–886 Basilius I., Gründer der mazedonischen Dynastie.
919–947 Regierung seines Enkels Konstantin VII., »Porphyrogenetos«. Bekehrung der Russen zur Orthodoxie.
963–969 Regierung des Nicephorus Phocas und Gemahlin Theophano, deren gleichnamige Tochter mit dem deutschen Kaiser Otto II. vermählt ist. Phocas besiegt die Araber und erobert Kreta wieder im Namen des minderjährigen Basilius' II.
969–976 Regierung Johann Zimizes im Namen Basilius' II.
976–1025 Basilius II., »Bulgarocrator«, Vernichter der Bulgaren. Seine Regierung ist der Höhepunkt byzantinischer Macht und Wohlfahrt.
1027 Eroberung von Unteritalien und Sizilien.
1054 Trennung von Ost- und Westkirche.
1056 Ende der mazedonischen Dynastie mit dem Tode Theodoras.
1056–1204 Dynastie der Komnenen.
1056–1081 Zeit der Unruhen unter Isak Komnenos, Konstantin X., Ducas, Romanus Diogenes, Michael VII., Ducas, Botaniates.
1071 Schlacht bei Manzikert, Sieg der Seldschuktürken, Verlust der kleinasiatischen Provinzen.
1081 Alexius I., Komnenus wird gekrönt. Es folgt das »Jahrhundert der Komnenen« mit vier Kaisern aus diesem berühmten Haus.
1097 Der erste Kreuzzug.
1118 Johann II., »Kalos«, folgt seinem Vater Alexius I. auf den Thron.
1130 Roger II., König beider Sizilien.
1143 Tod Johanns II. Sohn Manuels I. wird gekrönt. Er regiert 1143–1180.
1147 Zweiter Kreuzzug.
1185 Ende der Komnenen unter Andronikus. Die Dynastie der Angeli beginnt mit Isak II.
1189 Das Normannenreich in Unteritalien wird staufisch.
1190 Dritter Kreuzzug unter Friedrich Barbarossa.

ERSTES KAPITEL - UMWÄLZUNGEN IN PERSIEN

Absetzung des Tyrannen Hormuz. – Usurpation Bahrams. – Flucht und Wiedereinsetzung Chosroes II. – Seine Dankbarkeit gegen die Römer. – Der Chagan der Avaren. – Empörung des Heeres gegen Mauritius. – Sein Tod. – Tyrannei des Phocas. – Erhebung des Heraklius. – Der persische Krieg. – Chosroes unterjocht Syrien, Ägypten und Kleinasien. – Belagerung von Konstantinopel durch die Perser und Avaren. – Feldzüge gegen Persien. – Sieg und Triumph des Heraklius

Der Kampf zwischen Rom und Persien verlängerte sich vom Tode des Crassus bis zur Regierung des Heraklius. Siebenhundertjährige Erfahrung hätte die eifersüchtigen Nationen von der Unmöglichkeit überzeugen sollen, ihre Eroberungen jenseits der ihnen vom Schicksal bestimmten Grenzen des Tigris und des Euphrats zu behaupten. Aber der Wetteifer Trajans und Julians wurde durch die Trophäen Alexanders angestachelt, und die Beherrscher von Persien hegten die ehrgeizige Hoffnung, das Reich des Cyrus wiederherzustellen. So außerordentliche Anstrengungen der Macht und des Mutes werden stets die Aufmerksamkeit der Nachwelt fesseln; aber die Ereignisse, durch die das Schicksal der Nationen nicht wesentlich verändert wird, hinterlassen nur einen schwachen Eindruck in der Geschichte und die Geduld des Lesers würde durch die Wiederholung des Einerlei von Feindseligkeiten ermüdet werden, die ohne Ursache begonnen, ohne Ruhm fortgesetzt und ohne Wirkung beendet wurden. Die dem einfach denkenden Senate und der Größe der Cäsaren unbekannten Künste der Unterhandlung wurden von den byzantinischen Fürsten emsig gepflegt. Ihre Denkschriften über die Gesandtschaften reden gleichförmig immer nur mit Falschheit und Schönrednerei von dem Übermut der Barbaren und dem knechtischen Charakter der zinspflichtigen Griechen. Ich habe mich bestrebt, die Darstellung dieser uninteressanten Vorgänge zusammenzudrängen. Der gerechte Nushirwan wird zwar noch immer als das Muster orientalischer Könige gepriesen, doch die Ehrsucht seines Enkels Chosroes bereitete die Umwälzung des Morgenlandes vor, die durch die Waffen und die Religion der Nachfolger Mohammeds schleunigst bewerkstelligt wurde.

Griechen und Barbaren warfen einander in unnützen Wortstreitigkeiten gegenseitig die Verletzung des Friedens vor, der ungefähr vier Jahre vor dem Tode Justinians zwischen den beiden Reichen geschlossen worden war. Der Souverän von Persien und Indien strebte die Provinz Yemen oder Arabia Felix unter seihe Herrschaft zu bringen, das Land der Myrrhen und des Weihrauchs, das den Eroberern des Orients zu entlegen war, als daß es den gleichen Widerstand geleistet hätte. Nach der Niederlage Abrahahs unter den Mauern von Mekka verschaffte die Zwietracht seiner Söhne und Brüder den Persern leicht Eingang; sie jagten die Fremdlinge aus Abessinien über das Rote Meer zurück, und ein eingeborener Fürst der alten Homeriten wurde als Vasall oder Vizekönig des großen Nushirwan wieder auf den Thron gesetzt. Aber der Neffe Justinians erklärte seinen Entschluß, die Unbilden seines christlichen Verbündeten, des Fürsten von Abessinien, zu rächen, weil ihm dies einen Vorwand gab, die Zahlung des jährlichen, durch den Namen eines Gehaltes nur zu armselig verschleierten Tributes, einzustellen. Die Kirchen von Persarmenien wurden durch die unduldsamen Magier unterdrückt; sie riefen insgeheim den Beschützer der Christen an, und nach dem als fromm angesehenen Morde an ihren Satrapen wurden die Empörer offen als Brüder und Untertanen des römischen Kaisers anerkannt und unterstützt. Die Klagen Nushirwans blieben von dem byzantinischen Hofe unbeachtet, Justinus gab dem Drängen der Türken nach, die ein Bündnis gegen den gemeinsamen Feind antrugen, und zu gleicher Zeit wurde die persische Monarchie von den vereinten Streitkräften von Europa, Skythien und Äthiopien bedroht. Als achtzigjähriger Greis würde der Souverän des Ostens vielleicht den friedlichen Genuß seines Ruhmes und seiner Größe vorgezogen haben; sobald der Krieg aber unvermeidlich geworden, zog er mit der frischen Kraft der Jugend ins Feld, während der Angreifer im Palaste von Konstantinopel zitterte. Nushirwan oder Chosroes leitete in Person die Belagerung von Dara, und obwohl diese wichtige Festung von Truppen und Vorräten entblößt worden war, widerstanden doch die tapferen Einwohner über fünf Monate den Bogenschützen, Elefanten und Kriegsmaschinen des Großkönigs. Inzwischen rückte sein Feldherr Adarman von Babylon vor, durchzog die Wüste, ging über den Euphrat, griff die Vorstädte von Antiochien an, verwandelte die Stadt Apamea in Asche und brachte die Beute von Syrien seinem Gebieter, dessen Beharrlichkeit mitten im Winter endlich das Bollwerk des Ostens stürzte. Aber diese Verluste, welche die Provinzen und den Hof in Bestürzung versetzten, brachten eine heilsame Wirkung, die Reue und Abdankung des Kaisers Justinus, hervor; ein neuer Geist belebte den byzantinischen Rat und durch die Klugheit des Tiberius kam ein dreijähriger Waffenstillstand zustande. Diese willkommene Ruhezeit wurde zu Kriegsrüstungen benutzt und es lief das Gerücht durch die Welt, daß aus den fernen Ländern jenseits der Alpen und des Rheins, aus Skythien, Mösien, Pannonien, Illyrien und Isaurien die kaiserliche Reiterei um hundertfünfzigtausend Krieger verstärkt worden sei. Der König von Persien aber beschloß, ohne Furcht oder ohne Worttreue dem Angriffe seines Feindes zuvorzukommen, ging abermals über den Euphrat und gebot hochmütig den Gesandten des Tiberius, indem er sie fortschickte, seine Ankunft in Cäsarea, der Hauptstadt der kappadozischen Provinzen, zu erwarten. Die beiden Heere trafen in der Schlacht von Melitene aufeinander. Die Barbaren, die Luft mit einem Pfeilregen verdunkelnd, verlängerten ihre Linie und dehnten ihre Flügel über die Ebene aus, während die Römer in tiefen und gedrängten Haufen im Handgemenge durch die Wucht ihrer Schwerter und Lanzen die Oberhand zu behalten hofften. Ein skythischer Anführer, der ihren rechten Flügel befehligte, schwenkte plötzlich um die Flanke des Feindes, griff dessen Nachhut im Angesichte Chosroes an, drang in die Mitte des Lagers, plünderte das königliche Zelt, entweihte das ewige Feuer und belud einen Zug Kamele mit der Beute Asiens. Dann brach er sich Bahn durch die persischen Scharen und kehrte mit Siegesgesängen zu seinen Freunden zurück, die den Tag in Einzelgefechten oder unerheblichen Scharmützeln hingebracht hatten. Die Finsternis der Nacht und die getrennte Aufstellung der Römer gaben dem persischen Monarchen Gelegenheit zur Rache und eines ihrer Lager wurde durch einen schnellen und ungestümen Angriff vernichtet. Aber der Verlust und das Bewußtsein der Gefahr veranlaßten Chosroes zu einem schleunigen Rückzuge; er verbrannte auf seinem Marsche die leere Stadt Melitene und schwamm, ohne für die Sicherheit seiner Truppen Sorge zu tragen, auf dem Rücken eines Elefanten sitzend, kühn über den Euphrat. Nach diesem unglücklichen Feldzuge zwang ihn der Mangel an Lebensmitteln und vielleicht auch ein Einbruch der Türken, seine Streitkräfte aufzulösen oder zu teilen. Die Römer blieben Meister des Feldes. Ihr Feldherr Justinian zog den persarmenischen Rebellen zu Hilfe und pflanzte seine Fahne an den Ufern des Araxes auf. Der große Pompejus hatte drei Tagemärsche vom Kaspischen Meere Halt gemacht; dieses Binnenmeer wurde zum ersten Male von einer feindlichen Flotte befahren und siebzigtausend Gefangene wurden aus Hyrkanien nach der Insel Zypern geschafft. Bei Wiederkehr des Frühlings stieg Justinian in die fruchtbaren Ebenen von Assyrien nieder, der Krieg näherte sich der Residenz Nushirwans. Der entrüstete Monarch starb bald darauf (579). Sein letztes Gesetz verbot seinen Nachfolgern, ihre Person in einer Schlacht gegen die Römer auszusetzen.

Den Thron des Chosroes Nushirwan bestieg Hormuz oder Hormisdas, der älteste oder bevorzugteste seiner Söhne. Mit den Königreichen Persien und Indien erbte er den Ruhm und den Mut seines Vaters und erlangte die Dienste erfahrener und tapferer Beamten jedes Ranges und ein allgemeines Verwaltungssystem, das Zeit und politische Klugheit in jeder Weise festgefügt hatten, um das Glück des Fürsten und des Volkes zu fördern. Aber der junge König erfreute sich eines noch wertvolleren Schatzes, nämlich der

Freundschaft eines Weisen, der seine Erziehung geleitet hatte und stets die Ehre dem Interesse seines Zöglings und dieses seiner Neigung vorzog. In einem Streite mit den griechischen und indischen Philosophen hatte Buzurg einst behauptet, daß größte Unglück im Leben sei ein hohes Alter ohne Erinnerung an ein tugendhaftes Leben, und wir dürfen mit Grund annehmen, daß ihn dieser Grundsatz antrieb, drei Jahre hindurch die Angelegenheiten des persischen Reiches zu leiten. Sein Eifer wurde durch die Gelehrigkeit und Dankbarkeit des Hormuz belohnt, der selbst gestand, daß er seinem Lehrer mehr verpflichtet sei als seinem Vater. Als aber Alter und Anstrengung seine körperlichen und vielleicht auch seine geistigen Fähigkeiten geschwächt hatten, zog sich der kluge Ratgeber vom Hofe zurück und überließ den jungen Monarchen seinen eigenen Leidenschaften und denen seiner Günstlinge. Infolge des unheilschwangeren Wechsels menschlicher Triebe erneuerten sich zu Ktesiphon dieselben Szenen, die sich in Rom nach dem Tode des Marcus Antonius ereigneten. Die von dem Vater verbannten Schmeichler und sittenlosen Kreaturen wurden von dem Sohne zurückberufen und geliebt, die Ungnade und Verweisung der Freunde Nushirwans befestigte ihre Tyrannei und die Tugend wurde allmählich aus der Seele des Hormuz, aus seinem Palaste und aus der Regierung des Staates vertrieben. Die treuen Kundschafter, die Augen und Ohren des Königs, setzten ihn von den Fortschritten der Unordnung in Kenntnis und berichteten, daß sich die vornehmsten Statthalter wie Löwen und Adler auf ihre Beute stürzten und daß ihre Raubtaten und Ungerechtigkeiten auch die treuesten Untertanen dahin brächten, Namen und Macht ihres Souveräns zu verabscheuen. Diese aufrichtigen Mitteilungen wurden mit dem Tode bestraft, das Gemurre der Städter verachtet und der Aufruhr durch ein kurzes Militärverfahren unterdrückt. Die vermittelnden Behörden zwischen Thron und Volk wurden abgeschafft, und kindische Eitelkeit ließ Hormuz, der die Tiara alltäglich trug, häufig sagen, er allein wolle ebenso der Richter wie der Herr seines Reiches sein. In jedem Worte, jeder Handlung wich Nushirwans Sohn von der Art seines Vaters ab. In seiner Habsucht betrog er die Truppen und in launenhafter Eifersucht setzte er die Satrapen ab. Der Palast, die Gerichtshöfe, die Gewässer des Tigris waren von dem Blute Unschuldiger befleckt, und der Tyrann freute sich der Leiden und über die Hinrichtung von dreizehntausend Opfern. Er ließ sich zuweilen, um seine Grausamkeit zu entschuldigen, zu der Bemerkung bewegen, daß die Besorgnisse der Perser Haß erzeugen und ihr Haß mit Empörung enden müsse; aber er vergaß, daß seine eigene Schuld und Torheit die Gefühle eingeflößt hatten, die er beklagte und das Ereignis vorbereiteten, das er mit so viel Recht fürchtete. Durch lange Tyrannei erbittert, hißten die Provinzen Babylonien, Susa und Carmanien die Fahne des Aufruhrs und die Fürsten von

Arabien, Indien und Skythien verweigerten Nushirwans unwürdigem Nachfolger den gewöhnlichen Tribut. Die Römer suchten durch langsame Belagerungen und häufige Einfälle die Grenzen von Mesopotamien und Assyrien heim; einer ihrer Feldherren gebärdete sich als Schüler Scipios und die Soldaten wurden durch ein Bild Christi zum Kriege gereizt, dessen mildes Antlitz vor einer Schlachtlinie nicht hätte gezeigt werden sollen. Zu gleicher Zeit ging der Großkhan an der Spitze von drei- oder vierhunderttausend Türken über den Oxus und überzog die östlichen Provinzen mit Krieg. Der unkluge Hormuz nahm ihre treulose und furchtbare Hilfe an. Die Städte von Khorasan oder Baktrien erhielten Befehl, ihre Tore zu öffnen. Der Marsch der Barbaren gegen die Gebirge von Hyrkanien war also ein Beweis für das Einverständnis der Türken und Römer, deren Vereinigung den Thron des Hauses Sassan hätte stürzen müssen.

Persien war von einem Könige ins Verderben gestürzt worden, es wurde von einem Helden gerettet. Varanes oder Bahram wurde nach seiner Empörung von dem Sohne des Hormuz ein undankbarer Sklave genannt, ein hochmütiger und ungerechter Vorwurf des Despoten, da er in der Tat von den alten Fürsten von Rei abstammte, eine der sieben Familien, deren glänzende und wertvolle Vorrechte sie über die Häupter des persischen Adels erhoben. Bei der Belagerung von Dara hatte sich Bahram durch Tapferkeit unter Nushirwan ausgezeichnet, und er war sowohl vom Vater als vom Sohne nacheinander zum Kommando von Armeen, zur Statthalterschaft von Medien und zur Oberaufsicht des Palastes befördert worden. Die im Volke umlaufende Prophezeiung, die ihn als den Retter Persiens bezeichnete, mochte wohl durch seine früheren Taten und durch seine außerordentliche Gestalt eingegeben worden sein. Der Beiname Giubin drückt die Eigenschaft des trockenen Holzes aus; er besaß Stärke und Wuchs eines Riesen und man liebte es, sein grimmiges Antlitz mit dem einer wilden Katze zu vergleichen. Während das Volk zitterte, während Hormuz seinen Schreck durch das Wort Verdacht verschleierte und seine Diener ihre Abneigung unter der Maske der Furcht verbargen, zeigte Bahram allein seinen unerschrockenen Mut und seine scheinbare Treue, und als er sah, daß ihm nur zwölftausend Soldaten gegen den Feind folgen wollten, erklärte er kühn, daß der Himmel dieser geweihten Anzahl den Sieg vorbehalten habe. Die steilen und engen Abhänge des Pule Rudbar oder hyrkanischen Felsens sind der einzige Paß, durch den ein Heer in das Gebiet von Rei und die Ebenen von Medien dringen kann. Von den beherrschenden Höhen konnte ein Häuflein entschlossener Männer durch Steine und Pfeile die Myriaden der türkischen Heerscharen überwältigen; ihr Kaiser und sein Sohn wurden von Pfeilen durchschossen, und die Flüchtlinge blieben ohne Rat und Mundvorräte der Rache eines beleidigten Volkes überlassen. Der Patriotismus des persischen Feldherrn wurde aus Vorliebe für die Stadt seiner Altvordern angeregt. In der Stunde der Gefahr war jeder Bauer ein Soldat und jeder Soldat ein Held, und ihr Eifer wurde noch durch den prächtigen Anblick von Betten, Thronen und Tischen aus massivem Gold, die Beute Asiens und die Üppigkeit des feindlichen Lagers entzündet. Auch ein Fürst von minder bösartigem Charakter hätte seinem Wohltäter nicht leicht verzeihen können. Der geheime Haß des Hormuz aber wurde noch durch den boshaften Bericht vergiftet, daß Bahrain insgeheim die kostbarsten Früchte des Sieges über die Türken für sich behalten habe. Allein das sich von der Seite des Araxes nähernde römische Heer zwang den unversöhnlichen Tyrannen zu freundlichem Lobe, und die Mühen Bahrains wurden durch die Erlaubnis belohnt, einem neuen durch Kriegskunst und Heereszucht furchtbareren Feinde, als es die skythischen Scharen gewesen waren, entgegen zu ziehen. Durch seinen noch frischen Sieg stolz gemacht, schickte er einen Herold mit einer trotzigen Herausforderung in das Lager der Römer und verlangte, daß sie einen Tag zur Schlacht bestimmen und wählen sollten, ob sie selbst über den Fluß gehen oder den Streitkräften des Großkönigs freien Übergang gestatten wollten. Der Feldherr des Kaisers Mauritius zog das für ihn Vorteilhaftere vor, und dieser Umstand, der den Sieg der Perser hätte erhöhen sollen, machte ihre Niederlage nur umso blutiger und entscheidender. Aber die Schmach seines persönlichen Feindes überwog den Verlust an Untertanen und die Gefahr des Reiches in der Seele des Hormuz, und kaum hatte Bahram seine Streitkräfte wieder gesammelt und gemustert, so empfing er durch einen königlichen Boten das schimpfliche Geschenk einer Spindel, eines Spinnrades und eines vollständigen Frauenanzuges. Gehorsam dem Willen seines Souveräns zeigte er sich den Soldaten in dieser unwürdigen Vermummung. Sie empfanden die Schmach als ihre eigene, der Ruf der Empörung lief durch die Reihen und sie schworen ihrem Feldherrn Treue und dem König Rache. Ein zweiter Bote, der den Befehl hatte, den Rebellen in Ketten zu bringen, wurde von einem Elefanten zertreten. Man setzte emsig Manifeste in Umlauf, welche die Perser aufforderten, ihre Freiheit gegen einen hassenswerten und verächtlichen Tyrannen zu verteidigen. Der Abfall ging schnell vor sich und war allgemein; seine treuen Sklaven wurden der Volkswut geopfert, die Truppen gingen zu Bahrams Fahne über und die Provinzen begrüßten ihn abermals als Befreier seines Vaterlandes.

Da die Pässe treu bewacht wurden, konnte Hormuz die Zahl seiner Feinde nur nach seinem Gewissen und dem täglichen Abfalle derjenigen berechnen, die in den Stunden seiner Bedrängnis ihre Unbilden rächten oder ihre Verpflichtungen vergaßen. Er entfaltete stolz die Abzeichen der königlichen Würde, aber Stadt und Land von Modain waren bereits den Händen des

Tyrannen entwunden. Unter den Opfern seiner Grausamkeit war Bindoes, ein sassanidischer Fürst, in den Kerker geworfen worden. Er brach mit Hilfe seines mutigen Bruders seine Fesseln und stand an der Spitze jener nun ihm treuen Wachen, die zu seinen Kerkermeistern, vielleicht zu seinen Henkern gewählt worden waren. Durch das plötzliche Eindringen und die kühnen Vorwürfe des Gefangenen in Bestürzung versetzt, suchte Hormuz Rat und Beistand in seiner Umgebung, aber umsonst; er entdeckte endlich, daß seine Macht im Gehorsam gegen andere bestand und folgte geduldig Bindoes, der ihn vom Throne in denselben Kerker schleppte, den er noch vor so kurzer Zeit innegehabt hatte. Während der ersten Wirren entfloh Chosroes, der älteste von Hormuz Söhnen, aus der Stadt; er ließ sich aber durch die dringende und freundliche Aufforderung Bindoes, der versprach, ihn auf den Thron seines Vaters zu erheben, zur Rückkehr bewegen. In der gerechten Zuversicht, daß seine Mitschuldigen weder selbst verzeihen, noch auf Verzeihung hoffen könnten, und daß man jedem Perser als dem Richter und Feinde des Tyrannen trauen dürfe, hielt er ein öffentliches in den Annalen des Ostens sowohl vorher als nachher unerhörtes Gericht. Der Sohn Nushirwans, der gebeten hatte, zu seiner eigenen Verteidigung sprechen zu dürfen, wurde als Verbrecher in die Versammlung der Edlen und Satrapen geführt. Man hörte ihm mit Aufmerksamkeit zu, solange er sich über die Vorteile der Ordnung und des Gehorsams, die Gefahr der Neuerungen und die unvermeidliche Zwietracht derjenigen verbreitete, die sich gegenseitig aufgemuntert hatten, ihren rechtmäßigen und erblichen Souverän abzusetzen. Durch eine pathetische Berufung auf ihre Menschlichkeit nötigte er ihnen jenes Mitleid ab, das einem gefallenen König nur selten versagt wird, und als sie die herabwürdigende Stellung und das schmutzige Aussehen des Gefangenen, seine Tränen, seine Ketten und die Spuren schimpflicher Schläge sahen, konnten sie nicht umhin sich zu erinnern, vor wie kurzer Zeit sie noch den göttlichen Glanz seines Diadems und Purpurs angebetet hatten. Ein zürnendes Gemurmel erhob sich aber in der Versammlung, als er es wagte, sein Benehmen zu rechtfertigen und die Siege seiner Regierung zu preisen. Er setzte die Pflichten eines Königs auseinander, und die persischen Großen hörten mit verächtlichem Lächeln zu. Entrüstung überkam sie, als er sich erdreistete, den Charakter Chosroes herabzusetzen und durch das unkluge Anerbieten auf das Zepter zugunsten seines zweiten Sohnes Verzicht leisten, unterzeichnete er seine eigene Verdammung und opferte das Leben eines unschuldigen Kindes. Die verstümmelten Leichen des Knaben und seiner Mutter wurden öffentlich zur Schau gestellt, die Augen des Hormuz mit einem glühenden Drahte ausgebrannt, und auf die Bestrafung des Vaters folgte die Krönung seines ältesten Sohnes. Chosroes hatte den Thron ohne Schuld bestiegen und er bestrebte sich mitleidig, das Elend des abgesetzten Monarchen zu erleichtern. Er ließ Hormuz aus dem Kerker in den Palast bringen, sorgte freigebig für seine sinnlichen Vergnügungen und ertrug mit Geduld die wütenden Ausbrüche seines Zornes und seiner Verzweiflung. Den Zorn eines blinden und verhaßten Tyrannen konnte er allerdings verachten, aber die Tiara schwankte auf seinem Haupte, solange es ihm nicht gelang, die Macht des großen Bahram, der unbeugsam die Rechtmäßigkeit einer Umwälzung, wobei er und seine Soldaten, Persiens echte Stellvertreter, gar nicht zu Rate gezogen worden waren, in Abrede stellte, entweder zu stürzen oder seine Freundschaft zu erwerben. Dem Anerbieten einer allgemeinen Amnestie und des zweiten Ranges im Königreich antwortete in einem Schreiben Bahram, der Freund der Götter, Besieger der Menschen, Feind der Tyrannen, Satrap der Satrapen, Feldherr der persischen Heere und eines mit den elf Tugenden geschmückten Fürsten. Er gebot Chosroes, dem Sohne des Hormuz, das Beispiel und Schicksal seines Vaters zu vermeiden, die Verräter, die von ihren Ketten befreit wurden, wieder einzukerkern, an irgendeinem heiligen Orte das Diadem, das er usurpiere, niederzulegen und von seinem gnadenreichen Wohltäter Verzeihung seiner Fehler und die Statthalterschaft einer Provinz anzunehmen. Der Rebell war nicht stolz und der König gewiß nicht demütig; aber jener handelte im Bewußtsein seiner Macht, dieser fühlte seine Schwäche und selbst die bescheidene Sprache in seiner Antwort ließ noch Raum zur Unterhandlung und Versöhnung. Chosroes führte die Sklaven des Palastes und den Pöbel der Hauptstadt ins Feld; sie erblickten mit Entsetzen die Banner eines alterprobten Heeres, wurden durch die schnellen Bewegungen des Feldherrn eingeschlossen und überrumpelt, und die Satrapen, die Hormuz abgesetzt hatten, empfingen die Strafe für ihre Empörung oder sühnten ihren ersten Verrat durch ein noch größeres Verbrechen der Treulosigkeit. Leben und Freiheit des Chosroes wurden geschont, aber er sah sich in die Notwendigkeit versetzt, in einem fremden Lande um Hilfe oder einen Zufluchtsort zu flehen. Der unversöhnliche Bindoes kehrte in dem Bestreben, sich unwiderruflich Anspruch auf den Thron zu erwerben, eilig in den Palast zurück und machte (590) durch einen Bogenschuß dem elenden Dasein des Sohnes Nushirwans ein Ende.

Während Chosroes die Vorbereitungen zu seinem Abzuge beschleunigte, beratschlagte er mit seinen noch übrigen Freunden, ob er in den Tälern des Kaukasusgebirges ein Versteck suchen oder zu den Zelten der Türken fliehen oder den Kaiser um Schutz anflehen sollte. Der lange Kampf der Nachfolger des Artaxerxes und Konstantin erhöhte sein Widerstreben an einem nebenbuhlenden Hofe als Bittender zu erscheinen. Er schätzte einigermaßen die Streitkräfte der Römer nach ihrer Stärke und bedachte klug, daß die Nähe von Syrien sein Entkommen erleichtern und ihre Hilfe wirksamer machen müsse. Nur von seinen Haremsfrauen und dreißig Soldaten der Leibwache begleitet, verließ er heimlich die Hauptstadt, folgte den Ufern des Euphrat, durchzog die Wüste und machte in einer Entfernung von zehn Meilen vor Circesium Halt. Um die dritte Nachtwache wurde der römische Präfekt von seiner Annäherung unterrichtet und geleitete den königlichen Fremden mit Anbruch des Tages in die Festung. Von da wurde der König von Persien nach der Residenz Hierapolis geführt, und Mauritius zeigte sich bei Empfang des Schreibens und der Gesandten des Enkels Nushirwans weder stolz noch hart, sondern bewies ihm sein Wohlwollen. Sie stellten ihm demütig die Wechselfälle des Glückes und das gemeinsame Interesse der Fürsten vor, übertrieben die Undankbarkeit Bahrams, des Werkzeugs des bösen Geistes, und machten mit glänzenden Gründen geltend. daß es im Interesse der Römer selbst liege, die beiden Monarchien zu stützen, welche die Welt im Gleichgewichte halten, die beiden großen Lichtkörper, durch deren heilsamen Einfluß sie belebt und geschmückt werde. Die peinliche Ungewißheit Chosroes wurde bald durch die Zusicherung behoben, daß der Kaiser die Sache der Gerechtigkeit und des Königtums zur seinigen gemacht habe. Mauritius lehnte aber kluger Weise der großen Ausgabe wegen seinen nutzlosen Besuch in Konstantinopel ab. Dem flüchtigen Fürsten wurde im Namen seines edelmütigen Wohltäters ein reiches Diadem und ein unschätzbares Geschenk an Juwelen und Gold übergeben; ein zahlreiches Heer wurde an den Grenzen von Syrien und Armenien unter dem Befehle des tapferen und getreuen Narses zusammengezogen. Dieser Feldherr, der sich selbst erboten hatte und vom Volke bestätigt worden war, wurde angewiesen, über den Tigris zu gehen und sein Schwert nicht eher in die Scheide zu stecken, als bis er Chosroes wieder auf den Thron seiner Ahnen gesetzt hätte. Die Unternehmung war trotz ihres Glanzes minder schwierig als es scheinen mochte. Persien bereute bereits die verderbliche Unbesonnenheit, die den Erben des Hauses Sassan einem ehrgeizigen, rebellischen Untertanen verraten hatte, und die kühne Weigerung der Magier, seine Usurpation zu heiligen, zwang Bahrain, das Zepter, ohne Rücksicht auf die Gesetze oder Vorurteile der Nation, zu ergreifen. Der Palast wurde bald durch Verschwörung, die Stadt und die Provinzen durch Aufruhr zerrüttet, und die grausame Hinrichtung der Schuldigen und Verdächtigen diente mehr zur Steigerung als zur Dämpfung der öffentlichen Unzufriedenheit. Kaum hatte der Enkel Nushirwans jenseits des Tigris seine eigenen und die römischen Fahnen entfaltet, als jeden Tag stets zunehmende Scharen der Edlen und des Volkes zu ihm stießen. Wie er vorrückte, empfing er von allen Seiten das willkommene Anerbieten zur Auslieferung der Schlüssel der Städte und der Häupter seiner Feinde. Sowie Modain von der Gegenwart des Usurpators befreit war, gehorchten die treuen Einwohner der ersten Aufforderung des Mebodes an der Spitze von nur zweitausend Reitern. Chosroes empfing den geheiligten und kostbaren Schmuck des Palastes als Pfand ihrer Aufrichtigkeit und als Zeichen seines herannahenden Triumphes. Nach der Vereinigung der kaiserlichen Truppen, die Bahram vergeblich zu hindern bestrebt gewesen war, wurde der Kampf in zwei Schlachten an den Ufern des Zab und an den Grenzen von Medien entschieden. Die Römer waren mit den getreuen Untertanen von Persien sechzigtausend Mann stark, während die Streitmacht des Usurpators sich nur auf vierzigtausend belief; die beiden Feldherren bewiesen ihre Geschicklichkeit und Tapferkeit, der Sieg wurde aber zuletzt durch das Übergewicht der Zahl und Heereszucht entschieden. Mit dem Reste einer geschlagenen Armee floh Bahram nach den östlichen Provinzen am Oxus. Die Feindschaft der Perser versöhnte ihn mit den Türken; aber seine Tage waren durch Gewissensbisse und Verzweiflung und durch das Andenken verlorenen Ruhmes vergiftet, vielleicht das schrecklichste aller Gifte, die das Leben verkürzen. Die jetzigen Perser preisen indes noch heute Bahrains Taten- und einige treffliche Gesetze haben seine stürmische und kurze Regierung überdauert.

Die Wiedereinsetzung Chosroes (591) wurde durch Feste und Hinrichtungen gefeiert und die Musik des königlichen Bankettes häufig durch das Stöhnen sterbender und verstümmelter Verbrecher gestört. Eine allgemeine Amnestie hatte zwar Trost und Ruhe über ein Land, das durch die neuerlichen Umwälzungen erschüttert worden war, gebracht. Bevor man aber den blutdürstigen Charakter Chosroes tadelt, sollte man zuerst untersuchen, ob die Perser nicht gewohnt waren, die Strenge ihres Souveräns zu fürchten oder seine Schwächen zu verachten. Die Empörung Bahrams und die Verschwörung der Satrapen wurden durch den rächenden oder gerechten Sieger ohne Unterschied bestraft; selbst Bindoes Verdienste vermochten seine Hand von der Schuld, königliches Blut vergossen zu haben, nicht zu reinigen und der Sohn des Hormuz wollte seine eigene Unschuld erhärten und die Heiligkeit der Könige kräftigen. Während der römischen Herrschaft waren mehrere Fürsten durch die Waffen und die Macht der ersten Kaiser auf den persischen Thron gesetzt worden. Ihre neuen Untertanen wurden aber immer bald der Laster oder Tugenden überdrüssig, die sie im Auslande eingesogen hatten, und die Untätigkeit ihrer Herrschaft gab zu dem Sprichworte Veranlassung, daß die Wahl Roms von dem launenhaften Leichtsinne der orientalischen Sklaven mit gleichem Eifer gesucht und verworfen würde. Aber der Ruhm des Mauritius leuchtete während der langen und glücklichen Regierung seines Sohnes und Bundesgenossen. Eine Schar von tausend Römern, welche Chosroes zu bewachen fortfuhren, bewies sein Vertrauen auf die Treue der Fremden; seine zunehmende Macht setzte ihn in den Stand, diese unpopuläre Hilfe aufzugeben, aber er bekannte unwandelbare Dankbarkeit und Ehrfurcht für seinen Adoptivvater, und bis zum Tode des Mauritius wurde der Frieden und das Bündnis zwischen den beiden Reichen treulich bewahrt. Die Söldlingsfreundschaft des römischen Fürsten jedoch war durch kostspielige und gewichtige Geschenke erkauft worden. Die festen Städte Martyropolis und Dara wurden zurückgegeben, ebenso wie die Gebiete der Persarmenier, willige Untertanen des Reiches, dessen östliche Grenzen sich weiter als in früheren Zeiten bis an die Ufer des Araxes und die Nähe des Kaspischen Meeres ausdehnten. Man hatte sich der frommen Hoffnung überlassen, daß sowohl die Kirche als der Staat bei dieser Umwälzung triumphieren würden. Wenn aber auch Chosroes den christlichen Bischöfen aufrichtig Gehör geschenkt hatte, so wurde der Eindruck durch den Eifer und die Beredsamkeit der Magier verwischt. War er dagegen mit philosophischer Gleichgültigkeit bewaffnet, so modelte er seinen Glauben oder vielmehr seine Bekenntnisse nach den verschiedenen Einstellungen eines Verbannten und eines Souveräns um. Die eingebildete Bekehrung des Königs von Persien beschränkte sich auf eine lokale und abergläubische Verehrung für Sergius, einen der Heiligen von Antiochia, der seine Gebete erhörte und ihm im Traume erschien; er bereicherte dessen Schrein mit Dankopfern in Gold und Silber und schrieb seinem unsichtbaren Beschützer den Erfolg seiner Waffen und die Schwangerschaft der Sira, einer frommen Christin und der geliebtesten seiner Frauen, zu. Die Schönheit der Sira oder Schirin, ihr Verstand und ihre musikalischen Talente sind noch in der Geschichte oder vielmehr in den Dichtungen der Orientalen berühmt; ihr Name drückt in der persischen Sprache Lieblichkeit und Anmut aus, und der Beiname Parviz spielt auf die Schönheit ihres königlichen Anbeters an. Sira teilte jedoch nie die Leidenschaft, die sie einflößte, und das Glück Chosroes wurde durch den eifersüchtigen Zweifel gemartert, daß sie, während er ihre Person besaß, ihre Neigung einem geringeren Geliebten zugewendet habe.

Während die Macht der Römer im Osten wieder auflebte, bietet Europa ein minder erfreuliches und minder rühmliches Schauspiel dar. Durch den Abzug der Langobarden und die Vernichtung der Gepiden war das Gleichgewicht der Macht an der Donau zerstört. Die Avaren dehnten ihre bleibende Herrschaft vom Fuße der Alpen bis an die Küste des schwarzen Meeres aus. Die Regierung Bajans ist die schönste Epoche ihrer Monarchie; ihr Chagan, der den einfachen Palast Attilas bewohnte, scheint dessen Charakter und Politik nachgeahmt zu haben; da sich aber dieselben Szenen in einem kleineren Kreise wiederholten, würde eine ausführliche Beschreibung der Größe und Neuheit des Originals entbehren. Der Stolz des zweiten Justinus, des Tiberius und

Mauritius wurde durch einen Barbaren gedemütigt, der schneller zur Hand war, die Gewalttaten des Krieges auszuüben, als er selbst von ihnen erreicht werden konnte; und so oft die persischen Waffen Asien bedrohten, wurde Europa durch die gefährlichen Einfälle oder die kostspielige Freundschaft der Avaren unterdrückt. Wenn die römischen Gesandten sich der Residenz des Chagans näherten, erhielten sie Befehl, vor dem Throne seines Zeltes zu harren, bis es ihm vielleicht nach zehn oder zwölf Tagen gefiel, sie vorzulassen. So oft das Wesen oder die Abfassung der Botschaft ihn beleidigte, beschimpfte er mit wirklicher oder verstellter Wut ihre eigene Würde und die ihres Fürsten; ihr Gepäck wurde geplündert, und sie kamen mit dem Leben nur durch das Versprechen eines reicheren Geschenkes oder einer ehrfurchtsvolleren Anrede davon. Seine geheiligten Gesandten aber genossen und mißbrauchten in Konstantinopel eine grenzenlose Freiheit; sie drangen mit ungestümem Geschrei auf Erhöhung des Tributes oder auf Auslieferung der Gefangenen und Ausreißer, und die Majorität des Reiches wurde fast in gleichem Grade durch niedrige Nachgiebigkeit oder durch die falschen und furchtsamen Entschuldigungen geschändet, womit man ihren hochmütigen Forderungen auswich. Der Chagan hatte noch nie einen Elefanten gesehen. Die fremdartige, ja vielleicht fabelhafte Abbildung dieses wundervollen Tieres machte seine Neugier rege. Auf seinen Befehl wurde einer der größten Elefanten der kaiserlichen Ställe auf das stattlichste aufgezäumt und von einer zahlreichen Begleitung nach der königlichen Residenz in die Ebenen Ungarns geführt. Er betrachtete das ungeheure Tier mit Erstaunen, Ekel, vielleicht mit Entsetzen und lachte über den nichtigen Fleiß der Römer, die um solcher nutzlosen Seltenheiten willen die äußersten Grenzen des Landes und Meeres durchforschten. Er wünschte auf Kosten des Kaisers in einem goldenen Bette zu ruhen. Der Reichtum von Konstantinopel und die Geschicklichkeit und der Fleiß seiner Künstler wurden sogleich zur Befriedigung seiner Laune herangezogen; als aber das Werk vollendet war, wies er mit Verachtung ein der Majestät eines großen Königs so unwürdiges Geschenk zurück. Das waren zufällige Launen seines Stolzes. Die Habsucht des Chagans jedoch war eine größere Leidenschaft. Seidene Gewänder, Hausrat und Silbergeschirr, reiche und regelmäßige Lieferungen bewirkten es, daß in den Zelten der Skythen Kunst und Luxus zu herrschen begann. Ihr Appetit wurde durch den Pfeffer und den Zimt Indiens gereizt, die jährliche Summe der Hilfsgelder oder des Tributes von achtzig- bis hundertzwanzigtausend Pfund Goldes erhöht und nach jedem feindlichen Einbruch die Bezahlung der Rückstände nebst außerordentlich hohen Zinsen stets zur ersten Bedingung eines neuen Friedensvertrages gemacht. Der Avarenfürst klagte in der Sprache der Barbaren ohne Arg und Falsch über die Unaufrichtigkeit der Griechen, indessen stand er den meisten zivilisierten Nationen in der verfeinerten Verstellung und Treulosigkeit nicht nach. Als Nachfolger der Langobarden machte der Chagan auf die wichtige Stadt Sirmium, das alte Bollwerk der illyrischen Provinzen, Anspruch. Die Ebenen von Niederungarn bedeckten sich mit der Reiterei der Avaren, und eine Flotte großer Boote wurde in dem herkynischen Walde gebaut, um die Donau herabzufahren und die Materialien zu einer Brücke in die Save zu schaffen. Da aber die starke Besatzung von Singidunum, das den Zusammenfluß der beiden Ströme beherrscht, ihre Fahrt hätte hindern und seine Pläne vereiteln können, verscheuchte er ihre Besorgnis durch den feierlichen Eid, daß er keine feindlichen Absichten gegen das Reich hege. Er schwor bei seinem Schwerte, dem Symbole des Kriegsgottes, daß er nicht als Roms Feind eine Brücke über die Save baue. »Wenn ich meinen Eid breche«, fuhr der unerschrockene Bajan fort, »so möge ich selbst mit den Letzten meines Volkes durch das Schwert umkommen! Möge der Himmel und das Feuer, die Gottheit des Himmels, auf unsere Häupter fallen! Mögen die Wälder und Berge uns unter ihren Trümmern begraben und die Save gegen das Gesetz der Natur zu ihrer Quelle zurückkehren und uns mit ihren zornigen Wassern bedecken!« Nach dieser barbarischen Verwünschung fragte er ruhig, welcher Eid bei den Christen der heiligste und höchstgehaltene sei, welche Schuld des Meineides auf sich zu laden am gefährlichsten wäre. Der Bischof von Singidunum reichte ihm das Evangelium dar und der Chagan empfing es mit frommer Ehrfurcht. »Ich schwöre«, sagte er, »bei dem Gotte, der in diesem heiligen Buche gesprochen hat, daß weder Falschheit auf meiner Zunge noch Verrat in meinem Herzen ist.« Sowie er sich von seinen Knien erhoben hatte, beschleunigte er die Arbeiten an der Brücke und entsendete einen Boten, um zu verkünden, was er nicht länger zu verheimlichen wünschte. »Meldet dem Kaiser«, sprach der treulose Bajan. »daß Sirmium von allen Seiten eingeschlossen ist. Ratet ihm, die Bürger und ihre Habe wegzuschaffen und eine Stadt aufzugeben, deren Entsatz und Verteidigung jetzt gleich unmöglich ist.« Ohne Hoffnung auf Entsatz wurde aber die Verteidigung von Sirmium über drei Jahre ausgedehnt. Die Mauern standen noch unberührt, aber der Hunger war in die Stadt eingekehrt, bis eine gnädig gewährte Kapitulation den von allem entblößten und ausgemergelten Einwohnern abzuziehen gestattete. Das fünfzig Meilen davon entfernt liegende Singidunum erfuhr ein grausameres Schicksal. Die Gebäude wurden der Erde gleichgemacht und die besiegte Bevölkerung zur Sklaverei und Verbannung verdammt. Nichtsdestoweniger sind nicht einmal die Ruinen von Sirmium noch sichtbar. Die vorteilhafte Lage von Singidunum dagegen zog bald eine neue Kolonie Slaven herbei. Der Zusammenfluß der Sau und Donau wird durch die Befestigungen von Belgrad oder der weißen Stadt bewacht, um welche die

Türken und Christen so oft und so hartnäckig gekämpft haben. Von Belgrad bis Konstantinopel mißt die Luftlinie sechshundert Meilen; diese Linie war mit Flammen und Blut bezeichnet. Die Pferde der Avaren badeten abwechselnd im Schwarzen und im Adriatischen Meere. Der römische Papst sah sich daher, aus Furcht vor der Annäherung eines noch wilderen Feindes veranlaßt, die Langobarden als die Beschützer von Italien zulieben. Die Verzweiflung eines Gefangenen, den sein Vaterland auszulösen sich weigerte, verriet den Avaren die Anfertigung und den Gebrauch der Kriegsmaschinen. Aber bei den ersten Versuchen waren sie noch roh gebaut und wurden ungeschickt gehandhabt. Der Widerstand der Bewohner und Soldaten von Diokletianopolis und Beröa, von Philippopolis und Adrianopel erschöpfte bald Kunst und Geduld der Belagerer. Bajan führte den Krieg als Barbar, nichtsdestoweniger war sein Herz empfänglich für menschliche und edle Gefühle. Er verschonte Anchialus, dessen Heilwasser die Gesundheit der geliebtesten seiner Frauen hergestellt hatte, und die Römer selbst gestehen ein, daß ihre hungernde Armee durch den großmütigen Feind mit Lebensmitteln versehen und entlassen worden war. Sein Reich dehnte sich über Ungarn, Polen und Preußen, von der Mündung der Donau bis zur Oder aus. Seine neuen Untertanen wurden durch die eifersüchtige Politik des Eroberers getrennt und in ein anderes Land versetzt. Die östlichen Länder Deutschlands, welche durch die Auswanderung der Vandalen fast unbewohnt waren, wurden von slavischen Kolonisten besetzt; man gewahrt dieselben Stämme in der Nachbarschaft des Adriatischen Meeres wie der Ostsee, und nebst dem Namen Bajans selbst findet man die illyrischen Städtenamen Neyss und Lissa im Herzen von Schlesien wieder. Bei Verteilung seiner Truppen und Provinzen setzte der Chagan die Vasallen, deren Leben er geringschätzte, dem ersten Angriff aus, und das Schwert des Feindes war schon abgestumpft, wenn es die angestammten Avaren selbst traf.

Das Bündnis mit Persien gestattete den Truppen des Ostens, zur Verteidigung von Europa wegzuziehen und Mauritius, der zehn Jahre lang den Übermut des Chagan ertragen hatte, erklärte seinen Entschluß, selbst gegen die Barbaren zu marschieren. Im Laufe von zwei Jahrhunderten war keiner der Nachfolger des Theodosius im Felde erschienen. Ihr Leben verging in träger Ruhe im Palaste von Konstantinopel, Die Griechen vermochten nicht mehr zu begreifen, daß der Titel Imperator in seinem ursprünglichen Sinne Oberhaupt der Heere der Republik bedeutete. Der würdevolle, schmeichelnde Senat, der furchtsame, abergläubische Patriarch und die in Tränen schwimmende Kaiserin Konstantina widersetzten sich seinem kriegerischen Eifer; sie alle beschworen ihn, die Beschwerden und Gefahren eines skythischen Feldzuges irgend einem Anführer von geringerem Range zu übertragen. Taub gegen ihren Rat und ihre Bitten rückte der Kaiser kühn bis auf sieben Meilen von der

Hauptstadt vor; das heilige Kreuzzeichen erglänzte vor der Front, und Mauritius musterte mit stolzem Selbstbewußtsein die Waffen und die Scharen der Veteranen, die jenseits des Tigris gefochten und gesiegt hatten. Anchialus sah das Ziel seines Zuges zu Wasser und zu Land; er flehte ohne Erfolg um ein Wunder in seinen nächtlichen Gebeten; seine Seele wurde durch den Tod eines Lieblingspferdes, durch die Begegnung mit einem wilden Eber, einen Sturmwind mit Platzregen und die Geburt eines mißgestalteten Kindes in Schrecken gesetzt, und er vergaß, daß es das beste Vorzeichen ist, wenn man das Schwert zur Verteidigung des Vaterlandes zieht. Unter dem Vorwande, die Gesandten von Persien zu empfangen, kehrte er nach Konstantinopel zurück, vertauschte die Kriegsgedanken mit Andachtsübungen und täuschte die Erwartung des Volkes durch seine Abwesenheit wie durch die Wahl seiner Stellvertreter. Blinde Parteilichkeit brüderlicher Liebe mochte die Beförderung seines Bruders Petrus entschuldigen, der schmachvoll vor den Barbaren, vor seinen eigenen Soldaten und vor den Einwohnern einer römischen Stadt floh. Wenn wir der Ähnlichkeit des Namens und Charakters trauen dürfen, so war diese Stadt das berühmte Azimuntium, das allein den Weltstürmer Attila zurückgetrieben hatte. Das Beispiel, das ihre kriegerische Jugend gab, feuerte die nachfolgenden Geschlechter an. Ihr wurde durch den ersten oder zweiten Justin das ehrenvolle Vorrecht zuteil, daß ihre tapferen Bewohnet stets für die Verteidigung ihrer Vaterstadt aufgespart werden sollten. Der Bruder des Mauritius versuchte es, dieses Recht zu verletzen und eine Patriotenschar unter die Söldlinge seines Lagers zu mengen; jene zogen sich in die Kirche zurück, diese schreckte die Heiligkeit des Ortes nicht. Da erhob sich das Volk für ihre Sache. Die Tore wurden geschlossen, die Mauern bemannt und die Feigheit Peters kam seinem Hochmute und seiner Ungerechtigkeit gleich. Der kriegerische Ruf des Commentiolus ist mehr Gegenstand der Satire oder des Lustspiels als ernster Geschichte, denn es fehlte ihm sogar an der armseligen und allgemeinen Eigenschaft des persönlichen Mutes. Seine feierlichen Kriegsratversammlungen, seltsamen Hin- und Herzüge und geheimen Befehle dienten ihm stets zum Vorwand für irgendeine Verzögerung oder Flucht. Wenn er gegen den Feind rückte, waren ihm die schönen Täler des Hämusgebirges stets eine unübersteigliche Schranke, auf dem Rückzuge aber erforschte er die schwierigsten und unbetretensten Pfade, die kaum der älteste Eingeborene mehr kannte. Das einzige Blut, das er je verloren, wurde ihm während einer wirklichen oder erheuchelten Krankheit mit der Lanzette durch einen Wundarzt abgezapft. Er war so empfindlich, daß er, sobald die Barbaren sich näherten, krank wurde. Aber die Ruhe und Sicherheit der Winterquartiere stellten seine Gesundheit sofort wieder her. Ein Fürst, der diesen unwürdigen Günstling befördern und halten konnte, darf sich aus dessen Amtsgenossen

Priscus zufälligem Verdienste keinen Ruhm zuschreiben. In fünf aufeinander folgenden, mit Geschicklichkeit und Entschlossenheit gekämpften Schlachten wurden siebzehntausendzweihundert Barbaren gefangen genommen und nahe an sechzigtausend nebst vier Söhnen des Chagan getötet. Der römische Feldherr überrumpelte einen friedlichen Bezirk der Gepiden, die unter dem Schutze der Avaren schliefen und errichtete seine letzten Siegeszeichen an den Ufern der Donau und Theiß. Seit Trajans Tode waren die Streitkräfte des Reiches niemals so tief in das alte Dazien eingedrungen. Aber der Erfolg des Priscus war vorübergehend und unfruchtbar, und er wurde bald infolge der Besorgnis zurückberufen, daß Bajan mit unerschrockenem Mute und verstärkter Heeresmacht sich anschicke, seine Niederlage unter den Mauern von Konstantinopel zu rächen.

Man war mit der Theorie des Krieges in den Lagern Cäsars und Trajans nicht vertrauter als in denen Justinians und Mauritius. Das Eisen von Toskana oder Pontus wurde noch immer von byzantinischen Arbeitern gehärtet. Die Magazine waren mit allen Arten von Angriffs- und Verteidigungswaffen reichlich gefüllt. In Bau und Handhabung der Schiffe, Maschinen und Befestigungen bewunderten die Barbaren die überlegene Einsicht eines Volkes, das sie so oft im Felde besiegten. Die Wissenschaft der Taktik, der Ordnungen und der Kriegslisten des Altertums fand sich in den Büchern der Griechen und Römer und wurde aus ihnen studiert. Aber die Verödung und Entartung der Bewohner der Provinzen konnte kein Geschlecht mehr liefern, um diese Waffen zu führen, diese Mauern zu bewachen, diese Schiffe zu steuern und die Theorie des Krieges in kühne und erfolgreiche Praxis zu verwandeln. Das Gebiet des Belisar und Narses war, ohne daß diese Lehrer gehabt hatten, erobert worden und ging verloren ohne Schüler. Weder Ehre, noch Vaterlandsliebe, noch hochherziger Glaube konnten die schlaffen Körper der Sklaven und Ausländer beleben, die den Legionen in ihren Auszeichnungen gefolgt waren; nur im Lager hätte der Kaiser despotisch herrschen sollen, nur im Lager gehorchte man seiner Macht nicht, sondern höhnte sie. Er beschwichtigte und entflammte mit Gold die Zügellosigkeit der Truppen; aber ihre Laster waren eingefleischt, ihre Siege zufällig und ihre kostspielige Unterhaltung erschöpfte das Mark eines Staates, den sie zu verteidigen unfähig waren. Nach langer und verderblicher Nachsicht unternahm Mauritius die Heilung dieses eingewurzelten Übels; aber der unbesonnene Versuch, der das Verderben auf sein eigenes Haupt niederzog, verschlimmerte nur den Zustand. Ein Reformator soll vom Verdachte des Eigennutzes frei sein und muß die Achtung und das Vertrauen derjenigen besitzen, die er bessern will. Die Truppen des Mauritius hätten vielleicht auf die Stimme eines siegreichen Anführers gehört; sie verachteten die Ermahnungen von Staatsmännern und

Sophisten, und als ihnen ein Edikt kundgemacht wurde, das von ihrem Solde den Preis der Waffen und Kleidung abzog, verwünschten sie die Habsucht eines gegen die Beschwerden und Gefahren, denen er selbst entflohen war, unempfindlichen Fürsten. Die Lager sowohl Asiens wie Europas wurden durch häufige und wütende Aufstände erschüttert. Die rasenden Soldaten von Edessa verfolgten mit Vorwürfen und Drohungen ihre bebenden Anführer, brachten ihnen Wunden bei, stürzten die Statuen des Kaisers um, warfen Steine nach dem wundertätigen Bilde Christi und warfen entweder das Joch aller Zivil- und Militärgesetze ab oder führten die gefährliche freiwillige Subordination ein. Der Monarch, stets fern und häufig getäuscht, war nie imstande, den Erfordernissen des Augenblickes durch Nachgeben oder Standhaftigkeit gerecht zu werden. Aber die Furcht vor einer allgemeinen Empörung verleitete ihn zu leicht, die nächste tapfere Tat oder irgendeinen Beweis von Treue als Sühne für das Verbrechen der Menge gelten zu lassen. Er schaffte die neue Reform ebenso eilig ab, als er sie begonnen hatte, und statt Strafe und Einschränkung zugesprochen zu erhalten, wurden die Truppen durch eine gnadenreiche Ankündigung von Vorrechten und Belohnungen angenehm überrascht. Die Soldaten nahmen jedoch ohne Dank die verspäteten und unwillig gebotenen Geschenke des Kaisers an; ihr Hochmut wurde durch die Entdeckung seiner Schwäche und ihrer eigenen Stärke gesteigert, und ihr Haß überstieg jeden Wunsch nach Verzeihung und jede Hoffnung auf Aussöhnung. Die Geschichtsschreiber jener Zeiten huldigen der Meinung des Volkes, daß Mauritius damit umging, die Truppen aufzureiben, die er zu reformieren versucht hatte; das falsche Verhalten und die Gunst des Comentiolus werden diesem unheilvollen Plane zugeschrieben. Jedes Zeitalter muß die Unmenschlichkeit oder Habsucht eines Fürsten verdammen, der durch das geringe Lösegeld von sechstausend Goldstücken die Niedermetzelung von zwölftausend in der Gewalt des Chagans befindlichen Gefangenen hätte verhindern können. Als es auf dem Höhepunkte seiner gerechten Entrüstung angelangt war, erhielt das Heer an der Donau Befehl, die Magazine der Provinz zu schonen und Winterquartiere in dem feindlichen Lande der Avaren aufzuschlagen. Das Maß der Unbilden war voll. Die Soldaten erklärten Mauritius für unwürdig zu regieren, vertrieben seine getreuen Anhänger oder metzelten sie nieder und kehrten unter dem Befehle des Phocas, eines bloßen Centurio, in Eilmärschen in die Nachbarschaft von Konstantinopel zurück (Oktober 602). Nach einer langen Reihe rechtmäßig zum Throne gelangter Herrscher wurden die militärischen Unordnungen des dritten Jahrhunderts wieder aufgefrischt; so groß war aber die Neuheit eines solchen Beginnens, daß die Aufrührer durch ihre eigene Verwegenheit eingeschüchtert wurden. Sie zögerten, ihren Liebling mit dem Purpur zu bekleiden, und während sie alle Unterhandlungen mit Mauritius selbst zurückwiesen, unterhielten sie einen freundschaftlichen Verkehr mit seinem Sohne Theodosius und mit Germanus, dessen Schwiegervater Phocas bisher eine so untergeordnete Stellung eingenommen hatte, daß der Kaiser nicht einmal den Namen und Stand des Nebenbuhlers kannte; als er aber erfuhr, daß der Centurio, obschon ein kühner Anführer, furchtsam angesichts der Gefahr wäre, rief der verzweifelte Fürst aus: »Ach! Wenn er ein Feigling ist, wird er sicher ein Mörder sein!«

Wenn indessen Konstantinopel fest und treu geblieben wäre, hätte der Mörder seine Wut gegen die Mauern auslassen können und das rebellische Heer würde durch die Klugheit des Kaisers allmählich aufgerieben oder zur Pflicht zurückgebracht worden sein. Bei den Zirkusspielen, die Mauritius mit ungewöhnlicher Pracht feierte, verbarg er seine Angst unter zuversichtlichem Lächeln und versuchte, um den Beifall der Parteien zu werben. Er schmeichelte ihrem Stolze, indem er von ihren Tribunen eine Liste von neunhundert Blauen und fünfzehnhundert Grünen annahm, die er als die festeste Stütze seines Thrones zu ehren vorgab. Seine Schwäche wurde durch ihre verräterische oder laue Unterstützung offenbar und beschleunigte nur seinen Fall; die grüne Partei stand insgeheim mit den Rebellen im Bunde und die blaue empfahl Milde und Mäßigung in einem Kampfe mit ihren römischen Brüdern. Die strengen Tugenden und die karge Lebensweise des Mauritius hatten ihm seit langer Zeit die Herzen seiner Untertanen entfremdet. Bei einem religiösen Umzüge, bei dem er barfuß mitging, wurde er mit Steinen beworfen, und die Leibwachen mußten zu ihren eisernen Streitkolben greifen, um seine Person zu verteidigen. Ein fanatischer Mönch rannte mit einem gezogenen Schwerte durch die Straßen und lud Gottes Zorn und Strafgericht auf das Haupt des Kaisers. Ein gemeiner Plebejer, der ihn und seine Tracht nachahmte, wurde auf einem Esel durch die Straßen geführt und von den Verwünschungen der Menge verfolgt. Der Kaiser sah mit Argwohn die Beliebtheit des Germanus bei Soldaten und Bürgern. Er zitterte, drohte, aber er verschob es immer wieder, den Staatsstreich zu wagen. Der Patrizier flüchtete in das Asyl einer Kirche, und das Volk erhob sich zu seiner Verteidigung. Die Wachen verließen die Mauern und gaben die Stadt den Flammen und der Plünderung preis. In einer kleinen Barke floh der unglückliche Mauritius mit seiner Gattin und neun Kindern nach der asiatischen Küste. Aber die Heftigkeit des Windes zwang ihn, bei der Kirche des heiligen Autonomus in der Nähe von Chalcedon zu landen. Von dort entsandte er seinen ältesten Sohn Theodosius zu dem persischen Monarchen, um Dankbarkeit und Freundschaft zu erbitten. Er selbst weigerte sich zu fliehen. Ischias folterte seinen Körper und sein Geist ward durch den

Aberglauben geschwächt. Er erwartete geduldig den Ausgang der Revolution und richtete ein inbrünstiges und öffentliches Gebet zu dem Allmächtigen, ihn für seine Sünden lieber in dieser als in jener Welt zu strafen. Nach der Abdankung des Mauritius rechteten die beiden Parteien bei der Wahl eines Kaisers; aber der Liebling der Blauen unterlag der Eifersucht ihrer Gegner und Germanus selbst wurde von den Scharen mit fortgerissen, die nach dem sieben Meilen von der Stadt entfernten Palaste strömten, um dem Centurio Phocas zu huldigen. Dem bescheidenen Wunsche des Phocas, den Purpur dem verdienstvollen Germanus zu überlassen, widersprach dessen hartnäckigere und aufrichtigere Entschlossenheit, ihn anzunehmen. Senat und Geistlichkeit gehorchten seiner Aufforderung und sobald der Patriarch sich von seiner Rechtgläubigkeit überzeugt hatte, krönte er den glücklichen Usurpator in der Kirche des heiligen Johannes des Täufers. Am dritten Tage hielt Phocas unter den Jubelrufen des leichtsinnigen Volkes in einem mit vier weißen Pferden bespannten Wagen seinen öffentlichen Einzug. Er belohnte die Empörung der Truppen mit einem verschwenderischen Geschenk, und nachdem der neue Souverän den Palast besichtigt hatte, sah er von seinem Throne aus den Spielen im Hippodrom zu. In einem Streite über den Vorrang zwischen beiden Parteien neigte sich sein parteiisches Urteil zugunsten der Grünen. »Gedenke, daß Mauritius noch am Leben ist«, erscholl es von der entgegengesetzten Seite und dieses unkluge Geschrei nährte und stachelte die Grausamkeit des Tyrannen. Die Henker wurden nach Chalcedon entsandt; sie schleppten den Kaiser aus dem Heiligtume, und vor den Augen des schmerzdurchwühlten Vaters wurden die fünf Söhne des Mauritius nacheinander ermordet (27. November). Bei jedem Streiche, den er im tiefsten Herzen fühlte, fand er Kraft genug, den frommen Ausruf zu wiederholen: »Du bist gerecht, o Gott, und weise sind deine Gerichte!« So groß war noch im letzten Augenblick seine Wahrheit und Gerechtigkeit, daß er den Soldaten den frommen Betrug einer Amme entdeckte, die ihr eigenes Kind mit dem kaiserlichen Säugling vertauscht hatte. Das tragische Schauspiel schloß endlich mit der Hinrichtung des Kaisers selbst im zwanzigsten Jahre seiner Regierung und im dreiundsechzigsten seines Lebens. Die Leichen des Vaters und seiner fünf Söhne wurden ins Meer geworfen, ihre Häupter in Konstantinopel den Beschimpfungen oder dem frommen Mitleid der Menge ausgesetzt, und erst als die Fäulnis eintrat, gestattete Phocas ein stilles Begräbnis der Reste. Die Fehler und Irrtümer des Mauritius sanken mit ihm ins Grab. Bloß seines unglücklichen Schicksals gedachte man, und zwanzig Jahre danach wurde bei Vorlesung der Geschichte des Theophylact die traurige Erzählung von den Tränen der Zuhörer begleitet.

Unter der Regierung des Phocas, der in den Provinzen des Ostens und des Westens anerkannt wurde, mußten solche Tränen insgeheim fließen und dort wäre ein solches Mitleid verbrecherisch gewesen. Die Bilder des Kaisers und seiner Gemahlin Leontia wurden im Lateran und dem Senate von Rom zur Verehrung und später im Palaste der Cäsaren zwischen jenen Konstantins und des Theodosius aufgestellt. Als Untertan und Christ war es Gregors Pflicht, sich der bestehenden Regierung zu fügen. Aber der freudige Beifall, mit dem der Heilige das Glück des Mörders begrüßte, hat seinen Charakter mit unauslöschlicher Schmach bedeckt. Der Nachfolger der Apostel konnte mit geziemender Festigkeit auf die Blutschuld und auf die Notwendigkeit der Reue aufmerksam machen. Er begnügte sich, die Befreiung des Volkes und den Sturz des Unterdrückers zu feiern, sich zu freuen, daß der fromme und milde Phocas von der Vorsehung auf den kaiserlichen Thron erhoben worden war. Er betete, daß sein Arm gegen alle seine Feinde gestärkt werde. Außerdem wünschte und hoffte er zuversichtlich, daß er nach einer langen und siegreichen Regierung von dem zeitlichen in ein ewiges Königreich versetzt werden möge. Ich habe bereits den Verlauf einer nach Gregors Meinung dem Himmel und der Erde gleich wohlgefälligen Umwälzung erzählt. Phocas erscheint bei der Ausübung der Macht nicht minder hassenswert als bei ihrer Erwerbung. Der Griffel eines unparteiischen Geschichtsschreibers hat ihn folgendermaßen beschrieben: winzige ungestalte Figur, Ineinanderlaufen seiner buschigen Augenbrauen, rotes Haar, bartloses Kinn und eine durch eine furchtbare Narbe entstellte und entfärbte Wange. Der Wissenschaften, der Gesetze, sogar der Handhabung der Waffen unkundig, sah er in dem höchsten Range nur ein ausgedehnteres Vorrecht für Wollust und Völlerei, und seine viehischen Vergnügungen waren ebenso schmachvoll für ihn, als gefährlich für seine Untertanen. Ohne das Amt eines Fürsten zu übernehmen, verzichtete er auf den Beruf eines Kriegers. Die Regierung des Phocas brachte Europa schimpflichen Frieden und Asien verheerenden Krieg. Sein wilder Charakter wurde durch Leidenschaften entflammt, durch Furcht verhärtet und durch Widerstand oder Vorwürfe erbittert. Schnelle Verfolgung oder Betrug vereitelte die Flucht des Theodosius an den persischen Hof; er ward in Nizäa enthauptet und die letzten Stunden des jungen Fürsten wurden durch den Trost der Religion und das Bewußtsein seiner Unschuld gelindert. Aber sein Phantom störte die Ruhe des Thronräubers: im Osten lief das heimliche Gerücht um, der Sohn des Mauritius sei noch am Leben. Das Volk erwartete seinen Rächer, und die Witwe und die Töchter des verstorbenen Kaisers würden den Geringsten aller Sterblichen als Sohn und Bruder anerkannt haben. Bei der Niedermetzelung der kaiserlichen Familie hatte Phocas aus Erbarmen oder vielmehr aus Klugheit diese unglücklichen Frauen verschont.

Sie wurden in einem anständigen Privathaus in Gefangenschaft gehalten. Aber die Kaiserin Konstantina, ihres Vaters, ihres Gatten, ihrer Söhne eingedenk, dürstete nach Freiheit und Rache. In tiefer Mitternacht entfloh sie zu dem Heiligtum der St. Sophienkirche. Aber weder ihre Tränen noch das Gold ihres Genossen Germanus vermochten einen Aufruhr zu erregen. Ihr Leben war der Rache, ja sogar den Gerichten verfallen. Der Patriarch erwirkte ihre Begnadigung und leistete eidliche Bürgschaft für sie; ein Kloster wurde ihr zum Gefängnisse bestimmt. Die Witwe des Mauritius nahm die Gnade seines Mörders an und mißbrauchte sie. Die Entdeckung oder der Argwohn einer zweiten Verschwörung entband Phocas seiner Verpflichtung und entfachte von neuem seine Wut. Eine Matrone, die auf die Achtung und das Mitleid der Menschen Anspruch hatte, die Tochter, Gattin und Mutter von Kaisern, wurde wie der gemeinste Verbrecher gefoltert, um ihr ein Bekenntnis ihrer Pläne und ihrer Mitschuldigen abzuzwingen. Hierauf wurde die Kaiserin Konstantina mit ihren drei schuldlosen Töchtern zu Chalcedon auf demselben Platze enthauptet, der mit dem Blute ihres Gemahls und ihrer fünf Söhne befleckt war. Nach einem solchen Vorgange ist es überflüssig, die Namen und Leiden der geringeren Schlachtopfer aufzuzählen. Ihrer Verurteilung ging selten ein förmlicher Prozeß voraus, und ihre Strafe wurde durch raffinierte Grausamkeit verschärft: man durchbohrte ihre Augen, riß ihnen die Zunge bei der Wurzel aus, schnitt ihnen Hände und Füße ab. Einige kamen unter der Geißel, andere in den Flammen um oder wurden mit Pfeilen erschossen. Ein einfacher, schneller Tod war eine nur selten zu erlangende Gnade. Der Hippodrom, die geheiligte Stätte der Vergnügungen und der Freiheit der Römer, wurde durch Häupter und Gliedmaßen und verstümmelte Leichen entehrt. Am meisten empfanden es die den Phocas umgebenden Personen, daß weder seine Gunst, noch Verdienste sie vor einem Tyrannen, dem würdigen Nebenbuhler eines Caligula oder Domitian der ersten Zeit des Kaiserreiches, zu schützen vermochten.

Des Phocas Tochter, sein einziges Kind, war mit dem Patrizier Crispus vermählt worden. Die königlichen Standbilder der Braut und des Bräutigams wurden unklugerweise im Zirkus neben denen des Kaisers aufgestellt. Der Vater mußte wünschen, daß seine Nachkommen die Frucht seiner Verbrechen erben möchten, der Monarch aber war über diese vorzeitige Verhimmelung entrüstet; die Tribunen der grünen Partei, die den Irrtum ihrer geschäftigen Bildhauer verwünschten, wurden augenblicklich zum Tode verurteilt. Ihr Leben wurde ihnen dann zwar auf Bitten des Volkes geschenkt, Crispus konnte aber mit Recht bezweifeln, daß ein eifersüchtiger Usurpator die ohne Willen geschehene Mitbewerbung vergessen und verzeihen werde. Die Undankbarkeit des Phocas und der Verlust ihrer Vorrechte erbitterte die grüne

Partei tief; jede Provinz des Reiches war zur Empörung reif und der Exarch Heraklius von Afrika verweigerte zwei Jahre lang dem Centurio, der den Thron von Konstantinopel schändete, Tribut und Gehorsam. Geheime Sendlinge des Crispus und des Senates drangen in den unabhängigen Exarchen, sein Vaterland zu retten und zu beherrschen. Aber das Alter hatte »einen Ehrgeiz abgekühlt und er überließ das gefährliche Unternehmen seinem Sohn Heraklius und dem Nicetas, dem Sohn Gregors, seines Freundes und Unterbefehlshabers. Die afrikanischen Streitkräfte wurden von den beiden Jünglingen aufgeboten; sie kamen überein, daß der eine mit der Flotte von Karthago nach Konstantinopel segeln, der andere ein Heer durch Ägypten und Asien führen solle und daß der kaiserliche Purpur der Lohn des Erfolges sein werde. Ein vages Gerücht von dem Unternehmen drang zu den Ohren des Phocas, der die Mutter und Gattin des jüngeren Heraklius als Geißel festnehmen ließ. Aber die verräterischen Intrigen des Crispus verkleinerten die ferne Gefahr. Die Verteidigungsrüstungen wurden vernachlässigt oder verschoben, und der Tyrann wiegte sich noch in träger Ruhe, als schon die afrikanische Flotte im Hellespont vor Anker ging. In Abydus strömten die nach Rache dürstenden Flüchtlinge und Verbannten unter ihre Fahne; die Schiffe des Heraklius, mit den heiligen Symbolen der Religion geschmückt, steuerten im Triumphe durch die Propontis, und Phocas sah von den Fenstern des Palastes aus, wie sein unvermeidliches Schicksal herannahte. Die grüne Partei ließ sich durch Geschenke und Versprechungen verlocken, der Landung der Afrikaner einen schwachen und fruchtlosen Widerstand entgegenzusetzen; aber das Volk, sogar die Leibwachen, wurden durch den rechtzeitigen Abfall des Crispus gewonnen und der Tyrann ward von einem persönlichen Feinde, der kühn in den einsamen Palast drang, festgenommen. Des Diadems und Purpurs beraubt, in ein schlechtes Gewand gehüllt und mit Ketten beladen, wurde er in einem kleinen Boote nach der kaiserlichen Galeere des Heraklius gebracht, der ihm die Verbrechen während seiner verabscheuungswürdigen Herrschaft vorwarf. »Wirst du besser regieren?« waren die letzten verzweifelten Worte des Phocas. Nachdem er jede Art von Schimpf und Marter erlitten hatte, wurde sein Haupt vom Körper getrennt, der verstümmelte Rumpf in die Flammen geworfen, was auch mit den Standbildern des eitlen Usurpators und mit der aufrührerischen Fahne der Partei der Grünen geschah (4. Oktober 610). Geistlichkeit, Senat und Volk luden Heraklius ein, den Thron zu besteigen, den er von Schuld und Schmach gereinigt hatte. Nach einigem, vom Anstand gebotenen Zögern gab er ihrem Andringen nach. Seiner Krönung folgte unmittelbar die seiner Gattin Eudoxia und ihre Nachkommen herrschten bis in das vierte Geschlecht über das morgenländische Reich. Die Fahrt des Heraklius war leicht und glücklich gewesen, der lange Zug des

Nicetas traf erst nach entschiedenem Kampfe ein. Er unterwarf sich aber ohne Murren dem glücklichen Freunde und seine lobenswerte Gesinnung wurde mit einer Reiterstatue und mit der Hand einer Tochter des Kaisers belohnt. Schwieriger hielt es, der Treue des Crispus zu trauen, dessen Dienste mit dem Befehle über die Armee von Kappadozien vergolten wurden. Sein Hochmut forderte indes die Undankbarkeit seines neuen Souveräns heraus und schien sie zu entschuldigen. In Gegenwart des Senates wurde der Schwiegersohn des Phocas verurteilt in ein Kloster zu gehen, und der Spruch wurde durch den gewichtigen Ausspruch des Heraklius gerechtfertigt, daß ein Mann, der seinen Vater verraten habe, keinem Freunde Treue bewahren werde.

Selbst nach dem Tode des Phocas wurde das Römische Reich von seinen Verbrechen heimgesucht, weil sie ihren furchtbarsten Feind mit einer edlen Sache waffneten. Phocas kündete gemäß den freundschaftlichen Beziehungen zwischen dem byzantinischen und dem persischen Hof letzterem seine Thronbesteigung an, und sein Gesandter Lilius, der ihm die Häupter des Mauritius und seiner Söhne gebracht hatte, war der geeignetste Mann, diese tragische Szene zu beschreiben. Wie sehr auch Lüge und Sophistik am Werk gewesen sein mochten, Chosroes wandte sich mit Abscheu von dem Mörder ab, kerkerte den angeblichen Gesandten ein, sagte sich vom Thronräuber los und erklärte sich zum Rächer seines Vaters und Wohltäters. Schmerz und Entrüstung, von der Menschlichkeit und der Ehre diktiert, wurden in diesem Falle noch durch das Interesse des persischen Königs gefördert und dieses Interesse noch durch die nationalen und religiösen Vorurteile der Magier und Satrapen außerordentlich vergrößert. Schlau schmeichelnd mit dem Schein des Freimutes wagten sie es, das Übermaß seiner Dankbarkeit und Freundschaft gegen die Griechen zu tadeln; eine Nation, mit der es gefährlich sei, Friede oder Bündnis zu schließen, deren Glaube aller Wahrhaftigkeit und Gerechtigkeit entbehre und die keiner einzigen Tugend fähig sein könne, weil sie das schrecklichste aller Verbrechen, den gottlosen Mord ihres Souveräns vollbracht habe. Wegen des Verbrechens eines ehrgeizigen Centurios wurde das Volk, das er unterdrückte, durch die Drangsale des Krieges gezüchtigt und dieselben Drangsale erlitten nach Verlauf von zwanzig Jahren die Perser und fielen mit doppelter Wucht auf ihre Häupter. Der Feldherr, der Chosroes wieder auf den Thron gesetzt hatte, befehligte noch im Osten und Narses' Name war das gefürchtete Wort, womit die assyrischen Mütter gewohnt waren, ihre Kinder zu erschrecken. Es ist nicht unwahrscheinlich, daß er als geborener Untertan Persiens seinen Gebieter und Freund aufmunterte, die asiatischen Provinzen zu befreien und in Besitz zu nehmen. Wahrscheinlicher aber ist, daß Chosroes seine Truppen durch die Versicherung ermutigte, daß das Schwert, das sie am meisten fürchteten, entweder gar nicht oder zu ihren Gunsten gezogen werden würde. Der Held konnte sich auf das Wort eines Tyrannen nicht verlassen und der Tyrann fühlte, wie wenig er den Gehorsam eines Helden verdiente. Narses wurde seines Oberbefehles entsetzt, er pflanzte eine unabhängige Fahne zu Hierapolis in Syrien auf, ließ sich durch falsche Verheißungen täuschen und erlitt auf dem Marktplatze in Konstantinopel den Feuertod. Des einzigen Anführers beraubt, den sie fürchten oder achten konnten, wurden die Scharen, die er zum Sieg geführt hatte, zweimal von der persischen Reiterei durchbrochen, von den Elefanten zertreten, von den Pfeilen der Barbaren erschossen und eine große Anzahl Gefangener nach dem Urteilsspruch des Siegers. der diese aufrührerischen Söldlinge mit Recht als Urheber oder Mitschuldige der Ermordung des Mauritius verdammen konnte, auf dem Schlachtfelde enthauptet. Unter der Regierung des Phocas wurden die Festungen Merdin, Dara, Amida und Edessa nacheinander von dem persischen Monarchen belagert, erobert und geschleift. Er ging über den Euphrat, bemächtigte sich der syrischen Städte Hierapolis, Chalcis, Beröa oder Aleppo und belagerte bald Antiochia mit seinen unwiderstehlichen Streitkräften (611). Die Schnelligkeit des Erfolges offenbart den Verfall des Reiches, die Unfähigkeit des Phocas und die Abneigung seiner Untertanen gegen ihn. Chosroes sorgte durch einen Betrüger, der sein Lager als der Sohn des Mauritius begleitete, für einen Vorwand zur Unterwerfung oder Empörung.

Die erste Nachricht, die Heraklius aus dem Osten empfing, war die des Verlustes von Antiochia; aber diese alte, so oft von Erdbeben zertrümmerte und von den Feinden geplünderte Metropole konnte nur wenig Reichtum und Blut liefern. Gleich siegreich aber glücklicher waren die Perser in der Plünderung von Cäsarea, der Hauptstadt von Kappadokien, und je weiter sie über die Bollwerke der Grenze, die Landmarken alter Kriege, vordrangen, fanden sie minder hartnäckigen Widerstand und reichere Ernte. Das schöne Tal von Damaskus war in allen Jahrhunderten mit einer königlichen Stadt geschmückt gewesen; ihr verborgenes Glück hat sie bisher dem Geschichtsschreiber des römischen Reiches entzogen. Chosroes aber ließ seine Truppen in dem Paradiese von Damaskus ausruhen, ehe er nach den Bergen des Libanon emporstieg oder gegen die Städte der phönizischen Küste zog. Die Eroberung von Jerusalem, die Nushirwan im Sinne gehabt hatte, wurde durch den Eifer und die Habsucht seines Enkels vollzogen. Die unduldsamen Magier drangen mit Ungestüm auf die Vernichtung des stolzesten Denkmals des Christentums, und er konnte zu diesem heiligen Kriege auch eine Schar von sechsundzwanzigtausend Juden verwenden, deren wütender Fanatismus ihren Mangel an Tapferkeit und Heereszucht zum Teile ersetzte. Nach der Bezwingung von Galiläa und dem Lande jenseits des Jordan, dessen Widerstand das Schicksal der Hauptstadt verzögert zu haben scheint, wurde

Jerusalem selbst im Sturm genommen. Das Grab Christi und die prachtvollen Kirchen der Helena und Konstantins wurden von den Flammen verzehrt oder wenigstens beschädigt. Die frommen Gaben dreier Jahrhunderte wurden an einem einzigen Freveltage geraubt. Der Patriarch Zacharias und das Kreuz wurden nach Persien verschleppt, und man schrieb die Niedermetzelung von neunzigtausend Christen den Juden und Arabern zu, die die Unordnung des persischen Zuges vergrößern halfen. Die Flüchtlinge von Palästina wurden in Alexandria durch die Mildtätigkeit des Erzbischofs Johann, der sich unter einer Schar von Heiligen durch den Beinamen der Almosengeber auszeichnet, unterstützt und die Einkünfte der Kirchen nebst einem Schatze von dreihunderttausend Pfund ihren wahren Eigentümern, den Armen jedes Landes, zurückgegeben. Aber Ägypten selbst, die einzige Provinz, die seit der Zeit des Diokletian von auswärtigem und innerem Kriege verschont geblieben war, wurde abermals von den Nachfolgern des Cyrus unterjocht (616). Pelusium, der Schlüssel dieses unzugänglichen Landes, wurde von der Reiterei der Perser überrumpelt; sie übersetzten ungestraft die unzähligen Kanäle des Deltas und durchzogen das lange Niltal von den Pyramiden von Memphis bis an die Grenzen von Äthiopien. Alexandria hätte durch eine Flotte Beistand erhalten können, aber der Erzbischof und der Präfekt schifften sich nach Zypern ein und Chosroes zog in die zweite Stadt des Reiches, die noch immer Reste ihres Gewerbefleißes und reichen Handels besaß. Sein größtes Siegeszeichen wurde nicht auf den Mauern von Karthago, sondern in der Nähe von Tripolis aufgerichtet. Die griechischen Kolonien von Cyrene wurden vollends zerstört, und der Sieger, in die Fußstapfen Alexanders des Großen tretend, kehrte im Triumphe durch die lybische Wüste zurück. Im ersten Feldzuge drang ein anderes Heer vom Euphrat nach dem trazischen Bosporus vor. Chalcedon ergab sich nach einer langen Belagerung und ein persisches Lager blieb über zehn Jahre in der Nähe von Konstantinopel aufgeschlagen. Die Seeküste von Pontus, die Stadt Ancyra, die Insel Rhodus werden unter den letzten Eroberungen des großen Königs aufgezählt, und wenn Chosroes eine Seemacht besessen hätte, würde er in seinem grenzenlosen Ehrgeiz Sklaverei und Verheerung auch über die europäischen Provinzen verbreitet haben.

Das Reich des Enkels Nushirwans dehnte sich somit plötzlich von den so lange streitig gemachten Ufern des Tigris und Euphrats bis an den Hellespont und Nil, die alten Grenzen der persischen Monarchie, aus. Aber die Provinzbewohner, die durch die jahrhundertelange Gewöhnung Tugenden und Laster der römischen Bürger angenommen hatten, ertrugen mit Widerwillen das Joch der Barbaren. Die Idee einer Republik wurde durch die Einrichtungen oder wenigstens die Schriften der Griechen und Römer lebendig erhalten, und die Untertanen des Heraklius waren durch die Erziehung mit den Worten

Freiheit und Recht vertraut geworden. Aber es ist stets der Stolz und die Politik der orientalischen Fürsten gewesen, ihre Titel zur Geltung zu bringen und ihre Allmacht zu entfalten, einem Volke von Sklaven ihren wahren Namen und verächtlichen Zustand vor Augen zu führen und durch grausame und unverschämte Drohungen ihre strengen und willkürlichen Befehle zu verschärfen. Den Christen des Ostens gab die Verehrung des Feuers und die gottlose Lehre von den beiden Urgewalten Ärgernis; die Magier waren nicht minder unduldsam als die Bischöfe, und der Märtyrertod einiger geborener Perser, die der Religion des Zoroaster abtrünnig geworden waren, galt als Vorspiel einer grimmigen und allgemeinen Verfolgung. Durch die drückenden Gesetze Justinians waren die Gegner der Kirche in Feinde des Staates verwandelt worden; der Beistand der Juden, Nestorianer und Jakobiten hatte zum Erfolge des Chosroes beigetragen, und seine parteiische Begünstigung dieser Sektierer erregte den Grimm und die Besorgnisse der katholischen Geistlichkeit. Im Bewußtsein, von seinen neuen Untertanen gehaßt und gefürchtet zu werden, beherrschte sie der persische Eroberer mit eiserner Strenge. Gleichsam an die Dauer seiner Macht nicht glaubend, erschöpfte er ihren Reichtum durch unerschwingliche Steuern und zügellosen Raub, plünderte oder zerstörte die Tempel des Ostens und ließ das Gold, Silber, die kostbaren Marmorstatuten, die Kunstwerke sowie die Künstler der asiatischen Städte in seine Erblande schaffen. Es ist nicht leicht, in dem düsteren Gemälde, das die Drangsale des Reiches bildete, die Gestalt Chosroes' selbst zu erblicken, seine Handlungen von denen seiner Unterbefehlshaber zu trennen oder in dem allgemeinen Glänze, dem Ruhm und der Größe sein persönliches Verdienst zu ermitteln. Er genoß prunkvoll die Früchte des Sieges und zog sich von den Beschwerlichkeiten des Krieges oft in das üppige Leben seines Palastes zurück. Aberglaube oder Groll hielten ihn jedoch vierundzwanzig Jahre davon ab, sich den Toren von Ktesiphon zu nähern, und seine Lieblingsresidenz Artemita oder Dastadscherd lag jenseits des Tigris, ungefähr sechzig Meilen nördlich von der Hauptstadt. Rinderund Lämmerherden bedeckten die umliegenden Weiden, das Paradies oder den Park füllten Fasane, Pfauen, Strauße, Rehe und wilde Eber, und zuweilen wurden für die kühneren Jäger Löwen oder Tiger losgelassen. Neunhundertsechzig Elefanten wurden zum Gebrauche oder Glanze des Großkönigs unterhalten. Zwölftausend große und achttausend kleinere Kamele trugen die Zelte und das Gepäck des Großkönigs ins Feld. In den Ställen standen sechstausend Maultiere und Pferde, von denen Shebdiz und Barid ihrer Schnelligkeit und Schönheit wegen berühmt geworden sind. Sechstausend Leibwachen zogen abwechselnd vor dem Palaste auf. Der Dienst der inneren Gemächer wurde von zwölftausend Sklaven versehen, und von dreitausend der schönsten Jungfrauen Asiens durfte irgendeine glückliche junge Nebenfrau ihren Gebieter über das Alter oder die Gleichgültigkeit der Schirin trösten. Die verschiedenen Schätze an Gold, Silber, Edelsteinen, Seide und Wohlgerüchen wurden in hundert unterirdischen Gewölben aufbewahrt, und das Gemach Badaverd enthielt auch noch das Eigentum des Heraklius, das zufällig günstige Winde in einen der syrischen Häfen seines Nebenbuhlers getrieben hatten. Lobrednerische Dichter ermüdeten nicht, die dreißigtausend reichen Teppiche, welche die Wände zierten, die vierzigtausend Säulen aus Silber oder wahrscheinlicher aus Marmor und mit Silber verkleidetem Holze, die das Dach trugen und die tausend Goldkugeln aufzuzählen, die im Dome aufgehangen waren, um die Bewegungen der Planeten und die Sternbilder des Tierkreises nachzuahmen. Während der persische Monarch die Wunder der Kunst und seiner Macht betrachtete, empfing er von einem unbekannten Einwohner von Mekka ein Schreiben, worin er aufgefordert wurde, Mohammed als Gottes Apostel anzuerkennen. Er verwarf die Aufforderung und zerriß das Schreiben. »So wird Gott«, rief der arabische Prophet, »das Reich des Chosroes zerreißen und sein Flehen verwerfen.« Am Rande der beiden großen Reiche des Morgenlandes beobachtete Mohammed mit geheimer Freude die Fortschritte ihrer gegenseitigen Zerstörung und wagte, inmitten der Triumphe der Perser, vorauszusagen, daß binnen wenigen Jahren der Sieg wieder zu den Fahnen der Römer zurückkehren würde.

Zur Zeit, als diese Weissagung gemacht worden sein soll, konnte keine Prophezeiung ihrer Erfüllung ferner sein, da in den zwölf ersten Regierungsjahren des Heraklius das Reich offenbar seiner nahen Auflösung entgegenging. Wenn die Beweggründe des Chosroes rein und ehrenvoll gewesen wären, würde der Kampf mit Phocas' Tode aufgehört haben, und er hätte den glücklichen Afrikaner, der die Unbilden seines Wohltäters Mauritius so hochherzig gerächt hatte, als seinen besten Freund umarmen müssen. Die Fortsetzung des Krieges enthüllt den wahren Charakter des Barbaren, der die Bittgesandtschaften des Heraklius, die ihn zur Milde zu bewegen suchten, auf daß er der Unschuldigen schone, einen Tribut anzunehmen und der Welt den Frieden zu geben, entweder mit verächtlichem Stillschweigen oder mit hochmütigen Drohungen abwies. Syrien, Ägypten, Kleinasien waren von den persischen Waffen unterjocht worden, während die unersättlich nach Blut und Kriegsbeute dürstenden Avaren Europa von den Grenzen von Istrien bis zur langen Mauer von Thrazien verheerten. Sie hatten ihre männlichen Gefangenen auf dem heiligen Felde von Pannonien kaltblütig niedergemetzelt; die Weiber und Kinder wurden zur Knechtschaft verdammt, die edelsten Jungfrauen der Wollust der Barbaren preisgegeben. Das liebestolle Weib, das die Tore von Friaul geöffnet hatte, verbrachte eine kurze Nacht in den Armen ihres königlichen Geliebten; am nächsten Abende wurde Romilda gezwungen, die Umarmungen von zwölf Avaren zu dulden, und am dritten Tage wurde die Langobardenfürstin im Lager an einen Pfahl gespießt, während der Chagan mit grausamen Lachen bemerkte, daß ein solcher Gatte die würdigste Belohnung ihrer Geilheit und Treulosigkeit wäre. Von so unversöhnlichen Feinden wurde Heraklius von allen Seiten gequält und belagert, und das römische Reich beschränkte sich auf die Mauern von Konstantinopel mit dem Reste von Griechenland, Italien und Afrika und einigen Seestädten längs der asiatischen Küste von Tyrus bis Trapezunt. Nach dem Verluste von Ägypten wurde die Hauptstadt durch Hunger und Pest heimgesucht, und der Kaiser, unfähig zum Widerstand und ohne Hoffnung auf Hilfe, hatte beschlossen, sich und seine Regierung nach Karthago in Sicherheit zu bringen. Schon waren die Schiffe mit den Schätzen des Palastes beladen, da hemmte der Patriarch, der die Macht der Religion im Dienste des Vaterlandes aufbot, seine Flucht. Heraklius wurde zum Altar der Sophienkirche geführt, wo man ihm den feierlichen Eid abnötigte, mit dem Volke, das Gott seiner Obhut anvertraut habe, zu leben und zu sterben. Der Chagan lagerte in den Ebenen von Thrazien, aber er verbarg seine treulosen Pläne und ersuchte um eine Unterredung mit dem Kaiser in der Nähe der Stadt Heraklea. Ihre Aussöhnung wurde durch Zirkusspiele gefeiert. Senat und Volk strömten in ihren besten Gewändern zum Friedensfeste und die Avaren betrachteten neidisch und gierig den römischen Luxus. Plötzlich wurde der Hippodrom von der Reiterei der Avaren, die in der Nacht ihren geheimen Eilmarsch beschleunigt hatten, umzingelt; der furchtbare Knall der Peitsche des Chagan gab das Zeichen zum Sturme. Heraklius schlang sein Diadem um den Arm und rettete sich nur mit großer Not durch die Schnelligkeit seines Pferdes. So schnell war die Verfolgung, daß die Avaren fast zu gleicher Zeit mit der fliehenden Schar durch das goldene Tor von Konstantinopel gedrungen wären. Mit der Beute der Vorstädte wurde ihre Treulosigkeit belohnt, und zweihundertsiebzigtausend Gefangene wurden von ihnen über die Donau geschleppt. Am Strande von Chalcedon hatte der Kaiser in Sicherheit eine Unterredung mit einem ehrenhafteren Feinde, der, bevor Heraklius aus seiner Galeere stieg, mit Ehrfurcht und Mitleid die Majestät des Purpurs begrüßte. Das freundschaftliche Angebot Sains, des persischen Feldherrn, eine Gesandtschaft zum Großkönig zu geleiten, wurde mit wärmstem Dank angenommen, und der prätorianische Präfekt, der Präfekt der Stadt und einer der ersten Geistlichen der Patriarchalkirche, überbrachten die demütige Bitte um Schonung und Frieden. Aber der Unterbefehlshaber des Chosroes hatte die Absichten seines Gebieters mißverstanden. »Nicht eine Gesandtschaft«, rief der Tyrann von Asien, »Heraklius selbst hätte er gefesselt vor die Stufen meines Thrones bringen sollen. Ich werde nicht eher mit dem römischen Kaiser Frieden schließen, als bis er seinen gekreuzigten Gott abgeschworen und sich zum Dienste der Sonne bekannt hat.« Sain wurde nach dem unmenschlichen Brauche seines Vaterlandes lebendig geschunden. Dann verletzte man das Völkerrecht und ein ausdrückliches Übereinkommen durch die strenge Einkerkerung des Gesandten. Sechsjährige Erfahrung bewog endlich den persischen Monarchen, die Eroberung von Konstantinopel aufzugeben und den jährlichen Tribut oder das Lösegeld des römischen Reiches zu bestimmen: tausend Talente Gold, tausend Talente Silber, tausend seidene Gewänder, tausend Pferde und tausend Jungfrauen. Heraklius nahm diese schimpflichen Bedingungen an, aber die Zeit, die ihm gewährt wurde, um in dem armen Osten solche Schätze zu sammeln, wurde fleißig zu Rüstungen für einen kühnen und verzweifelten Angriff benutzt.

Unter den berühmten historischen Gestalten ist Heraklius eine der außerordentlichsten und sich am meisten widersprechenden. In den ersten und letzten Jahren seiner langen Regierung erscheint der Kaiser als Sklave der Trägheit, der Vergnügungssucht oder des Aberglaubens, als der leichtsinnige und ohnmächtige Zuschauer öffentlicher Not. Der Arkadius des Palastes verwandelte sich indes bald in den Cäsar des Lagers. Heraklius stellte seine und Roms Ehre durch die Heldentaten und Trophäen von sechs kühnen Feldzügen wieder her. Es wäre die Pflicht der byzantinischen Geschichtsschreiber gewesen, die Ursachen seiner Untätigkeit wie seiner plötzlichen Energie mitzuteilen. Wir können nach so langer Zeit nur vermuten, daß er weit mehr persönlichen Mut als politische Weisheit besaß. Durch die Reize und Intrigen seiner Nichte Martina, mit der er nach dem Tode der Eudoxia eine blutschänderische Ehe schloß, wurde er gefesselt, und schließlich folgte er blindlings seinen verächtlichen, Ratgebern, die als Grundsatz des Reiches geltend machten, daß der Kaiser sein Leben nicht gefährden dürfe. Vielleicht, daß die letzte übermütige Forderung des persischen Eroberers ihn erweckte, aber zur Zeit, als Heraklius zum Helden wurde, beruhte Roms einzige Hoffnung auf den Wechselfällen des Glückes, die den stolzen Chosroes bedrohen mochten und die denen, die bereits an der untersten Stufe der Demütigung angelangt waren, nur günstig sein konnten. Es war dem Kaiser gestattet worden, zur Herbeischaffung des Tributes sich an die morgenländischen Provinzen zu wenden, und seine erste Sorge war es, die Kriegskosten aufzubringen. Aber die Einkünfte flossen nicht mehr so reich wie er es gewöhnt war. Heraklius jedoch war mutig genug, den Reichtum der Kirche für seine Zwecke in Anspruch zu nehmen, allerdings mit dem feierlichen Gelübde, daß er alles, was er zu nehmen gezwungen sei, im Dienste des Reiches und der Kirche verwenden und später alles mit hohen Zinsen zurückerstatten werde. Die Geistlichkeit selbst nahm lebendigen Anteil an der öffentlichen Not, und der kluge Patriarch von Alexandria stand, ohne die Vermutung aufkommen zu lassen, daß es sich um eine Verletzung des Kircheneigentums handle, seinem Souverän durch die wunderbare oder rechtzeitige Entdeckung eines geheimen Schatzes bei. Von den Soldaten, die mit Phocas verschworen gewesen waren, hatten nur zwei die Unbilden der Zeit und das Schwert der Barbaren überlebt; der Verlust wurde durch die neuen Aushebungen des Heraklius unvollkommen ersetzt, und das Gold der Kirche vereinigte in ein und demselben Lager die Menschen, Waffen und Sprachen des Morgen- wie des Abendlandes. Schon die bloße Neutralität der Avaren mußte ihn zufriedenstellen, und seine freundschaftliche Bitte, der Chagan möge nicht als Feind, sondern als Beschützer des Reiches handeln, war mit einem wirkungsvollen Geschenke von zweihunderttausend Goldstücken begleitet. Zwei Tage nach dem Osterfeste (622) vertauschte der Kaiser seinen Purpur mit dem einfachen Gewande eines Büßenden und Kriegers und gab das Zeichen zum Aufbruch. Heraklius empfahl seine Kinder der Treue des Volkes, legte die Zivil- und Militärgewalt in die würdigsten Hände und stellte es der Weisheit des Patriarchen und des Senates anheim, die Stadt zu retten oder zu übergeben, wenn sie in seiner Abwesenheit von überlegenen Streitkräften des Feindes auf das Äußerste bedrängt werden sollte.

Die Höhen um Chalcedon waren mit Zelten und Waffen bedeckt; wenn jedoch die neuangeworbenen Truppen übereilt zum Angriff geführt worden wären, wäre ein Sieg der Perser vor Konstantinopel der letzte Tag des römischen Reiches gewesen. Nicht minder unklug wäre es gewesen, in die Provinzen von Kleinasien vorzudringen, weil die Massen der persischen Reiterei seine Zufuhren hätten abschneiden können und seine Nachhut ermattet und in Unordnung gebracht hätten. Aber die Griechen waren noch immer Herren des Meeres. Eine Flotte von Galeeren, Transport- und Proviantschiffen sammelte sich im Hafen. Die Barbaren willigten ein, an Bord zu gehen; ein günstiger Wind führte sie durch den Hellespont. Die westliche und südliche Küste von Kleinasien lag ihnen zur Linken. Der Mut ihres Anführers zeigte sich zuerst während eines Sturmes, und sogar die in seinem Gefolge befindlichen Eunuchen wurden durch das Beispiel ihres Gebieters zur Standhaftigkeit und zu Anstrengungen bewogen. Er setzte seine Truppen an den Grenzen von Syrien und Kilikien, im Golfe von Svanderum, wo die Küste sich gegen Süden wendet, ans Land, und die Wahl dieses wichtigen Postens liefert einen Beweis seines Scharfblickes. Von allen Seiten konnten da die zerstreuten Besatzungen der Seestädte und Gebirge schnell und sicher den kaiserlichen Fahnen zueilen. Die natürlichen Befestigungen Kilikiens schützten, ja verbargen sogar das Lager des Heraklius, das in der Nähe von

Issus auf demselben Boden, wo Alexander die Scharen des Darius besiegt hatte, aufgeschlagen war. Der Winkel, den der Kaiser besetzte, schnitt tief in den Halbkreis der kleinasiatischen, armenischen und syrischen Provinzen ein, und nach welchem Punkte immer der Peripherie er seinen Angriff richten mochte, fiel es ihm leicht, seine Bewegungen zu verheimlichen und denen des Feindes zuvorzukommen. Im Lager von Issus stellte der römische Feldherr die Trägheit und Unordnung der älteren Soldaten ab und unterrichtete die neuangeworbenen in der Geschichte und Ausübung der kriegerischen Taten. Durch die Enthüllung des wundertätigen Bildes Christi reizte er sie, die heiligen Altäre zu rächen, die durch die Feueranbeter entweiht worden waren. Er redete die Soldaten mit den Namen Söhne und Brüder an und beklagte das öffentliche und private Unglück des Reiches. Die Untertanen eines Monarchen wurden überredet, daß sie für die Sache der Freiheit fochten. Eine ähnliche Begeisterung ergriff die fremden Soldtruppen, denen eigentlich die Interessen Roms ebenso gleichgültig sein konnten wie die Persiens. Heraklius selbst schärfte ihnen mit der Geschicklichkeit und der Geduld eines Centurionen die Lehren der Taktik ein und die Soldaten wurden unablässig im Gebrauche ihrer Waffen und Schlachten schlagen geübt. Die Reiterei und das Fußvolk, Schwer- und Leichtbewaffnete wurden in zwei Haufen geteilt; die Trompeter befanden sich in der Mitte, und ihre Signale leiteten den Marsch, den Angriff, den Rückzug, die Verfolgung, den geraden oder schiefen Aufmarsch, die tiefe und ausgedehnte Phalanx, um im Scheinkampfe den wirklichen Krieg darzustellen. Die Beschwerden, denen der Kaiser seine Truppen unterwarf, trug er selbst in gleicher Schwere; ihre Arbeit, ihr Schlaf waren nach den feststehenden Regeln der Heereszucht bemessen, und ohne den Feind zu verachten, lernten sie ein unbedingtes Vertrauen in ihre eigene Tapferkeit und in die Weisheit ihres Führers zu setzen. Kilikien wurde bald von den persischen Truppen eingeschlossen, aber ihre Reiterei zögerte, sich den Engpässen des Taurusgebirges anzuvertrauen, bis sie durch Heraklius eingeschlossen wurde, der ihr unvermerkt in den Rücken fiel und ihr seine Front in Schlachtordnung darbot. Durch eine Scheinbewegung, die Armenien zu bedrohen schien, verwickelte er die Perser gegen ihre Wünsche in ein allgemeines Gefecht. Die vorgetäuschte Unordnung seines Lagers verführte sie zum Angriff. Als sie aber zum Kampfe vorrückten, war der Boden, die Sonne, kurz alles den Barbaren ungünstig. Die Römer verwendeten ihre Taktik mit Erfolg auf dem Schlachtfelde, und der Ausgang des Tages verkündete der Welt, daß die Perser nicht unbesieglich wären und daß ein Held den Purpur trug. Durch Sieg und Ruhm erstarkt, überstieg Heraklius kühn die Höhen des Taurusgebirges, marschierte durch die Ebenen von Kappadozien und schlug seine Winterquartiere im gesicherten und reichen Land auf. Er war über die

Eitelkeit, in Konstantinopel einen unvollständigen Triumph zu feiern, erhaben, aber die Anwesenheit des Kaisers war unerläßlich, um die unruhigen und raubsüchtigen Avaren in Schach zu halten.

Seit den Tagen Scipios und Hannibals wurde kein kühneres Unternehmen zur Befreiung des Reiches versucht als das des Heraklius. Der Kaiser ließ die Perser für eine Weile die Provinzen unterdrücken und die Hauptstadt des Ostens beschimpfen, indes er selbst den gefährlichen Weg übers Schwarze Meer und über die Gebirge Armeniens einschlug, in das Herz Persiens eindrang und so die Heere des Großkönigs zur Verteidigung ihres blutenden Vaterlandes zurückrief. Mit einer auserlesenen Schar von fünftausend Kriegern segelte Heraklius von Konstantinopel nach Trapezunt, zog dort die Streitkräfte an sich, die in den Bezirken von Pontus überwintert hatten und rief von der Mündung des Phasis bis zum Kaspischen Meere seine Untertanen und Bundesgenossen auf, mit ihm, dem Nachfolger Konstantins, unter der wahren und siegreichen Fahne des Kreuzes ins Feld zu ziehen. Als die Legionen des Lucullus und Pompejus zum ersten Male über den Euphrat gingen, erröteten sie ob ihres leichten Sieges über die Armenier. Aber die langen und häufigen Kriege hatten die Seelen und Leiber dieses verweichlichten Volkes gestählt; ihr Eifer und ihre Tapferkeit zeichneten sich im Dienste eines sinkenden Reiches aus. Sie verabscheuten und fürchteten die Gewaltherrschaft des Hauses Sassan, und die Erinnerung an die Christenverfolgungen steigerte ihren Haß gegen die Feinde Christi. Die Grenzen von Armenien, wie es dem Kaiser Mauritius abgetreten worden war, erstreckten sich bis zum Araxes. Heraklius, den Fußstapfen des Marcus Antonius folgend, rückte bis Tauris oder Gandzaca, der alten und auch jetzigen Hauptstadt einer der medischen Provinzen, vor. An der Spitze von vierzigtausend Mann war Chosroes selbst von irgendeinem fernen Zuge zurückgekehrt, um die Römer aufzuhalten. Er zog sich aber bei Annäherung des Heraklius zurück und wich der Wahl zwischen Frieden oder Schlacht aus. Statt einer halben Million Einwohner, die man Tauris unter der Regierung der Sophis zugesprochen hat, hatte die Stadt nur dreihunderttausend Häuser. Aber der Wert der königlichen Schätze wurde durch die Sage erhöht, daß es die dem Krösus abgenommene Beute wäre, die Cyrus von der Zitadelle von Sardes dahin hätte schaffen lassen. Nur der Winter hielt die schnellen Eroberungen des Heraklius auf; Klugheit oder Aberglauben bewog ihn zum Rückzug nach Albanien längs den Küsten des Kaspischen Meeres, und seine Zelte waren höchstwahrscheinlich in den Ebenen von Mogan, dem Lieblingslager der orientalischen Fürsten, aufgeschlagen. Mit diesem Einfall zeigte er den Eifer und die Rache eines christlichen Kaisers. Auf seinen Befehl löschten die Soldaten das Feuer der Magier aus und zerstörten ihre Tempel. Die Standbilder des Chosroes, der göttliche Ehrenbezeigungen anstrebte, wurden in die Flammen geworfen und die Trümmer von Thebarma oder Ormia, dem Geburtsorte Zoroasters, sühnten einigermaßen die dem heiligen Grabe widerfahrenen Unbilden. Einen reineren Religionsgeist bewies er durch Unterstützung und Freilassung von fünfzigtausend Gefangenen. Heraklius ward durch Tränen und dankbares Freudengeschrei belohnt, und diese weise Maßnahme, die den Ruf seiner Milde verbreitete, steigerte das Murren der Perser gegen den Stolz und die Hartnäckigkeit ihres eigenen Souveräns.

Während des folgenden glänzenden Feldzuges ist Heraklius fast unseren als auch den Blicken der byzantinischen Geschichtsschreiber entzogen. Aus den weiten, fruchtbaren Ebenen von Albanien folgte der Kaiser dem Zuge der hyrkanischen Bergkette, stieg in die Provinz Medien oder Irak nieder und trug seine siegreichen Waffen bis zu den Königstädten Casbin und Ispahan, denen sich noch niemals ein römischer Eroberer genähert hatte. Über die Gefahr, die seinem Königreich drohte, bestürzt, hatte Chosroes bereits seine Streitkräfte vom Nil und aus dem Bosporus abberufen, denn drei furchtbare Heere umringten in Feindesland das Lager des Kaisers. Die kolchischen Bundesgenossen schickten sich an, seine Fahnen zu verlassen, und das mutlose Schweigen der tapfersten Veteranen offenbarte ihre Besorgnisse mehr als es sie verbarg. »Zittert nicht«, rief der unerschrockene Heraklius, »ob der Menge eurer Feinde. Mit Gottes Hilfe kann ein Römer über tausend Barbaren siegen. Wenn aber unser Leben der Rettung unserer Brüder zum Opfer fällt, erlangen wir die Krone des Märtyrertums und Gott und die Nachwelt werden uns reichen und unsterblichen Lohn geben.« Diesen hochherzigen Gesinnungen entsprachen Heldentaten. Er schlug den dreifachen Angriff der Perser zurück, benützte die Meinungsverschiedenheiten ihrer Anführer und jagte sie endlich nach wohlberechneten Märschen, Rückzügen und Gefechten aus dem Felde in die festen Städte von Medien und Assyrien. Sabaraza hielt sich während des strengen Winters in Salban für sicher. Heraklius aber, der seine Truppen teilte und in tiefer Nacht einen beschwerlichen Marsch ausführte, überrumpelte ihn. Die flachen Dächer der Häuser wurden mit Tapferkeit vergeblich gegen die Pfeile und Pechkränze der Römer verteidigt; die persischen Satrapen und Großen mit ihren Gattinnen und Kindern und mit der kriegerischen Jugend fanden entweder den Tod oder mußten sich ergeben. Der Feldherr entkam durch schleunige Flucht, aber seine goldene Rüstung fiel in die Hände des Siegers und die Soldaten des Heraklius erfreuten sich des Reichtums und der Ruhe, die sie so sehr verdient hatten. Als der Frühling wiederkehrte, durchzog er in sieben Tagen die Gebirge Kurdistans und übersetzte, ohne Widerstand zu finden, den reißenden Tigris. Durch Beute und Gefangene fast erdrückt, machten die Römer unter den Mauern von Amida Halt, und Heraklius teilte dem Senat von Konstantinopel seinen Erfolg mit, den die Stadt bereits durch den Abzug ihrer Belagerer gespürt hatte. Die Brücken über den Euphrat waren von den Persern zerstört worden; kaum hatte jedoch der Kaiser eine Furt entdeckt, als sie sich eilig zurückzogen, um die Ufer des Sarus in Kilikien zu verteidigen. Dieser Fluß, ein wilder Bergstrom, war gegen dreihundert Fuß breit. Die Barbaren hatten die Brücke mit starken Türmen befestigt und ihre Bogenschützen hielten die Ufer besetzt. Nach einem blutigen Kampfe, der bis zum Abend währte, glückte den Römern der Sturm, und ein Perser von gigantischem Wüchse wurde von des Kaisers eigenen Händen getötet und in den Sarus geworfen. Die bestürzten Feinde wurden zerstreut und verfolgt. Heraklius setzte seinen Marsch nach Sebaste in Kappadozien fort, und nach Ablauf von drei Jahren feierte man an der nämlichen Küste des Schwarzen Meeres die Rückkehr des Kaisers von einem langen und glücklichen Kriegszuge.

Statt an den Grenzen zu Scharmützeln, richtete jeder der beiden Monarchen, die miteinander um die Herrschaft im Osten kämpften, seine verzweifelten Schläge nach dem Herzen des Nebenbuhlers. Die Streitkräfte Persiens waren durch die Märsche und Kämpfe im Verlauf von zwanzig Jahren geschmolzen, und viele der Veteranen, die weder dem Schwert noch dem Klima erlegen waren, wurden noch in den Festungen Syriens oder Ägyptens zurückgehalten. Aber Chosroes' Rachedurst und Ehrgeiz erschöpfte sein Reich, Er teilte die neu ausgehobenen Untertanen, Fremde und Sklaven, in drei furchtbare Heere. Die erste Armee von fünfzigtausend Mann, ausgezeichnet durch Schmuck und den Titel der goldenen Speere, sollte gegen Heraklius ziehen. Die zweite nahm eine Stellung ein, um dessen Vereinigung mit den Truppen seines Bruders Theodorus zu verhindern. Die dritte endlich hatte Befehl, Konstantinopel zu belagern und die Unternehmungen des Chagan, mit dem der persische König einen Bündnis- und Teilungsvertrag abgeschlossen hatte, zu unterstützen. Sarbar, der Anführer dieser dritten Armee, drang durch die Provinzen von Asien nach dem wohlbekannten Lager von Chalcedon und zerstörte die heiligen und weltlichen Gebäude der asiatischen Vorstädte, während er ungeduldig des Eintreffens seiner skythischen Bundesgenossen am anderen Gestade des Bosporus harrte. Am 29. Juni 626 brachen dreißigtausend Barbaren, die Vorhut der Avaren, durch die lange Mauer und trieben einen wirren Haufen Bauern, Bürger und Soldaten vor sich her in die Hauptstadt. Unter der Fahne des Chagan kämpften achtzigtausend seiner eigenen Untertanen und der von ihm abhängigen Stämme der Gepiden, Russen, Bulgaren und Slawen. Ein Monat verging mit Märschen und Unterhandlungen. Am 31. Juli aber war die ganze Stadt von den Vorstädten von Pera und Galata bis zu den Blachernä oder sieben Türmen eingeschlossen, und die Einwohner gewahrten mit Entsetzen die Feuerzeichen auf dem europäischen wie dem asiatischen Gestade. Inzwischen versuchten die Machthaber von Konstantinopel wiederholt, den Rückzug des Chagan zu erkaufen; aber ihre Abgeordneten wurden abgewiesen und beschimpft, ja er ließ die Patrizier vor seinem Throne stehen, während die persischen Gesandten in seidenen Gewändern ihm zur Seite saßen. »Ihr seht«, sprach der stolze Barbar, »die Beweise meines vollkommenen Einverständnisses mit dem Großkönig. Sein Stellvertreter schickt sich an, eine auserlesene Schar von dreitausend Kriegern in mein Lager zu senden. Erdreistet euch nicht länger, euren Gebieter durch das Angebot unangemessenen Lösegeldes versuchen zu wollen; eure Reichtümer und eure Stadt sind die einzigen meiner Annahme würdigen Geschenke. Was euch betrifft, will ich jedem erlauben, mit einem Unterkleide und einem Hemde abzuziehen, und mein Freund Sarbar wird euch auf meine Bitte den Durchzug durch seine Reihen gewähren. Euer abwesender Fürst, in diesem Augenblicke entweder Gefangener oder Flüchtling, hat Konstantinopel seinem Schicksal überlassen; ihr vermögt den Avaren und den Persern nicht zu entgehen, außer ihr könnt euch in die Luft emporschwingen wie die Vögel oder unter das Wasser tauchen wie die Fische.« Zehn Tage hintereinander wurde die Hauptstadt von den Avaren, die einige Fortschritte in der Belagerungskunst gemacht hatten, angegriffen; sie rückten unter dem Schutze eines undurchdringlichen Schirmdaches vor, um die Mauern zu untergraben oder zu erschüttern. Ihre Maschinen spieen einen unaufhörlichen Regen von Steinen und Wurfspießen aus und zwölf hohe Holztürme brachten die Kämpfenden auf gleiche Höhe mit den benachbarten Wällen. Aber Senat und Volk waren von Heraklius' Geiste beseelt, der eine Abteilung von zwölftausend geharnischten Reitern zu ihrer Unterstützung entsandte. Feuer und Technik wurden zur Verteidigung von Konstantinopel mit überlegener Kunst angewendet; die Galeeren mit zwei oder drei Ruderbänken beherrschten den Bosporus und machten die Perser zu müßigen Zuschauern der Niederlage ihrer Bundesgenossen. Die Avaren wurden zurückgeschlagen und eine Flotte slawischer Schiffe im Hafen vernichtet. Die Vasallen des Chagan drohten, ihn zu verlassen. Seine Vorräte waren erschöpft, und er gab, nachdem er seine Maschinen verbrannt hatte, das Zeichen zu einem langsamen und verheerenden Abzuge. Die frommen Römer schrieben diese denkwürdige Befreiung der Jungfrau Maria zu; die Mutter Christi würde aber gewiß die unmenschliche Ermordung der persischen Gesandten verdammt haben, die auf Menschheitsrechte Anspruch hatten, wenn sie auch nicht durch das Völkerrecht beschützt wurden.

Heraklius ging nach der Teilung seines Heeres wohlweislich nach dem Ufer des Phasis zurück, von wo aus er einen Verteidigungskrieg gegen die fünfzigtausend goldenen Speere von Persien führte. Seine Besorgnisse wurden durch die Befreiung von Konstantinopel gehoben, seine Hoffnungen durch einen Sieg seines Bruders Theodorus gesteigert, und dem feindlichen Bunde des Chosroes mit den Avaren setzte der römische Kaiser das nützliche und ehrenvolle Bündnis mit den Türken entgegen. Seiner freundlichen Einladung folgend, verpflanzte die Horde der Chozaren ihre Zelte aus den Wolgaebenen nach den Gebirgen von Georgien. Heraklius empfing sie in der Nähe von Tiflis. Der Khan und seine Großen stiegen von den Pferden und warfen sich, wenn wir den Berichten der Griechen Glauben beimessen, zu Boden, um den Cäsar anzubeten. Eine so freiwillige Huldigung und ein so wichtiger Beistand beanspruchte die wärmste Anerkennung. Der Kaiser nahm sein eigenes Diadem und setzte es auf das Haupt des türkischen Fürsten, den er mit einer liebevollen Umarmung und dem Namen Sohn begrüßte. Nach einem prachtvollen Bankett beschenkte er Ziebel mit den Silbergeschirren und dem Schmucke, dem Golde, den Edelsteinen und der Seide, die man bei der kaiserlichen Tafel verwendet hatte und verteilte eigenhändig unter seine Bundesgenossen Juwelen und kostbare Ohrringe. In einer geheimen Unterredung zeigte er ihm das Bild seiner Tochter Eudokia und ließ sich herab, dem Barbaren durch das Versprechen einer schönen kaiserlichen Braut zu schmeicheln. Dadurch erlangte er unverzüglich einen Beistand von vierzigtausend Pferden, und die Türken unternahmen überdies einen Ablenkungsangriff gegen die Feinde vom Oxus her. Die Perser zogen sich nun ihrerseits eilig zurück. Heraklius musterte im Lager von Edessa ein Heer von siebzigtausend Römern und Fremden und verbrachte mehrere Monate mit der glücklichen Wiedereroberung der Städte Syriens, Armeniens und Mesopotamiens, deren Befestigungen unvollständig hergestellt worden waren. Sarbar hielt noch den wichtigen Posten von Chalcedon besetzt, aber Chosroes' Eifersucht oder eine List des Heraklius entfremdeten diesen mächtigen Satrapen bald dem Dienste seines Königs und Vaterlandes. Ein Bote wurde mit einem wirklichen oder erdichteten Auftrage an den Cadarigan oder zweiten Befehlshaber aufgefangen, wodurch dieser aufgefordert wurde, unverzüglich das Haupt des schuldigen oder unglücklichen Feldherrn Chosroes zu bringen. Die Depeschen wurden Sarbar übersandt, und sowie er sein Todesurteil gelesen hatte, fügte er geschickt die Namen von vierhundert Offizieren darin ein, versammelte den Kriegsrat und fragte den Cadarigan, ob er bereit wäre, die Befehle ihres Tyrannen zu vollziehen? Die Perser erklärten einmütig, daß Chosroes das Szepter verwirkt habe. Ein Sondervertrag wurde mit der Regierung von Konstantinopel geschlossen, und wenn auch Ehre oder politische Gründe Sarbar abhielten, offen zu Heraklius zu stoßen, so war der Kaiser doch sicher, daß er nun ungestört seine Sieges- und Friedenspläne verfolgen könne.

Seiner festesten Stütze beraubt und an der Treue seiner Untertanen zweifelnd, leuchtete Chosroes' Größe auch noch, als sie bereits in Trümmern lag. Die Zahl 500.000 mag als orientalische Metapher gelten, um die Menschen und Waffen, die Pferde und Elefanten zu bezeichnen, die Medien und Assyrien gegen den Einfall des Heraklius decken sollten. Trotzdem drangen die Römer dreist vom Araxes nach dem Tigris vor. Der kluge Rhazates begnügte sich indes, ihnen in Eilmärschen durch ein verheertes Land zu folgen, bis er den Befehl erhielt, das Schicksal Persiens in einer entscheidenden Schlacht aufs Spiel zu setzen, östlich vom Tigris am Ende der Brücke von Mosul hatte einst Ninive gestanden. Die Stadt, ja selbst ihre Ruinen waren seit langer Zeit verschwunden, und nun bot dieser Platz ein geräumiges Feld für die Bewegungen der beiden Heere. Aber die taktischen Bewegungen werden von den byzantinischen Geschichtschreibern nicht geschildert, und gleich Epikern oder Romandichtern schreiben sie den Sieg nicht der Kriegskunst, sondern der persönlichen Tapferkeit ihres Lieblingshelden zu. An diesem denkwürdigen Tage (1. Dezember 627) übertraf Heraklius auf seinem Rosse Phallas seine tapfersten Krieger. Seine Lippe wurde von einem Speer durchbohrt, sein Pferd an der Hüfte verwundet, aber es trug seinen Gebieter sicher und siegreich durch die dreifache Phalanx der Barbaren. In der Hitze des Gefechtes fielen nacheinander drei tapfere Anführer durch die Lanze oder das Schwert des Kaisers, unter ihnen Rhazates; er starb den Tod eines Kriegers. Er brachte jedoch Schmerz und Verzweiflung in die ermattenden Reihen der Perser. Seine Rüstung aus reinem, massiven Golde, der Schild aus einhundertzwanzig Platten, Schwert und Gürtel, Sattel und Panzer schmückten den Triumph des Heraklius, und wenn er nicht Christus und dessen Mutter treu geblieben wäre, hätte der römische Held die vierten Spolia opima dem Jupiter des Kapitols opfern können. In der Schlacht von Ninive, in der mit größter Erbitterung von Tagesanbruch bis zur elften Stunde gekämpft wurde, verloren die Perser achtundzwanzig Fahnen, die zerbrochenen oder zerrissenen nicht gerechnet. Der größte Teil ihres Heeres wurde in Stücke gehauen, und die Sieger brachten, um ihren Verlust zu verheimlichen, die Nacht auf dem Schlachtfelde zu. Sie gestanden, daß es diesmal leichter gewesen sei, die Soldaten Chosroes' zu töten, als sie in die Flucht zu treiben. Mitten unter den Leichen der ihrigen, nicht weiter als zwei Bogenschüsse vom Feind entfernt, stand die persische Reiterei fast bis zur siebenten Nachtstunde; um die achte kehrten sie in ihr unversehrtes Lager zurück, sammelten ihr Gepäck und zerstreuten sich nach allen Seiten mehr aus Mangel an Befehlen als an Entschlossenheit. Heraklius war bei der Ausnützung des Sieges nicht minder bewunderungswürdig. Infolge eines Marsches von achtundvierzig Meilen in vierundzwanzig Stunden besetzte seine Vorhut die Brücke über den großen und kleinen Zab, und die Städte und Paläste Assyriens standen zum ersten Male den Römern offen. Sie drangen bis zur königlichen Residenz Dastadscherd vor, und obwohl von den Schätzen vieles entfernt, vieles verteilt worden war, übertraf der noch vorhandene Reichtum ihre Erwartungen, ja befriedigte sogar ihre Habsucht. Was nicht gut fortgeschafft werden konnte, verbrannten sie, damit Chosroes die Bitterkeit jener Wunden fühle, die er so oft den Provinzen des Reiches geschlagen hatte. Ja man könnte gerechterweise diese Entschuldigungen gelten lassen, wenn nur Gegenstände, die dem königlichen Luxus gedient hatten, zerstört worden wären und wenn nicht Nationalhaß, militärische Zügellosigkeit und Religionseifer mit gleicher Wut die Wohnungen und Tempel der schuldlosen Untertanen zerstört hätte. Die Wiedererlangung von dreihundert römischen Fahnen und die Befreiung der zahlreichen Gefangenen von Edessa und Alexandria zeigten Heraklius in reinerem Glänze. Vom Palaste von Dastadscherd setzte er seinen Marsch bis auf wenige Meilen von Modain oder Ktesiphon fort, wurde aber endlich an den Ufern des Arba durch den schwierigen Übergang, die Strenge der Jahreszeit und vielleicht auch durch den Ruf der Uneinnehmbarkeit der Hauptstadt aufgehalten. Der Ort, von wo der Kaiser zurückkehrte, wird neuerlich als Stadt Sherzur bezeichnet. Er kam glücklich vor dem Schnee, der vierunddreißig Tage hindurch ununterbrochen fiel, über das Zaragebirge und die Bürger von Gandzaca oder Tauris mußten seine Soldaten samt ihren Pferden gastfrei aufnehmen und bewirten.

Als Chosroes sich in seinem Ehrgeiz auf die Verteidigung seines ererbten Königreiches beschränken mußte, hätte ihn Ruhmsucht, ja sogar nur Schamgefühl antreiben sollen, sich mit seinem Gegner im Felde zu messen. In der Schlacht von Ninive hätte er mutvoll die Perser zum Siege führen oder er hätte ehrenvoll durch eine römische Lanze getötet werden können. Der Nachfolger des Cyrus zog es aber vor, den Ausgang in sicherer Entfernung abzuwarten, die der Niederlage entronnenen Truppen zu sammeln und sich langsam vor dem andringenden Heraklius zurückzuziehen, bis er mit einem Seufzer den einst geliebten Palast von Dastadscherd erreichte. Freunde wie Feinde waren überzeugt, es sei Chosroes' Absicht, sich unter den Trümmern der Stadt und des Palastes begraben zu lassen, und da sich beide seiner Flucht in gleichem Maße widersetzten, entwich der asiatische Monarch mit Sira und drei Nebenfrauen durch ein Loch in der Mauer (29. Dezember), neun Tage vor der Ankunft der Römer. Der langsam sich bewegende, prachtvolle Zug, in dem er sich sonst den zur Erde gebückten Scharen zeigte, verwandelte sich in schnelle und geheime Flucht. Er schlief die erste Nacht in einer Bauernhütte, deren niedrige Tür den Großkönig kaum einließ. Sein Aberglaube wurde durch Furcht besiegt. Er betrat freudig am dritten Tage die befestigten Mauern von Ktesiphon, zweifelte jedoch an seiner Sicherheit, so lange nicht der Tigris zwischen ihm und den Römern lag. Seine Flucht versetzten Palast, Stadt und Lager von Dastadscherd in Bestürzung und Aufruhr. Die Satrapen wußten nicht, ob sie ihren Souverän oder den Feind mehr zu fürchten hatten, und die Haremsfrauen wurden durch den Anblick von Männern überrascht und erfreut, bis der eifersüchtige Gebieter über dreitausend Frauen sie wieder in ein entferntes Schloß einsperrte. Auf seinen Befehl zog sich das Heer von Dastadscherd in ein neues Lager zurück; die Front wurde durch den Arba und eine Linie von zweihundert Elefanten gedeckt. Die Truppen der ferneren Provinzen langten nacheinander an. und selbst die niedrigsten Diener des Königs und der Satrapen mußten als letztes Aufgebot zur Verteidigung des Thrones zu den Waffen greifen. Noch stand es in Chosroes' Macht, einen vernünftigen Frieden zu schließen, und die Gesandten des Heraklius drangen wiederholt in ihn, seine Untertanen zu schonen und dem menschenfreundlichen Sieger die schmerzliche Notwendigkeit zu ersparen, die schönsten Provinzen Asiens mit Feuer und Schwert zu verheeren. Aber der Stolz des Persers war noch nicht gebrochen. Er schöpfte aus dem Rückzug des Kaisers trügerische Zuversicht, weinte in ohnmächtiger Wut über die Zertrümmerung seiner assyrischen Paläste und ließ allzulange das immer stärker werdende Murren seines Volkes unbeachtet, das klagte, daß sein Leben und seine Habe dem Starrsinn eines alten Mannes geopfert wunden. Dieser unglückliche alte Mann war selbst von den bittersten seelischen und körperlichen Schmerzen gefoltert und beschloß im Gefühle seines herannahenden Endes, die Tiara dem geliebtesten seiner Söhne, Merdaza, aufs Haupt zu setzen. Aber der Wille des Chosroes wurde nicht mehr beachtet. Siroes, stolz auf den Rang und das Verdienst seiner Mutter Sira, hatte geschworen, die Rechte der Erstgeburt zu behaupten. Zweiundzwanzig Satrapen, sie nannten sich Patrioten, ließen sich durch die Reichtümer und die Ehrenstellen, die eine neue Regierung zu vergeben hat, verführen. Den Soldaten versprach der Erbe des Chosroes Erhöhung des Soldes, den Christen Religionsfreiheit, den Gefangenen Freiheit und Belohnung, der Nation unverzüglichen Frieden und Steuerherabsetzung. Die Verschworenen beschlossen, daß sich Siroes mit den Abzeichen der königlichen Würde im Lager zeigen solle, und für den Fall des Mißlingens des Unternehmens ward seine Flucht an den kaiserlichen Hof vorbereitet. Aber der neue Monarch wurde einstimmig mit Freudengeschrei begrüßt, Chosroes auf der Flucht (aber wohin hätte er fliehen können?) verhaftet. Achtzehn Söhne wurden vor seinen Augen ermordet und er selbst in einen Kerker geworfen, in dem er am fünften

Tage starb (28. Februar 628). Die Griechen und neueren Perser beschreiben genau, wie Chosroes auf Befehl seines unmenschlichen Sohnes, der so gar nicht seinem Vater nachgeriet, beschimpft und gefoltert wurde und schließlich den Hungertod erlitt; aber wer konnte zur Zeit seines Todes die Geschichte eines Vatermordes erzählen? Welches Auge in den finsteren Turm dringen? Nach dem Glauben seiner christlichen Feinde sank er in die Hölle, und man kann in der Tat nicht leugnen, daß der Tyrann solch höllische Wohnung verdiente. Der Glanz des Hauses der Sassaniden endete mit Chosroes Leben. Sein unnatürlicher Sohn genoß nur acht Monate die Früchte seiner Verbrechen. Im Laufe von fünf Jahren erhoben sich neun Thronprätendenten, die sich mit Schwert oder Dolch die Reste einer erschöpften Monarchie streitig machten. Jede Provinz, jede Stadt Persiens war der blutige Schauplatz der Unabhängigkeit und der Zwietracht, und diese Anarchie währte noch acht Jahre, bis die Parteien unter dem gemeinsamen Joche der arabischen Kalifen vereinigt und zum Schweigen gebracht wurden.

Sowie die Gebirge wieder gangbar geworden waren, empfing der Kaiser die willkommene Nachricht von dem günstigen Erfolge der Verschwörung, dem Tode Chosroes' und der Thronbesteigung seines ältesten Sohnes. Die Anstifter der Verschwörung waren, um ihre Verdienste am Hofe oder im Lager von Tauris geltend zu machen, den Gesandten des Siroes, die ein Schreiben ihres Gebieters an seinen Bruder, den römischen Kaiser, zu überbringen hatten, vorausgeeilt. Siroes schrieb in der Sprache aller Thronräuber seine eigenen Verbrechen der Gottheit zu und erbot sich, ohne seiner Majestät etwas zu vergeben, die lange Zwietracht der beiden Nationen durch einen Friedens- und Freundschaftsvertrag zu beenden, der dauerhafter sein sollte als Erz und Eisen. Der Vertrag wurde bald abgeschlossen und seine Bedingungen treulich erfüllt. Durch die Wiedererlangung der Fahnen und Gefangenen, die in die Hände der Perser gefallen waren, ahmte der Kaiser das Beispiel des Augustus nach. Die Fürsorge dieser beiden Fürsten für die Nationalwürde wurde von den zeitgenössischen Dichtern gefeiert, aber wie sehr das Land geistig in Verfall geraten war, läßt sich aus dem großen Unterschied zwischen Horaz und Georg von Pisidien ersehen. Die Untertanen und Brüder des Heraklius wurden aus Verfolgung, Sklaverei und Elend errettet, aber statt römischer Adler wurde das Holz des Kreuzes auf das ungestüme Verlangen von Konstantins Nachfolger zurückgegeben. Der Sieger geizte nicht danach, die Grenzen des geschwächten Reiches zu erweitern. Der Sohn des Chosroes leistete ohne Bedauern auf die Eroberungen seines Vaters Verzicht. Die Perser, welche die Städte von Syrien und Ägypten räumten, wurden ehrenvoll bis an die Grenzen geführt, und ein Krieg, der beide Monarchien so sehr verwundet hatte, brachte in ihrer äußeren gegenseitigen Lage keine Veränderung hervor. Die Rückkehr des Heraklius von Tauris nach Konstantinopel war ein ununterbrochener Triumph, und er genoß nach den Heldentaten von sechs glorreichen Feldzügen in Frieden die Früchte seiner Mühen. Nach langem Harren gingen Senat, Geistlichkeit und Volk ihrem Helden unter Tränen und Freudengeschrei, mit Ölzweigen und unzähligen Fackeln entgegen. Er fuhr auf einem von vier Elefanten gezogenen Wagen in die Hauptstadt ein, und sobald er sich dem öffentlichen Jubel entzogen hatte, kostete der Kaiser eine reichere Freude in den Umarmungen seiner Mutter und seines Sohnes.

Das folgende Jahr war durch einen Triumph sehr verschiedener Art, die Rückbringung des heiligen Kreuzes nach dem heiligen Grabe, ausgezeichnet. Heraklius wallfahrte persönlich nach Jerusalem. Der kluge Patriarch ermittelte die Identität der Reliquie, und diese hohe Feier wurde durch das jährliche Fest der Kreuzerhöhung verewigt. Bevor der Kaiser den heiligen Boden betrat, unterwies man ihn, das Diadem und den Purpur, den Pomp und die Eitelkeit dieser Welt abzulegen. Leichter aber waren nach dem Urteile seiner Geistlichkeit die Verfolgung der Juden mit den Vorschriften des Evangeliums zu vereinbaren. Er bestieg dann abermals seinen Thron, um die Glückwünsche der Gesandten von Frankreich und Indien entgegenzunehmen, und nach der allgemeinen Meinung wurde sogar der Ruf Moses', Alexanders und Herkules' durch das überlegene Verdienst und den höheren Ruhm des großen Heraklius in den Schatten gestellt. Aber der Befreier des Ostens war arm und schwach. Der wertvollste Teil der persischen Beute war im Kriege ausgegeben, unter die Soldaten verteilt oder durch einen unglücklichen Sturm in den Wogen des Schwarzen Meeres begraben worden. Die Verpflichtung der Geistlichkeit, ihre Reichtümer, die er zu ihrer eigenen Verteidigung entlehnt hatte, zurückzugeben, folterte das kaiserliche Gewissen; ein unendlich großer Fonds war erforderlich, um die Forderungen dieser unerbittlichen Gläubiger zu befriedigen. Die Provinzen, ohnehin schon durch die Waffen und die Habsucht der Perser erschöpft, wurden gezwungen, die Steuer zum zweiten Male zu bezahlen; die Rückstände eines einfachen Bürgers, des Schatzmeisters von Damaskus, wurden in eine Geldbuße von hunderttausend Goldstücken umgewandelt. Der Verlust von zweihunderttausend durch das Schwert umgekommener Soldaten war von geringerer Bedeutung als der Verfall der Künste, des Ackerbaues und der Bevölkerung in diesem langen und verheerenden Kriege, und obschon sich unter Heraklius' Fahnen ein siegreiches Heer gebildet hatte, scheint die unnatürliche Anstrengung ihre Kraft eher erschöpft als gestählt zu haben. Während der Kaiser in Konstantinopel oder Jerusalem seinen Triumph feierte, wurde eine kleine Stadt an der syrischen Grenze von den Sarazenen geplündert, die einige zur Hilfe vorgerückte Truppen vernichteten; ein gewöhnliches und geringfügiges

Ereignis, wenn es nicht das Vorspiel einer gewaltigen Umwälzung gewesen wäre. Diese Räuber waren die Scharen Mohammeds. Sie tauchten in tapferen Schwärmen aus der Wüste, so daß Heraklius in den letzten acht Jahren seiner Regierung an die Araber dieselben Provinzen, die er von den Persern befreit hatte, verlor.

ZWEITES KAPITEL - DIE SPALTUNG DER ORIENTALISCHEN SEKTEN

Theologische Geschichte der Lehre von der Menschwerdung. – Die menschliche und göttliche Natur Christi. – Feindschaft der Patriarchen von Konstantinopel und Alexandria. – Der heilige Cyrill und Nestorius. – Die dritte allgemeine Kirchenversammlung von Ephesus. – Ketzerei des Eutyches. – Die vierte allgemeine Kirchenversammlung von Chalcedon. – Bürgerliche und kirchliche Zwietracht. – Unduldsamkeit Justinians. – Die drei Kapitel. – Der monotheletische Streit. – Zustand der orientalischen Sekten. – I. Die Nestorianer. – II. Die Jakobiten. – III. Die Maroniten. – IV. Die Armenier. – V. Die Kopten und Abessinier

Nach dem Erlöschen des Heidentumes hätten die Christen in Frieden und Frömmigkeit ihren Triumph genießen können. Aber Zwietracht war zwischen ihnen, und sie strebten mit mehr Ernst danach, die Natur ihres Stifters zu ergründen als seine Gebote zu befolgen. Ich habe bereits bemerkt, daß den Streitigkeiten über die Dreieinigkeit jene der Menschwerdung folgten, gleiches Ärgernis in der Kirche erregend, gleich unheilvoll für den Staat, in ihrem Ursprunge noch geringfügiger, aber viel dauerhafter in ihren Folgen. Es ist meine Absicht, in diesem Kapitel einen Religionskampf von zweihundertfünfzig Jahren zusammen zu drängen, die kirchliche und politische Spaltung der orientalischen Sekten darzustellen und ihre lärmenden oder blutigen Kämpfe durch eine kurze Untersuchung der Lehren der Urkirchen einzuleiten.

I. Lobenswerte Rücksicht auf die Ehre der ersten Proselyten hat die Meinung, die Hoffnung und den Wunsch erregt, daß die Ebioniten oder wenigstens die Nazarener sich nur durch ihr hartnäckiges Beharren auf der Ausübung der mosaischen Gebräuche unterschieden haben könnten. Ihre Kirchen sind verschwunden, ihre Bücher vertilgt, ihre zweifelhafte Freiheit könnte eine Erweiterung des Glaubens gestatten, die Weichheit ihres noch jungen Bekenntnisses durch den Religionseifer und die Weisheit von drei Jahrhunderten verschiedenfaltig umgeformt worden sein. Aber auch der mildeste Kritiker muß diesen Sektierern jede Kenntnis von der reinen und eigentlichen Göttlichkeit Christi absprechen. In der Schule jüdischer Prophezeiungen und Vorurteile erzogen, waren sie nie unterwiesen worden, ihre Hoffnungen über einen menschlichen und zeitlichen Messias hinaus zu erheben. Wenn sie gleich den Mut hatten, ihren König zu begrüßen, als er im geringen Gewande erschien, waren sie mit ihrem gröberen Begriffe doch nicht imstande, den Gott zu erkennen, der seine himmlischen Eigenschaften geflissentlich unter dem Namen und der Gestalt eines Sterblichen verborgen hatte. Die vertrauten Gefährten Jesus von Nazareth gingen mit ihm als mit ihrem Freunde und Landsmann um, der in allen vernünftigen und menschlichen Verrichtungen ganz desselben Geschlechtes zu sein schien wie sie selbst. Während seines Reifens von der Kindheit zur Jugend und zum Mannesalter nahm er regelmäßig an Wuchs und Weisheit zu und er verschied nach schmerzlichem Kampfe der Seele und des Leibes am Kreuze. Er lebte und starb zum Wohle des Menschengeschlechtes. Aber auch Leben und Tod des Sokrates waren der Sache der Religion und der Gerechtigkeit gewidmet gewesen, und obschon der Stoiker oder Held die demütigen Tugenden Jesu vielleicht verachtet hätte, müssen doch die Tränen, die er über seinen Freund und sein Vaterland vergoß, als der reinste Beweis seiner Menschlichkeit gelten. Die Wunder des Evangeliums konnten ein Volk nicht in Erstaunen versetzen, das unerschrocken die glänzenderen Wundererscheinungen des mosaischen Glaubens geschaut hatte. Die Propheten der alten Tage hatten Krankheiten geheilt, Tote erweckt, das Meer geteilt, der Sonne Stillstand geboten und sich in einem feurigen Wagen zum Himmel erhoben. In dem metaphorischen Stil der Hebräer konnte sehr wohl einem Heiligen und Märtyrer der Titel des Sohnes Gottes beigelegt werden.

Indessen läßt sich in dem unzulänglichen Glaubensbekenntnisse der Nazarener und Ebioniten ein geringer Unterschied zwischen den Ketzern nachweisen, welche die Zeugung Christi mit der gewöhnlichen Ordnung in der Natur verwechseln und den Schismatikern, welche die Jungfräulichkeit seiner Mutter verehrten und die Beihilfe eines irdischen Vaters ausschlossen. Der Unglaube der ersteren stützte sich auf die sichtbaren Umstände seiner Geburt, die gesetzmäßige Ehe seiner vermeintlichen Eltern Joseph und Maria und seinen angestammten Anspruch auf das Königreich Davids und das Erbe Judas. Aber die geheime und authentische Geschichte war in verschiedenen Abschriften des Evangeliums des heiligen Matthäus aufgezeichnet, die diese Sektierer lange in der hebräischen Ursprache als den einzigen Beweis ihres Glaubens bewahrten. Der natürliche Argwohn des sich seiner eigenen Enthaltsamkeit bewußten Gatten wurde durch die Zusicherung (in einem Traume) zerstreut, daß seine Gattin vom heiligen Geiste beschattet worden wäre, und da dieses seltene häusliche Wunder nicht in den Bereich der persönlichen Beobachtung des Geschichtschreibers fallen konnte, so muß er derselben Stimme Gehör geliehen haben, die dem Isaias die künftige Empfängnis einer Jungfrau anzeigte. Der Sohn einer Jungfrau, erzeugt durch die unbegreifliche Wirksamkeit des heiligen Geistes, war ein Geschöpf ohne Beispiel und in jeder Eigenschaft des Geistes und Körpers den Kindern

Adams überlegen. Seit der Einführung der griechischen oder chaldäischen Philosophie glaubten die Juden an das Dasein, die Wanderung und die Unsterblichkeit der Seelen, und die Vorsehung wurde durch die Annahme gerechtfertigt, daß sie in ihrem irdischen Kerker eingeschlossen wären, um die Sünden zu büßen, die sie in einem früheren Zustande begangen hatten. Aber die Grade der Reinheit und Verderbtheit waren fast unendlich. Es ließ sich in gutem Glauben annehmen, daß der erhabenste und tugendhafteste aller menschlichen Geister dem Sproß der Maria und des heiligen Geistes eingehaucht wurde, daß seine Erniedrigung das Ergebnis freier Wahl und der Gegenstand seiner Sendung die Sühnung nicht seiner, sondern der Sünde der Welt war. Nach seiner Rückkehr in den Himmel, seine Heimat, empfing er den unermeßlichen Lohn seines Gehorsams: das ewige Königreich des Messias, das von den Propheten als Frieden, Sieg und Herrschaft dunkel geweissagt worden war. Die Allmacht konnte die menschlichen Fähigkeiten Christi bis zum Umfange seines himmlischen Amtes erweitern. In den Sprachen des Altertums wurde das Wort Gott nicht streng auf den ersten Schöpfer beschränkt, und sein vollkommener Diener und eingeborener Sohn konnte ohne Anmaßung die religiöse wenn auch untergeordnete Verehrung einer unterworfenen Welt in Anspruch nehmen.

II. Der Same des Glaubens, der auf dem steinigen und undankbaren Boden Judäas langsam aufgegangen war, wurde in voller Reife nach den glücklicheren Ländern der Heiden verpflanzt, und die römischen oder asiatischen Fremdlinge, die Christus nie als Menschen gesehen, waren um so geneigter, an seine Göttlichkeit zu glauben. Der Polytheist und Philosoph, der Grieche, der Barbar waren gleich gewohnt, sich eine lange Reihe, eine unendliche Kette dem Throne des Lichtes entsprossener Engel, Dämonen, Götter, Aeonen, Emanationen zu denken. Ihnen schien es weder befremdlich noch unglaubhaft, daß der erste dieser Aeonen, der Logos oder das Wort Gottes, mit dem Vater von einerlei Wesenheit, auf die Erde herabgestiegen wäre, um das menschliche Geschlecht von Lastern und Irrtümern zu erlösen und auf die Pfade des Lebens und der Unsterblichkeit zu führen. Aber die vorherrschende Lehre von der Ewigkeit und Verderbtheit der Materie steckte die Urkirchen des Ostens an. Viele bekehrte Heiden weigerten sich zu glauben, daß sein himmlischer Geist, ein unabgetrennter Teil des Urwesens persönlich mit einer Masse unreinen und befleckten Fleisches vereinigt worden wäre, und in ihrem Eifer für die Göttlichkeit Christi schworen sie frommer Weise dessen Menschlichkeit ab. Während sein Blut fast noch auf dem Kalvarienberge rauchte, erfanden die Doketen, eine zahlreiche und gelehrte Sekte Asiens, jenes phantastische System, das nachher von den Marcioniten, Manichäern und den übrigen Unterabteilungen der gnostischen Ketzerei übernommen wurde. Sie leugneten die Wahrheit und Echtheit der Evangelien insofern sie auf die Empfängnis der Maria, die Geburt Christi und die dreißig Jahre, die der Ausübung seines Lehramtes vorangingen, bezug hatten. Ihnen zufolge erschien er zum ersten Male an den Ufern des Jordan in vollkommener Mannesgestalt; aber es war nur ein Bild, keine Wesenheit, eine menschliche Gestalt von der Hand der Allmacht geschaffen, um die Eigenschaften und Handlungen eines Menschen nachzuahmen und seine Freunde und Feinde in eine beständige Täuschung zu verstricken. Artikulierte Töne schlugen an die Ohren seiner Jünger, aber das Bild, das sich ihren Sehnerven einprägte, hielt der entscheidenden Probe der Berührung nicht stand, und sie erfreuten sich der geistigen, nicht der körperlichen Gegenwart des Sohnes Gottes. Die eitle Wut der Juden tobte gegen ein unempfindliches Phantom, und die mystischen Szenen des Leidens und Todes, der Auferstehung und Himmelfahrt Christi wurden im Theater von Jerusalem zum besten der Menschheit aufgeführt. Wenn man entgegnet, daß eine solche phantastische Nachäffung, eine so beständige Täuschung des wahrhaften Gottes unwürdig wäre, stimmten die Doketen mit nur zu vielen ihrer rechtgläubigen Brüder in der Rechtfertigung frommen Betruges überein. Nach dem System der Gnostiker war der Jehova Israels der Schöpfer der Erde, ein rebellischer oder wenigstens ein unwissender Geist. Der Sohn Gottes stieg auf die Erde nieder, um seinen Tempel zu zertrümmern und sein Gesetz abzuschaffen, und zur Erreichung seines heilsamen Zweckes bezog er die Hoffnung und Weissagung eines zeitlichen Messias geschickt auf seine eigene Person.

Einer der spitzfindigsten Kämpfer der Schule der Manichäer hatte sich auf die gefährliche und unanständige Ansicht berufen, daß der Gott der Christen als menschlicher Fötus nach neun Monaten sich dem Schoße eines Weibes entwand. Frommer Schauder verführte seine Gegner, alle sinnlichen Umstände der Empfängnis und Geburt zu leugnen und zu behaupten, daß die Gottheit durch Maria wie ein Sonnenstrahl durch eine Glasscheibe drang und daß das Siegel ihrer Jungfräulichkeit auch in dem Augenblicke unzerrissen blieb, als sie Christi Mutter wurde. Aber die Unbesonnenheit dieser Zugeständnisse gebar die milderen Ansichten jener Doketen, die lehrten, daß Christus nicht ein Phantom gewesen, sondern daß er mit einem leidensfreien und unverweslichen Leibe begabt war. Einen solchen hat er in der Tat nach dem orthodoxen Systeme vom Augenblick seiner Auferstehung an erlangt, und einen solchen muß er stets besessen haben, wenn er durch die Dichtigkeit der zwischenliegenden Materie ohne Widerstand oder Unbild zu dringen imstande gewesen ist. Der wesentlichsten Eigenschaften des Fleisches bar, konnte er auch von dessen Bedürfnissen und Schwächen frei sein. Ein Fötus, der von einem unsichtbaren Punkte zu voller Reife anwuchs, ein Kind, das den vollkommenen männlichen Wuchs ohne irgendeine Nahrung erreichte, konnte zu leben fortfahren, ohne den täglichen Abgang durch täglichen Zuwachs äußeren Stoffes zu ersetzen. Jesus teilte das Mahl seiner Jünger, ohne Hunger und Durst unterworfen zu sein, und seine jungfräuliche Reinheit wurde nie durch sinnliche Begierden getrübt. In betreff eines so eigentümlich beschaffenen Körpers entstand die Frage, durch welche Mittel und aus welchem Stoffe er ursprünglich gebildet worden, und unsere richtigere Theologie wird durch eine Antwort, die nicht eigentlich zum gnostischen Systeme gehört, in Erstaunen gesetzt, nämlich, daß sowohl Form als Substanz von dem göttlichen Wesen ausgingen. Die Idee eines reinen und absoluten Geistes ist eine Verfeinerung der neueren Philosophie. Die unkörperliche Wesenheit, wie sie von den Alten der menschlichen Seele, dem himmlischen Wesen, ja der Gottheit selbst zugeschrieben wurde, schließt den Begriff einer Ausdehnung im Raume nicht aus, und ihre Phantasie begnügte sich mit den Begriffen einer Natur von Luft, Feuer oder Äther, unendlich vollkommener, als die grobe Materie der irdischen Welt. Wenn man die Gottheit in den Raum versetzt, muß man auch ihre Gestalt beschreiben. Die Erfahrung, vielleicht auch nur die Eitelkeit der Menschen stellt die Macht der Vernunft und Tugend in menschlicher Gestalt dar. Die Anthropomorphiten, deren es unzählige unter den ägyptischen Mönchen und afrikanischen Katholiken gab, konnten sich auf die ausdrückliche Erklärung der Schrift stützen, daß der Mensch nach Gottes Ebenbild geschaffen worden sei. Der ehrwürdige Serapion, einer der Heiligen der nitrischen Wüste, leistete mit Tränen auf sein teures Vorurteil Verzicht und beweinte wie ein Kind seine unglückliche Bekehrung, die ihm seinen Gott genommen und seine Seele ohne einen sichtbaren Gegenstand des Glaubens und der Andacht gelassen habe.

III. Das waren die schwankenden Ansichten der Doketen. Eine tiefere, obschon minder einfache Hypothese wurde von dem Asiaten Cerinthus aufgestellt, der es wagte, dem längstlebenden Apostel Johannes entgegenzutreten. Zwischen der jüdischen und heidnischen Welt lebend, arbeitete er an einer Vereinigung der Gnostiker mit den Ebioniten, indem er behauptete, daß eine übernatürliche Vereinigung eines Gottes und eines Menschen im Messias stattgefunden habe. Seine mystische Lehre wurde mit mancherlei phantastischen Zusätzen von Carpocrates, Basilides und Valentin, den Ketzern der ägyptischen Schule, angenommen. In ihren Augen war Jesus von Nazareth ein gewöhnlicher Sterblicher, der rechtmäßige Sohn Josephs und der Maria; aber er war zugleich der beste und weiseste aller Menschen, auserwählt als würdiges Werkzeug, das Ansehen des wahrhaften und höchsten Gottes auf Erden wieder herzustellen. Als er im Jordan getauft wurde, stieg der Christus, der erste der Aeonen, der Sohn Gottes selbst, in Gestalt einer Taube auf Jesu herab, um während der ihm zugemessenen Zeit seines Lehramtes seine Seele zu bewohnen und seine Handlungen zu lenken. Als der Messias den Händen der Juden überliefert wurde, verließ der Christus, ein unsterbliches und leidensloses Wesen, seine irdische Wohnung, flog zum Pleroma oder der Welt der Geister zurück und ließ den einsamen Jesus leiden, klagen und sterben. Aber eine solche Flucht unterliegt wegen ihrer Gerechtigkeit und ihrem Edelmut großen Zweifeln. Das Schicksal eines unschuldigen Märtyrers, der von seinem himmlischen Gefährten zuerst angetrieben und dann verlassen wurde, mußte das Mitleid und die Entrüstung der Ungeweihten erregen. Ihre Zweifel wurden von den Sektierern, die das Doppelsystem des Cerinthus annahmen und abänderten, auf verschiedene Weise zum Schweigen gebracht. Sie führten an, daß Jesus, als er ans Kreuz genagelt ward, mit einer wunderbaren Leidensunempfänglichkeit der Seele wie des Körpers, die ihn gegen seine scheinbaren Martern unempfindlich machte, begabt wurde. Sie behaupteten, daß diese augenblicklichen, obschon wirklichen Schmerzen, durch die irdische Herrschaft von tausend Jahren, die dem Messias in seinem Königreiche des neuen Jerusalem vorbehalten wäre, überschwenglich belohnt würden. Sie deuteten an, daß er, wenn er litt, zu leiden verdiente, daß die menschliche Natur keiner unbedingten Vollkommenheit fähig sei und daß das Kreuz und seine Pein vielleicht Sühnung der geringen Vergehen des Sohnes Josephs vor seiner geheimnisvollen Vereinigung mit dem Sohne Gottes waren.

IV. Alle, die an die Unkörperlichkeit der Seele, diese schöne und hohe Lehre, glauben, müssen aus eigener Erfahrung die Unbegreiflichkeit der Vereinigung von Geist und Materie eingestehen. Eine ähnliche Vereinigung mit einem viel höheren, ja sogar mit dem höchsten Grade der geistigen Fähigkeiten ist nicht undenkbar, und in der Inkarnation eines Aeons oder Erzengels, des vollkommensten aller erschaffenen! Geister, liegt kein unbedingter Widerspruch oder Unsinn. Im Zeitalter der religiösen Freiheit, das mit der Kirchenversammlung von Nicäa endigte, bemaß jeder die Würde Christi nach seiner eigenen, aus der noch unbestimmten Regel der Heiligen Schrift, der Vernunft oder der Sage geschöpften Ansicht. Nachdem aber auf den Trümmern des Arianismus seine reine und wahrhafte Göttlichkeit begründet worden war, zitterte der Katholizismus am Rande eines Abgrundes, wo es unmöglich war, zurückzugehen, gefährlich zu stehen, schrecklich zu stürzen. Die vielfachen Mißlichkeiten, die ihr Bekenntnis mit sich brachten, wurden durch den erhabenen Charakter ihrer Theologie erhöht. Sie zögerten auszusprechen: daß Gott selbst, die zweite Person einer Dreieinigkeit von gleicher Wesenheit, sich im Fleische geoffenbart habe; daß ein Wesen, welches das Weltall durchdringt, in Marias Schoß eingeschlossen gewesen sei; daß seine ewige Dauer nach Tagen, Monaten und Jahren im menschlichen Dasein bemessen wurde; daß der Allmächtige gegeißelt und gekreuzigt worden; daß er während seines leidenslosen Lebens Schmerz und Angst gefühlt habe; daß seine Allwissenheit von Unkenntnis nicht frei gewesen und daß der Urquell des Lebens und der Unsterblichkeit am Kalvarienberge versiegt sei. Diese beunruhigenden Folgerungen wurden von Apollinaris, Bischof von Laodicäa und einer der Leuchten der Kirche, unbefangen und mit Einfalt gelehrt. Sohn eines gelehrten Grammatikers war er in allen Wissenschaften Griechenlands erfahren (in den Schriften des Apollinaris leuchten Beredsamkeit, Gelehrsamkeit und Philosophie) aber in Demut dem Dienste der Religion geweiht. Ein würdiger Freund des Athanasius, ein würdiger Gegner Julians, kämpfte er tapfer gegen die Arianer und Polytheisten, und obschon er strenge mathematische Beweise erkünstelte, offenbaren seine Kommentare nicht nur den buchstäblichen, sondern auch den allegorischen Sinn der Heiligen Schrift. Ein Mysterium, das bisher als ein Nebelgebilde des Volksglaubens geschwankt hatte, wurde durch seine Beharrlichkeit in technische Form gebracht, und er sprach zuerst jene denkwürdigen Worte: »Eine einzige fleischgewordene Natur Christi« aus, die noch immer mit feindlichem Geschrei in den Kirchen Asiens, Ägyptens und Äthiopiens widerhallen. Er lehrte, daß sich die Gottheit mit dem Leibe eines Menschen vereinigte oder vermengte und daß der Logos, die ewige Weisheit, im Fleische die Stelle und die Verrichtungen einer menschlichen Seele vertreten habe. Da jedoch dieser tiefdenkende Theolog über seine eigene Folgerung erschrak, stammelte er ein paar schwache Entschuldigungen und Erklärungen. Er fügte sich der von den griechischen Philosophen geschaffenen früheren Unterscheidung zwischen der vernünftigen und empfindenden Seele, um den Logos für die geistigen Verrichtungen zu bewahren und das untergeordnete menschliche Prinzip den geringeren Handlungen des physischen Lebens vorzubehalten. Mit den gemäßigten Doketen verehrte er Maria mehr als die geistige, denn die fleischliche Mutter Christi, dessen Leib entweder leidenslos und unvergänglich vom Himmel kam oder in das Wesen der Gottheit aufgenommen und gleichsam verwandelt wurde. Die kleinasiatischen und syrischen Gottesgelehrten, deren Schulen durch die Namen Basilius, Gregor und Chrysostomus geehrt, durch die Namen Diodorus, Theodorus und Nestorius verunehrt werden, bekämpften streng das System des Apollinaris. Aber die Person des greisen Bischofs von Laodicäa, sein Charakter und seine Würde blieben unangetastet; ja seine Gegner wurden, da wir sie duldnerischer Schwäche nicht zeihen können, vielleicht durch die Neuheit der Sätze eingeschüchtert und mißtrauten der endgültigen Entscheidung der katholischen Kirche. Das Urteil der letzteren fiel endlich zu ihren Gunsten aus, die Ketzerei des Apollinaris wurde verdammt und die Sonderversammlungen seiner Schüler durch die kaiserlichen Gesetze geächtet.

Aber in den Klöstern von Ägypten bekannte man sich insgeheim zu seinen Grundsätzen und seine Feinde fühlten den Haß des Theophilus und Cyrillus, der nachfolgenden Patriarchen von Alexandria.

V. Der am Staube klebende Ebionit und der phantastische Doket waren verworfen und vergessen; aber der neue Eifer gegen die Irrtümer des Apollinaris brachte die Katholiken zu einer scheinbaren Übereinstimmung mit Cerinthus in betreff der doppelten Natur. Aber statt einer vorübergehenden und gelegentlichen Übereinstimmung legten sie sich fest. Wir aber glauben noch immer an die wesentliche, unauflösliche und ewige Vereinigung eines wirklichen Gottes mit einem wirklichen Menschen, der zweiten Person der Dreieinigkeit mit einer vernunftbegabten Seele und einem irdischen Leibe. Am Beginne des fünften Jahrhunderts war die Einheit der zwei Naturen die herrschende Lehre der Kirche. Von allen Seiten gab man die Unmöglichkeit zu, die Art ihrer Einheit zu begreifen oder durch Worte auszudrücken. Aber eine geheime, unversöhnliche Zwietracht lebte zwischen denjenigen fort, die sich am meisten scheuten, die Gottheit und Menschlichkeit Christi zu vermengen und denjenigen, die sich am meisten fürchteten, sie zu trennen. Von Religionswahnsinn getrieben, verdammten beide Parteien mit inbrünstigem Haß den Irrtum, den sie gegenseitig als den der Wahrheit und Erlösung gefährlichsten ansahen. Beiderseits waren sie ängstlich bestrebt, die Einheit und die Verschiedenheit der zwei Naturen zu bewahren. Eifrig trachteten sie diese zu verteidigen und solche Redeformen und Lehrsymbole zu erfinden, die dem Zweifel und der Zweideutigkeit am wenigsten unterworfen waren. Die Armut der Begriffe und der Sprache bewog sie, der Natur und Kunst jeden nur möglichen Vergleich zu entlehnen; aber jeder Vergleich mißleitete ihre Phantasie zur Erklärung eines unbegreiflichen Geheimnisses. Bei der Polemik wird ein Atom zum Ungeheuer verzerrt, und jede Partei gab sich die größte Mühe, die widersinnigen und gottlosen Forderungen zu übertreiben, die aus den Grundsätzen ihrer Gegner resultierten. Um einander zu fliehen, wanderten sie durch manches dunkle und abgelegene Dickicht, bis sie durch die Schreckensgestalten des Cerinthus und Apollinaris, welche die entgegengesetzten Ausgänge des theologischen Labyrinthes bewachten, in Bestürzung gerieten. Sowie sie einen Schimmer der Vernunft und der Ketzerei wahrnahmen, schraken sie zusammen, lenkten ihre Schritte wieder rückwärts und verloren sich abermals im Dunkel undurchdringlicher Orthodoxie. Um sich von der Schuld oder dem Vorwurfe eines verdammenswerten Irrtums zu reinigen, leugneten sie ihre Folgerungen, erläuterten sie ihre Grundsätze, entschuldigten sie ihre Unklugheiten, sprachen sie einstimmig Worte der Eintracht und des Glaubens. Aber ein verborgener, fast unsichtbarer Funke glimmte unter der Asche des Streites fort; durch den

Hauch des Vorurteiles und der Leidenschaft entwickelte er sich schnell zu einer mächtigen Flamme: ja die Wortstreitigkeiten der orientalischen Sekten haben die Grundfesten der Kirche und des Staates erschüttert!

Der Name Cyrills von Alexandria ist in der Geschichte der Religionsstreitigkeiten berühmt. Doch der Titel eines Heiligen ist der Beweis dafür, daß seine Meinungen und seine Partei zuletzt siegreich waren. Im Hause seines Oheims, des Erzbischofs Theophilus, sog er die orthodoxen Lehren des Glaubenseifers und der Herrschaft ein, und fünf Jugendjahre verbrachte er mit Nutzen in den benachbarten Klöstern von Nitria. Unter der Anleitung des Abtes Serapion verlegte er sich mit solchem Eifer auf die theologischen Studien, daß er im Laufe einer einzigen schlaflosen Nacht die vier Evangelien, die katholischen Episteln und die Epistel an die Römer durchzulesen vermochte. Origines verabscheute er; aber die Schriften des Clemens und Dionysius, des Athanasius und Basilius waren beständig in seinen Händen. Durch Theorie und Dispute wurde sein Glaube gestärkt und sein Verstand geschärft. In seiner Zelle lag er dem Studium der scholastischen Theologie ob und sann über jene allegorischen und metaphysischen Werke nach, deren Reste in sieben umfangreichen Foliobänden jetzt friedlich an der Seite ihrer Nebenbuhler schlummern. Cyrill betete und fastete in der Wüste, seine Gedanken jedoch blieben, sein Freund Isidor von Pelusium wirft ihm dies vor, immer an die Welt gefesselt. Der ehrgeizige Einsiedler gehorchte nur zu bereitwillig dem Rufe des Theophilus, der ihn in die tumultösen Städte- und Kirchenversammlungen berief. Mit Zustimmung seines Oheims übernahm er das Amt und erwarb bald den Ruf eines Volkspredigers. Seine stattliche Figur schmückte die Kanzel, seine klangreiche Stimme widerhallte in der Kathedrale, seine Freunde beeilten sich, den Beifall der Gemeinde zu leiten und zu unterstützen, und Schnellschreiber zeichneten seine Reden auf, die in ihrer Wirkung, wenn auch nicht ihrem Gehalte nach, mit jenen der athenensischen Redner verglichen werden konnten. Der Tod des Theophilus erweiterte oder verwirklichte die Hoffnungen seines Neffen. Die Geistlichkeit von Alexandria war zersplittert; die Soldaten und ihre Befehlshaber unterstützten die Ansprüche des Archidiakons; aber eine überwiegende Volksmenge verteidigte mit Mund und Hand die Sache ihres Lieblings, und neununddreißig Jahre nach Athanasius' Tod saß Cyrill auf dessen Thron (412-444).

Der Preis war seines Ehrgeizes nicht unwürdig. Fern vom Hofe und an der Spitze einer großen Hauptstadt hatte der Patriarch von Alexandria, wie er nun hieß, sich allmählich die Stellung und Herrschaft einer weltlichen Obrigkeit angemaßt. Er verwaltete nach eigenem Ermessen die öffentlichen wie die privaten Wohltätigkeitsanstalten der Stadt. Seine Stimme entflammte oder beschwichtigte die Leidenschaften der Menge. Die zahlreichen und fanatischen

Parabolanen, durch ihre tägliche Arbeit mit dem Tode vertraut, gehorchten blind seinen Befehlen, und die Präfekten von Ägypten wurden durch die zeitliche Macht dieser Pontifices eingeschüchtert oder gereizt. Von glühendem Eifer für die Verfolgung der Ketzer beseelt, begann Cyrill seine Regierung mit der Unterdrückung der Novatianer, der unschuldigsten und harmlosesten aller Sektierer. Die Untersagung ihrer Religionsübungen erschien in seinen Augen als gerechte und verdienstliche Tat, und er nahm ihre heiligen Gefässe weg, ohne £u fürchten, die Schuld des Kirchenraubes auf sich zu laden. Die Duldung, ja selbst die Vorrechte der Juden, deren Zahl bis auf vierzigtausend gestiegen war, waren durch die Gesetze der Cäsaren und der Ptolemäer durch sieben Jahrhunderte seit Gründung von Alexandria gesichert. Ohne irgendein richterliches Urteil, ohne irgendeinen kaiserlichen Befehl führte der Patriarch bei Tagesanbruch aufrührerische Scharen zum Sturme gegen die Synagogen. Die unbewaffneten und unvorbereiteten Juden vermochten keinen Widerstand zu leisten. Ihre Tempel wurden dem Erdboden gleichgemacht, und nachdem der bischöfliche Krieger seine Truppen mit der Plünderung ihrer Habe belohnt hatte, jagte er den Rest des ungläubigen Volkes aus der Stadt. Vielleicht durfte er sich als Entschuldigung seiner Tat auf ihren Wohlstand, ihren Hochmut und ihren tödlichen Haß gegen die Christen berufen, deren Blut erst kürzlich in einem boshaft oder zufällig angezettelten Tumulte vergossen worden war. Solche Verbrechen hätte die Obrigkeit ahnden sollen; allein bei diesem verworrenen Angriff wurden die Unschuldigen mit den Schuldigen vermengt, und Alexandria war um eine reiche und tätige Kolonie ärmer. Cyrills Eifer setzte ihn der Strenge des julischen Gesetzes aus, aber unter einer schwachen Regierung und in einem frommgläubigen Zeitalter war er der Straflosigkeit, ja selbst des Lobes sicher. Orestes klagte; allein seine gerechten Klagen wurden von den Ministern des Theodosius zu schnell vergessen, und zu sehr gedachte ihrer der Priester, der vorgab, dem Präfekten von Ägypten zu verzeihen, jedoch fortfuhr, ihn zu hassen. Als er durch die Straßen fuhr, wurde er in seinem Wagen von einem Haufen von fünfhundert nitrischen Mönchen angefallen; seine Leibwachen flohen vor diesen Furien. Seine Beteuerungen, daß er ein rechtgläubiger Christ wäre, wurden mit einem Steinhagel beantwortet, und Blut strömte über das Antlitz des Orestes. Die treuen Bürger von Alexandria eilten zu seiner Rettung herbei, und er befriedigte auf der Stelle seine gerechte Rache gegen den Mönch, von dem er verwundet worden war. Ammonius starb unter der Geißel des Liktors. Auf Cyrills Befehl wurde seine Leiche vom Boden aufgehoben und in feierlichem Zuge nach der Kathedrale überführt. Der Name Ammonius wurde in Thaumasius, der Wundervolle, umgewandelt; sein Grab wurde mit den Trophäen des Märtyrertums geschmückt, und der Patriarch bestieg die Kanzel, um die Hochherzigkeit eines

Mörders und Rebellen zu preisen. Solche Ehren begeisterten die Gläubigen, unter der Fahne des Heiligen zu kämpfen und zu sterben, und bald darauf stiftete er die Ermordung einer Jungfrau an, die sich zur griechischen Religion bekannte und eine Freundin des Orestes war, oder er tat wenigstens nichts dagegen. Hypatia, die Tochter des Mathematikers Theon, war in die Studien ihres Vaters eingeweiht; ihre gelehrten Kommentare erläuterten die Geometrie des Apollonius und Diophantus, und sie lehrte sowohl in Athen als in Alexandria öffentlich die Philosophie des Plato und des Aristoteles. In der Blüte der Schönheit und der Reife der Weisheit wies sie ihre Anbeter ab und unterrichtete ihre Schüler; die durch Rang oder Verdienst ausgezeichneten Personen brannten darauf, die philosophische Jungfrau zu besuchen. Doch Cyrill sah mit neidischen Blicken den prachtvollen Zug von Pferden und Sklaven, die sich vor der Türe ihrer Akademie drängten. Unter den Christen wurde bald das Gerücht verbreitet, daß Theons Tochter das einzige Hindernis der Aussöhnung des Präfekten mit dem Erzbischof wäre, und dieses Hindernis wurde daher aus dem Wege geräumt. An einem unheilvollen Tage in der heiligen Fastenzeit wurde Hypatia aus ihrem Wagen gerissen, nackt ausgezogen, in die Kirche geschleppt und von dem Lektor Peter und einem Haufen wilder und blutdürstiger Schwärmer unmenschlich geschlachtet; das Fleisch wurde mit scharfen Austernschalen von ihren Knochen geschabt und ihre zuckenden Gliedmaßen in die Flammen geworfen. Geschenke taten zur rechten Zeit der Untersuchung und Strafe Einhalt, aber die Ermordung der Hypatia hat den Charakter und die Religion Cyrills von Alexandria mit unauslöschlichem Makel befleckt.

Im Aberglauben befangen, verzieh man vielleicht leichter den Mord einer Jungfrau als die Verbannung eines Heiligen, und Cyrill hatte indes seinen Oheim zu der rechtlosen Synode der Eiche begleitet. Als das Andenken des Chrysostomus wieder hergestellt und geheiligt wurde, verteidigte Theophilus' Neffe an der Spitze einer verlöschenden Partei die Richtigkeit seines Urteils; erst nach langem Zögern und hartnäckigem Widerstände fügte er sich dem einmütigen Willen der katholischen Welt. Seine Feindschaft gegen die byzantinischen Patriarchen war überlegt und eigenmäßig, keineswegs aber ein zufälliger Ausbruch der Leidenschaft; er beneidete sie um ihre glückliche Stellung im Glänze des kaiserlichen Hofes und fürchtete ihren zügellosen Ehrgeiz, mit dem sie die Metropoliten von Europa und Asien unterdrückten, Eingriffe in die Sprengel von Antiochia und Alexandria machten und ihre geistliche Gerichtsbarkeit bis an die Grenzen des Reiches ausdehnten. Die andauernde Mäßigung des Attikus, des milden Usurpators des Thrones des Chrysostomus, unterbrach die Feindseligkeiten der orientalischen Patriarchen, bis Cyrill endlich durch die Erhebung eines seiner Achtung und seines Hasses würdigen Nebenbuhlers gereizt wurde. Nach der kurzen und unruhigen Regierung des Bischofs Sisinnius von Konstantinopel wurden die Parteien der Geistlichkeit und des Volkes durch die Wahl des Kaisers vereint, der diesmal einen verdienstvollen Fremden berief (428). Nestorius, in Germanicia geboren und Mönch in Antiochia, empfahl sich durch sein strenges Leben und durch die Beredsamkeit bei seinen Kanzelvorträgen. Aber schon die erste Predigt, die er vor dem frommen Theodosius hielt, verriet seinen bitteren und heftigen Religionseifer. »Gib mir, o Kaiser«, so rief er aus, »gib mir die Erde von Ketzern gereinigt, und ich will dir zum Tausche das Königreich des Himmels geben. Rotte mit mir die Ketzer aus, und ich will mit dir die Perser ausrotten.« Am fünften Tage, so als wäre der Vertrag schon besiegelt, entdeckte, überrumpelte und griff der Patriarch von Konstantinopel eine kleine Versammlung der Arianer an; sie zogen den Tod der Unterwerfung vor. Die Flammen, die aus dem Hause schlugen, das sie in ihrer Verzweiflung angezündet hatten, um darin den Feuertod zu finden, ergriffen bald die benachbarten Häuser, und die triumphierenden Nestorianer wurden als Mordbrenner gebrandmarkt. Auf beiden Seiten des Hellespontes zwang er in seiner bischöflichen Strenge harte Formeln des Glaubens und der Kirchenzucht auf, und schon ein chronologischer Irrtum in betreff des Osterfestes wurde als Verbrechen gegen Kirche und Staat bestraft. Lydien und Karien, Sardes und Miletus wurden mit dem Blute der hartnäckigen Quartodezimaner gereinigt, und ein Edikt des Kaisers oder vielmehr des Patriarchen führte dreiundzwanzig Abstufungen und Arten der Schuld und Bestrafung der Ketzer an. Aber die Verfolgung, die Nestorius mit solcher Wut leitete, wirkte sich bald gegen ihn aus. Die Religion diente zwar als Vorwand, aber nach dem Urteile eines zeitgenössischen Heiligen war der Ehrgeiz der eigentliche Beweggrund zu diesem bischöflichen Kriege.

In der syrischen Schule hatte Nestorius gelernt, die Menschlichkeit seines Meisters Christus von der Göttlichkeit des Herrn Jesus genau zu unterscheiden. Er verehrte die heilige Jungfrau als Christi Mutter, aber der neue Name »Mutter Gottes«, der seit dem arianischen Streit allmählich aufgekommen war, verletzte seine Ohren. Von der Kanzel von Konstantinopel predigte ein Freund des Patriarchen und nachher der Patriarch selbst wiederholt gegen den Gebrauch oder Mißbrauch eines den Aposteln unbekannten, von der Kirche nicht genehmigten Wortes, das nur dazu dienen könne, die Schüchternen zu beunruhigen, die Weltlichen zu ergötzen und durch eine scheinbare Ähnlichkeit die alte Genealogie des Olymps zu rechtfertigen. Nach ruhigerer Überlegung gab Nestorius zu, daß es durch die Vereinigung der himmlischen und weltlichen Natur und deren Verschmelzungen geduldet oder entschuldigt werden könne. Widerspruch indes erbitterte ihn so sehr, daß er die Verehrung des göttlichen Kindes verleugnete, seine unpassenden Gleichnisse von ehelichen oder bürgerlichen Genossenschaften des Lebens hervorholte und das Menschtum Christi als das Gewand, das Werkzeug, die äußere Hülle seiner Gottheit beschrieb. Diese gotteslästerlichen Worte erschütterten die Pfeiler des Heiligtums. Die erfolglosen Nebenbuhler des Nestorius überließen sich ihrem frommen oder persönlichen Grimme, die byzantinische Geistlichkeit war insgeheim über die Einschiebung eines Fremden erbittert, was irgend abergläubisch oder widersinnig war, erfreute sich des Schutzes der Mönche, und das Volk nahm für seine jungfräuliche Beschützerin Partei. Die Predigten des Erzbischofs und der Dienst des Altars wurden durch aufrührerisches Geschrei gestört. Sondergemeinden sagten sich von seiner Herrschaft und Lehre los; die Streitigkeiten wurden wie Blätter im Winde über das ganze Reich zerstreut, und die Stimmen der Kämpfenden auf einer geräuschvollen Bühne widerhallten in den Zellen von Palästina und Ägypten. Es war Cyrills Pflicht, den Eifer und die Unwissenheit seiner zahllosen Mönche aufzuklären. In der Schule von Alexandria hatte er die Lehre der Menschwerdung eingesogen und sich dazu bekannt, und der Nachfolger des Athanasius handelte ganz seinem Stolze und Ehrgeize angemessen, als er sich in Waffen gegen einen zweiten furchtbareren und schuldigeren Arius auf dem zweiten Throne der Hierarchie erhob. Nach einem kurzen Briefwechsel, worin die eifersüchtigen Prälaten ihren Haß hinter der Sprache der Hochachtung und der christlichen Milde verbargen, verkündete der Patriarch von Alexandria dem Fürsten und Volke, dem Osten und Westen die verdammenswerten Irrlehren des byzantinischen Bischofs. Aus dem Osten, insbesondere auch Antiochia, empfing er zweideutige Ratschläge der Duldung und des Schweigens, die an beide Parteien gerichtet waren, während sie eigentlich die Sache des Nestorius begünstigten. Der Vatikan dagegen nahm die Boten aus Ägypten mit offenen Armen auf. Cölestin in seiner Eitelkeit fühlte sich durch die Berufung an den Vatikan geschmeichelt. Die parteiische Übersetzung eines Mönches entschied den Glauben eines Papstes, der samt seiner lateinischen Geistlichkeit von der Sprache, den Künsten und der Theologie der Griechen nichts verstand. An der Spitze einer italienischen Kirchenversammlung untersuchte Cölestin den Streit, billigte das Glaubensbekenntnis des Cyrillus, verdammte die Ansichten und die Person des Nestorius, entsetzte den Ketzer seiner bischöflichen Würde, gab ihm eine zehntägige Frist zum Widerruf und zur Buße und beauftragte dessen Feind mit der Vollstreckung dieses übereilten, ungesetzlichen Urteils. Aber während der Patriarch von Alexandria die Blitze eines Gottes schleuderte, offenbarte er die Irrtümer und Leidenschaften eines Sterblichen; seine zwölf Flüche martern noch immer die orthodoxen Gläubigen, die in ihm einen

Heiligen verehren, ohne ihrer Anhänglichkeit an die Kirchenversammlung von Chalcedon etwas vergeben zu wollen. Seine kühnen Behauptungen sind unauslöschlich mit apollinarischer Ketzerei befleckt, während die ernsten und vielleicht aufrichtigen Bekenntnisse des Nestorius noch die einsichtsvolleren und minder parteiischen Theologen der Gegenwart befriedigen.

Aber weder der Kaiser noch der Primas des Morgenlandes waren geneigt, dem Befehl eines italienischen Priesters zu gehorchen. Eine Versammlung der katholischen oder vielmehr der griechischen Kirche wurde einstimmig als das einzige Hilfsmittel bezeichnet, um diesen kirchlichen Streit zu schlichten oder zu entscheiden. Das von allen Seiten zu Wasser und zu Lande zugängliche Ephesus wurde zum Orte, das Pfingstfest (431) zum Tage der Zusammenkunft ausersehen. Jeder Metropolit erhielt ein Einladungsschreiben, und man stellte eine Wache auf, um die Väter zu schützen und von der Menge abzuschließen, bis sie die Geheimnisse des Himmels und den Glauben der Erde bestimmt haben würden. Nestorius erschien nicht als Verbrecher, sondern als Richter. Er verließ sich mehr auf den Einfluß als auf die Zahl seiner Prälaten. Seine stämmigen Sklaven aus den Bädern des Zeuxippus waren sowohl für den Angriff wie die Verteidigung bewaffnet. Aber sein Gegner Cyrill gebot über mächtigere Waffen des Fleisches und des Geistes. Dem Schreiben oder wenigstens dem Sinne des kaiserlichen Einladungsschreibens entgegen, ließ er sich von fünfzig ägyptischen Bischöfen begleiten, die vom Winke ihres Patriarchen die Eingebung des Heiligen Geistes erwarteten. Er hatte ein festes Bündnis mit dem Bischof Memnon von Ephesus geschlossen. Der despotische Primas von Asien gebot über dreißig bis vierzig bereitwillige Bischöfe, aber eine Schar der Kirche ergebener Bauern strömte in die Stadt, um durch Schläge und Geschrei einen metaphysischen Lehrsatz zu verteidigen. Das Volk hielt eifrig an der Ehre der Jungfrau fest, deren Gebeine in Ephesus ruhten. Die Flotte, mit der Cyrill von Alexandria eintraf, war mit den Reichtümern Ägyptens beladen. Er setzte eine zahlreiche Schar Seeleute, Sklaven und Schwärmer ans Land, die den Fahnen des heiligen Markus und der Mutter Gottes in blindem Gehorsam folgten. Diese Entfaltung kriegerischer Streitkräfte schüchterte die Väter, ja selbst die Wachen der Kirchenversammlung ein. Die Gegner Cyrills und Marias wurden auf den Straßen beleidigt oder in ihren Häusern bedroht; seine Beredsamkeit und Freigebigkeit vermehrte täglich die Zahl seiner Anhänger. Bald vermochten die Ägypter zu berechnen, daß er auf die Anwesenheit und Stimmen von zweihundert Bischöfen zählen könne. Aber was der Verfasser der zwölf Anathemata voraussah und fürchtete, war der Widerstand Johanns von Antiochia, der mit einem kleinen, jedoch achtbaren Gefolge von Metropoliten und Theologen in kleinen Tagereisen von der fernen Hauptstadt des Ostens heranzog. Zürnend über einen Verzug, den er als absichtlich und verbrecherisch brandmarkte, kündete Cyrill die Eröffnung der Synode sechzehn Tage nach dem Pfingstfeste an. Nestorius, der auf die baldige Ankunft seiner orientalischen Freunde baute, beharrte gleich seinem Vorgänger Chrysostomus auf der Ableugnung der Gerichtsbarkeit, auf Ungehorsam gegen die Vorladung seiner Feinde. Diese aber beschleunigten seinen Prozeß, und sein Ankläger führte den Vorsitz auf dem Richterstuhle. Achtundsechzig Bischöfe, darunter zweiundzwanzig von erzbischöflichem Range, verteidigten die Sache des Nestorius durch einen bescheidenen und gemäßigten Protest; sie wurden von der Ratssitzung ihrer Brüder ausgeschlossen. Gandidian forderte im Namen des Kaisers einen Aufschub von vier Tagen; aber die weltliche Obrigkeit wurde mit Schimpfworten aus der Versammlung der Heiligen vertrieben. Diese ganze wichtige Verhandlung spielte sich in der kurzen Zeit während eines Sommertages ab (22. Juni). Die Bischöfe gaben ihre Stimmen abgesondert ab, aber die Gleichförmigkeit des Stils offenbarte den Einfluß oder die Hand eines Meisters, den man beschuldigte, ihre Urkunden und Unterschriften gefälscht zu haben. Ohne auch nur eine einzige abfällige Stimme erkannten sie in den Episteln Cyrills das nicäische Glaubensbekenntnis und die Lehre der Väter an; aber die parteiischen Auszüge aus den Briefen und Predigten des Nestorius wurden durch Flüche und Bannstrahlen unterbrochen und der Ketzer seiner Würde als Bischof und Geistlicher entsetzt. Das Urteil, boshafterweise »an den neuen Judas« überschrieben, wurde in den Straßen von Ephesus angeheftet und verkündet; die ermüdeten Prälaten wurden, als sie aus der Kirche der Mutter Gottes kamen, als deren Verteidiger begrüßt und ihr Sieg durch Festbeleuchtung, Gesänge und nächtlichen Lärm gefeiert.

Am fünften Tage danach wurde der Triumph durch die Ankunft der entrüsteten orientalischen Bischöfe getrübt. In einem Gemache des Gasthofes gab Johann von Antiochia, noch bevor er den Staub von seinen Schuhen geschüttelt hatte, dem kaiserlichen Minister Candidian Gehör, der ihm über seine vergeblichen Bemühungen, das Ungestüm des verwegenen Ägypters zu hemmen oder ihn zu vernichten, Bericht erstattete. Mit gleicher Eile und gleichem Ungestüm entsetzte die aus fünfzig Bischöfen bestehende orientalische Synode Cyrill und Memnon ihrer bischöflichen Würden, verdammte in den zwölf Anathemen die giftige apollinarische Ketzerei und beschrieb den Primas von Alexandria als ein zur Zerstörung der Kirche geborenes und erzogenes Ungeheuer. Sein Thron war fern und unzugänglich, aber sie beschlossen auf der Stelle, der Herde von Ephesus die Segnung eines treuen Hirten angedeihen zu lassen. Der wachsame Memnon ließ jedoch die Kirchen vor ihnen schließen und warf eine starke Besatzung in die Kathedrale.

Unter Candidians Befehl rückten die Truppen zum Sturme vor; die Außenposten wurden besiegt und niedergemetzelt, aber der Platz blieb uneinnehmbar. Die Belagerer zogen sich zurück. Ein kräftiger Ausfall verfolgte sie. Sie verloren ihre Pferde und viele Soldaten erlitten gefährliche Keulen- und Steinwunden. Ephesus, die Stadt der Jungfrau, wurde durch Wut und Geschrei, durch Aufruhr und Blut geschändet. Die einander befeindenden Synoden schleuderten Bannflüche und Exkommunikationen aus ihren geistlichen Geschützen, und der Hof des Theodosius wurde durch die feindseligen und widerspruchsvollen Darstellungen bloßgestellt. Während einer Periode von drei Monaten versuchte der Kaiser geschäftig jedes Mittel, um diesen theologischen Streit zu schlichten, ausgenommen das beste, nämlich Gleichgültigkeit und Verachtung. Er unternahm es, die Anführer durch ein gemeinsames Urteil der Lossprechung oder Verdammung zu entfernen oder einzuschüchtern. Er versah seine Stellvertreter in Ephesus mit ausgedehnten Vollmachten und stellte Militär zu ihrer Verfügung. Er forderte von jeder Partei die Absendung von acht gewählten Abgeordneten zu einer freien und unparteiischen Besprechung in der Nähe der Hauptstadt, fern von jeder Berührung mit dem wütenden Volk. Aber die Orientalen weigerten sich nachzugeben, und die Katholiken, stolz auf ihre Anzahl und ihre lateinischen Verbündeten, verwarfen alle Bedingungen der Einigung oder Duldung. Die Geduld des milden Theodosius war erschöpft. Entrüstet löste er diesen bischöflichen tumultuösen Rat auf, der heute, so viele Jahrhunderte später, den ehrwürdigen Titel der dritten allgemeinen Kirchenversammlung für sich in Anspruch nimmt. »Gott ist mein Zeuge«, ließ sich der fromme Fürst vernehmen, »daß ich nicht der Urheber dieser Verwirrung bin. Die Vorsehung wird den Schuldigen erkennen und bestrafen. Kehret in eure Sprengel zurück, und eure persönlichen Tugenden mögen das Unheil und Ärgernis eurer Zusammenkunft wieder gutmachen.« Sie kehrten in ihre Sprengel zurück, aber dieselben Leidenschaften, welche die Synode von Ephesus zerrüttet hatten, verbreiteten sich über die ganze morgenländische Welt. Nach drei hartnäckigen und unentschiedenen Feldzügen ließen sich Johann von Antiochia und Cyrill von Alexandria zu gegenseitigen Erklärungen und zur brüderlichen Umarmung herbei. Aber die scheinbare Aussöhnung der beiden Patriarchen muß mehr der Politik als der Überzeugung, mehr ihrer gegenseitigen Müdigkeit als ihrer christlichen Milde zugeschrieben werden.

Der byzantinische Bischof hatte dem Kaiser ein verderbliches Vorurteil gegen den Charakter und das Benehmen seines ägyptischen Nebenbuhlers eingeflößt. Ein Schreiben voll Drohungen und Schmähungen, das den Vorladungsbrief begleitete, bezeichnete ihn als vorlauten, übermütigen und neidischen Priester, der die Einfachheit des Glaubens verwirre, den Frieden der Kirche und des Staates störe und durch seine listigen Sonderbriefe an die Gemahlin und Schwester des Theodosius sich erdreiste, den Samen der Zwietracht in der kaiserlichen Familie selbst vorauszusetzen oder dort auszustreuen. Auf Befehl seines Souveräns hatte sich Cyrill nach Ephesus begeben, wo ihn die Obrigkeiten im Interesse des Nestorius und der Orientalen befeindeten, bedrohten und einkerkerten und die Truppen von Lydien und Jonien zusammenzogen, um das fanatische und lärmende Gefolge des Patriarchen zu unterdrücken. Ohne die kaiserliche Erlaubnis abzuwarten, entfloh er seinen Wächtern, schiffte sich eilig ein, verließ die Synode und flüchtete nach seiner bischöflichen Feste in Sicherheit und Unabhängigkeit. Aber seine schlauen Sendlinge arbeiteten sowohl am Hofe als in der Stadt mit Erfolg daran, den Zorn des Kaisers zu besänftigen und seine Gunst zu erlangen. Der schwache Sohn des Arkadius wurde abwechselnd von seiner Gattin und von seiner Schwester, von den Eunuchen und den Frauen des Palastes regiert. Aberglaube und Habsucht waren ihre vorherrschenden Leidenschaften, und die Häupter der rechtgläubigen Partei ließen kein Mittel unversucht, jenen in Bestürzung zu versetzen und diese zu befriedigen. Konstantinopel und die Vorstädte waren durch zahlreiche Klöster geheiligt, und die frommen Äbte Dalmatius und Eutyches hatten ihren Eifer und ihre Treue der Sache Cyrills, der Verehrung der Maria und der Einheit Christi gewidmet. Vom ersten Augenblick ihres Mönchslebens an hatten sie sich niemals unter die Menschen gemischt oder den unheiligen Boden der Stadt betreten. Aber in diesem wichtigen Augenblick der Gefahr für die Kirche entband eine erhabenere und unerläßlichere Pflicht sie ihres Gelübdes. An der Spitze eines langen Gefolges von Mönchen und Einsiedlern, die brennende Wachslichter in den Händen trugen und Litaneien zur Ehre der Mutter Gottes sangen, zogen sie aus ihren Klöstern nach dem Palast. Das außerordentliche Schauspiel erbaute und entflammte das Volk, und der zitternde Monarch schenkte den Bitten und Beschwörungen der Heiligen Gehör, die kühn verkündeten, daß niemand auf Seligkeit hoffen könne, der nicht an der Person und dem Glaubensbekenntnisse des rechtmäßigen Nachfolgers des Athanasius festhielte. Zu gleicher Zeit wurde jeder Zugang zum Thron mit Gold erkauft. Unter dem züchtigen Vorwand von Belobungen und Segnungen bestach man die Höflinge beiderlei Geschlechts nach Maßgabe ihres Einflusses und ihrer Habsucht. Aber ihre unaufhörlichen Forderungen leerten die Heiligtümer von Konstantinopel und Alexandria, und die Macht des Patriarchen reichte nicht aus, um das gerechte Murren seiner Geistlichkeit, daß bereits eine Schuldenlast von sechzigtausend Pfund zur Bestreitung dieser Bestechung gemacht worden sei, zum Schweigen zu bringen. Pulcheria, die ihrem Bruder die Bürde eines Reiches abgenommen hatte, war die festeste Stütze der Rechtgläubigen, und so innig war die Synode und der Hof miteinander verbunden, daß Cyrill des Erfolges sicher war, wenn es ihm gelang, einen Eunuchen aus der Gunst des Theodosius zu verdrängen und einen anderen einzuschieben. Indessen konnte sich der Ägypter weder eines glorreichen noch eines entscheidenden Sieges rühmen. Der Kaiser beharrte mit ungewohnter Festigkeit bei seinem Versprechen, die Unschuld der orientalischen Bischöfe zu schützen und Cyrill milderte seine Bannflüche und bekannte sich doppelsinnig und widerstrebend zu einer zweifachen Natur Christi, bevor ihm gestattet wurde, seine Rache gegen den unglücklichen Nestorius zu stillen.

Der unbesonnene und hartnäckige Nestorius wurde vor Beendigung der Synode von Cyrill unterdrückt, vom Hofe verraten und von seinen orientalischen Freunden schwach unterstützt. Ein Gefühl der Furcht oder der Entrüstung bestimmte ihn noch zur rechten Zeit, den Ruhm einer freiwilligen Abdankung für sich in Anspruch zu nehmen. Sein Wunsch wurde erfüllt oder wenigstens sein Ansuchen gern gewährt; er wurde mit Ehren von Ephesus nach seinem alten Kloster in Antiochia geleitet, und kurz darauf wurden seine Nachfolger Maximian und Proklus als die rechtmäßigen Bischöfe von Konstantinopel anerkannt. Aber in seiner stillen Zelle vermochte der abgesetzte Patriarch die Unschuld und Zufriedenheit eines gewöhnlichen Mönches nicht mehr zu finden. Er bedauerte die Vergangenheit, war unzufrieden mit der Gegenwart und hatte Ursache, die Zukunft zu fürchten. Die orientalischen Bischöfe lösten einer nach dem anderen ihre Sache von einem verhaßten Namen, und jeder Tag verminderte die Zahl der Schismatiker, die Nestorius als den Bekenner des Glaubens verehrten. Nachdem er sich vier Jahre in Antiochia aufgehalten hatte, unterzeichnete Theodosius ein Edikt, das ihn auf eine Stufe mit dem Zauberer Simon stellte, seine Meinungen und Anhänger ächtete, seine Schriften zum Scheiterhaufen verdammte und ihn selbst zuerst nach Petra in Arabien und zuletzt nach der Oasis, einer der Inseln der Lybischen Wüste verbannte. Ausgeschlossen von der Kirche und der Welt, wurde der Verbannte fortwährend von Religionsschwärmern verfolgt und von Plünderern heimgesucht. Ein wandernder Stamm der Blemmyer oder Nubier drang in seinen einsamen Kerker. Auf dem Rückwege entließen sie eine Schar nutzloser Gefangener. Kaum hatte aber Nestorius die Ufer des Nils erreicht, als er einsehen mußte, daß er besser aus einer römischen und rechtgläubigen Stadt in die mildere Knechtschaft von Wilden entflohen wäre. Seine Flucht wurde als neues Verbrechen bestraft. Die Gesinnung des Patriarchen beseelte die bürgerlichen und kirchlichen Gewalten von Ägypten. Obrigkeiten, Soldaten, Mönche quälten frommerweise den Feind Christi und Cyrills, und der Ketzer wurde abwechselnd bis an die Grenzen von Äthiopien geschleppt und wieder zurückberufen, bis sein greiser Körper den Beschwerden oder Unfällen der häufigen Reisen erlag. Sein Geist aber blieb unabhängig und ungebeugt. Seine Hirtenbriefe schüchterten den Statthalter der Thebais ein. Er überlebte den katholischen Tyrannen von Alexandria, und nach sechzehnjähriger Verbannung würde ihm die Kirchenversammlung von Chalcedon vielleicht in die Gemeinschaft der Kirche wieder aufgenommen haben. Der Tod hinderte jedoch Nestorius, ihrer Vorladung Folge zu leisten. Die Art seiner Krankheit verlieh dem schimpflichen Gerücht, daß seine Zunge, das Werkzeug der Gotteslästerung, von Würmern zerfressen worden sei, einigen Halt. Er wurde in einer unter dem Namen Chemnis oder Panopolis oder Akmim bekannten Stadt Oberägyptens begraben. Der unsterbliche Haß der Jakobiten hat jahrhundertelang die Sitte, Steine gegen sein Grab zu schleudern und die törichte Sage bewahrt, daß es nie vom Regen des Himmels bewässert werde, der doch in gleichem Maße auf die Gerechten wie auf die Gottlosen niederfällt. Die Menschlichkeit mag dem Schicksale des Nestorius eine Zähre weihen, der Gerechte aber ist zur Bemerkung gezwungen, daß er nur die Verfolgung erlitt, die er bei anderen gebilligt und vielen zugefügt hatte.

Der Tod des alexandrinischen Primaten nach zweiunddreißigjähriger Regierung überließ die Katholiken der Übermäßigkeit des Religionseifers und dem Mißbrauch des Siegers. Die monophysitische Lehre (eine inkarnierte Natur) wurde in den orientalischen Kirchen und Klöstern gepredigt; den ursprünglichen Glauben des Apollinaris schützte die Heiligkeit Cyrills, und der Name des Eutyches, seines ehrwürdigen Freundes, ward jener Sekte beigelegt, die der syrischen Ketzerei des Nestorius am schroffsten gegenüberstand. Sein Nebenbuhler Eutyches war Abt oder Archimandrit oder Oberer über dreihundert Mönche. Aber die Meinungen eines einfachen und ungelehrten Einsiedlers würden verborgen geblieben sein, da er in der Zelle bereits siebzig Jahre verbracht hatte, wenn nicht der ingrimmige oder unkluge byzantinische Bischof Flavian das Ärgernis vor den Augen der christlichen Welt aufgedeckt hätte. Er berief unverzüglich die Geistlichkeit seines Sprengels. Geschrei und Hinterlist befleckten diese Versammlung, die den greisen Ketzer in ein scheinbares Bekenntnis verstrickte, Christus' Leib sei nicht vom Fleische der Jungfrau Maria gewesen. Um sich gegen ihr parteiisches Urteil zu schützen, verlangte Eutyches eine allgemeine Kirchenversammlung, und seine Sache wurde von seinem Paten Chrysaphius, dem regierenden Eunuchen des Palastes und von seinem Genossen Dioskorus, der dem Neffen des Theophilus auf dem Throne, im Glaubensbekenntnisse, an Talenten und Lastern nachgefolgt war, kräftig unterstützt. Auf besonderen Befehl des Theodosius war die zweite Synode von Ephesus (August 449) nach richtiger Auswahl aus zehn Metropoliten und zehn Bischöfen aus jeder der sechs großen Provinzen des morgenländischen Reiches zusammengesetzt; einige Ausnahmen aus Gunst oder der Verdienste wegen erhöhten die Zahl bis auf einhundertfünfunddreißig, und auch der Syrer Barsumas erhielt als Oberhaupt und Stellvertreter der Mönche die Aufforderung, mit den Nachfolgern der Apostel zu sitzen und zu stimmen. Auch diesmal jedoch unterdrückte der despotische alexandrinische Patriarch die Freiheit der Verhandlungen. Die gleichen geistlichen und weltlichen Waffen wurden abermals aus den Arsenalen von Ägypten genommen. Die asiatischen Veteranen, eine Schar Bogenschützen, dienten unter dem Befehle des Dioskorus, und die noch furchtbareren Mönche, die der Vernunft und dem Mitleide unzugänglich waren, belagerten die Tore der Kathedrale. Die Väter nahmen allem Anschein nach allgemein und ungezwungen das Glaubensbekenntnis, ja sogar die Anatheme des Cyrill an, und die Ketzerei des Glaubens an zwei Naturen wurde in den Personen und Schriften des gelehrtesten Orientalen feierlich verdammt. »Mögen diejenigen, die Christus teilen, mit dem Schwerte geteilt, mögen sie in Stücke gehauen, mögen sie lebendig verbrannt werden!« waren die frommen Wünsche einer christlichen Synode. Die Unschuld und Heiligkeit des Eutyches wurde ohne Zaudern anerkannt, aber die Prälaten, insbesondere die von Thracien und Asien, wollten ihren Patriarchen nicht gern wegen Ausübung oder gar wegen Mißbrauch seiner gesetzlichen Amtsgewalt absetzen. Sie umfaßten die Knie des Dioskorus, während er mit drohender Miene

[fehlende/vertauschte Zeile/n im Buch. Re] auf insbesondere die von Thrazien und Asien, wollten ihren Pa-

Vergehen seines Bruders zu verzeihen und seine Würde zu achten. »Wollt ihr einen Aufruhr erregen?« rief der unerbittliche Tyrann. »Wo sind die Wachen?« Auf diese Worte hin brach eine wütende Schar Mönche und Soldaten mit Stöcken, Schwertern und Ketten in die Kirche; die zitternden Bischöfe verbargen sich hinter dem Altar oder unter den Bänken, und da sie durchaus kein Verlangen nach dem Märtyrertum trugen, unterschrieben sie einer nach dem anderen ein leeres Papier, auf das nachher das Verdammungsurteil des byzantinischen Bischofs gesetzt wurde. Flavian wurde unverzüglich den Bestien dieses geistlichen Amphitheaters ausgeliefert; die Mönche wurden durch Zuruf und Beispiel des Barsumas angeeifert, die Unbilden Christi zu rächen. Der Patriarch von Alexandria soll seinen Amtsbruder von Konstantinopel beschimpft, geschlagen, gestoßen und mit Füßen getreten haben. Sicher ist, daß das Opfer, bevor es den Ort seiner Verbannung erreichen konnte, am dritten Tage an den Wunden und Quetschungen starb, die es in Ephesus erlitten hatte. Die Teilnehmer dieser zweiten Synode sind mit Recht als eine Schar Räuber und Mörder gebrandmarkt worden, indes haben wohl die Ankläger des Dioskorus seine

Gewalttätigkeiten übertrieben, um die Feigheit und die Unbeständigkeit ihres eigenen Benehmens zu beschönigen.

Der Glaube von Ägypten hatte die Oberhand behalten, aber die besiegte Partei wurde von demselben Papste unterstützt, der sich ohne Furcht der feindlichen Wut Attilas und Genserichs entgegengestellt hatte. Die Theologie des Leo, sein berühmtes Tome oder Schreiben über das Mysterium der Inkarnation, war von der Synode von Ephesus unberücksichtigt gelassen worden. Sein Ansehen und das der lateinischen Kirche wurde in seinen Legaten beschimpft, die der Sklaverei und dem Tode entflohen, um die traurige Geschichte von der Tyrannei des Dioskorus und dem Märtyrertum Flavians zu erzählen. Seine Provinzialsynode vernichtete das regelwidrige Verfahren jener von Ephesus; da aber dieser Schritt selbst eine Unregelmäßigkeit war, betrieb er die Einberufung einer allgemeinen Kirchenversammlung in den freien und rechtgläubigen Provinzen von Italien. Von seinem unabhängigen Throne aus sprach und handelte der römische Bischof ohne Gefahr als das Oberhaupt der Christen. Seine Verordnungen wurden willfährig von Placidia und ihrem Sohne Valentinian abgeschrieben, die sich an ihre morgenländischen Kollegen wandten, um den Frieden und die Einheit der Kirche wiederherzustellen. Die Puppe auf dem orientalischen Kaiserthrone jedoch wurde mit gleicher Geschicklichkeit von dem Eunuchen geleitet, und Theodosius ließ sich ohne Zögern zu der Antwort bewegen, daß die Kirche bereits Frieden genieße und triumphiere und daß der neuerliche Brand durch die gerechte Bestrafung der Nestorianer gelöscht worden sei. Vielleicht wären die Griechen noch immer in die Ketzerei der Monophysiten verstrickt, wenn nicht das Pferd des Kaisers zu rechter Zeit gestrauchelt wäre. Theodosius verschied, seine rechtgläubige Schwester Pulcheria folgte ihm mit einem nominellen Gemahl auf den Thron. Chrysophius wurde verbrannt, Dioskorus fiel in Ungnade, man berief die Verbannten zurück, und das Tome Leos wurde von den orientalischen Bischöfen unterschrieben. Indessen konnte der Papst mit seinem Lieblingsplane einer lateinischen Kirchenversammlung nicht durchdringen. Er verschmähte es, in der griechischen Synode, die alsbald zu Nicäa in Bithynien versammelt wurde, den Vorsitz zu führen; seine Legaten forderten in gemessenem Tone die Anwesenheit des Kaisers, und die erschöpften Väter wurden nach Chalcedon unter die unmittelbare Aufsicht Marcians und des Senats von Konstantinopel versetzt. Eine Viertelmeile vom thrakischen Bosporus stand die Kirche der heiligen Euphemia auf dem Gipfel eines sanft geneigten, aber hohen Berges; der Dreibau wurde als ein Wunder der Kunst gepriesen, und der unbegrenzte Blick über Land und Meer konnte wohl in einem Sektierer erhebende Gedanken über den Gott des Weltalls auslösen. Im Kirchenschiff saßen sechshundertdreißig Bischöfe, aber die

Legaten hatten den Vorrang vor den Patriarchen des Ostens. Einer der Legaten war ein einfacher Priester. Der Ehrenplatz blieb dreißig Laien von senatorischem oder konsularischem Range vorbehalten. Das Evangelium war prunkend im Mittelpunkte aufgestellt, die Glaubensregel jedoch wurde von den päpstlichen und kaiserlichen Ministern bestimmt, welche die dreizehn Sitzungen (8. Oktober bis 1. November 451) des Konzils von Chalcedon leiteten. Ihre parteiische Einmischung brachte das unmäßige Geschrei und die für die bischöfliche Würde entehrenden Verwünschungen zum Schweigen. Aber auf die förmliche Anklage der Legaten hin mußte Dioskorus den Platz eines in der Meinung seiner Richter bereits verurteilten Verbrechers einnehmen. Die gegen Nestorius minder feindlich als gegen Cyrill gesinnten Orientalen begrüßten die Römer als ihre Befreier. Thrazien, Pontus und Asien waren gegen die Mörder Flavius' erbittert und die neuen Patriarchen von Konstantinopel und Antiochia sicherten sich ihre Stellungen, indem sie ihren Wohltäter aufgaben. Die Bischöfe von Palästina, Makedonien und Griechenland hingen zwar dem Glauben Cyrills an, aber vor versammelter Synode, in der Hitze der Schlacht gingen die Anführer vom rechten zum linken Flügel über und entschieden den Sieg durch ihre rechtzeitige Flucht. Von den siebzehn Bischöfen, die von Alexandria mitgesegelt waren, ließen sich vier ihrer Treue abwendig machen. Die übrigen dreizehn fielen zur Erde und flehten die Gnade der Kirchenversammlung unter Schluchzen und Weinen und mit der pathetischen Erklärung an, daß sie im Falle der Nachgiebigkeit bei ihrer Rückkehr nach Ägypten von dem entrüsteten Volke ermordet werden würden. Man ließ späte Reue die Schuld oder den Irrtum der Mitschuldigen des Dioskorus sühnen; aber ihre Sünden wurden auf sein Haupt gehäuft, weder verlangte noch hoffte er auf Verzeihung, und die Gemäßigten, die für eine allgemeine Verzeihung sprachen, wurden durch Sieges- und Rachegeschrei übertönt. Um den Ruf seiner gewesenen Anhänger zu retten, entdeckte man geschickt einige persönliche Vergehen: seine verwegene und ungesetzliche Ausschließung des Papstes aus der Kirchengemeinschaft und seine frevelhafte Weigerung (während er doch als Gefangener festgehalten wurde), der Vorladung der Synode Folge zu leisten. Zeugen wurden vorgeladen, um Beweise seines Stolzes, seiner Habsucht und Grausamkeit zu erbringen, und die Kirchenväter hörten mit Abscheu, daß die Almosen der Kirchen an Tänzerinnen verschwendet würden, daß sein Palast, ja selbst sein Bad den Freudendirnen von Alexandria geöffnet wäre, und daß der Patriarch die schändliche Pansophia oder Irene öffentlich als seine Geliebte unterhalten hätte.

Wegen dieser ärgerlichen Dinge wurde Dioskorus von der Synode abgesetzt und vom Kaiser verbannt, sein Glaube jedoch in Anwesenheit und mit der stillschweigenden Billigung der Kirchenväter für rein erklärt. Die klugen Kirchenväter setzten die Ketzerei des Eutyches, der nie vor ihren Richterstuhl geladen ward, voraus, ohne sich über sie auszusprechen und sie saßen still und beschämt da, als ein kühner Monophysit ihnen ein Werk Cyrills vor die Füße warf und sie aufforderte, in ihm selbst die Lehre des Heiligen zu ächten. Wenn wir die Akten von Chalcedon, so wie sie von der orthodoxen Partei aufgezeichnet worden sind, unparteiisch durchlesen, finden wir, daß die meisten Bischöfe die einfache Einheit Christi bekannten und das Zugeständnis, daß er von oder aus zwei Naturen gebildet worden sei, konnte entweder ein früheres Dasein oder eine spätere Vereinigung der Empfängnis des Menschen und der Menschwerdung Gottes andeuten. Die römische, mit größerer Bestimmtheit ausgeprägte Theologie nahm die die Ägypter am meisten verletzende Lehre an, daß Christus in zwei Naturen sei, und diese wichtige Fassung, die man eher auswendig lernen als verstehen konnte, hätte beinahe eine Spaltung zwischen den katholischen Bischöfen hervorgerufen. Sie hatten das Tome Leos mit Ehrfurcht, vielleicht sogar mit Aufrichtigkeit unterschrieben, beteuerten jedoch nachher in zwei aufeinanderfolgenden Verhandlungen, daß es weder rätlich noch recht sei, über die geheiligten Grenzsteine hinauszugehen, die in Nicäa, Konstantinopel und Ephesus nach der Schrift und der Überlieferung festgelegt worden wären. Endlich gaben sie dem ungestümen Anliegen ihrer Gebieter nach, aber ihr Beschluß wurde, nachdem er durch besondere Abstimmung und leidenschaftlichen Zuruf gutgeheißen worden war, in der nächsten Sitzung durch den Widerstand der Legaten und ihrer orientalischen Freunde umgestoßen. Umsonst riefen die Bischöfe im Chore: »Die Entscheidung der Kirchenväter ist rechtsgültig und unabänderlich! Die Ketzer sind nun entdeckt! Fluch den Nestorianern! Sie sollen die Synode verlassen! Sie sollen nach Rom zurückgehen!« Die Legaten drohten, der Kaiser blieb beharrlich, und ein Ausschuß von achtzehn Bischöfen verfaßte einen neuen Beschluß, der der Versammlung wider ihren Willen aufgedrungen wurde. Im Namen der vierten allgemeinen Kirchenversammlung wurde Christus in einer Person, aber in zwei Naturen der katholischen Welt verkündet. Über die Ketzerei des Apollinaris und das Glaubensbekenntnis Cyrills ging man stillschweigend hinweg. Die Meisterhand des theologischen Künstlers baute den Weg zum Paradies als gefährliche Brücke über den Abgrund. Die Synode von Chalcedon triumphiert noch jetzt in den protestantischen Kirchen, aber der Streit hat sich gelegt, und die frömmsten Christen der Gegenwart kennen ihren eigenen Glauben in betreff der Menschwerdung nicht oder kümmern sich nicht darum.

Weit verschieden davon war der Charakter der Griechen und Ägypter unter den orthodoxen Regierungen Leos und Marcians. Diese frommen Kaiser erzwangen durch Waffen und Edikte die Anerkennung des Symbols ihres Glaubens; ja, fünfhundert Bischöfe erklärten aus Gewissen oder Ehrgefühl, daß die Beschlüsse der Synode von Chalcedon mit vollem Recht sogar mit dem Schwert verteidigt werden dürften. Die Katholiken bemerkten mit Genugtuung, daß dieselbe Kirchenversammlung sowohl von den Nestorianern als auch von den Monophysiten gehaßt werde; aber die Nestorianer waren entweder weniger ungestüm oder weniger mächtig, und der Osten wurde durch die hartnäckigen und blutdürstigen Monophysiten zerrüttet. Ein Heer von Mönchen besetzte Jerusalem; sie plünderten, sengten und mordeten im Namen der einen menschgewordenen Natur, befleckten das Heilige Grab mit Blut und bewachten in rebellischem Aufruhr die Tore der Stadt gegen die kaiserlichen Truppen. Die Ägypter wünschten sich den verbannten und in Ungnade gefallenen Dioskorus, ihren geistlichen Vater, zurück und verabscheuten seinen Nachfolger, der ihnen durch die Kirchenväter von Chalcedon aufgedrungen worden war. Der erzbischöfliche Thron des Proterius mußte durch eine Wache von zweitausend Soldaten verteidigt werden. Der Erzbischof führte einen fünfjährigen Krieg gegen das Volk von Alexandria und fiel auf die erste Kunde von Marcians Tod als Opfer ihres Religionseifers. Am dritten Tage vor dem Osterfeste wurde der Patriarch in der Kathedrale belagert und in der Taufkapelle ermordet. Die Reste seines verstümmelten Leichnams wurden den Flammen, seine Asche dem Winde überlassen. Die Tat war durch die Erscheinung eines angeblichen Engels eingegeben worden, eines ehrgeizigen Mönches, der unter dem Namen »die Katze Thimotheus« Dioskorus in Amt und Meinungen nachfolgte. Der tödliche Aberglaube wurde auf beiden Seiten durch den Grundsatz der Wiedervergeltung entflammt. Infolge eines metaphysischen Streites wurden mehrere Tausende erschlagen und die Christen aller Stände der wesentlichen Genüsse des geselligen Lebens und der Segnungen der Taufe und des heiligen Abendmahles beraubt. Eine etwas übertriebene Fabel jener Zeiten dürfte eine allegorische Schilderung dieser Fanatiker sein, die sich selbst und einander marterten. »Unter dem Konsulat des Venantius und Celer«, erzählt ein Bischof, »wurde das Volk von Alexandria und von ganz Ägypten von einem außerordentlichen und teuflischem Wahnsinn befallen. Große und Kleine, Sklaven und Freie, Mönche und Priester, die Eingeborenen des Landes, die sich der Kirchenversammlung von Chalcedon widersetzten, verloren ihre Sprache und Vernunft, bellten gleich Hunden und rissen mit ihren Zähnen das Fleisch von ihren eigenen Händen und Armen.«

Endlich, nach dreißigjähriger Unordnung und Wirrnis, trat (482) das berühmte Henotikon des Kaisers Zeno in Kraft, das unter seiner und unter Anastasius' Regierung von allen Bischöfen des Ostens unterzeichnet werden mußte. Der Klerus lacht vielleicht über die Anmaßung eines Laien, der Glaubensartikel festsetzte, oder er verwirft eine solche Handlung. Wenn sich indes ein Kaiser mit derartigen Dingen beschäftigt, kann sein Geist weder von Vorurteilen noch vom Eigennutz befangen sein. Und gerade in der Kirchengeschichte erscheint Zeno am wenigsten verächtlich. Das Henotikon gefiel den Ägyptern am besten. Nichtsdestoweniger vermochten die eifersüchtig suchenden Augen unserer orthodoxen Schulmänner nicht den geringsten Flecken darin zu entdecken. Es stellt den katholischen Glauben der Menschwerdung mit Genauigkeit dar, ohne die besonderen Ausdrücke oder Lehrsätze der feindlichen Sekten anzunehmen oder zu verwerfen. Ein feierliches Anathema wird gegen Nestorius und Eutyches, gegen alle Ketzer ausgesprochen, die Christus Natur teilen oder vermengen oder zu einem Phantom herabwürdigen. Ohne die Zahl oder den Artikel des Wortes Natur zu bestimmen, wird das reine System des heiligen Cyrill, der Glaube von Nicäa, Konstantinopel und Ephesus ehrfurchtsvoll bestätigt; statt aber den Entschlüssen des vierten Konzils beizustimmen, endigt das Edikt mit dem Tadel aller entgegengesetzten Lehren, wenn solche zu Chalcedon oder anderswo aufgestellt worden wären. Unter diesem vieldeutigen Ausdrucke hätten Freunde wie Feinde der letzten Synode ruhig in Brüderlichkeit leben können. Die vernünftigen Christen beruhigten sich bei dieser Art der Duldung; aber ihr Verstand war schwach und unstet, und ihr Gehorsam wurde von ihren heftigen Brüdern als furchtsam und knechtisch verachtet. Es war schwer, in betreff eines Gegenstandes, der alle Gedanken und Gespräche der Menschen in Anspruch nahm, strenge Neutralität zu beobachten; ein Buch, eine Predigt, ein Gebet entzündete wieder die Flamme des Streites, und die Bande der kirchlichen Gemeinschaft wurden durch die persönlichen Feindseligkeiten der Bischöfe abwechselnd zerrissen und wieder gefestigt. Zwischen Nestorius und Eutyches bestanden tausend abgestufte Unterschiede in der Sprache und den Meinungen. Die Acephaler von Ägypten und die römischen Päpste, die zwar gleich mutig, aber ungleich stark waren, standen sich in den äußersten Extremen gegenüber. Die Acephaler, ohne König oder Bischof, waren seit über dreihundert Jahren von den Patriarchen von Alexandria getrennt, welche der Kirchengemeinschaft von Konstantinopel beigetreten waren, ohne eine förmliche Verdammung der Synode von Chalcedon zu verlangen. Wegen der Annahme der Lehren der Kirchengemeinschaft von Alexandria, ohne förmliche Billigung derselben Synode, wurden die Patriarchen von Konstantinopel von den Päpsten in Bann getan. Ihr unbeugsamer Despotismus verwickelte die rechtgläubigsten der griechischen Kirchen in diese geistige Ansteckung, leugnete oder bezweifelte die Gültigkeit ihrer Sakramente und nährte fünfunddreißig Jahre hindurch die Spaltung des Ostens und Westens, bis sie zuletzt vier byzantinische Bischöfe aus ihren Gebeten ausschlossen, die es gewagt hatten, sich der Herrschaft des heiligen Petrus zu widersetzen. Vor dieser Periode war der ungesicherte Waffenstillstand zwischen Konstantinopel und Ägypten durch die sich gegenseitig bekämpfenden Prälaten gebrochen worden. Makedonius, welcher der nestorianischen Ketzerei verdächtig war, verteidigte in der Verbannung die Synode von Chalcedon, während der Nachfolger Cyrills ihren Sturz durch eine Bestechungssumme von zweitausend Pfund Gold zu erkaufen wünschte.

In diesen fieberhaften Zeiten genügte der Sinn oder vielmehr der Klang einer Silbe, den Frieden eines Reiches zu stören. Das Trisagion (dreimal heilig) »heilig, heilig, heilig ist der Herr, Gott der Heerscharen!« wird von den Griechen für die Hymne, welche die Engel und Cherubim vor dem Thron Gottes ewig wiederholen, gehalten und war der Kirche von Konstantinopel gegen das Ende des fünften Jahrhunderts auf jene wunderbare Weise offenbart worden. Das andächtige Antiochia fügte bald hinzu: »der für uns gekreuzigt wurde!« Diese entweder an Christus allein oder an die Dreieinigkeit gerichtete Dankeseinschaltung läßt sich durch die Regeln der Theologie rechtfertigen und ist allmählich von den Katholiken des Ostens und Westens angenommen worden. Aber ein monophysitischer Bischof hatte sie erdacht. Die Gabe eines Feindes wurde zuerst als eine entsetzliche und gefährliche Gotteslästerung verworfen, und die verwegen eingeführte Neuerung hätte dem Kaiser Anastasius beinahe Thron und Leben gekostet. Es fehlten dem Volke von Konstantinopel alle vernünftigen Freiheitsgrundsätze; wohl aber galt ihm die Farbe eines Wagenlenkers im Zirkus oder die Auslegung eines Mysteriums in den Schulen als rechtmäßiger Grund zum Aufruhr. Das Trisagion wurde von den beiden Chören in der Kathedrale mit und ohne diese unheilvolle Zugabe gesungen, und wenn ihre Lungen erschöpft waren, griffen sie zu ausgiebigeren Mitteln, zu Stöcken und Steinen. Die Angreifer wurden vom Kaiser bestraft und vom Patriarchen in Schutz genommen, und Krone und Inful hingen von dem Ausgange dieses wichtigen Streites ab. Die Straßen füllten sich augenblicklich mit unzähligen Schwärmen von Männern, Weibern und Kindern; die Mönche marschierten in geschlossenen Reihen und schrien und fochten an ihrer Spitze: »Christen, dies ist der Tag des Märtyrertums! Lasset uns unsere geistlichen Väter nicht verlassen! Fluch dem manichäischen Tyrannen! Er ist unwürdig zu regieren!« Dies war der Ruf der Katholiken, und die Galeeren lagen mit eingehangenen Rudern vor dem Palaste, bis der Patriarch dem Reuigen verzieh und die empörte Menge zum Schweigen gebracht hatte. Der Triumph des Makedonius wurde durch schleunige Verbannung gehindert, aber der Eifer seiner Herde abermals durch dieselbe Frage aufgestachelt: »Ob eine Person der heiligen Dreieinigkeit gekreuzigt worden sei?« Bei diesem wichtigen Anlaß stellten die blauen und grünen Parteien von Konstantinopel ihre Zwietracht ein, und die bürgerliche und militärische Macht sank ihnen gegenüber in Nichts zusammen. Die Schlüssel der Stadt und die Fahnen der Leibwachen wurden auf dem Forum des Konstantin, dem Hauptposten und Lager der Gläubigen, hinterlegt. Tag und Nacht waren sie unaufhörlich mit Hymnensingen zu Ehren ihres Gottes oder mit Plünderung und Ermordung der Diener ihres Fürsten beschäftigt. Das Haupt seines Lieblingsmönches, »des Freundes des Feindes der Dreieinigkeit«, wurde auf einer Lanze umhergetragen, und das Feuer, das sie an Gebäude ketzerischer Bewohner gelegt hatten, verbreitete sich, ohne Unterschiede zu machen, über die orthodoxesten Bauwerke. Die Standbilder des Kaisers wurden zerbrochen. Er selbst hielt sich in einer Vorstadt verborgen, bis er es nach drei Tagen wagte, die Gnade seiner Untertanen anzuflehen. Ohne sein Diadem und in der Stellung eines Bittenden erschien Anastasius auf dem Throne im Zirkus. Die Katholiken wiederholten vor ihm ihr echtes Trisagion; sie jubelten über sein Anerbieten, den Purpur niederzulegen, das er durch einen Herold stellen ließ. Sie hörten auf seine Mahnung, daß, weil nicht alle herrschen könnten, sie sich zuvörderst über die Wahl eines Souveräns einigen sollten. Endlich verlangten sie den Tod zweier verhaßter Minister, die ihr Gebieter ohne Zögern verurteilte, den Löwen vorgeworfen zu werden. Diese wütenden, aber kurzen Aufstände wurden durch Vitalian geschürt, der sich mit einem Heer Bulgaren und Hunnen, größtenteils Götzendienern, zum Verfechter des katholischen Glaubens erklärte. In diesem frommen Aufruhr verheerte er Thrakien, belagerte Konstantinopel und rottete fünfundsechzigtausend seiner Mitchristen aus, bis er die Zurückberufung der Bischöfe, Genugtuung für den Papst und das Festhalten an dem Konzil von Chalcedon erwirkte, ein orthodoxer Vertrag, den der sterbende Anastasius widerwillig unterzeichnete, der Oheim des Justinian jedoch treu vollzog. Das war der Ausgang des ersten aller Religionskriege (514), die im Namen und von den Nachfolgern des Gottes des Friedens geführt worden sind.

Wir haben Justinian bereits in dem verschiedenartigen Licht eines Fürsten, eines Eroberers und eines Gesetzgebers gesehen. Als Theolog werden wir ihn jetzt kennenlernen, da die Theologie einen sehr bedeutenden Zug in seinem Charakter bildete. Der Souverän sympathisierte mit seinen Untertanen in ihrer Verehrung lebender und abgeschiedener Heiliger; sein Kodex und noch mehr seine Vorlagen bestätigen und erweitern die Vorrechte der Geistlichkeit, und in jedem Streite zwischen einem Mönche und einem Laien war er geneigt auszusprechen, daß Wahrheit, Unschuld und Gerechtigkeit sich stets auf Seite der Kirche befänden. In seinen öffentlichen und geheimen Andachtsübungen war der Kaiser emsig und musterhaft. Seine Gebete, Nachtwachen und Fasten trugen das Gepräge strenger Kasteiung. Er war überzeugt, daß er der persönlichen Eingebung Gottes teilhaftig geworden sei. Er hatte sich dem Schutz der heiligen Jungfrau und des Erzengels Michael anvertraut, und als er eines Tages von einer schweren Krankheit genas, wurde das der wunderbaren Hilfe der heiligen Märtyrer Cosmas und Damian zugeschrieben. Die Hauptstadt und die Provinzen des Ostens wurden mit den Denkmälern seiner Religion geschmückt, und obschon der weitaus größere Teil dieser kostspieligen Bauten seinem Geschmack oder seiner Prunksucht zugeschrieben werden muß, ist es doch wahrscheinlich, daß den Kaiser bei diesen Bauten ein echtes Gefühl der Liebe und Dankbarkeit gegen seine unsichtbaren Wohltäter leitete. Unter den kaiserlichen Titeln war ihm der Beiname Pius der angenehmste; die Förderung zeitlicher und geistlicher Wohlfahrt der Kirche betrachtete er als oberste Pflicht seines Lebens, und oft war er weniger Landesvater als Glaubensverteidiger. Die Streitigkeiten des Zeitalters sagten seinem Charakter und Verstande zu, und die eigentlichen Theologen mußten innerlich den Eifer eines Uneingeweihten belächeln, der ihre Kunst betrieb und seine eigene vernachlässigte. »Was könnt ihr«, sagte ein kühner Verschwörer zu seinen Genossen, »von eurem bigotten Tyrannen fürchten? Schlaflos und unbewaffnet sitzt er ganze Nächte in seiner Stube, beratschlagt mit geistlichen Graubärten und wendet die Blätter ihrer theologischen Bücher um.« Das Wissen aus diesen nächtlichen Studien wurde in mancher Besprechung entfaltet, in der Justinian als der lauteste und spitzfindigste Zänker glänzte, in mancher Predigt, die als Edikt oder Schreiben dem Reiche die Theologie seines Gebieters verkündete. Während die Barbaren in die Provinzen einbrachen, während die siegreichen Legionen unter den Fahnen Belisars und Narses' marschierten, begnügte sich der Nachfolger Trajans, unbekannt im Lager, an der Spitze einer Synode zu siegen. Wenn Justinian zu diesen Synoden einen unbeteiligten und verständigen Zuschauer eingeladen hätte, würde er erfahren haben können: »daß religiöses Gezänke das Kind des Hochmutes und der Torheit sei; daß echte Frömmigkeit am lobenswertesten sich durch Schweigen und Unterwerfung kundgebe; daß der Mensch, der seine eigene Natur nicht kennt, sich nicht vermessen solle, die Natur seines Gottes zu erforschen und daß es für uns zu wissen hinreiche, daß Macht und Güte die Eigenschaften der vollkommenen Gottheit sind.«

Duldung war nicht die Tugend der Zeiten und Milde gegen Empörer ist selten die Tugend der Fürsten gewesen. Wenn aber ein Fürst den engherzigen und reizbaren Charakter eines Zänkers hat, wird er leicht verleitet, den Mangel an Gründen durch die Fülle seiner Macht zu ersetzen und ohne Erbarmen diejenigen zu züchtigen, die sich geflissentlich gegen seine Beweise verschließen. Die Regierung Justinians bietet ein ununterbrochenes vielgestaltiges Schauspiel der Verfolgung. Er übertraf seine trägen Vorgänger sowohl in der Erfindung von Gesetzen, wie in der Strenge ihrer Ausführung. Drei Monate nur wurden für die Bekehrung oder Verbannung aller Ketzer festgesetzt, und wenn er ihnen nachsichtig einen unsicheren Aufenthalt gestattete, waren sie unter seinem eisernen Joch nicht nur der Wohltaten der Gesellschaft, sondern auch der allgemeinen Menschen- und Christenrechte beraubt. Nach vierhundert Jahren noch beseelte die Montanisten von Phrygien jener wilde Enthusiasmus für religiöse Schwärmer und Propheten, den sie von ihren männlichen und weiblichen Aposteln, den auserlesenen Werkzeugen des Parakletes, eingesogen hatten. Sobald sich ihnen katholische Priester und Soldaten näherten, griffen sie mit Freuden zur Märtyrerkrone. Versammlung- und Gemeindehaus wurden von den Flammen verzehrt, aber sogar noch dreihundert Jahre nach dem Tode ihres Tyrannen waren diese Urschwärmer nicht gänzlich vertilgt. Unter dem Schutze der gotischen Bundestruppen hatte die arianische Kirche in Konstantinopel der Strenge der Gesetze getrotzt: ihre Geistlichkeit tat es an Reichtum und Prunk dem Senate gleich, und das Gold und Silber, dessen sich der räuberische Justinian bemächtigte, konnte allenfalls als die den Provinzen abgenommene Beute und als die Trophäe der Barbaren in Anspruch genommen werden. Es gab noch immer unter den Menschen, sowohl in hohen wie in niederen Kreisen, heimliche Heiden. Sie erregten die Entrüstung der Christen, die es vielleicht nicht gern sahen, daß Fremdlinge Zeugen ihrer inneren Zwistigkeiten waren. Ein Bischof wurde zum Glaubensinquisitor ernannt. Er entdeckte bald am Hofe wie in der Stadt Beamte, Rechtsgelehrte, Ärzte und Sophisten, die noch immer dem Aberglauben der Griechen anhingen. Ihnen wurde allen Ernstes bedeutet, daß sie ohne Verzug zwischen dem Mißfallen Jupiters und der Ungnade Justinians zu wählen hätten und daß sie ihren Abscheu gegen das Evangelium nicht länger unter der Ärgernis erregenden Maske der Gleichgültigkeit oder Gottlosigkeit verbergen dürften. Der Patrizier Photius war vielleicht der einzige, der wie seine Ahnen zu leben und zu sterben entschlossen war; er tötete sich mit seinem Dolche und ließ seinem Tyrannen die armselige Genugtuung, daß dieser seinen leblosen Körper schimpflich aussetzen lassen konnte. Seine schwächeren Glaubensgenossen unterwarfen sich ihrem irdischen Monarchen, unterzogen sich den Zeremonien der Taufe und waren bestrebt, durch außergewöhnlichen Eifer den Verdacht der Götzendienerei von sich abzuwälzen oder deren Schuld zu sühnen. Das Vaterland Homers, Schauplatz des trojanischen Krieges, bewahrte noch die letzten Spuren seiner Mythologie; durch die Emsigkeit desselben Bischofs wurden siebzigtausend Heiden in Kleinasien, Phrygien, Lydien und Karien entdeckt und bekehrt, sechsundneunzig Kirchen für die neuen Proselyten gebaut und durch die fromme Freigebigkeit Justinians mit leinenen Gewändern, Bibeln, Liturgien und goldenen und silbernen Gefäßen versehen. Die Juden, die nach und nach ihrer Freiheit beraubt worden waren, wurden durch ein drückendes Gesetz gequält, das sie zwang, das Osterfest an demselben Tage zu begehen, an welchem es von den Christen gefeiert wurde. Sie hatten um so mehr Grund sich zu beklagen, weil die Katholiken selbst mit den astronomischen Berechnungen ihres Souveräns nicht übereinstimmten: das Volk von Konstantinopel verzögerte den Anfang der Fasten um eine ganze Woche nach dem Zeitpunkte, der schließlich von der Behörde festgesetzt worden war, und es hatte das Vergnügen, sieben Tage zu fasten, während auf Befehl des Kaisers Fleisch zum Verkauf ausgeboten wurde. Die Samaritaner von Palästina waren ein bunt durcheinander gewürfelter Menschenstamm, eine zweifelhafte Sekte, von den Heiden als Juden, von den Juden als Schismatiker, von den Christen als Götzendiener verworfen. Schon war das von ihnen verabscheute Kreuz auf ihrem heiligen Berge Garizim aufgepflanzt worden; aber die Verfolgung des Justinian ließ ihnen nur die Wahl zwischen Taufe und Empörung. Sie wählten die letztere, erhoben sich unter der Fahne eines verzweifelten Führers und rächten die erlittenen Unbilden an dem Leben, dem Eigentume und den Tempeln eines wehrlosen Volkes. Die Samaritaner wurden zuletzt durch die regulären Truppen des Ostens unterworfen. Zwanzigtausend fanden den Tod, zwanzigtausend verkauften die Araber an die Ungläubigen von Persien und Indien, und der Rest dieses unglücklichen Volkes sühnte das Verbrechen des Hochverrates mit der Sünde der Heuchelei. Man hat berechnet, daß in dem samaritanischen Kriege, der die einst fruchtbare Provinz in eine menschenleere und kahle Wildnis verwandelte, einhunderttausend römische Untertanen ausgerottet wurden. Aber nach dem Glaubensbekenntnisse Justinians war die Niedermetzelung Ungläubiger kein Mord, und er bestrebte sich frommer Weise, die Einheit des christlichen Glaubens mit Feuer und Schwert herzustellen.

Bei solchen Gesinnungen lag ihm ob, wenigstens immer auf dem rechten Pfade zu bleiben. In den ersten Jahren seiner Regierung zeigte er seinen Eifer als Schüler und Beschützer der Rechtgläubigen. Nach Aussöhnung der Griechen mit den Lateinern wurde das Tome des heiligen Leo als das Glaubensbekenntnis des Kaisers und des Reiches aufgestellt. Die Nestorianer und Eutychianer waren auf beiden Seiten mit doppelter Schärfe der Verfolgung preisgegeben, und die vier Synoden von Nicäa, Konstantinopel, Ephesus und Chalcedon wurden in einem Kodex von einem katholischen Gesetzgeber genehmigt. Aber während Justinian die Einheit des Glaubens und Gottesdienstes zu bewahren strebte, hatte seine Gattin Theodora, deren Laster offenbar mit Frömmelei nicht unvereinbar waren, den monophysitischen

Lehren Gehör geschenkt, und die offenen und heimlichen Feinde der Kirche erhoben sich wieder und vermehrten sich bei dem Lächeln ihrer gnadenreichen Beschützerin. Hauptstadt, Palast und Ehebett wurden durch geistliche Zwietracht zerrüttet. So zweifelhaft war aber die Aufrichtigkeit des kaiserlichen Paares, daß ihre scheinbare Uneinigkeit von vielen einem geheimen und verderblichen Bündnisse gegen die Religion und das Glück des Volkes zugeschrieben wurde. Der berühmte Streit, betreffend die drei Kapitel, der mehr Bände gefüllt hat als er Zeilen verdienen würde, trägt tiefe Spuren dieses spitzfindigen und unaufrichtigen Geistes. Dreihundert Jahre waren nun verflossen, seit der Körper des Origenes im Grabe verfaulte. Seine Seele, an deren Vorhandensein er geglaubt hatte, befand sich in den Händen ihres Schöpfers, aber seine Schriften wurden von den Mönchen von Palästina gierig gelesen. Der scharfsichtige Justinian vermochte in diesen Schriften mehr als zehn metaphysische Irrtümer zu entdecken, und der Urvater wurde gemeinsam mit Pythagoras und Plato durch die Geistlichkeit den ewigen Höllenflammen überliefert, die er zu leugnen gewagt hatte. Unter dem Deckmantel dieses Vorspieles wurde ein verräterischer Streich gegen das Konzil von Chalcedon geführt. Die Kirchenväter hatten mit Ungeduld dem Lobe Theodors von Mopsu Hestia zugehört; sie hatten gerechterweise oder mit Nachsicht sowohl Theodoret von Cyrrhus als auch Ibas von Edessa wieder in die Gemeinschaft der Kirche aufgenommen. Aber diese orientalischen Bischöfe waren mit Ketzerei befleckt, die man ihnen vorwarf; der erste war der Lehrer, die beiden anderen waren die Freunde des Nestorius gewesen. Die verdächtigsten Stellen wurden unter dem Titel der drei Kapitel angeprangert, und durch ihre Verdammung mußte die Ehre einer Synode angetastet werden, deren Name von der ganzen katholischen Welt mit aufrichtiger oder vorgeblicher Ehrfurcht genannt wurde. Wenn diese Bischöfe, sie mochten nun schuldig oder unschuldig sein, im Tode Vernichtung gefunden hatten, weckte sie wahrscheinlich das Geschrei nicht, das hundert Jahre später über ihren Gräbern erhoben wurde. Und wenn sie sich bereits in den Fängen des Satans befanden, konnten ihre Qualen durch Menschen weder verstärkt noch gemildert werden. Erfreuten sie sich dagegen in der Gemeinschaft der Heiligen und Engel des Lohnes ihrer Frömmigkeit, so mußten sie die eitle Wut der theologischen Insekten belächeln, die noch auf der Oberfläche der Erde krochen. Das vorderste dieser Insekten, der römische Kaiser, streckte seinen Stachel und spritzte sein Gift aus, vielleicht ohne die eigentlichen Beweggründe der Theodora und ihrer kirchlichen Partei zu sehen. Die Opfer waren seiner Gewalt nicht mehr unterworfen, und der Stil seiner heftigen Edikte konnte nur ihre Verdammung kundtun und die Geistlichkeit des Ostens auffordern, mit ihm im vollen Chore Bannflüche und Verwünschungen auszustoßen. Der

Osten pflichtete etwas zögernd seinem Souverän bei. Die fünfte allgemeine Kirchenversammlung, aus drei Patriarchen und einhundertfünfundsechzig Bischöfen bestehend, wurde in Konstantinopel (533) abgehalten; die Verfasser sowie die Verteidiger der drei Kapitel wurden aus der Gemeinschaft der Heiligen ausgeschlossen und dem Fürsten der Finsternis feierlich überantwortet. Die lateinischen Kirchen jedoch hielten fester an der Ehre Leos und der Synode von Chalcedon, und wenn sie wie gewöhnlich unter dem Banner Roms gestritten hätten, würden sie vernunftgemäß und nach menschlichem Ermessen vielleicht gesiegt haben. Aber ihr Oberhaupt war Gefangener ihres Feindes. Der durch Simonie geschändete Thron des heiligen Petrus wurde durch den feigen Vigilius verraten, der nach langem, unstetem Kampfe dem despotischen Justinian und den sophistischen Griechen nachgab. Seine Abtrünnigkeit erbitterte die Lateiner, und nur zwei Bischöfe fanden sich, um ihre Hände seinem Diakon und Nachfolger Pelagius segnend aufzulegen. Aber die beharrlichen Päpste stempelten allmählich ihre Gegner mit dem Namen Schismatiker; die Kirchen von Illyrien, Afrika und Italien wurden durch bürgerliche und kirchliche Obrigkeiten nicht ohne einige Hilfe des Militärs unterdrückt. Die Barbaren bekannten sich zum Glauben des Vatikans, und nach Ablauf eines Jahrhunderts nahm auch die Spaltung wegen der drei Kapitel ein Ende, die in Aquileja im Jahre 698 gänzlich behoben wurde. Aber die religiöse Unzufriedenheit der Italiener hatte bereits die Eroberungen der Langobarden gefördert, und die Römer selbst waren gewohnt, an dem Glauben ihres byzantinischen Tyrannen zu zweifeln und seine Regierung zu verabscheuen. Justinian ging in dem schwierigen Unternehmen, seine und seiner Untertanen unbeständige Meinungen zu festigen, weder stetig noch folgerichtig vor. In seiner Jugend erbitterte ihn die geringste Abweichung von der Rechtgläubigkeit; in seinen allen Tagen überschritt er das Maß gemäßigter Ketzerei, und sowohl Jakobiten als auch Katholiken nahmen Anstoß an seiner Erklärung, daß der Leib Christi unverweslich sei und er im Mannesalter weder die Bedürfnisse noch die Schwächen fühlte, die unseres Fleisches Erbteil sind. Diese phantastische Meinung wurde in den letzten Edikten Justinians verkündigt, und im Augenblicke seines Verscheidens hatte sich die Geistlichkeit geweigert, ihnen Folge zu leisten. Der Fürst war zur Verfolgung und das Volk zum Märtyrertume und Widerstand entschlossen. Der Bischof Nicetius von Trier redete aus sicherer Ferne jenseits der Grenzen seiner Gewalt den Monarchen des Ostens mit Worten der Macht und Liebe an: »Erhabener Justinian, gedenke deiner Taufe und deines Glaubensbekenntnisses. Beflecke deine grauen Haare nicht mit Ketzerei. Rufe deine Kirchenväter aus der Verbannung, deine Anhänger vom Verderben zurück. Es kann dir nicht unbekannt sein, daß bereits Italien und Gallien,

Spanien und Afrika deinen Fall beklagen und deinen Namen mit Anathemen belegen. Wenn du nicht ohne Verzug widerrufst, was du gelehrt hast, wenn du nicht mit lauter Stimme ausrufst, ich habe mich geirret, ich habe gesündigt, Fluch dem Nestorius, Fluch dem Eutyches, so wirst du deine Seele denselben Flammen überliefern, in denen die ihrigen ewig brennen werden!« Justinian starb ohne Zeichen der Reue. Sein Tod stellte den Frieden der Kirche einigermaßen wieder her, und die Regierungen seiner vier Nachfolger, Justin, Tiberius, Mauritius und Phocas, sind wegen dem seltenen aber glücklichen Umstand hervorzuheben, daß sie nicht in der Kirchengeschichte des Orients aufscheinen. Sinne und Vernunft können am wenigsten auf sich selber einwirken; das Auge ist dem Sehen, die Seele dem Denken höchst unzugänglich und doch denken wir, ja fühlen sogar, daß ein Wille, ein einziges Prinzip des Handelns zu unserem vernünftigen und selbstbewußten Sein wesentlich notwendig ist. Als Heraklius aus dem persischen Kriege zurückkam, befragte der rechtgläubige Held seine Bischöfe, ob der Christus, den er anbete, in einer Person, aber zwei Naturen unter dem Einfluß eines einzigen oder doppelten Willens stände. Sie antworteten, er sei ein einziges Wesen, und der Kaiser fühlte sich ermuntert, die Jakobiten von Ägypten und Syrien durch das Bekenntnis zu einer Lehre auszusöhnen, die ganz gewiß harmlos, ja wahrscheinlich richtig war, da sie sogar von den Nestorianern selbst gelehrt wurde. Der Versuch hatte keinen Erfolg, und die furchtsamen oder fanatischen Katholiken vermieden sogar den Schein eines Rückzuges vor einem schlauen und verwegenen Feind. Die rechtgläubige (herrschende) Partei erfand neue Arten des Ausdruckes, der Frage, der Auslegung; jede der beiden Naturen Christi begabten sie mit einer eigentümlichen und besonderen Willenskraft; aber der Unterschied entzog sich dem Verständnis, sowie sie behaupteten, der menschliche und göttliche Wille sei unwandelbar der gleiche. Diese krankhafte Streitsucht war von den gewöhnlichen Symptomen begleitet, die griechischen Geistlichen jedoch, wie gesättigt von dem endlosen Streite über die Menschwerdung, träufelten heilsamen Rat in das Ohr des Fürsten und des Volkes. Sie erklärten sich als Monotheleten (Verteidiger der Einheit des Willens), aber sie behandelten die Worte als neu, die Fragen als überflüssig und empfahlen religiöses Schweigen als der Klugheit und Milde des Evangeliums am angemessensten. Dieses Gebot des Schweigens wurde nacheinander durch die Ekthesis oder Auseinandersetzung des Heraklius (639), durch den Typus oder das Muster seines Enkels Konstans (648) auferlegt, und die Patriarchen von Rom, Konstantinopel, Alexandria und Antiochia unterschrieben die kaiserlichen Edikte teils mit Freuden, teils mit Widerstreben. Aber der Bischof und die Mönche von Jerusalem schlugen Lärm; die lateinischen Kirchen gewahrten in der Sprache, ja sogar im Stillschweigen der Griechen eine versteckte Ketzerei, und der Gehorsam des Papstes Honorius gegen die Befehle seines Souveräns wurde durch seine kühneren und unwissenden Nachfolger verleugnet und getadelt. Sie verdammten die fluchwürdige und abscheuliche Ketzerei der Monotheleten, welche die Irrlehren eines Manes, eines Apollinaris, eines Eutyches u. . wieder auffrischten; sie unterzeichneten das Urteil der Ausschließung aus der Kirchengemeinschaft auf dem Grabe des heiligen Petrus; die Tinte wurde mit dem Abendmahlweine, Christi Blut, vermengt, und keine Feierlichkeit wurde unterlassen, die ein gläubiges Gemüt mit Schauder und Entsetzen erfüllen mußte. Als Stellvertreter der abendländischen Kirche anathematisierten Papst Martin und seine laleranensische Synode das treulose und verbrecherische Stillschweigen der Griechen; einhundertfünf italienische Bischöfe, die meisten Konstans' Untertanen, erdreisteten sich, seinen ruchlosen Typus und die gottlose Ekthesis seines Großvaters zu verwerfen und die Verfasser wie ihre Anhänger mit einundzwanzig berüchtigten Ketzern, den Abtrünnigen der Kirche und Stimmführern des Teufels, auf eine Stufe zu stellen. Eine solche Beschimpfung konnte auch unter der mildesten Regierung nicht unbestraft bleiben. Papst Martin endete seine Tage auf dem ungastlichen Gestade des taurischen Chersonesus, und seinem Orakel, dem Abt Maximus, wurde auf unmenschliche Weise die Zunge herausgerissen und die rechte Hand abgeschnitten. Aber derselbe unbezähmbare Geist lebte in ihren Nachfolgern fort, und die triumphierenden Lateiner rächten ihre neuerliche Niederlage und verwischten die Schmach der drei Kapitel. Die Synoden von Rom wurden in der sechsten allgemeinen Versammlung von Konstantinopel (7. November 680 bis 16. September 681) im Palaste und in Gegenwart eines neuen Konstantin, eines Abkömmlings des Heraklius, bestätigt. Der kaiserliche Bekehrer bekehrte den byzantinischen Patriarchen und die Mehrheit der Bischöfe; die Dissidenten wurden mit ihrem Oberhaupte, Macarius von Antiochia, zu den geistlichen und weltlichen Strafen der Ketzerei verurteilt. Der Osten nahm schließlich die Lehren des Westens an, und es ward jener Glaube festgesetzt, der die Katholiken lehrt, daß zwei Willen oder Willenskräfte in der Person Christi vereint sind. Die Majestät des Papstes und der römischen Synode wurde durch zwei Priester, einen Diakon und drei Bischöfe vertreten; aber diese unbekannten Lateiner besaßen weder Waffen für den Zwang, noch Schätze zur Bestechung, noch Worte zur Überredung, und ich weiß nicht, wodurch es ihnen gelang, den stolzen griechischen Kaiser zu bewegen, den Katechismus seiner Kindheit abzuschwören und die Religion seiner Väter zu verfolgen. Vielleicht waren Mönche und Volk von Konstantinopel dem laleranensischen Glauben günstig, obwohl er in der Tat der minder begünstigte von beiden ist, eine Vermutung, die durch die unnatürliche Mäßigung der griechischen

Geistlichkeit unterstützt wird, die sich in diesem Kampfe ihrer Schwäche bewußt zu sein schien. Während die Synode beriet, schlug ein Schwärmer eine raschere Entscheidung durch Erweckung eines Toten zum Leben vor; die Prälaten wohnten dem Versuche bei, aber das offenbare Mißlingen deutet an, daß die Monotheleten die Leidenschaften und Vorurteile der Menge nicht auf ihrer Seite hatten. Als in der nächsten Generation der Sohn Konstantins von den Jüngern des Macarius abgesetzt und erschlagen wurde, genossen sie die Wonnen der Rache und Herrschaft; das Bild der sechsten Kirchenversammlung wurde verstümmelt und die Originalakten den Flammen überliefert. Zwei Jahre später jedoch wurde ihr Beschützer vom Throne gestürzt, die Bischöfe des Ostens wurden von ihrer durch die Umstände hervorgerufenen Übereinstimmung erlöst, der römische Glaube ward durch die orthodoxen Nachfolger des Bardanes wieder befestigt, und man vergaß die schönen Probleme der Menschwerdung über dem volkstümlicheren Streit um die Bilderverehrung.

Vor Ende des siebenten Jahrhunderts wurde die Lehre der Menschwerdung, die in Rom und Konstantinopel festgesetzt worden war, gleichfalls auf den fernen Inseln Britannien und Irland gepredigt. Dieselben Begriffe wurden von allen Christen, deren Liturgie in griechischer oder lateinischer Sprache gehalten ward, anerkannt oder vielmehr dieselben Worte wiederholt. Ihre Anzahl so wie ihr sichtbarer Glanz gaben ihnen einen Anspruch auf den Namen Katholiken, aber im Osten wurden sie mit dem minder ehrenvollen Namen Melchiten oder Königsdiener belegt, Menschen, deren Glaube, statt auf den Grundlagen der Schrift, Vernunft oder Überlieferung zu beruhen, durch die willkürliche Gewalt eines zeitlichen Monarchen festgesetzt worden war und noch fortwährend aufrechterhalten wurde. Ihre Gegner konnten die Worte der Kirchenväter von Konstantinopel anführen, die sich selbst als Sklaven des Königs bekannten; sie konnten mit boshafter Freude erzählen, wie die Beschlüsse von Chalcedon durch den Kaiser Marcian und seine jungfräuliche Gemahlin eingegeben und abgeändert wurden. Die herrschende Partei schärft ganz natürlich die Pflicht der Unterwerfung ein, und nicht minder natürlich ist es, daß die Dissidenten die Grundsätze der Freiheit fühlen und verteidigen. Unter der Geißel der Verfolgung arteten die Nestorianer und Monophysiten in Rebellen und Flüchtlinge aus, und den ältesten und nützlichsten Bundesgenossen Roms wurde gelehrt, den Kaiser nicht als das Haupt, sondern als den Feind der Christen zu betrachten. Die Sprache, das leitende Prinzip, das die Menschen vereinigt oder trennt, unterschied bald die Sektierer des Ostens durch ein besonderes und dauerndes Abzeichen, das jeden Verkehr und jede Hoffnung auf Versöhnung zunichte machte. Die lange Herrschaft der Griechen, ihre

Kolonien und vor allem ihre Beredsamkeit, hatte eine Sprache verbreitet, ohne Zweifel die vollkommenste, die Menschenkunst je erfunden hat. Aber die Masse des Volkes, sowohl in Syrien als in Ägypten, beharrte auf dem Gebrauch ihrer Nationalsprache, jedoch mit dem Unterschiede, daß die Koptische auf die rohen und schriftunkundigen Bauern des Nils beschränkt blieb, während das Syrische von dem assyrischen Gebirge bis zum Roten Meere der Dichtkunst und Lehre vorbehalten war. Nach Armenien und Abessinien war die griechische Sprache und Gelehrsamkeit gedrungen, und die barbarischen, durch die Studien des neuen Europa aufgefrischten Sprachen dieser Länder wurden von den Bewohnern des römischen Reiches nicht verstanden. Das Syrische und Koptische, das Armenische und Äthiopische ist dem Dienste ihrer Kirchen geweiht und ihre Theologie durch einheimische Übersetzungen der heiligen Schrift als auch der beliebtesten Kirchenväter bereichert. Der Funke des Streites, der zuerst durch eine Predigt des Nestorius entzündet worden war, glüht noch heute im Orient weiter, und die feindseligen Gemeinden bewahren noch immer den Glauben und die Kircheneinrichtungen ihrer Stifter. In ihrer Unwissenheit, Armut und Knechtschaft verwarfen die Nestorianer und Monophysiten die geistliche Oberhoheit Roms und liebten ihre türkischen Gebieter, die ihnen gestatteten, einerseits den heiligen Cyrill und die Synode von Chalcedon, anderseits den Papst Leo und das Konzil von Ephesus zu anathematisieren. Die Rolle, die sie bei dem Sturze des orientalischen Reiches spielten, fordert unsere Aufmerksamkeit, und der Leser mag sich mit den verschiedenen Schilderungen begnügen: I. der Nestorianer; II. der Jakobiten; III. der Maroniten; IV. der Armenier; V. der Kopten; VI. der Abessinier. Den drei ersteren ist das Syrische gemeinsam, von den letzteren Sekten hat jede eine eigene Nationalsprache. Die jetzigen Bewohner von Armenien und Abessinien wären aber unfähig, mit ihren Altvordern zu reden, und die Christen von Ägypten und Syrien, welche die Religion der Araber verwarfen, haben deren Sprache angenommen. Die Zeit hat das Priestertum unterstützt, und im Osten wie im Westen wird Gott in einer veralteten Sprache angerufen, welche die Mehrzahl der Gemeinde nicht versteht.

I. Die ketzerische Lehre des unglücklichen Nestorius erlosch sehr schnell sowohl in seinem Geburtslande als in seinem bischöflichen Sprengel. Die orientalischen Bischöfe, die in Ephesus in seiner Gegenwart dem anmaßenden Cyrill Widerstand geleistet hatten, ließen sich durch dessen spätere Zugeständnisse erweichen. Dieselben Prälaten oder ihre Nachfolger unterzeichneten ohne Widerrede die Beschlüsse von Chalcedon; die Macht der Monophysiten söhnte sie mit den Katholiken in Übereinstimmung leidenschaftlichen Fanatismusses, des Eigennutzes und der Toleranz aus, und ihr letztes Widerstreben erlosch bei der Verteidigung der drei Kapitel. Ihre

Brüder, die entweder minder gemäßigt oder aufrichtiger waren, wurden durch Gesetze unterdrückt, und schon zur Zeit des Regierungsanfanges Justinians hielt es schwer, eine nestorianische Kirche innerhalb der Grenzen des römischen Reiches zu finden. Jenseits dieser Grenzen hatten sie eine neue Welt entdeckt, wo sie auf Freiheit hoffen und nach Eroberung streben konnten. In Persien hatte trotz des Widerstandes der Magier das Christentum tiefe Wurzel gefaßt, und die Völker des Ostens ruhten in seinem heilbringenden Schatten. Der Katholikos oder Primas residierte in der Hauptstadt; er und seine Metropoliten, Bischöfe und Geistlichkeit stellten den Glanz und die Ehren einer geordneten Hierarchie dar. Sie freuten sich der Zunahme der Proselyten, die sich vom Zendavest zum Evangelium, vom weltlichen zum mönchischen Leben bekehrten, und ihr Eifer wurde durch die Anwesenheit eines schlauen und furchtbaren Feindes angestachelt. Die persische Kirche war von syrischen Glaubensboten gestiftet worden, deren Sprache, Kirchenzucht und Lehren eng mit ihrer ursprünglichen Einrichtung verwoben waren. Der Katholikos wurde von seinen eigenen Suffraganen gewählt, aber seine Sohnesabhängigkeit von den Patriarchen von Antiochia wird von den Canones der orientalischen Kirche bezeugt. In der persischen Schule in Edessa erlernten die kommenden Geschlechter getreulich ihre theologische Sprache; sie studierten die syrische Übersetzung der zehntausend Bände Theodors von Mopsu Hestia und verehrten den apostolischen Glauben und das heilige Märtyrertum seines Schülers Nestorius, dessen Person und Sprache den Völkern jenseits des Tigris gleich unbekannt waren. Die erste unverlöschliche Lehre des Bischofs Ibas von Edessa unterwies sie, die Ägypter zu verfluchen, die auf der Synode von Ephesus die beiden Naturen Christi gottloserweise verschmolzen hatten. Die Flucht der Lehrer und Schüler, die aus dem Athen Syriens zweimal vertrieben wurden, erzeugte eine Schar Missionäre, entflammt durch Religionseifer und Rache. Und die strenge Einheit der Monophysiten, die unter den Regierungen des Zeno und Anastasius auf den Thronen des Ostens saßen, reizte ihre Gegner in einem freien Lande, eher eine moralische als eine physische Einheit der beiden Naturen Christi zu behaupten. Seit der ersten Verkündigung des Evangeliums hatten die sassanidischen Könige mit argwöhnischen Blicken ein Geschlecht Fremder und Abtrünniger betrachtet, welche die Religion der Erbfeinde ihres Vaterlandes angenommen hatten und deren Sache unterstützten. Die königlichen Edikte hatten ihnen oft den gefährlichen Verkehr mit der syrischen Geistlichkeit verboten; diese fortschreitende Spaltung war dem eifersüchtigen, stolzen Perozes willkommen, und er schenkte einem schlauen Prälaten Gehör, der Nestorius als Persiens Freund schilderte und in ihn drang, sich die Treue seiner christlichen Untertanen dadurch zu sichern, daß er den Opfern und Feinden des römischen Tyrannen einen gerechten Vorzug einräume. Die Mehrzahl des Volkes und der Geistlichkeit waren Nestorianer; sie wurden durch die Gunst des Despoten ermutigt und mit dessen Schwerte bewaffnet. Viele ihrer schwächeren Brüder erschraken aber bei dem Gedanken, sich von der christlichen Welt gänzlich loszusagen, und der Tod von siebentausendsiebenhundert Monophysiten oder Katholiken festigte die Einheit des Glaubens und der Verfassung der persischen Kirchen. Ihre kirchlichen Einrichtungen zeichneten sich durch ein freisinniges Prinzip der Vernunft oder wenigstens der Politik aus. Die klösterliche Strenge ließ nach und wurde langsam vergessen. Milde Stiftungen wurden für die Erziehung der Waisen und Findlinge errichtet. Das Gesetz des Zölibates, das die Griechen und Lateiner so dringend empfahlen, blieb von der persischen Geistlichkeit unberücksichtigt, und die Zahl der Vermählten wurde durch die öffentlichen und wiederholten Ehen der Priester, Bischöfe, ja selbst des Patriarchen vermehrt. Unter diese Fahne natürlicher und religiöser Freiheit strömten aus allen Provinzen des morgenländischen Reiches Scharen von Flüchtlingen; die engherzige Bigotterie Justinians wurde durch die Auswanderung seiner fleißigsten Untertanen bestraft. Sie brachten die Kriegskunst, Literatur und Wissenschaften nach Persien, und diejenigen, die würdig waren vorgezogen zu werden, wurden im Dienste eines einsichtsvollen Monarchen befördert. Den Heeren Nushirwans leisteten die verzweifelten Sektierer, die noch in ihren Vaterstädten des Ostens verborgen waren, Beistand mit Rat, Geld und Truppen. Für ihren Eifer wurden sie mit den Kirchen der Katholiken belohnt. Als aber diese Städte und Kirchen von Heraklius wieder erobert wurden, zwang sie ihr offenkundiger Hochverrat und ihre Ketzerei, Zuflucht in dem Reiche ihres auswärtigen Verbündeten zu suchen. Aber die scheinbare Ruhe der Nestorianer wurde oft gefährdet und zuweilen erschüttert. Sie waren in die allgemeinen Übel des orientalischen Despotismus verstrickt; ihre Feindschaft gegen Rom vermochte nicht immer ihre Anhänglichkeit an das Evangelium zu sühnen. Einer Kolonie von dreihunderttausend Jakobiten, den Gefangenen von Antiochia und Apamea wurde erlaubt, einen Altar vor dem Katholikos und im Sonnenglanze des Hofes zu errichten. Justinian hatte in seinen letzten Vertrag einige Bedingungen einfließen lassen, die darauf abzielten, die Duldung der Christen in Persien zu vergrößern und ihre Stellung zu befestigen. Der Kaiser, dem Gewissensbisse fremd waren, vermochte allerdings die Ketzer, welche die Autorität der heiligen Synoden leugneten, weder zu bemitleiden noch zu achten, aber er hoffte, daß sie allmählich die Vorteile einer Vereinigung mit dem römischen Reich und der römischen Kirche einsehen würden, und wenn es ihm auch nicht gelang, ihre Dankbarkeit zu gewinnen, so konnte er doch hoffen, die Eifersucht ihres Souveräns gegen sie zu erregen. In viel späterer

Zeit ließ der allerchristlichste König wegen des Glaubens und aus politischen Gründen die Lutheraner in Paris verbrennen und in Deutschland beschützen.

Der Wunsch, Seelen für Gott und Untertanen für die Kirche zu gewinnen, hat zu allen Zeiten die Tätigkeit der christlichen Priester angespornt. Nach der Eroberung von Persien trugen sie ihre geistlichen Waffen nach dem Norden, Osten und Süden, und das einfache Evangelium wurde mit den Farben der syrischen Theologie bemalt und geschmückt. Im sechsten Jahrhundert wurde nach den Berichten eines nestorianischen Reisenden das Christentum mit Erfolg den Baktrianern, Hunnen, Persern, Indern, Persarmeniern, Medern und Elamiten gepredigt. Vom Persischen Meerbusen bis zum Kaspischen Meere gab es unzählige Kirchen der Barbaren, und ihr neuerworbener Glaube leuchtete durch die Zahl und Heiligkeit ihrer Mönche und Märtyrer. Die Pfefferküste von Malabar und die Inseln des Ozeans, Soctora und Ceylon bevölkerten sich mit einer immer zunehmenden Menge Christen, und die Bischöfe und Geistlichen dieser entlegenen Gegend empfingen ihre Ordination von dem Katholikos in Babylon. In späterer Zeit überschritten die glaubenseifrigen Nestorianer die Schranken, die den ehrgeizigen und neugierigen Griechen und Persern gesetzt waren. Die Missionäre von Balch und Samarkand folgten ohne Furcht den wandernden Tartaren und schlichen sich in die Lager der Imaustäler und an den Ufern der Selinga ein. Sie setzten diesen unkundigen Hirten metaphysische Glaubenslehren auseinander und empfahlen diesen blutdürstigen Kriegern Menschlichkeit und Ruhe. Ein Khan, dessen Macht sie ruhmredig übertrieben, soll sogar aus ihren Händen das Sakrament der Taufe, ja selbst der Priesterweihe empfangen haben, und der Name Priester oder Presbyter Johann hielt lange das leichtgläubige Europa in Atem. Man gestattete dem königlichen Bekehrten den Gebrauch eines tragbaren Altars; aber er schickte eine Gesandtschaft an den Patriarchen, um anzufragen, wie er sich in der Fastenzeit der tierischen Nahrung enthalten und wie er das heilige Abendmahl in einer Wüste, die weder Korn noch Wein hervorbringt, feiern solle. Die Nestorianer betraten bei ihren Reisen zu Wasser und zu Land China durch den Hafen von Kanton und durch die nördliche Residenz von Sigan. Unähnlich den römischen Senatoren, welche die Rolle von Priestern und Auguren mit einem Lächeln übernahmen, sind die Mandarine, die sich öffentlich als Philosophen geberden, in ihren Häusern jeder Art von Aberglauben ergeben. Sie ehrten und vermengten die Götter von Palästina und Indien, aber die Ausbreitung des Christentums weckte die Eifersucht des Staates, und nach kurzer Gunst und Verfolgung kam die fremde Sekte in Vergessenheit. Unter der Herrschaft der Kalifen war die nestorianische Kirche von China bis Jerusalem und Cypern verbreitet, und man berechnete, daß ihre Angehörigen samt den Jakobiten die Zahl der griechischen und lateinischen Gemeinden überstiegen. Ihre Hierarchie bestand aus fünfundzwanzig Metropoliten oder Erzbischöfen, aber mehrere von ihnen waren wegen der Entfernung und den Gefahren, welche die Wege unsicher machten, von persönlicher Amtsverwaltung unter der Bedingung befreit, daß sie ihren Glauben und ihren Gehorsam alle sechs Jahre dem Katholikos oder Patriarchen von Babylon bezeigen sollten: eine unbestimmte Formulierung, die nacheinander auf die königlichen Residenzen von Seleukia, Ktesiphon und Bagdad angewendet worden ist. Diese fernen Zweige sind seit langer Zeit ausgestorben, und der alte patriarchalische Stamm teilt sich jetzt in die Elidschahs von Mosul, die fast in gerader Linie von den echten und ursprünglichen Repräsentanten hergeleitet werden können, die Josephs von Amida, die mit der römischen Kirche ausgesöhnt sind, und die Simeone von Van oder Ormia, die von den persischen Sophis im sechzehnten Jahrhundert an der Spitze von vierzigtausend Familien aufgewiegelt wurden. Man gibt jetzt die Gesamtzahl der Nestorianer, die als Chaldäer oder Assyrer mit der gelehrtesten und mächtigsten Nation der orientalischen Länder im Altertum identifiziert werden, auf dreihunderttausend an.

Nach der Legende des Altertums predigte der heilige Thomas in Indien das Evangelium. Gegen Ende des neunten Jahrhunderts wurde sein Grab in der Nähe von Madras von den Gesandten König Alfreds besucht. Eine Ladung Perlen und Gewürze, die sie mitbrachten, belohnte den Eifer des englischen Monarchen, der die ausgedehntesten Pläne für Handel und Entdeckungsreisen hegte. Als die Portugiesen zuerst den Seeweg nach Indien fanden, waren die Christen des heiligen Thomas seit Jahrhunderten an der Küste von Malabar ansässig, und die Verschiedenheit ihres Charakters und ihrer Hautfarbe bezeugte die Beimischung des Blutes eines fremden Stammes. An Waffentüchtigkeit, in den Künsten, vielleicht auch an Tugend übertrafen sie die Eingeborenen von Hindostan. Die Landwirte pflanzten Palmen, die Kaufleute wurden durch den Pfefferhandel reich, die Soldaten hatten vor den Nairen oder Edlen von Malabar den Vorrang, und ihre Vorrechte wurden aus Dankbarkeit oder Furcht von den Königen von Kochin, ja sogar von den Zamorin geachtet. Sie erkannten einen Hindu-Souverän an, wurden aber in Wirklichkeit von dem Bischof von Angamala regiert. Er führte seinen alten Titel eines Patriarchen von Hindostan, seine tatsächliche Gerichtsbarkeit jedoch erstreckte sich über vierzehnhundert Kirchen, und er war mit der Obsorge über zweihunderttausend Seelen betraut. Ihre Religion würde sie zu den festesten und wärmsten Bundesgenossen der Portugiesen gemacht haben, aber die Inquisitoren entdeckten bald in den Christen des heiligen Thomas die unverzeihliche Schuld der Ketzerei und des Schismas. Statt sich als Untertanen des römischen Papstes, des geistlichen und weltlichen Monarchen des Erdballs zu bekennen, hingen sie wie ihre Vorfahren der Kirchengemeinschaft des nestorianischen Patriarchen an. Die Bischöfe, die er zu Mosul ordinierte, trotzten den Gefahren des Meeres und des Landes, um ihren Sprengel an der Küste von Malabar zu erreichen. In ihrer syrischen Liturgie geschah der Namen Theodor und Nestorius fromme Erwähnung; sie beteten die beiden Naturen Christi vereint an. Der Name Mutter Gottes beleidigte ihr Ohr, und sie ließen der Jungfrau Maria, die der lateinische Glaube fast zum Range einer Göttin erhoben hatte, nur wenig Ehren zukommen. Als ihr Bild den Schülern des heiligen Thomas zuerst gezeigt wurde, riefen sie entrüstet aus: »Wir sind Christen, keine Götzendiener!« Bei ihrer einfachen Andacht begnügten sie sich mit der Verehrung des Kreuzes. Ihre Trennung von der abendländischen Welt hatte sie in Unkenntnis der Fortschritte eines Jahrtausends gelassen, und ihre Übereinstimmung mit dem Glauben und der Religion des fünften Jahrhunderts hätte Protestanten wie Papisten in gleichem Grade enttäuscht. Es war die erste Sorge der Diener Roms, allen Verkehr mit dem nestorianischen Patriarchen abzuschneiden; mehrere seiner Bischöfe starben in den Kerkern der Inquisition. Die hirtenlose Herde wurde von den Portugiesen, den intriganten Jesuiten und dem glaubenseifrigen Erzbischof Alexis de Menezes von Goa bei seiner persönlichen Besichtigung der Küste von Malabar angegriffen. Die Synode von Diamper, auf der er den Vorsitz führte, vollendete das fromme Werk der Wiedervereinigung und zwang streng die Lehren und die Einrichtungen der römischen Kirche auf, ohne die Ohrenbeichte, dieses stärkste kirchliche Werkzeug, zu vergessen. Das Andenken Theodors und des Nestorius wurde verdammt und Malabar der Herrschaft des Papstes, des Primas und der Jesuiten unterworfen, die sich des Sitzes von Angamala oder Cranganor bemächtigten. Sechzig Jahre der Knechtschaft und der Heuchelei (1599–1663) wurden geduldig ertragen. Kaum aber war das portugiesische Reich durch die mutigen und tätigen Holländer erschüttert worden, als sich die Nestorianer kräftig und erfolgreich für die Religion ihrer Väter erhoben. Die Jesuiten waren nicht imstande, die Macht zu verteidigen, die sie mißbraucht hatten; die Waffen von vierzigtausend Christen waren gegen sie gerichtet, und der indische Archidiakon betreute die Nestorianer, bis von dem Patriarchen von Babylon eine neue Zufuhr bischöflicher Gaben und syrischer Glaubensboten eintreffen konnte. Seit der Vertreibung der Portugiesen wird der nestorianische Glaube an der Küste von Malabar frei bekannt. Die holländischen und englischen Handelsgesellschaften sind tolerant gegen diesen, wenn aber Unterdrückung minder kränkend ist als Verachtung, so haben die Christen des heiligen Thomas Ursache, sich über die kalte und stille Gleichgültigkeit ihrer europäischen Brüder zu beklagen.

II. Die Geschichte der Monophysiten ist minder reichhaltig und interessant als die der Nestorianer. Unter den Regierungen des Zeno und des Anastasius sicherten sich ihre schlauen Häupter die Vermittlung der Fürsten, usurpierten die Throne des Orients und erdrückten die Schulen der Syrier auf ihrem heimatlichen Boden. Die monophysitische Lehre wurde von dem Patriarchen Severus von Antiochia mit besonderer Klugheit bestimmt; er verdammte in der Sprache des Henotikon die Ketzereien des Nestorius und Eutyches, behauptete entgegen dem letzteren die Wirklichkeit des Leibes Christi und zwang die Griechen zuzugeben, daß er ein Lügner war, der die Wahrheit sprach. Aber Annäherung der Begriffe vermochte die Heftigkeit der Leidenschaft nicht zu zügeln. Jede Partei staunte, daß man über einen so geringfügigen Unterschied streiten könne. Der Tyrann von Syrien erzwang sein Glaubensbekenntnis, und während seiner Regierung wurde das Blut von dreihundertfünfzig Mönchen vergossen, die vielleicht nicht ohne Herausforderung oder Widerstand ihrerseits unter den Mauern von Apamea erschlagen wurden. Der Nachfolger des Anastasius pflanzte im Osten die orthodoxe Fahne wieder auf. Severus floh nach Ägypten und sein Freund, der beredte Xenaias, der den Nestorianern von Persien entronnen war, wurde in der Verbannung von den Melchiten Paphlagoniens erwürgt. Vierundfünfzig Bischöfe wurden von ihren Thronen vertrieben, achthundert Geistliche ins Gefängnis geworfen, und trotz der Gunst der Theodora hätten die orientalischen ihrer Hirten beraubten Herden nach und nach entweder verschwinden oder sich der siegreichen Religion unterwerfen müssen. In dieser geistlichen Not wurde die im Abstieg begriffene Partei durch die Anstrengungen eines Mönches neu belebt, vereinigt und verewigt, und der Name des Jakobus Baradäus lebt in der Bezeichnung Jakobiten fort. Jakobus erhielt von den heiligen Bekennern in ihren Kerkern in Konstantinopel die Vollmachten eines Bischofs von Edessa und Apostels des Ostens, auch die Ordination von achtzigtausend Bischöfen, Priestern und Diakonen fließt aus derselben unerschöpflichen Quelle. Der eifrige Glaubensbote wurde durch die schnellen Dromedare eines frommen Araberhäuptlings befördert; die Lehre und Kirchenzucht der Jakobiten wurde insgeheim in Justianians Gebieten befestigt, und jeder Jakobit wurde gezwungen, die Satzungen des römischen Gesetzgebers zu übertreten und sich seinen Haß zuzuziehen. Die Nachfolger des Severus, ob sie auch in Klöstern oder Dörfern verborgen lagen, ob sie ihre geächteten Häupter in den Höhlen der Einsiedler oder in den Zelten der Sarazenen bargen, behaupteten, ja behaupten noch ihr unverjährbares Recht auf Titel, Rang und Vorrechte eines Patriarchen von Antiochia. Unter der milderen Herrschaft der Ungläubigen residieren sie ungefähr eine Stunde von Merdin in dem angenehm liegenden Kloster Zapharan, das sie mit Zellen,

Wasserleitungen und Anpflanzungen verschönt haben. Den zweiten, aber sehr ehrenvollen Platz behauptet der Maphrian, der in seinem Palast in Mosul selbst dem nestorianischen Katholikos, mit dem er um die Oberhoheit über den Orient streitet, trotzt. Unter den Patriarchen und dem Maphrian hat man in den verschiedenen Jahrhunderten der jakobitischen Kirche einhundertfünfzig Erzbischöfe und Bischöfe gezählt; aber die Ordnung der Hierarchie ist erschlafft oder aufgelöst, und der größere Teil ihrer Sprengel beschränkt sich auf die Umgebung des Tigris und Euphrat. Die Städte Aleppo und Amida, die von den Patriarchen häufig besucht werden, haben einige reiche Kaufleute und fleißige Handwerker, die Mehrzahl aber verdient ihren kärglichen Unterhalt durch tägliche Arbeit, und Armut mag ebensowohl als der Glaube der Grund ihrer übertriebenen Enthaltsamkeit sein: Fünf jährliche Fasten, während der Geistliche sowohl als Weltliche sich nicht nur des Fleisches und der Eier, sondern auch des Weines, Öles und der Fische enthalten müssen! Ihre Anzahl schätzt man auf fünfzig- bis achtzigtausend Seelen, die den Rest einer einst volkreichen Kirche bilden, die unter dem Druck von zwölf Jahrhunderten gelitten hat. Doch haben sich in dieser langen Periode einige verdienstvolle Fremde zum monophysitischen Glauben bekehrt; der Vater des berühmten Primas des Ostens, Abulpharagius, im Leben wie im Tod wahrhaft ausgezeichnet, ist ein Jude gewesen. Er war ein ausgezeichneter Schriftsteller in der syrischen und arabischen Sprache, Dichter, Arzt, Geschichtschreiber, scharfsinniger Philosoph und gemäßigter Theolog. Nach seinem Tode wohnte dem Leichenbegängnisse sein Nebenbuhler, der nestorianische Patriarch, mit einem Gefolge von Griechen und Armeniern bei, die ihre Streitigkeiten vergaßen und gemeinsame Tränen über dem Grabe eines Feindes vergossen. Die Sekte, die durch die Tugenden Abulpharagius geehrt wurde, scheint jedoch unter dem Range ihrer nestorianischen Brüder zu stehen. Ihre Fasten sind strenger, ihre inneren Spaltungen zahlreicher und ihre Gelehrten (insofern ich es zu beurteilen vermag) weiter von Vernunft entfernt. Einiges mag allerdings auf die Strenge der monophysitischen Theologie geschoben werden, noch mehr aber auf den stärkeren Einfluß der Mönche. In Syrien, Ägypten und Äthiopien haben sich die jakobitischen Mönche seit jeher durch ihre strengen Kasteiungen und durch ihre albernen Legenden ausgezeichnet. Lebendig und tot werden sie als die Lieblinge der Gottheit verehrt. Das Kreuz des Bischofs und Patriarchen wird ihren ehrwürdigen Händen vorbehalten, und sie übernehmen die Führung über Menschen, während sie noch von den Gewohnheiten und Vorurteilen des Klosters strotzen.

III. Nach dem Sprachgebrauche der orientalischen Christen werden die Monotheleten in jedem Zeitalter Maroniten genannt, ein Name, der allmählich von einem Einsiedler auf ein Kloster, von einem Kloster auf eine Nation übertragen worden ist. Syrien war der Schauplatz der religiösen Raserei des Maron, eines Heiligen oder Wilden des fünften Jahrhunderts. Die Städte von Apamea und Emesa stritten sich um seine Reliquien. Eine stattliche Kirche wurde über seinem Grab errichtet, und sechshundert Jünger wohnten in ihren einsamen Zellen an den Ufern des Orontes. In den Streitigkeiten betreffend die Inkarnation, hielten sie scharf die orthodoxe Linie zwischen den Sekten des Nestorius und Eutyches, aber die unglückliche Frage wegen eines Willens oder einer Wirksamkeit in den zwei Naturen Christi entstand durch ihre müßige Forschsucht. Ihr Proselyt, der Kaiser Heraklius, wurde als Maronit von Emesa abgewiesen. Er fand eine Zuflucht in dem Kloster seiner Brüder und vergalt ihre theologische Lehre, indem er ihnen ein großes und reiches Gebiet schenkte. Name und Lehre dieser ehrwürdigen Schule wurden unter den Griechen und Syriern fortgepflanzt, und ihr Eifer wurde von dem Patriarchen Macarius von Antiochia vor der Synode von Konstantinopel durch die Erklärung illustriert, daß er sich tausendmal lieber in Stücke hauen und ins Meer werfen lassen würde, als den doppelten Willen Christi bekennen wolle. Eine ähnliche, aber minder grausame Verfolgung bekehrte bald die wehrlosen Untertanen der Ebene, während der ruhmvolle Titel Mardaiten oder Rebellen den kraftvollen Bewohnern des Libanon wegen ihrer Tapferkeit verblieb. Johann Maron, einer der gelehrtesten und beliebtesten ihrer Mönche, nahm den Titel eines Patriarchen von Antiochia an. Sein Neffe Abraham verteidigte an der Spitze der Maroniten ihre bürgerliche und religiöse Freiheit gegen die orientalischen Tyrannen. Der Sohn des orthodoxen Konstantin verfolgte mit frommem Hasse ein kriegerisches Volk, das als das festeste Bollwerk seines Reiches gegen die gemeinsamen Feinde Christi und Roms hätte verwendet werden können. Ein griechisches Heer brach in Syrien ein. Das Kloster des heiligen Maron wurde verbrannt, die tapfersten Häuptlinge wurden verraten oder ermordet und eine Kolonie von zwölftausend ihrer Anhänger nach den fernen Grenzen von Armenien und Thrakien verschickt. Aber das geringe Volk der Maroniten hat das byzantinische Reich überlebt und genießt noch jetzt unter seinen türkischen Gebietern freie Religionsübung und unterliegt milder Knechtschaft. Ihre einheimischen Regenten werden aus dem alten Adel gewählt; der Patriarch träumt sich in seinem Kloster Canobin noch immer auf dem Throne von Antiochia. Neun Bischöfe bilden eine Synode, und hundertfünfzig Priester, die sich ihre Heiligsprechung vorbehalten, sind mit der Sorge über hunderttausend Seelen betraut. Ihr Land erstreckt sich vom Kamm des Libanongebirges bis zum Gestade von Tripolis. Die allmähliche Verflachung bietet ihnen auf einem kleinen Raume jede Art des Bodens und Klimas. Dort wachsen von den heiligen, unter der Wucht des Schnees emporragenden Zedern alle Pflanzen bis zu dem Weine, den Maulbeer- und

Ölbäumen des fruchtbaren Tales. Im zwölften Jahrhundert söhnten sich die Maroniten, indem sie den monotheletischen Irrtum abschworen, mit den lateinischen Kirchen von Antiochia und Rom aus. Dieses Bündnis wurde durch die ehrgeizigen Päpste und die sich in Not befindlichen Syrer oft erneuert. Aber es bleibt natürlich fraglich, ob die Vereinigung je vollkommen oder aufrichtig gewesen ist. Die gelehrten Maroniten des Kollegiums in Rom haben sich umsonst bemüht, ihre Altvordern von der Schuld der Ketzerei und des Schismas freizusprechen.

IV. Seit dem Zeitalter Konstantins hatten die Armenier ihre Anhänglichkeit an die christliche Religion und an das christliche Reich bewahrt. Die Zerrüttungen ihres Vaterlandes und ihre Unkenntnis der griechischen Sprache hatten ihre Geistlichkeit abgehalten, der Synode von Chalcedon beizuwohnen. Vierundachtzig Jahre schwebten sie in Ungewißheit, bis sich die Sendlinge Julians von Halikarnaß ihres Glaubens bemächtigten. Julian war durch die Gründe oder den Einfluß seines Nebenbuhlers Severus, des monophysitischen Patriarchen von Antiochia, in Ägypten, ihrem gemeinsamen Verbannungsorte, bekehrt worden. Die Armenier allein sind reine Schüler des Eutyches, ein unglücklicher Stammvater, da der größte Teil seiner geistlichen Nachkommenschaft von ihm abgefallen ist. Sie allein hielten an der Meinung fest, daß Christus aus einem göttlichen und unverweslichen Stoff geschaffen worden sei oder ohne Erschaffung existiere. Ihre Gegner werfen ihnen die Anbetung eines Phantoms vor, und sie schleudern die Anklage zurück, indem sie die Lästerung der Jakobiten verlachen oder verfluchen, die der Gottheit die elenden Schwächen des Fleisches zuschreiben, ja sogar bei ihr die natürlichen Wirkungen der Nahrung und Verdauung annehmen. Die Religion der Armenier konnte weder durch die Gelehrsamkeit noch Macht seiner Einwohner großen Ruhm erlangen. Das Königtum erlosch gleichzeitig mit dem Entstehen ihres Schismas, und ihre christlichen Könige, die an den Grenzen von Kilikien im dreizehnten Jahrhundert auftauchten und untergingen, waren die Schützlinge der Lateiner und die Vasallen des türkischen Sultans von Ikonium. Der hilflosen Nation war es selten gestattet, die Ruhe der Knechtschaft zu genießen. Armenien war von den frühesten Zeiten bis zum achtzehnten Jahrhundert der Schauplatz immerwährender Kriege. Die Länder zwischen Tauris und Erivan sind durch die grausame Politik der Sophis entvölkert worden, und Myriaden christlicher Familien wurden in die fernen Provinzen von Persien verschickt, um dort umzukommen oder sich zu vermehren. Unter der Rute der Unterdrückung ist der Glaube der Armenier inbrünstig und unerschrocken geblieben; sie haben die Krone des Märtyrertums häufig dem weißen Turban Mohammeds vorgezogen. Sie hassen zutiefst die Irrtümer und die Abgötterei der Griechen, und ihre vorübergehende Vereinigung mit den Lateinern entbehrt ebensosehr der Wahrheit wie das Anerbieten ihres Patriarchen, tausend Bischöfe zum Fußfall zum römischen Papst zu senden. Der Katholikos oder Patriarch der Armenier residierte im Kloster Edschmiasin, drei Stunden von Erivan entfernt. Siebenundvierzig Erzbischöfe, von denen jeder vier bis fünf Suffraganen hat, werden von ihm geweiht; es sind aber größtenteils nur Titularprälaten, die durch ihre Anwesenheit und Dienstleistung seinem einfachen Hofe Würde verleihen. Sobald sie ihre Liturgie verrichtet haben, bestellen sie den Garten und unsere Bischöfe werden mit Erstaunen hören, daß die Strenge ihres Lebens mit der Erhöhung ihres Ranges zunimmt. Der Patriarch erhält in den achtzigtausend Städten oder Dörfern, die seiner geistlichen Herrschaft unterworfen sind, von jeder Person über fünfzehn Jahre eine kleine und freiwillige Steuer; aber die jährlich eingehende Summe von sechshunderttausend Kronen reicht nicht hin, die unaufhörlichen Anforderungen, die seiner Mildtätigkeit gestellt werden, zu befriedigen oder den Tribut zu zahlen. Seit Anfang des siebzehnten Jahrhunderts haben die Armenier einen großen und gewinnbringenden Anteil am Handel des Orients genommen. Ihre Karawane macht auf ihrer Rückkehr von Europa gewöhnlich in der Nachbarschaft von Erivan halt, die Altäre werden mit den Früchten ihres Fleißes geschmückt und der Glaube des Eutyches wird in ihren neuen Gemeinden in der Berberei und in Polen gepredigt.

V. In den übrigen Teilen des römischen Reiches vermochte der despotische Fürst die Sektierer eines gehaßten Glaubens auszurotten oder zum Schweigen zu bringen. Aber die halsstarrigen Ägypter beharrten im Widerstande gegen die Synode von Chalcedon, und Justinian gab sich dazu her, eine Zwietracht abzuwarten und sie zu benutzen. Die monophysitische Kirche von Alexandria wurde durch die Streitigkeiten der an die Sterblichkeit des Körpers Christi glaubenden und der an sie nicht glaubenden zerrüttet, und nach dem Tode des Patriarchen unterstützte jede der beiden Parteien ihre Kandidaten. Gajan war der Schüler Julians, Theodosius war der Zögling des Severus gewesen; die Ansprüche des ersteren stützten sich auf die Mönche und Senatoren der Stadt und der Provinz, Theodosius berief sich auf seine frühere Weihe, die Gunst der Kaiserin Theodora und die Waffen des Eunuchen Narses, die in einem ehrenvolleren Kriege hätten verwendet werden können. Die Verbannung des vom Volke geliebten Kandidaten nach Karthago und Sardinien entfachte die Gärung in Alexandria, und nach einem Schisma von hundertsiebzig Jahren verehrten die Gajaniten noch immer das Andenken und die Lehre ihres Stifters. Die Macht der Menge wurde in einem verzweifelten und blutigen Kampfe gegen Kriegskunst auf die Probe gestellt. Die Straßen waren mit den Leichen der Bürger und Soldaten angefüllt, die frommen Frauen bestiegen die

Dächer ihrer Häuser und schleuderten alle scharfen und schweren Hausgeräte auf die Köpfe der Feinde, und Narses verdankte seinen Sieg schließlich nur den Flammen, womit er die dritte Hauptstadt der römischen Welt verheerte. Aber der Stellvertreter Justinians hatte nicht zu Gunsten eines Ketzers gesiegt. Theodosius selbst wurde alsbald, aber mit Milde, entfernt und Paul von Tanis, ein orthodoxer Mönch, auf den Thron des Athanasius erhoben (538). Die ganze Regierungsgewalt wurde zu seiner Unterstützung aufgeboten; er durfte die Herzoge und Tribunen von Ägypten anstellen oder entfernen; die Verteilung von Brot, die Diokletian bewilligt hatte, wurde eingestellt, die Kirchen wurden geschlossen und dadurch eine ketzerische Nation gleichzeitig ihrer geistlichen und leiblichen Nahrung beraubt. Der Tyrann wurde seinerseits durch das glaubenseifrige Volk geachtet, und niemand, die knechtischen Melchiten ausgenommen, dachte daran, ihn als Mensch, als Christ oder als Bischof zu begrüßen. So groß ist jedoch die Verblendung des Ehrgeizes, daß Paul, nachdem er wegen Mordanklage vertrieben worden war, sich mittels einer Bestechungssumme von siebenhundert Pfund Goldes um seine Wiedereinsetzung auf denselben verächtlichen und verhaßten Posten bewarb.

Sein Nachfolger Apollinaris (551) betrat die feindliche Stadt in militärischem Aufzuge, gleich gerüstet zur Schlacht wie zum Gebet. Seine Truppen, die die Waffen bereithielten, wurden in den Straßen verteilt; die Tore der Kathedrale wurden bewacht und eine erlesene Schar im Chore aufgestellt, um ihren Befehlshaber zu verteidigen. Er stand aufrecht auf seinem Throne und bot sich, das Obergewand des Kriegers von sich werfend, den Augen der Menge in der Tracht des Patriarchen von Alexandria dar. Erstaunen hielt ihre Zungen im Zaum. Kaum aber hatte Apollinaris das Tome des heiligen Leo zu lesen begonnen, als sich ein Regen von Flüchen, Schmähungen und Steinen über den verhaßten Diener des Kaisers und der Synode ergoß. Der Nachfolger der Apostel befahl sogleich den Angriff. Die Soldaten wateten bis an die Knie im Blute. Zweihunderttausend Christen sollen durch das Schwert umgekommen sein; eine unglaubliche Anzahl, selbst wenn sie nicht an einem einzigen Tage, sondern in den achtzehn Regierungsjahren des Apollinaris niedergemetzelt wurden. Zwei darauffolgende Patriarchen, Eulogius und Johann, arbeiteten an der Bekehrung der Ketzer mit Waffen und Gründen, die dem evangelischen Berufe angemessener waren. Eulogius entfaltete seine theologische Gelehrsamkeit in manchem Bande, worin er die Irrtümer des Eutyches und Severus vergrößerte und es versuchte, die zweideutige Sprache des heiligen Cyrill mit dem orthodoxen Glaubensbekenntnisse des Papstes Leo und der Kirchenväter von Chalcedon in Übereinstimmung zu bringen. Die Mildtätigkeit Johanns des Almosengebers war entweder durch Frömmigkeit, Wohlwollen oder Politik hervorgerufen. Siebentausendfünfhundert Arme wurden auf seine Kosten unterhalten. Er fand bei seiner Thronbesteigung achttausend Pfund Gold im Kirchenschatze vor. Er sammelte aus den Beisteuern der Gläubigen weitere zehntausend; dennoch konnte sich der Primas in seinem Testament rühmen, daß er nicht mehr als den dritten Teil der kleinsten aller Silbermünzen zu hinterlassen habe. Die Kirchen von Alexandria wurden den Katholiken übergeben, die monophysitische Religion in Ägypten geächtet und ein Gesetz wieder aufgefrischt, das die Eingeborenen von allen Ehren und Begünstigungen des Staates ausschloß.

Eine wichtigere Eroberung blieb noch übrig: die des Patriarchen, des Orakels und Regenten, der ägyptischen Kirche. Theodosius hatte den Drohungen wie den Versprechungen Justinians mit dem Mute eines Apostels oder Schwärmers Widerstand geleistet. »Das waren«, erwiderte der Patriarch, »die Verheißungen des Versuchers, als er die Reiche der Erde zeigte. Aber meine Seele ist mir teurer als Leben und Herrschaft. Die Kirchen sind in der Gewalt des Fürsten, der den Leib töten kann; aber mein Gewissen gehört mir selbst. In Verbannung, Armut und Ketten werde ich fest bei dem Glauben meiner heiligen Vorgänger Athanasius, Cyrillus und Dioskorus beharren. Fluch dem Tome des Leo und der Synode von Chalcedon! Fluch allen, die ihres Glaubens sind! Nackt kam ich aus meiner Mutter Leibe, nackt werde ich in die Erde hinuntersteigen. Mögen diejenigen, die Gott lieben, mir nachfolgen und ihre Seligkeit wahren.« Nachdem er seine Brüder getröstet hatte, schiffte er sich nach Konstantinopel ein und unterwarf sich in sechs aufeinanderfolgenden Unterredungen nicht der fast unwiderstehlichen Macht der kaiserlichen Gegenwart. Palast und Stadt nahmen seine Anschauung günstig auf; der Einfluß Theodoras gewährte ihm sicheres Geleite und ehrenvolle Entlassung, und er endete seine Tage zwar nicht auf dem Throne, aber doch in seinem Vaterlande. Bei der Nachricht von seinem Tode gab Apollinaris den Großen und der Geistlichkeit ein unpassendes Gastmahl. Aber seine Freude wurde durch die Kunde von einer neuen Wahl gemäßigt, und während er den Reichtum von Alexandria genoß, herrschte sein Nebenbuhler in den Klöstern der Thebais und wurde durch freiwillige Gaben des Volkes unterhalten. Das Andenken des Theodosius brachte dauernd Patriarchen hervor, und die monophysitischen Kirchen von Syrien und Ägypten waren durch den Namen der Jakobiten und die Glaubensgemeinschaft verbunden. Aber der nämliche, auf eine kleine Sekte der Syrier beschränkte Glaube dehnte sich über die ganze ägyptische oder koptische Nation aus, welche die Beschlüsse der Synode von Chalcedon fast einstimmig verwarf. Tausend Jahre waren nun verflossen, seitdem Ägypten aufgehört hatte, ein Königreich zu sein, seitdem die Eroberer von Asien und Europa auf den gefügigen Nacken eines Volkes ihre Füße gesetzt hatten, eines Volkes, dessen alte Weisheit und

Macht über alle geschichtlichen Urkunden hinausreicht. Der Kampf der Glaubenseifrigen mit den Verfolgern entzündete in den Ägyptern wieder einige Funken des Nationalgeistes. Sie schworen mit einer fremden Ketzerei die Sitte und Sprache der Griechen ab; jeder Melchit galt in ihren Augen als Ausländer, jeder Jakobit als Bürger. Ehebündnisse mit den ersteren, sogar die von der Menschlichkeit gebotenen Dienste wurden als Todsünden verdammt; die Eingeborenen entsagten aller Treue für den Kaiser, und seine Befehle wurden in einer gewissen Entfernung von Alexandria nur unter dem Einflüsse einer Militärmacht vollzogen. Eine hochherzige Anstrengung würde die Religion und Freiheit von Ägypten gerettet haben, seine sechshundert Klöster hätten Myriaden heiliger Krieger entsenden können, für die der Tod keine Schrecken haben konnte, weil ihnen das Leben keine Tröstungen und Freuden bot. Aber es ist ein Unterschied zwischen tätigem und leidendem Mute; der Fanatiker, der ohne Schmerzenslaut die Qualen der Folter oder des Scheiterhaufens aushält, zittert und flieht vor einem bewaffneten Feind. Die kleinmütigen Ägypter waren nur mehr imstande, eine Änderung der Gebieter zu wünschen; Chosroes verheerte das Land, aber die Jakobiten freuten sich unter seiner Herrschaft eines kurzen wenn auch unsicheren Friedens. Der Sieg des Heraklius erneuerte und erschwerte die Verfolgung. Der Patriarch entwich abermals aus Alexandria in die Wüste. Auf seiner Flucht wurde Benjamin durch eine Stimme ermutigt, die ihm gebot, nach Ablauf von zehn Jahren den Beistand eines fremden Volkes zu erwarten, die gleich den Ägyptern, den alten Brauch der Beschneidung pflogen. Die Art und Natur dieser Befreiung werden wir später kennenlernen. Jetzt aber überspringe ich einen Zeitraum von elf Jahrhunderten, um das Elend der Jakobiter von Ägypten zu betrachten. Die volkreiche Stadt Kairo ist die Residenz ihres dürftigen Patriarchen und eines Überrestes von zehn Bischöfen oder gewährt ihnen vielmehr Obdach. Vierzig Klöster haben die Einbrüche der Araber überdauert, aber infolge Knechtschaft und Abtrünnigkeit ist das Koptenvolk bis auf fünfundzwanzig- oder dreißigtausend Familien herabgesunken, ein Haufe unwissender Bettler, deren einziger Trost in dem größeren Elend des griechischen Patriarchen und seiner winzigen Gemeinde liegt.

VI. Der koptische Patriarch, Aufrührer gegen den Kaiser oder Sklave des Kalifen, rühmte sich dauernd des kindlichen Gehorsams der Könige von Abyssinien und Äthiopien. Er belohnte ihre Huldigung durch Übertreibung ihrer Macht, behauptete dreist, daß sie hunderttausend Pferde und eine gleiche Anzahl von Kamelen ins Feld bringen, daß ihre Hand die Wasser des Nils aussenden oder zurückhalten könne und daß der Friede und Reichtum von Ägypten selbst in dieser Welt nur durch die Fürbitte des Patriarchen zu erhalten sei. Theodosius hatte in der Verbannung in Konstantinopel seiner

Beschützerin die Bekehrung der schwarzen Völkerschaften vom Wendekreise des Krebses bis an die Grenzen von Abyssinien empfohlen. Der rechtgläubige Kaiser argwöhnte ihre Absicht und suchte sie zu vereiteln. Die rivalisierenden Missionäre, ein Melchit und ein Jakobit, schifften sich zu gleicher Zeit ein; die Kaiserin jedoch fand aus Liebe oder Furcht wirksameren Gehorsam. Der katholische Priester wurde von dem Statthalter der Thebais zurückgehalten, während der König von Nubien und sein Hof eilig in dem Glauben des Dioskorus getauft wurden. Der säumige Gesandte Justinians wurde mit Ehren empfangen und entlassen, als er aber die Ketzerei und den Verrat der Ägypter anklagte, sagte der bekehrte Neger, wie ihm gelehrt worden, daß er seine Brüder, die wahren Gläubigen, niemals den rachsüchtigen Anhängern der Synode von Chalcedon preisgeben werde. Mehrere Jahrhunderte hindurch wurden die Bischöfe von Nubien von den jakobitischen Patriarchen von Alexandria ernannt und geweiht. Das Christentum herrschte bis ins zwölfte Jahrhundert, und noch haben sich einige Gebräuche und einige Ruinen in den wilden Städten von Sennaar und Dongola erhalten. Endlich aber führten die Nubier ihre Drohung, zur Götzenverehrung zurückzukehren, aus. Das Klima erforderte die Vielweiberei, und sie haben schließlich den Sieg des Korans der Erniedrigung durch das Kreuz vorgezogen. Eine metaphysische Religion mag zu fein für die Fassungskraft eines Negers sein, aber ein Schwarzer oder ein Papagei kann abgerichtet werden, die Worte des chalcedonischen oder monophysitischen Glaubensbekenntnisses zu wiederholen.

Tiefere Wurzel schlug das Christentum in dem abessinischen Reiche (530), und obschon die Verbindung mit der Mutterkirche von Alexandria oft siebzig, ja hundert Jahre unterbrochen blieb, erhielt sie ihre Kolonie doch in beständiger Abhängigkeit. Sieben Bischöfe bildeten einst die abessinische Synode; wäre ihre Zahl auf zehn gestiegen, so hätten sie einen unabhängigen Primaten wählen dürfen. Einer ihrer Könige wünschte, seinen Bruder auf den kirchlichen Thron zu erheben. Aber man hatte das Ereignis vorausgesehen, verweigerte die Vermehrung und beschränkte das bischöfliche Amt allgemein auf den Abuna, das Oberhaupt und den Schöpfer der abessinischen Priesterschaft. Der Patriarch ersetzte die erledigte Stelle jedesmal durch einen ägyptischen Mönch, denn ein Fremder erscheint in den Augen des Volkes ehrwürdiger und minder gefährlich in denen des Monarchen. Als sich im sechsten Jahrhundert das Schisma von Ägypten befestigte, waren die beiden Parteien mit ihren Beschützern Justinian und Theodora bestrebt, einander in Erwerbung eines fernen und unabhängigen Landes zuvorzukommen. Die emsige Kaiserin trug abermals den Sieg davon, und die fromme Theodora hat in dieser abgelegenen Kirche den Glauben und die Kirchenzucht der Jakobiten eingeführt. Auf allen Seiten von Feinden ihrer Religion umgeben, schlummerten die Äthiopier fast tausend Jahre, der Welt uneingedenk, die ihrer vergessen hatte. Sie wurden von den Portugiesen geweckt, die das südliche Vorgebirge von Afrika umschifften und in Indien und dem Roten Meere erschienen, gleich als wären sie von einem fernen Planeten niedergestiegen. In den ersten Augenblicken des Zusammentreffens bemerkten die Untertanen von Rom und die von Alexandria mehr die Ähnlichkeit als die Unterschiede ihres Glaubens, und jede der beiden Nationen erwartete von einem Bündnisse mit ihren christlichen Brüdern die größten Vorteile. Die Äthiopier waren in ihrer einsamen Lage fast wieder in ihren Urzustand zurückgesunken. Ihre Schiffe, die bis Ceylon Handel getrieben hatten, wagten es kaum, die Flüsse von Afrika zu befahren; die Trümmer von Axuma waren verlassen, die Nation in Dörfern zerstreut, und ihr Kaiser, der diesen prunkenden Titel führte, begnügte sich, im Frieden wie im Kriege mit einem unbeweglichen Lager als Residenz. Im Bewußtsein ihrer Dürftigkeit hatten die Abessinier den vernünftigen Plan gefaßt, europäische Gewerbe und Künste einzuführen, und ihre Gesandten in Rom und Lissabon erhielten Auftrag, um eine Kolonie von Schmieden, Zimmerleuten, Zieglern, Maurern, Buchdruckern, Wundärzten und Ärzten zum Nutzen ihres Vaterlandes zu bitten. Aber die öffentliche Gefahr forderte bald die unverzügliche und ausgiebige Hilfe an Waffen und Soldaten, um ein kriegerisches Volk gegen die Barbaren, die das Innere verheerten, und gegen die Türken und Araber zu verteidigen, die in furchtbaren Mengen von der Meeresküste heranrückten. Äthiopien wurde durch vierhundertfünfzig Portugiesen gerettet, die im Felde die angeborene Tapferkeit der Europäer entwickelten und Musketen und Kanonen besaßen. Im ersten Schrecken hatte der Kaiser versprochen, sich und seine Untertanen mit dem katholischen Glauben auszusöhnen; ein lateinischer Patriarch vertrat die Oberhoheit des Papstes. Man glaubte, daß das Reich, dem man den zehnfachen Umfang gab, mehr Gold enthalte als die amerikanischen Minen und baute die ausschweifendsten habsüchtigen Hoffnungen auf die freiwillige Unterwerfung der afrikanischen Christen.

Aber die Gelübde, die der Schmerz erpreßt hatte, wurden bei wiederkehrender Gesundheit abgeschworen. Die Abessinier hingen noch immer dem monophysitischen Bekenntnisse mit unerschütterlicher Standhaftigkeit an; ihr matter Glaube wurde durch Zank entflammt, sie brandmarkten die Lateiner mit dem Namen Arianer und Nestorianer und warfen denjenigen, welche die zwei Naturen Christi trennten, Anbetung von vier Göttern vor. Den jesuitischen Missionären wurde Fremona zur Gottesverehrung oder vielmehr zur Verbannung angewiesen. Ihre Geschicklichkeit in den edlen wie mechanischen Künsten, ihre theologische Gelehrsamkeit und ihr anständiges Benehmen flößten sicherlich Hochachtung ein; es fehlte ihnen jedoch die Gabe der Wunder, und sie suchten vergebens um Verstärkung europäischer Truppen an. Geduld während vierzig Jahren und Gewandtheit verschafften ihnen endlich günstigeres Gehör. Zwei Kaiser von Abessinien ließen sich zu dem Glauben überreden, daß Rom das zeitliche und ewige Glück seiner Verehrer sichern könne. Der erste dieser königlichen Bekehrten verlor Krone und Leben; das Heer der Rebellen war von dem Abuna geweiht worden, der ein Anathem gegen den Abtrünnigen schleuderte und seine Untertanen von dem Treueide entband. Der Tod Zadenghels wurde durch den mutigen und glücklichen Susneus gerächt, der den Thron unter dem Namen Segued bestieg und das fromme Unternehmen seiner Verwandten mit größerer Kraft fortsetzte. Der Kaiser erklärte sich nach dem Gaukelspiele eines ungleichen Kampfes zwischen den Jesuiten und seinen ungelehrten Priestern zum Proselyten der Synode von Chalcedon, voraussetzend, daß Geistlichkeit und Volk ohne Verzug die Religion ihres Fürsten annehmen würden. Auf die Freiheit der Wahl folgte ein Gesetz, das bei Todesstrafe den Glauben an die zwei Naturen Christi gebot. Den Abessiniern wurde eingeschärft, am Sabbath zu arbeiten und zu spielen, und Segued sagte sich vor Europa und Afrika von seiner Verbindung mit der alexandrinischen Kirche los.

Ein Jesuit, Alphonso Mendez, katholischer Patriarch von Äthiopien, nahm im Namen des Papstes Urban VIII. die Huldigung und Abschwörung des Büßlings an (1620). »Ich bekenne«, sprach der Kaiser kniend, »ich bekenne, daß der Papst der Stellvertreter Christi, der Nachfolger des heiligen Petrus und der Gebieter der Welt ist. Ihm schwöre ich wahrhaft Gehorsam und lege ihm meine Person und mein Königreich zu Füßen.« Ein ähnlicher Eid wurde von seinem Sohne, Bruder, der Geistlichkeit, den Edlen, ja sogar von den Frauen des Hofes geleistet; der lateinische Patriarch wurde mit Ehren und Reichtümern bedacht, und seine Missionare errichteten ihre Kirchen oder Zitadellen an den bestgelegenen Punkten des Reiches. Die Jesuiten selbst beklagen die verderbliche Unklugheit ihres Oberhauptes, das die Milde des Evangeliums und die Politik des Ordens vergaß, um übereilt mit Gewalt die römische Liturgie und die portugiesische Inquisition einzuführen. Er verdammte den alten, in dem äthiopischen Klima mehr der Gesundheit als des Glaubens wegen zuerst erfundenen Brauch der Beschneidung. Eine neue Taufe und Weihe wurde den Eingeborenen aufgezwungen; sie zitterten vor Schauder, als die heiligsten ihrer Väter aus den Gräbern gerissen, die erlauchtesten ihrer Lebenden von einem fremden Priester in den Bann getan wurden. Die Abyssinier erhoben sich zur Verteidigung ihrer Religion und Freiheit mit verzweifelter, aber erfolgloser Wut. Fünf Aufstände wurden im Blut der Empörer ausgelöscht, zwei Abunas in der Schlacht getötet, Tausende und Tausende auf dem Felde niedergemetzelt oder in ihren Höhlen erstickt, und weder Verdienst, noch Rang, noch Geschlecht konnte die Feinde Roms von schmählichem Tod retten. Aber der siegreiche Monarch wurde zuletzt durch die Standhaftigkeit der Nation, durch seine Mutter, seinen Sohn und seine treuesten Freunde überwunden. Segued lieh der Stimme des Mitleids, der Vernunft, vielleicht der Furcht Gehör und sein Edikt, wodurch er Gewissensfreiheit verkündete, enthüllte zugleich die Tyrannei und die Schwäche der Jesuiten. Basilides vertrieb nach seines Vaters Tode den lateinischen Patriarchen und gab der Nation den Glauben und die Kirchenzucht von Ägypten zurück (1632). Die monophysitischen Kirchen widerhallten von dem Triumphgesange, »daß die Schafe von Äthiopien jetzt von den Hyänen des Westens befreit wären«. Die Tore dieses einsamen Reiches schlössen sich für immer gegen europäische Künste, Wissenschaften und Glaubenswut.

DRITTES KAPITEL - DIE GRIECHISCHEN KAISER

Plan des noch folgenden Teiles des Werkes. – Folge und Charaktere der griechischen Kaiser von Konstantinopel bis zur Eroberung durch die Lateiner

Ich habe nun in regelmäßiger Folge die römischen Kaiser von Trajan bis Konstantin und von Konstantin bis Heraklius angegeben und die günstigen wie die widrigen Ereignisse ihrer Regierungen getreu dargestellt. Fünf Jahrhunderte des Abstieges des Reiches sind bereits verflossen, aber eine Periode von mehr als achthundert Jahren trennt mich von dem Ziel meiner Arbeit, der Eroberung von Konstantinopel durch die Türken. Wenn ich auf dem eingeschlagenen Wege beharren und in derselben Art fortfahren wollte, so würde sich ein schwacher Faden durch manchen Band ziehen, auch würde der geduldige Leser nur eine unangemessene Belohnung durch Belehrung oder an Vergnügen finden. Mit jedem Schritt, mit dem wir bei der Abnahme und dem Verfall des Reiches tiefer sinken, würden die Annalen jeder der aufeinanderfolgenden Regierungen eine peinlichere und niederdrückendere Aufgabe stellen. Diese Annalen wären eine eintönige Darstellung und Wiederholung von Schwäche und Elend. Die natürliche Verbindung der Wirkungen und Ursachen würde durch häufige und schnelle Übergänge unterbrochen werden, und eine ins Einzelne gehende Anhäufung von Umständen müßte die Wirkung jener allgemeinen Schilderungen vernichten, die den Nutzen und Schmuck einer frühen Geschichte bilden. Von der Zeit des Heraklius an verengt und umdüstert sich der byzantinische Schauplatz; die Reichsgrenzen, wie sie durch Justinians Gesetze und Belisars Waffen bestimmt wurden, entziehen sich unseren Blicken. Der römische Name, der eigentliche Gegenstand unserer Forschungen, wird auf eine kleine Ecke von Europa, auf die einsamen Vorstädte von Konstantinopel beschränkt, und das Schicksal des griechischen Reiches ist jenem des Rheins verglichen worden, dessen Gewässer sich im Sande verlieren, bevor sie sich mit dem Ozean vereinigen können. Der Maßstab der Herrschaft verkürzt sich für uns durch die zeitliche und örtliche Entfernung, und der Verlust äußeren Glanzes wird nicht durch die edleren Eigenschaften der Tugend und des Genies ersetzt, die in der Geschichte keinen besonderen Raum einnehmen. Konstantinopel war im letzten Moment seines Verfalles ohne Zweifel reicher und bevölkerter als Athen in seiner blühendsten Zeit, in der die einundzwanzigtausend erwachsenen männlichen Bürger die geringe Summe von sechstausend Talenten oder von zwölfhunderttausend Pfund besaßen. Aber jeder dieser Bürger war ein freier

Mann, der es wagte, die Freiheit seiner Gedanken, Worte und Taten zu behaupten, dessen Person und Eigentum durch ein gleiches Gesetz geschützt waren und der unabhängig bei Regierungsfragen mitbestimmte. Ihre Zahl scheint sich durch die starken und vielfachen Charakterunterschiede zu vervielfältigen. Unter dem Schilde der Freiheit, auf den Fittichen des Wetteifers und der Eitelkeit strebte jeder Athener nach der höchsten Würde der Nation. Einige ausgewählte Geister erhoben sich über den Durchschnitt, und das Vorkommen überlegener Talente in einem großen und volkreichen Königtume dürfte, wie die Erfahrung zeigt, die falsche Berechnung nach Millionen entschuldigen. Die Gebiete von Athen, Sparta und ihren Bundesgenossen übertreffen an Flächeninhalt kaum eine mittlere Provinz von England oder Frankreich; aber nach dem Siege bei Salamis und Plataä erweitern sie sich in unserer Phantasie zum gigantischen Umfange von Asien, das von den siegreichen Griechen unterjocht worden ist. Aber die Untertanen des byzantinischen Reiches, welche die Namen der Griechen und der Römer annahmen und entehrten, zeigen nur eine tote Einförmigkeit zu verwerfender Laster, die weder durch menschliche Schwäche gemildert, noch durch denkwürdige Verbrechen belebt sind. Die freien Männer des Altertums konnten hochherzig mit Enthusiasmus den Ausspruch Homers wiederholen, »daß der Gefangene am ersten Tage seiner Knechtschaft die Hälfte seiner Manneskraft verliert«. Aber der Dichter hatte nur die Wirkungen bürgerlicher oder häuslicher Sklaverei gesehen und konnte nicht voraussagen, daß die zweite Hälfte der Manneskraft durch den geistigen Despotismus, der nicht bloß die Handlungen, sondern selbst die Gedanken des am Boden liegenden Anbeters in Fesseln legt, verloren gehen muß. Dieses doppelte Joch wurde den Griechen unter den Nachfolgern des Heraklius auferlegt; der Tyrann – ein Gesetz ewiger Gerechtigkeit – wurde durch die Laster seiner Untertanen herabgewürdigt, und auf dem Throne, im Lager, in den Schulen suchen wir vergeblich mit Fleiß nach Namen und Charakteren, die der Vergessenheit entrissen zu werden verdienen. Auch werden die Mängel des Gegenstandes durch die Geschicklichkeit und Zahl der Maler keineswegs ersetzt. Während achthundert Jahren breitet sich über die vier ersten Jahrhunderte eine Wolke, die nur zuweilen durch schwache und gebrochene Strahlen historischen Lichtes zerrissen wird. In den Biographien der Kaiser von Mauritius bis Alexius ist der einzige Basilius der Makedonier der Gegenstand eines besonderen Werke gewesen, und der Mangel oder der Verlust oder die Unvollständigkeit zeitgenössischer Zeugnisse muß spärlich durch die zweifelhaften neuerer Historiker ersetzt werden. Für die letzten vier Jahrhunderte kann der Vorwurf der Armut nicht erhoben werden; mit der Familie der Komnenen lebt die historische Muse von Konstantinopel auf, aber ihre Tracht ist bunt, ihre Bewegungen sind ohne Gefälligkeit und Anmut. Eine Reihe von Priestern oder Höflingen traten einer in des anderen Fußstapfen auf demselben Pfade der Knechtschaft und des Aberglaubens; ihre Ansichten sind engherzig, ihr Urteil ist schwach oder verderbt, und wir schließen das Buch voll weitschweifiger Dürre, wie zuvor im Dunklen bleibend über die Ursachen der Ereignisse, die Charaktere der handelnden Personen und die Sitten der Zeit, die es preist oder beklagt. Die Beobachtung, die an einem Menschen gemacht worden ist, daß die Kraft des Schwertes sich der Feder mitteilte, läßt sich auf ein ganzes Volk ausdehnen, und die Erfahrung wird bestätigen, daß der Ton der Geschichte sich mit dem Geiste des Jahrhunderts hebt und senkt.

Aus diesen Rücksichten würde ich die griechischen Sklaven und ihre knechtischen Geschichtschreiber mit Vergnügen aufgegeben haben, wenn ich nicht bedacht hätte, daß das Schicksal der byzantinischen Monarchie im Zusammenhange mit den glänzendsten und wichtigsten Umwälzungen steht, die den Zustand der Erde verändert haben. Die verloren gegangenen Provinzen wurden bald zu neuen Kolonien und aufstrebenden Königreichen. Friedliche und kriegerische Begabungen flüchteten von den besiegten zu den siegreichen Nationen, und nur in ihrem Ursprünge und Eroberungen, in ihrer Religion und Regierungsverfassung können wir die Ursachen und Wirkungen des Sinkens und Sturzes des morgenländischen Reiches erforschen. Auch wird dieser Umfang der Erzählung, wird der Reichtum und die Verschiedenartigkeit solcher Materialien keineswegs mit der Einheit des Planes und Werkes unverträglich sein. Wie der Muselman von Fez oder Delhi bei seinem täglichen Gebete sein Antlitz stets gegen Mekka kehrt, wird der Blick des Historikers stets auf die Stadt Konstantinopel gerichtet sein. Wenn auch die ausgedehnten Grenzen die Wildnisse von Arabien und der Tartarei umfassen, wird sich der Kreis zuletzt auf die sich verengenden Grenzen der römischen Monarchie zusammenziehen.

Nach diesem Grundsatze werde ich nun den Plan des noch folgenden Teiles des gegenwärtigen Werkes angeben. Das vorliegende Kapitel wird in regelmäßiger Folge die Kaiser enthalten, die in Konstantinopel während einer Periode von sechshundert Jahren von den Tagen des Heraklius bis zur Eroberung durch die Lateiner herrschten: ein kurzer Auszug, der sich auf eine allgemeine Berufung, auf die Ordnung und den Text der Urschriftsteller stützen mag. In dieser Einleitung werde ich mich auf die Umwälzungen des Thrones, die Aufeinanderfolge der Familien, die persönlichen Charaktere der griechischen Fürsten, die Art ihres Lebens und Todes, die Grundsätze und den Einfluß ihrer inneren Verwaltung und die Auswirkung ihrer Regierung, auf Beschleunigung oder Aufschieben des Sturzes des morgenländischen Reiches beschränken. Eine solche chronologische Übersicht wird dazu dienen, den verschiedenartigen Stoff der folgenden Kapitel zu erläutern, und jeder Umstand der ereignisreichen Geschichte der Barbaren wird sich an der geeigneten Stelle an die byzantinischen Annalen anschließen. Der innere Zustand des Reiches und die gefährliche Ketzerei der Paulicianer, die den Osten erschütterte und den Westen erleuchtete, wird den Gegenstand von zwei besonderen Kapiteln bilden; doch müssen diese Untersuchungen verschoben werden, bis unsere weiteren Fortschritte den Überblick über die Welt im neunten und zehnten Jahrhundert der christlichen Zeitrechnung ermöglicht haben. Nach der byzantinischen Geschichte werden folgende Nationen an unserem Auge vorüberziehen und jede den Raum einnehmen, auf den sie durch Größe oder Verdienste oder durch den Grad ihres Zusammenhanges mit der römischen Welt und der gegenwärtigen Zeit Anspruch hat. 1. Die Franken, ein allgemeiner Name, der alle Völker Frankreichs, Italiens und Deutschlands in sich schließt, die durch das Schwert und Zepter Karls des Großen vereinigt wurden. Die Verfolgung der Bilder und ihrer Verehrer trennte Rom und Italien vom byzantinischen Throne und bereitete die Wiederherstellung des römischen Reiches im Abendlande vor. 2. Die Araber oder Sarazenen. Drei umfangreiche Kapitel werden diesem merkwürdigen und interessanten Gegenstande gewidmet sein. In dem ersten werde ich nach einer Schilderung des Landes und seiner Bewohner den Charakter Mohammeds, sowie die Laufbahn, die Religion und den Erfolg des Propheten untersuchen. Im zweiten werde ich die Araber zur Eroberung von Syrien, Ägypten und Afrika, den Provinzen des römischen Reiches, führen und kann ihrer siegreichen Laufbahn nicht eher Einhalt tun, als bis sie die Monarchien von Persien und Spanien gestürzt haben. Im dritten werde ich darlegen, wie Konstantinopel und Europa durch den Luxus und die Künste, die Teilung und den Verfall des Reiches der Kalifen gerettet wurden. Ein einziges Kapitel wird einschließen 3. die Bulgaren, 4. die Ungarn, 5. die Russen, welche die Provinzen und die Hauptstadt zu See oder Land angriffen; aber die letzteren, so wichtig in ihrer gegenwärtigen Größe, werden in ihrem Ursprünge und Kindesalter nur die Neugier erregen. 6. Die Normannen oder vielmehr die Privatabenteurer dieses kühnen Volkes, die ein mächtiges Königreich in Apulien und Sizilien gründeten, den Thron von Konstantinopel erschütterten, die Trophäen des Rittertums entfalteten und fast die Wunder der Romantik verwirklichten. 7. Die Lateiner, die Untertanen des Papstes, die Völker des Westens, die unter den Kreuzesfahnen zur Wiedereroberung oder Unterstützung des heiligen Grabes zogen. Die griechischen Kaiser wurden durch die Myriaden von Pilgern, die mit Gottfried von Bouillon und den Pairs der Christenheit nach Jerusalem zogen, erschreckt, doch gerettet. Die Kreuzfahrer des zweiten und des dritten Kreuzzuges traten in die Fußstapfen derjenigen des ersten; Asien und Europa wurden in einen zweihundertjährigen heiligen Krieg verwickelt, Saladin und die Mameluken von Ägypten jedoch widerstanden den christlichen Mächten tapfer und vertrieben sie endlich. In diesem denkwürdigen Kreuzzuge wurde eine Flotte und ein Heer von Franzosen und Venetianern von Syrien nach dem thrakischen Bosporus abgelenkt; sie stürmten die Hauptstadt, stürzten die griechische Monarchie, und eine Dynastie lateinischer Fürsten saß fast sechzig Jahre lang auf Konstantins Thron. 8. Die Griechen selbst müssen während dieser Periode der Gefangenschaft und Verbannung als eine fremde Nation betrachtet werden, als die Feinde und dann wieder die Souveräne von Konstantinopel. Das Unglück hatte wieder einen Funken des Nationalgeistes angefacht, und die folgenden Kaiser können seit der Wiedererlangung des Thrones bis zur türkischen Eroberung einigermaßen würdevoll genannt werden. 9. Die Mongolen und Tartaren. Durch die Waffen des Dschingis und seiner Nachkommen wurde der Erdball von China bis Polen und Griechenland erschüttert: die Sultane wurden gestürzt, die Kalifen fielen und die Kaiser zitterten auf ihren Thronen. Die Siege Timurs schoben den Untergang des byzantinischen Reiches über fünfzig Jahre auf. 10. Ich habe bereits das erste Erscheinen der Türken erwähnt, und die Namen der Stammväter, Seldschuk und Othman, unterscheiden die zwei aufeinanderfolgenden Dynastien der Nation, die im elften Jahrhundert aus der skythischen Wüste auftauchte. Die eine gründete ein mächtiges Reich von den Ufern des Oxus bis nach Antiochia und Nicäa, und der erste Kreuzzug wurde durch die Unterdrückung Jerusalems und die Gefahr für Konstantinopel angeregt. Von geringem Ursprunge erhoben sich die Osmanen zur Geißel und zum Schrecken der Christenheit. Konstantinopel wurde von Mahomed II. belagert und erstürmt, und sein Triumph vernichtete den Rest, das Scheinbild und den Titel des römischen Reiches im Morgenlande. Das Schisma der Griechen wird mit diesen letzten Drangsalen und mit dem Wiederaufleben der Gelehrsamkeit in der abendländischen Welt zusammenhängen. Von der Unterwerfung des neuen werde ich zu den Trümmern des alten Rom zurückkehren, und dieser ehrwürdige Name, dieser interessante Gegenstand wird einen glänzenden Schimmer über den Schluß meiner Arbeiten ausgießen.

Der Kaiser Heraklius hatte einen Tyrannen bestraft, dessen Thron bestiegen, und das Andenken seiner Regierung wird durch die Eroberung und den unwiederbringlichen Verlust der orientalischen Provinzen verewigt. Nach dem Tode seiner ersten Gattin Eudocia versagte er wegen seiner zweiten Ehe mit seiner Nichte Martina dem Patriarchen den Gehorsam und verletzte die Gesetze. Die griechischen Gläubigen erblickten in den Krankheiten des Vaters und in der Mißgestaltetheit seiner Kinder die Strafe des Himmels. Aber es genügt unrechtmäßiger Abkunft zu sein, um ein Volk zu mißleiten und den

Gehorsam zu vermindern. Der Ehrgeiz der Martina wurde durch mütterliche Liebe und vielleicht durch stiefmütterlichen Neid gesteigert, und der betagte Gemahl war zu schwach, um dem Werben ehelicher Zärtlichkeit zu widerstehen. Sein ältester Sohn Konstantin erfreute sich im reifen Alter des Augustustitels, aber seine körperliche Schwäche forderte einen Throngenossen und Vormund, und er willigte mit geheimem Widerstreben in die Teilung der Herrschaft. Der Senat wurde (4. Juli 638) in den Palast beschieden, um die Mitregentschaft des Herakleonas, des Sohnes der Martina, zu genehmigen oder zu bezeugen. Die Krönung mit dem Diadem wurde durch das Gebet und den Segen des Patriarchen geheiligt; die Senatoren und Patrizier beteten die Majestät des großen Kaisers und der Genossen seines Reiches an, und nach Öffnung der Tore wurden sie durch den stürmischen, aber für sie wichtigen Zuruf der Soldaten begrüßt. Nach fünf Monaten wurden die prunkenden Zeremonien, welche die Wesenheit des byzantinischen Hofes bildeten, in der Kathedrale und im Hippodrom vorgenommen; man suchte die Eintracht der kaiserlichen Brüder zur Schau zu stellen, indem sich der jüngere auf den Arm des älteren stützte, und der Name Martina wurde vom Volke, das wahrscheinlich erkauft oder dazu gezwungen wurde, ausgerufen. Heraklius überlebte diese Teilung zwei Jahre. Sein letzter Wille erklärte seine beiden Söhne zu Erben des Reiches und empfahl ihnen, seine Witwe Martina als ihre Mutter und Fürstin zu ehren.

Als Martina das erstemal mit dem Titel und den Abzeichen der kaiserlichen Macht auf dem Throne erschien, stieß sie auf festen, obschon ehrfurchtsvollen Widerstand, und das erlöschende Feuer der Freiheit wurde durch den Hauch abergläubischen Vorurteiles angeblasen. »Wir verehren«, lauteten die Stimmen der Bürger, »wir verehren die Mutter unsrer Fürsten; aber diesen Fürsten allein gebührt unser Gehorsam. Konstantin, der ältere Kaiser, steht in einem Alter, um selbst das Szepter tragen zu können. Dein Geschlecht ist naturgemäß von den Mühen der Regierung ausgeschlossen. Wie könntest du kämpfen, wie könntest du den Barbaren antworten, die sich mit feindlichen oder freundlichen Absichten der Stadt nähern sollten? Möge der Himmel vom römischen Reich eine Nationalschmach abwenden, die sogar die geduldigen persischen Sklaven reizen würde!« Martina stieg mit Entrüstung vom Throne und suchte in den Frauengemächern des Palastes Zuflucht. Die Regierung Konstantins III. währte nur hundertdrei Tage. Er war dreißig Jahre alt, als er starb (Mai 641). Obschon sein ganzes Leben eine lange Krankheit gewesen, nährte man doch den Glauben, Gift wäre das Mittel und seine grausame Stiefmutter die Urheberin seines frühzeitigen Endes gewesen. Martina erntete in der Tat die Frucht seines Todes und übernahm im Namen des überlebenden Kaisers die Regierung. Aber die blutschänderische Witwe des Heraklius wurde allgemein verabscheut, die Eifersucht des Volkes erwachte, und die beiden Waisen, die Konstantin hinterlassen hatte, wurden der Gegenstand der öffentlichen Fürsorge. Umsonst hatte man dem Sohne der Martina, der nicht älter als fünfzehn Jahre war, eingelernt, sich zum Beschützer seiner Neffen, deren einen er zur Taufe gehalten hatte, zu erklären; umsonst schwor er bei dem Holze des echten Kreuzes, sie gegen alle ihre Feinde zu verteidigen. Der verstorbene Kaiser hatte von seinem Totenbette einen treuen Diener entsandt, um die Truppen und Provinzen des Ostens zur Verteidigung seiner hilflosen Kinder aufzurufen. Die Beredsamkeit und die Freigebigkeit Valentins hatte Erfolg gehabt, und aus seinem Lager bei Chalcedon forderte er kühn die Bestrafung der Mörder und die Krönung des rechtmäßigen Erben. Die Ausgelassenheit der Soldaten, welche die Trauben der asiatischen Weinberge verzehrten und Wein tranken, erbitterte die Einwohner von Konstantinopel gegen die Urheber dieser heimischen Drangsale, und die St. Sophienkirche widerhallte, nicht von Gebeten und Hymnen, sondern vom Geschrei und den Verwünschungen einer tobenden Menge. Auf ihren gebieterischen Befehl erschien Herakleonas mit dem ältesten der kaiserlichen Waisen auf der Kanzel: Konstans allein wurde als Kaiser begrüßt und ihm eine goldene Krone, die man vom Grabmal des Heraklius nahm, mit dem feierlichen Segen des Patriarchen aufs Haupt gesetzt. Aber im Tumult der Freude und Entrüstung wurde die Kirche geplündert, das Heiligtum von einer aus Juden und Barbaren gemengten Schar geschändet, und der Monothelet Pyrrhus, ein Geschöpf der Kaiserin, entfloh, nachdem er einen Protest auf dem Altare niedergelegt hatte, klüglich dem Grimme der Katholiken. Eine ernstere und blutigere Aufgabe war dem Senate vorbehalten, dem aus der Zustimmung der Soldaten und des Volkes vorübergehende Kraft erwuchs. Im Geiste römischer Freiheit rief er die alten und furchtbaren Gerichte zum Urteil über die Tyrannen an, und die kaiserlichen Verbrecher wurden als die Urheber des Todes Konstantins abgesetzt und verurteilt. Aber die versammelten strengen Väter befleckten sich durch die Bestrafung der Unschuldigen mit dem Schuldigen: Martina wurde (September 641) zum Verluste ihrer Zunge, Herakleonas zur Abschneidung der Nase verurteilt, und nach dieser grausamen Strafe brachten sie den Rest ihrer Tage in Verbannung und Vergessenheit zu. Die Griechen, die des Nachdenkens fähig waren, konnten Trost für ihre Knechtschaft im Beobachten des Mißbrauches der Gewalt finden, wenn sich diese auch nur einen einzigen Augenblick in den Händen einer Aristokratie befand.

Man glaubt sich fünfhundert Jahre zurück in das Zeitalter der Antonine versetzt, wenn man die Rede hört, die Konstans II. in seinem zwölften Lebensjahre vor dem byzantinischen Senate hielt. Nachdem er für die gerechte Bestrafung der Mörder, die ihm die besten Hoffnungen auf das Reich seines

Vaters geraubt hatten, gedankt hat, fährt der junge Kaiser fort: »Durch die göttliche Vorsicht und euren gerechten Beschluß ist Martina mit ihrer blutschänderischen Nachkommenschaft vom Throne gestürzt worden. Eure Autorität und Weisheit hat den römischen Staat vor gesetzloser Tyrannei bewahrt. Ich ermahne euch daher und bitte euch, als die Berater und Richter des Gemeinwohls voranzustehen.« Den Senatoren schmeichelte die ehrfurchtsvolle Anrede und das freigebige Geschenk ihres Souveräns. Aber die knechtischen Griechen waren der Freiheit unwert und kümmerten sich nicht um sie, und er selbst vergaß die Lehre einer Stunde schnell durch die Vorurteile des Zeitalters und die Gewohnheiten des Despotismus. Er behielt nur eifersüchtig die Furcht bei, Senat und Volk könnten eines Tages das Recht der Erstgeburt mißachten und seinen Bruder Theodosius gleichfalls auf den Thron erheben. Dem Enkel des Heraklius wurde durch geistliche Weihen der Weg zum Thron versperrt, aber auch diese Zeremonie, welche die Sakramente der Kirche entweihte, reichte nicht hin, den Argwohn des Tyrannen zu zerstreuen, und nur der Tod des Diakons Theodosius konnte das Verbrechen seiner kaiserlichen Abkunft sühnen. Seine Ermordung wurde durch die Verwünschungen des Volkes gerächt und der Mörder mit Gewalt aus seiner Hauptstadt in immerwährende Verbannung getrieben. Konstans schiffte sich nach Griechenland ein und soll, gleich als wollte er den Abscheu vergelten, den er verdiente, von der kaiserlichen Galeere aus die Mauern seiner Vaterstadt angespien haben. Nachdem er in Athen den Winter zugebracht hatte, segelte er nach Tarent in Italien, besuchte Rom und endete eine lange Wallfahrt der Schmach und des frevelhaften Raubes, indem er seine Residenz in Syrakus aufschlug. Aber wenn Konstans seinem Volke entfliehen konnte, vermochte er doch nicht sich selbst zu entgehen. Von Gewissensbissen gepeinigt, sah er ständig den Geist des Theodosius, der ihn über Land und Meer bei Tag und Nacht verfolgte. Das Gespenst reichte ihm einen Kelch und sagte oder schien zu sagen: »Trink, Bruder, trink!« ein sicheres Zeichen der Schwere seiner Schuld, weil er aus den Händen des Diakons den geheimnisvollen Becher des Blutes Christi empfangen hatte. Sich selbst und dem Menschengeschlechte verhaßt, kam er in der Hauptstadt Siziliens durch häuslichen, vielleicht bischöflichen Verrat um. Ein Diener, der ihm im Bade erwartete, schlug ihn, nachdem er warmes Wasser auf ihn gegossen hatte, heftig mit dem Gefäße auf den Kopf. Er fiel betäubt von dem Schlage um, erstickte im Wasser, und sein Gefolge, das sich über sein langes Verweilen wunderte, betrachtete, nachdem es ihn im Bade gefunden hatte, gleichgültig den leblosen Körper des Kaisers. Die Truppen von Sizilien bekleideten einen bescheidenen Jüngling mit dem Purpur, dessen unnachahmliche Schönheit jeder Kunst spottete; freilich war es leicht, der gesunkenen Kunst der Maler und Bildhauer jener Zeit zu spotten.

Konstans hatte in dem byzantinischen Palaste drei Söhne zurückgelassen, von denen der älteste in seiner Kindheit mit dem Purpur bekleidet worden war. Als der Vater gebot, sie sollten sich zu ihm nach Syrakus verfügen, wurden die kostbaren Geiseln von den Griechen festgehalten, und man setzte ihn in Kenntnis, daß sie die Kinder des Staates wären. Die Nachricht von seiner Ermordung gelangte mit fast übernatürlicher Schnelligkeit von Syrakus nach Konstantinopel, und Konstantin, der älteste seiner Söhne, erbte seinen Thron, ohne jedoch gleichzeitig den Haß des Volkes mitzuerben (668). Seine Untertanen steuerten mit Eifer und Freudigkeit bei, die Schuld und Verwegenheit einer Provinz zu bestrafen, die sich die Rechte des Senates und eines freien Volkes angemaßt hatte. Der junge Kaiser segelte mit einer mächtigen Flotte aus dem Hellespont, und die Legionen von Rom und Karthago sammelten sich unter seinen Fahnen im Hafen von Syrakus. Die Unterwerfung des sizilianischen Tyrannen gelang leicht, seine Bestrafung war gerecht, und sein Haupt wurde im Hippodrom ausgestellt. Aber ich kann der Milde eines Fürsten keinen Beifall zollen, der unter einer Schar von Schlachtopfern auch den Sohn eines Patriziers verurteilte, weil er mit ihm geziemender Bitterkeit die Hinrichtung eines ehrenhaften Vaters beklagt hatte. Der Jüngling wurde entmannt; er überlebte die Verwundung. Das Andenken an diese Grausamkeit wird durch die Erhebung des Germanus zum Range eines Patriarchen und Heiligen verewigt. Nachdem Konstantin dieses blutige Dankopfer auf dem Grabe seines Vaters dargebracht hatte, kehrte er nach der Hauptstadt zurück. Das Wachstum seines jungen Bartes, während seiner Abwesenheit in Sizilien verschaffte ihm in der griechischen Welt den Namen Pogonatus. Aber seine Regierung war gleich der seines Vaters durch Bruderzwist entweiht. Er hatte seinen Brüdern, Heraklius und Tiberius, den Augustustitel verliehen; ein leerer Name, denn sie schmachteten fortwährend ohne Amt und Macht im einsamen Palast. Auf ihr geheimes Anstiften näherten sich die Truppen der anatolischen Theme oder Provinz der Stadt von der asiatischen Seite, verlangten für die kaiserlichen Brüder Teilung der Souveränität oder wirkliche Macht und unterstützten ihre aufrührerische Forderung durch einen theologischen Grund. Sie wären Christen (riefen sie), rechtgläubige Katholiken und aufrichtige Verehrer der heiligen und unteilbaren Dreieinigkeit. Da es drei gleiche Personen im Himmel gebe, sei es auch vernünftig, daß die Erde drei gleiche Herrscher habe. Der Kaiser lud diese gelehrten Theologen zu einer freundlichen Besprechung ein, worin sie ihre Gründe dem Senat vortragen könnten; sie gehorchten dem Geheiß. Als aber ihre Gefährten in der Vorstadt Galata ihre Leichen am Galgen hängen sahen, waren sie mit der Einheit der Regierung Konstantins ausgesöhnt. Er verzieh seinen Brüdern und sie wurden von der Menge mit langem Freudengeschrei begrüßt. Bei einer Wiederholung oder auch nur auf den Verdacht eines ähnlichen Verbrechens hin, wurden die verhaßten Fürsten in Anwesenheit der Bischöfe, die in Konstantinopel zu dem sechsten allgemeinen Konzil vereinigt waren, ihrer Titel und Nasen beraubt. Gegen das Ende seines Lebens strebte Konstantin nur danach, das Erstgeburtsrecht feststellen zu lassen; das Haar seiner beiden Söhne, Jutinian und Heraklius, wurde am Grabe des heiligen Petrus als Symbol für ihre Sohnesannahme in ideellem Sinne vom Papst zum Opfer gebracht; aber nur der ältere wurde zum Range eines Augustus mit der Zusicherung der Erbnachfolge im Reiche erhoben.

Justinian II erbte nach seines Vaters Tode die römische Welt (685). Der Name eines triumphierenden Gesetzgebers wurde durch einen lasterhaften Knaben entehrt, der seinen Namensgenossen nur in den kostspieligen Bauten nachahmte. Seine Leidenschaften waren stark, sein Verstand schwach, und er war von einem törichten Stolze berauscht, weil er durch seine Geburt die Herrschaft über Millionen erhalten hatte, von denen jedoch nicht die kleinste Gemeinde ihn zu ihrem Ortsvorstande gewählt haben würde. Seine bevorzugten Minister waren zwei dem menschlichen Mitleid am wenigsten zugängliche Wesen, ein Eunuch und ein Mönch; dem einen überließ er die Palastverwaltung, dem anderen die Finanzen. Jener züchtigte des Kaisers Mutter mit einer Geißel, dieser hing zahlungsunfähige Steuerpflichtige mit dem Haupte nach abwärts über einem langsamen, starken Rauch verbreitenden Feuer auf. Seit den Tagen des Commodus und Caracalla war die Grausamkeit der römischen Fürsten größtenteils die Folge ihrer Furcht gewesen. Justinian aber, der einige Charakterstärke besaß, freute sich der Leiden und trotzte zehn Jahre der Rache seiner Untertanen; bis das Maß seiner Verbrechen wie ihrer Geduld voll war. Leontius, ein Befehlshaber von Ruf, schmachtete mit einigen der vornehmsten und verdientesten Senatoren seit drei Jahren in einem finsteren Verließe. Plötzlich wurde er herausgeholt, um die Statthalterschaft von Griechenland zu übernehmen, und diese Beförderung eines gekränkten Mannes war von seiten seines Fürsten mehr ein Beweis der Verachtung als des Vertrauens. Als dem Leontius seine Freunde das Geleit zum Hafen gaben, bemerkte dieser seufzend, daß er ein für die Schlachtbank geschmücktes Opfer sei und daß der Tod ihm auf den Fersen nachfolgen werde. Sie wagten zu erwidern, daß Ruhm und Herrschaft der Lohn eines hochherzigen Entschlusses sein könnten, daß jede Klasse von Menschen die Regierung eines Ungeheuers verabscheue und daß die Armee von zweihunderttausend Patrioten nur eines Anführers harre. Die Nacht wurde zur Befreiung gewählt; bei der ersten Erhebung der Verschworenen wurde der Präfekt erschlagen und die Gefängnisse erbrochen. Die Anhänger des Leontius riefen in jeder Straße: »Christen, nach der heiligen Sophienkirche!«, und der wohlgewählte Text des

Patriarchen: »Dies ist der Tag des Herrn!« war die Einleitung zu einer entflammenden Rede. Von der Kirche verfügte sich das Volk nach dem Hippodrom; Justinian, zu dessen Gunsten sich auch nicht ein einziges Schwert entblößte, wurde vor diese tumultuarischen Richter geschleppt, die durch Geschrei den augenblicklichen Tod des Tyrannen verlangten. Aber Leontius, bereits mit dem Purpur geschmückt, warf einen mitleidigen Blick auf den im Staube liegenden Sohn seines eigenen Wohltäters und so vieler Kaiser. Justinian wurde nicht getötet. Seine Nase, vielleicht auch seine Zunge wurden nur teilweise abgeschnitten. In der glücklichen biegsamen griechischen Sprache wurde ihm der Name Rhinotmetus gegeben, und der verstümmelte Tyrann wurde nach Cherson in der krimschen Tartarei verbannt, einer einsamen Ansiedlung, wohin Korn, Wein und Öl als fremde Luxusartikel eingeführt werden mußten.

Am Rande der skythischen Wildnis war Justinian auch weiterhin stolz auf seine Herkunft und hoffte auf seine Wiedereinsetzung. Nach dreijähriger Verbannung empfing er die angenehme Nachricht, daß er durch eine zweite Revolution gerächt und daß Leontius seinerseits von dem Rebellen Apsimar, der den geachteteren Namen Tiberius angenommen hatte, entthront und verstümmelt worden wäre. Aber durch das direkte Erbrecht wurde ein plebejischer Usurpator fortwährend bedroht, und seine Eifersucht wurde durch die Klagen und Beschuldigungen der Chersoniten aufgestachelt, die in dem Verhalten des Verbannten den lasterhaften Tyrannen erblickten. Mit einer Bande von Anhängern, die gemeinsame Hoffnung oder auch gemeinsame Verzweiflung an seine Person fesselten, floh Justinian von dem ungastlichen Gestade zur Horde der Chozaren, deren Zelte zwischen dem Tanais und Borysthenes aufgeschlagen waren. Der Khan nahm den kaiserlichen Flüchtling mit Mitleid und Hochachtung auf. Phanagoria, einst eine wohlhabende Stadt an dem asiatischen Gestade des Sees Mäotis, wurde ihm als Aufenthaltsort angewiesen. Durch seine Ehe mit der Schwester des Barbaren wurde das römische Feingefühl verletzt, obwohl sie, wie ihr Name Theodora vermuten läßt, das Sakrament der Taufe empfangen zu haben scheint. Aber der treulose Chozar ließ sich bald durch Geld aus Konstantinopel verführen, und wenn die ihren Gatten liebende Theodora nicht den Anschlag aufgedeckt hätte, würde ihr Gemahl entweder ermordet oder verräterischer Weise seinen Feinden überliefert worden sein. Nachdem Justinian mit eigenen Händen zwei Boten des Khans erwürgt hatte, sandte er seine Gattin ihrem Bruder zurück und fuhr auf das Schwarze Meer hinaus, um neue und treuere Bundesgenossen zu suchen. Sein Schiff geriet in einen heftigen Sturm, und einer seiner frommen Gefährten riet ihm, Gottes Gnade durch das Gelübde allgemeiner Verzeihung zu verdienen, wenn er wieder auf den Thron erhoben werden sollte.

»Verzeihung?« rief der unerschrockene Tyrann. »Möge ich in diesem Augenblick verderben, möge mich der Allmächtige in den Wogen begraben, wenn ich je einwillige, auch nur ein einziges Haupt meiner Feinde zu schonen!« Er überlebte diese ruchlose Drohung, segelte in die Mündung der Donau ein, wagte sich ins Königslager der Bulgaren und erkaufte die Hilfe des Terbellis, eines heidnischen Eroberers, durch das Versprechen, ihm seine Tochter zur Frau zu geben und eine billige Teilung der Schätze des Reiches vorzunehmen. Das Königreich der Bulgaren erstreckte sich bis an die Grenze von Thrakien. Die beiden Fürsten belagerten Konstantinopel an der Spitze von fünfzehntausend Reitern. Apsimar erschrak über das plötzliche und feindliche Erscheinen seines Nebenbuhlers, dessen Haupt ihm der Chozar versprochen und von dessen Flucht er noch keine Kunde erhalten hatte. Nach zehn Jahren erinnerte man sich der Verbrechen Justinians nur schwach, wegen seiner Unfälle wurde der angestammte Souverän von der Menge bemitleidet, die stets mit der gegenwärtigen Regierung unzufrieden ist, und durch die Tätigkeit seiner emsigen Anhänger wurde er in die Stadt und den Palast Konstantins geführt (705).

Indem Justinian seine Bundesgenossen belohnte und seine Gattin zu sich berief, zeigte er einiges Gefühl für Ehre und Dankbarkeit, und Terbellis zog ab, nachdem er einen Haufen Gold, den er mit seiner skytischen Peitsche abgemessen, eingesackt hatte. Aber nie wurde ein Gelübde gewissenhafter erfüllt als der heilige Eid der Rache, den er mitten im Sturm des Schwarzen Meeres geschworen hatte. Die beiden Thronräuber, denn die Benennung Tyrann muß ich dem Sieger vorbehalten, wurden in das Hippodrom geschleppt, der eine aus seinem Kerker, der andere aus seinem Palast. Vor ihrer Hinrichtung wurden Leontius und Apsimar in Ketten vor den Thron des Kaisers geworfen; Justinian setzte einen Fuß auf eines jeden Nacken und sah dem Wagenrennen über eine Stunde zu, indesssen das unbeständige Volk mit den Worten des Psalmisten schrie: »Du sollt die Natter und den Basilisken zertreten und auf den Löwen und Drachen sollst du deinen Fuß setzen.« Der allgemeine Abfall, den er einst erfahren hatte, konnte ihn wohl reizen, den Wunsch Caligulas zu wiederholen, das römische Volk möge nur ein Haupt haben. Ich erlaube mir indessen zu bemerken, daß ein solcher Wunsch eines erfinderischen Tyrannen unwürdig ist, weil seine Rache und Grausamkeit, statt der langsamen und verschiedenartigen Martern, die Justinian den Opfern seines Zornes zufügte, durch einen einzigen Streich vernichtet werden würde. Seine Gelüste waren unerschöpflich, weder persönliche Tugenden noch öffentliche Verdienste vermochten ihn vom Gehorsam gegen ihn zu überzeugen, und während der sechs Jahre seiner neuerlichen Herrschaft betrachtete er das Beil, den Strick und die Folter als die einzigen Werkzeuge kaiserlicher Würde. Sein unversöhnlichster Haß jedoch war gegen die Chersoniten gerichtet, die ihn in der Verbannung beschimpft und die Gesetze der Gastfreundschaft verletzt hatten. Durch die große Entfernung ihres Reiches konnten sie sich einigermaßen verteidigen oder wenigstens flüchten, und eine drückende Steuer, wurde Konstantinopel zur Ausrüstung einer Flotte und eines Heeres auferlegt. Alle sind schuldig und alle müssen umkommen, lautete Justinians Gebot, dessen blutige Vollstreckung seinem durch den Beinamen des Grausamen ausgezeichneten Liebling Stephan aufgetragen wurde. Aber selbst der grausame Stephan erfüllte die Absichten seines Souveräns nur unvollständig. Sein langsamer Angriff machte es dem größten Teile der Bewohner möglich, sich aufs Land zu flüchten, und der Diener der Rache begnügte sich, die Jugend beiderlei Geschlechts in Sklavenbande zu schlagen, sieben der vornehmsten Bürger lebendig zu braten, zwanzig in der See zu ersäufen und zweiundvierzig in Ketten zu halten, um ihr Schicksal dem Urteil des Kaisers selbst vorzubehalten. Auf der Rückfahrt wurde die Flotte gegen die Felsenufer von Anatolien getrieben, und Justinian freute sich des Gehorsams des Schwarzen Meeres, das Tausende seiner Untertanen und Feinde während eines Schiffbruches verschlungen hatte. Aber der Tyrann war noch immer nicht mit Blut gesättigt, er ordnete vielmehr eine zweite Rüstung an, um die Reste der geächteten Kolonie auszurotten. In der kurzen Zwischenzeit waren die Chersoniten in ihre Stadt zurückgekehrt und bereit, mit den Waffen in der Hand zu sterben. Der Khan der Chozaren hatte sich von seinem verhaßten Schwager losgesagt; die Verbannten sammelten sich aus allen Provinzen in Tauris, und Bardanes wurde unter dem Namen Philippikus mit dem Purpur bekleidet. Die kaiserlichen Truppen, die Justinians Rache weder vollstrecken konnten noch wollten, entzogen sich seinem Grimme, indem sie ihre Treue abschwören. Die Flotte hatte unter ihrem neuen Souverän eine glücklichere Fahrt nach den Häfen von Sinope und Konstantinopel, und jede Zunge, jede Hand war bereit, den Tod des Tyrannen auszusprechen und zu vollbringen. Entblößt von Freunden, wurde er auch von seiner barbarischen Leibwache verlassen. Seine Ermordung wurde als eine Tat des Patriotismus und römischer Tugend gepriesen. Sein Sohn Tiberius hatte in einer Kirche Zuflucht gesucht, und seine greise Großmutter hütete das Tor. Der unschuldige Jüngling, der um seinen Hals die heiligsten Reliquien gehangen hatte, umfaßte mit der einen Hand den Altar, mit der anderen das wahre Kreuz. Aber das wütende Volk, das den Glauben mit Füßen zu treten wagt, ist taub gegen den Schrei der Menschlichkeit und Heraklius' Geschlecht wurde nach hundertjähriger Herrschaft ausgerottet.

Der kurze Zeitraum von sechs Jahren zwischen dem Sturze der heraklianischen und der Erhebung der isaurischen Dynastie ist in drei

Regierungen geteilt. Bardabes oder Philippikus wurde in Konstantinopel als der Held begrüßt (711), der sein Vaterland von einem Tyrannen befreit hatte, und er konnte einige glückliche Augenblicke dem ersten Entzücken der aufrichtigen und allgemeinen Freude erleben. Justinian hatte einen großen Schatz, die Frucht der Grausamkeit und des Raubes, hinterlassen, aber dieser nützliche Reichtum wurde von seinem Nachfolger schnell und nutzlos vergeudet. An seinem Geburtstag (713) vergnügte Philippikus die Menge mit den Spielen im Hippodrom; von da zog er prunkend durch die Straßen mit tausend Fahnen und tausend Trompetern, erfrischte sich in den Bädern des Zeuxippus, kehrte nach dem Palaste zurück und bewirtete seine Großen bei einem verschwenderischen Bankett. Um die Mittagsstunde zog er sich in sein Gemach zurück, berauscht von Schmeichelei und Wein und vergessend, daß sein Beispiel jeden Untertanen ehrgeizig gemacht habe und daß jeder ehrgeizige Untertan sein geheimer Feind sei. Einige kühne Verschwörer schlichen sich während der Unordnung während des Schmauses ein. Der schlummernde Monarch wurde überfallen, gebunden, geblendet und abgesetzt, bevor er sich auch nur der Gefahr bewußt war. Die Verräter wurden indessen ihres Lohnes beraubt; durch freie Wahl im Senat und durch das Volk wurde Artemius vom Amte eines Geheimschreibers zu dem eines Kaisers erhoben; er nahm den Titel Anastasius II. an und zeigte während einer kurzen und stürmischen Regierung seinen Edelmut sowohl im Frieden als im Krieg. Aber der zur Gewohnheit gewordene Gehorsam war nach Erlöschen des kaiserlichen Hauses nicht mehr vorhanden, und in jeder Veränderung war der Samen zu einer neuen Revolution gelegen. Bei einer Meuterei der Flotte wurde ein unbekannter und sich sträubender Finanzbeamter gezwungen, den Purpur anzunehmen; nach einem Seekriege, der einige Monate währte, legte Anastasius das Szepter nieder (716), und der Sieger, Theodosius III., unterwarf sich seinerseits (718) dem Leo, dem Feldherrn und Anführer der orientalischen Truppen. Seinen zwei Vorgängern wurde gestattet, in den geistlichen Stand zu treten. Der unruhige Geist des Anastasius verleitete diesen in irgendeinem hochverräterischen Unternehmen sein Leben zu wagen, bei dem er es verlor, aber die letzten Tage des Theodosius waren ehrenvoll und sicher. Das einzige erhabene Wort Seelenheil, das er an seinem Grab anbringen ließ, drückt sein Vertrauen zur Philosophie oder Religion aus, und der Ruf seiner Wundertaten dauerte unter den Einwohnern von Ephesus lange fort. Dieser Schirmer der Kirche brachte es manchmal zuwege, Milde walten zu lassen; man darf aber bezweifeln, ob es das Interesse des Staates fördere, erfolglose Ehrsucht zu verringern.

Ich bin bei dem Sturze eines Tyrannen verweilt; kurz jedoch werde ich den Gründer einer neuen Dynastie schildern, welcher der Nachwelt durch die

Schmähungen seiner Feinde bekannt und dessen öffentliches und Privatleben in der Kirchengeschichte der Ikonoklasten eine Rolle spielt. Aber trotz abergläubischen Geschreis läßt sich ein günstiges Urteil für den Charakter Leos, des Isauriers, mit Grund aus seiner dunklen Herkunft und der Dauer seiner Regierung fällen. – I. In einem Zeitalter männlichen Mutes würde die Aussicht auf einen kaiserlichen Thron jede Seelenkraft angespannt und eine Schar von Mitbewerbern hervorgebracht haben, die der Herrschaft in dem Maße würdig gewesen wären, als sie nach ihr dürsteten. Selbst während der Verderbtheit und Kraftlosigkeit der späteren Griechen setzt die Erhebung eines letztrangigen Plebejers zum ersten Range in der Gesellschaft einige Eigenschaften voraus, die ihn über die Menge erheben. Er konnte wahrscheinlich von spekulativer Wissenschaft nichts verstehen und sich nicht um sie kümmern, konnte sich in Verfolgung seines Glücks den Pflichten, die ihm die Gerechtigkeit auferlegte entschlagen: immerhin müssen wir ihm aber die nützlichen Tugenden der Klugheit und der Festigkeit, der Menschenkenntnis und der wichtigen Kunst zuschreiben, Vertrauen zu gewinnen und Leidenschaften zu leiten. Man stimmt darin überein, daß Leo ein geborener Isaurier und daß Konon sein ursprünglicher Name war. Die Schriftsteller, deren ungeschickte Satire Lob ist, stellen ihn als einen herumziehenden Krämer dar, der nur mit armseligen Waren beladene Esel auf die Märkte trieb; ja sie erzählen törichter Weise, daß er auf dem Wege einige jüdische Wahrsager traf, die ihm die Herrschaft des römischen Reiches verhießen, unter der Bedingung, daß er die Götzenverehrung abschaffe. Ein wahrscheinlicherer Bericht spricht von der Auswanderung seines Vaters aus Kleinasien nach Thrakien, wo er das einträgliche Gewerbe eines Viehzüchters betrieb. Er muß bedeutende Reichtümer erworben haben, weil das erste Erscheinen seines Sohnes im kaiserlichen Lager bei der Lieferung von fünfhundert Schafen erfolgte. Seine ersten Dienste verrichtete er bei der Leibwache Justinians, wo er bald die Aufmerksamkeit und nach und nach die Eifersucht des Tyrannen erregte. Er zeichnete sich durch Tapferkeit und Geschicklichkeit im kolchischen Kriege aus, empfing von Anastasius den Oberbefehl über die anatolischen Legionen und wurde durch die Stimme seiner Soldaten unter dem allgemeinen Beifalle der römischen Welt auf den Thron erhoben. II. Auf dieser gefährlichen Höhe erhielt sich Leo III. gegen die neidvollen Seinesgleichen, gegen eine mächtige unzufriedene Partei und die Angriffe auswärtiger und einheimische Feinde. Die Katholiken, die seine religiösen Neuerungen anklagen, sind zu dem Geständnisse gezwungen, daß sie mit Mäßigung begonnen und mit Festigkeit durchgeführt wurden. Ihr Stillschweigen ehrt seine weise Verwaltung und seine reinen Sitten. Nach einer Regierung von vierundzwanzig Jahren entschlummerte er (741) friedlich in seinem Palaste in Konstantinopel und der Purpur, den er erworben hatte, ging durch das Recht der Erbfolge bis in die dritte Generation über.

In einer langen Regierung von vierunddreißig Jahren griff der Sohn und Nachfolger Leos, Konstantin V., genannt Kopronymus, mit minder gemäßigtem Eifer die Kirchenbilder an. Ihre Verehrer haben die ganze Bitterkeit religiöser Galle in ihrer Schilderung dieses gefleckten Panters, dieses Antichristen, dieses fliegenden Drachens aus der Schlange Samen erschöpft, der die Laster des Heliogabal und Nero übertroffen hätte. Seine Regierung war eine Schlächterei alles dessen, was es im Reiche Edles, Heiliges und Unschuldiges gab. Der Kaiser wohnte der Hinrichtung seiner Opfer persönlich bei, betrachtete ihren Todeskampf, horchte auf ihr Stöhnen und fröhnte seinem Blutdurst, ohne ihn zu sättigen; eine Schüssel mit Nasen war ihm das angenehmste Geschenk und seine Diener wurden von ihm selbst häufig gegeißelt und verstümmelt. Sein Beiname wurde ihm wegen seiner Verunreinigung des Taufbeckens gegeben. Das Kind konnte entschuldigt werden, aber die Vergnügen des Mannes Kopronymus setzen ihn unter das Tier herab. In seiner Wollust verwechselte er die Unterschiede der Geschlechter und Gattungen, und er verschaffte sich unnatürliche Wonnen aus den für die menschlichen Sinne widerwärtigsten Dingen. Seiner Religion nach war der Ikonoklast Ketzer, Jude, Mohammedaner, Heide und Atheist; sein Glaube an eine unsichtbare Macht ließ sich nur aus seinen magischen Beschwörungen, seinen Menschenopfern und den nächtlichen Weihegaben erkennen, die er der Venus und den Dämonen des Altertums darbrachte. Sein Leben war mit den widersprechendsten Lastern befleckt und die Geschwüre, die seinen Leib bedeckten, peinigten ihn noch vor dem Tode mit den Martern der Hölle. Von den Anschuldigungen, die ich so geduldig abgeschrieben habe, widerlegt sich ein Teil durch ihre Albernheit, und was die Anekdoten über das Privatleben der Fürsten betrifft, ist es leichter zu lügen als die Wahrheit nachzuweisen. Ohne dem gefährlichen Grundsatz zu huldigen, daß, wo viel behauptet wird, ein Teil wahr sein müsse, gewahre ich doch, daß Konstantin V. ausschweifend und grausam gewesen ist. Die Verleumdung ist geneigter zu übertreiben als zu erfinden, und die Lästerzunge wird einigermaßen durch die Kenntnis des Zeitalters und Landes, von dem sie spricht, im Zaume gehalten. Von den Bischöfen und Mönchen, den Feldherren und Beamten, die unter seiner Regierung gelitten haben sollen, ist die Anzahl aufgezeichnet, ihre Namen waren bekannt, die Hinrichtungen öffentlich und die Verstümmelungen allen sichtbar und bleibend. Die Katholiken haßten Person und Regierung des Kopronymus, aber selbst ihr Haß ist ein Beweis ihrer Unterdrücktheit. Sie verheimlichen die Herausforderungen, die seine Strenge entschuldigen oder rechtfertigen konnten: aber selbst diese Herausforderungen mußten allmählich seinen Grimm entflammen und ihn in Ausübung oder im Mißbrauch des Despotismus abhärten. Indessen fehlte es dem fünften Konstantin nicht an Verdienst und seine Verwaltung verdiente nicht immer die Verwünschungen oder die Verachtung der Griechen. Aus dem Bekenntnisse seiner eigenen Feinde entnehme ich, daß er eine alte Wasserleitung wieder herstellte, daß er zweitausendfünfhundert Gefangene loskaufte, daß ungewöhnlicher Überfluß zu seiner Zeit herrschte und daß neue Kolonisten Konstantinopel und die thrakischen Städte wieder bevölkerten. Sie preisen mit Widerstreben seine Tätigkeit und seinen Mut. Er ritt im Felde an der Spitze seiner Legionen, und obschon das Glück seiner Waffen wechselte, triumphierte er doch zu Wasser und zu Land, am Euphrat wie an der Donau, im Bürgerkriege wie gegen die Barbaren. Das Lob der Ketzer muß immer in die Schale geworfen werden, um dem Gewichte der Schmähungen der Orthodoxen das Gleichgewicht zu halten. Die Ikonoklasten verehrten den tugendreichen Fürsten; vierzig Jahre nach seinem Tode beteten sie noch am Grabe des Heiligen. Eine wunderbare Vision lebte durch Schwärmerei oder Betrug fort. Der griechische Held erschien auf einem milchweißen Rosse und schwang seine Lanze gegen das Lager der Bulgaren. »Eine alberne Fabel« sagt der katholische Geschichtsschreiber, »da Kopronymus mit den Teufeln im Abgrund der Hölle angekettet ist.«

Leo IV. (775), der Sohn des fünften und Vater des sechsten Konstantin, war schwächlich an Seele wie an Leib, und seine Hauptsorge war die Festsetzung der Nachfolge. Seine Untertanen verlangten die Erhebung des jungen Konstantin zum Mitregenten, und nach einigem klugen Zögern willfahrte der Kaiser klug im Bewußtsein des Verfalls seiner Kräfte ihren einstimmigen Wünschen. Das kaiserliche fünfjährige Kind wurde in Gemeinschaft mit seiner Mutter Irene gekrönt und die Zustimmung der Nation durch Pomp und Prachtentfaltung bestätigt, welche die Augen der Griechen blenden oder ihr Gewissen einschläfern konnte. Ein Eid der Treue wurde im Palast, in der Kirche und im Hippodrom den verschiedenen Ständen des Staates abgenommen, wobei sie die heiligen Namen des Sohnes und der Mutter Gottes anriefen. »Wir nehmen dich zum Zeugen, o Christus, daß wir über das Heil Konstantins, des Sohnes Leos, wachen, unser Leben seinem Dienste opfern und seiner Person und seinen Nachfolgern unverbrüchlich treu sein wollen.« Sie schworen es auf das Holz des Kreuzes Christi, und ihre Huldigungsurkunden wurden auf dem Altar der heiligen Sophienkirche niedergelegt. Die ersten, die schworen und die ersten, die ihren Eid verletzten, waren die fünf Söhne des Kopronymus aus zweiter Ehe. Die Geschichte dieser Fürsten ist seltsam und tragisch. Das Erstgeburtsrecht schloß sie vom Throne aus; ihr ungerechter älterer Bruder beraubte sie eines Vermächtnisses von etwa zwei Millionen Pfund Sterling. Einige leere Titel hielten sie für keinen hinreichenden Ersatz für Reichtum und Macht und verschworen sich wiederholt gegen ihren Neffen sowohl vor als nach dem Tode seines Vaters. Ihr erster Versuch wurde verziehen. Wegen des zweiten Vergehens wurden sie zum geistlichen Stande verurteilt, und nach dem dritten Hochverrate wurde Nikephorus, der älteste und schuldigste, seiner Augen und seine vier Brüder Christoph, Niketas, Anthemeus und Eudoxas, als mildere Strafe, ihrer Zungen beraubt. Nach fünfjähriger Einsperrung entkamen sie nach der Sophienkirche und boten dem Volke ein rührendes Schauspiel. »Vaterlandsgenossen,« rief Nikephorus für sich selbst und seine stummen Brüder, »sehet die Söhne eures Kaisers, wenn ihr noch unsere Züge in dieser elenden Verunstaltung erkennen könnt! Das Leben, ein unvollständiges Leben, ist alles, was uns die Bosheit unserer Feinde gelassen hat. Es ist nun bedroht und wir flehen um euer Mitleid.« Das sich erhebende Gemurre hätte eine Revolution zur Folge haben können, wenn nicht die Anwesenheit eines hohen Würdenträgers ihm Einhalt getan hätte, der die unglücklichen Fürsten durch Schmeicheleien und Hoffnung beschwichtigte und sie sanft aus dem Heiligtum nach dem Palast zog. Sie wurden schleunig nach Griechenland eingeschifft und Athen zu ihrem Verbannungsplatze bestimmt. An diesem stillen Orte und trotz ihrer hilflosen Lage wurden Nikephorus und seine Brüder fortwährend vom Durste nach Macht gefoltert und durch einen slawischen Häuptling verlockt, der ihnen anbot, ihren Kerker zu erbrechen und sie mit gewaffneter Hand und im Purpur bis an die Tore von Konstantinopel zu führen. Aber die zu Irenens Gunsten stets eifrigen Athener kamen ihrer Gerechtigkeit oder Grausamkeit zuvor, und die fünf Söhne des Kopronymus wurden in ewige Nacht und Vergessenheit gestürzt.

Jener Kaiser hatte für sich eine Gattin aus Barbarenstamme, die Tochter des Khans der Chozaren gewählt; für seinen Erben aber zog er eine Jungfrau aus Athen vor, eine siebzehnjährige Waise, die keine anderen Reichtümer besaß als ihre persönlichen Eigenschaften. Die Vermählung Leos mit Irene wurde mit kaiserlichem Pomp gefeiert; sie erwarb bald die Liebe und das Vertrauen eines schwächlichen Gemahls, und in seinem Testament ernannte er die Kaiserin zur Vormünderin der römischen Welt und seines erst zehnjährigen Sohnes Konstantin VI. Während dessen Kindheit erfüllte sie bei der öffentlichen Verwaltung mit Geschicklichkeit und Emsigkeit die Pflichten einer treuen Mutter und ihr Eifer bei der Wiederherstellung der Bilder hat ihr den Namen und die Ehre einer Heiligen erworben, die sie noch im griechischen Kalender einnimmt. Aber der Kaiser erreichte das Jünglingsalter; das mütterliche Joch wurde lästiger und er schenkte Günstlingen gleichen Alters Gehör, die seine Vergnügungen teilten und danach lechzten, auch seine

Macht zu teilen. Ihre Gründe überzeugten ihn von seinem Rechte, ihr Lob von seiner Fähigkeit zur Herrschaft, und er willigte ein, die Dienste Irenes durch ewige Verbannung nach der Insel Sizilien zu belohnen. Aber ihre Wachsamkeit und ihr Scharfsinn vereitelte leicht die unbesonnenen Pläne; eine ähnliche oder schwerere Strafe wurde über die verräterischen Ratgeber verhängt, und den undankbaren Sohn züchtigte Irene wie einen Knaben. Nach diesen Vorgängen standen Mutter und Sohn an der Spitze von zwei Parteien, und statt milden Einflusses und freiwilligen Gehorsams hielt sie einen Gefangenen und Feind in Banden. Die Kaiserin wurde durch den Mißbrauch ihres Sieges gestürzt; der Eid, den sie für sich allein verlangte, wurde mit Murren geleistet und die kühne Weigerung der armenischen Leibwachen ermutigte das Volk, allgemein und offen zu erklären, daß Konstantin VI. der rechtmäßige römische Kaiser sei. Als solcher bestieg er seinen ererbten Thron und überließ Irene einem einsamen und ruhigen Leben. Stolzen Geistes ließ sie sich indes zur Verstellung verleiten. Sie schmeichelte den Bischöfen und Eunuchen, weckte die kindliche Liebe des Fürsten, gewann sein Vertrauen wieder und verriet seine Leichtgläubigkeit. Es fehlte Konstantin nicht an Verstand und Mut, aber seine Erziehung war geflissentlich vernachlässigt worden, und seine ehrgeizige Mutter prangerte öffentlich die Laster, die sie genährt, und die Handlungen, die sie insgeheim geraten hatte, an. Seine Ehetrennung und zweite Vermählung verletzte die Geistlichkeit, und durch seine unkluge Strenge hatte er die Anhänglichkeit der armenischen Leibwachen verwirkt. Eine große Verschwörung wurde zu Irenes Wiedereinsetzung eingeleitet. Das Geheimnis wurde, so weit es auch verbreitet war, gegen acht Monate treulich bewahrt, bis der Kaiser, die Gefahr argwöhnend, aus Konstantinopel in der Absicht entwich, die Provinzen und Heere aufzurufen. Durch diese eilige Flucht befand sich die Kaiserin in großer Gefahr; ehe jedoch Irene ihren Sohn um Gnade anflehte, erließ sie ein geheimes Schreiben an die Freunde, mit denen sie ihn umgeben hatte, und drohte, daß, wenn diese ihren Hochverrat nicht zu Ende führen wollten, sie selbst ihn offenbaren würde. Furcht verlieh ihnen Unerschrockenheit. Sie ergriffen den Kaiser auf dem asiatischen Gestade. Er wurde in das Purpurgemach des Palastes gebracht, wo er das Licht der Welt erblickt hatte. In Irenes Seele war jedes menschliche und natürliche Gefühl durch Ehrgeiz erstickt worden. In ihrem Rate wurde beschlossen, Konstantin der Herrschaft unfähig zu machen; ihre Sendlinge überfielen den schlafenden Fürsten und stießen ihre Dolche so ungestüm und mit solcher Wucht in seine Augen, als beabsichtigten sie, ein Todesurteil zu vollstrecken. Eine zweideutige Stelle des Theophanes veranlaßte den Annalisten der Kirche zu behaupten, der Tod sei die unmittelbare Folge dieser barbarischen Tat gewesen. Die Katholiken haben sich durch das Ansehen des Baronius täuschen oder einschüchtern lassen, und die eifrigen Protestanten haben die Worte eines Kardinals wiederholt, dessen günstige Gesinnung für die Beschützerin der Bilder sich voraussetzen ließ. Aber der blinde Sohn der Irene lebte noch viele Jahre, unterdrückt vom Hofe und vergessen von der Welt; die isaurische Dynastie erlosch in aller Stille, und das Andenken Konstantins wurde erst bei der Vermählung seiner Tochter Euphrosyne mit Kaiser Michael II. wieder erweckt.

Auch die orthodoxesten Frömmigen haben mit Recht die unnatürliche Mutter verflucht, derengleichen in der Geschichte der Verbrechen nicht leicht zu finden sein dürfte. Irenes blutiger Tat hat der Glaube eine siebzehntägige Sonnenfinsternis als Folge zugeschrieben, während der mehrere Schiffe um die Mittagszeit aus ihrer Bahn abgetrieben wurden, als ob die Sonne, ein so ungeheurer Feuerball, Mitgefühl mit den Atomen eines um sie sich drehenden Planeten haben könnte. Auf der Erde blieb Irenes Verbrechen fünf Jahre lang ungestraft, ihre Regierung war äußerlich glanzvoll, und wenn sie die Stimme ihres Gewissens zum Schweigen bringen konnte, hörte sie weder noch berücksichtigte sie die Vorwürfe der Menschen. Die römische Welt beugte sich vor der Herrschaft einer Frau, und wenn Irene durch die Straßen von Konstantinopel zog, wurden die Zügel ihrer vier milchweißen Rosse von ebenso vielen Patriziern gehalten, die zu Fuß vor dem goldenen Wagen ihrer Königin gingen. Aber diese Patrizier waren größtenteils Eunuchen. Ihre Undankbarkeit rechtfertigte bei dieser Gelegenheit den Haß und die Verachtung der Menschen gegen solche Personen. Erhoben, bereichert, mit der ersten Würde des Reiches belehnt, verschworen sie sich niedrigerweise gegen ihre Wohltäterin; der Großschatzmeister Nikephorus wurde insgeheim mit dem Purpur bekleidet. Man führte ihren Nachfolger in den Palast ein, und der käufliche Patriarch krönte ihn in der St. Sophienkirche (802). Bei ihrer ersten Unterredung erzählte sie würdevoll die Umwälzungen ihres Lebens, klagte maßvoll über die Treulosigkeit des Nikephorus, spielte darauf an, daß er nur ihrer Arglosigkeit und Milde sein Leben verdanke und erbat sich für den Thron und die Schätze, die sie abtrat, einen anständigen und ehrenvollen Ruhesitz. In seinem Geiz verweigerte er die mäßige Entschädigung. In ihrem Exil auf der Insel Lesbos erwarb sich die Kaiserin durch Spinnen einen kärglichen Lebensunterhalt.

Es haben ohne Zweifel viele Tyrannen regiert, die weit größere Verbrecher waren als Nikephorus, keiner aber hat sich vielleicht den allgemeinen Abscheu seines Volkes mehr zugezogen. Er besaß die drei hassenswerten Laster der Heuchelei, der Undankbarkeit und des Geizes; seine Laster wurden durch kein einziges überlegenes Talent, sein Mangel an Talenten durch keine einzige angenehme Eigenschaft ersetzt. Ungeschickt und unglücklich im Kriege wurde er von den Sarazenen geschlagen und von den Bulgaren erschlagen (811), und der Vorteil, den sein Tod brachte, überwog in der öffentlichen Meinung die Vernichtung eines römischen Heeres. Mit einer tödlichen Wunde entfloh sein Sohn und Erbe Staurakius vom Schlachtfelde. Dennoch reichten sechs Monate eines dem Tode verfallenen Lebens hin, um seine unanständige, obschon wohlgefällig aufgenommene Erklärung zu widerlegen, daß er in allen Dingen das Beispiel seines Vaters vermeiden werde. Bei der Aussicht auf seinen baldigen Tod wurde Michael, der Großmeister des Palastes und Gemahl seiner Schwester Prokopia, von allen im Palast und in der Stadt als Nachfolger genannt, nur nicht von seinem neidischen Schwager. Sich an das Zepter klammernd, das im Begriffe war, seiner Hand zu entfallen, verschwor er sich gegen seinen Nachfolger und verfiel auf den Gedanken, das römische Reich in eine Demokratie zu verwandeln. Diese übereilten Anschläge jedoch dienten nur zur Entflammung des Volkes und zur Widerlegung der Zweifel des Kandidaten. Michael I. (Rhangabe) nahm den Purpur an (Oktober 811), und bevor der Sohn des Nikephorus ins Grab sank, sah er sich genötigt, die Milde seines neuen Souveräns anzuflehen.

Wenn Michael in einem friedlichen Zeitalter einen erblichen Thron bestiegen hätte, würde er als guter Landesvater regiert haben und gestorben sein. Aber seine milden Tugenden paßten besser ins Privatleben, und er war nicht imstande, den Ehrgeiz derjenigen, die seinesgleichen gewesen, zu zähmen oder den siegreichen Bulgaren zu widerstehen. Während Mangel an Geschicklichkeit und Erfolg ihn der Verachtung der Soldaten preisgab, erregte der männliche Mut seiner Gattin Prokopia ihre Entrüstung. Sogar die Griechen des neunten Jahrhunderts wurden durch die Unverschämtheit einer Frau erbittert, die es angesichts der Fahnen wagte, die Truppen zu leiten und anzufeuern, und tobendes Geschrei mahnte die neue Semiramis, die Hoheit eines römischen Lagers zu ehren. Nach einem unglücklichen Feldzuge verließ der Kaiser in den thrakischen Winterquartieren eine mißvergnügte Armee unter dem Oberbefehl seiner Feinde, die mit schlauer Beredsamkeit die Soldaten dazu brachten, die Herrschaft der Eunuchen zu vernichten, den Gemahl der Prokopia abzusetzen und das Recht einer militärischen Wahl auszuüben. Sie rückten gegen die Hauptstadt vor: aber Geistlichkeit, Senat und Volk von Konstantinopel blieben der Sache Michaels treu, und die Truppen und Schätze Asiens hätten die Drangsale eines Bürgerkrieges verlängern können. Michaels Menschlichkeit jedoch (Ehrgeize werden es Schwäche nennen) ließ nicht zu, daß ein Tropfen Christenblut in seinem Interesse vergossen werde, und seine Boten überreichten den Siegern die Schlüssel der Stadt und des Palastes. Sie wurden durch seine Unschuld und Unterwerfung entwaffnet und schonten sein Leben und seine Augen. Der kaiserliche Mönch genoß noch über zweiunddreißig Jahre, nachdem er des Purpurs beraubt und von seiner Gattin getrennt worden war, die Tröstungen der Einsamkeit und Religion.

Einen Rebellen zur Zeit des Nikephorus, den berühmten und unglücklichen Bardanes, trieb einst die Neugier, einen asiatischen Propheten zu befragen, der ihm zuerst seinen Sturz und dann das Schicksal seiner drei vornehmen Unterbefehlshaber, Leos des Armeniers, Michaels des Phrygiers und Thomas des Kappadoziers, die aufeinanderfolgenden Regierungen der beiden ersteren und das fruchtlose und todbringende Unternehmen des dritten weissagte. Diese Prophezeiung ging in Erfüllung, vielleicht wurde sie auch erst im Nachhinein erfunden. Als zehn Jahre später die Soldaten des thrakischen Lagers den Gemahl der Prokopia verwarfen, wurde die Krone demselben Leo, dem Inhaber des obersten militärischen Ranges und geheimen Anstifters der Meuterei, angeboten (813). Da er zögernd heuchelte, rief sein Genosse Michael: »Mit diesem Schwerte werde ich die Tore von Konstantinopel deiner kaiserlichen Herrschaft öffnen oder es sogleich in deine Brust stoßen, wenn du dich halsstarrig den gerechten Wünschen deiner Kameraden widersetzest.« Der Armenier erhielt das Reich, das er sieben und ein halbes Jahr unter dem Namen Leo V. beherrschte. Im Lager erzogen und mit den Gesetzen so unbekannt wie mit den Wissenschaften, führte er in seiner Zivilverwaltung die Härte, ja sogar die Grausamkeit der Kriegszucht ein, und wenn er in seiner Strenge zuweilen Unschuldige gefährdete, war er doch stets dem Schuldigen furchtbar. Seine religiöse Unbeständigkeit brachte ihm den Beinamen Chamäleon ein. Aber die Katholiken haben durch die Stimme eines Heiligen und mehrerer Bekenner anerkannt, daß das Leben des Bilderstürmers dem Reich nützlich war. Sein eifriger Gefährte Michael wurde mit Reichtümern, Ehrenstellen und militärischem Kommando belohnt und seine untergeordneten Talente im öffentlichen Dienste wohltätig verwendet. Aber den Phrygier verdroß es, daß er als Gnade einen kärglichen Teil des kaiserlichen Preises erhielt, den er seinesgleichen zuerteilt hatte. Mißvergnügt, zuweilen unüberlegte Reden haltend, nahm er endlich eine drohendere und feindlichere Haltung gegen einen Fürsten an, den er als grausamen Tyrannen darstellte. Aber dieser Tyrann hatte seinen alten Waffengefährten wiederholt ertappt, gewarnt und entlassen, bis endlich Furcht und Zorn über Dankbarkeit siegten. Michael wurde nach Untersuchung seiner Handlungen und Pläne des Hochverrates schuldig erkannt und verurteilt, in den Öfen der Privatbäder lebendig verbrannt zu werden. Die fromme, menschliche Kaiserin Theophano war ihrem Gemahl und ihrer Familie verderblich. Ein festlicher Tag, der 25. Dezember 820, war zur Hinrichtung festgesetzt; sie wendete ein, daß der Jahrestag der Geburt des Erlösers durch dieses unmenschliche Schauspiel entweiht werden würde, Und Leo willigte widerstrebend in den schon vom

Anstand gebotenen Aufschub. Aber am Vorabend des Festes verleiteten ihn Schlaflosigkeit und Besorgnis in der Stille der Nacht das Gemach aufzusuchen, worin sein Feind eingekerkert war. Er sah ihn ohne Ketten auf dem Bett des Wächters in tiefem Schlummer liegen. Leo geriet über diese Zeichen von Sicherheit und des Einverständnisses seiner Feinde in Bestürzung. Wie leise er sich auch zurückzog, sein Kommen und Gehen war doch von einem Sklaven bemerkt worden, der in einer Ecke des Gefängnisses zusammengekauert lag. Michael erbat sich den geistlichen Beistand eines Beichtvaters und konnte mit Hilfe von diesem die Verschworenen unterrichten, daß ihr Leben in seiner Hand stände und ihnen nur wenige Stunden gegönnt wären, um durch Befreiung ihres Freundes und Vaterlandes für ihre Sicherheit zu sorgen. An großen Festen wurde eine auserlesene Schar von Priestern und Sängern durch ein Nebentor in den Palast gelassen, um in der Kapelle die Frühmette zu singen, und Leo, der mit gleicher Strenge die Chor- wie die Lagerdisziplin regierte, pflegte bei dieser Frühandacht selten zu fehlen. In geistlicher Tracht, aber mit Schwertern unter den Gewändern, mengten sich die Verschworenen unter den Zug und lauerten in den Ecken der Kapelle. Wenn der Kaiser selbst den ersten Psalm anstimmte, sollte der Mord geschehen. Die Beleuchtung und die einheitliche Tracht hätten sein Entkommen begünstigen können, während ihr Angriff gegen einen harmlosen Priester gerichtet war. Aber sie entdeckten bald ihr Versehen und umringten das kaiserliche Opfer von allen Seiten. Waffenlos und ganz allein erfaßte er ein schweres Kreuz und stellte sich den Mördern; als er aber um Gnade bat, erhielt er die unerbittliche Antwort: »Dies ist nicht die Stunde der Gnade, sondern der Rache!« Ein wohlgezielter Schwerthieb trennte die rechte Hand, in der er das Kreuz hielt, von seinem Körper, und Leo der Armenier wurde am Fuße des Altars erschlagen.

Michael II., wegen eines Sprachfehlers der Stammler genannt, bietet ein merkwürdiges Beispiel für den Glückswechsel. Er wurde von einem feurigen Ofen zu unumschränkter Herrschaft emporgerissen, und da im Tumult ein Schmied nicht gleich zu finden war, saß er mit den Fesseln an den Füßen mehrere Stunden auf dem Thron der Cäsaren. Das fürstliche Blut, der Preis für seine Erhebung, war zwecklos vergossen. Im Purpur behielt er die früheren gemeinen Laster bei. Michael verlor träge und gleichgültig seine Provinzen, als ob sie gewöhnliche Erbgüter seiner Väter gewesen wären. Thomas, der letzte des militärischen Dreibundes, machte ihm seinen Titel streitig und führte von den Ufern des Tigris und den Gestaden des Kaspischen Meeres achtzigtausend Barbaren nach Europa. Er belagerte Konstantinopel. Aber die Hauptstadt wurde mit geistlichen und irdischen Waffen verteidigt. Ein bulgarischer König griff das Lager der Orientalen an, und Thomas hatte das Unglück oder war so schwach, lebendig in die Gewalt seines Feindes zu fallen. Die Hände und Füße des Rebellen wurden abgehackt, dieser dann auf einen Esel gesetzt und unter dem Hohn des Volkes durch die Straßen geführt, die er mit Blut besprengte. Die Entartung der ebenso wilden wie verdorbenen Sitten zeigte sich selbst beim Kaiser. Taub gegen die Schmerzensschreie eines ehemaligen Kameraden, drang er unaufhörlich in ihn, mehr Mitschuldige zu nennen, bis die Frage eines ehrlichen oder schuldigen Ministers: »Willst du denn einem Feinde und nicht den treuesten deiner Freunde Glauben schenken?« seinen neugierigen Erkundigungen Einhalt tat. Nach dem Tode seiner ersten Gattin hatte der Kaiser auf Bitten des Senats Euphrosyne, die Tochter Konstantin VI., aus ihrem Kloster geholt. Ihre erlauchte Herkunft konnte die Bedingung des Ehevertrages rechtfertigen, daß ihre Kinder am Reiche gleichen Anteil mit ihrem älteren Bruder haben sollten. Aber die Ehe Michaels mit Euphrosyne blieb unfruchtbar. Euphrosyne begnügte sich mit dem Titel der Mutter des Theophilus, seines Sohnes und Nachfolgers.

Theophilus bietet ein seltenes Beispiel dafür, daß im Religionseifer die Tugend eines Ketzers und Verfolgers anerkannt und vielleicht übertrieben worden ist. Die Feinde der Monarchie fühlten oft seine Tapferkeit, so wie die Untertanen seine Gerechtigkeit. Aber in seiner Tapferkeit war Theophilus unbesonnen und unnütz, und bei aller Gerechtigkeit war er willkürlich und grausam. Er entfaltete das Banner des Kreuzes gegen die Sarazenen, aber seine fünf Feldzüge endeten mit einer entscheidenden Niederlage. Amorium, seiner Altvordern heimatliche Stadt, wurde dem Erdboden gleichgemacht. Er empfing wegen seiner kriegerischen Unternehmungen den Beinamen der Unglückliche. Die Weisheit eines Souveräns zeigt sich in seinen Gesetzen und in der Wahl der Beamten; während er untätig zu sein scheint, war seine Zivilverwaltung wie ein Planetensystem eingerichtet, das ihn zum Mittelpunkte hatte. Aber die Gerechtigkeit des Theophilus war die der morgenländischen Despoten, die in persönlichen und ungerechten Machtsprüchen der augenblicklichen Einsicht oder Leidenschaft folgen, ohne ihr Urteil nach dem Gesetz oder die Strafe nach dem Verbrechen zu bemessen. Eine arme Frau warf sich zu des Kaisers Füßen, um gegen einen mächtigen Nachbarn, den Bruder der Kaiserin, zu klagen, der die Mauern seines Palastes so hoch gebaut hatte, daß er ihrer geringen Wohnung alles Licht und jede Aussicht nahm. Nachdem der Beweis für diese Tatsache erbracht worden war, sprach der Souverän, statt wie ein gewöhnlicher Richter hinreichend Schadenersatz zu gewähren, ihr den Palast samt Zubehör zu. Ja, Theophilus begnügte sich mit dieser außerordentlichen Genugtuung nicht. In seinem Eifer stempelte er eine Zivilrechtsverletzung zu einem Verbrechen und der unglückliche Patrizier wurde auf öffentlichem Platze in Konstantinopel entkleidet und gegeißelt. Geringer Vergehen willen, ja wegen eines Mangels an Gerechtigkeit oder

Wachsamkeit, wurden die vornehmsten Minister, ein Präfekt, ein Quästor, ein Befehlshaber der Leibwachen, verbannt oder verstümmelt oder mit siedendem Pech verbrüht oder lebendig im Hippodrom verbrannt. Da diese schrecklichen Taten Folgen des Irrtums oder der Laune waren, mußten sie die besten und weisesten Bürger ihm entfremden. Aber der stolze Monarch fühlt sich durch die Ausübung seiner Macht oder wie er glaubte seiner Tugend befriedigt, und das Volk, sicher in seiner Obskurität, zollte der Gefahr und der Erniedrigung der Großen Beifall. Diese außerordentliche Strenge wurde in einem gewissen Grade durch ihre heilsamen Wirkungen gerechtfertigt. Ja, man möchte anführen, daß die Griechen nur mit einem eisernen Szepter regiert werden konnten und daß das Staatswohl der Beweggrund und das Gesetz des obersten Richters sei. Dieser Richter jedoch ist, bezüglich Verbrechen oder des Verdachtes des Hochverrates, leichtgläubiger und parteiischer als alle anderen. Wenn Theophilus an den Mördern Leos und Rettern seines Vaters späte Rache übte, genoß er doch die Frucht ihres Verbrechens, und in eifersüchtiger Tyrannei opferte er der künftigen Sicherheit einen Schwager und Fürsten. Ein Perser aus dem Hause der Sassaniden starb in Konstantinopel in Armut und Verbannung und hinterließ einen einzigen Sohn, die Frucht seiner Ehe mit einer Plebejerin. Als Theophobus zwölf Jahre alt war, entdeckte man seine königliche Herkunft und seine Eigenschaften waren seiner Geburt nicht unwürdig. Er wurde im byzantinischen Palast zum Christen und zum Krieger erzogen, stieg schnell auf der Stufenleiter des Glückes und Ruhmes empor, empfing die Hand der Schwester des Kaisers und den Oberbefehl über dreißigtausend Perser, die gleich seinem Vater vor den mohammedanischen Eroberern geflohen waren. Diese Truppen, doppelt angesteckt von den Lastern von Söldlingen und Schwärmern, wollten sich gegen ihren Wohltäter empören und die Fahne ihres angestammten Königs aufpflanzen. Der getreue Theophobus verwarf aber ihr Anerbieten, vereitelte ihre Pläne und entfloh aus ihrer Gewalt nach dem Lager oder Palaste seines kaiserlichen Schwagers. In hochherzigem Vertrauen würde der Kaiser in ihm einen zuverlässigen und fähigen Beschützer für seine Gattin und seinen unmündigen Sohn gewonnen haben, denen Theophilus in der Blüte des Alters das Reich zu hinterlassen gezwungen war. Allein eifersüchtig, wurde er durch Neid und Krankheit erbittert. Er fürchtete den tugendhaften Beschützer, der seinen schwachen kindlichen Sohn beschützen sollte, aber ihn auch unterdrücken konnte, und so verlangte der sterbende Kaiser das Haupt des persischen Fürsten. Mit wilder Freude betrachtete er die wohlbekannten Züge seines Schwagers. »Du bist nicht mehr Theophobus,« sagte er, sank auf sein Lager zurück und fügte mit brechender Stimme hinzu: »Bald, nur zu bald werde ich nicht mehr Theophilus sein!«

Die Russen, die von den Griechen den größten Teil ihrer bürgerlichen und kirchlichen Politik haben, bewahrten bis in das 17. Jahrhundert einen eigentümlichen Brauch bei der Vermählung ihrer Zaren. Sie versammelten nicht die Jungfrauen jedes Ranges und jeder Provinz, sondern die Töchter der vornehmsten Edeln, die im Palaste der Wahl ihres Souverän harrten. Es wird berichtet, daß eine ähnliche Methode bei der Vermählung des Theophilus befolgt wurde. Mit einem goldenen Apfel in der Hand schritt er langsam durch zwei Reihen wetteifernder Schönheiten. Seine Blicke wurden durch die Reize der Ikasia gefesselt. In linkischer Verlegenheit vermochte der Fürst bei einer ersten Erklärung nur zu bemerken, daß die Frauen auf dieser Erde die Ursache von vielem Unheil gewesen seien. »Aber gewiß auch von vielem Guten, Herr!« versetzte sie naseweis. Dieser Ausbruch unzeitigen Witzes mißfiel dem kaiserlichen Freiwerber, und er wandte sich mit Widerwillen ab. Ikasia verbarg sich in ihrem Schmerz in einem Kloster, und die bescheiden schweigende Theodora wurde mit dem Apfel belohnt. Sie verdiente die Liebe ihres Gemahls, entging aber keineswegs dessen Strenge. Aus dem Garten des Palastes gewahrte er ein hochbeladenes Schiff, das in den Hafen steuerte. Als die eingezogene Erkundigung ergab, daß die kostbare Ladung syrischer Luxusartikel das Eigentum seiner Gattin wäre, ließ er das Schiff verbrennen mit der beißenden Bemerkung, Theodora habe den Charakter einer Kaiserin zu dem einer Krämerin herabgewürdigt. In seinem letzten Willen vertraute er ihr aber die Vormundschaft des Reiches und seines Sohnes Michael an, der im fünften Lebensjahre eine Waise wurde (842). Die Wiedereinführung der Bilder und Ausrottung der Ikonoklasten hat den Namen Theodoras den frommen Griechen teuer gemacht; aber trotz ihres religiösen Eifers bewahrte sie dankbare Rücksicht dem Andenken und der Seelenrettung ihres Gemahls. Nach dreizehn Jahren einer klugen und gemäßigten Regierung gewahrte sie die Abnahme ihres Einflusses, doch die zweite Irene ahmte nur die Tugenden ihrer Vorgängerin nach. Statt sich gegen das Leben oder die Regierung ihres Sohnes zu verschwören, zog sich Theodora ohne Kampf, obschon nicht ohne Bitterkeit, ins Privatleben zurück und beweinte die Undankbarkeit, die Laster und das unvermeidliche Verderben des unwürdigen Jünglings. Wir haben unter den Nachfolgern des Nero und Heliogabal bisher Nachahmer ihrer Laster nicht gefunden, nämlich einen römischen Fürsten, der das Vergnügen als den Zweck des Lebens und die Tugend als den Feind des Vergnügens betrachtete. Wie groß die mütterliche Sorgfalt der Theodora bei Erziehung Michaels II. immer gewesen sein mag, so war ihr unglücklicher Sohn doch früher König als Mann. Arbeitete dagegen die ehrgeizige Mutter daran, die Entwicklung der Vernunft zu hemmen, vermochte sie doch die aufflammende Leidenschaft nicht zu kühlen, und ihre eigennützige Politik erhielt dann durch den undankbaren, eigensinnigen Jüngling, der sie verachtete, gerechten Lohn. Im Alter von achtzehn Jahren schüttelte er die mütterliche Gewalt ab, ohne seine Unfähigkeit, das Reich und sich selbst zu beherrschen, einzusehen. Mit Theodora entfloh der Ernst und die Weisheit gänzlich vom Hofe. Laster und Torheit zogen ein, ja es war, ohne die öffentliche Achtung zu verwirken, unmöglich, des Kaisers Gunst zu erwerben oder zu bewahren. Die Millionen in Gold und Silber, die im Staatsschatz angehäuft waren, wurden an die elendsten Menschen, die seinen Leidenschaften schmeichelten und an seinen Vergnügungen teilnahmen, vergeudet; nach einer Regierung von dreizehn Jahren war der reichste aller Souveräne gezwungen, Palast und Kirchen ihrer kostbaren Ausschmückung zu berauben. Gleich Nero fand Michael Vergnügen im Theater und war bekümmert, daß er in Künsten übertroffen wurde, in denen hervorzuragen er sich hätte schämen sollen. Die Studien Neros in Musik und Dichtkunst zeigen, daß er Spuren edlen Geschmackes besaß; die unedlen Künste des Sohnes des Theophilus beschränkten sich auf das Wagenrennen und das Hippodrom. Die vier Parteien, welche die Ruhe der Hauptstadt gestört hatten, ergötzten beständig deren Müßiggänger; der Kaiser wählte für sich selbst die blaue Farbe, die drei übrigen Farben wurden unter seine Lieblinge verteilt. In dem schmachvollen, aber leidenschaftlichen Wettkampfe vergaß er seine Würde und die Sicherheit seiner Provinzen. Dem Boten, der es wagte, ihm im kritischen Augenblick des Rennens einen feindlichen Einbruch zu melden, gebot er Schweigen, ja, auf seinen Befehl wurden die auffallenden Leuchtbecken ausgelöscht, die nur zu häufig Bestürzung von Tarsus bis Konstantinopel verbreiteten. Die geschicktesten Wagenlenker erhielten sein besonderes Vertrauen und seine Hochachtung; ihre Verdienste wurden verschwenderisch belohnt. Der Kaiser schmauste in ihren Häusern, hielt ihre Kinder zur Taufe, und während er auf seine eigene Popularität stolz war, schmähte er seine kalten, stolzen und zurückhaltenden Vorgänger. Die unnatürlichen Lüste, die sogar das Mannesalter Neros geschändet hatten, waren zwar aus der Welt verbannt, wohl aber wurde Michaels Kraft durch Liebe und Unmäßigkeit erschöpft. Wenn bei mitternächtlichen Gelagen seine Leidenschaften durch Wein erhitzt waren, ließ er sich verleiten, die blutdürstigsten Befehle zu erteilen, und wenn ja noch Menschlichkeit in ihm war, mußte er mit wiederkehrender Besinnung den Ungehorsam seiner Diener billigen. Aber der außerordentlichste Zug in Michaels Charakter ist seine ruchlose Neigung, die Religion seines Vaterlandes zu verspotten. Der griechische Glaube konnte allerdings das Lächeln eines Philosophen erregen, aber dieses Lächeln wäre vernünftig und gemäßigt gewesen, nicht wie die verdammenswerte Torheit eines Jünglings, der die Gegenstände der öffentlichen Verehrung verhöhnte. Ein Possenreißer des Hofes wurde mit den

Gewändern des Patriarchen bekleidet; auch die zwölf Metropoliten, darunter der Kaiser selbst, legten ihre geistliche Tracht an. Sie mißbrauchten die geheiligten Altargefäße, und bei ihren bacchanalischen Gelagen wurde ein ekelhaftes Gemisch aus Senf und Essig als Abendmahlswein gereicht. Und diese gottlosen Mummereien wurden keineswegs den Blicken des Volkes entzogen. An einem feierlichen Feste ritten der Kaiser und seine Bischöfe oder Narren auf Eseln durch die Straßen, begegneten dem wirklichen Patriarchen an der Spitze seiner Geistlichkeit und störten durch ihr ausgelassenes Geschrei und ihre schmutzigen Gebärden den christlichen Zug. Die Religiosität Michaels gab sich nur durch Handlungen wider die Vernunft oder wider die Pietät kund; er empfing seine theatralischen Kronen vor einem Standbilde der heiligen Jungfrau und verletzte ein Kaisergrab, um die Gebeine des Bilderstürmers Konstantin zu verbrennen. Durch dieses ausschweifende Betragen machte sich der Sohn des Theophilus verächtlich, und er wurde bereits gehaßt. Jeder Bürger sehnte ungeduldig die Befreiung seines Vaterlandes herbei, und selbst seine augenblicklichen Günstlinge fürchteten, daß ihnen eine Laune nehmen könnte, was ihnen eine Laune gegeben hatte. Im dreißigsten Lebensjahr, während er, vom Weine trunken, schlief, wurde Michael III. von dem Stifter einer neuen Dynastie, den er zum gleichen Rang und zur Macht erhoben hatte, ermordet (867).

Die Genealogie Basilius' des Makedoniers, liefert (wenn nicht Stolz und Schmeichelei sie erfunden haben) ein lebendiges Gemälde der Umwälzung in den erlauchtesten Familien. Die Arsakiden, Roms Nebenbuhler, hatten das Szepter des Ostens beinahe durch vier Jahrhunderte besessen; ein jüngerer Zweig dieser parthischen Könige fuhr fort, in Armenien zu herrschen, und ihre königlichen Nachkommen überlebten die Teilung und Knechtschaft dieser alten Monarchie. Zwei derselben, Artabanus und Chlienes, entwichen nach dem Hof Leos I. oder zogen sich dahin zurück. Gütevoll gewährte er ihnen ein sicheres und gastfreundschaftliches Exil in der Provinz Makedonien, und zuletzt ließen sie sich in Adrianopel nieder. Während mehrerer Geschlechtsfolgen hindurch bewahrten sie die Würde, die ihnen ihre Geburt gab. In römischem Patriotismus verwarfen sie die lockenden Anerbieten der persischen und arabischen Gewalthaber, die sie in ihr Vaterland zurückberiefen. Aber Zeit und Armut trübten allmählich ihren Glanz. Basilius' Vater war nur mehr Besitzer einer kleinen Meierei, die er mit eigenen Händen versorgte; dennoch verschmähte er es, das Blut der Arsakiden durch eine Heirat mit einer Plebejerin zu entehren. Seine Gattin, eine Witwe aus Adrianopel, zählte Konstantin den Großen zu ihren Ahnen, und ihr königliches Kind war durch irgend eine Verwandtschaft, Abstammung oder durch das Vaterland mit Alexander von Makedonien verbunden. Kurz nach

Basilius' Geburt wurde seine Familie und seine Vaterstadt durch eine Invasion der Bulgaren hinweggefegt, er selbst als Sklave in einem fremden Land erzogen, in welcher schweren Zucht er sich jenen abgehärteten Körper und jenen biegsamen Geist aneignete, die seine spätere Erhebung förderten. Im Jünglings- und Mannesalter nahm er an der Selbstbefreiung der römischen Gefangenen teil, die mutig ihre Ketten zerbrachen, durch Bulgarien zum Schwarzen Meer zogen, zwei Barbarenheere schlugen, sich in den zu ihrer Aufnahme bereitgestellten Booten einschifften und nach Konstantinopel zurückkehrten, von wo jeder nach seiner Heimat gewiesen wurde. Aber der befreite Basilius war nackt und bloß; seine Meierei war durch den Krieg zerstört worden, und nach seines Vaters Tode reichte die Arbeit seiner Hände oder seine Dienste nicht mehr hin, um eine Familie von Waisen zu ernähren. Er beschloß, einen reicheren Schauplatz zu suchen, wo jede Tugend und jedes Laster zur Größe führen konnte. In der ersten Nacht seiner Ankunft in Konstantinopel, ohne Freunde und Geld, schlief der müde Wanderer auf den Stufen der Kirche des heiligen Diomedes: ein Mönch, der zufällig vorüberkam, gab ihm Nahrung, und er trat in die Dienste eines Vetters und Namensgenossen des Kaisers Theophilus, der, obgleich selbst von winziger Statur, sich stets von einem Gefolge hochgewachsener und schöner Diener begleiten ließ. Basilius folgte seinem Beschützer, als dieser die Statthalterschaft im Peloponnes übernahm, verdunkelte durch seine persönlichen Eigenschaften die Herkunft und Würde des Theophilus und knüpfte eine nützliche Bekanntschaft mit einer reichen und mildtätigen Matrone von Patras an. Danielis schenkte dem jungen Abenteurer ihre geistige und sinnliche Liebe, adoptierte ihn als Sohn und gab ihm dreißig ihrer Sklaven. Der Ertrag ihrer Güter wurde zur Unterstützung seiner Brüder und zum Ankauf einiger großer Ländereien in Makedonien verwendet. Dankbarkeit oder Ehrgeiz hielten ihn im Dienste des Theophilus zurück, und ein glücklicher Zufall machte den Hof auf ihn aufmerksam. Ein berühmter Ringer im Gefolge der bulgarischen Gesandten hatte sich beim kaiserlichen Bankett dem kühnsten und stärksten aller Griechen für überlegen erklärt. Man pries Basilius' Kraft, er nahm die Herausforderung an und der Barbar wurde beim ersten Gange geworfen. Einem schönen, aber nicht zu bändigenden Pferd sollten die Flechsen durchschnitten werden. Der mutige und gewandte Basilius bändigte das Tier, und der Sieger wurde auf einen ehrenvollen Posten in die kaiserlichen Stallungen berufen. Aber es war unmöglich, Michaels Vertrauen zu gewinnen, ohne sich in seine Laster zu fügen. Sein neuer Günstling, der Großkämmerer des Palastes, wurde durch die schimpfliche Heirat mit einer kaiserlichen Geliebten und die entehrende Opferung seiner Schwester, die deren Stelle einnahm, erhoben und unterstützt. Die öffentliche Verwaltung war dem Cäsar

Bardas, dem Schwager und Feinde der Theodora überlassen. Der Einfluß und die Intrigen der Frauen brachten Michael dahin, seinen Oheim zu fürchten und zu hassen. Er ließ ihn von Konstantinopel unter dem Vorwande, einen kretischen Feldzug zu leiten, weglocken, und der Kämmerer tötete ihn im Audienzzelt in Gegenwart des Kaisers. Ungefähr einen Monat nach dieser Hinrichtung erhielt Basilius den Augustustitel und die Reichsverwaltung. Er ertrug diese ungleichen Würden, bis sein Einfluß durch die Achtung des Volkes sich verstärkt hatte. Sein Leben war durch die Launen des Kaisers gefährdet und seine Würde durch einen zweiten Kollegen geschändet, der auf den Galeeren gerudert hatte. Die Ermordung seines Wohltäters indessen muß als eine Tat des Undankes und Hochverrates verdammt werden, und die Kirchen, die er dem heiligen Michael widmete, waren eine armselige und knabenhafte Sühne für seine Schuld.

Die verschiedenen Lebensperioden Basilius' I. lassen sich mit denen des Augustus vergleichen. Die Lage des Griechen gestattete ihm allerdings nicht, in früher Jugend ein Heer gegen sein Vaterland ins Feld zu führen oder die edelsten Söhne desselben zu ächten; aber seine ehrgeizige Seele verleitete ihn zu niedrigen Machenschaften. Er verheimlichte seinen Ehrgeiz, ja sogar seine Tugenden und griff mit seiner blutigen Hand, der Hand eines Mörders, nach dem Reiche, das er mit der Weisheit und Liebe eines Vaters regierte. Ein Privatmann kann fühlen, daß sein Interesse seiner Pflicht widerstreite, aber es kann nur Mangel an Mut oder an Einsicht sein, wenn ein unumschränkter Herrscher sein Glück von seinem Ruhme oder seinen Ruhm von der öffentlichen Wohlfahrt trennt. Die Biographie oder der Panegyrikus des Basilius ist allerdings unter der langdauernden Herrschaft seiner Nachkommen verfaßt und herausgegeben worden; aber selbst daß sie den Thron so lange besaßen, kann mit Recht dem überlegenen Verdienst ihres Ahnherrn zugeschrieben werden. Sein Enkel Konstantin hat seinen Charakter als vollkommenes Ideal eines Monarchencharakters beschrieben; aber wenn dieser schwache Fürst nicht ein wirkliches Muster vor sich gehabt hätte, hätte er sich nicht so hoch über sein ursprüngliches Maß und seine Begriffswelt erheben können. Allein das gründlichste Lob des Basilius liegt in dem Vergleich einer zerrütteten mit einer blühenden Monarchie, jener, die er dem ausschweifenden Michael nahm und dieser, die er der makedonischen Dynastie hinterließ. Die durch Zeit und Beispiele geheiligten Übel wurden durch seine Meisterhand abgestellt, und durch ihn lebte, wenn auch nicht der Nationalgeist, so doch die Ordnung und Majestät des römischen Reiches wieder auf. Er war unermüdlich tätig, von kaltem Temperament, sein Verstand war kräftig und scharf, und er beobachtete in seinem Benehmen jene seltene und heilsame Mäßigung, die zwar allen Lastern abhold ist, doch aber Genüsse in bescheidenem Maße nicht verschmäht. Seine militärischen Dienstleistungen hatten sich auf den Palast beschränkt, auch besaß der Kaiser weder den Geist noch die Talente eines Kriegers. Dennoch waren unter seiner Regierung die römischen Krieger den Barbaren abermals furchtbar. Sobald er ein neues Heer gebildet hatte, erschien er selbst an den Ufern des Euphrat, zügelte den Übermut der Sarazenen und unterdrückte die gefährliche, obschon gerechte Empörung der Manichäer. Seine Entrüstung gegen einen Rebellen, der seiner Verfolgung so lange entgangen war, veranlaßte ihn zu dem Wunsche und dem Gebete, er möge durch die Gnade Gottes im Stande sein, drei Pfeile in Chrysochirs Haupt zu schießen. Dieses verhaßte Haupt, das er mehr durch Verrat als durch Tapferkeit erhalten hatte, wurde an einem Baume aufgehangen und dreimal von dem kaiserlichen Schützen mit Pfeilen durchbohrt, eine niedrige Rache gegen einen Toten, mehr jener Zeit als des Basilius würdig. Aber sein Hauptverdienst bestand in der Finanzverwaltung und Gesetzgebung. Um den erschöpften Schatz zu füllen, hatte man Vorgeschlagen, die übertriebenen und schlecht verteilten Geschenke seines Vorgängers zurückzufordern. Klug ließ er die Hälfte der Güter ihren Besitzern, wodurch unverzüglich eine Summe von zwölfhunderttausend Pfund einging, die den dringendsten Ausgaben genügte. Er gewann auch so Zeit, Mittel zu sparen. Unter den verschiedenen Plänen zur Verbesserung des Staatseinkommens wurde eine neue Vermögenssteuer vorgeschlagen, deren Umlage jedoch zu sehr vom willkürlichen Ermessen der mit der Erhebung Beauftragten abgehangen wäre. Der Minister legte sogleich eine Liste ehrlicher und fähiger Männer vor; eine sorgfältigere Prüfung von Basilius selbst ergab jedoch, daß nur zwei zu finden waren, denen man eine so gefährliche Macht in die Hände legen konnte. Diese rechtfertigten aber sein Vertrauen, indem sie diese Macht ausschlugen. Die ernste und erfolgreiche Tätigkeit des Kaisers führte jedoch nach und nach ein richtiges Gleichgewicht zwischen Eigentum und Beschatzung und zwischen Einnahme und Ausgabe ein; jedem Dienste war ein besonderer Fonds gewidmet und ein öffentlich gehandhabtes Verfahren sicherte das Interesse des Fürsten und das Eigentum des Volkes. Nachdem er die Üppigkeit an seinem Hofe abgeschafft hatte, wies er zwei Patrimonialgüter an, für einen anständigen Überfluß der kaiserlichen Tafel zu sorgen; die Steuern der Untertanen verwendete er zur Verteidigung des Landes und der Rest wurde zur Verschönerung der Hauptstadt und der Provinz verwendet. Die Vorliebe für Bauten, so kostspielig sie auch sein mag, verdient einiges Lob und viele Entschuldigung. Der Gewerbefleiß wird dadurch genährt, die Künste ermutigt und immer hat die Öffentlichkeit Vorteile oder Vergnügen daran. Der Nutzen einer Straße, einer Wasserleitung, eines Hospitals springt in die Augen und ist dauernd, und die hundert Kirchen, die sich auf Befehl des Basilius erhoben, sind durch die Frömmigkeit des

Zeitalters bedingt. Als Richter war er emsig und unparteiisch, gern verzeihend, aber auch sich nicht scheuend, zu strafen. Die Unterdrücker des Volkes wurden streng bestraft und seine persönlichen Feinde, denen zu verzeihen nicht geraten war, wurden außer zum Verlust ihrer Augen zu einem Leben der Einsamkeit und Buße verurteilt. Die Veränderung der Sprache und Sitten verlangte eine Durchsicht der veralteten Jurisprudenz Justinians; das umfangreiche Corpus der Institutionen, Pandekten, des Kodex und der Novellen wurde unter vierzig Titeln in griechischer Übersetzung zusammengedrängt, und die Basiliken, die durch seinen Sohn und Enkel ausgebildet und vervollständigt wurden, müssen dem Genie des Stifters ihres Hauses zugeschrieben werden. Ein Jagdunfall machte dieser glorreichen Regierung ein Ende (886). Ein wütender Hirsch blieb mit seinem Geweih in Basilius' Gürtel hängen und hob ihn vom Pferde. Einer aus dem Gefolge rettete ihn zwar, indem er den Gürtel entzweihieb und das Tier tötete, aber der Sturz oder das folgende Fieber erschöpften die Kräfte des greisen Monarchen, und er verschied im Palaste von seiner Familie und von seinen Untertanen beweint. Wenn er dem treuen Diener, weil dieser es gewagt hatte, das Schwert vor seinem Souverän zu ziehen, den Kopf abschlug, so zeigt das nur das Aufflackern des Despotismus in den letzten Augenblicken der Verzweiflung, in denen er der Meinung der Menschen nicht mehr bedurfte noch sie schätzte.

Von den vier Söhnen des Kaisers war Konstantin vor seinem Vater gestorben, der in seinem Schmerz und seiner Leichtgläubigkeit durch einen Betrüger und eine vorgebliche Erscheinung geäfft wurde. Stephan, der jüngste, begnügte sich mit den Ehren eines Patriarchen und Heiligen. Leo und Alexander wurden beide mit dem Purpur bekleidet, die Regierungsmacht aber nur durch den älteren Bruder ausgeübt. Der Name Leos VI. ist mit dem Titel eines Philosophen geschmückt worden. Den Fürsten mit dem Weisen, die Tatkraft mit dem Geist vereinen wäre allerdings die Vollendung der menschlichen Natur. Aber Leo steht tief unter diesem Ideal. Unterwarf er etwa seine Leidenschaften der Herrschaft der Vernunft? Er verbrachte sein Leben in seinem prächtigen Palast unter seinen Frauen und Geliebten. Ja sogar die Milde, die er entfaltete, und der Friedenswille müssen seinem weichen und trägen Charakter zugeschrieben werden. Zerstreute er etwa seine und seiner Untertanen Vorurteile? Sein Geist litt an dem knabenhaftesten Aberglauben; seine Gesetze entstanden unter dem Einfluß der Geistlichkeit und irrigen Ansichten des Volkes, und die Orakel des Leo, die in prophetischer Sprache das Schicksal des Reiches offenbaren, stützen sich auf die Künste der Sterndeuterei und Wahrsagerei. Wenn wir nachfragen, warum er den Namen des Weisen führt, so kann nur klar geantwortet werden, daß der Sohn des Basilius minder unwissend war als der größte Teil seiner Zeitgenossen in

Kirche und Staat; daß seine Erziehung von dem gelehrten Photius geleitet und mehrere Bücher über profane und kirchliche Wissenschaften von dem kaiserlichen Philosophen oder in dessen Namen verfaßt worden sind. Aber er verlor den Ruf eines Philosophen durch ein privates Ereignis, nämlich eine mehrfache Vermählung. Die Ansichten der ersten Kirche in Betreff des Verdienstes und der Heiligkeit des Zölibates wurden von den Mönchen gepredigt und von den Griechen bekannt. Die Ehe wurde als notwendiges Mittel zur Fortpflanzung der Menschen gestattet. Nach dem Tode des einen Gatten konnte der überlebende Teil durch eine zweite Heirat der Schwäche oder Stärke des Fleisches genügen; eine dritte Ehe wurde als Zustand gesetzlich gestatteter Hurerei angesehen, eine vierte aber war eine Sünde oder ein Ärgernis, wovon die orientalischen Christen noch kein Beispiel kannten. Leo selbst hatte im Beginne seiner Regierung den Stand der Nebenfrauen abgeschafft und dritte Ehen verdammt, ohne sie jedoch für ungültig zu erklären. Patriotismus und Liebe nötigten ihn jedoch bald, seine eigenen Gesetze zu übertreten und jenen Strafen zu verfallen, die er bei ähnlicher Gelegenheit seinen Untertanen angedroht hatte. Seine drei Ehen waren kinderlos geblieben. Der Kaiser brauchte eine Gefährtin, das Reich einen rechtmäßigen Erben. Die schöne Zoe wurde als Geliebte in den Palast geführt, und nach dem erbrachten Beweis ihrer Fruchtbarkeit und der Geburt des Konstantin erklärte ihr Liebhaber seine Absicht, die Mutter und das Kind durch eine vierte Heirat zu legitimieren. Aber der Patriarch Nikolaus verweigerte seinen Segen; die kaiserliche Taufe des jungen Prinzen war durch das Versprechen, ihn von seiner Mutter zu trennen, erkauft worden, und da Zoes Gatte es nicht hielt, wurde er aus der Gemeinschaft der Gläubigen ausgeschlossen. Weder die Furcht vor Verbannung, noch der Abfall seiner Brüder, weder das Ansehen der lateinischen Kirche, noch der Mangel an einem Nachfolger im Reiche oder der Zweifel an dessen Legalität konnten den halsstarrigen Mönch zur Einsicht bringen. Nach dem Tode Leos (911) wurde er aus dem Exil zur Verwaltung des Staates und der Kirche zurückberufen, und ein im Namen Konstantins erlassenes Eheedikt verdammte in Zukunft Ärgernis erregende vierte Ehen und drückte seiner eigenen Geburt stillschweigend einen Makel auf.

Porphyra ist das griechische Wort für Purpur, und da die Farben der Natur unveränderlich sind, wissen wir, daß der tyrische Farbstoff, womit die Alten ihren Purpur färbten, ein tiefes Rot war. Ein Gemach im byzantinischen Palast war mit Purpur ausgeschlagen; es blieb für Kaiserinnen in guter Hoffnung vorbehalten, und die kaiserliche Geburt ihrer Kinder wurde durch den Beinamen Porphyrogenitus, in Purper geboren, ausgedrückt. Mehrere römische Fürsten waren mit einem Erben gesegnet worden; aber dieser besondere Beiname wurde zuerst Konstantin VII. beigelegt. Sein Leben und seine Titularregierung hatten gleiche Dauer, aber von den vierundfünfzig Jahren seiner Regierung waren sechs vor dem Tode seines Vaters vergangen. Der Sohn Leos war stets entweder der freiwillige oder der gezwungene Sklave derjenigen, die seine Schwäche unterdrückten oder sein Vertrauen mißbrauchten. Sein schon lange mit dem Augustustitel bekleideter Oheim Alexander war der erste Kollege und Beherrscher des jungen Fürsten. Obwohl er noch jung war, hatte der Bruder Leos doch bereits mit dem Rufe Michaels als lasterhafter, törichter Mensch gewetteifert. Als er rechtzeitig durch den Tod hinweggerafft wurde, trug er sich mit dem Plane, seinen Neffen zu entmannen und das Reich einem unwürdigen Günstling zu hinterlassen. Die folgenden Jahre während der Minderjährigkeit Konstantins herrschten seine Mutter Zoe und ein Rat von sieben aufeinanderfolgenden Regenten, die ihr Interesse verfolgten, ihre Leidenschaften befriedigten, das Reich preisgaben, einander ausstachen und endlich einem Soldaten wichen. Romanus Lekapenus hatte sich von geringer Herkunft zum Oberbefehlshaber über die Flotte aufgeschwungen und in der Anarchie der Zeiten die Achtung der Nation verdient oder wenigstens erhalten. Mit einer siegreichen und ihm anhänglichen Flotte segelte er von der Mündung der Donau nach dem Hafen von Konstantinopel und wurde vom Volke als Befreier und Vormund des Fürsten begrüßt (919). Er wurde anfangs als Vater des Kaisers bezeichnet. Romanus verschmähte jedoch bald die untergeordnete Macht eines Ministers und übernahm mit den Titeln Cäsar und Augustus die kaiserliche Vollgewalt, die er fast fünfundzwanzig Jahre ausübte. Seine drei Söhne, Christoph, Stephan und Konstantin, wurden nach und nach mit denselben Ehren bekleidet und der rechtmäßige Kaiser vom ersten zum fünften Range in diesem Fürstenkollegium herabgesetzt. Er konnte jedoch ob der Schonung seines Lebens und seiner Krone noch immer sein Glück und die Milde des Usurpators preisen. Die Beispiele der älteren wie der neueren Geschichte könnten den Ehrgeiz des Romanus entschuldigen. Die Macht und die Gesetze des Reiches ruhten in seiner Hand, die unechte Geburt Konstantins konnte dessen Ausschließung rechtfertigen und das Grab oder Kloster war bereit, den Sohn einer Nebenfrau aufzunehmen. Aber Lekapenus scheint weder die Tugenden noch die Laster eines Tyrannen besessen zu haben. Im Glanze des Thrones verflüchtigte sich der Geist und die Regsamkeit, die er in seinem Privatleben gezeigt hatte. Bei seinen ausgelassenen Vergnügungen vergaß er sowohl für die Sicherheit des Reiches wie seiner Familie zu sorgen. Er ehrte, milden und religiösen Charakters, die Heiligkeit der Eide, die Unschuld des Jünglings, das Andenken seiner Eltern und die Anhänglichkeit des Volkes. Konstantins Hang zu Studien und zur Zurückgezogenheit beruhigte jeden Argwohn, daß er Macht wolle. Seine

Bücher und Musik, seine Feder und sein Pinsel waren für ihn eine unerschöpfliche Quelle des Vergnügens, und wenn er durch den Verkauf seiner Gemälde ein kärgliches Auskommen erreichte, so war er, sofern der Preis nicht wegen des königlichen Künstlers erhöht wurde, mit einem persönlichen Talente begabt, wie es nur wenige Fürsten in den Stunden des Unglücks zeigten.

Der Fall des Romanus wurde durch seine eigenen und seiner Kinder Laster verursacht. Nach Christophs, des ältesten Sohnes Tod, gerieten die beiden überlebenden Brüder in Streit, verschworen sich dann aber gegen ihren Vater. Um die Mittagsstunde, in der regelmäßig alle Fremden den Palast verlassen mußten, traten sie mit bewaffneten Anhängern in das Gemach ihres Vaters und führten ihn im Mönchsgewande nach einer kleinen Insel der Propontis, die von einer Gemeinde Religiöser bevölkert war. Das Gerücht von dieser häuslichen Umwälzung erregte in der Stadt einen Aufstand; aber nur Porphyrogenitus, der eigentliche und rechtmäßige Kaiser, war der Gegenstand der öffentlichen Besorgnis, und die Söhne des Lekapenus erfuhren zu spät, daß sie nur zugunsten ihres Nebenbuhlers ein verbrecherisches und gefährliches Unternehmen gewagt hatten. Ihre Schwester Helena, Konstantins Gattin, entdeckte oder erfand ihren hochverräterischen Plan, Konstantin beim kaiserlichen Bankett zu ermorden. Seine getreuen Anhänger erhoben sich, kamen den beiden Usurpatoren zuvor, verhafteten sie, entkleideten sie des Purpurs und schifften sie nach demselben Inselkloster ein, wo sie vor kurzer Zeit ihren Vater eingesperrt hatten. Der alte Romanus kam ihnen am Strande mit einem sarkastischen Lächeln entgegen und bot, nach gerechten Vorwürfen über ihre Torheit und Undankbarkeit, seinen kaiserlichen Kollegen von seinem Wasser und seiner Pflanzenkost an. Konstantin erlangte im vierzigsten Jahre seiner Regierung den Besitz der morgenländischen Welt, die er fast fünfzehn Jahre beherrschte oder zu beherrschen schien. Es fehlte ihm an Energie, sich zu einem tätigen und ruhmreichen Leben emporzuschwingen. Die Studien, die ihn während seiner Muße erheiterten, waren mit den ernsten Pflichten eines Herrschers unvereinbar. Der Kaiser vernachlässigte die Regierung, um seinen Sohn Romanus in der Kunst derselben zu unterrichten. Während er seiner gewohnten Unmäßigkeit und Trägheit nachhing, ließ er die Zügel der Verwaltung in Händen seiner Gattin Helena, und bei ihrer wandelbaren Gunst und Laune wurde jeder Minister wegen der Ernennung eines noch unwürdigeren Nachfolgers beklagt. Indessen hatten die Geburt und das Unglück Konstantins ihn den Griechen teuer gemacht. Sie entschuldigten seine Schwächen; sie ehrten seine Gelehrsamkeit, seine Unschuld, seine Mildtätigkeit und seine Gerechtigkeitsliebe. Seine Leichenfeier war von den ungeheuchelten Tränen seiner Untertanen begleitet. Die Leiche lag nach altem Herkommen im

Vorhofe des Palastes auf dem Paradebette. Die bürgerlichen und militärischen Würdenträger, die Patrizier, der Senat und die Geistlichkeit näherten sich in gebührender Ordnung, um den entseelten Körper ihres Souveräns zu verehren und zu küssen. Bevor sich der Zug dem kaiserlichen Grabe zubewegte, rief ein Herold die Worte: »Erhebe dich, o König der Welt, und gehorche dem Rufe des Königs der Könige!«

Der Tod Konstantins (959) wurde einer Vergiftung zugeschrieben. Sein Sohn Romanus, der diesen Namen nach seinem mütterlichen Großvater führte, bestieg den Thron von Konstantinopel. Ein Fürst, gegen den man in seinem zwanzigsten Lebensjahre den Argwohn hegen konnte, er habe dazu beigetragen, sein Erbe schneller zu erhalten, muß bereits in der öffentlichen Achtung gerichtet gewesen sein; den größten Teil der Schuld schob man aber auf seine Gattin Theophania, ein Weib von niederer Herkunft, männlichem Geiste und ausschweifenden Sitten. Der Sinn für persönlichen Ruhm und Glück des Staates, die eigentlichen Freuden der Königswürde, waren dem Sohne Konstantins unbekannt, und während seine beiden Brüder, Nikephorus und Leo, über die Sarazenen triumphierten, verbrachte der Kaiser die Stunden, die er seinem Volke schuldete, im Müßiggange. Morgens besuchte er den Zirkus, mittags bewirtete er die Senatoren, den größten Teil des Nachmittages brachte er im Sphaeristerium oder Ballhofe zu, dem einzigen Schauplatz seiner Siege, und von da setzte er nach dem asiatischen Gestade des Bosporus über, jagte und tötete vier wilde Eber von ungeheurer Größe und kehrte nach dem Palast in stolzer Zufriedenheit mit seinen Arbeiten zurück. An Kraft und Schönheit übertraf er alle seines Alters. Schlank und gerade wie eine Tanne, hatte er ein weißes und blühendes Gesicht, strahlende Augen, breite Schultern und eine lange Adlernase. Aber selbst diese Vollkommenheiten waren nicht imstande, die Liebe der Theophania zu fesseln, und nachdem ihr Gatte vier Jahre regiert hatte, mischte sie für ihn denselben Todestrank, den sie für seinen Vater gebraut hatte.

Romanus der Jüngere hinterließ aus seiner Ehe mit diesem ruchlosen Weibe zwei Söhne, Basilius II. und Konstantin IX., und zwei Töchter, Theophania und Anna. Die ältere Schwester erhielt den abendländischen Kaiser Otto II. zur Ehe, die jüngere wurde die Gattin des Großfürsten Wladimir von Rußland, und infolge der Vermählung ihrer Enkelin mit König Heinrich I. von Frankreich fließt das Blut des makedonischen und vielleicht auch des arsakidischen Hauses in den Adern der Bourbonen. Die Kaiserin strebte nach dem Tode ihres Gemahls danach, im Namen ihrer Söhne, wovon der ältere erst fünf, der jüngere nur zwei Jahre alt war, zu herrschen. Sie fühlte jedoch bald die Unsicherheit eines Thrones, den ein Weib stützte, das keine Achtung und zwei Kinder hatte, die keine Furcht einflößen konnten.

Theophania sah sich nach einem Beschützer um und warf sich in die Arme des tapfersten Kriegers; ihr Herz war geräumig, aber die Häßlichkeit ihres neuen Günstlings macht es mehr als wahrscheinlich, daß Eigennutz der Beweggrund und die Entschuldigung ihrer Liebe war. Nikephorus Phokas vereinigte nach der allgemeinen Meinung das doppelte Verdienst eines Helden und eines Heiligen. Er hatte echte und glänzende Talente. Abkömmling eines durch Kriegstaten berühmten Geschlechtes, hatte er in jedem Range und in jeder Provinz den Mut eines Soldaten und die Einsicht eines Anführers entfaltet; erst kürzlich war Nikephorus durch die wichtige Eroberung der Insel Kreta mit neuen Lorbeeren gekrönt worden. Seine Religion war von zweifelhaftem Gepräge, sein härenes Gewand, seine Fasten, seine fromme Sprache und sein Wunsch, sich von den Geschäften der Welt zurückzuziehen, waren eine bequeme Maske für seinen großen und gefährlichen Ehrgeiz. Nichtsdestoweniger täuschte er einen frommen Patriarchen, durch dessen Einfluß und Senatsbeschluß er während der Minderjährigkeit der jungen Fürsten mit dem unumschränkten und unabhängigen Oberbefehl über die morgenländischen Heere betraut wurde. Kaum war er der Anführer und Truppen sicher, so marschierte er kühn nach Konstantinopel, trat seine Feinde nieder, bekannte sein Einverständnis mit der Kaiserin und übernahm, ohne ihren Sohn abzusetzen, mit dem Augustustitel Rang und Fülle der Gewalt. Aber derselbe Patriarch, der ihm die Krone aufs Haupt gesetzt hatte, leistete seiner Vermählung mit Theophania Widerstand. Durch eine zweite Heirat zog er sich ein Jahr Kirchenbuße zu. Geistliche Verwandtschaft machte vorerst die Trauung unmöglich, und es hatte einiger Kunst und des Meineides bedurft, um die Gewissenszweifel der Geistlichkeit und des Volkes zum Schweigen zu bringen. Die Popularität des Kaisers nahm im Purpur ab; während einer sechsjährigen Regierung zog er sich den Haß der Fremden und Untertanen zu, denn die Heuchelei und der Geiz des ersten Nikephorus waren in seinem Nachfolger wieder aufgelebt. Heuchelei werde ich nie rechtfertigen oder beschönigen; aber ich wage zu bemerken, daß die Welt Geiz für das häßlichste Laster hält und ihn am unbarmherzigsten verdammt. Bei einem Privatmann urteilen wir meistens ohne eine genaue Erforschung seines Vermögens und seiner Ausgaben vorzutragen; bei dem Verwalter des öffentlichen Schatzes aber ist Sparsamkeit stets eine Tugend und die Vermehrung der Steuern nur zu oft eine unerläßliche Pflicht. Nikephorus hatte bei Verwendung seines Vermögens seine Freigebigkeit bewiesen und das öffentliche Einkommen verwendete er streng zum Dienste des Staates. Jeden Frühling zog der Kaiser persönlich gegen die Sarazenen, und jeder Römer konnte die Verwendung seiner Abgaben nach Triumphen, Eroberungen und der Sicherheit der Grenze des Ostens bemessen.

Unter den Kriegern, die seine Erhebung gefördert und unter seiner Fahne gedient hatten, waren einem edlen und tapferen Armenier verdientermaßen die ausgezeichnetsten Belohnungen zuteil geworden. Johann Zimiszes war nicht hoch gewachsen, aber dieser kleine Krieger war mit Kraft, Schönheit und der Seele eines Helden ausgestattet. Die Eifersucht des Bruders des Kaisers bewirkte, daß er vom Amte eines Feldherrn des Ostens zu dem eines Direktors der Posten herabsteigen mußte. Seine Beschwerden wurden mit Ungnade und Verbannung bestraft. Aber Zimiszes gehörte zu den zahlreichen Liebhabern der Kaiserin. Auf ihre Fürbitte hin wurde ihm gestattet, sich in Chalcedon in der Nähe der Hauptstadt aufzuhalten. Er vergalt ihre Güte durch heimliche Liebesbesuche im Palast, und Theophania willigte mit Freuden in den Tod eines häßlichen und geizigen Gatten. Einige kühne und zuverlässige Verschwörer wurden in ihren geheimsten Gemächern verborgen. In einer finsteren Winternacht (969) schiffte sich Zimiszes mit seinen vornehmsten Genossen in einem kleinen Boote ein, setzte über den Bosporus, landete an der Palasttreppe und stieg leise eine Strickleiter hinan, die ihm von den Frauen der Kaiserin zugeworfen worden war. Weder sein eigener Argwohn, noch die Warnungen seiner Freunde, noch die späte Hilfe seines Bruders Leo, noch die Befestigungen, die er im Palast errichtet hatte, konnten Nikephorus vor einer häuslichen Feindin schützen, deren Stimme jede Tür den Mördern öffnete. Während er auf einem Bärenfell auf dem Boden schlief, wurde er durch das Geräusch Eindringender geweckt, und dreißig Dolche blinkten vor seinen Augen. Es ist ungewiß, ob Zimiszes seine Hände in das Blut seines Souveräns tauchte, aber er genoß das unmenschliche Schauspiel der Rache. Der Tod wurde hohnvoll und grausam verzögert; sowie das Haupt des Nikephorus am Fenster gezeigt wurde, beruhigte sich der Tumult, und der Armenier war Kaiser des Ostens. An seinem Krönungstage hielt ihn der unerschrockene Patriarch an der Schwelle auf, sprach von Hochverrat und Mord und forderte als Zeichen der Reue, daß er sich von seiner mit noch größerer Schuld belasteten Gefährtin trenne. Dieser Ausbruch apostolischen Eifers war dem Fürsten nicht unwillkommen, da er einem Weibe, das wiederholt die heiligsten Verpflichtungen verletzt hatte, weder Liebe noch Vertrauen schenken konnte. Theophania, statt sein kaiserliches Glück zu teilen, wurde mit Schimpf von seinem Bett und Palast getrieben. Bei ihrer letzten Zusammenkunft tobte sie in ohnmächtiger Wut, beklagte sich über die Undankbarkeit ihres Liebhabers, beschimpfte mit Worten und Schlägen ihren Sohn Basilius, der in Anwesenheit des höheren Rangesgenossen schweigend und unterwürfig dastand und gestand ihre eigene Schande, indem sie die Unechtheit seiner Geburt enthüllte. Der öffentlichen Entrüstung wurde durch ihre Verbannung und die Bestrafung der Verbrecher geringeren Ranges Genugtuung getan; der Tod eines unbeliebten Fürsten wurde verziehen und Zimiszes' Schuld über seinen Tugenden vergessen. Vielleicht war seine Verschwendung für den Staat weniger gut als der Geiz des Nikephorus, aber sein mildes und edelmütiges Benehmen erfreute alle, die sich ihm näherten, und nur die Pfade des Sieges waren es, auf denen er in die Fußstapfen seines Vorgängers trat. Den größten Teil während seiner Regierung verbrachte er im Lager und Felde; er zeigte seine persönliche Tapferkeit an der Donau und dem Tigris, den alten Grenzen der römischen Welt, und verdiente durch seinen Triumph über die Russen und Sarazenen den Titel eines Retters des Reiches und eines Besiegers des Ostens. Auf seiner letzten Rückkehr aus Syrien bemerkte er, daß sich die fruchtbarsten Ländereien seiner neuen Provinzen im Besitze der Eunuchen befanden. »Für sie also«, rief er mit ehrenhafter Entrüstung aus, »hätten wir gekämpft und gesiegt? Für sie hätten wir unser Blut vergossen und die Schätze unseres Volkes erschöpft?« Diese Klage widerhallte im Palast und Zimiszes starb mit den stärksten Symptomen einer Vergiftung.

Unter dieser zwölfjährigen Usurpation oder Regentschaft waren die beiden rechtmäßigen Kaiser, Basilius und Konstantin, in der Stille zu Jünglingen herangereift. Im zarten Alter waren sie der Herrschaft unfähig gewesen. Die ehrfurchtsvolle Bescheidenheit, womit man ihnen begegnete und sie begrüßte, leitete sich aus dem Verdienst ihrer Vormünder her; die ehrgeizigen aber kinderlosen Vormünder waren nicht versucht, das Recht der Nachfolge zu verletzen. Ihr Erbe wurde mit Treue und Geschicklichkeit verwaltet, und der frühzeitige Tod des Zimiszes war für die Söhne des Romanus eher ein Verlust als eine Wohltat. Ihre mangelnde Erfahrung hielt sie noch zwölf Jahre länger unter der ruhmlosen und freiwilligen Vormundschaft eines Ministers, der seine Herrschaft verlängerte, indem er sie beredete, sich jugendlichen Vergnügungen zu überlassen und die Mühen der Regierung zu verschmähen. In diesem seidenen Gewebe blieb Konstantin für immer eingesponnen; sein älterer Bruder aber fühlte den Antrieb des Genies und Begierde nach Tätigkeit; er drohte, und der Minister verschwand. Basilius war der anerkannte Souverän von Konstantinopel und der europäischen Provinzen. Asien aber wurde von zwei alten Feldherren, Phokas und Sklerus, unterdrückt, die, abwechselnd Feinde und Freunde, Untertanen und Rebellen, ihre Unabhängigkeit behaupteten und es glücklichen Usurpatoren gleich zu tun bestrebt waren. Gegen diese einheimischen Feinde zog der Sohn des Romanus zuerst das Schwert, und sie zitterten einem rechtmäßigen und hochherzigen Fürsten gegenüber. Der erste stürzte vor der Schlachtlinie entweder infolge einer Vergiftung oder von einem Pfeil getroffen, vom Pferde; der zweite, der zweimal mit Ketten beladen und zweimal mit dem Purpur bekleidet gewesen war, wünschte den Rest seiner Tage in Frieden zu enden. Als der flehende

Greis sich dem Throne mit gebrochenen Augen und wankenden Schritten, auf seine beiden Begleiter gelehnt, näherte, rief der Kaiser im Übermut der Jugend und Macht aus: »Das ist der Mann, der uns so lange erschreckt hat!« Nachdem er seine eigene Macht und die Ruhe des Reiches befestigt hatte, ließen die Siegeszeichen des Nikephorus und Zimiszes ihren kaiserlichen Zögling nicht im Palast schlummern. Seine langen und häufigen Feldzüge gegen die Sarazenen brachten dem Reiche mehr Ruhm als Vorteil; aber die endliche Vernichtung des Königreiches Bulgarien war seit den Zeiten Belisars wohl der größte Triumph der römischen Waffen. Allein, statt daß die Untertanen sich ihres siegreichen Fürsten freuten, verabscheuten sie den raubsüchtigen Basilius und seinen strengen Geiz. Wir aber vermögen in der unvollständigen Darstellung seiner Taten nur den Mut, die Ausdauer und die Wildheit eines Soldaten zu entdecken. Eine fehlerhafte Erziehung hatte, wenn sie auch seinen Geist nicht unterdrücken konnte, doch seine Seele verdüstert. Er kannte keine einzige Wissenschaft. Das Andenken an seinen gelehrten und schwachen Großvater konnte in ihm wirkliche oder eingelernte Verachtung der Gesetze und Rechtsgelehrten, der Künstler und Künste angeregt haben. Von einem solchen Charakter nahm in einem solchen Zeitalter der Glaube festen und dauernden Besitz. Nach dem ersten jugendlichen Freudentaumel widmete Basilius II. im Palast und im Lager sein Leben den Bußübungen eines Einsiedlers, trug das Mönchsgewand unter Purpur und Rüstung, beobachtete das Gelübde der Keuschheit und legte sich beständige Enthaltsamkeit von Wein und Fleisch auf. Im achtundsechzigsten Lebensjahre trieb ihn sein kriegerischer Geist an, sich persönlich zu einem heiligen Kriege gegen die Sarazenen von Sizilien einzuschiffen; der Tod kam ihm zuvor, und Basilius, genannt der Schlächter der Bulgaren, schied aus der Welt mit den Segnungen der Geistlichkeit und den Verwünschungen des Volkes (1025). Nach seinem Tod genoß sein Bruder Konstantin drei Jahre die Macht oder vielmehr die Vergnügungen kaiserlicher Größe. Seine einzige Sorge war die Ordnung der Nachfolge. Er hatte sechsundsechzig Jahre den Augustustitel geführt. Die Regierung der beiden Brüder ist die längste und zugleich dunkelste der byzantinischen Geschichte.

Die gerade Erbfolge von fünf Kaisern während einer Zeit von hundertsechzig Jahren hatte die Griechen an die makedonische Dynastie gefesselt, die von Usurpatoren dreimal gestürzt worden war. Nach dem Tode Konstantins IX., des letzten des Mannesstammes des kaiserlichen Hauses, beginnt eine neue Reihe. Alle Regierungsjahre von zwölf Kaisern zusammengenommen kommen der Dauer seiner Regierung nicht gleich. Sein älterer Bruder hatte seine Keuschheit dem Staatsinteresse vorangestellt. Konstantin selbst war nur mit drei Töchtern gesegnet: Eudokia, die den

Schleier nahm, Zoe und Theodora, die bis in ihr reifes Alter in Unwissenheit und im Jungfrauenstand erhalten wurden. Als im Rate ihres sterbenden Vaters über ihre Vermählung beratschlagt wurde, weigerte sich die fromme oder kalte Theodora, dem Reich einen Erben zu geben. Ihre Schwester Zoe jedoch bot sich als williges Opfer dar. Romanus Argyrus, ein gutaussehender Patrizier von gutem Rufe, wurde zu ihrem Gemahl gewählt. Als er diese Ehre ablehnte, sagte man ihm, daß er zum zweiten Male nur zwischen dem Verlust der Augen und dem Tode wählen könne. Der Beweggrund seines Zögerns war eheliche Liebe; aber seine treue Gattin opferte ihr eigenes Glück seiner Sicherheit und Größe, und indem sie in ein Kloster eintrat, beseitigte sie das einzige Hindernis, das seiner Vermählung mit der kaiserlichen Prinzessin im Wege stand. Nach Konstantins Tod fiel das Szepter Romanus III. zu; aber er war bei seinen Arbeiten daheim wie auswärts gleich schwach und erfolglos, und das reife Alter, die achtundvierzig Jahre der Zoe waren der Hoffnung auf eine Schwangerschaft minder günstig als der Befriedigung der Begierden. Ihr Lieblingskämmerer war ein schöner Paphlagonier namens Michael, der früher das Gewerbe eines Geldwechslers getrieben hatte. Romanus zeigte entweder aus Dankbarkeit oder aus Gerechtigkeit Nachsicht gegen ihren verbrecherischen Umgang oder war mit der bloßen Versicherung ihrer Unschuld zufrieden. Zoe rechtfertigte aber bald die römische Maxime, daß jede Ehebrecherin fähig sei, ihren Mann zu vergiften. Auf den Tod des Romanus folgte unverzüglich die Ärgernis erregende Vermählung und Erhebung Michaels IV. (1034). Zoe fand sich jedoch in ihren Erwartungen getäuscht; statt eines kräftigen und dankbaren Liebhabers hatte sie einen elenden Schurken in ihr Bett aufgenommen, dessen Gesundheit und Geist durch epileptische Anfälle geschwächt und dessen Gewissen von Verzweiflung und Reue gefoltert wurde. Die geschicktesten Ärzte des Leibes und der Seele wurden zu seiner Hilfe herbeigerufen; man hielt seine Hoffnungen mit häufigen Wallfahrten nach Gesundheitsbrunnen und den Gräbern der berühmtesten Heiligen aufrecht. Die Mönche zollten seiner Buße Beifall, und mit Ausnahme der Wiedererstattung (doch wem hätte er wiedererstatten sollen?) versuchte Michael auf jede Art, seine Schuld zu sühnen. Während er in Sack und Asche stöhnte, lächelte sein Bruder, der Eunuch Johann, zu seinen Gewissensbissen und genoß die Früchte eines Verbrechens, dessen geheimer und schuldigster Urheber er selbst gewesen. Seine Verwaltung bestand lediglich darin, seine Habsucht zu sättigen, und Zoe wurde eine Gefangene im Palast ihrer Väter und in den Händen ihrer Sklaven. Als er gewahrte, daß die Gesundheit seines Bruders nicht wiederhergestellt werden könne, führte er seinen Neffen, abermals einen Michael, der seinen Beinamen Kalaphates von seines Vaters Beschäftigung, Schiffe zu kielholen, führte, in den Palast ein. Auf den Befehl des Eunuchen adoptierte Zoe den Sohn eines Handwerkers, und dieser falsche Erbe wurde mit dem Titel und Purpur der Cäsaren in Gegenwart der Geistlichkeit und des Senates geschmückt. So schwach war Zoes Charakter, daß die Freiheit und Macht, die sie beim Tode des Paphlagoniers wieder erlangte, ihr drückend wurde. Schon nach Verlauf von vier Tagen setzte sie (1041) die Krone auf das Haupt Michaels V., der unter Tränen und Schwüren beteuert hatte, daß er stets als der erste und gehorsamste ihrer Untertanen regieren würde. Die einzige Handlung während seiner kurzen Regierung war ein Beweis seines niedrigen Undankes gegen seine Wohltäter, den Eunuchen und die Kaiserin. Über die Ungnade des ersteren freute sich das Volk; aber das Murren und zuletzt das Geschrei von Konstantinopel richtete sich gegen ihn als er die Verbannung der Zoe durchführen wollte, der Tochter so vieler Kaiser. Ihre Verbrechen waren vergessen, und Michael erfuhr, daß es eine Zeit gebe, in der die Geduld auch der zahmsten Sklaven zu Wut und Rache wird. Die Bürger aller Klassen versammelten sich zu furchtbarem Tumulte, der drei Tage dauerte (1042); sie belagerten den Palast, erbrachen die Tore, riefen Zoe aus ihrem Gefängnisse, Theodora aus ihrem Kloster zurück und verurteilten den Sohn des Kalaphates zum Verlust seiner Augen oder seines Lebens. Zum ersten Male sahen die erstaunten Griechen zwei kaiserliche Schwestern auf demselben Thron sitzen, im Senate präsidieren und den ausländischen Gesandten Audienz erteilen. Aber diese seltsame Vereinigung dauerte nur zwei Monate. Die beiden Fürstinnen, ihre Charaktere und Interessen und Anhänger standen einander insgeheim feindlich gegenüber, und da Theodora noch immer jeder Vermählung abhold war, entschloß sich die unermüdliche Zoe als Sechzigjährige die Umarmungen eines dritten Gatten und die Strafen der griechischen Kirche auszuhalten. Sein Name war Konstantin X., und der Beiname Monomachus, der Einzelkämpfer, muß auf seine Tapferkeit und seinen Sieg in irgendeinem öffentlichen oder Privatkampfe hingedeutet haben. Aber die Gicht hatte seine Gesundheit untergraben und er schwankte unaufhörlich zwischen Krankheit und Ausschweifung. Eine schöne und edle Witwe hatte Konstantin begleitet, als er nach der Insel Lesbos verbannt gewesen war; Sklerena war stolz darauf, seine Geliebte zu heißen. Nach seiner Vermählung und Erhebung wurde sie mit dem Titel und Pomp einer Augusta ausgezeichnet und bezog eine an seine Gemächer anstoßende Wohnung im Palast. Seine rechtmäßige Gattin, so groß war die Zärtlichkeit oder die Verderbtheit der Zoe, willigte in diese befremdliche und Ärgernis erregende Teilung, und der Kaiser zeigte sich öffentlich mit seiner Gemahlin und seiner Geliebten. Er überlebte beide, aber Konstantins letzte Maßnahmen, die Nachfolge zu ändern, wurden durch die wachsameren Freunde Theodoras vereitelt, und nach seinem Tod trat sie unter allgemeiner Zustimmung ihr Erbe an (1054). In ihrem Namen und durch die vier einflußreichen Eunuchen wurde die östliche Welt ungefähr neunzehn Monate in Frieden regiert. Da sie ihre Herrschaft zu verlängern wünschten, beredeten sie die greise Fürstin, Michael VI. zu ihrem Nachfolger zu ernennen. Sein Beiname Stratiotikus deutet auf seinen kriegerischen Beruf, aber der morsche und sieche Veteran konnte nur mit den Augen seiner Diener sehen und mit ihren Händen handeln. Während er den Thron bestieg, sank Theodora ins Grab, die letzte der makedonischen oder basilischen Dynastie. Ich habe diese schimpfliche Periode von achtundzwanzig Jahren, in der die unter das gewöhnliche Maß der Knechtschaft herabgesunkenen Griechen wie eine Viehherde durch die Wahl oder Launen von zwei schwachen Frauen beherrscht wurden, schnell abgefertigt und gleite gern von ihr hinweg.

In dieser Nacht der Sklaverei beginnt ein Strahl der Freiheit oder wenigstens des Mutes zu scheinen. Die Griechen bewahrten entweder oder frischten den Gebrauch von Zunamen auf, die den Ruf erblicher Tugenden verewigen. Wir behandeln nun das Emporkommen, die Reihenfolge und die Verwandtschaften der letzten Dynastie von Konstantinopel und Trebisund. Die Komnenen, die das sinkende Reich noch eine Weile aufrecht hielten, machten auf die Ehre römischer Abkunft Anspruch; aber die Familie war seit langer Zeit von Italien nach Asien übersiedelt. Ihre Erbgüter lagen im Bezirk Kastamona, in der Nachbarschaft des Schwarzen Meeres, und einer ihrer Häupter, der bereits sein ehrgeiziges Ziel erreicht hatte, besuchte mit Vorliebe, vielleicht auch aus Sehnsucht, die bescheidene aber ehrenvolle Wohnung seiner Väter. Der erste des Geschlechtes war der berühmte Manuel, der unter der Regierung des zweiten Basilius durch Krieg und Verträge beigetragen hatte, den Osten zu beunruhigen. Er hinterließ zwei Söhne in zartem Alter, Isaak und Johann, die er im Bewußtsein, Verdienste erworben zu haben, seinem Souverän überantwortete. Die edlen Jünglinge wurden sorgfältig in klösterlicher Gelehrsamkeit, in höfischen Dingen und in militärischen Übungen unterrichtet und vom häuslichen Dienst bei der Leibwache schnell zum Befehl über Provinzen und Heere befördert. Ihre brüderliche Eintracht verdoppelte die Macht und den Ruf der Komnenen. Ihr alter Adel wurde durch die Vermählung der beiden Brüder mit einer gefangenen Bulgarenfürstin und der Tochter eines Patriziers gehoben, der den Beinamen Charon erhalten hatte, von den Feinden, die er zu den höllischen Schatten gesandt. Die Soldaten hatten verweichlichten Gebietern unwillig gedient. Die Erhebung Michaels VI. war eine Beschimpfung der verdienstvolleren Befehlshaber, und ihr Mißvergnügen wurde weiters durch die Sparsamkeit des Kaisers und den Übermut der Eunuchen entflammt. Sie versammelten sich insgeheim in der St. Sophienkirche, und die Stimmen der militärischen Synode wären einstimmig zugunsten des alten und tapferen Katakalon abgegeben worden, wenn nicht der vaterlandsliebende oder bescheidene Veteran sie auf die Wichtigkeit der Geburt wie des Verdienstes eines Souveräns bei dessen Wahl aufmerksam gemacht hätte. Isaak Komnenus erhielt die allgemeine Zustimmung und die Bundesgenossen trennten sich unverzüglich, um in den Ebenen von Phrygien an der Spitze der Geschwader und Heeresabteilungen zusammenzustoßen. Die Sache Michaels wurde in einer einzigen Schlacht von den Söldnern der kaiserlichen Leibwache verteidigt, denen das öffentliche Interesse fremd und die nur von den Grundsätzen der Ehre und Dankbarkeit geleitet wurden. Nach ihrer Niederlage schlug der bestürzte Kaiser einen Vertrag vor, den der Komnene in seiner Mäßigung fast angenommen hätte. Jener aber wurde von seinen Gesandten verraten, dieser durch seine Freunde gehindert. Der verlassene Michael unterwarf sich der Stimme des Volkes. Der Patriarch entband die Untertanen des Treueides, und als er dem kaiserlichen Mönch das Haupt schor, wünschte er ihm zur heilsamen Vertauschung des zeitlichen Königreiches mit dem himmlischen Glück: ein Tausch, den der neue Priester, wenn es in seiner Macht gestanden wäre, wahrscheinlich abgelehnt haben würde. Von den Händen desselben Patriarchen wurde Isaak Komnenus feierlich gekrönt (1057); das Schwert, das er auf seine Münzen prägte, konnte als ein beleidigendes Symbol angesehen werden, wenn es das Recht des Eroberers bedeuten sollte; aber dieses Schwert sollte gegen die auswärtigen und einheimischen Staatsfeinde gezogen werden. Abnahme der Gesundheit und Kräfte gestattete ihm jedoch wenig tätigen Mut zu zeigen, und die Aussicht auf einen baldigen Tod bewog ihn, zwischen Leben und Ewigkeit einige Augenblicke der Besinnung einzuschieben. Statt aber das Reich seiner Tochter als Heiratsgut zu hinterlassen, bestimmte ihn Vernunft und Zuneigung, seinem Bruder Johann den Vorzug zu geben, einem Krieger, Patrioten und Vater von fünf Söhnen, den künftigen Stützen männlicher Erbfolge. Dessen erste mit Bescheidenheit vorgebrachte Weigerung könnte als natürliche Klugheit und Bruderliebe angesehen werden. Aber seine hartnäckige und erfolgreiche Beharrlichkeit muß, wie sehr auch die darin liegende Tugend blenden mag, als verbrecherisches Aufgeben seiner Pflicht und als seltenes Vergehen gegen seine Familie und sein Vaterland getadelt werden. Der Purpur, den er ablehnte, wurde von Konstantin Dukas angenommen, einem Freunde des Hauses der Komnenen, der edel geboren, den Ruf der Staatsklugheit und Erfahrung besaß. Isaak erlangte im Mönchsgewande wieder seine Gesundheit und überlebte seine freiwillige Abdankung um zwei Jahre. Auf Befehl des Abtes beobachtete er die Regeln des heiligen Basilius und verrichtete die niederen Dienste im Kloster; seine kindische Eitelkeit jedoch wurde durch die häufigen und ehrfurchtsvollen Besuche des regierenden Monarchen befriedigt, der ihn mit seltener Dankbarkeit als Wohltäter und Heiligen verehrte.

Wenn Konstantin XI. in der Tat der würdigste zur Nachfolge im Reich war, müssen wir das entartete Zeitalter und die entartete Nation, in der er gewählt wurde, beklagen. In kindischer Schönrednerei suchte er die Krone der Beredsamkeit zu gewinnen, die in seinen Augen kostbarer als die römische war, ohne sie erlangen zu können, und über der untergeordneten Fähigkeit eines Richters vergaß er die Pflichten eines Souveräns und Kriegers. Weit entfernt, die patriotische Uneigennützigkeit der Urheber seiner Größe nachzuahmen, bestrebte sich Dukas nur auf Kosten des Reiches die Macht und das Gedeihen seiner Kinder zu sichern. Seine drei Söhne, Michael VII., Andronikus I. und Konstantin XII. erhielten in jugendlichem Alter den Augustustitel, und durch ihres Vaters baldigen Tod (1067) kamen sie zur Erbfolge. Seine Witwe Eudokia war mit der Verwaltung beauftragt, aber der erfahrene und eifersüchtige sterbende Monarch hatte seine Söhne gegen die Gefahren einer zweiten Ehe geschützt, und der feierliche, von den vornehmsten Senatoren bezeugte Eid, wurde vor dem Patriarchen von der Witwe abgelegt. Noch vor Ablauf von sieben Monaten verlangte Eudokia oder der Staat laut nach den männlichen Tugenden eines Kriegers. Ihr Herz hatte bereits Romanus Diogenes erwählt, den sie vom Schaffot auf den Thron erhob. Infolge der Entdeckung eines hochverräterischen Anschlages war er den Gesetzen verfallen; seine Schönheit und Tapferkeit sprachen ihn in den Augen der Kaiserin frei. Romanus wurde aus einer milden Verbannung am zweiten Tage zurückberufen, um den Befehl über die orientalischen Heere zu übernehmen. Ihre kaiserliche Wahl war dem Publikum noch unbekannt. Die Urkunde, die ihre Falschheit und ihren Leichtsinn verraten haben würde, wurde durch einen schlauen Sendling dem ehrgeizigen Patriarchen entwendet. Xiphilin schützte anfangs die Unverletzlichkeit der Eide und die geheiligte Natur eines anvertrauten Gutes vor, aber die Zuflüsterung, sein Bruder wäre der künftige Kaiser, zerstreute seine Gewissensbisse und nötigte ihn zum Bekenntnis, daß das Staatswohl das oberste Gesetz sei. Er gab das wichtige Papier hin, und als seine Hoffnungen durch die Ernennung des Romanus zerschmettert wurden, konnte er die Urkunde weder zurückhalten, noch seine Erklärung widerrufen, noch sich der zweiten Vermählung der Kaiserin widersetzen. Aber im Palast erhob sich ein Gemurre, und die barbarischen Leibwachen hatten schon ihre Streitäxte für das Haus Dukas erhoben, als die jungen Fürsten durch die Tränen ihrer Mutter und die feierlichen Versicherungen der Treue ihres Vormunds besänftigt wurden, welch letzterer wirklich seinem kaiserlichen Rang Würde und Ehre machte. Seine tapferen, aber unglücklichen Anstrengungen, sich den Fortschritten der Türken zu widersetzen, werde ich später erzählen. Die byzantinische Monarchie des Ostens erhielt durch seine Niederlage und Gefangenschaft eine tödliche Wunde, und als er von den Ketten des Sultans befreit wurde, suchte er umsonst seine Gattin und seine Untertanen. Sein Weib war in ein Kloster gesteckt worden, und die Untertanen des Romanus hatten sich an die strenge Maxime des Zivilrechtes gehalten, daß ein Gefangener in Feindes Händen so wie durch den Tod aller öffentlichen und Privatrechte eines Bürgers beraubt werde. In der allgemeinen Bestürzung machte der Cäsar Johann das unverjährbare Recht seiner drei Neffen geltend. Konstantinopel schenkte seiner Stimme Gehör, und der türkische Gefangene wurde in der Hauptstadt als Feind des Reiches ausgerufen und an der Grenze als solcher empfangen. Romanus hatte im einheimischen Krieg nicht mehr Glück als im auswärtigen; zwei verlorene Schlachten zwangen ihn, sich auf die Versicherung guter und ehrenvoller Behandlung hin zu ergeben. Aber seinen Feinden fehlte es an Treue und Menschlichkeit. Sie ließen, nachdem sie ihn des Augenlichtes beraubt hatten, seine Wunde bluten und eitern, bis der Tod nach wenigen Tagen ihn von seinem Elend erlöste. Unter der dreifachen Regierung des Hauses Dukas blieben die beiden jüngeren Brüder auf die eitlen Ehren des Purpurs beschränkt. Aber der älteste, der feige Michael, war unfähig, das Gewicht des römischen Szepter zu tragen. Sein Beiname Parapinakes deutet auf die Schuld hin, die er mit einem habsüchtigen Günstling teilte, daß er den Weizenpreis steigerte und das Weizenmaß verringerte. In der Schule des Psellus und nach dem Beispiel seiner Mutter hatte der Sohn der Eudokia einige Fortschritte in der Philosophie und Rhetorik gemacht; aber sein Charakter wurde durch die Tugenden eines Mönches eher herabgewürdigt als veredelt. Stark durch Verachtung ihres Souveräns und durch Achtung ihrer selbst, nahmen zwei Feldherren an der Spitze der europäischen und asiatischen Legionen den Purpur in Adrianopel und Nicäa an. Ihre Empörung fiel in denselben Monat (1078). Sie hießen beide Nikephorus, unterschieden sich aber durch die Beinamen Bryennius und Botianates, jener in der Reife der Weisheit und des Mutes, dieser nur durch das Andenken seiner früheren Taten ausgezeichnet. Während Botaniates noch vorsichtig und zögernd heranrückte, stand sein Mitbewerber bereits in Waffen vor den Toren von Konstantinopel. Bryennius war berühmt, seine Sache volksbeliebt, aber seine wilden Truppen ließen sich nicht abhalten, eine Vorstadt zu verbrennen und zu plündern, und das Volk, das den Rebellen freudig begrüßt haben würde, verwarf und vertrieb den Mordbrenner seiner Vaterstadt. Diese Wandlung der öffentlichen Meinung war dem Botaniates günstig, der sich endlich mit einem türkischen Heere den Gestaden von Chalcedon näherte. Eine förmliche Einladung im Namen des Patriarchen, der Synode und des Senates kreiste in den Straßen, und die allgemeine Versammlung, in der Sophienkirche, hielt in Ordnung und Ruhe

Rat über die Wahl ihres Souveräns. Die Leibwachen Michaels würden diese unbewaffnete Menge ohne Mühe zerstreut haben: aber der Kaiser, sich seiner eigenen Mäßigung und Milde freuend, legte die Abzeichen der Herrscherwürde nieder und wurde mit dem Mönchsgewande und dem Titel eines Erzbischofes von Ephesus belohnt. Er hinterließ einen in Purpur geborenen und erzogenen Sohn, Konstantin, und eine Tochter des Hauses Dukas verlieh der komnenischen Dynastie Glanz und befestigte ihre Erbfolge. Johann Komnenus, der Bruder des Kaisers Isaak, überlebte in Ruhe und Würde seine edelmütige Ablehnung des Purpurs. Mit seiner Gattin Anna, einer Frau von männlicher Entschlossenheit und Einsicht, hinterließ er acht Kinder. Die drei Töchter vervielfachten die Verbindungen der Komnenen mit den edelsten Griechen. Von den fünf Söhnen wurde Manuel durch frühzeitigen Tod hinweggerafft. Isaak und Alexius stellten die kaiserliche Größe ihres Hauses wieder her, die ohne Mühe und Gefahr ihren beiden jüngeren Brüdern, Adrian und Nikephorus, zugute kam. Alexius, der dritte und berühmteste der drei Brüder, war von der Natur mit den auserwähltesten Gaben sowohl des Geistes als des Körpers ausgestattet. Durch eine gute Erziehung waren diese Gaben ausgebildet und im Gehorsam und Unglück vervollkommnet worden. Die väterliche Fürsorge des Kaisers Romanus bewahrte den Jüngling vor den Gefahren eines Türkenkrieges; aber die Mutter der Komnenen und ihre ehrgeizigen Söhne wurden von den Söhnen des Dukas des Hochverrats angeklagt und auf eine Insel der Propontis verbannt. Die beiden Brüder kamen jedoch bald wieder in Gunst und zu einer Tätigkeit, fochten nebeneinander gegen die Rebellen und Barbaren und hingen dem Kaiser Michael an, bis er von der Welt und sich selbst verlassen wurde. Bei seiner ersten Zusammenkunft mit Botaniates sagte Alexius mit edlem Freimut: »Fürst, meine Pflicht hat mich zu deinem Feinde, die Beschlüsse Gottes und des Volkes haben mich zu deinem Untertanen gemacht. Beurteile meine künftige Treue nach meinem vergangenen Widerstande.« Der Nachfolger Michaels nahm ihn mit Achtung und Vertrauen auf und verwendete den tapfern Mann gegen drei Rebellen, die den Frieden des Reiches oder wenigstens des Kaisers störten. Ursel, Bryennius und Basilakius waren durch zahlreiche Streitkräfte und kriegerischen Ruhm furchtbar; sie wurden nacheinander im Felde besiegt und in Ketten vor den Kaiser geführt. Wie auch ihre Behandlung sein mochte, sie zollten doch der Milde und dem Mut ihres Besiegers Beifall. Aber die Treue der Komnenen wurde bald durch Furcht und Argwohn getrübt; auch ist es nicht so leicht, Vertrauen zu schaffen zwischen einem Untertanen, der sich empörte und einem Despoten, der den Empörer durch den Henker zu strafen versucht und Dankbarkeit für Milde fordert. Die Weigerung des Alexius, gegen einen vierten Rebellen, den Gemahl seiner Schwester zu ziehen, löschte seine früheren Verdienste aus. Die Günstlinge des Botaniates forderten den Ehrgeiz heraus, den sie fürchteten, und die Entfernung der beiden Brüder ließ sich als die Verteidigung ihres Lebens und ihrer Freiheit auslegen. Die weiblichen Familienmitglieder wurden in ein selbst vom Tyrannen geachtetes Heiligtum gebracht; die Männer setzten sich zu Pferde, brachen aus der Stadt und pflanzten die Fahne des Bürgerkrieges auf. Die Soldaten, die nach und nach in der Hauptstadt und deren Nähe zusammengezogen worden waren, weihten sich der Sache eines siegreichen, aber gekränkten Anführers. Die Bande gemeinsamen Interesses und der Verwandtschaft sicherten die Treue des Hauses Dukas, und der edle Streit zwischen den Komnenen wurde durch den entschlossenen Isaak beendet. Er war der erste, der seinen jüngeren Bruder mit den Abzeichen der kaiserlichen Würde bekleidete. Sie kehrten nach Konstantinopel zurück, mehr um diese uneinnehmbare Veste zu bedrohen als sie zu belagern. Aber die Leibwachen waren bestochen, eine Torwache wurde überrumpelt, und der mutige Paläologus, der gegen seinen Vater focht, ohne zu ahnen, daß er für seine Nachkommen arbeite, bemächtigte sich der Flotte. Ein aus verschiedenen Völkerschaften zusammengesetztes Heer wurde durch die Plünderung der Stadt belohnt, aber die öffentlichen Schäden wurden durch die Tränen und Fasten der Komnenen gesühnt, die sich jeder Buße unterwarfen, die mit dem Besitze des Reiches verträglich war.

Das Leben des Kaisers Alexius ist von einer geliebten Tochter beschrieben worden, die von zärtlicher Hochachtung für ihn und den lobenswerten Eifer, seine Tugenden zu verewigen, beseelt war. Im Bewußtsein des gerechten Argwohns ihrer Leser, beteuert die Prinzessin Anna Komnena wiederholt, daß sie außer ihrer persönlichen Kenntnis aus den Gesprächen und Schriften der achtbarsten Veteranen geschöpft habe. Dreißig Jahre seien vergangen, sie sei von der Welt vergessen wie sie selbst ihrer vergessen habe. In düsterer Einsamkeit sei sie der Hoffnung wie der Furcht unzugänglich, und die nackte, vollständige Wahrheit sei ihr teurer als das Andenken ihres Vaters. Aber statt einer einfachen Erzählung, die unser Vertrauen gewinnt, verrät mühsam erkünstelte Beredsamkeit und ebensolches Wissen auf jeder Seite eine eitle Schriftstellerin. Der wahre Charakter des Alexius geht in einer verschwimmenden Zusammenstellung von Tugenden verloren, und die ununterbrochene Lobrednerei und Verteidigung weckt Argwohn und erregt Zweifel an der Wahrhaftigkeit der Geschichtsschreiberin und dem Verdienst des Helden. Wir können uns jedoch nicht weigern, ihrer einsichtsvollen und wichtigen Bemerkung beizupflichten, daß die verworrenen Zeiten das Unglück und der Ruhm des Alexius waren und daß jede Drangsal, die nur ein sinkendes Reich heimsuchen kann, durch die Gerechtigkeit des Himmels und die Laster seiner Vorgänger auf seine Regierung gehäuft wurde. Im Osten hatten die siegreichen Türken die Herrschaft des Korans und Halbmondes von Persien bis an den Hellespont ausgebreitet. Im Westen brachen die abenteuerlichen, kühnen und tapferen Normannen ein, und in den Augenblicken des Friedens ergossen sich von der Donau neue Schwärme, die an Kriegskunst gewannen, was sie an wilden Sitten verloren. Vom Meer aus drohten keine geringeren Gefahren als vom Land, und während die Grenzen von äußeren Feinden angegriffen wurden, zerrütteten Verschwörer und geheime Verräter den Palast. Plötzlich wurde das Banner des Kreuzes von den Lateinern entrollt. Europa stürzte sich auf Asien, und Konstantinopel wäre von dieser Überschwemmung fast fortgerissen worden. Alexius steuerte das kaiserliche Schiff mit Mut und Gewandtheit durch die Stürme. An der Spitze seiner Armeen war er kühn im Gefecht, reich an Kriegslisten, unermüdlich bei Beschwerden, stets bereit seine Vorteile auszunützen und sich aus seinen Niederlagen mit unerschöpflicher Kraft wieder zu erheben. Die Zucht im Lager wurde wieder hergestellt und ein neues Geschlecht von Männern und Soldaten durch das Beispiel und die Vorschriften ihres Anführers geschaffen. Im Verkehr mit den Lateinern war Alexius geduldig und schlau, und sein scharfer Blick erkannte das neue System einer unbekannten Welt. Ich werde später die überlegene Politik beschreiben, womit er die Interessen und Leidenschaften der Streiter des ersten Kreuzzuges im Gleichgewicht zu halten verstand. In einer langen Regierung von siebenunddreißig Jahren bezwang er diejenigen und verzieh ihren Neid, die einst seinesgleichen gewesen; die Gesetze der öffentlichen und Privatordnung wurden wieder hergestellt, Künste und Wissenschaften gepflegt, die Grenzen des Reiches in Europa und Asien erweitert und das Szepter der Komnenen seinen Nachkommen bis ins dritte und vierte Glied überliefert. Aber in schwierigen Zeiten zeigten sich einige Mängel in seinem Charakter, und sein Andenken wurde einigen gerechten oder unedelmütigen Vorwürfen ausgesetzt. Der Leser wird vielleicht über das verschwenderische Lob lächeln, das seine Tochter so oft einem fliehenden Helden spendet. Seine schwache Lage und die dadurch gebotene Vorsicht konnte als Mangel an persönlichem Mut ausgelegt werden, und seine politischen Künste werden von den Lateinern als Betrügerei und Verstellung gebrandmarkt. Seine vielen weiblichen und männlichen Nachkommen sicherten die Nachfolge; aber ihr fürstlicher Aufwand und Stolz beleidigte die Patrizier, erschöpfte den Schatz und verhöhnte das Elend des Volkes. Anna legt ein treues Zeugnis dafür ab, daß die Sorgen des öffentlichen Lebens sein Glück zerstörten und seine Gesundheit untergruben; die Geduld der Konstantinopler wurde durch seine lange und strenge Regierung erschöpft, und bevor Alexius verschied, hatte er die Liebe und Verehrung seiner Untertanen verloren. Die Geistlichkeit konnte ihm die Verwendung ihrer geheiligten Reichtümer zugunsten des Staates nicht verzeihen; aber sie zollte seiner theologischen Gelehrsamkeit und seinem glühenden Eifer für den orthodoxen Glauben, den er mit Zunge, Feder und Schwert verteidigte, Beifall. Er bekannte den griechischen Glauben und ein und dasselbe sich selbst widersprechende Prinzip der menschlichen Natur gab ihm ein, ein Hospital für Arme und Kranke zu gründen und die Hinrichtung eines Ketzers zu leiten, der auf dem Platz der St. Sophienkirche lebendig verbrannt wurde. Sogar seine moralischen und religiösen Tugenden wurden von Personen bezweifelt, die ihr Leben in vertrautem Verkehr mit ihm zugebracht hatten. Als seine Gattin Irene in seinen letzten Stunden in ihn drang, die Nachfolgeordnung zu ändern, erhob er das Haupt und ließ einen frommen Ausruf über die eitle Welt hören. Die Antwort der entrüsteten Kaiserin mag als Epitaph auf sein Grab geschrieben werden: »Du stirbst, wie du gelebt hast, ein Heuchler!«

Es war Irenes Wunsch gewesen, den ältesten ihrer überlebenden Söhne zugunsten ihrer Tochter, der Prinzessin Anna, zu benachteiligen, die bei aller Philosophie ein Diadem nicht verschmäht haben würde. Aber die männliche Erbfolge wurde von den Freunden ihres Vaterlandes verteidigt; der rechtmäßige Erbe zog den kaiserlichen Siegelring vom Finger des bewußtlosen oder wissenden Vaters, und das Reich gehorchte dem Gebieter des Palastes. Anna Komnena ließ sich durch Ehrgeiz und Rache verleiten, sich gegen das Leben ihres Bruders zu verschwören, und als ihr Plan durch ihren besorgten oder Skrupel habenden Gatten vereitelt wurde, rief sie voll Ingrimm aus, die Natur habe die beiden Geschlechter verwechselt und Bryennius die Seele eines Weibes gegeben. Die beiden Söhne des Alexius, Johann und Isaak, bewahrten ihre brüderliche Eintracht, ihres Hauses erbliche Tugend; der jüngere Bruder begnügte sich mit dem Titel Sebastokrator, welcher fast die kaiserliche Würde bezeichnet, ohne daß er kaiserliche Macht erhielt. Zum Glück waren das Recht der Erstgeburt und Verdienste in einer Person vereint. Seine schwärzliche Gesichtsfarbe, groben Züge und Kleinheit des Wuchses hatten ihm den ironischen Beinamen Kalo-Johannes oder Johann der Schöne verschafft, den jedoch seine dankbaren Untertanen mehr auf die Schönheit seiner Seele anwendeten. Leben und Vermögen Annas waren nach Entdeckung ihres Verrates mit Recht den Gesetzen verfallen. Der milde Kaiser schonte ihr Leben, aber schenkte ihre Schätze und ihren Palast seinem verdientesten Freunde. Aber dieser achtungswürdige Freund, Axuch, ein Sklave von türkischer Abkunft, wagte es, das Geschenk abzulehnen und für die Verbrecherin zu bitten; sein edelmütiger Gebieter pries seinen tugendhaften Günstling und ahmte ihn nach, und die Vorwürfe oder Klagen eines gekränkten Bruders bildeten die einzige Strafe der schuldigen Prinzessin. Nach diesem Beispiel der Milde blieb seine ganze übrige Regierung ungestört durch Verschwörung oder Aufruhr; gefürchtet von seinen Großen, geliebt vom Volk, sah sich Johann niemals in die schmerzliche Notwendigkeit versetzt, persönliche Feinde zu bestrafen oder ihnen auch nur Verzeihung zu gewähren. Während seiner fünfundzwanzigjährigen Regierung war die Todesstrafe im römischen Reiche abgeschafft, ein dem Menschenfreund höchst willkommenes mildes Gesetz, dessen Durchführung aber in einem großen und verderbten Staate mit der öffentlichen Sicherheit nur selten in Einklang zu bringen ist. Streng gegen sich selbst, nachsichtig gegen andere, keusch, mäßig und enthaltsam, würde der philosophische Markus die kunstlosen Tugenden seines Nachfolgers, die aus seinem Herzen stammten und nicht von irgendwelchen Schulen geborgt waren, nicht verschmäht haben. Er verachtete und mäßigte den übertriebenen Prunk des byzantinischen Hofes, der so drückend für das Volk und so verwerflich in vernünftigen Augen war. Unter einem solchen Fürsten hat Unschuld nichts zu fürchten und Verdienst alles zu erhoffen, und er führte allmählich, ohne den tyrannischen Zensor zu spielen, Reformen in den öffentlichen und privaten Sitten von Konstantinopel ein. Der einzige Fehler dieses vollendeten Charakters war jene Schwäche edler Gemüter, Liebe zu den Waffen und kriegerischer Mut. Aber die häufigen Feldzüge Johannes des Schönen lassen sich wenigstens durch die Notwendigkeit rechtfertigen, die Türken vom Hellespont und Bosporus zurückzudrängen. Der Sultan von Ikonium mußte sich auf seine Hauptstadt beschränken, die Barbaren wurden in die Gebirge getrieben, und die asiatischen Provinzen erfreuten sich einer vorübergehenden Befreiung. Er zog an der Spitze eines siegreichen Heeres mehrmals von Konstantinopel bis Antiochia und Aleppo, und seine lateinischen Bundesgenossen bewunderten bei den Belagerungen und Schlachten während des heiligen Krieges wiederholt den großen Mut und die Tapferkeit des Griechen. Während er begann, sich der ehrgeizigen Hoffnung zu überlassen, die alten Reichsgrenzen wiederherzustellen, während er sich in Gedanken mit dem Euphrat und Tigris, mit der Herrschaft über Syrien und der Eroberung von Jerusalem beschäftigte, wurde sein Leben und Glück durch ein seltsames Ereignis beendet. Er jagte einen wilden Eber im Tale von Anazarbus und hatte seinen Wurfspieß in den Leib des wütenden Tieres gestoßen; aber in dem Kampf fiel ein vergifteter Pfeil aus seinem Köcher, und eine leichte Wunde an der Hand, die den Brand zur Folge hatte, brachte dem Besten und Größten der Komnenen den Tod (1143).

Ein frühzeitiger Tod hatte die beiden ältesten Söhne Johannes des Schönen hinweggerafft; von den beiden überlebenden zog er aus Einsicht oder Liebe den jüngeren vor, und die Soldaten, welche die Tapferkeit seines Lieblings im Türkenkriege bewundert hatten, genehmigten die Wahl ihres sterbenden Fürsten. Der treue Axuch eilte nach der Hauptstadt, brachte Isaak in ehrenvollen Gewahrsam und erkaufte um zehntausend Pfund Silber die vornehmsten Geistlichen der St. Sophienkirche, die eine entscheidende Stimme bei der Krönung eines Kaisers besaßen. Manuel erschien mit seinen erprobten und treuen Truppen bald in Konstantinopel. Sein Bruder begnügte sich mit dem Titel Sebastokrator. Seine Untertanen bewunderten den hohen Wuchs und die kriegerische Anmut des neuen Souveräns und hörten leichtgläubig die willkommene Verheißung, daß er die Weisheit des Alters mit der Tätigkeit und Kraft der Jugend vereinige. Während seiner Regierung machten sie die Erfahrung, daß er mit dem Mut seines Vaters wetteiferte und dessen Talente besaß, daß aber dessen friedliche Eigenschaften mit ihm ins Grab gesunken waren. Während Manuels siebenunddreißigjähriger Regierung war ständig abwechselnd Krieg gegen die Türken, die Christen und die Horden in den Wildnissen jenseits der Donau. Manuel kämpfte auf dem Taurusgebirge, in den Ebenen von Ungarn, an der Küste von Italien und Ägypten und auf den Meeren von Sizilien und Griechenland. Sein Einfluß reichte von Jerusalem bis Rom und Rußland, und die byzantinische Monarchie wurde eine Zeitlang Gegenstand der Achtung oder des Schreckens für die asiatischen wie die europäischen Mächte. In orientalischer Pracht erzogen, besaß Manuel das eiserne Herz eines Soldaten, das bei seinesgleichen nicht leicht zu finden ist, außer in den Königen Richard I. von England und Karl I. von Schweden. So groß war seine Kraft und seine Übung in den Waffen, daß Raimund, genannt der Herkules von Antiochia, nicht imstande war, die Lanze und den Schild des griechischen Kaisers zu schwingen. Bei einem berühmten Turnier ritt er auf einem feurigen Streitroß in die Schranken und warf im ersten Rennen zwei der gewaltigsten italienischen Ritter, den ersten beim Angriff, den letzteren beim Rückzug. Seine Freunde und Feinde zitterten, jene um sein, diese für ihr Leben. Nachdem er einen Hinterhalt im Walde aufgestellt, ritt er, um irgendein gefährliches Abenteuer aufzusuchen, vorwärts, nur von seinem Bruder und dem getreuen Axuch begleitet, der sich weigerte, seinen Gebieter zu verlassen. Achtzehn Reiter flohen nach kurzem Kampfe vor ihm; aber die Zahl seiner Feinde nahm zu, die Verstärkung rückte nur langsam heran, und Manuel schlug sich, ohne auch nur eine Wunde zu erhalten, durch fünfhundert Türken. In einer Schlacht gegen die Ungarn riß er, ungeduldig über die Langsamkeit seiner Truppen, dem Träger die Fahne aus der Hand und war fast unbegleitet der erste, der über die Brücke stürmte, die ihn vom Feinde trennte. In demselben Land schickte er, nachdem sein Heer über die Save gesetzt hatte, die Boote zurück und gebot ihrem Befehlshaber bei Todesstrafe, ihn im Lande des Feindes sterben zu lassen, wenn er nicht siegte. Als das kaiserliche Schiff bei der Belagerung von Korfu eine genommene Galeere im Schlepptau hatte, stand der Kaiser auf dem Schiffsheck und schirmte sich gegen einen Regen von Pfeilen und Steinen nur durch einen großen Schild und ein fliegendes

Segel; er wäre auch dem unvermeidlichen Tode nicht entgangen, wenn der sizilianische Admiral seinen Bogenschützen nicht geboten hätte, den Helden zu schonen. An einem Tage tötete er mit eigener Hand vierzig Barbaren, kehrte ins Lager zurück und schleppte vier türkische Gefangene mit, die er an seinen Sattelring gefesselt hatte. Er war stets der erste, zum Zweikampf aufzufordern oder ihn anzunehmen, und die riesengroßen Kämpen, die sich ihm entgegenstellten, wurden entweder von der Lanze des unbezwinglichen Manuels durchbohrt oder von seinem Schwert getötet. Die Geschichte seiner Taten, die ein Muster oder eine Nachbildung der Romane des Rittertums zu sein scheint, kann gerechten Argwohn gegen die Wahrheitsliebe der Griechen erregen. Ich werde, um ihre Glaubwürdigkeit zu rechtfertigen, nicht meine eigene gefährden, darf jedoch bemerken, daß in der langen Reihe ihrer Fürsten einzig Manuel der Gegenstand einer solchen Übertreibung war. Aber er vereinigte mit der Tapferkeit eines Kriegers nicht die Geschicklichkeit oder Klugheit eines Feldherrn; seine Siege veranlaßten weder eine dauernde noch eine nützliche Eroberung, und seine bei den Türken erworbenen Lorbeeren wurden im letzten unglücklichen Feldzug vernichtet, in dem er sein Heer in den Gebirgen von Pisidien verlor und seine Befreiung nur dem Edelmut des Sultans verdankte. Aber der merkwürdigste Zug in Manuels Charakter ist seine Neigung sowohl zur Tätigkeit als zur Trägheit, seine Abhärtung und Weichlichkeit. Im Krieg schien er den Frieden nicht zu kennen, im Frieden schien er des Krieges unfähig. Im Felde schlief er in der Sonne oder auf dem Schnee, ermüdete durch die längsten Märsche seine Leute und Pferde und ertrug lächelnd den Mangel oder die Kost des Lagers. Kaum war er jedoch nach Konstantinopel zurückgekehrt, so überließ er sich einem üppigen Leben; der Aufwand in seinem Anzug, bei der Tafel und im Palast übertraf das Maß seiner Vorgänger. Er brachte ganze Sommertage müßig auf den wonnevollen Inseln der Propontis zu und pflegte der blutschänderischen Liebe mit seiner Nichte Theodora. Die Ausgaben eines zugleich kriegerischen und ausschweifenden Fürsten erschöpften den Schatz und vermehrten die Steuern, und Manuel mußte in der Not während seines letzten türkischen Feldzuges einen bitteren Vorwurf aus dem Mund eines verzweifelten Soldaten hören. Als er seinen Durst löschte, klagte er, daß das Wasser der Quelle mit Christenblut vermengt sei. »Es ist nicht das erste Mal«, rief eine Stimme aus der Schar, »daß du, o Kaiser, das Blut deiner christlichen Untertanen getrunken hat!« Manuel Komnenus war zweimal vermählt, mit der tugendhaften Berta oder Irene von Deutschland und mit der schönen Maria, einer französischen oder lateinischen Prinzessin von Antiochia. Die einzige Tochter seiner ersten Gattin war für den Ungarfürsten Bela bestimmt, der in Konstantinopel unter dem Namen Alexius erzogen wurde, und die Vollziehung der Ehe hätte das römische Zepter auf ein

Geschlecht freier und kriegerischer Barbaren übertragen können. Nachdem aber Maria von Antiochia dem Reiche einen Sohn und Erben gegeben hatte, wurden die mutmaßlichen Rechte Belas für ungültig erklärt und er selbst der verheißenen Braut beraubt. Der Ungarfürst nahm seinen Namen und das Königreich seiner Väter wieder an und entwickelte Tugenden, die den Neid und die Sehnsucht der Griechen erregen konnten. Der Sohn der Maria hieß Alexius und bestieg, nachdem durch den Tod seines Vaters der Glanz des Hauses der Komnenen erloschen war, im Alter von zehn Jahren den byzantinischen Thron (1180).

Die brüderliche Eintracht der beiden Söhne des großen Alexius war zuweilen durch Interesse und Leidenschaft getrübt worden. Der Sebastokrator Isaak ließ sich durch Ehrgeiz zur Flucht und Empörung verleiten, wurde aber durch den strengen und milden Johann den Schönen zur Umkehr und Reue bewogen. Die Irrtümer Isaaks, des Ahnherrn der Kaiser von Trebisund, dauerten nicht lang und waren verzeihlich, aber sein älterer Sohn Johann entsagte für immer der Religion seiner Väter. Durch eine wirkliche oder eingebildete Beschimpfung seines Oheims beleidigt, floh er aus dem römischen ins türkische Lager. Sein Abfall vom Glauben wurde mit einer Tochter des Sultans, dem Titel Tschelebi oder Edler und einem fürstlichen Erbe belohnt, und im fünfzehnten Jahrhundert konnte Mahomed I. sich seiner kaiserlichen Abstammung aus dem Hause der Komnenen rühmen. Androne, Johanns jüngerer Bruder, Sohn Isaaks und Enkel des Alexius Komnenus, ist einer der hervorragendsten Charaktere des Zeitalters, und seine wirklich erlebten Abenteuer könnten den Stoff zu einem sehr interessanten Roman geben. Um die Wahl von drei Frauen kaiserlicher Abkunft zu rechtfertigen, muß ich bemerken, daß ihr glücklicher Liebhaber außergewöhnlich schön und kraftvoll war und daß der Mangel an Anmut durch ein männliches Antlitz, hohen Wuchs, athletische Muskeln, Anstand und Haltung eines Kriegers ersetzt wurde. Die Erhaltung seiner Gesundheit und Kraft bis in sein hohes Alter war der Lohn seiner Mäßigkeit und Leibesübung. Ein Stück Brot und ein Trunk Wasser bildeten oft sein abendliches Mahl, und wenn er von einem wilden Eber oder Hirsch, den er mit eigenen Händen gebraten hatte, aß, war dies die wohlverdiente Frucht einer ermüdenden Jagd. Gewandt in der Handhabung der Waffen, kannte er auch die Furcht nicht. Seine hinreißende Beredsamkeit konnte sich allen Lebenslagen anpassen, sein Stil war, wenn auch nicht sein Wandel, nach dem Beispiel des heiligen Paulus gebildet, und bei jeder bösen Tat zeigte er ein entschlossenes Herz, einen erfinderischen Kopf und eine stets zur Ausführung bereite Hand. In seiner Jugend folgte er nach dem Tode des Kaisers Johann dem sich zurückziehenden römischen Heer; aber auf dem Marsch durch Kleinasien verleitete ihn Absicht oder Zufall, in den Gebirgen umher zu streifen. Der Jäger wurde von türkischen Jägern umzingelt, und er blieb eine Zeitlang wider oder mit Willen Gefangener des Sultans. Seine Tugenden und Laster empfahlen ihn seinem Vetter; er teilte die Gefahren und Vergnügen Manuels, und während der Kaiser in offenkundiger Blutschande mit seiner Nichte Theodora lebte, verführte Andronikus deren Schwester Eudokia. Sich über jeden Anstand des Geschlechtes und Ranges hinwegsetzend, war sie stolz, seine Geliebte zu heißen, und Palast wie Lager konnten Zeuge sein, daß sie in den Armen ihres Geliebten schlief oder wachte. Sie begleitete ihn, als er in Kilikien, dem ersten Schauplatze seiner Tapferkeit und Unklugheit, den Heeresbefehl übernahm. Er betrieb eifrig die Belagerung von Mopsu Hestia; bei Tag wagte er die kühnsten Angriffe, die Nacht aber verging in Gesang und Tanz, und griechische Komödianten waren der ausgesuchteste Teil seines Gefolges. Andronikus wurde durch einen Ausfall des wachsamen Feindes überrumpelt; aber während seine Truppen in Unordnung flohen, focht er in den dichtesten Reihe der Armenier. Bei seiner Rückkehr ins kaiserliche Lager von Makedonien wurde er von Manuel öffentlich mit Freundlichkeit, insgeheim mit Vorwürfen empfangen, aber die Herzogtümer Maissus, Braniseba und Kastoria waren die Belohnung des unglücklichen Feldherrn. Eudokia folgte ihm überall hin; um Mitternacht wurde beider Zelt plötzlich von ihren entrüsteten Brüdern angegriffen, die ihre Schmach in seinem Blute abzuwaschen dürsteten. Mutig verwarf er es, sich als Frau zu verkleiden, er raffte sich kühn von seinem Lager auf und bahnte sich mit gezogenem Schwert einen Weg durch die zahlreichen Mörder. Hier zeigte er auch zuerst seinen Hang zu Undank und Verrat; er ließ sich in ein hochverräterisches Übereinkommen mit dem König von Ungarn und dem deutschen Kaiser ein, näherte sich zu einer späten Stunde mit gezogenem Schwert und als lateinischer Soldat verkleidet dem kaiserlichen Zelt, gestand seine Absicht, sich an einem Todfeinde zu rächen und pries unklugerweise sein schnelles Roß als Mittel zu Flucht und Rettung. Der Monarch verheimlichte seinen Argwohn; aber nach beendetem Feldzuge wurde Andronikus verhaftet und in einem Turm des Palastes von Konstantinopel eingekerkert.

In diesem Gefängnis ließ man ihn über zehn Jahre; eine höchst peinliche Freiheitsbeschränkung, der zu entfliehen ihn sein Durst nach Taten und Vergnügungen unaufhörlich trieb. Er bemerkte in einer Ecke des Gemaches einige lose Mauersteine und grub allmählich einen Gang, bis er eine finstere und vergessene Blende fand. In diesem Loch verbarg er sich mit dem Rest seiner Lebensmittel, brachte die Steine wieder in ihre vorige Ordnung und verwischte sorgfältig die Spuren seiner Arbeit. Seine Wächter staunten, als sie zur Besichtigung kamen, über die Stille und Einsamkeit des Gefängnisses und meldeten voll Scham und Bestürzung seine unbegreifliche Flucht. Die Tore des

Palastes und der Stadt wurden augenblicklich geschlossen, die strengsten Befehle zur Wiedererlangung des Flüchtlings in die Provinzen gesendet und seine verdächtigte Gattin in demselben Turm eingekerkert. Um Mitternacht erblickte sie ein Gespenst, erkannte ihren Gatten und teilte mit ihm ihre Nahrung; ein Sohn war die Frucht dieser verstohlenen Zusammenkünfte, welche die traurigen Stunden ihrer Einkerkerung beglückten. Bei Bewachung einer Frau ließ die Wachsamkeit der Hüter allmählich nach und schon hatte der Gefangene sein wirkliches Entkommen vorbereitet, als er entdeckt, nach Konstantinopel zurückgebracht und mit doppelten Ketten gefesselt wurde. Endlich fand er den Augenblick und die Mittel zu seiner Befreiung. Ein Knabe und Diener seines Hauses machte die Wachen betrunken und verschaffte sich den Wachsabdruck des Gefängnisschlüssels. Seine Freunde schafften einen ähnlichen Schlüssel und ein Bündel Stricke am Boden eines Weinschlauchs in sein Gefängnis. Andronikus benutzte geschickt und mutig die Werkzeuge zu seiner Rettung, schloß die Tür auf, stieg vom Turme herab, verbarg sich den Tag über im Dickicht und kletterte des Nachts über die Gartenmauer des Palastes. Ein Boot lag zu seiner Aufnahme bereit; er besuchte sein eigenes Haus, umarmte seine Kinder, warf seine Ketten weg, bestieg ein schnelles Roß und ritt eiligst an die Donau. In Anchialus in Thrakien versah ihn ein unerschrockener Freund mit Pferden und Geld; er setzte über den Strom, durcheilte die Wüsteneien der Moldau und der Karpathen und hatte fast die Stadt Halitsch in Russisch-Polen erreicht, als ihn eine Abteilung Wallachen aufgriff, die entschlossen waren, ihren wichtigen Gefangenen nach Konstantinopel zu führen. Seine Geistesgegenwart rettete ihn auch aus dieser Gefahr. Unter dem Vorwande, nicht wohl zu sein, stieg er des Nachts ab und erhielt die Erlaubnis, sich ein paar Schritte entfernen zu dürfen; er steckte seinen langen Stab in den Boden, hing Mütze und Oberkleid daran und täuschte damit eine Weile lang die Wallachen, während er sich in den Wald stahl. Von Halitsch wurde er ehrenvoll nach Kiew, der Residenz des Großfürsten geleitet. Der schlaue Grieche gewann bald Jaroslaws Hochachtung und Vertrauen; er konnte sich in die Sitten jedes Landes fügen, und die Barbaren priesen seine Kraft und Kühnheit bei der Jagd auf Elentiere und Bären des Forstes. In diesem Nordlande erwarb er sich von Manuel, der den russischen Fürsten ersuchte, seine Waffen zwecks eines Einbruches in Ungarn mit den Seinen zu vereinigen, Verzeihung. Andronikus' Einfluß brachte das gewünschte Bündnis zustande; der ihn betreffende Vertrag wurde mit dem Versprechen der Treue einerseits und dem der Verzeihung anderseits geschlossen, und Andronikus zog an der Spitze des russischen Heeres vom Borysthenes an die Donau. Trotz seines Zornes hatte Manuel stets mit seinem kriegerischen und ausschweifenden Vetter sympathisiert, und volle Verzeihung erhielt er bei dem Sturm von Semlin, in dem er dem Kaiser und nur diesem an Tapferkeit nachstand.

Kaum war der Verbannte der Freiheit und seinem Vaterlande wiedergegeben, als sein Ehrgeiz zuerst sein eigenes und endlich auch das öffentliche Unglück wieder heraufbeschwor. Eine Tochter Manuels stand den mehr zur Nachfolge berechtigten männlichen Sprossen der Komnenen im Wege. Ihre projektierte Vermählung mit einem Ungarfürsten widerstrebte den für sich hoffenden oder Vorurteile habenden Prinzen und Großen. Als ein Eid der Treue für den mutmaßlichen Erben verlangt wurde, behauptete Andronikus allein die Ehre des römischen Namens, lehnte die ungesetzliche Verpflichtung ab und protestierte kühn gegen die Adoption eines Fremdlings. Sein Patriotismus mißfiel dem Kaiser, allein er hatte die Gesinnungen des Volkes ausgesprochen und so wurde er durch eine ehrenvolle Verbannung, den abermaligen Oberbefehl über die kilikische Grenze mit der unumschränkten Verfügung über das Einkommen der Insel Cypern, aus der Nähe des Kaisers verbannt. Die Armenier hier hatten wieder durch seinen Mut zu leiden und benützten wieder seine Fahrlässigkeit, und derselbe Rebell, der alle seine Anstrengungen vereitelte, wurde durch seine Lanze vom Pferde geschleudert und fast getötet. Andronikus entdeckte aber bald einen angenehmeren Gegenstand zur leichten Eroberung, nämlich die schöne Philippine, Schwester der Kaiserin Marie und Tochter Raimunds von Poitou, des lateinischen Fürsten von Antiochia. Um ihretwillen verließ er sein Kommando und verbrachte den Sommer bei Bällen und Turnieren; seiner Liebe opferte sie ihre Unschuld, ihren Ruf und eine vorteilhafte Vermählung. Aber der grimmige Manuel, geärgert über diese der Familie angetane Schmach, unterbrach seine Freuden. Andronikus überließ die unglückliche Fürstin ihrer Reue und unternahm mit einer Schar verzweifelter Abenteurer die Wallfahrt nach Jerusalem. Seine Geburt, sein Kriegsruhm und seine eifrigen Beteuerungen bezeichneten ihn als Streiter für das Kreuz; er gewann die Zuneigung der Geistlichkeit und des Volkes und wurde mit dem Fürstentum Berytus an der Küste von Phönizien belehnt. In der Nachbarschaft residierte eine junge und schöne Königin seines eigenen Volkes und Stammes, die Urenkelin des Kaisers Alexius und Witwe des Königs von Jerusalem, Balduins II. Sie besuchte und liebte ihren Verwandten. Theodora war das dritte Opfer seiner liebeglühenden Schwüre, und ihre Schmach war öffentlicher und erregte mehr Ärgernis als die ihrer Vorgängerinnen. Der Kaiser dürstete noch immer nach Rache und hatte wiederholt in seine Untertanen und Bundesgenossen an der syrischen Grenze gedrungen, sich des Flüchtlings zu bemächtigen und ihm die Augen auszustechen. In Palästina gab es für ihn keine Sicherheit mehr; aber die zärtliche Theodora offenbarte ihm die Gefahr und begleitete ihn auf der Flucht. Die Königin von Jerusalem zeigte sich im Orient als seine gefügige Geliebte. Zwei uneheliche Kinder waren die lebenden Denkmäler ihrer Schwäche. Damaskus war seine erste Zuflucht, wo der Grieche in dem großen Nureddin und seinem Diener Saladin die Tugenden von Muselmanen hätte ehren lernen können. Als Freund Nureddins besuchte er höchstwahrscheinlich Bagdad und die Höfe von Persien und ließ sich nach einem langen Wege um das Kaspische Meer und die Gebirge von Georgien zuletzt unter den Türken von Kleinasien, den Erbfeinden seines Vaterlandes, nieder. Der Sultan von Colonia gewährte dem Andronikus, seiner Geliebten und seiner Bande Geächteter Gastfreundschaft; er dankte es durch häufige Einbrüche in die römische Provinz Trebisund, von wo er selten ohne reiche Beute und christliche Gefangene zurückkehrte. In der Geschichte seiner Abenteuer liebte er es, sich mit David zu vergleichen, der nach langer Verbannung den Schlingen der Gottlosen entging. Aber der königliche Prophet (wagte er hinzuzufügen) begnügte sich damit, an der Grenze von Judäa zu lauern, einen Amalekiter zu erschlagen und in seiner elenden Lage das Leben des geizigen Nabal zu bedrohen. Die Streifzüge des Komnenenfürsten hatten einen größeren Umkreis, und er hatte über die orientalische Welt den Ruhm seines Namens und seiner Religion verbreitet. Durch Beschluß der griechischen Kirche war der zügellose Räuber von der Gemeinschaft der Gläubigen ausgeschlossen worden, aber selbst diese Exkommunikation beweist, daß er das Christentum niemals abgeschworen hat.

In seiner Wachsamkeit hatte er die offene wie die geheime Verfolgung des Kaisers durch List oder Gewalt vereitelt, er wurde aber endlich durch die Gefangennahme seiner Begleiterin in die Falle gelockt. Dem Statthalter von Trebisund gelang der Versuch, sich der Person Theodoras zu bemächtigen. Die Königin von Jerusalem wurde mit ihren beiden Kindern nach Konstantinopel gesandt, und ihr Verlust verbitterte ihm die widerwärtige Einsamkeit seiner Verbannung noch mehr. Der Flüchtling flehte endlich um Verzeihung, erhielt sie und mit ihr die Erlaubnis, sich einem über die Demütigung dieses stolzen Geistes erfreuten Souverän zu Füßen zu werfen. Im Staube liegend, beklagte er weinend und stöhnend seine frühere Empörung und wollte nicht eher wagen sich zu erheben, als bis irgendein treuer Untertan ihn an einer eisernen Kette, die er insgeheim um seinen Hals gelegt hatte, zum Thron ziehen würde. Diese außerordentliche Buße erregte das Staunen und Mitleid der Versammlung; seine Sünden wurden von Kirche und Staat verziehen, aber Manuels gerechtes Mißtrauen wies ihm fern vom Hofe Oenoe zum Aufenthaltsort an, eine Stadt in Pontus, die von Weinbergen umgeben war und an der Küste des Schwarzen Meeres lag. Der Tod Manuels und die Wirren während der Minderjährigkeit seines Nachfolgers öffneten seinem

Ehrgeiz bald das weiteste Feld. Der Kaiser war ein Knabe von zwölf bis vierzehn Jahren, ohne Kraft, Einsicht oder Erfahrung. Seine Mutter, die Kaiserin Maria, überließ sich und die Regierung einem Günstling aus komnenischem Geschlecht. Seine Schwester Maria, deren Gemahl, ein Italiener, mit dem Cäsartitel geschmückt war, stiftete eine Verschwörung und endlich einen Aufruhr gegen ihre verhaßte Stiefmutter an. Die Provinzen wurden vergessen, die Hauptstadt stand in Flammen, und ein Jahrhundert des Friedens und der Ordnung ging in den Lastern und der Schwäche weniger Monate unter. Ein Bürgerkrieg brach in Konstantinopel aus, die beiden Parteien kämpften auf dem Platze des Palastes eine blutige Schlacht, und die Rebellen hielten eine regelrechte Belagerung in der Kathedrale der heiligen Sophie aus. Der Patriarch arbeitete in ehrenhaftem Bestreben an Heilung der Wunden des Staates, die achtbarsten Patrioten riefen laut nach einem Vormund und Rächer, und jeder sprach den Talenten, ja sogar den Tugenden des Andronikus Lob. Er tat, als brüte er in seiner Zurückgezogenheit über den feierlichen Verpflichtungen seines Eides: »Wenn die Sicherheit oder Ehre der kaiserlichen Familie bedroht werden sollte, will ich das Unheil offenbaren und mich ihm mit allen meinen Kräften widersetzen.« Seine Briefe an den Patriarchen und die Patrizier waren mit passenden Zitaten aus den Psalmen Davids und den Briefen des heiligen Paulus gewürzt, und er wartete geduldig, bis ihn die Stimme des Vaterlandes zu dessen Befreiung rief. Auf seinem Zuge von Oenoe nach Konstantinopel schwoll sein schwaches Gefolge allmählich zu einer Schar, zu einem Heere an; man hielt seine Beteuerungen der Religiosität und Treue irrtümlich für seine wahre Überzeugung, und seine einfache fremde Tracht, die seine majestätische Gestalt sehr vorteilhaft zeigte, bot ein lebendiges Bild seiner Armut und Verbannung. Jeder Widerstand schwand vor ihm, er erreichte die Meerenge des thrakischen Bosporus, die byzantinische Flotte segelte aus dem Hafen aus, um den Befreier ihres Vaterlandes aufzunehmen und überzusetzen; der Strom wogte laut und die Insekten, die sich im Sonnenschein der kaiserlichen Gunst gebläht hatten, verschwanden beim Herannahen des Sturmes. Es war Andronikus' erste Sorge, den Palast in Besitz zu nehmen, den Kaiser zu begrüßen, dessen Mutter einzukerkern, ihre Minister zu bestrafen und die öffentliche Ruhe und Ordnung wiederherzustellen. Hierauf besuchte er das Grab Manuels, die Begleiter erhielten Befehl, sich fernzuhalten; als er sich aber in der Stellung des Gebetes neigte, hörten sie oder glaubten ein Gemurmel des Triumphes und der Rache zu vernehmen: »Ich fürchte dich nun nicht mehr, mein alter Feind, der du mich wie einen Landstreicher über die ganze Erde gejagt hast. Du ruhst sicher unter einer siebenfachen Decke und kannst nicht eher aufstehen, als bis die letzte Trompete erschallt. Nun ist die Reihe an mir und bald werde ich deine Asche und deine Hinterbliebenen mit Füßen treten.« Nach seiner späteren Tyrannei zu urteilen, kann man ihm solche Gefühle wohl zuschreiben, aber es ist nicht sehr wahrscheinlich, daß er seine Gedanken laut werden ließ. In den ersten Monaten seiner Verwaltung verstellte er sich, konnte jedoch nur die Augen der Menge täuschen. Die Krönung des Alexius wurde mit gebührender Feierlichkeit vollzogen, und sein treuloser Vormund, in seinen Händen den Leib und das Blut Christi haltend, erklärte mit Inbrunst, daß er bereit sei, im Dienste seines geliebten Mündels zu leben und zu sterben. Aber seine zahlreichen Anhänger waren unterwiesen worden zu verbreiten, daß das sinkende Reich in den Händen eines Kindes zusammenbrechen müsse, daß die Römer nur durch einen erprobten Fürsten, kühn im Kampfe, kundig der Politik, der Menschenkenntnis besaß und durch den steten Wechsel seiner Schicksale zum Herrschen berufen war, gerettet werden könnten und daß es die Pflicht jedes Römers sei, den aus Bescheidenheit widerstrebenden Andronikus zu zwingen, die Last der öffentlichen Sorgen zu übernehmen. Der junge Kaiser selbst war gezwungen, in diesen allgemeinen Ruf einzustimmen und um die Bestellung eines Kollegen zu bitten, der ihn sogleich des obersten Ranges entsetzte, ihn einkerkerte und dadurch die kühne Erklärung des Patriarchen wahrmachte daß Alexius als tot betrachtet werden müsse, sobald er der Obhut seines Vormundes anvertraut sein würde. Aber seinem Tod ging die Einkerkerung und die Hinrichtung seiner Mutter voraus. Nachdem sie der Tyrann angeprangert und die Menge gegen sie entflammt hatte, klagte er die Kaiserin eines hochverräterischen Einverständnisses mit dem König von Ungarn an und machte ihr den Prozeß. Sein eigener Sohn, ein ehrenhafter, menschlich empfindender Jüngling, gestand seinen Abscheu vor dieser ruchlosen Tat, und drei der Richter erwarben sich das Verdienst, ein reines Gewissen ihrem Leben vorzuziehen. Aber das gehorsame Tribunal verdammte, ohne Beweise zu fordern oder eine Verteidigung zu hören, die Witwe des Manuel, und ihr unglücklicher Sohn unterschrieb das Todesurteil. Maria wurde erdrosselt, ihre Leiche ins Meer geworfen und ihr Andenken durch eine unwahre Schilderung ihrer Häßlichkeit beschmutzt, die am meisten die weibliche Eitelkeit verletzt. Das Schicksal ihres Sohnes wurde ebenfalls bald entschieden: er wurde mit einer Bogensehne erdrosselt, und nachdem der Mitleid und Reue unzugängliche Tyrann die Leiche des unschuldigen Jünglings betrachtet hatte, stieß er sie grimmig mit dem Fuße weg und rief: »Dein Vater war ein Schurke, deine Mutter eine Hure und du selbst ein Narr!« Andronikus führte das römische Zepter ungefähr dreieinhalb Jahre als Vormund oder Souverän. Während seiner Regierung zeigen sich sonderbare Gegensätze von Laster und Tugend. Wenn er seinen Leidenschaften Gehör schenkte, war er die Geißel, wenn er seiner Vernunft folgte, der Vater seines Volkes. Bei der

Verwaltung der Zivilrechtspflege war er gerecht und streng; schändliche und verderbliche Käuflichkeit wurde abgeschafft und die Ämter mit den verdienstvollsten Kandidaten von einem Fürsten besetzt, der zu wählen wußte und zu strafen verstand. Er verbot die unmenschliche Gewohnheit, Güter und Personen schiffbrüchiger Seefahrer zu plündern. Die Provinzen, seit so langer Zeit Gegenstand der Unterdrückung und der Vernachlässigung, lebten wieder in Glück und Überfluß auf, und ferne Millionen priesen seine Regierung, während ihn die Zeugen seiner täglichen Grausamkeiten mit Flüchen beluden. Das alte Sprichwort: »Blutdürstig ist der Mann, der aus der Verbannung zur Herrschaft gelangt«, das man nur mit zuviel Wahrheit auf Marius und Tiberius angewendet hatte, bewährte sich zum drittenmal im Leben des Andronikus. Er bewahrte ein schwarzes Register von Feinden und Nebenbuhlern, die seine Verdienste geschmäht, sich ihm in seiner Größe widersetzt oder ihn im Unglück beschimpft hatten, und der einzige Trost in seiner Verbannung war die Hoffnung auf Rache. Die notwendige Vernichtung des jungen Kaisers und seiner Mutter legte ihm die unheilvolle Verpflichtung auf, die Freunde auszurotten, die den Mörder haßten oder bestrafen konnten, und wiederholter Mord machte ihn zur Verzeihung minder geneigt und minder fähig. Eine entsetzliche Liste der Opfer, die durch Gift oder Schwert, im Meere oder in den Flammen umkamen, wäre für seine Grausamkeit weniger bezeichnend, als daß man eine in Ruhe verlaufene unblutige Woche halkyonische Tage nannte. Der Tyrann war bestrebt, auf die Gesetze und Richter einen Teil der Schuld zu schieben, allein die Maske war gefallen und seine Untertanen konnten über den wahren Urheber ihrer Drangsale nicht länger in Zweifel sein. Die edelsten Griechen, insbesondere diejenigen, die durch Abstammung oder Verschwägerung die Erbschaft der Komnenen streitig machen konnten, entflohen aus der Höhle des Ungeheuers. Nicäa oder Prusa, Sizilien oder Cypern waren ihre Zufluchtsorte, und da schon ihre Flucht ein Verbrechen war, erschwerten sie ihre Vergehen durch offene Empörung und Annahme des kaiserlichen Titels. Andronikus jedoch entging den Dolchen und Schwertern seiner furchtbarsten Feinde; Nicäa und Prusa wurden bezwungen und gezüchtigt, die Sizilianer begnügten sich mit der Plünderung von Thessalonika, und die Entfernung Cyperns war den Rebellen nicht günstiger als dem Tyrannen. Sein Thron wurden durch einen Nebenbuhler ohne Verdienst und ein Volk ohne Waffen gestürzt (1185). Isaak Angelus, ein Nachkomme der weiblichen Linie des großen Alexius, wurde vom Kaiser, der vielleicht an eine Schuld glaubte, aus Klugheit zum Tode verurteilt. Verzweifelt verteidigte Angelus Leben und Freiheit, erschlug den Henker und floh in die Sophienkirche. Das Heiligtum füllte sich langsam mit einer neugierigen und trauernden Schar, die in seinem Schicksal ihr eigenes ahnte. Aber ihre Klagen verwandelten sich bald in Verwünschungen, ihre Verwünschungen in Drohungen, und sie wagten zu fragen: »Warum fürchten wir uns? Warum gehorchen wir? Unserer sind viele, er ist allein; unsere Geduld ist die einzige Kette unserer Knechtschaft.« Mit Tagesanbruch brach ein allgemeiner Aufruhr in der Stadt aus, die Kerker wurden erbrochen, auch die Schlechtesten und Niedrigsten wurden zur Verteidigung ihres Vaterlandes aufgestachelt, und Isaak, der zweite seines Namens, aus dem Heiligtum kommend auf den Thron gesetzt. Der Tyrann, der die Gefahr nicht ahnte, war abwesend. Er hatte sich auf eine der schönen Inseln der Propontis zurückgezogen. Er hatte eine alles Gefühl verletzende Heirat mit Alice oder Agnes, Tochter Ludwigs VII. von Frankreich und Witwe des unglücklichen Alexius, gemacht, und seine Gesellschaft, angemessener seinem Temperament als seinem Alter, bestand aus einer jungen Gattin und einer Lieblingsfavoritin. Auf den ersten Alarm hin eilte er nach Konstantinopel, nach dem Blute der Schuldigen dürstend; er staunte über die Stille im Palast, über den Tumult in der Stadt und über den allgemeinen Abfall von ihm. Andronikus verkündete seinen Untertanen eine allgemeine Amnestie, aber sie wollten Verzeihung weder annehmen noch gewähren. Er erbot sich, die Krone zugunsten seines Sohnes Manuel niederzulegen, doch die Tugenden des Sohnes konnten die Verbrechen des Vaters nicht sühnen. Das Meer stand ihm zum Rückzug noch offen, aber die Nachricht von der Umwälzung hatte sich längs der Küste verbreitet. Mit der Furcht hatte der Gehorsam aufgehört. Die kaiserliche Galeere wurde von einer bewaffneten Brigantine verfolgt und genommen und der Tyrann vor Isaak Angelus geschleppt, mit Fesseln beladen und mit einer langen Kette um den Hals. Er und seine weinenden Begleiterinnen baten umsonst beredt um sein Leben. Statt einer ordnungsmäßigen und gesetzlichen Hinrichtung überließ man ihn den Verbrechern, den zahllosen Duldern, die durch ihn eines Vaters, Gemahls oder Freundes beraubt worden waren. Seine Zähne und seine Haare, ein Auge und ein Arm wurden ihm als armseliger Ersatz für ihren Verlust ausgerissen, und man ließ ihn noch eine kurze Zeit leben, damit er die ganze Bitterkeit des Todes fühle. Mit ausgespreizten Beinen über ein Kamel gelegt, ohne Möglichkeit einer Befreiung, wurde er durch die Stadt geführt und die Hefe des Pöbels jubelte, ihren Fürsten mit Füßen treten zu dürfen. Nach tausend Stößen und Beschimpfungen wurde Andronikus an den Füßen zwischen zwei Pfeilern, die das Bild eines Wolfes und einer Sau trugen, aufgehangen und jeder, der den öffentlichen Feind erreichen konnte, behandelte ihn mit boshaft ausgedachter und brutaler Grausamkeit, bis zwei freundlich gesinnte oder wütende Italiener ihm ihre Schwerter in den Leib stießen und jeder Rache von Menschenhand ein Ende machten. In diesem langen und schmerzlichen Todeskampf waren die einzigen Worte, die aus seinem Munde kamen: »O Herr, habe Erbarmen mit mir! Warum willst du ein gebrochenes Rohr weiter zerknicken?« Unser Haß wandelt sich in Mitleid für ihn. Wir dürfen auch seine kleinmütige Ergebung nicht tadeln, da ein griechischer Christ nicht länger Herr seines Lebens war.

Ich bin versucht gewesen, mich über den außerordentlichen Charakter und die Abenteuer des Andronikus zu verbreiten, werde aber hier die Reihe der griechischen Kaiser seit den Zeiten des Heraklius schließen. Die dem komnenischen Stamme entsprossenen Zweige waren langsam ausgestorben und die männliche Linie wurde nur durch die Nachkommen dieses Andronikus fortgesetzt, die, so dunkel in der Geschichte und so berühmt in der Romantik, sich in der öffentlichen Verwirrung die Souveränität von Trebisund anmaßten. Ein Privatmann von Philadelphia, Konstantin Angelus, hatte durch seine Vermählung mit einer Tochter des Kaisers Alexius Reichtum und Ehrenstellen erworben. Sein Sohn Andronikus zeichnete sich nur durch Feigheit aus. Sein Enkel Isaak bestrafte den Tyrannen und gewann den Thron, wurde aber wegen seiner eigenen Laster durch seinen ehrgeizigen Bruder entthront. Ihre Zwietracht veranlaßt die Lateiner zur Eroberung von Konstantinopel, der ersten großen Epoche des Unterganges des morgenländischen Kaisertums.

Wenn wir die Zahl und Dauer der Regierungen zusammenrechnen, so findet sich, daß eine Periode von sechshundert Jahren durch sechzig Kaiser ausgefüllt wird, mit Einschluß einiger Fürstinnen in das Verzeichnis der Augusti und mit Abzug einiger Usurpatoren, die in der Hauptstadt nie anerkannt worden sind, ferner einiger Fürsten, die nicht lange genug lebten, um ihr Erbe in Besitz zu nehmen. Es ergeben sich im Durchschnitt zehn Jahre für jeden Kaiser, weit weniger, als die chronologische Regel Sir Isaac Newtons angibt, der auf Grund neuerer und ordnungsmäßiger Monarchien die Dauer einer gewöhnlichen Regierung auf achtzehn bis zwanzig Jahre berechnet hat. Das byzantinische Reich erfreute sich der größten Ruhe und Wohlfahrt, so oft es von einem erbberechtigten Kaiser regiert wurde; fünf Dynastien, die heraklischen, isaurischen, amorischen, basilischen und komnenischen Häuser besaßen und übertrugen die kaiserliche Herrschaft auf je fünf, vier, drei, sechs und vier Generationen. Mehrere Fürsten regierten während ihrer Kindheit. Konstantin VII. und seine beiden Enkel regierten während eines ganzen Jahrhunderts. Aber zwischen den byzantinischen Dynastien wurde die Regentenfolge schnell unterbrochen, und der Name eines vom Erfolge begünstigten Kandidaten wurde schnell durch einen glücklicheren Mitbewerber ausgelöscht. Es gab viele Pfade, die zum Gipfel kaiserlicher Würde führten: ein Empörer wurde von einem Verschwörer gestürzt oder durch die stille Intrige zu Fall gebracht; die Lieblinge der Soldaten oder des Volkes, des Senates oder

der Geistlichkeit, der Weiber und Eunuchen wurden abwechselnd mit dem Purpur bekleidet. Die Mittel, mit denen ihre Erhebung durchgeführt wurde, waren niederträchtig und ihr Ende häufig verächtlich oder tragisch. Ein Mensch mit einigen Fähigkeiten, dem aber ein längeres Dasein zugemessen wäre, würde mit mitleidigem und verächtlichem Lächeln auf die Verbrechen und Torheiten der ehrgeizigen Menschen niederblicken, die so gierig und in einer so kurzen Spanne Zeit nach wandelbaren und vergänglichen Genüssen greifen. Gerade auf diese Weise erhebt und erweitert die Geschichte unseren Blick. In einer Arbeit von einigen Tagen, in der Lektüre von ein paar Stunden, sind sechs Jahrhunderte hingerollt und die Zeit eines Lebens oder einer Regierung wird zu einem flüchtigen Augenblick. Das Grab ist stets neben dem Thron, dem Siege eines Verbrechers folgt fast augenblicklich der Verlust der Beute und unsere unsterbliche Vernunft überlebt und verachtet die sechzig Phantome der Kaiser, die an unseren Augen vorübergezogen sind und sich nur schwach dem Gedächtnis einprägen. Die Bemerkung, daß der Ehrgeiz in jedem Zeitalter und in jedem Klima mit gleicher Allgewalt geherrscht hat, mag das Erstaunen eines Philosophen mindern. Während er aber die Eitelkeit dieses allgemeinen Verlangens, das Zepter der Macht zu erlangen und zu führen, verdammt, wird er nach dem Beweggrund forschen. Dem größeren Teile der byzantinischen Fürsten können wir Liebe zum Ruhm und zur Menschheit in keiner Weise nachsagen. Einzig der edle Charakter des wohltätigen Johann Komnenus war rein; die berühmtesten Monarchen, die diesem vorangehen oder folgen, haben mit Gewandtheit und Kraft die krummen und blutigen Pfade selbstsüchtiger Politik begangen. Wenn wir die unvollkommenen Charaktere Leos des Isauriers, Balisius' I., Alexius Komnenus', Theophilus', Basilius' II. und Manuel Komnenus' prüfen, wird unsere Achtung von unserem Tadel fast aufgewogen, und der übrige kaiserliche Troß kann nur wünschen und erwarten, von der Nachwelt vergessen zu werden. War persönliches Glück das Ziel und der Zweck ihres Ehrgeizes? Ich werde nicht platte Bemerkungen über das Elend der Könige machen; aber ich darf wohl zuverlässig bemerken, daß ihre Lage mehr als jede andere der Furcht den weitesten, der Hoffnung den engsten Raum gewährt. Die Revolutionen des Altertums gewährten diesen widerstreitenden Leidenschaften ein viel größeres Feld als der milde und feste Charakter der neueren Zeit, in der nicht so leicht der Triumph des Alexander oder der Fall des Darius sich wiederholen kann. Aber das eigentümliche Unglück der byzantinischen Fürsten setzte sie heimischen Gefahren aus, ohne irgendeine wirkliche Aussicht auf Eroberungen im Ausland zu geben. Andronikus wurde durch einen grausameren und schimpflicheren Tod, als ihn der größte Verbrecher erleidet, vom Gipfel der Größe herabgestürzt; aber auch seine ruhmwürdigsten Vorgänger hatten von ihren Untertanen weit mehr zu fürchten als von ihren Feinden zu hoffen. Das Heer war zügellos, ohne Mut, das Volk unruhig, ohne Freiheit; die Barbaren des Ostens und Westens drängten gegen die Monarchie und der Verlust der Provinzen besiegelte die Knechtschaft der Hauptstadt.

Die Herrschaft der römischen Kaiser vom ersten der Cäsaren bis zum letzten der Konstantine dehnt sich über fünfzehn Jahrhunderte aus, und die Dauer einer durch Eroberung von außen ungebrochenen Herrschaft übertrifft jene der alten Monarchien, jene der Herrschaft der Assyrer und Meder, der Nachfolger des Cyrus wie des Alexander.

VIERTES KAPITEL - DIE FRANKEN

Einführung, Verehrung und Verfolgung der Bilder. – Empörung Italiens und Roms. – Weltliche Herrschaft der Päpste. – Eroberung Italiens durch die Franken. – Wiedereinführung der Bilder. – Charakter und Krönung Karls des Großen. – Wiederherstellung und Verfall des römischen Kaisertums im Abendlande. – Unabhängigkeit Italiens. – Verfassung des deutschen Reiches

In der Verbindung der Kirche mit dem Staate habe ich jene stets nur als dem letzteren dienend und sich auf ihn beziehend betrachtet, eine heilsame Maxime, wenn sie nur in Wirklichkeit wie in der Darstellung stets heilig gehalten worden wäre. Ich habe geflissentlich die orientalische Philosophie der Gnostiker, die Vorherbestimmung und Gnade und die merkwürdige Verwandlung des Abendmahls in den wirklichen Leib Christi dem Forschen sinnender Theologen überlassen. Mit Emsigkeit und Vergnügen habe ich aber bei denjenigen Ereignissen der Kirchengeschichte verweilt, die einen wesentlichen Einfluß auf das Sinken und den Fall Roms hatten, bei der Ausbreitung des Christentums, der Verfassung der katholischen Kirche, dem Sturz des Heidentums und den Sekten, die aus den mysteriösen Streitigkeiten über die Dreieinigkeit und die Menschwerdung entstanden sind. An die Spitze dürfen wir mit Recht die Bilderverehrung stellen, um die im achten und neunten Jahrhundert so grimmig gestritten wurde, weil ein Glaubensstreit die Empörung von Italien, die weltliche Herrschaft der Päpste und die Wiederherstellung des römischen Reiches im Abendlande zur Folge hatte.

Die ersten Christen hatten einen unbezwinglichen Abscheu vor der Verehrung und dem Mißbrauch von Bildern, und dieser Abscheu muß ihrer Abstammung von den Juden und ihrer Feindschaft gegen die Griechen zugeschrieben werden. Das mosaische Gesetz hatte alle bildlichen Darstellungen der Gottheit streng verboten, und diese Vorschriften waren in den Grundsätzen und dem Leben des auserwählten Volkes fest verankert. Die christlichen Redner wendeten sich gegen die törichten Bildner und verspotteten sie, die sich vor dem Werke ihrer eigenen Hände beugten. Die Standbilder aus Erz und Marmor, die von ihnen künstlerisch geschaffen wurden, hätten eher von ihrem Gestell springen müssen, um die schaffende Kraft des Künstlers anzubeten. Es konnte sein, daß einige neue und unvollkommen Bekehrte vom gnostischen Schlage die Standbilder Christi und des heiligen Paulus mit profanen Ehren krönten, wie sie dies mit jenen des Aristoteles und Pythagoras taten, aber der öffentliche Gottesdienst der

Rechtgläubigen war einfach und geistig. Die erste Erwähnung der Bilderverehrung stammt von der Kirchenversammlung von Illiberis, wo sie getadelt wurde, dreihundert Jahre nach Beginn der christlichen Zeitrechnung. Unter Konstantins Nachfolgern, im Frieden und in der Üppigkeit der triumphierenden Kirche ließen sich die klugen Bischöfe herab, zum Besten der Menge die Verehrung sichtbarer Dinge zu unterstützen, und nach dem Sturz des Heidentums fürchteten sie sich vor einem gehässigen Vergleich nicht länger. Die erste Verehrung von Symbolen war die des Kreuzes und der Reliquien. Die Heiligen und Märtyrer, um deren Fürbitte man flehte, saßen zur Rechten Gottes, und die gnadenreichen und oft übernatürlichen Wunder, die dem Volksglauben zufolge bei ihrem Grab geschahen, gaben den frommen Pilgern, die diese entseelten Überreste, die Denkmäler ihrer Verdienste und Leiden besuchten, berührten und küßten, unbestrittene Heiligung. Aber ein bei weitem interessanteres Denkmal als der Schädel oder die Sandalen eines dahingeschiedenen Frommen ist die treue Abbildung seiner Person und Gestalt durch Malerei oder Bildhauerei. In jedem Jahrhundert sind solche den menschlichen Gefühlen zusagende Abbildungen aus persönlicher Freundschaft oder öffentlicher Achtung wegen in Schutz genommen worden. Die Standbilder der römischen Kaiser erhielten bürgerliche, fast religiöse Ehrenbezeigungen; eine minder prunkende aber aufrichtige Verehrung wurde den Standbildern der Weisen und Patrioten gezollt. Aber diese profanen Tugenden, diese glänzenden Sünden verschwanden angesichts der heiligen Männer, die für ihr himmlisches und ewiges Vaterland gestorben waren. Zuerst wurde der Versuch vorsichtig und zweifelnd gemacht. Man erlaubte zur Belehrung der Unwissenden, zur Befeuerung der Lauen und um den heidnischen Proselyten zu schmeicheln, umsichtig die Verehrung dieser ehrwürdigen Gemälde. Langsam aber unvermeidlich wurden die Ehren, die man dem Original erwies, auf die Kopie übertragen. Der fromme Christ betete vor dem Bilde eines Heiligen, und der heidnische Ritus der Kniebeugungen, der Lichter und des Weihrauches schlich sich in die Gebräuche der katholischen Kirche ein. Fromme oder vernünftige Zweifel wurden durch das mächtige Zeugnis der Erscheinungen und Wunder zum Schweigen gebracht; Gemälde, die sprechen, sich regen, bluten, müssen mit göttlicher Kraft begabt sein und dürfen als die geeigneten Gegenstände religiöser Verehrung betrachtet werden. Auch der kühnste Maler konnte bei dem verwegenen Versuch beben, den unendlichen Geist, den ewigen Vater, der das Weltall durchdringt und erhält, in Gestalt und Farben darzustellen. Leichter versöhnt sich die gläubige Seele damit, die Engel und vor allem den Sohn Gottes in Menschengestalt, die sie auf Erden anzunehmen sich herabgelassen haben, zu malen und anzubeten. Die zweite Person der heiligen Dreieinigkeit war mit einem wirklichen und sterblichen Leibe ausgestattet; aber dieser Leib war zum Himmel aufgefahren, und wenn nicht irgendein Bild davon seinen Schülern vor Augen gestellt worden wäre, hätte die geistige Verehrung Christi leicht durch die sichtbaren Reliquien und Darstellungen der Heiligen verdrängt werden können. Ähnliches war für die Jungfrau Maria erforderlich und günstig. Ihr Grab war unbekannt, und an die Himmelfahrt ihrer Seele wie ihres Leibes wurde von den gläubigen Griechen und Lateinern geglaubt. Der Gebrauch und sogar die Verehrung der Bilder war vor Ablauf des sechsten Jahrhunderts fest begründet; die Griechen und Asiaten hingen mit Inbrunst an ihnen. Das Pantheon und der Vatikan schmückten sich mit den Zeichen eines neuen Glaubens. Kälter aber wurde dieser scheinbare Götzendienst von den rohen Barbaren und der arianischen Geistlichkeit des Westens aufgenommen. Die Statuen in Erz oder Marmor, welche die Tempel des Altertums füllten, waren den christlichen Griechen anstößig, und eine ebene Fläche mit Farben ist stets als eine anständigere und harmlosere Art der Nachahmung angesehen worden.

Die Güte und die Wirkung eines Porträts hängen von seiner Ähnlichkeit mit dem Original ab, aber die Christen der Urzeit kannten die Züge Christi, seiner Mutter und der Apostel nicht. Das Standbild Christi in Paneas in Palästina war aller Wahrscheinlichkeit nach das eines irdischen Erlösers. Die Gnostiker und ihre profanen Denkmäler wurden verworfen, und die Phantasie der menschlichen Künstler konnte nur durch die heimliche Nachahmung irgendeines heidnischen Modells geleitet werden. In dieser Verlegenheit wurde durch eine kühne und geschickte Erfindung auf einmal die Ähnlichkeit des Bildes und die unschuldige Verehrung außer Zweifel gestellt. Ein neuer Fabelbau wurde durch eine syrische Volkssage auf den Briefwechsel Christi mit Abgarus gestützt, die in den Tagen des Eusebius so berühmt war und von den neueren Anwälten nur mit Widerstreben aufgegeben worden ist. Der Bischof von Cäsarea gedenkt des Briefes, aber er vergißt höchst seltsamer Weise des Bildes Christi, des vollständigen Abdruckes seines Gesichtes auf Leinwand, womit er den königlichen Fremden belohnte, der seine heilende Kraft angerufen und ihm die feste Stadt Edessa zum Schutze gegen die boshaften Juden angeboten hatte. Die Unwissenheit der ersten Kirche wird dadurch erklärt, daß das Bild lange in einer Blende der Mauer verborgen war, aus der es nach fünfhundert Jahren von einem Bischof hervorgeholt und zur gelegenen Zeit den Andächtigen gezeigt wurde. Seine erste und glorreichste Tat war die Befreiung der Stadt von Chosroes Nushirwan und es wurde bald als das geheiligte Pfand der göttlichen Verheißung verehrt, daß Edessa nie von einem auswärtigen Feinde eingenommen werden solle. Es ist allerdings wahr, daß Prokopius die doppelte Befreiung von Edessa den reichen und tapferen Bürgern zuschreibt, die einmal den Abzug des persischen Monarchen erkauften und das andere Mal seine Angriffe zurückwiesen. Er wußte nichts, der profane Geschichtsschreiber, von dem Zeugnisse, das er in der Kirchengeschichte des Evagrius zu geben gezwungen war, daß das Palladium auf dem Walle ausgesetzt worden sei, und daß das Wasser, womit man das heilige Antlitz besprengte, statt zu löschen, den Flammen neue Nahrung gegeben habe. Nach diesem wichtigen Dienste wurde das Bild von Edessa ehrfürchtig und dankbar aufbewahrt; und wenn die Armenier die Legende verwarfen, beteten die leichtgläubigeren Griechen das Bildnis an, das nicht das Werk eines irdischen Malers, sondern die unmittelbare Schöpfung des Originales war. Stil und Inhalt einer byzantinischen Hymne mögen andeuten, wie weit die Verehrung von der gröbsten Götzendienerei entfernt war. »Wie können wir mit sterblichen Augen dieses Bild betrachten, dessen himmlischen Glanz die Scharen des Himmels nicht zu schauen wagen! Er, der im Himmel wohnt, läßt sich heute herab, uns durch sein ehrwürdiges Bild zu besuchen; er, der auf Cherubim thront, sucht uns diesen Tag in einem Gemälde heim, das der Vater mit seiner unbefleckten Hand gezeichnet, das er auf eine unaussprechliche Weise geformt hat und das wir heiligen, indem wir es mit Furcht und Liebe anbeten.« Vor dem Ende des sechsten Jahrhunderts waren diese nicht von Menschen gemachten (im Griechischen ein Wort) Bilder in den Lagern und Städten des morgenländischen Reiches verbreitet. Sie waren Gegenstände der Verehrung und Werkzeuge der Wunder, ja in der Stunde der Gefahr oder des Aufruhrs konnte die Schaustellung dieser ehrwürdigen Bilder die Hoffnungen der römischen Legionen beleben, ihren Mut auffrischen oder ihre Wut bändigen. Von diesen Gemälden war der größte Teil Kopien. Sie konnten nur auf eine geringe Ähnlichkeit Anspruch erheben. Es gab aber auch einige bessere, die ihre Ähnlichkeit unmittelbarer von dem Original herleiteten, das zu diesem Zweck mit einer wunderbaren und zeugenden Kraft begabt war. Den besten schrieb man dieselbe Wunderkraft wie dem Bilde von Edessa zu; dazu gehört das Tuch der Veronika in Rom oder in Spanien oder in Jerusalem, das dadurch entstand, daß Christus in seinem Schmerzenskampfe und blutigem Schweiß ein Tuch über sein Gesicht breitete und es einer frommen Matrone schenkte. Dieses fruchtbare Beispiel wurde schleunigst bezüglich der Jungfrau Maria und der Heiligen und Märtyrer nachgeahmt. In der Kirche in Diospolis in Palästina waren die Züge der Mutter Gottes tief in eine Marmorsäule eingeprägt. Der Osten und Westen ist vom heiligen Lukas geschmückt worden und der Evangelist, der vielleicht ein Arzt war, wurde genötigt, das in den Augen der ersten Christen so gottlose und verhaßte Gewerbe eines Malers auszuüben. Der olympische Jupiter, wie ihn Homer und Phidias schuf, konnte einen Philosophen zu augenblicklicher Andacht begeistern aber diese orthodoxen Bilder waren schlecht und platt von mönchischen Künstlern in der äußersten Entartung des Geschmackes und Geistes gezeichnet.

Die Verehrung der Bilder hatte sich fast unmerklich in die Kirche eingeschlichen, und jeder kleine Schritt sagte einem gläubigen Gemüt als Trost zu und sprach frei von Sünde. Aber im Anfang des achten Jahrhunderts, auf der Höhe des Mißbrauchs, wurden die furchtsamen Griechen durch die Besorgnis gequält, sie könnten unter der Maske des Christentums die Religion ihrer Väter wiederhergestellt haben. Sie hörten mit Schmerz und Entrüstung den Namen Götzendiener, diese ewige Beschuldigung der Juden und Mohammedaner, die aus dem mosaischen Gesetze und dem Koran einen unsterblichen Haß gegen gemalte Bilder und alle darauf bezügliche Verehrung eingesogen hatten. Die Knechtschaft der Juden konnte ihren Eifer zähmen und ihr Ansehen herabsetzen, aber die triumphierenden Muselmanen, die in Damaskus herrschten und Konstantinopel bedrohten, warfen Wahrheit und Sieg in die Waagschale. Die Städte von Syrien, Palästina und Ägypten prunkten alle mit den Bildern Christi, Marias und der Heiligen, und jede Stadt nahm für sich die Hoffnung oder Verheißung einer wunderbaren Verteidigung in Anspruch. Die schnell erobernden Araber bezwangen in zehn Jahren Städte wie Bilder. Ihrer Meinung nach hatte der Herr der Heerscharen ein entscheidendes Urteil über die Anbetung und Verachtung dieser stummen und leblosen Bilder gefällt. Den Angriffen der Perser hatte Edessa allerdings getrotzt, aber auch die auserwählte Stadt, die Braut Christi, wurde in das allgemeine Verderben verwickelt, und die Ungläubigen führten das göttliche Bild als Siegeszeichen mit sich. Nach dreihundert Jahren wurde das Palladium der Andacht von Konstantinopel für ein Lösegeld von zwölftausend Pfund Silber, die Freilassung von zweihundert Muselmanen und einen immerwährenden Waffenstillstand für das Gebiet von Edessa wieder erworben. In dieser Zeit der Not und des Entsetzens wandten die Mönche ihre Beredsamkeit zur Verteidigung der Bilder an. Sie versuchten zu beweisen, daß die Sünde und das Schisma des größten Teiles der Orientalen sie um die Gunst dieser unschätzbaren Symbole gebracht und deren Wunderkraft vernichtet habe. Jetzt aber stellten sich ihnen viele einfache und verständige Christen entgegen, die sich auf das Zeugnis der Texte, der Tatsachen und auf die Urzeit der Religion beriefen und insgeheim eine Reform der Kirche wünschten. Da die Verehrung der Bilder niemals durch ein allgemeines Gesetz eingeführt worden war, hatten die Verschiedenheiten der Menschen und Sitten, der Grad örtlicher Bildung und die persönlichen Charaktere der Bischöfe deren Fortschritte im morgenländischen Reiche bald verzögert und bald beschleunigt. Die leichtsinnige Hauptstadt und die erfinderische byzantinische Geistlichkeit hing innig an dieser glänzenden Art der Andacht, während die unzivilisierten und fernen Distrikte Asiens dieser Neuerung fernblieben. Viele großen Gemeinden der Gnostiker und Arianer bewahrten auch nach ihrer Bekehrung den einfachen Gottesdienst, und die Armenier, Roms kriegerischste Untertanen, hatten sich sogar im zwölften Jahrhundert mit der Verehrung der Bilder noch nicht ausgesöhnt. In diesen verschiedenen Menschen bildeten sich Quellen des Vorurteils und Abscheus; in den anatolischen und thrakischen Städten von geringerer Bedeutung konnte aber ein glücklicher Krieger, Prälat oder Eunuch entscheidenden Einfluß auf Kirche und Staat gewinnen.

Der glücklichste dieser Abenteurer war Kaiser Leo III., der aus den isaurischen Gebirgen kommend, auf den Thron des Morgenlandes stieg. Er verstand sich weder auf heilige noch auf weltliche Wissenschaften. Erziehung aber, Verstand und vielleicht Verkehr mit Juden und Arabern hatten dem kriegerischen Bauern Haß gegen die Bilder eingeflößt, und er hielt es für seine fürstliche Pflicht, seinen Untertanen die Gebote seines eigenen Gewissens aufzuerlegen. Im Beginne einer noch nicht gefestigten Regierung, während zehn mühevollen, gefährlichen Jahren, unterwarf sich Leo in niedriger Heuchelei, beugte sich vor Dingen, die er verachtete und stellte den römischen Bischof durch jährlich erfolgende Beteuerungen seiner Rechtgläubigkeit und seines Eifers zufrieden. Seine ersten Schritte zur Reformierung der Religion zeigten Mäßigung und geschahen mit Behutsamkeit; er versammelte einen großen Rat von Senatoren und Bischöfen und setzte mit ihrer Einwilligung fest, daß die Bilder vom Heiligtum und Altar weggenommen und in einer angemessenem Höhe in der Kirche, wo sie zwar dem Volke sichtbar, aber nicht zugänglich wären, aufgestellt werden sollten. Aber es war auf beiden Seiten unmöglich, den Trieb der Verehrung zu zügeln; von ihrem hohen Standpunkte erbauten die heiligen Bilder ihre Verehrer auch fernerhin und spotteten des Tyrannen. Er selbst wurde durch Widerstand und Schmähung gereizt, ja seine eigene Partei klagte ihn an, seine Pflicht unvollständig zu erfüllen und drang in ihn, das Beispiel des jüdischen Königs nachzuahmen, der ohne Bedenken die eherne Schlange des Tempels zerbrochen habe. Durch ein zweites Edikt verbot er die Verehrung religiöser Gemälde und befahl auch deren Vernichtung; die Kirchen Konstantinopels und des Ostens wurden vom Bilderdienste gereinigt; die Bilder Christi, der Jungfrau oder der Heiligen wurden zerschlagen oder mit einer Schicht Kalk überstrichen. Die Bilderfeinde wurden von fünf despotischen, glaubenseifrigen Kaisern unterstützt und Morgenland und Abendland in einen aufsehenerregenden Streit von hundertzwanzigjähriger Dauer verwickelt. Es war die Absicht des isaurischen Leos gewesen, die Verdammung der Bilder als einen Glaubensartikel durch eine allgemeine Kirchenversammlung verkünden zu lassen; aber die Einberufung einer solchen Versammlung war erst seinem Sohne Konstantin vorbehalten. Obschon diese Versammlung später von Gläubigen als eine Zusammenkunft von Narren und Atheisten gebrandmarkt worden ist, entdeckt man in ihren, nur zum Teil vorhandenen und verstümmelten Akten, Spuren von Vernunft und Frömmigkeit. Die Verhandlungen und Beschlüsse mehrerer Provinzialsynoden führten zur Berufung einer allgemeinen Kirchenversammlung, die in den Vorstädten von Konstantinopel zusammentrat (754) und aus der achtunggebietenden Anzahl von dreihundertachtunddreißig Bischöfen aus Europa und Anatolien bestand; denn die Patriarchen von Antiochia und Alexandria waren die Sklaven des Kalifen, und der römische Papst hatte die Kirchen Italiens und des Westens der Gemeinschaft der griechischen entzogen. Diese byzantinische Synode maßte sich den Rang und die Gewalt der siebenten allgemeinen Kirchenversammlung an; dieser Titel selbst jedoch war eine Anerkennung der sechs vorhergehenden Versammlungen, die das Gebäude des katholischen Glaubens mühsam aufgebaut hatten. Nach sechsmonatlicher ernster Beratung fällten und unterschrieben die dreihundertachtunddreißig Bischöfe die einstimmigen Beschlüsse: daß alle sichtbaren Symbole Christi, mit Ausnahme des heiligen Abendmahls, entweder gotteslästerlich oder ketzerisch wären; daß die Bilderverehrung eine Verderbnis des Christentums und eine Erneuerung des Heidentums sei; daß alle solchen Denkmäler zerbrochen oder ausgelöscht werden sollten und daß diejenigen, die sich weigern würden, ihre Bilder auszuliefern, sich des Ungehorsams gegen die Kirche und den Kaiser schuldig machen würden. Sie priesen laut das Verdienst ihres zeitlichen Erlösers und übertrugen die Vollstreckung ihrer geistlichen Rügen seinem Eifer und seiner Gerechtigkeit. In Konstantinopel gab wie bei allen früheren Kirchenversammlungen der Kaiser den Bischöfen die Richtschnur für den Glauben. Diesmal vermute ich jedoch, daß die große Mehrheit der Prälaten ihr Gewissen aus Furcht und Hoffnung opferte. Seit langer Zeit waren die Christen weit von der Einfachheit des Evangeliums abgekommen, und es war für sie nicht leicht, sich in den Irrgängen des Labyrinths zurechtzufinden. Die Verehrung der Bilder hing, wenigstens für eine fromme Phantasie, unzertrennlich mit dem Kreuze, der Jungfrau, den Heiligen und ihren Reliquien zusammen; der geheiligte Boden war in eine Wolke von Wundern und Gesichten gehüllt, und Forsch- und Zweifelsucht durch den gewohnten Gehorsam und Glauben erstickt. Konstantin selbst wird allerdings beschuldigt, sich die kaiserliche Freiheit herausgenommen zu haben, die katholischen Mysterien bezweifelt, geleugnet und verhöhnt zu haben, aber sie waren tief in dem Glauben seiner Bischöfe verankert, und der kühnste Bilderstürmer konnte nur mit geheimem Schauer die seinem himmlischen Beschützer geweihten Denkmäler des Volksglaubens angreifen. In der Reformation des sechzehnten

Jahrhunderts hatten Freiheit und Kenntnisse alle Fähigkeiten des Menschen erweitert; der Durst nach Neuerungen überwältigte die Ehrfurcht vor dem Altertum, und das kräftige Europa konnte jene Phantome verachten, welche die kränklichen, schwachen und knechtischen Griechen erschreckten.

Abstrakte Ketzerei kann dem Volke nur durch das Geschmetter kirchlicher Trompeten kund werden, aber die Entweihung und den Sturz sichtbarer Gottheiten muß auch der Unwissendste gewahren, auch der Kälteste fühlen. Die ersten Feindseligkeiten Leos waren gegen ein erhöht angebrachtes Christusbild im Vorhofe über dem Tore des Palastes gerichtet. Eine Leiter war aufgestellt worden, aber eine Schar Zeloten und Weiber rüttelte daran mit solcher Wut, daß unter ihrem frommen Freudengeschrei die Diener des Frevels von der Höhe stürzten und auf dem Pflaster zerschmetterten, und die Verbrecher, die mit Recht für Mord und Aufruhr litten, vernichteten die Ehren alter Märtyrer. In häufigen Tumulten in Konstantinopel und in den Provinzen widersetzte man sich der Vollstreckung der kaiserlichen Edikte; Leo selbst geriet in Gefahr, seine Beamten wurden niedergemetzelt, und das enthusiastische Volk konnte nur durch die kräftigsten Anstrengungen der Zivil- und Militärgewalt unterdrückt werden. Die zahlreichen Inseln des Archipelagus waren mit Bildern und Mönchen angefüllt; ihre Verehrer schworen ohne Bedenken den Feinden Christi, seiner Mutter und der Heiligen Rache, bemannten eine Flotte, entfalteten ihr geheiligtes Panier und steuerten kühn nach dem Hafen von Konstantinopel, um einen neuen Günstling Gottes auf den Thron zu setzen. Sie verließen sich auf Wunder, aber ihre Wunder vermochten nichts gegen das griechische Feuer, und nach ihrer Niederlage und Verbrennung ihrer Flotte waren die schutzlosen Inseln den milden oder gerechten Siegern preisgegeben. Der Sohn Leos hatte im ersten Jahre seiner Regierung einen Zug gegen die Sarazenen unternommen; während seiner Abwesenheit bemächtigte sich sein Anverwandter Artavasdes, der ehrgeizige Verfechter des orthodoxen Glaubens, der Hauptstadt, des Palastes und des Purpurs. Triumphierend wurde die Verehrung der Bilder wieder erlaubt; der Patriarch legte entweder seine Heuchelei ab oder verheimlichte seine Gesinnungen, und der Usurpator wurde sowohl im alten als im neuen Rom anerkannt. Konstantin suchte Zuflucht in den Gebirgen seiner Väter, stieg von ihnen aber bald an der Spitze seiner kühnen und getreuen Isaurier herab. Sein entscheidender Sieg vernichtete die Fanatiker und mit ihnen ihre Prophezeiungen. Seine lange Regierung war von Aufruhr, Verschwörung, gegenseitigem Hasse und blutiger Rache zerrüttet; die Verfolgung der Bilder diente seinen Gegnern als Beweggrund oder Vorwand, und wenn sie das Diadem nicht errangen, wurden sie von den Griechen mit der Märtyrerkrone belohnt. Bei jedem offenen wie geheimen Verrate fühlte der Kaiser die unversöhnliche Feindschaft der Mönche, der getreuen Sklaven des Glaubens, dem sie ihre Reichtümer und ihren Einfluß verdankten. Sie beteten, predigten, sprachen, entflammten die Menge und verschworen sich; aus der Einöde von Palästina wurde ein Strom von Schmähungen ausgegossen und der heilige Johannes von Damaskus, der letzte der griechischen Kirchenväter, weihte das Haupt des Tyrannen sowohl in dieser wie in jener Welt dem Verderben. Ich kann nicht untersuchen, inwieweit die Mönche ihre wirklichen oder vorgeblichen Leiden herausgefordert oder übertrieben haben oder wie viele durch den grausamen Kaiser Leben und Gliedmaßen, Augen und Bärte verloren haben. Er züchtigte den einzelnen und schritt dann zur Abschaffung des ganzen Standes, und da dieser reich und unnütz war, wurde sein Ingrimm durch Habsucht aufgestachelt und durch Patriotismus gerechtfertigt. Der furchtbare Name und die Sendung des Drachen, seines Generalvisitators, erregten den Schrecken und Abscheu des Volkes. Die Gemeinden der Mönche wurden aufgelöst, die Gebäude in Vorratshäuser oder Kasernen verwandelt und die Ländereien, die bewegliche Habe und das Vieh eingezogen. Die Vorgänge in späteren Zeiten unterstützten die erhobene Anschuldigung, daß viele mutwillige oder boshafte Untaten an den Reliquien, ja sogar an den Büchern der Klöster verübt worden sind. Zugleich mit den Mönchen, wurde die öffentliche und häusliche Verehrung der Bilder streng geächtet, und es scheint, daß die feierliche Abschwörung der Bilderverehrung von den Untertanen oder wenigstens von der Geistlichkeit des morgenländischen Reiches gefördert wurde.

Der geduldige Osten schwor mit Widerwillen seine geheiligten Bilder ab; aber die unabhängigen Italiener hingen fest an ihnen und verteidigten sie kraftvoll. An kirchlichem Range und in der Gerichtsbarkeit waren der konstantinopolitanische Patriarch und der römische Papst einander gleich. Aber der griechische Prälat war ein Haussklave seines Gebieters, auf dessen Wink er abwechselnd auf den Thron stieg und vom Thron ins Kloster wanderte. Die gefährliche und ferne Stellung mitten unter den Barbaren des Westens machte die römischen Bischöfe mutig und frei. Daß sie vom Volke gewählt wurden, machte sie den Römern wertvoller; sie halfen mit ihrem großen Einkommen der öffentlichen sowie der häuslichen Armut ab, und die Schwäche oder die Nachlässigkeit der Kaiser zwang sie, sowohl im Frieden als im Krieg, für die Sicherheit der Stadt zu sorgen. In der Schule des Unglücks sog der Priester allmählich die Tugenden und den Ehrgeiz eines Fürsten ein; der Italiener, Grieche oder Syrer, der den Stuhl des heiligen Petrus bestieg, verfolgte dieselbe Politik, und nach dem Verlust der Legionen und Provinzen stellten die genialen Päpste mit Glück die Oberhoheit Roms abermals her. Man stimmt darin überein, daß ihre Herrschaft sich im achten Jahrhundert auf

Empörung stützte und daß diese Empörung durch die Ketzerei der Bilderstürmer veranlaßt und gerechtfertigt wurde; das Verhalten des zweiten und dritten Gregor in diesem denkwürdigen Kampfe wird von Freunden und Feinden verschieden ausgelegt. Die byzantinischen Schriftsteller erklären einmütig, daß sie nach einer fruchtlosen Ermahnung die Trennung des Ostens vom Westen erklärten und dem frevelhaften Tyrannen das Einkommen und die Herrschaft von Italien entzogen. Noch klarer drücken sich die Griechen, welche die päpstlichen Triumphe sahen, über die Ausschließung aus der Kirchengemeinschaft aus, und da sie an ihrer Religion fester hingen als an ihrem Vaterland, so zollten sie dem Eifer und der Orthodoxie dieser apostolischen Männer Lob statt Tadel. Die neuen Verfechter der Sache Roms nahmen gierig das Lob an und waren mit der Trennung einverstanden; diese große und glorreiche Absetzung königlicher Ketzer wird von den Kardinälen Baronius und Bellarmin gepriesen und wenn man sie fragt, warum ähnliche Bannstrahlen nicht auch gegen die Nerone und Juliane des Altertums geschleudert worden sind, so antworten sie, daß die Schwäche der ersten Kirche der alleinige Grund für ihre geduldige Treue gewesen sei. Die eifrigen Protestanten, welche die Entrüstung und Besorgnis der Fürsten und Obrigkeiten erregen, verbreiten sich über den Hochmut und Hochverrat der beiden Gregore gegen ihren rechtmäßigen Souverän. Sie werden nur von den gemäßigten Katholiken, hauptsächlich der gallikanischen Kirche, verteidigt, die den Heiligen ehren ohne die Sünde zu billigen. Diese gemeinsamen Verteidiger der Krone und der Inful bemühen sich, die wahren Tatsachen durch Gerechtigkeit, Schrift und Überlieferung zu beweisen und berufen sich auf das Zeugnis der Lateiner und die Biographien und Briefe der Päpste selbst.

Zwei echte Briefe von Gregor I. an Kaiser Leo sind noch vorhanden. Wenn sie auch nicht als vollkommenste Muster der Logik und Beredsamkeit gepriesen werden können, so zeigen sie doch das Bild oder wenigstens die Maske des Stifters der päpstlichen Monarchie. »Zehn reine und glückliche Jahre«, wendet sich Gregor an den Kaiser, »hatten wir alljährlich den Trost, deine kaiserlichen, von deiner eigenen Hand unterschriebenen Briefe zu empfangen, die geheiligten Pfänder deiner Anhänglichkeit an den orthodoxen Glauben unserer Väter. Wie beklagenswert ist die Umwandlung! Wie entsetzlich das Ärgernis! Du klagst nun die Katholiken der Götzendienerei an und verrätst durch deine Anklage deine eigene Unfrömmigkeit und Unwissenheit. Wir sind gezwungen, uns dieser Unwissenheit anzupassen; die ersten Elemente der Heiligen Schrift reichen zu deiner Widerlegung hin, und wenn du in eine grammatikalische Schule trätest und dich zum Feinde unseres Gottesdienstes erklärtest, würden dir die einfältigen und frommen Kinder ihre ABC-Bücher, an den Kopf werfen.« Nach diesem höflichen Gruß sucht der

Papst den Unterschied zwischen den Götzen des Altertums und den Bildern der Christen zu zeigen. Jene waren die phantastischen Vorstellungen von Phantomen und Dämonen zu einer Zeit, wo der wahre Gott seine Person noch in keiner sichtbaren Gestalt geoffenbart hatte. Die letzteren sind die echten Abbildungen Christi, Marias und der Heiligen, die durch viele Wunder diese Verehrung gebilligt haben. Und fürwahr, er mußte auf die Unwissenheit Leos bauen, weil er behauptete, daß Bilder seit dem apostolischen Zeitalter und bei den sechs Synoden der katholischen Kirche verehrt wurden. Als besseren Grund führt er den gegenwärtigen Besitz an Bildern und ihren allgemeinen Gebrauch an; die Übereinstimmung der christlichen Welt mache eine allgemeine Kirchenversammlung überflüssig, ja Gregor erklärt offen, daß solche Versammlungen nur unter der Regierung eines rechtgläubigen Fürsten von Nutzen sein könnten. Dem unverschämten und unmenschlichen, mit der schweren Schuld eines Ketzers beladenen Leo empfiehlt er Frieden, Schweigen und unbedingte Unterwerfung unter seine geistlichen Führer von Konstantinopel und Rom. Die Grenzen der bürgerlichen und kirchlichen Gewalt werden vom Papst bestimmt. Jener eignet er den Körper, dieser die Seele zu; das Schwert der Gerechtigkeit befinde sich in den Händen der Obrigkeit, die furchtbare Waffe der Exkommunikation sei der Geistlichkeit anvertraut, und in der Ausübung des göttlichen Berufes werde ein eifriger Sohn seinen sündhaften Vater nicht schonen; der Nachfolger des heiligen Petrus könne mit Recht die Könige der Erde züchtigen. »Du fassest nach uns, o Tyrann, mit fleischlicher und kriegerischer Hand; unbewaffnet und nackt können wir nur Christus anrufen, den Fürsten der himmlischen Heerscharen, auf daß er dir einen Teufel sende, um deinen Leib zu zerstören und deine Seele zu retten. Du erklärst mit törichtem Übermut: ich werde einen Befehl nach Rom senden, werde das Bild des heiligen Petrus zertrümmern, und Gregor soll, gleich seinem Vorgänger Martin, in Ketten vor die Stufen des kaiserlichen Thrones geschleppt werden. Wollte Gott, es wäre mir gestattet, in die Fußstapfen des heiligen Martin zu treten; aber möge das Schicksal Konstans den Verfolgern der Kirche als Warnung dienen! Nach seiner gerechten Verdammung durch die Bischöfe von Sizilien wurde der Tyrann in der Fülle seiner Sünden durch einen Diener seines Hauses getötet. Der Heilige wird noch von den Völkern Skythiens verehrt, unter denen er verbannt sein Leben endete. Unsere Pflicht aber gebietet, zur Erbauung und Beschützung des Volkes zu leben, auch haben wir nicht nötig, unser Heil von dem Ausgang eines Kampfes abhängig zu machen. Unfähig, wie du bist, deine römischen Untertanen zu verteidigen, mag vielleicht die Lage der Stadt am Meere sie deinen Räubereien aussetzen; wir aber können uns nach der ersten Festung der Lombarden begeben, die nur vierundzwanzig Meilen entfernt ist, und dann –

kannst du die Winde verfolgen. Weißt du nicht, daß die Päpste das Band der Vereinigung, die Mittler des Friedens zwischen dem Osten und dem Westen sind? Die Augen der Nationen sind uns zugewendet, und sie verehren den Apostel Petrus, dessen Bild du zu zerbrechen drohst. Die fernen Königreiche des Westens bringen ihre Huldigungen Christus und seinem Stellvertreter dar, und in diesem Augenblicke schicken wir uns an, einen seiner mächtigsten Monarchen zu besuchen, der sich sehnt, aus unseren Händen das Sakrament der Taufe zu empfangen. Die Barbaren haben sich dem Evangelium unterworfen, während du allein taub bist gegen die Stimme des Hirten. Diese frommen Barbaren sind voll Wut; sie dürsten, die Verfolgung des Ostens zu rächen. Gib dein verwegenes und verderbliches Beginnen auf; denke nach, zittere, bereue. Wenn du beharrst, sind wir an dem Blute, das in dem Kampfe vergossen werden wird, unschuldig; möge es auf dein Haupt fallen!«

Dem ersten Angriff Leos auf die Bilder von Konstantinopel hatte eine Schar von Fremden aus Italien und dem Westen als Zeugen beigewohnt, die mit Schmerz und Entrüstung vom Frevel des Kaisers erzählten. Aber bei Empfang seines Ächtungsediktes zitterten sie für ihre heimischen Gottheiten; die Bilder Christi, der Jungfrau, der Engel, Märtyrer und Heiligen wurden in allen Kirchen Italiens verboten und dem Papst bedeutet, er habe zwischen der kaiserlichen Gunst als Preis für seine Willfährigkeit oder der Absetzung und Verbannung als Strafe seines Ungehorsams zu wählen. Weder Religionseifer noch Politik gestatteten ihm zu zögern, und Gregors stolzer Ton dem Kaiser gegenüber beweist sein Vertrauen entweder in die Wahrheit seiner Lehre oder auf die Mittel für seinen Widerstand. Ohne sich auf Gebete und Wunder zu verlassen, waffnete er sich kühn gegen den öffentlichen Feind und machte in seinen Hirtenbriefen die Italiener auf die Gefahr und ihre Pflicht aufmerksam. Ravenna, Venedig, die Stadt des Exarchats und der Pentapolis blieben der Religion treu; ihre Streitkräfte zu Wasser und zu Land bestanden größtenteils aus Eingeborenen, und Patriotismus und Religionseifer gingen auch auf die fremden Söldner über. Die Italiener schworen, in Verteidigung des Papstes und der heiligen Bilder zu sterben; das römische Volk war seinem Vater ergeben, und selbst die Lombarden waren begierig, am Verdienst und den Vorteilen dieses heiligen Krieges teilzunehmen. Die hochverräterischste Handlung und die schnellste Rache war das Umstürzen der Standbilder Leos. Die wirksamste und dem Volk wohlgefälligste Handlung der Empörer bestand darin, ihm den Tribut von Italien zu verweigern und ihm eine Macht zu rauben, die er kürzlich durch die Ausschreibung einer neuen Kopfsteuer mißbraucht hatte. Eine Art Verwaltung wurde durch die Wahl von Obrigkeiten und Statthaltern beibehalten. So groß war die Entrüstung der Italiener, daß sie sich anschickten, einen rechtgläubigen Kaiser zu wählen und ihn mit Heer und

Flotte nach dem Palast von Konstantinopel zu führen. In diesem Palast wurden die römischen Bischöfe, der zweite und dritte Gregor, als die Urheber der Empörung verdammt, und man ließ nichts unversucht, sich durch List oder Gewalt ihrer Personen zu bemächtigen und nach ihrem Leben zu trachten. Die Stadt wurde wiederholt von Hauptleuten der Leibwache, Herzögen und Exarchen von hoher Würde mit geheimen Aufträgen besucht oder angegriffen; sie landeten mit fremden Truppen, erhielten einige Unterstützung im Lande, und das fromme Neapel muß darüber erröten, daß ihre Väter der Ketzerei anhingen. Aber der Mut und die Wachsamkeit der Römer wiesen diese geheimen oder öffentlichen Angriffe zurück. Die Griechen wurden geschlagen und niedergemetzelt, ihre Anführer erlitten einen schimpflichen Tod, und die Päpste, wie auch immer zur Milde geneigt, weigerten sich, zugunsten dieser schuldbelasteten Opfer einzuschreiten. In Ravenna hatten die verschiedenen Stadtviertel seit langer Zeit eine blutige Erbfehde gegeneinander geführt; in religiösen Streitigkeiten fanden sie dafür neue Nahrung. Aber die Verehrer der Bilder waren zahlenmäßig überlegen oder mutiger, und der Exarch, der dem Sturm Einhalt tun wollte, verlor in einem Volksaufstande das Leben. Um diese ruchlose Tat zu bestrafen und seine Herrschaft in Italien wieder herzustellen, sandte der Kaiser eine Flotte und ein Heer in den adriatischen Meerbusen. Nachdem die Griechen durch Winde und Wellen große Verluste und Verzögerung erlitten hatten, landeten sie in der Nähe von Ravenna, drohten die schuldige Stadt zu verheeren und das Beispiel Justinians I. der eine frühere Empörung mit Aushebung und Hinrichtung von fünfzig der vornehmsten Bürger bestraft hatte, nachzuahmen und vielleicht zu übertreffen. Die Frauen und die Geistlichkeit lagen in Sack und Asche auf der Erde und beteten, die Männer standen zur Verteidigung ihrer Vaterstadt unter Waffen. Die gemeinsame Gefahr hatte die Parteien vereint, und sie beschlossen, die Entscheidung durch eine Schlacht einer langen Belagerung vorzuziehen. An einem hartnäckig durchfochtenen Tage, an dem die beiden Heere abwechselnd wichen und vorrückten, sah man ein Phantom, hörte man eine Stimme, und Ravenna siegte durch seinen Glauben an den Sieg. Die Fremden zogen sich nach ihren Schiffen zurück, aber von den dichtbevölkerten Ufern stießen unzählige Boote ab, und die Gewässer des Po waren von Blut so verpestet, daß sich das Volk aus Vorurteil sechs Jahre des Genusses der Fische des Flusses enthielt. Die Einführung eines jährlichen Festtages verewigte die Verehrung der Bilder und den Abscheu gegen den griechischen Tyrannen. Gerade während des Triumphes der katholischen Waffen berief der Papst in Rom eine Synode von dreiundneunzig Bischöfen gegen die Ketzerei der Bilderstürmer ein. Mit ihrer Zustimmung sprach er eine allgemeine Exkommunikation gegen alle diejenigen aus, die es wagen würden, die Überlieferung der Väter und die Bilder der Heiligen durch Wort oder Tat anzugreifen. In dieses Urteil war der Kaiser stillschweigend mitinbegriffen, aber es scheint, daß der Bannfluch über seinem schuldigen Haupte vorerst nur schwebte. Kaum hatten die Päpste ihre eigene Sicherheit, die Verehrung der Bilder und die Freiheit von Rom und Italien befestigt, als sie auch in ihrer Strenge nachließen und die Reste der byzantinischen Herrschaft wahrten. Ihre Ratschläge verzögerten und verhinderten die Wahl eines Kaisers, und sie ermahnten die Italiener, sich von der römischen Monarchie nicht zu trennen. Man gestattete dem Exarchen, innerhalb der Mauern von Ravenna zu residieren, freilich mehr Gefangener als Gebieter, und bis zur Kaiserkrönung Karls des Großen wurde die Verwaltung von Rom und Italien im Namen der Nachfolger Konstantins geführt. Das freie Rom, von Augustus unterdrückt, wurde nach siebenhundertfünfzigjähriger Knechtschaft der Verfolgung Leo dem Isaurier entzogen. Die Triumphe der Konsuln waren von den Kaisern vernichtet worden. Im Sinken und Verfall des Reiches hatte sich der Gott Terminus, die geheiligte Grenze, allmählich vom Ozean, dem Rhein, der Donau und dem Euphrat zurückgezogen, und Rom war auf sein altes Gebiet von Viterbo bis Terracina und von Narni bis an die Mündung des Tiber beschränkt. Als die Könige verbannt wurden, ruhte die Republik auf fester, durch Weisheit und Tugend geschaffener Grundlage. Die Führung teilten miteinander zwei auf ein Jahr gewählte Obrigkeiten; der Senat leitete die Verwaltung und erteilte Rat, und die gesetzgebende Gewalt hatten die Volksversammlungen, die nach einem wohlberechneten Eigentumsmaßstabe und nach Verdiensten zusammengestellt waren. Unbekannt mit einem üppigen Leben, hatten die ersten Römer Regierungs- und Kriegskunst ausgebildet. Der Wille der Gemeinden war unumschränkt, die Rechte der einzelnen wurden heilig gehalten, hundertdreißigtausend Bürger wurden zur Verteidigung und Eroberung bewaffnet, und aus einer Schar von Räubern und Geächteten war eine Nation entstanden, die Freiheit verdiente und nach Ruhm strebte. Als aber die Souveränität der griechischen Kaiser erlosch, war Rom entvölkert und verfallen; Sklaverei waren die Römer gewohnt, in Freiheit lebten sie nur selten, und sie staunten und erschraken über sie. Die letzte Spur der ehemaligen Verfassung war aus dem Leben und Gedächtnis der Römer verschwunden, und es fehlte ihnen an Kenntnis oder Tugend, das Gebäude der Republik neu aufzubauen. Ihre kärglichen Reste, Nachkommen von Sklaven und Fremden, waren in den Augen der siegreichen Barbaren verächtlich. So oft die Franken oder Lombarden ihre bitterste Verachtung gegen einen Feind ausdrücken wollten, nannten sie ihn einen Römer und »mit diesem Namen«, sagt der Bischof Luitprand, »bezeichnen wir alles, was niederträchtig, was feige, was treulos ist, die äußerste Habsucht und Üppigkeit und jedes Laster, das die

Würde der menschlichen Natur schänden kann«. Die Römer waren durch die Notwendigkeit in die harte Form einer republikanischen Regierung gegossen worden; sie sahen sich gezwungen, einige Richter für den Frieden, einige Anführer für den Krieg zu wählen. Die Edlen versammelten sich, um zu beraten, und ihre Beschlüsse konnten nicht ohne Einigung oder Zustimmung der Menge durchgeführt werden. Der Name des römischen Senats und Volkes lebte wieder auf, aber der Geist war ein anderer, und ihre neue Unabhängigkeit wurde durch Zügellosigkeit und Unterdrückung geschändet. Der Mangel an Gesetzen konnte nur durch den Einfluß der Religion ersetzt werden, und ihre auswärtigen und einheimischen Maßnahmen wurden durch den Bischof bestimmt. Seine Almosen, seine Predigten, sein Briefwechsel mit den Königen und Prälaten des Westens, seine neuerlichen Dienste, Dankbarkeit und Eid gewöhnten die Römer daran, ihn als die höchste Obrigkeit oder den Fürsten der Stadt zu betrachten. Die christliche Demut der Päpste wurde durch den Namen dominus oder Herr nicht berührt. Man sieht noch ihr Bild und ihre Inschrift auf den ältesten Münzen. Ihre zeitliche Herrschaft ist jetzt durch tausendjährige Herrschaft befestigt, und ihr edelstes Recht entstand durch die Wahl eines freien Volkes, das sie aus der Sklaverei erlöst haben.

In den Kämpfen des alten Griechenland genoß das heilige Volk von Elis dauernden Frieden unter dem Schutz Jupiters und durch Abhaltung der olympischen Spiele. Ein Heil wäre es für die Römer gewesen, wenn ein ähnliches Vorrecht das Eigentum des heiligen Petrus gegen die Drangsale des Krieges geschützt hätte, wenn die Christen, welche die heiligen Schwellen besuchten, ihre Schwerter in der Nähe des Apostels und seines Nachfolgers in die Scheide gesteckt hätten. Aber dieser mystische Kreis hätte nur durch den Stab eines Gesetzgebers und Weisen gezogen werden können. Ein solches friedliches System war mit dem Religionseifer und dem Ehrgeiz der Päpste unvereinbar. Die Römer waren nicht gleich den Bewohnern von Elis den unschuldigen und stillen Arbeiten des Ackerbaues zugetan, und die Barbaren von Italien, obgleich durch das Klima milder geworden, standen, was die Einrichtungen des öffentlichen und Privatlebens betrifft, tief unter den griechischen Staaten. Ein merkwürdiges Beispiel der Reue und Frömmigkeit gab der Lombardenkönig Luitprand. In Waffen am Tore des Vatikans hörte der Sieger auf die Stimme Gregors I., zog seine Truppe zurück, gab seine Eroberungen auf, besuchte ehrfurchtsvoll die Kirche des heiligen Petrus und brachte, nachdem er seine Andacht verrichtet hatte, sein Schwert und seinen Dolch, seinen Panzer und Mantel, sein silbernes Kreuz und seine goldene Krone auf dem Grabe des Apostels zum Opfer. Aber diese religiöse Inbrunst war Selbsttäuschung, vielleicht ein augenblicklicher Einfall. Das Gefühl des Eigennutzes ist stark und dauert an, Liebe zu Krieg und Raub lag im Charakter der Lombarden, und sowohl Fürst als Volk wurden durch die Unordnung in Italien, die Schwäche Roms und den unkriegerischen Beruf seines neuen Oberhauptes in unwiderstehliche Versuchung geführt. Nach den ersten Edikten der Kaiser erklärten sie sich zu Verfechtern der Bilder. Luitprand brach in die Provinz Romagna, die bereits diesen besonderen Namen führte, ein, die Katholiken des Exarchats unterwarfen sich willig seiner bürgerlichen und militärischen Gewalt, und zum erstenmal wurde ein auswärtiger Feind in die uneinnehmbare Festung Ravenna eingelassen. Diese Stadt und Festung wurde durch die emsigen und seemächtigen Venezianer schnell wieder erlangt, und die getreuen Untertanen gehorchten der Ermahnung Gregors, indem sie die päpstliche Schuld Leos von der allgemeinen Sache des römischen Reiches trennten. Die Griechen waren des Dienstes weniger als die Lombarden der Unbill eingedenk; die beiden Nationen, feindlich in ihrem Glauben, vereinigten sich in einem gefährlichen und unnatürlichen Bündnis. Der König und der Exarch zogen zur Eroberung von Spoleto und Rom aus. Der Sturm verbrauste ohne Erfolg, aber die Politik Luitprands beunruhigte Italien, da dieser Feindseligkeiten mit Waffenstillständen abwechseln ließ. Sein Nachfolger Astolphus erklärte sich gleichzeitig zum Feind des Kaisers und des Papstes. Ravenna wurde durch Gewalt oder List eingenommen, und diese entscheidende Eroberung beendete die Herrschaft der Exarchen, die mit untergeordneter Macht seit den Zeiten Justinians und dem Sturz der gotischen Monarchie regiert hatten. Rom wurde aufgefordert, den siegreichen Lombarden als seinen rechtmäßigen Souverän anzuerkennen. Eine jährliche Abgabe von einem Goldstück wurde als das Lösegeld jedes Bürgers festgesetzt und das Schwert aus der Scheide gezogen, um die Buße bei Nichtzahlung einzutreiben. Die Römer zauderten, baten und klagten, und die drohenden Barbaren wurden durch Waffen und Unterhandlungen hingehalten, bis die Päpste die Freundschaft eines Bundesgenossen und Rächers jenseits der Alpen gewonnen hatten.

Der erste Gregor hatte in seiner Bedrängnis Karl Martell um Hilfe angefleht, des Helden des Jahrhunderts, der die fränkische Monarchie unter dem bescheidenen Titel eines Majordomus und Herzogs beherrschte und durch seinen entscheidenden Sieg über die Sarazenen sein Vaterland und vielleicht Europa vom mohammedanischen Joch errettet hatte. Die päpstlichen Gesandten wurden von Karl mit gebührender Ehrfurcht empfangen, aber der Umfang seiner Geschäfte und die kurze Dauer seines Lebens hinderten ihn, sich in die Angelegenheiten Italiens anders als freundlich vermittelnd und erfolglos einzumischen. Sein Sohn Pipin, der Erbe seiner Macht und Tugenden, nahm das Amt eines Verteidigers der römischen Kirche an, und der Eifer des fränkischen Fürsten scheint durch Ruhmsucht und Religion angeregt worden zu sein. Aber die Gefahr bestand an den Ufern des Tiber, die Helfer befanden sich an jenen der Seine, und unser Mitgefühl bleibt bei der Schilderung fernen Elends kalt. Stephan II. faßte trotz den Tränen der Römer den hochherzigen Entschluß, die Höfe der Lombardei und Frankreichs persönlich zu besuchen, um seinen Feind durch Bitten zu erweichen oder das Mitleid und die Hilfe eines Freundes zu gewinnen. Nachdem er das verzweifelte Volk durch Litaneien und Kanzelreden besänftigt hatte, trat er seine beschwerliche Reise in Begleitung der Gesandten des fränkischen Monarchen und des griechischen Kaisers an. Der König der Lombarden war unerbittlich; aber seine Drohungen konnten weder die Klagen zum Schweigen bringen, noch die Schnelligkeit des römischen Bischofs hemmen, der über die Apenninen ging, in der Abtei St. Moritz ausruhte und sich beeilte, seinen Beschützer zu begrüßen, der weder im Kriege noch in der Freundschaft versagte. Stephan wurde als der Nachfolger des Apostels empfangen; in der nächsten Versammlung auf dem März- oder Maifelde wurden seine Unbilden einer frommen und kriegerischen Nation geschildert, und er ging über die Alpen nicht als Flehender, sondern als Eroberer an der Spitze eines fränkischen Heeres zurück, das der König persönlich anführte. Die Lombarden leisteten schwachen Widerstand, willigten in einen schimpflichen Frieden und schworen, die Besitzungen der römischen Kirche zurückzugeben und deren Heiligkeit zu ehren. Kaum aber waren die Franken abgezogen, als Astolph seine Versprechen vergaß und seine Schmach rächte. Rom wurde abermals von seinen Truppen eingeschlossen und Stephan bekräftigte, besorgt, seine eifrigen transalpinischen Bundesgenossen zu ermüden, seine Klagen und Bitten durch ein beredtes Schreiben im Namen des heiligen Petrus selbst. Der Apostel versicherte seinen Adoptivsöhnen, dem König, der Geistlichkeit und den fränkischen Edlen, daß sie im Geist leben sollten, wenn ihr irdischer Leib gestorben sei; daß sie nun die Stimme des Stifters und Beschützers der römischen Kirche hörten und ihr gehorchen müßten; daß die Jungfrau, die Engel, Heiligen, Märtyrer und alle himmlischen Heerscharen einstimmig auf Erfüllung der Bitte drängen und sie belohnen würden; daß Reichtümer, Sieg und das Paradies ihre fromme Unternehmung belohnen, und daß ewige Verdammnis die Strafe für ihre Vernachlässigung sein würde, wenn sie gestatteten, daß sein Grab, sein Tempel und sein Volk in die Hände der treulosen Lombarden fielen. Der zweite Zug Pipins war nicht minder rasch und glücklich als der erste: der heilige Petrus wurde zufrieden gestellt. Rom war abermals gerettet, und Astolph war durch das Schwert eines fremden Herrschers Gerechtigkeit und Aufrichtigkeit gelehrt worden. Nach dieser doppelten Züchtigung befanden sich die Lombarden ungefähr zwanzig Jahre in einem Zustand der Erschöpfung und des Verfalles. Aber ihre Herzen waren durch ihre Lage nicht gedemütigt, und statt die friedlichen Tugenden der Schwachen anzunehmen, reizten sie trotzig die Römer durch eine Wiederholung von Ansprüchen, durch Ausflüchte und Einfälle, die sie ohne Überlegung unternahmen und ohne Ruhm beendeten. Die erlöschende Monarchie wurde von allen Seiten durch den eifrigen und klugen Papst Hadrian und durch die Übermacht des genialen und glücklichen Karl des Großen, des Sohnes Pipins, bedrängt. Diese Helden der Kirche und des Staates waren durch öffentliche und persönliche Freundschaft verbunden, und während sie den Gefallenen in den Staub traten, stellten sie ihr Vorgehen als Gerechtigkeit und Mäßigung dar. Die Pässe der Alpen und die Mauern von Pavia waren die einzige Schutzwehr der Lombarden; jene wurden vom Sohne Pipins überrumpelt, diese von ihnen belagert, und nach zweijähriger Einschließung übergab Desiderius, der letzte ihrer eingeborenen Fürsten, sein Zepter und seine Hauptstadt. Unter der Herrschaft eines auswärtigen Königs, aber im Besitze ihrer Nationalgesetze, wurden die Lombarden mehr die Brüder als die Untertanen der Franken, die ihre Herkunft, Sitten und Sprache vom gleichen deutschen Ursprung herleiteten.

Die gegenseitigen Verpflichtungen zwischen den Päpsten und der karolingischen Familie bilden das wichtige Glied zwischen der alten und neuen, zwischen der profanen und der Kirchengeschichte. Durch die Eroberung von Italien erlangten die Verteidiger der römischen Kirche eine günstige Gelegenheit, ein scheinbares Recht, die Wünsche des Volkes, die Gebete und Umtriebe der Geistlichkeit zu beeinflussen. Aber die wesentlichsten Geschenke der Päpste an die Karolinger waren die Würde eines Königs von Frankreich und eines Patriziers von Rom.

I. Unter der Priestermonarchie des heiligen Petrus begannen die Nationen wieder zu ihrer Gewohnheit zurückzukehren, an den Ufern des Tiber ihre Könige, ihre Gesetze und ihre Orakel zu suchen. Die Franken unterschieden zwischen ihrer tatsächlichen und nominellen Regierung. Alle Gewalt eines Herrschers wurde durch den Majordomus Pipin ausgeübt, und nichts fehlte ihm in seinem Ehrgeiz als der königliche Titel. Tapfer zerschmetterte er seine Feinde, vermehrte seine Freunde durch »eine Freigebigkeit, sein Vater war der Retter der Christenheit gewesen, und seine Ansprüche waren außer persönlichen Verdiensten seit vier Generationen begründet. Noch war der schwache Childeridi, Chlodwigs letzter Abkömmling, König, aber sein veraltetes Recht reizte höchstens zum Aufruhr. Die Nation wünschte eine einfache Verfassung herzustellen, und Pipin, zugleich Untertan und Fürst, brannte vor Ehrgeiz, seinen eigenen Rang zu erhöhen und das Glück seines Hauses zu begründen. Der Majordomus und die Edlen waren durch einen Treueid an das königliche Phantom gebunden; das Blut Chlodwigs war in ihren

Augen rein und heilig, und ihre gemeinsamen Abgesandten wandten sich an den römischen Bischof, damit er ihre Zweifel zerstreue und sie ihres Versprechens entbinde. Das Interesse des Papstes Zacharias, des Nachfolgers der beiden Gregore, bestimmte ihn, die Fragen zu entscheiden, und zwar zu ihren Gunsten. Er erklärte, daß die Nation mit vollem Recht in ein und derselben Person sowohl den Titel als die Macht eines Königs vereinigen dürfe und daß der unglückliche Childerich, ein Opfer des Staatswohls, abgesetzt, geschoren und für den Rest seiner Tage in ein Kloster gesperrt werden solle. Die Franken nahmen eine ihren Wünschen so angenehme Antwort als die Meinung eines Kasuisten, den Ausspruch eines Richters oder das Orakel eines Propheten an. Das merowingische Geschlecht verschwand von der Erde, und Pipin wurde durch die Stimme eines freien Volkes, das gewohnt war, seinen Gesetzen zu gehorchen und unter seiner Fahne zu ziehen, auf den Schild erhoben. Seine Krönung wurde zweimal mit dem Segen der Päpste vollzogen, durch den heiligen Bonifaz, den Apostel von Deutschland und durch den dankbaren Stephan II., der im Kloster St. Denis ein Diadem auf das Haupt seines Wohltäters setzte. Die Salbung der Könige von Israel wurde nachgeahmt. Der Nachfolger des heiligen Petrus nahm den Charakter eines göttlichen Gesandten an, ein deutscher Häuptling wurde in den Gesalbten des Herrn verwandelt, und dieser jüdische Ritus hat sich durch Aberglauben und Eitelkeit des neueren Europas verbreitet und erhalten. Die Franken wurden ihres alten Eides entbunden, aber ein furchtbarer Bannfluch gegen sie und ihre Nachkommen geschleudert, wenn sie es jemals wagen sollten, sich dieselbe Freiheit noch einmal zu gestatten oder einen anderen König zu wählen, als aus dem heiligen und verdienstvollen Geschlecht der karolingischen Fürsten. Ohne irgendeine künftige Gefahr zu ahnen, freuten sich diese Fürsten der gegenwärtigen Sicherheit. Der Geheimschreiber Karls des Großen bekräftigt, daß das französische Zepter durch die Macht der Päpste übertragen worden sei, und sie berufen sich bei ihren kühnsten Unternehmungen mit Zuversicht auf diese entscheidende und erfolgreiche Ausübung ihrer weltlichen Gerichtsbarkeit.

II. Infolge der Umwandlung in Sitten und Sprachen waren die römischen Patrizier weit entfernt und von den Senatoren des Romulus oder den Palastbeamten Konstantins, von den freien Edlen der Republik oder von den fingierten Vätern des Kaisers. Nach der Wiedereroberung von Italien und Afrika durch Justinian erforderte die Wichtigkeit und Gefahr dieser fernen Provinz die Anwesenheit einer höchsten Person, die bald Exarch, bald Patrizier genannt wurde. Diese Statthalter von Ravenna, dehnten ihre Gerichtsbarkeit über die Stadt Rom nehmen, dehnten ihre Gerichtsbarkeit über die Stadt Rom aus. Seit der Empörung von Italien und dem Untergang des Exarchats hatte die Not die Römer gezwungen, einen Teil ihrer Unabhängigkeit zum Opfer zu bringen. Aber selbst da übten sie das Recht aus, über sich selbst zu verfügen, und Senat und Volk bekleideten nacheinander Karl Martell und seine Nachkommen mit der Würde eines Patriziers von Rom. Die Anführer einer mächtigen Nation würden einen knechtischen Titel und ein untergeordnetes Amt verschmäht haben, aber es wurde damit dokumentiert, daß die Herrschaft der griechischen Kaiser dadurch erloschen war, und während der Erledigung des Reiches empfingen sie eine rühmlichere Ehrenstelle vom Papste und von der Republik. Die römischen Gesandten überreichten diesen Patriziern die Schlüssel zum Grab des heiligen Petrus als Pfand und Symbol der Souveränität und eine geweihte Fahne, die sie berechtigt und verpflichtet waren, zur Verteidigung der Kirche und der Stadt zu entfalten. Zur Zeit Karl Martells und Pipins bedrohten die lombardischen Könige zwar Roms Sicherheit, deckten aber dessen Freiheit, und das Patriziat bedeutete bloß einen Titel und zeigte das Bündnis mit diesen fernen Beschützern an. Die Macht und Politik Karls des Großen vernichtete einen Feind und zwang ihnen einen Gebieter auf. Bei seinem ersten Besuch in der Hauptstadt wurde er mit allen Ehren, die sonst dem Exarchen, dem Stellvertreter des Kaisers, gezollt wurden, empfangen, und diese Ehren wurden durch die Freude und Dankbarkeit des Papstes Hadrian . vergrößert. Sowie er Nachricht von dem unerwarteten Anzug des Monarchen erhielt, sandte er ihm die Obrigkeiten und Edlen Roms mit der Fahne bis auf dreißig Meilen entgegen. In der Entfernung von einer Meile war die flaminische Straße von den Bürgern der Nationalgemeinden der Griechen, Lombarden, Sachsen usw. besetzt; die römische Jugend stand unter Waffen, und die Kinder zarteren Alters trugen Palmen und Ölzweige in den Händen und sangen das Lob ihres Befreiers. Beim Anblick der Kreuze und der Fahnen der Heiligen stieg er vom Pferde, führte den Zug der Edlen nach dem Vatikan und küßte, als er die Treppe hinanging, fromm jede Stufe der Schwelle der Apostel. Im Porticus erwartete ihn Hadrian an der Spitze seiner Geistlichkeit; sie umarmten sich als Freunde und Gleichgestellte, aber auf dem Wege zum Altar ging der König oder Patrizier dem Papst zur Rechten. Auch begnügte sich der Franke keineswegs mit diesen eitlen und leeren Ehrenbezeigungen. In den sechsundzwanzig Jahren, die zwischen der Eroberung der Lombardei und seiner Kaiserkrönung vergingen, war Rom, das er mit dem Schwert befreit hatte, Karl dem Großen unterworfen. Das Volk schwur ihm und seiner Familie Treue; in seinem Namen wurde das Geld geschlagen und die Justiz verwaltet sowie die Wahl der Päpste durch ihn geprüft und bestätigt. Mit Ausnahme eines ursprünglichen Rechtes der Souveränität blieb keinerlei Art von Vorrecht übrig, das der Kaiser dem Patrizier von Rom gewähren konnte.

Die Dankbarkeit der Karolinger kam ihren Verpflichtungen gleich. Sie sind als die Retter und Wohltäter der römischen Kirche geheiligt. Doch ihr Eigentum an Landgütern und Häusern wurde durch ihre Güte in zeitliche Herrschaft über Städte und Provinzen verwandelt, und die Schenkung des Exarchats war die erste Frucht der Eroberungen Pipins. Astolphus verließ seufzend seine Beute; die Schlüssel und Geißeln der vornehmsten Städte wurden dem fränkischen Gesandten ausgeliefert, und er brachte sie im Namen seines Gebieters vor dem Grabe des heiligen Petrus dar. In weitem Sinne konnte man unter dem Exarchat alle Provinzen Italiens verstehen, die dem Kaiser und seinem Stellvertreter gehorcht hatten; seine strengen und eigentlichen Grenzen schlössen aber nur die Gebiete von Ravenna, Bologna und Ferrara ein, und sein unabtrennbares Anhängsel war die Pentapolis, die sich längs des Adriatischen Meeres von Rimini bis Ankona erstreckte und im Binnenland bis zu den Apenninen reichte. Man hat den Ehrgeiz und die Habsucht der Päpste in dieser Verhandlung streng verdammt. Vielleicht hätte ein demütiger christlicher Priester ein irdisches Königreich zurückweisen sollen, das er nicht wohl regieren konnte, ohne auf die Tugenden seines Berufes Verzicht zu leisten. Vielleicht würde ein treuer Untertan, ja nur ein hochherziger Feind sich weniger beeilt haben, die Beute mit den Barbaren zu teilen, und wenn der Kaiser Stephan Auftrag gegeben hatte, in seinem Namen wegen der Wiedererstattung des Exarchates zu unterhandeln, so werde ich den Papst von dem Vorwurf der Verräterei und Falschheit nicht freisprechen. Aber nach der strengen Auslegung der Gesetze kann jeder ohne Unrecht annehmen, was sein Wohltäter ohne Unrecht schenken kann. Der griechische Kaiser hatte sein Recht auf das Exarchat aufgegeben oder verwirkt, und Astolph wurde durch die stärkeren Karolinger zerbrochen. Nicht in der Sache des Bilderstürmers hatte Pipin sich selbst und sein Heer in einem doppelten Feldzug jenseits der Alpen aufs Spiel gesetzt; er besaß seine Eroberungen, konnte sie mit Recht veräußern und antwortete den zudringlichen Griechen, daß ihn keine irdische Rücksicht je bewegen werde, die Gabe zurückzunehmen, die er dem römischen Papst für Nachlassung seiner Sünden und Rettung seiner Seele gegeben hätte. Das glänzende Geschenk war ohne Beschränkung gegeben worden, und die Welt erblickte zum erstenmal einen christlichen Bischof, der mit Vorrechten eines weltlichen Fürsten bekleidet war: der Wahl der Obrigkeit, der Handhabung der Rechtssprechung, den Besteuerungsrechten und dem Reichtum des Palastes von Ravenna. Zur Zeit der Auflösung des lombardischen Königreiches suchten die Bewohner des Herzogtums Spoleto eine Zuflucht gegen den Sturm, schoren ihr Haupt nach römischer Art, erklärten sich zu den Dienern und Untertanen des heiligen Petrus und vervollständigten durch diese freiwillige Unterwerfung den gegenwärtigen Umfang des Kirchenstaates. Dieser mysteriöse Kreis wurde durch die mündliche oder schriftliche Schenkung Karls des Großen, der im ersten Entzücken des Sieges sich selbst und den griechischen Kaiser aller Städte und Inseln, die einst zum Exarchate gehört hatten, beraubte, zu einem unbestimmten Umfang erweitert. In den kühleren Augenblicken während seiner Abwesenheit aber betrachtete er nachdenklich die neue Größe seines geistlichen Verbündeten mit eifersüchtigen und neidischen Blicken. Der Erfüllung seiner und seines Vaters Versprechungen wich er aus; der König der Franken und Lombarden behauptete, daß die Rechte des Reiches unveräußerlich seien, und in seinem Leben wie nach seinem Tod wurden sowohl Ravenna als Rom in dem Verzeichnisse seiner Hauptstädte angeführt. Die Souveränität des Exarchates schwand den Päpsten unter den Händen weg; sie fanden in den Erzbischöfen von Ravenna gefährliche und heimische Nebenbuhler. Die Edlen und das Volk verschmähten das priesterliche Joch, und in den unruhigen Zeiten blieb ihnen nichts als die Erinnerung an diesen alten Anspruch, den sie jedoch in einem günstigeren Zeitalter wieder aufgefrischt und verwirklicht haben.

Betrug ist die Hilfsquelle der Schwäche und List, und der starke aber unwissende Barbar wurde oft im Netze priesterlicher Politik gefangen. Der Vatikan und der Lateran waren ein Arsenal und eine Fabrik, in denen je nach Gelegenheit eine vielfältige Sammlung falscher oder echter, veränderter oder verdächtiger Urkunden, wenn sie nur das Interesse der römischen Kirche förderten, hervorgeholt oder verborgen werden konnten. Vor Ende des achten Jahrhunderts hatte irgendein apostolischer Schreiber, vielleicht der berüchtigte Isidor, die Dekretalen und die Schenkung Konstantins, diese zwei magischen Pfeiler der geistlichen und weltlichen Monarchie der Päpste, verfaßt. Diese merkwürdige Schenkung wurde der Welt durch ein Schreiben Hadrians . bekannt, worin er Karl den Großen ermahnt, die Freigebigkeit Konstantins des Großen nachzuahmen und in seinem Namen die Schenkung wieder zu erneuern. Nach der Legende war der erste christliche Kaiser vom heiligen Sylvester, Bischof von Rom, vom Aussatz geheilt und im Wasser der heiligen Taufe gereinigt worden; niemals wurde ein Arzt glorreicher belohnt! Sein kaiserlicher Proselyt verließ Sitz und Eigentum des heiligen Petrus, erklärte seinen Entschluß, eine neue Hauptstadt im Osten zu gründen und überließ den Päpsten die unbeschränkte und ewige Souveränität über Rom, Italien und die Provinzen des Westens. Diese Erdichtung brachte die wohltätigsten Wirkungen hervor. Die griechischen Fürsten wurden dadurch der Usurpation überführt und die Empörung Gregors diente nun zur Wiederaufnahme seines ererbten Rechtes. Die Päpste waren von ihrer Schuld zur Dankbarkeit befreit, und die nominellen Schenkungen der Karolinger waren nicht mehr als eine gerechte und unwiderrufliche Wiedererstattung eines kleinen Teiles des Kirchenstaates. Die Souveränität von Rom hing nicht mehr von der Wahl eines wankelmütigen Volkes ab, und die Nachfolger des heiligen Petrus und Konstantins waren mit dem Purpur und den Vorrechten der Kaiser bekleidet. So groß war die Unwissenheit und Leichtgläubigkeit jener Zeiten, daß auch die unwahrscheinlichste Fabel mit derselben Ehrfurcht in Griechenland und in Frankreich aufgenommen wurde und sich noch in den Dekreten des kanonischen Rechtes befindet. Die Kaiser waren so wenig wie die Römer imstande, eine Fälschung zu entdecken, die ihre Rechte und Freiheit vernichtete; der einzige Widerstand zeigte sich in einem sabinischen Kloster, das im Anfang des zwölften Jahrhunderts die Echtheit und Gültigkeit der Schenkung Konstantins bestritt. Zur Zeit des Wiederauflebens der Wissenschaften und der Freiheit wurde diese unechte Urkunde von Laurentius Valla, einem beredten Kritiker und römischen Patrioten, gebrandmarkt. Seine Zeitgenossen im fünfzehnten Jahrhundert staunten über seine lästerliche Kühnheit; so groß und unwiderstehlich sind aber die Fortschritte der Vernunft, daß die Fabel noch vor Ende des nächsten Jahrhunderts von den Geschichtsschreibern und Dichtern mit Verachtung und von den Verteidigern der römischen Kirche mit bescheidenem Tadel verworfen wurde. Die Päpste selbst haben über die Leichtgläubigkeit der Menge gelächelt; aber ein falsches und veraltetes Recht heiligt noch immer ihre Herrschaft und durch ein ähnliches Glück, wie es die Dekretalen und die sibyllinischen Orakel begleitet hat, blieb das Gebäude stehen, nachdem die Grundfesten untergraben worden waren.

Während die Päpste in Italien ihre Freiheit und Herrschaft begründeten, wurden die Bilder, die erste Ursache ihrer Empörung, im Orient wieder eingeführt. Unter der Regierung Konstantins V. hatte die vereinte Staats- und Kirchengewalt den Bilderdienst abgeschafft, ohne ihn völlig auszurotten. Die Bilder wurden insgeheim von den Mönchen und Frauen, die am meisten zur Andacht neigen, geliebt, und ihr inniges Bündnis trug zuletzt den Sieg über die Vernunft und Macht des Mannes davon. Leo IV. hielt die Religion seines Vaters und Großvaters mit geringerer Strenge; aber seine Gattin, die schöne und ehrgeizige Irene, hatte den Eifer der Athener eingesogen, die mehr die Erben der Götzendienerei ihrer Ahnen waren als ihrer Philosophie. Zu Lebzeiten ihres Gemahls wurden ihre Gefühle durch die Gefahr und die nötige Verstellung entflammt, und sie konnte nicht mehr tun, als einige ihr treue Mönche beschützen und fördern, die sie aus ihren Höhlen holte und auf die erzbischöflichen Throne des Ostens setzte. Als aber Irene in ihrem und ihres Sohnes Namen herrschte, konnte sie ernster den Sturz der Ikonoklasten betreiben. Der erste Schritt zur künftigen Verfolgung war ein Edikt allgemeiner Gewissenfreiheit. Bei Wiedereinberufung der Mönche wurden tausend Bilder zur öffentlichen Verehrung aufgestellt und tausend Legenden von ihren Leiden und Wundern erdichtet. Die bischöflichen Sitze wurden, wenn sich dazu eine günstige Gelegenheit ergab, mit Klugheit besetzt. Diejenigen, die sich am gierigsten um die Gunst der Erde oder des Himmels bewarben, kamen dem Urteile voraus und schmeichelten sich bei ihrer Fürstin ein; die Beförderung ihres Geheimschreibers Tarasius zum Patriarchen von Konstantinopel gab Irene endlich die Herrschaft über die morgenländische Kirche. Aber die Beschlüsse der allgemeinen Kirchenversammlung konnten nur durch eine ähnliche Versammlung aufgehoben werden. Die einberufenen Ikonoklasten fühlten sich kühn als Herren und waren Verhandlungen abgeneigt, und die schwache Stimme der Bischöfe verhallte in dem furchtbaren Geschrei der Soldaten und des Volkes von Konstantinopel. Das Zögern und die Umtriebe während eines Jahres, die Versetzung der mißvergnügten Truppen und die Fortsetzung einer zweiten rechtgläubigen Synode zu Nicäa entfernten diese Hindernisse, und die Bischöfe waren nach griechischer Sitte abermals den Fürsten ausgeliefert. Nicht mehr als achtzehn Tage wurden zur Vollbringung dieses wichtigen Werkes verwendet (787); die Ikonoklasten erschienen nicht als Richter, sondern als Verbrecher oder Büßende. Das Schauspiel wurde durch die Anwesenheit der Legaten des Papstes Hadrian und der orientalischen Patriarchen feierlich gestaltet. Die Beschlüsse wurden von Tarasius, der den Vorsitz führte, verfaßt und durch den Zuruf und die Unterschrift von dreihundertfünfzig Bischöfen genehmigt. Sie erklärten einstimmig, daß die Verehrung der Bilder der heiligen Schrift den Vätern und Versammlungen der Kirche angemessen sei, sie zweifelten aber, ob diese Verehrung bezüglich oder unmittelbar sei, ob die Gottheit und das Bild Christi auf dieselbe Art der Anbetung ein Recht hätten. Die Akten dieses zweiten Konsiliums von Nicäa sind noch vorhanden, ein merkwürdiges Denkmal der Unredlichkeit und der Torheit. Ich will nur das Urteil der Bischöfe über den Wert der Bilderverehrung einerseits, der Moralität anderseits anführen. Ein Mönch hatte mit dem Teufel der Hurerei einen Waffenstillstand unter der Bedingung abgeschlossen, daß er ihn in seinem täglichen Gebete vor einem Gemälde, das in seiner Zelle hing, stören dürfe. Seine Gewissenzweifel gaben ihm ein, den Abt um Rat zu fragen. »Ehe du es unterlassest, Christus und seine Mutter in ihren heiligen Bildern zu verehren«, antwortete der Kasuist, »ist es besser, daß du in jedes Schandhaus gehest und jede Schanddirne der Stadt besuchest.«

Für die römische Kirche ist es etwas peinlich, daß die zwei Fürsten, welche die zwei Kirchenversammlungen von Nicäa beriefen, mit dem Blute ihrer Söhne befleckt waren. Die Beschlüsse der zweiten dieser Versammlungen wurden von der despotischen Irene genehmigt, streng ausgeführt, und sie verweigerte ihren Gegnern die Duldung, die sie anfangs ihren Freunden gewährt hatte. Während der fünf folgenden Regierungen, einer Periode von achtunddreißig Jahren, wurde der Kampf zwischen den Bilderverehrern und Bilderstürmern mit unverminderter Wut und wechselndem Erfolge fortgesetzt. Aber ich fühle keine Neigung, dieselben Ereignisse im einzelnen zu wiederholen. Nikephorus gewährte allgemeine Freiheit und erlaubte jede Religionsausübung, aber die einzige Tugend, die er während seiner Regierung zeigte, wird von den Mönchen als die Ursache seines zeitlichen und ewigen Verderbens angegeben. Michael I. war abergläubisch und schwach, doch die Heiligen und Bilder waren nicht im Stande, ihn auf dem Throne zu erhalten. Leo V. bekannte auch im Purpur die Religion der Armenier, und die aufrührerischen Anführer wurden zu einer zweiten Verbannung verurteilt. Ihr Beifall würde den Mord eines gottlosen Tyrannen geheiligt haben, aber sein Mörder und Nachfolger, der zweite Michael, war durch seine Herkunft mit der phrygischen Ketzerei verbunden. Er versuchte zwischen den streitenden Parteien zu vermitteln, und der unbezähmbare Geist der Katholiken drängte ihn allmählich den andern zu. Er war infolge seiner Schüchternheit mäßig; doch sein Sohn Theophilus, der Furcht wie dem Mitleid gleich unzugänglich, war der letzte und grausamste der Ikonoklasten. Der Enthusiasmus der Zeiten war gegen sie, und die Kaiser, die den Strom einzudämmen suchten, wurden durch den Volkshaß erbittert und bestraft. Nach dem Tode des Theophilus wurde endlich der Sieg der Bilder von einer zweiten Frau, seiner Witwe Theodora, die er als Vormünderin des Reiches eingesetzt hatte, vollendet. Ihre Maßregeln waren kühn und entscheidend. Die Erdichtung von einer späterfolgten Reue reinigte den Ruf und erlöste die Seele ihres verstorbenen Gemahls; das Urteil über bilderstürmerische Patriarchen, das früher auf Verlust der Augen lautete, wurde in zweihundert Geißelhiebe verwandelt; die Bischöfe zitterten, die Mönche jubelten und ein orthodoxer Festtag erinnert jährlich an den Triumph der Bilder. Eine Frage blieb noch übrig, ob sie nämlich mit einer eigenen innewohnenden Heiligkeit begabt wären: die Griechen des elften Jahrhunderts verhandelten darüber, und da diese Ansicht meiner Meinung nach die unsinnigste ist, so wundere ich mich, daß sie nicht ausdrücklicher bejaht wurde. Im Westen nahm Papst Hadrian . die Beschlüsse der nicäischen Versammlung, die jetzt von den Katholiken als die siebente in der Ordnung der allgemeinen Kirchenversammlungen verehrt wird, an und verkündete sie. Rom und Italien gehorchten der Stimme ihres Vaters, der größte Teil der lateinischen Christen jedoch war auf der Bahn des Glaubens weit zurückgeblieben. Die Kirchen von Frankreich, Deutschland, England und Spanien schlugen einen mittleren Kurs zwischen der Anbetung und der

Zerstörung der Bilder ein, die sie in ihre Kirchen nicht als Gegenstände der Verehrung, sondern als sprechende und nützliche Denkmäler des Glaubens und der Geschichte aufnahmen. Eine heftige Parteischrift wurde im Namen Karls des Großen verfaßt und herausgegeben. Unter seinem Vorsitz versammelte sich in Frankfurt eine Synode von dreihundert Bischöfen; sie mißbilligten die Wut der Bilderstürmer, tadelten aber streng den Glauben der Griechen, und die Beschlüsse ihrer vorgeblichen Kirchenversammlung wurden von den Völkern des Westens lange verachtet. Die Bilderverehrung machte bei ihnen nur stille und langsame Fortschritte; aber die europäischen und amerikanischen Länder entschuldigt für ihr Zögern die große Götzendienerei, die der Reformation vorausging.

Nach der nicäischen Synode und unter der Regierung der frommen Irene war es, daß die Päpste die Trennung von Rom und Italien durch die Übertragung der Kaiserwürde auf den minder orthodoxen Karl den Großen vervollständigten. Sie waren gezwungen, zwischen den rivalisierenden Nationen zu wählen; die Religion bildete nicht den einzigen Beweggrund ihrer Wahl, und während sie die Schwächen ihrer Freunde verdeckten, betrachteten sie widerwillig und argwöhnisch die katholischen Tugenden ihrer Feinde. Die andauernde Feindschaft zwischen den beiden Hauptstädten war in der Verschiedenheit der Sitten und der Sprache begründet. Sie waren einander durch ein siebzigjähriges feindliches Gegeneinanderstehen entfremdet. Während dieser Spaltung hatten die Römer die Freiheit und die Päpste die Souveränität gekostet; ihre Unterwerfung würde sie der Rache eines eifersüchtigen Tyrannen ausgesetzt haben, und die Empörung Italiens hatte sowohl die Ohnmacht als auch die Tyrannei des byzantinischen Hofes geoffenbart. Die griechischen Kaiser hatten die Bilderverehrung hergestellt, aber die Besitzungen in Kalabrien und die illyrische Diözese nicht zurückgegeben, welche die Ikonoklasten dem Nachfolger des heiligen Petrus entrissen hatten. Papst Hadrian bedrohte sie mit der Exkommunikation, wenn sie diese praktische Ketzerei nicht schleunig abschwören. Die Griechen waren jetzt orthodoxer, aber ihre Religion konnte durch den regierenden Monarchen getrübt werden; die Franken waren jetzt widerspenstig, doch ein scharfes Auge konnte ihre baldige Bekehrung zur Anbetung der Bilder voraussehen. Der Name Karls des Großen war durch die polemische Bitterkeit seiner Geheimschreiberei befleckt; aber der Eroberer paßte sich mit dem Gleichmut eines Staatsmannes den verschiedenen Sitten Frankreichs und Italiens an. Bei seinen vier Pilgerfahrten oder Besuchen im Vatikan umarmte er die Päpste in Freundschaft und Frömmigkeit, kniete vor dem Grabe und folglich auch vor dem Bilde des Apostels nieder und schloß sich ohne Bedenken allen Gebeten und Umzügen der römischen Liturgie an. Konnte Klugheit oder Dankbarkeit den Päpsten erlauben, ihrem Wohltäter zu entsagen? Hatten sie ein Recht, sein Geschenk des Exarchats zu veräußern? Besaßen sie die Macht, seine Regierung in Rom abzuschaffen? Der Titel eines Patriziers stand unter dem Verdienst und der Größe Karls des Großen, und nur indem sie das abendländische Reich wieder ins Leben riefen, konnten sie ihre Verpflichtungen abtragen oder ihre Herrschaft sichern. Durch die entscheidende Maßnahme schnitten sie für immer alle Ansprüche der Griechen ab; aus der Erniedrigung zu einer Provinzialstadt erhob sich abermals das majestätische Rom. Die lateinischen Christen vereinigten sich unter einem höchsten Herrscher in ihrer alten Hauptstadt, und die Eroberer des Westens empfingen die Krone von den Nachfolgern des heiligen Petrus. Die römische Kirche gewann einen eifersüchtigen und achtungswerten Verteidiger; im Schatten der großen Macht der Karolinger konnte der Bischof mit Ehre und Sicherheit die Regierung der Stadt leiten.

Vor dem Sturze des Heidentums in Rom hatte die Bewerbung um das reiche Bistum häufig Tumult und Blutvergießen veranlaßt. Das Volk war minder zahlreich geworden, aber die Zeiten waren wilder, der Preis wichtiger und die vornehmen Geistlichen, die nach dem Range eines Souveräns trachteten, haben ingrimmig um den Stuhl des heiligen Petrus gekämpft. Die Regierung Hadrians I. übertrifft frühere und folgende Zeiten; die Mauern Roms, das heilige Partimonium, der Sturz der Lombardei und die Freundschaft Karls des Großen waren seine Ruhmestrophäen. Er baute in der Stille am Throne seiner Nachfolger und entwickelte in einem beschränkten Raum die Tugenden eines großen Fürsten. Sein Andenken wurde geehrt, aber bei der nächsten Wahl ein Priester des Lateran, Leo III. dem Neffen und Liebling Hadrians, den dieser zu den ersten Würden der Kirche befördert hatte, vorgezogen. Die Unzufriedenen verbargen unter Ergebung oder Reue die schwärzesten Rachepläne vier Jahre lang bis zum Tage eines Umzuges, an dem ein wütender Haufe von Verschworenen die unbewaffnete Menge zerstreute und der geheiligten Person des Papstes Schläge und Wunden zufügte. Ihre Absicht, sein Leben oder seine Freiheit zu nehmen, mißlang jedoch, vielleicht durch ihre eigene Bestürzung und Reue. Leo blieb für tot auf dem Platze liegen; bei seinem Erwachen aus der Ohnmacht, der Folge seines Blutverlustes, erlangte er Sprache und Gesicht wieder, und dieses natürliche Ereignis wurde als wunderbare Wiedererlangung seiner Sehkraft und Sprache ausgeschmückt, deren er durch das Messer der Mörder beraubt, zweimal beraubt worden wäre. Er entkam aus seinem Gefängnis nach dem Vatikan. Der Herzog von Spoleto eilte zu seiner Befreiung herbei. Karl der Große nahm Anteil an seinen Leiden und empfing oder erbat sich in seinem Lager von Paderborn in Westphalen einen Besuch des römischen Bischofs. Leo ging mit einem Geleite von Grafen und Bischöfen, seinen Beschützern und Richtern seiner Unschuld, über die Alpen zurück, und nicht ohne Widerstreben verschob der Sachsenbezwinger bis ins folgende Jahr die persönliche Ausübung dieser frommen Pflicht. Auf seiner vierten und letzten Wallfahrt wurde er in Rom mit den einem König und Patrizier gebührenden Ehren empfangen. Leo reinigte sich durch einen Eid von den ihm zur Last gelegten Verbrechen; seine Feinde wurden zum Schweigen gebracht, und der fluchwürdige Angriff gegen sein Leben mit der milden Strafe der Verbannung geahndet. Am Christfeste des letzten Jahres des achten Jahrhunderts erschien Karl der Große in der Peterskirche und hatte, um der Eitelkeit Roms zu genügen, die einfache Tracht seines Vaterlandes mit dem Gewande eines Patriziers vertauscht. Nach der Feier der heiligen Mysterien setzte Leo plötzlich eine kostbare Krone auf sein Haupt, und der Dom widerhallte vom Freudengeschrei des Volkes: »Langes Leben und Sieg Karl, dem frömmsten Augustus, von Gott zum großen und friedereichen Kaiser der Römer gekrönt!« Haupt und Leib Karls des Großen wurden königlich gesalbt; er wurde gleich den Cäsaren vom Papste begrüßt oder kniend verehrt. Sein Krönungseid enthielt das Versprechen, den Glauben und die Vorrechte der Kirche aufrecht zu erhalten, und die ersten Früchte zahlte er in reichen Gaben auf den Gräbern der Apostel. Der Kaiser beteuerte in vertrautem Gespräche, daß er in Unkenntnis von Leos Absichten gewesen sei, die durch seine Abwesenheit an diesem denkwürdigen Tage nicht hätten durchgeführt werden können. Aber die Vorbereitungen zur Feier mußten das Geheimnis enthüllt haben, und die Reise Karls des Großen zeigt sein Wissen darum und seine Erwartung; er hatte bekannt, daß der kaiserliche Titel das Ziel Seines Ehrgeizes sei, und ein römischer Senat hatte ausgesprochen, daß derselbe die einzig angemessene Belohnung seines Wertes und seines Verdienstes wäre.

Die Benennung groß ist oft beigelegt und zuweilen verdient worden, aber Karl der Große ist der einzige Fürst, bei dem der Titel mit dem Namen unwiderruflich verbunden worden ist. Dieser Name, mit dem Beisatze der Heilige, findet sich im römischen Kalender aufgenommen, und der Heilige wird, ein seltenes Glück, mit den Lobsprüchen der Geschichtsschreiber und Philosophen eines aufgeklärten Jahrhunderts geschmückt. Sein wirkliches Verdienst wird ohne Zweifel durch die Primitivität des Volkes und der Zeiten, aus der er auftauchte, erhöht, aber ebenso seine scheinbare Größe durch einen unrichtigen Vergleich übertrieben, gleichwie die Ruinen von Palmyra durch die Nacktheit der umliegenden Wüste einen zufälligen Glanz erhalten. Ohne Ungerechtigkeit gegen seinen Ruf kann ich in der Heiligkeit und Größe des Wiederherstellers des abendländischen Kaisertums einige Flecken sehen. Unter seinen moralischen Tugenden leuchtet Keuschheit nicht eben sehr hervor, aber sein öffentlicher Ruf konnte durch seine neun Weiber oder Geliebten, durch viele kleinere oder kürzere Liebschaften, durch die Menge von Bastarden, die er der Kirche vermachte, durch das lange Zölibat und die Sitten seiner Töchter, die der Vater mit zu zärtlicher Leidenschaft geliebt haben soll, nicht wesentlich gefährdet werden. Man wird mir kaum erlauben, den Ehrgeiz eines Eroberers anzuklagen; aber an einem Tage gerechter Wiedervergeltung dürften die Söhne seines Bruders Karlmann, die merovingischen Fürsten von Aquitanien und die viertausendfünfhundert Sachsen, die auf einem Fleck enthauptet wurden, etwas gegen die Gerechtigkeit und Menschenliebe Karls des Großen vorzubringen haben. Seine Behandlung der besiegten Sachsen war ein Mißbrauch der Rechte eines Siegers; seine Gesetze waren nicht minder blutdürstig als seine Waffen, und bei der Prüfung seiner Beweggründe muß, was man an Bigotterie abzieht, dem Temperament zugeschrieben werden. Der Leser, der eine sitzende Lebensart führt, wird über Karls unaufhörliche geistige und körperliche Tätigkeit staunen, und nicht minder wurden seine Untertanen und Feinde durch seine plötzliche Gegenwart in einem Augenblicke überrascht, in dem sie ihn an den fernsten Enden seines Reiches vermuteten; weder Friede noch Krieg, weder Sommer noch Winter waren für ihn eine Zeit der Ruhe, und unsere Phantasie vermag die Annalen seiner Regierung mit der Örtlichkeit seiner Unternehmungen nicht leicht in Übereinstimmung bringen. Aber dieser Tätigkeitsdrang war mehr eine nationale als eine persönliche Tugend; das Wanderleben der Franken verging auf Jagden, Wallfahrten und in kriegerischen Abenteuern, und die Reisen Karls des Großen, bei denen er zahlreiches Gefolge hatte, zeichnen sich durch einen wichtigeren Zweck aus. Sein kriegerischer Ruhm muß nach Prüfung seiner Truppen, seiner Feinde und seiner Taten bemessen weiden. Alexander siegte mit den Armeen Philipps, aber die zwei Helden, die Karl dem Großen vorangingen, hinterließen ihm ihre Namen, ihr Beispiel und die Gefährten ihrer Siege. Er unterdrückte an der Spitze seiner kampferprobten und überlegenen Heere wilde oder entartete Nationen, die nicht fähig waren, sich zu ihrer gemeinsamen Sicherheit zu verbünden; auch traf er, was Zahl, Heereszucht oder Waffen betrifft, nie auf einen gleichen Gegner. Die Kriegskunst war mit den Künsten des Friedens verlorengegangen und lebte mit ihnen wieder auf; aber seine Feldzüge sind mit keiner Belagerung, keiner Schlacht von besonderer Wichtigkeit und Erfolg ausgezeichnet, und er hat mit Neid die Siegeszeichen seines Großvaters über die Sarazenen betrachtet. Nach seinem Feldzuge in Spanien wurde seine Nachhut in den Pyrenäen vernichtet. Die Soldaten, deren Lage hoffnungslos, deren Tapferkeit nutzlos war, haben wahrscheinlich mit dem letzten Atemzug die mangelnde Geschicklichkeit oder Vorsicht ihres Feldherrn beklagt. Ich erwähne mit Ehrfurcht die Gesetze Karls des Großen, denen ein achtbarer Richter so hohes Lob gezollt hat. Sie bildeten kein System, sondern nur eine

Reihe gelegentlicher und Kleinigkeiten betreffende Edikte zur Abstellung der Mißbräuche, Reform der Sitten, Verwaltung seiner Meierhöfe, Sorgfalt für das Federvieh, ja sogar zum Verkauf der Eier. Er wünschte die Gesetze und den Charakter der Franken zu veredlen, und seine Versuche, wie schwach und unvollkommen sie auch waren, verdienen Lob; die eingewurzelten Zeitübel wurden durch seine Regierung abgeschafft oder gemildert, aber ich vermag in seinen Satzungen nur selten den allgemeinen Überblick und den unsterblichen Geist eines Gesetzgebers zu entdecken, der zum Besten der Nachwelt fortlebt. Die Einheit und der Bestand seines Reiches hingen an dem Leben eines einzigen Mannes; er ahmte die gefährliche Gewohnheit nach, sein Reich unter seine Söhne zu teilen. Trotz seiner zahlreichen Reichstage schwankte doch die ganze Verfassung zwischen Anarchie und Despotismus. Seine Achtung vor der Frömmigkeit und Gelehrsamkeit der Geistlichkeit verleitete ihn, diesen ehrgeizigen Stand mit zeitlicher Herrschaft und politischer Macht auszustatten, und als sein Sohn Ludwig durch die Bischöfe beraubt und abgesetzt wurde, konnte er mit Recht seinem unklugen Vater die Schuld daran geben. Seine Gesetze legten die Zahlung des Zehnten auf, weil die Dämonen in der Luft verkündet hatten, die Nichtentrichtung dieser Steuer wäre die Ursache der letzten Mißernte gewesen. Die geistigen Verdienste Karls des Großen werden durch Gründung von Schulen, Einführung der Künste, durch die Werke, die unter seinem Namen herauskamen und durch seinen vertrauten Verkehr mit den Untertanen und Fremden bestätigt, die er an seinen Hof lud, um sowohl den Fürsten als das Volk zu erziehen. Seine eigenen Studien waren mühsam, unvollständig und spät angestellt; wenn er Latein sprach und Griechisch verstand, waren die Anfangsgründe dieser Sprachen mehr aus dem Umgange als aus Büchern geschöpft, und der Kaiser strebte erst im reifen Alter danach, sich die Kunst des Schreibens zu eigen zu machen. Grammatik und Logik, Musik und Astronomie wurden in jener Zeit nur zum Nutzen des Aberglaubens gepflegt. Aber die Forschbegier des menschlichen Geistes mußte schließlich zu dessen Veredlung führen, und es gereicht Karl dem Großen zu höchstem Glanz und Ehren, daß er die Wissenschaft aufblühen ließ. Die Würde seiner Person, die Länge seiner Regierung, das Glück seiner Waffen, die Kraft seiner Herrschaft und die Ehrfurcht ferner Nationen erheben ihn über den königlichen Troß, und Europa beginnt eine neue Zeitrechnung mit der Wiederherstellung des abendländischen Kaisertums.

Dieses Kaisertum war des Titels nicht unwürdig. Einige der schönsten Königreiche Europas bildeten das Erbe oder wurden von einem Fürsten erobert, der zu gleicher Zeit in Frankreich, Spanien, Italien, Deutschland und Ungarn herrschte.

I. Die römische Provinz Gallien war in die Monarchie Frankreich umgewandelt worden, aber nach dem Verfall des merovingischen Hauses wurden dessen Grenzen durch die unabhängigen Briten und die Empörung von Aquitanien verengert. Karl der Große bekriegte die Briten und beschränkte sie auf die Gestade des Ozeans; dieser wilde Stamm, durch Ursprung und Sprache von den Franken so verschieden, wurde durch Tribut, Geisel sowie Friedenszwang bestraft. Nach einem lange dauernden Kampfe wurden die sich empörenden Herzöge von Aquitanien niedergeworfen. Sie verloren ihre Provinz und ihr Leben. Eine solche Behandlung ehrgeiziger Statthalter, welche die Majordomi zu treu nachgeahmt hatten, würde schon hart und streng gewesen sein. Aber neuerlich wurde entdeckt, daß diese unglücklichen Fürsten die letzten und rechtmäßigen Erben Chlodwigs waren, ein jüngerer von Dagoberts Bruder abstammender Zweig des merovingischen Hauses. Ihr altes Königreich war auf das Herzogtum Gascogne und die Grafschaften Fezenzac und Armagnac am Fuße der Pyrenäen beschränkt; ihr Geschlecht lebte bis Anfang des sechzehnten Jahrhunderts, und nachdem sie ihre karolingischen Tyrannen überlebt hatten, war es ihnen bestimmt, abwechselnd Verfolgung und Gunst durch eine dritte Dynastie zu erfahren. Durch die Wiedervereinigung mit Aquitanien wurde Frankreich bis auf seine gegenwärtigen Grenzen erweitert, mit Einschluß jedoch der Niederlande, Spaniens und des Rheins.

II. Die Sarazenen waren vom Großvater und Vater Karls des Großen aus Frankreich vertrieben worden, aber sie besaßen noch immer den größten Teil von Spanien, vom Felsen von Gibraltar bis zu den Pyrenäen. Infolge ihrer Parteispaltungen hatte ein Emir von Saragossa auf dem Reichstage von Paderborn bei Karl dem Großen um Schutz nachgesucht. Er unternahm den Feldzug, setzte den Emir wieder ein, brach, ohne den Glauben zu berücksichtigen, unparteiisch den Widerstand der Christen und belohnte den Gehorsam und die Dienste der Mohammedaner. Er errichtete die spanische Mark, die sich von den Pyrenäen bis an den Ebro ausdehnte. Barcelona war die Residenz des fränkischen Statthalters; er besaß die Grafschaften Roussillon und Katalonien, und die jungen Königreiche Navarra und Aragonien waren ihm Untertan.

III. Als König der Lombarden und Patrizier von Rom herrschte er über den größten Teil von Italien, eine Strecke von tausend Meilen, von den Alpen bis an die Grenze von Kalabrien. Das Herzogtum Benevent, ein lombardisches Lehen, hatte sich auf Kosten der Griechen über das neue Königreich Neapel ausgedehnt. Aber der regierende Herzog Arrechis weigerte sich, die Knechtschaft seines Vaterlandes zu teilen. Er nahm den Titel eines unabhängigen Fürsten an und widerstand kämpfend der karolingischen

Monarchie. Seine Verteidigung war standhaft, seine Unterwerfung nicht unrühmlich, und der Kaiser begnügte sich mit einem geringen Tribut, der Abtragung seiner Festungen und der Anerkennung eines obersten Lehensherrn durch Prägung dessen Bildes auf den Münzen. Sein Sohn Grimoald fügte, um sich einzuschmeicheln, den Namen Vater hinzu, aber er behauptete seine Würde mit Klugheit, und Benevent entzog sich unmerklich dem Joch der Franken.

IV. Karl der Große war der erste, der Deutschland unter einem Zepter vereinigte. Der Name Ostfrankreich wird noch im Kreise Franken bewahrt, und Hessen und Thüringen wurde Frankreich einverleibt. Die den Römern so furchtbaren Alemannen waren die treuen Vasallen und Bundesgenossen der Franken. Ihr Land hatte die heutigen Grenzen von Elsaß, Schwaben und der Schweiz. Die Baiern behielten ihre Gesetze und Sitten, gehorchten jedoch einem ungeduldigen Gebieter. Der wiederholte Hochverrat Tassilos rechtfertigte die Abschaffung ihres erblichen Herzogtums und ihre Macht wurde unter Grafen verteilt, die über sie das Richteramt besaßen und ihre Grenzen zu verteidigen hatten. Aber der Norden Deutschlands vom Rhein an und jenseits der Elbe war noch immer feindlich gesinnt und heidnisch. Ein dreiunddreißigjähriger Krieg war erforderlich, um die Sachsen unter das Joch Christi und Karls zu beugen. Die Götzen und ihre Verehrer wurden ausgerottet, und die Gründung von acht Bistümern, Münster, Osnabrück, Paderborn, Minden, Bremen, Verden, Hildesheim und Halberstadt kennzeichnet auf beiden Seiten der Weser die Grenzen des alten Sachsens. Diese bischöflichen Sitze waren die ersten Schulen und Städte des wilden Landes. Die Religion und Menschlichkeit der Kinder macht in einem gewissen Grade die Niedermetzlung der Eltern verzeihen. Jenseits der Elbe breiteten sich die Slaven, von ähnlichen Sitten, aber verschiedenen Namen, über die neueren Länder Preußen, Polen und Böhmen aus. Vorübergehende Unterwerfungen haben die französischen Geschichtschreiber sogar verleitet, als Grenzen des Reiches die Ostsee und Weichsel anzugeben. Die Eroberung oder Bekehrung dieser Länder gehört einem späteren Zeitalter an, aber die erste Vereinigung von Böhmen mit den deutschen Landen kann mit Recht Karl dem Großen zugeschrieben werden.

V. Er suchte die Avaren oder Hunnen von Ungarn mit denselben Drangsalen heim, die sie über die Völker gebracht hatten. Ihre Ringe oder hölzernen Wälle, die ihre Bezirke und Dörfer umgaben, wurden durch ein dreifaches fränkisches Heer gebrochen, das zu Land und Wasser, durch die Karpathen und längs den Ebenen der Donau in ihr Land einbrach. Nach achtjährigem blutigen Kampfe wurde der Tod einiger fränkischer Heerführer durch die Niedermetzelung der edelsten Hunnen gerächt; die Reste der Nation unterwarfen sich. Die königliche Residenz des Chagan verödete, ihre Schätze, der Raub von zweihundertfünfzig Jahren, bereicherten die siegreichen Truppen oder schmückten die Kirchen von Italien und Gallien. Nach der Bezwingung von Pannonien dehnten sich die Grenzen des Reiches Karls des Großen bis an den Zusammenfluß der Donau mit der Theiß und Save aus; die Provinzen Istrien, Liburnien und Dalmatien bildeten einen leicht erworbenen, aber nutzlosen Zuwachs, und es war eine Folge seiner Mäßigung, daß er die Seestädte unter der wirklichen oder nominellen Souveränität der Griechen ließ. Aber diese fernen Besitzungen erhöhten mehr den Ruhm als die Macht des lateinischen Kaisers; auch wagte er keine kirchlichen Einrichtungen zu treffen, um die Barbaren von ihrem Wanderleben und Götzendienste zu bekehren. Einige Verbindungskanäle zwischen der Saone und Maas, dem Rhein und der Donau wurden lässig begonnen. Ihre Ausführung würde das Reich belebt haben, aber man verschwendete häufig mehr Kosten und Mühe auf den Bau einer Kathedrale!

Wenn wir die Grenzen dieses Gebietes verfolgen, so sehen wir, daß sich das Reich der Franken zwischen Osten und Westen vom Ebro bis an die Elbe und Weichsel, zwischen Norden und Süden von dem Herzogtume Benevent bis an die Eider, den ewigen Grenzfluß Deutschlands und Dänemarks, ausdehnte. Die persönliche und politische Wichtigkeit Karls des Großen wurde durch die Drangsale und Zersplitterungen des übrigen Europas erhöht. Um die Inseln Großbritannien und Irland kämpfte eine Schar von Fürsten sächsischer oder schottischer Herkunft, und nach Spaniens Verlust war das christliche oder gotische Königreich Alphons' des Keuschen auf den engen Bezirk der asturischen Gebirge beschränkt. Diese kleinen Fürsten verehrten die Macht oder Tugend des karolingischen Monarchen, baten um die Ehre eines Bündnisses und Beistand und nannten ihn ihren gemeinsamen Vater, den einzigen und obersten Kaiser des Abendlandes. Er verkehrte auf gleichem Fuße mit dem Kalifen Harun al Raschid, dessen Reich sich von Afrika bis Indien erstreckte, und nahm von seinen Abgesandten ein Zelt, eine Wasseruhr, einen Elefanten und die Schlüssel des heiligen Graben an. Es ist schwer, die vertraute Freundschaft eines Franken und eines Arabers, einander an Person, Sprache und Religion fremd, zu begreifen; doch ihr öffentliches Verhältnis gründete sich auf Eitelkeit und ihre Entfernung voneinander bewahrte sie vor der Nebenbuhlerschaft. Zwei Dritteile des abendländischen Reiches von Rom gehorchten Karl dem Großen und was daran fehlte, wurde durch seine Herrschaft über die unzugänglichen Länder oder schwerbezwinglichen Völker Deutschlands reichlich ersetzt. Aber wir staunen mit Recht, daß er bei der Wahl seiner Feinde den armen Norden so oft dem reichen Süden vorzog. Die dreiunddreißig schwierigen, in die Wälder und Sümpfe Deutschlands führenden Feldzüge würden hingereicht haben, die Griechen aus Italien und die Sarazenen aus Spanien zu vertreiben. Die Schwäche der Griechen mußte ihm einen leichten Sieg sichern, der heilige Kreuzzug gegen die Sarazenen hätte ihm Ruhm und Rache gebracht und wäre religiös und politisch gewesen. Vielleicht, daß seine Züge über den Rhein und die Elbe bezwecken sollten, seine Monarchie vor dem Schicksal des römischen Reiches zu bewahren, die Feinde der zivilisierten Gesellschaft zu entwaffnen und den Samen künftiger Völkerwanderungen zu vertilgen. Aber man hat mit Recht bemerkt, daß, im Lichte einer Vorsichtsmaßregel betrachtet, keine Eroberung wirksam sein könne, sie wäre denn allgemein, weil jede Ausdehnung der Grenzen größere Feindeskreise berührt. Die Unterjochung von Deutschland riß den Schleier, der die Festlande oder Inseln von Skandinavien der Kenntnis Europas so lange verborgen hatte, hinweg und rüttelte die trägen und mutigen barbarischen Eingeborenen auf. Die wildesten der sächsischen Götzendiener hatten sich vor dem christlichen Tyrannen zu ihren nordischen Brüdern geflüchtet; der Ozean und das Mittelmeer wurden von ihren Seeräuberflotten heimgesucht, und Karl der Große sah seufzend die Fortschritte der zerstörerischen Normannen, die in weniger als siebzig Jahren den Sturz seines Hauses und seiner Monarchie beschleunigten. Wenn der Papst und die Römer die ursprüngliche Verfassung wieder ins Leben gerufen hätten, so würde der Titel Kaiser und Augustus Karl dem Großen nur auf Lebenszeit erteilt worden sein und seine Nachfolger hätten bei jeder Erledigung den Thron nur mittels einer förmlichen oder stillen Wahl besteigen können. Aber die Teilnahme seines Sohnes Ludwigs des Frommen an der Regierung bekräftigte das unabhängige Recht der Monarchie und Eroberung, und der Kaiser scheint bei dieser Gelegenheit die Ansprüche der Geistlichkeit vorausgesehen und ihnen vorgebeugt zu haben. Er befahl dem königlichen Prinzen, die Krone vom Altar zu nehmen und sie sich mit eigenen Händen als ein Geschenk Gottes, seines Vater und der Nation aufzusetzen. Dieselbe Zeremonie wurde, obschon weit weniger energisch, in der folgenden Doppelregierung Lothars und Ludwigs II. wiederholt. Das Zepter der Karolinger ging vom Vater auf den Sohn in einer geraden Erbfolge während vier Generationen über, und die ehrgeizigen Päpste blieben auf die leere Ehre beschränkt, diese Erbfürsten, die bereits mit ihrer Macht durch die Geburt bekleidet waren, zu salben und zu krönen. Der fromme Ludwig überlebte seine Brüder und besaß das ganze Reich Karls des Großen. Aber die Völker und Edlen, seine Bischöfe und seine Kinder entdeckten bald, daß dieser ungeheure Körper nicht mehr von demselben Geiste belebt werde. Die Grundlagen wurden im Kernpunkte untergraben, während die äußere Oberfläche noch glatt und ganz war. Nach einem Kriege und einer Schlacht, die hunderttausend Franken das Leben kostete, wurde das Reich zwischen seinen drei Söhnen geteilt, die alle kindlichen und brüderlichen Pflichten verletzt hatten. Die Königreiche Frankreich und Deutschland wurden auf immer getrennt und die gallischen Provinzen zwischen Rhone und Alpen, Maas und Rhein samt Italien fielen Lothar zu. Bei der Teilung seines Anteiles erhielten seine jüngeren Söhne Lothringen und das Arelat, zwei neue ephemere Königreiche. Ludwig II., sein ältester Sohn, begnügt sich mit dem Königreiche Italien, dem eigentlichen und hinreichenden Erblande eines römischen Kaisers. Nach seinem Tode ohne männlichen Nachkommen stritten sich seine Oheime und Vettern um den erledigten Thron. Die Päpste benützten diese Gelegenheit mit der größten Gewandtheit, um die Ansprüche und Verdienste der Kandidaten zu prüfen und das kaiserliche Amt eines Beschützers der römischen Kirche dem willfährigsten oder freigebigsten zu verleihen. Die Hefe des karolingischen Geschlechtes zeigte weiter weder Macht noch Tugend, und die lächerlichen Beinamen des Kahlen, des Stammlers, des Dicken, des Einfältigen unterschieden die sonst einförmigen Gestalten einer Schar Könige, alle in gleichem Maße der Vergessenheit wert. Infolge des Aussterbens der Seitenlinien fiel die ganze Erbschaft an Karl den Dicken, den letzten Kaiser seines Hauses; sein Blödsinn rechtfertigte den Abfall Deutschlands, Italiens und Frankreichs. Er wurde auf einem Reichstage abgesetzt und flehte die Rebellen, die sein Leben und seine Freiheit aus Verachtung geschont hatten, um sein tägliches Brot an. Nach dem Grade ihrer Macht maßten sich die Statthalter, Bischöfe und Herren die Bruchstücke des zerfallenden Reiches an, nur daß weibliche oder unechte Nachkommen Karls des Großen einigen Vorzug erhielten. Diejenigen, die mit einem Heere vor den Toren Roms erscheinen konnten, wurden im Vatikan zu Kaisern gekrönt; häufiger aber begnügten sie sich bescheiden mit dem Titel König von Italien, und der ganze Zeitraum von vierundsiebzig Jahren, von der Abdankung Karls des Dicken bis zur Erhebung Ottos ., kann als kaiserlos angesehen werden.

Otto gehörte dem alten Geschlechte der Herzöge von Sachsen an, und wenn er wirklich von Wittekind, dem Gegner und Proselyten Karls des Großen, abstammte, so wurden die Nachkommen eines besiegten Volkes erhoben, um über ihre Sieger zu herrschen. Sein Vater, Heinrich der Städtegründer, war durch die Nation erwählt worden, das deutsche Königreich zu retten und zu begründen. Die Grenzen desselben wurden auf allen Seiten von seinem Sohne, dem ersten und größten der Ottonen, erweitert. Ein Strich von Gallien westlich vom Rhein längs den Ufern der Maas und Mosel wurde den Deutschen überwiesen, deren Blut und Sprache seit den Zeiten Cäsars und Tacitus' hier dominierten. Zwischen Rhein, Rhone und Alpen erwarben die Nachfolger Ottos eine hohle Oberhoheit über die zertrümmerten burgundischen und arelatischen Königreiche. Im Norden wurde das

Christentum durch das Schwert Ottos, des Apostels und Besiegers der slavischen Völkerschaften an der Oder und Elbe, verbreitet. Die Marken Brandenburg und Schleswig wurden durch deutsche Kolonisten befestigt, und die Könige von Dänemark, die Herzöge von Böhmen und Polen bekannten sich als seine zinspflichtigen Vasallen. An der Spitze einer siegreichen Armee ging er über die Alpen, unterwarf das Königreich Italien, befreite den Papst und festigte das Kaisertum in Deutschland für immer. Von dieser denkwürdigen Epoche an wurden zwei Maximen des Staatsrechtes durch Gewalt eingeführt, die mit der Zeit genehmigt werden: 1. Daß der Fürst, der auf dem deutschen Reichstage gewählt wurde, von dem Augenblicke an die unterworfenen Königreiche Italien und Rom erlangte. 2. Daß aber dieser Fürst gesetzlich die Titel Kaiser und Augustus nicht eher annehmen durfte, als bis er die Krone aus den Händen des römischen Papstes erhalten hatte. Die kaiserliche Würde Karls des Großen wurde dem Osten durch die Veränderung in seinem Stil verkündet, und statt die griechischen Kaiser als seine Väter zu begrüßen, erdreistete er sich, sie Bruder zu nennen. Vielleicht trachtete er danach, Irene zur Gemahlin zu erhalten; seine Gesandten in Konstantinopel redeten die Sprache des Friedens und der Freundschaft und unterhandelten vielleicht insgeheim über einen Ehevertrag mit dieser ehrgeizigen Fürstin, welche die heiligsten Pflichten einer Mutter verletzt hatte. Es ist unmöglich, über Natur, Dauer und wahrscheinliche Folgen einer solchen Vereinigung zwischen zwei fernen und ungleichen Herrschern eine Vermutung zu wagen; aber das einstimmige Schweigen der Lateiner erregt den Argwohn, daß das Gerücht von Irenes Feinden erfunden wurde, um sie mit der Schuld des Verrates an der Kirche und des Staates an die westlichen Fremdlinge zu beladen. Die fränkischen Gesandten waren Zeugen und wären beinahe Opfer der Verschwörung des Nikephorus und des Nationalhasses geworden. Konstantinopel war über den Verrat und Frevel des alten Rom erbittert. Ein Sprichwort, »daß die Franken gute Freunde und schlimme Nachbarn wären«, ging von Mund zu Mund, aber es war gefährlich einen Nachbar zu reizen, der in Versuchung kommen konnte, in der St. Sophienkirche die Zeremonie seiner Kaiserkrönung zu wiederholen. Nach einer langwierigen Reise voller Umwege und Verzögerungen trafen die Gesandten des Nikephorus ihn in seinem Lager am Ufer der Saale. Karl der Große machte sich das Vergnügen, sie in ihrer Eitelkeit zu demütigen, indem er in einem fränkischen Dorfe den Pomp oder wenigstens den Hochmut der Byzantiner zeigte. Die Griechen wurden nacheinander durch vier Audienzhallen geführt, in der ersten waren sie bereit, vor einer schimmernden Person auf einem Prunkstuhle niederzufallen, bis man ihnen sagte, daß es nur ein Diener, der Stallmeister des Kaisers wäre. Derselbe Irrtum, dieselbe Antwort wurde in den Hallen des Pfalzgrafen, des

Hofmeisters, des Kämmerers wiederholt, und ihre Ungeduld steigerte sich allmählich, bis die Tore des eigentlichen Audienzsaales sich öffneten und sie den wirklichen Monarchen auf seinem Throne in reichem Prunke des Auslandes, den er verachtete, und von seinen ihn liebenden, ehrfürchtigen siegreichen Heerführern umgeben, erblickten. Ein Friedens- und Freundschaftsvertrag wurde zwischen den beiden Reichen geschlossen und die Grenzen des Westens und Ostens durch den gegenwärtigen Besitzstand bestimmt. Aber die Griechen vergaßen bald diese demütigende Gleichheit oder erinnerten sich ihrer nur, um die Barbaren zu hassen, von denen sie ihnen aufgedrungen worden war. Während kurzer Zeit begrüßten sie den Augustus Karl ehrfurchtsvoll mit dem Namen eines Basileus und Kaisers der Römer. Die byzantinischen Briefe an seinen Sohn trugen jedoch die Überschrift: »An den König oder, wie er sich nennt, Kaiser der Franken und Lombarden.« Nachdem sowohl Macht als Tugend geschwunden, versagten sie Ludwig II. seinen erblichen Titel und setzten ihn durch die barbarische Benennung rex oder rega zur übrigen Schar der lateinischen Fürsten herab. Seine Antwort ist bezeichnend für seine Schwäche; er beweist mit einiger Gelehrsamkeit, daß sowohl in der weltlichen wie in der heiligen Geschichte der Name König mit dem griechischen Basileus synonym sei; wenn auch in Konstantinopel dieser Titel im ausschließlichen Sinne genommen würde, so leite er von seinen Ahnen und dem Papste die Berechtigung her, an den Ehren des römischen Purpurs teilzunehmen. Derselbe Streit wurde unter der Regierung der Ottonen wieder aufgefrischt. Ihr Gesandter beschreibt in lebendigen Farben den übermütigen byzantinischen Hof. Die Griechen erkünstelten Verachtung für die Armut und Unwissenheit der Franken und Sachsen und weigerten sich, auch in ihrem äußersten Verfall die Könige von Deutschland mit dem Titel römischer Kaiser auszuzeichnen.

Diese Kaiser fuhren bei den Wahlen der Päpste fort, die Macht auszuüben, die sich die gotischen und griechischen Fürsten angemaßt hatten, und die Wichtigkeit dieses Vorrechtes nahm mit dem weltlichen Staate und der geistlichen Macht der Kirche zu. In der christlichen Aristokratie bildeten die vornehmsten Mitglieder der Geistlichkeit dauernd einen Senat, um dem Bischof bei seiner Verwaltung beizustehen und ihn im Falle der Erledigung zu ersetzen. Rom war in achtundzwanzig Pfarreien geteilt und jede Partei wurde von einem Kardinalpriester oder Presbyter geleitet, ein Titel, der, wie gewöhnlich und bescheiden er auch nach seinem Ursprung gewesen sein mag, mit dem Königstitel wetteifern sollte. Ihre Anzahl wurde durch die Beigesellung von sieben Diakonen der vornehmsten Hospitäler, der sieben Pfalzrichter des Lateran und einiger Würdenträger der Kirche erweitert. Dieser kirchliche Senat wurde von sieben Kardinalbischöfen der römischen Provinz geleitet, die in ihren außerstädtischen Sprengeln Ostia, Porto, Veliträ, Tusculum, Präneste, Tibur und Sabinum minder beschäftigt waren, als durch ihren wöchentlichen Dienst im Lateran und ihre Teilnahme an den höheren Ehren und der Macht des apostolischen Stuhles. Nach dem Tode eines Papstes empfahlen diese Bischöfe dem Kardinalkollegium einen Nachfolger, und ihre Wahl wurde durch den beifälligen oder mißfälligen Zuruf des römischen Volkes angenommen oder verworfen. Aber die Wahl war unvollständig und der Papst konnte gesetzlich nicht eher geweiht werden, als bis der Kaiser, der Verteidiger der Kirche, huldreich seine Billigung und Zustimmung gegeben hatte. Der kaiserliche Bevollmächtigte untersuchte an Ort und Stelle Form und Freiheit des Wahlverfahrens, und erst nach vorangegangener Prüfung der Eigenschaften der Kandidaten nahm er den Treueid an und bestätigte die Schenkungen, die nach und nach das Vermögen des Stuhles des heiligen Petrus bereichert hatten. Bei den nicht selten vorkommenden Spaltungen wurden die Ansprüche der Kandidaten dem Urteile des Kaisers vorgelegt, ja in einer Synode von Bischöfen konnte er wagen, einen schuldigen Papst zu richten, zu verdammen und zu bestrafen. Otto . zwang dem Senate und Volke einen Vertrag auf, indem es sich verpflichtete, den seiner Majestät angenehmsten Kandidaten vorzuziehen; seine Nachfolger kamen der Wahl zuvor oder hinderten sie, verliehen die römische Papstwürde wie die Bistümer Köln oder Bamberg ihren Kanzlern und Lehrern, und wie groß auch das Verdienst eines Sachsen oder Franken sein mochte, so beweist doch schon sein Name hinlänglich die Einmischung einer fremden Macht. Die Ausübung eines solchen Vorrechtes wurde durch die einer Volkswahl anhaftenden Unordnungen beschönigt. Der Bewerber, der von den Kardinälen ausgeschlossen worden war, bediente sich der Leidenschaften oder Habsucht der Menge; der Vatikan und Lateran wurden mit Blut befleckt, und die vornehmsten Senatoren, die Herzoge von Toscana und die Grafen von Tusculum hielten den apostolischen Stuhl in langer und schmählicher Knechtschaft. Die römischen Päpste des neunten und zehnten Jahrhunderts wurden von ihren Tyrannen mißhandelt, eingekerkert, ermordet; und so groß war ihre Armut nach dem Verlust oder der Usurpation der Besitzungen der Kirche, daß sie weder fürstlichen Glanz entfalten noch priesterliche Mildtätigkeit ausüben konnten. Der Einfluß von zwei Schwestern, Marozia und Theodora, gründete sich auf ihren Reichtum und ihre Schönheit, auf ihre politischen Machenschaften und Liebesintrigen. Der kräftigste ihrer Liebhaber wurde mit der römischen Inful belohnt. Ihre Herrschaft mag in den finsteren Jahrhunderten die Fabel von einer Päpstin Johanna veranlaßt haben. Der uneheliche Sohn, Enkel und Urenkel der Marozia, eine seltene Genealogie, saßen auf dem Thron des heiligen Petrus. Der zweite von ihnen war erst neunzehn Jahre alt, als er das Oberhaupt der lateinischen Kirche wurde. In seiner Jugend und seinem Mannesalter verhielt er sich in angemessener Art, und die Pilgerscharen konnten Zeugnis für die Beschuldigungen ablegen, die in einer römischen Synode und in Gegenwart des Kaisers Otto des Großen gegen ihn vorgebracht wurden. Da Johann II. auf die Tracht und den würdevollen Anstand seines Berufes Verzicht geleistet hatte, mag der Soldat vielleicht durch den Wein, den er trank, das Blut, das er vergoß, die Flammen, die er entzündete und die tollen Spiele der Lust nicht enthert worden sein. Seine offenkundige Simonie war die Folge der Not und seine lästerliche Anrufung des Jupiter und der Venus konnte, wenn sie anders begründet ist, nicht ernstlich gemeint sein. Aber wir lesen mit Erstaunen, daß der würdige Enkel der Marozia in öffentlichem Ehebruch mit den römischen Damen lebte; daß der lateranische Palast in eine Schule der Schändung umgewandelt wurde und daß seine Vergewaltigung von Jungfrauen und Witwen die Pilgerinnen abhielt, das Grab des heiligen Petrus zu besuchen, um bei dieser frommen Handlung nicht etwa Gewalt von seinem Nachfolger zu erleiden. Die Protestanten verweilen mit boshafter Freude bei diesen Eigenschaften eines Antichristen, einem philosophischen Auge erscheinen aber die Laster der Geistlichkeit weniger gefährlich als ihre Tugenden. Nach einer langen Reihe schändlicher Vorfälle wurde der apostolische Stuhl durch den strengen Gregor II. reformiert und geläutert. Dieser ehrgeizige Mönch widmete sein Leben der Ausführung von zwei Plänen: 1. Die Unabhängigkeit und Freiheit der Wahl dem Kardinalkollegium fest zu übertragen und für immer das Recht oder die Anmaßung der Kaiser und des römischen Volkes abzuschaffen. 2. Das abendländische Reich als ein Lehen oder Benefizium der Kirche zu verleihen oder zurückzunehmen und seine zeitliche Herrschaft über die Könige und Reiche der Welt auszudehnen. Nach fünfzigjährigem Kampf wurde der erste dieser Pläne durch die Unterstützung der Geistlichkeit, deren Freiheit mit jener ihres Oberhauptes in innigem Zusammenhang stand, durchgesetzt. Aber dem zweiten Plane, obwohl er mit teilweisem und scheinbarem Erfolg gekrönt wurde, widersetzte sich die weltliche Macht mit aller Kraft und er scheiterte endlich gänzlich.

Durch die Erneuerung des römischen Reiches konnten weder der Bischof noch das Volk Karl dem Großen oder Otto die Provinzen verleihen, die durch das wechselnde Glück der Waffen verloren gegangen oder gewonnen worden waren. Aber den Römern stand es frei, sich einen Gebieter zu wählen. Die Gewalt, die den Patriziern erteilt worden war, wurde den fränkischen und sächsischen Kaisern des Abendlandes unwiderruflich übertragen. Die unvollständigen Berichte jener Zeiten geben noch Zeugnis von ihrem Palast, ihren Münzen, ihrem Tribunal, ihren Edikten und dem Schwerte der

Gerechtigkeit, das vom Kaiser herrührend, noch im dreizehnten Jahrhundert der Präfekt der Stadt besaß. Durch die Intrigen der Päpste und die Gewalttätigkeiten des Volkes wurde diese Oberhoheit erdrückt und vernichtet. Sich mit den Titeln Kaiser und Augustus begnügend, vernachlässigten die Nachfolger Karls des Großen die Ausübung dieser örtlichen Macht. In der Stunde des Glückes wurde ihr Ehrgeiz durch lockendere Gegenstände abgelenkt, und zur Zeit des Verfalles und der Teilung des Reiches waren sie mit der Verteidigung ihrer Erbländer beschäftigt. Mitten unter den Trümmern Italiens forderte die berüchtigte Marozia einen der Usurpatoren auf, ihr dritter Gemahl zu werden. König Hugo von Burgund wurde von ihrer Partei in den Molo Hadrians oder der Engelsburg eingelassen, welche die Hauptbrücke und den Hauptzugang von Rom beherrscht. Ihr Sohn erster Ehe, Alberich, wurde gezwungen, dem Hochzeitsbankett beizuwohnen. Dieser undankbare Dienst, den er nur mit Widerwillen leistete, wurde ihm von seinem neuen Vater mit einem Schlage vergolten. Dieser Schlag hatte eine Revolution zur Folge. »Römer«, rief der Jüngling aus, »einst waret ihr die Herren der Welt und diese Burgunden waren eure verworfensten Sklaven. Sie herrschen jetzt, die gefräßigen und viehischen Wilden, und mein Schimpf ist der Anfang eurer Knechtschaft.« Die Sturmglocken riefen in allen Vierteln zu den Waffen; die Burgunden zogen sich in Eile und Schmach zurück, Marozia wurde von ihrem siegreichen Sohne eingesperrt und sein Bruder Papst Johann I. auf die Ausübung seiner geistlichen Verrichtungen beschränkt. Alberich hatte mit dem Fürstentitel über zwanzig Jahre die Regierung von Rom inne, und er soll dem Volk dadurch geschmeichelt haben, daß er das Amt oder wenigstens den Titel der Konsuln und Tribunen wieder herstellte. Sein Sohn und Erbe Oktavian nahm die päpstliche Würde und den Namen Johann II. an. Gleich seinen Vorfahren wurde er durch die lombardischen Fürsten genötigt, für die Kirche und die Republik einen Befreier zu suchen. Die Dienste Ottos wurden mit der kaiserlichen Würde belohnt. Aber der Sachse war gebieterisch, die Römer wurden ungeduldig, die Krönungsfeier wurde durch den geheimen Kampf um Macht und Freiheit gestört, ja Otto befahl seinem Schwertträger, nicht von seiner Seite zu weichen, sonst könne er am Fuße des Altars angefallen und ermordet werden. Bevor der Kaiser über die Alpen zurückging, bestrafte er die Empörung des Volkes und den Undank Johanns XII. Der Papst wurde in einer Synode abgesetzt, der Präfekt, auf einem Esel reitend, durch die Stadt gepeitscht und dann in den Kerker geworfen, dreizehn der Schuldigsten wurden gehangen und andere verstümmelt oder verbannt. Dieses strenge Verfahren wurde durch die alten Gesetze des Theodosius und Justinian gerechtfertigt. Die öffentliche Meinung hatte Otto I. einer treulosen und blutigen Tat beschuldigt, der Niedermetzelung der Senatoren, die er unter dem

Schein der Gastfreiheit und Freundschaft zu seiner Tafel einlud. Zur Zeit Ottos I. machte Rom einen kühnen Versuch, das sächsische Joch abzuschütteln und der Konsul Crescentius wurde der Brutus der Republik. Aus einem Untertanen und Verbannten wurde er zweimal zum Herren über die Stadt, unterdrückte, vertrieb und ernannte die Päpste und versuchte eine Verschwörung zur Wiederherstellung der Macht der griechischen Kaiser. In der Engelsburg hielt er eine hartnäckige Belagerung aus, bis der unglückliche Konsul in die Schlingen eines wortbrüchigen Gegners fiel; sein Leichnam wurde an einen Galgen gehangen und sein Haupt auf die Zinne der Burg gesteckt. Das Glück wandte sich, und Otto wurde, nachdem er seine Truppen geteilt hatte, drei Tage ohne Nahrung in seinem Palast belagert, nur eine schmähliche Flucht rettete ihn vor den gerechten oder wütenden Römern. Der Senator Ptolemäus war der Anführer des Volkes, und die Witwe des Crescentius genoß die Wonne, ihren Gemahl durch Gift, das sie ihrem kaiserlichen Liebhaber beibrachte, gerächt zu haben. Es war die Absicht Ottos II. gewesen, die rauheren nordischen Länder zu verlassen, seinen Thron in Italien aufzurichten und die römische Monarchie wieder ins Leben zu rufen. Aber seine Nachfolger erschienen nur einmal in ihrem Leben an den Ufern des Tiber, um im Vatikan ihre Krone zu empfangen. Ihre Abwesenheit machte sie verächtlich, sie waren gehaßt und gefürchtet. Sie stiegen an der Spitze ihrer Völker, die dem Lande fremd und feindlich gesinnt waren, von den Alpen nieder, und ihr vorübergehender Besuch gab zu Tumult und Blutvergießen Anlaß. Eine schwache Erinnerung an ihre Ahnen peinigte die Römer fortwährend, und sie sahen mit frommer Entrüstung die Sachsen, Franken, Schwaben und Böhmen, die den Purpur und die Vorrechte der Cäsaren usurpierten.

Es gibt vielleicht nichts, das der Natur und Vernunft mehr widerspräche, als ferne Länder und fremde Nationen gegen ihre Neigung und ihr Interesse in Botmäßigkeit zu erhalten. Ein Barbarenstrom mag über die Erde brausen, aber ein ausgedehntes Reich muß sich auf ein verfeinertes System der Politik und Unterdrückung stützen: im Mittelpunkte eine unumschränkte Gewalt, schnell zur Tat, reich an Hilfsquellen, eine rasche und leichte Verbindung zwischen den äußersten Enden, Festungen, um die erste Ausbreitung einer Empörung zu hemmen, eine regelmäßige Verwaltung zu Schutz und Strafe und ein wohldiszipliniertes Heer, das Furcht einflößt, ohne Unzufriedenheit und Verzweiflung zu erregen. Ganz verschieden war die Lage der deutschen Kaiser, die Italien in Banden zu schlagen strebten. Ihre Domänen dehnten sich längs des Rheins aus oder waren in den Provinzen verstreut; aber auch dieser große Besitz wurde durch die unklugen oder bedürftigen Fürsten veräußert, und ihr aus kleinlichen und drückenden Vorrechten fließendes Einkommen reichte kaum zur Bestreitung ihres Haushaltes hin. Ihre Truppen wurden mit gesetzlichem! Zwang oder freiwillig durch ihre Vasallen gebildet, die ungern über die Alpen gingen, sich des Raubes und der Unordnung schuldig machten und trotzig noch vor Ablauf des Feldzuges davonzogen. Ganze Armeen wurden durch das pestilenzialische Klima dahingerafft; die Überlebenden brachten die Gebeine ihrer Fürsten und Edlen zurück und schrieben die Folgen ihrer eigenen Unmäßigkeit häufig dem Verrat der boshaften Italiener zu, die sich zum mindesten über die Drangsale der Barbaren freuten. Diese unregelmäßige Tyrannei kämpfte auf gleichem Fuße mit den kleinen italienischen Tyrannen, aber weder das Volk, noch der Leser wird sich für diesen Streit sehr interessieren. Allein im elften und zwölften Jahrhundert entzündeten die Lombarden die Flamme der Freiheit, und ihr hochherziges Beispiel wurde endlich von den Republiken von Toskana nachgeahmt. In den italienischen Städten war die Munizipalregierung nicht ganz abgeschafft worden. Ihre ersten Privilegien wurden ihnen aus Gunst oder Politik vom Kaiser bewilligt, die eine plebejische Schranke gegen die Unabhängigkeit der Edlen zu errichten wünschten. Aber die rapiden Fortschritte, die tägliche Ausdehnung der Macht und Ansprüche dieser Gemeinden gründeten sich auf ihre Anzahl und ihren Mut. Jede Stadt war das Haupt ihres Sprengels oder Distriktes; die Gerichtsbarkeit der Bischöfe, Markgrafen und Grafen wurde abgeschafft, und die stolzesten Edlen ließen sich überreden oder wurden gezwungen, ihre Schlösser zu verlassen und den ehrenvollen Stand von Freien oder Obrigkeiten zu ergreifen. Die gesetzgebende Macht wohnte der allgemeinen Versammlung inne, die ausübende Gewalt war jedoch drei Konsuln vorbehalten, die jährlich aus den Kapitänen, Valvassoren und Gemeinen, den drei Ständen, in welche die Bevölkerung geteilt war, gewählt wurden. Unter dem Schutze gleicher Gesetze lebten Ackerbau und Handel allmählich wieder auf; aber der kriegerische Geist der Lombarden wurde durch die bestehende Gefahr genährt, und so oft die Glocken gezogen, die Fahnen gehißt wurden, strömte aus den Toren der Stadt eine zahlreiche und unerschrockene Schar, deren Eifer in ihrer eigenen Sache bald durch Gebrauch und Kenntnis der Waffen gesteigert wurde. An diesem Volkswall brach der Stolz der Cäsaren, und der unbezwingliche Geist der Freiheit siegte über die zwei Friedriche, die größten Fürsten des Mittelalters, einer vielleicht an kriegerischer Tapferkeit überlegen, der andere unstreitig durch friedliche Eigenschaften und Gelehrsamkeit ausgezeichnet.

Aus Ehrgeiz, den Glanz des Purpurs wiederherzustellen, bekriegte Friedrich I. die lombardischen Republiken. Er entwickelte die Künste eines Staatsmannes, die Tapferkeit eines Soldaten und die Grausamkeit eines Tyrannen. Die neuerliche Auffindung der Pandekten hatte eine dem

Despotismus höchst günstige Wissenschaft erneuert, und seine käuflichen Anwälte riefen den Kaiser als den unumschränkten Gebieter über Leben und Eigentum seiner Untertanen aus. Seine königlichen Vorrechte wurden in einem minder häßlichen Sinne auf dem Reichstag von Roncaglia anerkannt und das Einkommen von Italien auf dreißigtausend Pfund Silber festgesetzt. Die raubsüchtigen Fiskalbeamten erhöhten jedoch ihre Forderungen in maßloser Weise. Die hartnäckigen Städte wurden durch Schrecken oder Gewalt seiner Waffen bezwungen, seine Gefangenen dem Henker überliefert oder von seinen Wurfmaschinen geschleudert, Mailands stattliche Gebäude nach der Belagerung und Übergabe der Erde gleich gemacht, dreihundert Geißeln nach Deutschland gesandt und die übrigen Bewohner unter dem Joch des unbeugsamen Siegers in vier Ortschaften zerstreut. Aber Mailand erhob sich bald aus seinen Trümmern. Der lombardische Bund wurde durch die Not fester gekettet, Venedig, Papst Alexander II. und der griechische Kaiser ergriffen für sie Partei, der Bau der Unterdrückten wurde an einem Tage gestürzt, und in dem Vertrage von Konstanz bestätigt Friedrich mit einigem Vorbehalt die Freiheit von vierundzwanzig Städten. Sein Enkel kämpfte bald mit ihnen in ihrer Vollkraft und Reife; aber Friedrich II. war mit persönlichen Vorteilen ausgestattet. Seine Geburt und Erziehung empfahlen ihn den Italienern, und in dem unversöhnlichem Kampfe der beiden Parteien hingen die Gibellinen dem Kaiser an, während die Guelfen die Fahne der Freiheit und der Kirche entfalteten. Der römische Hof hatte geschlummert, als er seinem Vater Heinrich VI. gestattete, die Königreiche Neapel und Sizilien mit dem Reiche zu vereinen. Aus diesen Erbländern zog der Sohn eine reiche und bereitwillig gewährte Hilfe an Truppen und Schätzen. Dennoch wurde Friedrich zuletzt durch die lombardischen Waffen und die Bannstrahlen des Vatikan erdrückt; sein Königreich wurde einem Fremden gegeben und der letzte seines Hauses in Neapel auf dem Schaffott öffentlich enthauptet. Während sechzig Jahren erschien kein Kaiser in Italien, und man erinnerte sich dieses Namens nur durch den schmählichen Verkauf der letzten Reste der Souveränität.

Es freute zwar die deutschen Eroberer des Abendlandes, ihr Oberhaupt mit dem kaiserlichen Titel zu schmücken, keineswegs aber war es ihre Absicht, ihn mit der despotischen Gewalt Konstantins und Justinians zu bekleiden. Die Deutschen waren frei, ihre Eroberungen gehörten ihnen selbst, und ihr Nationalcharakter war von einem Geiste beseelt, der die knechtische Jurisprudenz des neuen wie des alten Rom mit Verachtung verwarf. Es wäre ein eitles und vergebliches Unternehmen gewesen, den bewaffneten Freien, die einer Obrigkeit überdrüssig waren, einen Monarchen aufzuzwingen, den Kühnen, die sich zu gehorchen weigerten, den Mächtigen, die nach Herrschaft strebten. Das Reich Karls des Großen und Ottos war unter die Herzöge der Nationen oder Provinzen, die Grafen der kleineren Bezirke, die Markgrafen der Grenzmarken verteilt, welche die ganze bürgerliche und militärische Gewalt, wie sie dem Stellvertreter der ersten Cäsaren übertragen gewesen war, in sich vereinigten. Die römischen Statthalter, die größtenteils vom Glück emporgehobene Soldaten waren, verführten ihre Söldlingslegionen, nahmen den kaiserlichen Purpur an, und ihre Empörung mißlang oder glückte ihnen, ohne die Macht und Einheit der Regierung selbst zu schädigen. Wenn Deutschlands Herzöge, Markgrafen und Grafen minder kühne Ansprüche machten, waren doch die Folgen ihrer Aufstände bleibender und für den Staat verderblicher. Statt nach dem höchsten Rang zu streben, arbeiteten sie in der Stille daran, ihre Provinzialunabhängigkeit zu begründen und sich die Macht anzueignen. Ihr Ehrgeiz wurde durch das Gewicht ihrer Besitzungen und Vasallen, durch ihr gegenseitiges Zusammenhalten, das gemeinsame Interesse des untergeordneten Adels, den Wechsel der Fürsten und Regentenfamilien, die Minderjährigkeit Ottos III. und Heinrichs IV., den Ehrgeiz der Päpste und die eitle Verfolgung der fliehenden Krone von Italien und Rom unterstützt. Die Befehlshaber der Provinzen maßten sich allmählich die sämtlichen Vorrechte der königlichen und Territorial-Hoheit an: das Recht über Krieg und Frieden, über Leben und Tod, der Münze und Besteuerung, privater Bündnisse und heimischer Verwaltung. Was immer sie durch Gewalt an sich gerissen hatten, wurde aus Gunst oder Not bestätigt, als der Preis eines zweifelhaften Votums oder eines freiwilligen Dienstes verliehen. Was dem einen gewährt worden, konnte seinem Nachfolger oder seinesgleichen nicht versagt werden, und jede Bestimmung über lokalen oder temporären Besitz wurde allmählich in die Verfassung des deutschen Königreiches aufgenommen. In jeder Provinz stand der Herzog oder Graf zwischen dem Thron und den Edlen; die Untertanen des Reiches wurden die Vasallen eines Privathäuptlings, und die Fahne, die er vom Herrscher empfing, wehte oft im Felde in ihm feindlichen Reihen. Die zeitliche Macht der Geistlichkeit wurde durch den Aberglauben oder die Politik der karolingischen und sächsischen Dynastien, die sich blind auf ihre Mäßigung und Treue verließen, begünstigt und gehoben, und die Bistümer Deutschlands wurden an Umfang und Vorrecht den größten der militärischen Staaten gleich gemacht und waren ihnen an Reichtum und Bevölkerung überlegen. Solange die Kaiser das Vorrecht behielten, diese geistlichen und weltlichen Lehen bei jeder Erledigung weiter zu verleihen, wurde ihre Sache durch ihre dankbaren oder ehrgeizigen Freunde und Günstlinge aufrechterhalten. Aber in dem Kampfe um Investitur wurden sie ihres Einflusses auf die bischöflichen Kapitel beraubt. Die Freiheit der Wahl wurde wieder hergestellt und der Souverän mit feierlichem Hohn auf die Empfehlung beschränkt, die er einmal in seiner Regierung bei einer einzigen Pfründe in jeder Kirche erteilen konnte. Die weltlichen Statthalter, statt nach dem Willen eines Höheren abberufbar zu sein, konnten nur durch Urteilsspruch von ihresgleichen entsetzt werden. In der ersten Zeit der Monarchie wurde die Nachfolge eines Sohnes in dem Herzogtum oder der Grafschaft seines Vaters von diesem als eine Gunst erbeten; sie wurde allmählich zur Gewohnheit und als Recht angesehen. Die Linealerbfolge wurde häufig auf die Seitenverwandtschaft und den weiblichen Stamm ausgedehnt. Die Reichsländer (ihre gewöhnliche, zuletzt ihre gesetzliche Benennung) konnten durch Testament und Kauf geteilt und veräußert werden, und jeder Begriff eines öffentlichen Amtes ging über dem eines! immerwährenden Privaterbes verloren. Der Kaiser konnte nicht einmal durch eine zufällige Verwirkung oder das Erlöschen einer Familie bereichert werden; er war verpflichtet, binnen Jahresfrist über das erledigte Lehen zu verfügen und mußte bei der Wahl eines Kandidaten entweder den Reichstag oder die Provinzialversammlung zu Rate ziehen.

Nach dem Tode Friedrichs I. war Deutschland eine hundertköpfige Hydra. Eine Schar von Fürsten und Prälaten stritt sich um die Trümmer des Reiches. Die Herren zahlloser Schlösser waren geneigter, ihre Oberen nachzuahmen, als ihnen zu gehorchen, und ihre unaufhörlichen Feindseligkeiten dienten, je nach ihrer Macht, entweder zur Eroberung oder zum Raub. Eine solche Anarchie war die unvermeidliche Folge der europäischen Gesetze und Sitten, und die Königreiche Frankreich und Italien wurden durch die Gewalt desselben Sturmes zersplittert. Aber die italienischen Städte und die französischen Vasallen waren getrennt und wurden vernichtet, während die Einheit der Deutschen ein großes Förderativsystem unter dem Namen eines Reiches hervorgebracht hat. Durch die häufigen und zuletzt immerwährenden Reichstage wurde der Nationalgeist lebendig erhalten, und die Macht einer gemeinsamen Gesetzgebung wurde noch im achtzehnten Jahrhundert durch die drei Zweige oder Kollegien der Kurfürsten, der Fürsten und der freien Reichsstädte Deutschlands ausgeübt. I. Sieben der mächtigsten Vasallen übernahmen mit besonderem Namen und Rang das ausschließliche Recht, den römischen Kaiser zu wählen; diese Kurfürsten waren der König von Böhmen, der Herzog von Sachsen, der Markgraf von Brandenburg, der Pfalzgraf am Rhein und die drei Erzbischöfe von Mainz, Trier und Köln. II. Das Kollegium der Fürsten und Prälaten wurde gesiebt; die große Anzahl der unabhängigen Grafen wurde auf vier repräsentative Stimmen beschränkt und der Stand der Edlen oder Ritter ausgeschlossen, von dem einst sechzigtausend, wie in den polnischen Reichstagen, beritten auf dem Wahlfelde erschienen waren. III. Die stolzen Männer durch Geburt und Herrschaft, Schwert und Inful ausgezeichnet, nahmen weislich die Gemeinen als den dritten Zweig in die Gesetzgebung auf. Sie wurden bei dem Fortschreiten der bürgerlichen Gesellschaft um dieselbe Zeit auch in den Nationalversammlungen Frankreichs, Englands und Deutschlands eingeführt. Der Hansabund beherrschte den Handel und die Schiffahrt des Nordens; die Rheinbündner sicherten den Frieden und Verkehr des Binnenlandes; der Einfluß der Städte war ihrem Reichtum und ihrer Politik angemessen, und ihr Veto machte die Beschlüsse der beiden oberen Kollegien der Kurfürsten und Fürsten ungültig.

Im vierzehnten Jahrhundert sehen wir den Zustand und Gegensatz des römischen Reiches zu Deutschland, das außer an den Grenzen des Rheines und der Donau keine einzige Provinz Trajans oder Konstantins mehr besaß, im stärksten Lichte. Ihre geringen Nachfolger waren die Grafen von Habsburg, Nassau, Luxemburg und Schwarzburg. Kaiser Heinrich II. verschaffte seinem Sohne die Krone von Böhmen, und sein Enkel Karl V. war unter einem, selbst nach Ansicht der Deutschen, fremden und barbarischen Volk geboren. Nach der Exkommunikation Ludwigs von Bayern empfing er von den Päpsten, die in ihrer Verbannung und Gefangenschaft in Avignon die Herrschaft der Welt in Anspruch nahmen, das Geschenk oder die Verheißung des erledigten Reiches. Der Tod seiner Mitbewerber vereinigte das Kurkollegium, und Karl wurde einmütig als römischer König und künftiger Kaiser begrüßt, ein Titel; der in demselben Jahrhundert an die Cäsaren von Deutschland und von Griechenland weggeworfen wurde. Der deutsche Kaiser war nichts weiter als das gewählte und ohnmächtige Oberhaupt einer Aristokratie von Fürsten, die ihm nicht ein Dorf gelassen hatten, das er sein Eigen nennen konnte. Sein bestes Vorrecht war noch, im Nationalsenate, der sich auf sein Ausschreiben versammelte, den Vorsitz zu führen und Vorschläge zu machen, und sein heimisches Königreich Böhmen, minder wohlhabend als die benachbarte Stadt Nürnberg, bildete den festesten Sitz seiner Macht und die reichste Quelle seines Einkommens. Die Armee, mit der er über die Alpen ging, bestand aus dreihundert Reitern. In der Kathedrale des heiligen Ambrosius wurde Karl mit der eisernen Krone, welche die Sage der lombardischen Monarchie zuschrieb, gekrönt; aber er allein wurde mit einem friedlichen Gefolge eingelassen. Man schloß die Tore hinter ihm, und der König von Italien war ein Gefangener Viscontis, den er in der Souveränität über Mailand bestätigte. Im Vatikan wurde er abermals mit der goldenen Reichskrone gekrönt, doch infolge eines geheimen Vertrages entfernte sich der Kaiser ohne Verzug und ohne auch nur eine einzige Nacht in den Mauern Roms auszuruhen. Der beredte Petrarca, dessen Phantasie den Glanz des Kapitols träumerisch wieder aufleben ließ, beklagt und schmäht die schimpfliche Flucht des Böhmen, und sogar seine Zeitgenossen mochten bemerken, daß die einzige Ausübung seiner Macht in einem einträglichen Verkaufe von Vorrechten und Titeln bestanden habe. Das Gold Italiens sicherte die Wahl seines Sohnes; aber so groß war die schimpfliche Armut des Kaisers, daß er in Worms von einem Fleischer im Gasthof festgehalten wurde, als Pfand oder Geisel für die Bezahlung der Zehrung.

Von dieser demütigenden Szene wenden wir uns zu den scheinbaren Majestät desselben Karls auf den Reichstagen. Die Goldene Bulle, welche die deutsche Verfassung festlegt, ist im Stil eines Souveräns und Gesetzgebers erlassen. Hundert Fürsten beugten sich vor seinem Throne und vergrößerten ihre eigene Würde durch die freiwilligen Ehren, die sie ihrem Oberhaupte oder Diener zollten. Bei dem kaiserlichen Bankett verrichteten die Erzämter, die sieben Kurfürsten, an Rang und Titeln Königen gleich, die feierlichen Hausdienste des Palastes. Die Siegel des dreifachen Königreiches wurden in Pomp von den Erzbischöfen von Mainz, Köln und Trier getragen, den ständischen Erzkanzlern des Reiches in Deutschland, Italien und im Arelat. Der Erzmarschall zu Pferde verrichtete sein Amt mit einem silbernen Hafermaß, dessen Inhalt er auf den Boden ausschüttete. Dann stieg er sofort ab, um die Ordnung der Gäste durchzuführen. Der Erztruchseß, Pfalzgraf des Rheins, stellte die Schüsseln auf die Tafel. Der Erzkämmerer, Markgraf von Brandenburg, reichte nach dem Mahle Kanne und Becken aus Gold zum Waschen dar. Der König von Böhmen als Erzmundschenk wurde von dem Bruder des Kaisers, dem Herzog von Luxemburg und Brabant, vertreten, und der Zug wurde vom Erzjägermeister beschlossen, der einen Eber und einen Hirsch mit einer Koppel Hunde mit sich führte. Ja, die Oberhoheit des Kaisers war nicht bloß auf Deutschland beschränkt; die erblichen Monarchen von Europa anerkannten die Überlegenheit seines Ranges und seiner Würde. Er war der erste der christlichen Fürsten, das zeitliche Oberhaupt des Abendlandes; lange Zeit kam nur ihm der Titel Majestät zu, und er stritt mit dem Papst um das erhabene Vorrecht, Könige zu ernennen und Kirchenversammlungen zu berufen. Das Orakel des Zivilrechtes, der gelehrte Bartolus, stand in Karls I. Solde, und seine Schule widerhallte von der Lehre, daß der römische Kaiser der rechtmäßige Souverän der Erde sei vom Sonnenaufgang bis zum Niedergange. Die entgegengesetzte Meinung wurde nicht als Irrtum, sondern als Ketzerei verdammt, denn selbst das Evangelium hatte ausgesprochen: »Und es erging ein Gesetz vom Cäsar Augustus, daß die ganze Welt besteuert werden sollte.« Wenn wir Zeit und Raum zwischen Augustus und Karl aufheben, so ist der Gegensatz der beiden Kaiser groß und auffallend: einerseits der Böhme, der seine Schwäche unter der Maske des Prunkes verbarg, anderseits der Römer, der seine Macht unter dem Schein der Bescheidenheit barg. An der Spitze seiner siegreichen Legionen, in seiner

Herrschaft über See und Land vom Nil und Euphrat bis an den Atlantischen Ozean gab sich Augustus als der Diener des Staates und als den seiner Mitbürger. Der Besieger von Rom und der Provinzen nahm den volkstümlichen und gesetzlichen Titel eines Zensors, Konsuls und Tribunen an. Sein Wille war das Gesetz der Menschheit, aber bei Kundmachung seiner Gesetze erbat er die Zustimmung des Senates und Volkes, von deren Beschlüssen der Gebieter seinen zeitlichen Auftrag, das Reich zu verwalten, empfing und erneuern ließ. Augustus bewahrte in seiner Tracht, Dienerschaft, Titulaturen, in allen Belangen des geselligen Lebens den Charakter eines römischen Privatmannes, und seine schlauesten Schmeichler ehrten das Geheimnis seiner unumschränkten Monarchie.

FÜNFTES KAPITEL – MOHAMMED

Beschreibung von Arabien und seiner Bewohner. – Geburt, Charakter und Lehre Mohammeds. – Er predigt in Mekka. – Flucht nach Medina. – Verbreitung seiner Religion durch das Schwert. – Freiwillige oder gezwungene Unterwerfung der Araber. – Sein Tod und sein Nachfolger. – Die Ansprüche und Schicksale Alis und seiner Abkömmlinge

Nachdem ich den Schatten der Kaiser von Konstantinopel und Deutschland sechshundert Jahre hindurch gefolgt bin, wende ich mich unter der Regierung des Heraklius den östlichen Grenzen der griechischen Monarchie zu. Während der Staat durch den persischen Krieg erschöpft und die Kirche durch die nestorianischen und monophysitischen Sekten zerrüttet wurde, errichtete Mohammed, das Schwert in der einen, den Koran in der anderen Hand, seinen Thron über den Trümmern des Christentums und Roms. Das Genie des arabischen Propheten, die Sitten seiner Nation und der Geist seiner Religion enthalten die Ursachen des Falles des morgenländischen Reiches, und unsere Blicke haften mit Spannung auf einer der merkwürdigsten Umwälzungen, die den Nationen des Erdballes einen neuen und dauernden Charakter gegeben haben.

In dem weiten Räume zwischen Persien, Syrien, Ägypten und Äthiopien kann die arabische Halbinsel als ein Dreieck mit langen, aber unregelmäßigen Seiten gedacht werden. Vom nördlichen Punkte, von Beles am Euphrat geht eine Linie von fünfzehnhundert Meilen bis an die Straße von Babelmandeb und das Land des Weihrauches. Ungefähr die Hälfte dieser Länge kann als die mittlere Breite, von Osten nach Westen, von Bassora bis Suez, vom Persischen Golf bis an das Rote Meer, angenommen werden. Die Seiten des Dreieckes erweitern sich allmählich, und die südliche Basis bietet dem Indischen Ozean eine Front von tausend Meilen. Die ganze Fläche der Halbinsel übertrifft die Größe Deutschlands oder Frankreichs um das Vierfache, aber der bei weitem größere Teil ist durch die Bezeichnung steinig und sandig gekennzeichnet. Selbst die tartarische Wildnis ist mit hohen Bäumen und üppigen Gräsern bewachsen, und der einsame Wanderer schöpft aus der Anwesenheit der Pflanzen einige Annehmlichkeit und Hoffnung. Aber in der traurigen Einöde Arabiens wird die unendliche Sandebene nur durch scharfe und nackte Berge unterbrochen und das Antlitz der Wüste, ohne Schatten oder Obdach, von den senkrechten und drückenden Strahlen einer tropischen Sonne verbrannt. Statt erfrischender Luft verbreiten die Winde, insbesondere aus dem Südwesten, einen schädlichen, sogar tödlichen Dunst; die Sandberge, die sie wechselnd heben und vernichten, werden den Wogen des Ozeans verglichen, und ganze Karawanen, ganze Heere sind umgekommen und von den Wirbelwinden begraben worden. Es fehlt Arabien an schiffbaren Flüssen, die den Boden befeuchten und seine Produkte den anliegenden Gegenden zuführen. Die Gießbäche, die von den Bergen stürzen, werden von der durstigen Erde aufgesogen; die seltenen und abgehärteten Pflanzen, die Tamarinde und Akazie, die ihre Wurzeln in die Felsenspalten schlagen, werden von dem Nachttau genährt. Die kärglichen Regenmengen werden in den Zisternen und Wasserleitungen gesammelt; die Brunnen und Quellen sind der geheime Schatz der Wüste, und den Pilger von Mekka widert nach manchem durstigen und schwülen Marschtage der Geschmack des Wassers an, das über ein Lager von Schwefel oder Salz geflossen ist. Das ist die allgemeine und wahrhafte Schilderung des Klimas von Arabien. Das Übel erhöht den Wert jedes lokalen oder partiellen Genusses. Ein schattiger Hain, eine grüne Weide, ein Strom frischen Wassers reichen hin, um eine Kolonie festwohnender Araber nach den glücklichen Flecken zu ziehen, die ihnen selbst und ihren Herden Nahrung und Erfrischung gewähren und den Anbau des Palmbaumes und Weinstocks begünstigen. Die Hochländer, die an den indischen Ozean grenzen, zeichnen sich durch ihren größeren Reichtum an Holz und Wasser aus; das Klima ist gemäßigter, die Früchte sind köstlicher, Tiere und Menschen zahlreicher. Der fruchtbare Boden weckt und belohnt die Mühe des Landwirtes, und Weihrauch und Kaffee haben zu allen Zeiten die Kaufleute der Welt angezogen. Wenn diese abgelegene Gegend mit den übrigen Teilen der Halbinsel verglichen wird, verdient sie in der Tat den Beinamen die glückliche. Phantasie und Dichtung haben sie in glänzenden Farben geschildert. Für dieses irdische Paradies hatte die Natur ihre auserwähltesten Gaben und ihre interessantesten Schöpfungen vorbehalten. Die unvereinbaren Segnungen der Üppigkeit und der Unschuld werden den Bewohnern zugeschrieben. Der Boden war mit Gold und Edelsteinen durchtränkt, und sowohl Land als Meer hauchten süße Gerüche aus. Diese den Griechen und Lateinern so geläufige Einteilung in das sandige, steinige und glückliche Arabien ist den Arabern selbst unbekannt, und es überrascht, daß ein Land, dessen Sprache und Einwohner stets dieselben geblieben sind, kaum eine Spur von seiner alten Geographie beibehalten hat. Die Seebezirke Bahrein und Oman liegen dem Königreiche Persien gegenüber. Das Königreich Yemen hat die Grenzen oder wenigstens die Lage von Arabia Felix; Nedsched breitet sich über den Binnenraum aus, und die Provinz Hedschas längs dem Roten Meere ist durch Mohammeds Geburt ausgezeichnet.

Die Dichte der Bevölkerung richtet sich nach den Mitteln zum Unterhalt; die Bewohner dieser großen Halbinsel werden an Zahl leicht von den

Untertanen einer reichen Provinz Europas überboten. Längs dem Gestade des Persischen Meerbusens, des Ozeans, ja sogar des Roten Meeres, fuhren die Ichthyophagen oder Fischesser fort, umherirrend ihre unsichere Nahrung zu suchen. In diesem ursprünglichen und verwerflichen Zustande, der den Namen Gesellschaft schlecht verdient, zeichnet sich das Menschtier ohne Künste oder Gesetze, fast ohne Gefühl und Sprache nur wenig vor der übrigen Tierwelt aus. Geschlechter und Jahrhunderte rollten über sie in stiller Vergessenheit hinweg. Der hilflose Wilde wurde durch die Bedürfnisse und Beschäftigungen, die sein Dasein an dem schmalen Strich des Strandes fesselten, abgehalten, sein Geschlecht zu vermehren. Aber schon in einer früheren Periode des Altertums hatte sich die große Masse der Araber diesem Zustande des Elends entwunden, und da die nackte Wildnis ein Jägervolk nicht ernähren konnte, erhob sie sich auf einmal zum Hirtenleben. Dasselbe Leben wird von den Wanderstämmen der Wüste gleichförmig geführt. In der Schilderung eines Beduinen des achtzehnten Jahrhunderts erkennen wir die Züge ihrer Altvordern, die im Zeitalter des Moses und Mohammed unter ähnlichen Zelten wohnten und ihre Pferde, Kamele und Schafe zu denselben Quellen und auf dieselben Weiden führten. Durch unsere Herrschaft über nützliche Tiere wird unsere Mühe verringert und unser Reichtum vermehrt; die arabischen Hirten hatten den unumschränkten Besitz eines treuen Freundes und eines arbeitsamen Sklaven erworben: das Pferd und das Kamel. Arabien ist nach der Meinung der Naturforscher das echte und ursprüngliche Vaterland des Pferdes, und das Klima zwar nicht der Größe, aber dem Feuer und der Schnelligkeit dieses edlen Tieres höchst günstig. Die Trefflichkeit des Berberrosses, der spanischen und englischen Zucht liegt in der Beimischung arabischen Blutes; die Beduinen legen großen Wert darauf, die reinste Rasse zu besitzen; die Hengste werden zu einem hohen Preise, die Stuten höchst selten verkauft, und die Geburt eines edlen Füllens ist bei den Stämmen ein Tag der Freude und gegenseitiger Beglückwünschung. Diese Pferde werden unter den Zelten mit den Kindern der Araber mit zärtlicher Vertraulichkeit erzogen, die sie früh an Sanftmut und Anhänglichkeit gewöhnt. Sie gehen nur im Schritt oder gallopieren; ihr Gefühl wird nicht durch den unaufhörlichen Mißbrauch des Sporens und der Peitsche abgestumpft; ihre Kräfte werden zur Flucht oder Verfolgung geschont, kaum fühlen sie aber den Druck der Hand oder des Steigbügels, so schießen sie mit der Schnelligkeit des Windes davon, und wenn bei dem schnellen Jagen ihr Freund entsattelt wird, halten sie sogleich still, bis er seinen Sitz wieder eingenommen hat. In den Sandwüsten von Afrika und Arabien ist das Kamel ein heiliges und unschätzbares Geschenk. Dieses starke und geduldige Tier kann ohne Futter und Trank eine Reise von mehreren Tagen aushalten; ein Vorrat frischen Wassers wird in einem geräumigen Sack, einem fünften Magen des Tieres, bewahrt, dessen Körper die Zeichen der Knechtschaft trägt; es vermag eine Last von tausend Pfund fortzuschaffen, aber das leichter gebaute und gelenkigere Dromedar überbietet an Schnelligkeit den flüchtigsten Renner. Lebendig oder tot ist fast jeder Teil des Kamels dem Menschen nützlich; es gibt nährende Milch in Menge; das jüngere und zartere Fleisch schmeckt wie Kalbfleisch. Wertvolles Salz wird aus dem Urin bereitet; der Dünger dient als Brennmaterial, und das lange Haar, das jedes Jahr ausfällt und nachwächst, wird zu Gewändern, Hausrat und den Zelten der Beduinen verwendet. In der Regenzeit verbrauchen die Beduinen das geringe und unzulängliche Grün der Wüste; während der Hitze des Sommers und dem Winter verpflanzen sie ihre Lager nach der Seeküste, den Bergen von Yemen oder in die Nähe des Euphrat und haben sich oft die gefährliche Erlaubnis erzwungen, die Ufer des Nil und die Städte von Syrien und Palästina zu besuchen. Das Leben des arabischen Nomaden ist voll Gefahr und Not, und wenn er sich auch zuweilen durch Raub und Tausch Industrieprodukte verschafft, besitzt doch in Europa «in gewöhnlicher Bürger einen größeren Luxus als der stolzeste Emir, der an der Spitze von zehntausend Reitern ins Feld zieht.

Inzwischen läßt sich doch ein wesentlicher Unterschied zwischen den skythischen Horden und den arabischen Stämmen entdecken, da viele der letzteren in Städten vereinigt waren und sich mit Handel und Ackerbau beschäftigten. Ein Teil ihrer Zeit und ihres Fleißes blieb ausschließlich der Sorge für ihre Herden vorbehalten; sie mengten sich in Frieden und Krieg unter ihre Wüstenbrüder, und die Beduinen verdankten diesem nützlichen Verkehr eine gewisse Erfüllung ihrer Bedürfnisse und die Lehren einiger Anfangsgründe der Künste und Wissenschaften. Von den zweiundvierzig von Abulfeda angeführten Städten Arabiens lagen die ältesten und volkreichsten in dem glücklichen Yemen. Die Türme von Saana und der bewunderungswürdige Wasserbehälter von Merab wurden von den Königen der Homeriten gebaut; aber ihr irdischer Glanz wurde durch den Prophetenruhm von Medina und Mekka am Roten Meer verdunkelt. Die letztere dieser heiligen Städte war den Griechen unter dem Namen Makoraba bekannt. Die Endung des Wortes ist für ihre Größe bezeichnend, die jedoch selbst in der blühendsten Periode den Umfang und die Bevölkerung von Marseille niemals übertroffen hat. Irgendein geheimer Beweggrund, vielleicht Aberglaube, muß die Gründer in der Wahl einer höchst unvorteilhaften Lage geleitet haben. Sie bauten ihre Wohnungen aus Lehm oder Stein in einer gegen zwei Meilen langen und eine Meile breiten Ebene am Fuße von drei kahlen Bergen; der Boden ist Stein, selbst das Wasser des heiligen Brunnens Zemzem ist bitter und salzig; die Weiden sind von der Stadt entfernt, und Trauben werden aus den Gärten von Tayef über siebzig

Meilen weit hergebracht. Der Ruf und Mut der Koreischiten, die in Mekka herrschten, leuchtete unter den arabischen Stämmen hervor; aber ihr undankbarer Boden lohnte die Mühen des Ackerbaues nicht. Ihre Lage hingegen begünstigte die Handelsunternehmungen. Mittels des nur vierzig Meilen entfernten Seehafens Gedda unterhielten sie leichte Verbindungen mit Abessinien, und dieses christliche Königreich gewährte den Jüngern Mohammeds die erste Zuflucht. Die Schätze von Afrika wurden über die Halbinsel nach Gerrha oder Katif in der Provinz Bahrein, einer der Sage nach von chaldäischen Verbannten aus Steinsalz erbauten Stadt, gebracht und von da mit den einheimischen Perlen des Persischen Meerbusens auf Flößen nach der Mündung des Euphrat geschafft. Mekka liegt fast in gleicher Entfernung von einer Monatsreise zwischen Yemen und Syrien. Jenes war die Station seiner Karawanen im Winter, dieses im Sommer und ihre rechtzeitige Ankunft erlöste die indischen Schiffe von der langwierigen und beschwerlichen Fahrt auf dem Roten Meer. Auf den Märkten von Saana und Merab, in den Häfen von Oman und Aden wurden die Kamele der Koreischiten mit einer köstlichen Ladung von Wohlgerüchen und Gewürzen beladen. Vorräte von Getreide und Manufakturwaren wurden auf den Märkten von Bostra und Damaskus eingekauft; der gewinnbringende Tausch verbreitete Wohlhabenheit und Reichtümer in Mekka, dessen edelste Söhne Liebe zu den Waffen mit dem Berufe des Kaufmanns vereinten.

Die dauernde Unabhängigkeit der Araber ist von Fremden und Eingeborenen stets gelobt worden. Die Theologen haben diese merkwürdige Tatsache in eine Prophezeiung und ein Wunder zu Gunsten der Nachkommenschaft Ismaels umgewandelt. Einige Ausnahmen, die weder abgeleugnet, noch umgangen werden können, machen diese Art der Beweisführung ebenso unklug als überflüssig. Das Königreich Yemen ist nacheinander durch die Abessinier, die Perser, die ägyptischen Sultane und die Türken unterworfen worden. Die heiligen Städte Mekka und Medina haben sich wiederholt dem Joche eines skythischen Tyrannen gebeugt, und die römische Provinz Arabien umfaßte insbesondere jenen Wüstenstrich, wo Ismael und seine Söhne ihre Zelte im Angesichte ihrer Brüder aufgeschlagen haben müssen. Aber diese Ausnahmen sind vorübergehend und beschränkt, die Masse des Volkes ist dem Joche der mächtigsten Monarchien entgangen; die Heere des Sesostris und Cyrus, des Pompejus und Trajan konnten die Eroberung Arabiens niemals vollenden. Die späteren türkischen Herrscher haben zwar die Herrschaft über die Araber gehabt, aber sie mußten fast um die Freundschaft eines Volkes werben, das zu reizen gefährlich, anzugreifen fruchtlos ist. Die augenfälligen Ursachen für ihre Freiheit findet man im Charakter und Lande der Araber. Viele Jahrhunderte vor Mohammed hatten ihre Nachbarn im Angriffs- wie im Verteidigungskriege ihre Unerschrockenheit und Tapferkeit schwer gefühlt. Die Eigenschaften eines Kriegers werden durch die Art und Gewohnheit des Hirtenlebens von selbst ausgebildet. Das Hüten der Schafe und Kamele wird Weibern des Stammes überlassen. Die kriegerische Jugend ist unter dem Banner des Emirs stets zu Pferde und im Felde, um sich in der Handhabung des Bogens, Wurfspießes und Säbels zu üben. Ihre lange Unabhängigkeit ist das sicherste Pfand für deren Fortdauer, und die nachfolgenden Geschlechter werden angeregt, ihre Abstammung hochzuhalten und ihre Erbschaft zu behaupten. Beim Anzüge eines gemeinsamen Feindes stellen sie ihre einheimischen Fehden ein. In einem ihrer Kriege gegen die Türken wurde die Karawane von Mekka von achtzigtausend Verbündeten angegriffen und geplündert. Wenn sie zur Schlacht vorrücken, haben sie Hoffnung auf den Sieg und die Gewißheit einer sicheren Rückendeckung. Ihre Pferde und Kamele, die In acht bis zehn Tagen einen Weg von vier- bis fünfhundert Meilen zurücklegen, verschwinden fast den Augen des Siegers; die geheimen Brunnen der Wüste entgehen seiner Nachforschung und seine siegreichen Truppen werden bei der Verfolgung eines unsichtbaren Feindes, der ihre Anstrengungen verlacht und sicher im Herzen der brennenden Wüste ruht, durch Hunger, Durst und Ermattung aufgerieben. Die Waffen und Einöden der Beduinen sind nicht nur die einzige Schutzwehr ihrer Freiheit, sondern auch die Bollwerke des glücklichen Arabiens, dessen Bewohner fern vom Kriege durch die Üppigkeit des Bodens und Klimas entnervt sind. Die Legionen des Augustus schmolzen durch Krankheit und Ermüdung zusammen, nur mit Schiffen ist die Unterwerfung von Yemen mit Erfolg versucht worden. Als Mohammed seine heilige Fahne aufpflanzte, war dieses Königreich eine Provinz des persischen Reiches; dennoch herrschten noch immer sieben Fürsten der Homeriten in den Gebirgen, und der Statthalter des Chosroes wurde in Versuchung geführt, sein fernes Vaterland und seinen unglücklichen Gebieter zu vergessen. Die Geschichtschreiber des justinianischen Zeitalters schildern die unabhängigen Araber, die bei dem langen Kampf im Orient sich aus Eigennutz oder Anhänglichkeit geteilt hatten. Der Stamm Gassan durfte auf syrischem Gebiete lagern. Den Fürsten von Hira war gestattet, eine Stadt ungefähr vierzig Meilen im Süden der Ruinen von Babylon zu gründen. Sie leisteten im Felde schnelle und kraftvolle Dienste, aber ihre Freundschaft war käuflich, ihre Treue wandelbar und sie waren in ihrer Feindschaft launenhaft; es war leichter, diese wandernden Barbaren zu reizen als zu entwaffnen, und im Kriege lernten sie die Schwäche sowohl Roms als auch Persiens kennen und verachten. Die arabischen Stämme von Mekka bis zum Euphrat wurden von den Griechen wie von den Lateinern unter der allgemeinen Benennung Sarazenen zusammengefaßt, ein Name, den jeder Christenmund nur mit Schrecken und Abscheu auszusprechen gewohnt war.

Die Sklaven heimischer Tyrannei rühmen sich umsonst ihrer Nationalunabhängigkeit; der Araber jedoch ist persönlich frei und genießt bis zu einem gewissen Grade die Wohltaten der Gesellschaft ohne die Rechte der Natur zu verwirken. In jedem Stamm hat Aberglaube, Dankbarkeit oder Glück eine besondere Familie über die Häupter ihresgleichen erhoben. Die Würden Scheik und Emir bleiben unwandelbar bei dieser auserwählten Familie; aber die Ordnung der Nachfolge ist locker und wandelbar, und die würdigsten oder ältesten der edlen Vettern werden für das einfache aber wichtige Amt gewählt, Streitigkeiten durch ihren Rat beizulegen und die Krieger durch ihr Beispiel zu leiten. Selbst einer klugen mutigen Frau ist einstmals gestattet worden, den Vaterlandsgenossen der Zenobia zu befehlen. Durch vorübergehenden Zusammenschluß der verschiedenen Stämme wird ein Heer gebildet, ihre dauernde Vereinigung bildet eine Nation, und der oberste Häuptling, der Emir der Emire, dessen Fahne an ihrer Spitze entfaltet wird, verdient bei den Fremden den Namen König. Wenn die arabischen Fürsten ihre Macht mißbrauchen, werden sie schnell durch den Abfall ihrer an milde und väterliche Gewalt gewohnten Untertanen bestraft. Ihr Herz ist frei, ihre Schritte sind ungehemmt, die Wüste steht ihnen offen, und die Stämme und Familien sind durch einen gegenseitigen und freiwilligen Vertrag aneinander gekettet. Die sanfteren Bewohner von Yemen ertrugen den Pomp und die Majestät eines Monarchen; wenn er aber seinen Palast nicht verlassen konnte, ohne sein Leben aufs Spiel zu setzen, mußte die ausübende Gewalt der Regierung auf seine Edlen und Obrigkeiten übergehen. Die Städte Mekka und Medina zeigen mitten in Asien das Wesen einer Republik. Mohammeds Großvater und seine Ahnen in gerader Linie erscheinen bei den auswärtigen wie einheimischen Verhandlungen als die Fürsten ihres Vaterlandes; aber sie herrschten wie Perikles in Athen oder die Medici in Florenz durch den öffentlichen Glauben an ihre Weisheit und Redlichkeit; ihr Einfluß wurde wie ihr Erbe geteilt, und das Zepter ging von den Oheimen des Propheten auf einen jüngeren Zweig des Hauses Koreisch über. Bei feierlichen Veranlassungen beriefen sie eine Volksversammlung, und weil die Menschen zum Gehorsam entweder beredet oder gezwungen werden müssen, liefert der Ruhm und die besondere Redekunst bei den alten Arabern den klarsten Beweis für ihre öffentliche Freiheit. Aber ihre Freiheit trug ein ganz anderes Gepräge als die feine und künstliche Maschinerie der griechischen und römischen Republiken, in denen jedes Mitglied einen vollständigen Anteil an den bürgerlichen und politischen Rechten der Gemeinde besaß. In dem einfacheren Zustande, in dem sich die Araber befanden, ist die Nation frei, weil jeder ihrer Söhne niedrige Unterwürfigkeit unter den Willen eines Gebieters verschmäht. Seine Brust ist mit Standhaftigkeit und Nüchternheit erfüllt. Liebe zur Unabhängigkeit regt ihn an, Selbstbeherrschung zu üben, und Besorgnis vor Entehrung schützt ihn vor ängstlicher Sorge, vor Schmerz, Gefahr und Tod. Der Ernst und die Festigkeit seiner Seele spiegelt sich in seinem Benehmen; er spricht langsam, gewichtig und kurz, läßt sich selten zum Lachen verleiten, seine einzige Gebärde besteht darin, daß er seinen Bart, das Symbol der Manneswürde, streicht, und das Gefühl seiner eigenen Wichtigkeit lehrt ihn mit seinesgleichen ohne Leichtfertigkeit, mit höheren ohne Scheu zu verkehren. Die Freiheit der Sarazenen überlebte ihre Eroberungen. Die ersten Kalifen duldeten die kühne und vertrauliche Sprache ihrer Untertanen; sie bestiegen die Kanzel, um die Versammlung zu überreden und zu erbauen. Erst als der Sitz des Reiches an den Tigris verlegt wurde, führten die Abassiden das stolze und prunkvolle Zeremoniell der persischen und byzantinischen Höfe ein.

Im Studium der Völker und Menschen muß man die Ursachen erkennen, die sie gegeneinander feindlich oder freundlich stimmen und ihren sozialen Charakter verengern oder erweitern, mildern oder erbittern. Die Trennung der Araber von der übrigen Menschheit hatte sie gewöhnt, die Begriffe Fremder und Feind zu verwechseln. Die Armut des Landes hat eine Maxime der Jurisprudenz eingeführt, der sie noch lange anhingen. Sie behaupten, daß bei der Teilung der Welt die reichen und fruchtbaren Länder den anderen Zweigen der Menschenfamilie zugewiesen wurden und daß die Nachkommen des geächteten Ismael durch Betrug oder Gewalt sich den Teil der Erbschaft wiederverschaffen dürften, dessen sie ungerechterweise beraubt worden wären. Nach der Bemerkung des Plinius waren die arabischen Stämme genau so dem Diebstahl wie dem Handel ergeben, die Karawanen, welche die Wüste durchziehen, mußten Lösegeld geben oder wurden geplündert, und ihre Nachbarn sind seit den fernen Zeiten Hiobs und Sesostris' die Opfer ihrer Raubsucht gewesen. Wenn ein Beduine von fern einen einsamen Wanderer entdeckt, reitet er wütend auf ihn zu und schreit: »Zieh dich aus, deine Muhme (mein Weib) hat kein Gewand.« Willige Unterwerfung gibt ihm Anspruch auf Schonung, Widerstand erbittert den Angreifer und sein eigenes Blut muß dann das Blut sühnen, das er in gerechter Verteidigung vergießen will. Ein einziger Räuber oder wenige Spießgesellen werden mit ihrem wahren Namen gekennzeichnet, aber die Taten einer zahlreichen Schar nehmen den Charakter eines rechtmäßigen und ehrenvollen Krieges an. Die Gemüter eines dergestalt gegen die Menschheit gehetzten Volkes wurden durch die heimische Gewohnheit des Raubes, Mordes und der Rache doppelt entflammt. In der europäischen Verfassung ist das Recht, über Krieg und Frieden zu entscheiden, auf eine geringe und die wirkliche Ausübung desselben auf eine noch viel kleinere Anzahl mächtiger Potentaten beschränkt. Jeder Araber hingegen kann ungestraft, sogar mit Ruhm seinen Wurfspieß gegen seinen Landsmann erheben. Die Nation bestand nur in einer allgemeinen Ähnlichkeit der Sprache und Sitten, und richterliche Gewalt des Oberhauptes erlosch in jeder Gemeinde. Aus der Zeit, die Mohammed vorausging, werden durch Überlieferung siebzehnhundert Schlachten erwähnt; die Feindschaft wurde durch Parteispaltung hervorgerufen, und die Erzählung einer alten Fehde in Prosa oder Poesie reichte hin, gleichen Ingrimm zwischen den Abkömmlingen der feindlichen Stämme zu erregen. Im Privatleben war jeder Mann oder wenigstens jede Familie Richter und Rächer in ihrer eigenen Sache. Die feine Empfindung des Ehrgefühles, die mehr den Schimpf als das Unrecht abwiegt, gießt tödliches Gift in die Streitigkeiten der Araber. Die Ehre ihrer Frauen und Bärte ist leicht zu verletzen, eine unanständige Handlung, eine verächtliche Rede kann nur durch das Blut des Beleidigers gesühnt werden, und so tief wurzelt ihre ausharrende Feindschaft, daß sie ganze Monate, ja Jahre auf die Gelegenheit der Rache harren. Geldbuße oder Ersatz für Mord ist bei den Barbaren jedes Zeitalters erlaubt; in Arabien aber steht es den Verwandten des Ermordeten frei, die Sühne anzunehmen oder mit eigenen Händen das Recht der Wiedervergeltung zu üben. In raffinierter Bosheit verschmäht der Araber sogar das Haupt des Mörders, nimmt an Stelle der schuldigen die unschuldige Person und überträgt die Strafe auf den besten und geehrtesten Mann des Stammes, von dessen Mitglied sie verletzt worden sind. Wenn er durch ihre Hände fällt, sind sie ihrerseits der Gefahr der Repressalien ausgesetzt, Zinsen und Kapital der Blutschuld laufen auf, die Individuen jeder Familie führen ein Leben in Haß und Argwohn, und fünfzig Jahre vergehen oft, bis die Rechnung der Rache völlig beglichen ist. Dieser blutdürstige Geist, der von Mitleid und Verzeihung nichts weiß, wird jedoch einigermaßen durch einen Grundsatz der Ehre gemildert, der bei jedem Privatkampf eine angemessene Gleichheit des Alters und der Stärke, der Zahl und Waffen fordert. Die Araber hielten vor Mohammed eine jährliche Festzeit von zwei, vielleicht vier Monaten, während der sie sowohl bei auswärtigen als einheimischen Feindseligkeiten ihr Schwert gewissenhaft in der Scheide behielten, und dieser teilweise Waffenstillstand schildert ihren Zustand der Gesetzlosigkeit und Fehde nur um so bedeutsamer.

Aber dieser rachsüchtige und räuberische Geist wurde durch den milden Einfluß im Verkehr mit anderen Völkern und deren Literatur gemäßigt. Die einsame Halbinsel ist auf allen Seiten von zivilisierten Völkern der alten Welt umgeben; der Kaufmann ist der Freund der Menschen, und die jährliche Karawane brachte den ersten Samen der Wissenschaft und Bildung in die Städte, ja sogar in die Lager der Wüste. Welches auch immer der Stammbaum der Araber sein mag, stammt doch ihre Sprache mit der hebräischen, syrischen und chaldäischen aus einer Urquelle; die Stämme wurden durch ihre besonderen Mundarten bezeichnet, aber jeder gab nach seiner eigenen dem reinen und deutlichen Idiom von Mekka den Vorzug. In Arabien wie in Griechenland gewann die Vervollkommnung der Sprache der Verfeinerung der Sitten den Vorsprung ab; sie hatten achtzig Namen für den Honig, zweihundert für eine Schlange, fünfhundert für den Löwen und tausend für ein Schwert zu einer Zeit, in der dieser reichhaltige Wortschatz einem schriftunkundigen Volk anvertraut war. Die Denkmäler der Homeriten sind mit alten und geheimnisvollen Zeichen bedeckt; aber die kufischen Buchstaben, die Grundlagen des jetzigen Alphabets, wurden an den Ufern des Euphrat erfunden und diese neue Erfindung in Mekka von einem Fremden gelehrt, der sich in dieser Stadt nach Mohammeds Geburt niedergelassen hatte. Die Künste der Grammatik, des Versbaues und der Rhetorik waren den Arabern mit ihrer angeborenen Beredsamkeit unbekannt, aber ihr Scharfsinn war durchdringend, ihre Phantasie üppig, ihr Witz markig und sententiös, und ihre Geisteserzeugnisse sprechen mit Kraft und Wirksamkeit zu den Hörern. Das Genie und der Verdienst eines aufstrebenden Dichters wurde durch den Beifall seines eigenen Stammes und der verwandten Stämme gepriesen. Ein feierliches Bankett wurde bereitet und Frauen, Cymbeln schlagend und mit hochzeitlichem Schmucke angetan, besangen in Anwesenheit ihrer Söhne und Männer das Glück des Stammes, daß ein Kämpe erschienen sei, um dessen Rechte zu verteidigen, daß ein Herold seine Stimme erhoben habe, um dessen Ruhm zu verewigen. Die fernen oder feindlichen Stämme strömten einer jährlichen Messe, die jedoch durch den Fanatismus der ersten Muselmanen abgeschafft wurde, einer Nationalzusammenkunft zu, die zur Eintracht und Verfeinerung der Barbaren hätte beitragen müssen. Dreißig Tage wurden nicht mit Korn- und Weinhandel, sondern mit Reden und dem Vortrag von Dichtungen zugebracht. Die Barden stritten in edlem Wetteifer um den Preis, das siegreiche Lied wurde in den Archiven der Fürsten und Emire niedergelegt, und wir können noch in unserer Sprache die sieben Urgedichte lesen, die in goldenen Buchstaben geschrieben und im Tempel von Mekka aufgehangen waren. Die arabischen Dichter waren die Geschichtschreiber und Sittenlehrer ihres Zeitalters, und wenn sie auch dieselben Vorurteile hatten wie ihre Landsmänner, so begeisterten und bekränzten sie doch ihre Tugenden. Die unauflösliche Vereinigung der Freigebigkeit und Tapferkeit bildete den Lieblingsgegenstand ihres Gesanges, und wenn sie gegen ein verächtliches Geschlecht ihre schärfste Satire spritzen wollten, behaupteten sie mit bitterem Vorwurf, daß die Männer nicht zu geben, die Weiber nicht zu versagen verständen. Dieselbe Gastfreiheit, wie sie von Abraham geübt und von Homer gefeiert worden ist, wird auch heute noch in den Lagern der Araber aufrecht erhalten. Die grimmigen Beduinen, der Schrecken der Wüste, umarmten ohne Frage und Zögern den Fremden, der es wagte, ihnen zu vertrauen und in ihr Zelt zu treten. Er wurde gütig und achtungsvoll behandelt, teilte den Reichtum oder die Armut des Wirtes und wurde nach gepflogener Ruhe auf seinen Weg mit Dank, mit Segnungen, vielleicht sogar mit Geschenken entlassen. Herz und Hand tun sich weiter den Bedürfnissen eines Bruders oder Freundes gegenüber auf; aber die heldenmütigen Taten, die auf öffentlichen Beifall Anspruch hatten, mußten das gewöhnliche Maß der Klugheit und Erfahrung überschritten haben. Es war ein Streit entstanden, wer von den Bürgern von Mekka den Preis der Großmut verdiente, und man berief sich nacheinander auf drei Personen, die man dessen am würdigsten hielt. Abdallah, der Sohn des Abbas, hatte eine weite Reise unternommen: sein Fuß war bereits im Steigbügel, als er die Stimme eines Flehenden hörte: »O Sohn des Oheims des Apostels Gottes, ich bin ein Wanderer und in Not.« Er stieg sogleich ab, um dem Pilger sein Kamel, das reiche Geschirr und einen Beutel mit viertausend Goldstücken zu reichen, nur das Schwert behaltend, entweder wegen seines inneren Wertes oder als Geschenk eines geehrten Freundes. Der Diener des Kais sagte einem anderen Flehenden, daß sein Gebieter schliefe, fügte aber sogleich hinzu: »Hier ist ein Beutel mit siebentausend Goldstücken (es ist alles, was wir im Hause haben) und hier ist ein Befehl, der dir auf ein Kamel und einen Sklaven ein Recht geben wird.« Sobald der Herr erwachte, pries er seinen getreuen Verwalter und schenkte ihm die Freiheit, jedoch nicht ohne den gelinden Verweis, daß er, indem er seinen Schlummer ehrte, seine Freigebigkeit gehemmt hätte. Der dritte dieser Helden, der blinde Arabah, stützte sich auf die Schultern von zwei Sklaven zur Stunde der Bitte. »Ach«, versetzte er, »meine Koffer sind leer, aber ihr könnt diese Sklaven verkaufen; wenn ihr euch weigert, verjage ich sie.« Bei diesen Worten schob er die Jünglinge von sich und fühlte seinen Weg längs der Wand mit seinem Stabe. Der Charakter Hatems ist das beste Beispiel arabischer Tugend. Er war tapfer und freigebig, ein beredter Dichter und glücklicher Räuber; vierzig Kamele wurden bei seinem gastlichen Schmause gebraten, und auf die Bitte eines Feindes gab er ihm sowohl die Gefangenen als die Beute zurück. Seine freien Landsleute verschmähten die Gesetze, folgten jedoch stolz dem Antrieb des Mitleides oder Wohlwollens.

Die Religion der Araber bestand, so wie die der Inder, in Verehrung der Sonne, des Mondes und der Fixsterne; eine ursprüngliche und reizende Art des Aberglaubens! Die strahlenden Lichter des Firmaments leuchten als das sichtbare Bild der Gottheit; ihre Anzahl und Entfernung erregt in einem denkenden, ja in einem gewöhnlichen Gemüte die Vorstellung grenzenlosen

Raumes. Der Stempel der Ewigkeit ist diesen fernen Sonnen aufgedrückt, die der Verwesung und dem Verfall unzugänglich zu sein scheinen. Die Regelmäßigkeit ihrer Bewegungen kann einem Prinzip der Vernunft oder des Instinktes zugeschrieben werden, und ihr wirklicher oder eingebildeter Einfluß ermuntert zu dem eitlen Glauben, daß die Erde und ihre Bewohner der Gegenstand ihrer besonderen Fürsorge sind. Die Wissenschaft der Astronomie wurde in Babylon gepflegt, die Schule der Araber war ein reiner Himmel und eine glatte Ebene. Bei ihren nächtlichen Zügen ließen sie sich durch die Sterne leiten; ihre Namen, Ordnung und täglichen Stellungen waren den wißbegierigen oder andächtigen Beduinen wohlbekannt und die Erfahrung hatte sie gelehrt, den Zodiakus des Mondes in achtundzwanzig Teile zu teilen und die Sternbilder zu segnen, welche die durstige Wüste durch heilsamen Regen erfrischten. Die Herrschaft der himmlischen Sonnen konnte nicht über ihren sichtbaren Kreis ausgedehnt werden, und es war einige metaphysische Anstrengung erforderlich, um die Seelenwanderung und die Auferstehung der Körper zu behaupten. Ein Kamel wurde auf dem Grabe getötet, um seinem Gebieter in einem anderen Leben zu dienen, und die Anrufung der abgeschiedenen Geister deutet an, daß diese dauernd mit Bewußtsein und Macht begabt waren. Ich kenne die blinde Mythologie der Barbaren nicht und kümmere mich auch nicht um sie, um die Lokalgottheiten, die Sterne, die Luft, die Erde, ihr Geschlecht, ihre Namen, Eigenschaften und Ordnung. Jeder Stamm, jede Familie, jeder unabhängige Krieger schuf und veränderte die Zeremonien und den Gegenstand seines fanatischen Gottesdienstes; aber die Nation hat sich in jedem Jahrhundert vor der Religion wie vor der Sprache Mekkas gebeugt.

Das echte Altertum der Kaaba bestand schon vor der christlichen Zeitrechnung, der griechische Geschichtsschreiber Diodor hat bei der Beschreibung des Roten Meeres zwischen den Thamuditen und Sabäern einen berühmten Tempel erwähnt, der von allen Arabern verehrt wurde. Der leinene oder seidene Vorhang, der alle Jahre von dem türkischen Kaiser erneuert wird, wurde zuerst von einem frommen König der Homeriten, der siebenhundert Jahre vor Mohammed herrschte, gestiftet. Ein Zelt oder eine Höhle reichte für den Gottesdienst Wilder hin, ein Gebäude aus Stein und Ton ist an seiner Stelle erbaut worden, aber der Kunst und Macht der orientalischen Monarchen genügte vollauf das einfache ursprüngliche Muster. Ein geräumiger Portikus schließt das Viereck der Kaaba ein; eine vierseitige Kapelle, ungefähr zwölf Meter lang, elf Meter breit und dreizehneinhalb Meter hoch. Eine Tür und ein Fenster lassen das Licht ein; das Doppeldach wird von drei hölzernen Pfeilern getragen. Eine Dachrinne (jetzt aus Gold) dient als Regenwasserabfluß, und der Brunnen Zemzem ist durch einen Dom vor zufälliger Verunreinigung geschützt. Der Stamm der Koreischiten hat durch Betrug oder Gewalt die Bewachung der Kaaba erlangt; der priesterliche Dienst hatte sich durch vier Geschlechter in gerader Linie bis auf den Großvater Mohammeds fortgepflanzt, und die Familie der Haschemiten war die geehrteste und heiligste in den Augen ihres Volkes. Das Weichbild von Mekka genoß die Rechte eines Heiligtums, und im letzten Monate jedes Jahres füllten sich Stadt und Tempel mit langen Zügen von Pilgern, die ihre Gebete und Opfer im Hause Gottes darbrachten. Dieselben Zeremonien, die jetzt der gläubige Muselman vollbringt, sind von den Götzendienern erfunden und beobachtet worden. In einer ehrfurchtsvollen Entfernung legten sie ihre Gewänder ab. Siebenmal umkreisten sie die heilige Kaaba und küßten den schwarzen Stein. Siebenmal besuchten sie die naheliegenden Berge und beteten sie an; siebenmal warfen sie Steine in das Tal Mina, und die Wallfahrt wurde wie jetzt durch ein Opfer von Schafen und Kamelen und durch das Eingraben ihres Haares und ihrer Nägel in den geweihten Boden vollendet. Jeder Stamm fand in der Kaaba oder führte in ihr seinen heimischen Gottesdienst ein; der Tempel war mit dreihundertsechzig Götzen in Gestalt von Menschen, Adlern, Löwen und Antilopen geschmückt, und vor allem zeichnete sich das Standbild des Hebais aus rotem Achat aus, das in seiner rechten Hand sieben Pfeile ohne Federn oder Spitzen hielt, die Werkzeuge oder Symbole profaner Wahrsagerei. Aber dieses Standbild war ein Denkmal syrischer Kunst; die Frommen der früheren Jahrhunderte begnügten sich mit einer Säule oder Tafel, und die Felsen der Wüste wurden zu Göttern oder Altären als Nachahmung des schwarzen Steines von Mekka behauen, der mit dem Vorwurf heidnischen Ursprunges befleckt ist. Von Japan bis Peru hat der Gebrauch der Opfer allgemein geherrscht, und der Verehrer der Götter drückte seine Dankbarkeit und Furcht aus, indem er ihnen zu Ehren die teuersten und köstlichsten ihrer Gaben vernichtete und verzehrte. Ein Menschenleben galt als das wertvollste Opfer, um ein öffentliches Unglück abzuwenden; die Altäre von Phönizien und Ägypten, von Rom und Karthago sind mit Menschenblut befleckt worden. Diese grausame Sitte erhielt sich lange bei den Arabern; der Stamm der Dumatianer opferte im dritten Jahrhundert alljährlich einen Knaben, und ein Gefangener königlichen Ranges wurde von einem Sarazenenfürsten, dem Verbündeten und Krieger des Kaisers Justinian, in aller Frömmigkeit geschlachtet. Ein Vater, der seinen Sohn zum Altar schleppt, zeigt den schmerzlichsten und erhabensten Fanatismus, die Tat oder die Absicht wurde durch das Beispiel von Frommen und Helden geheiligt. Der Vater Mohammeds selbst war durch ein Gelübde dem Opfertod geweiht und konnte nur mit Mühe durch hundert Kamele ausgelöst werden. Zur Zeit der Unwissenheit aßen die Araber, gleich den Juden und Ägyptern, kein

Schweinefleisch. Sie beschnitten ihre Kinder im Alter der Mannbarkeit; dieselben Gebräuche haben sich, ohne vom Koran getadelt oder vorgeschrieben zu werden, stillschweigend bei ihren Nachkommen und Proselyten erhalten. Man hat scharfsinnig vermutet, der schlaue Gesetzgeber habe den halsstarrigen Vorurteilen seiner Landsleute nachgegeben. Einfacher ist es zu glauben, daß er den Gewohnheiten und Meinungen seiner Jugend anhing, ohne vorauszusehen, daß ein Gebrauch, der dem Klima von Mekka angemessen war, an den Ufern der Donau oder Wolga nutzlos oder lästig werden könnte.

Arabien war frei, die angrenzenden Königreiche wurden von Eroberern und Tyrannen erschüttert, und die verfolgten Sekten flohen nach dem glücklichen Lande, wo sie bekennen durften, was sie dachten und ausüben, was sie bekannten. Die Religionen der Sabäer und Magier, der Juden und Christen waren vom Persischen Meerbusen bis ans Rote Meer verbreitet. In einer fernen Periode des Altertums war der Sabäismus über Asien durch die Chaldäer mittels Wissen, durch die Assyrer mittels Waffen ausgebreitet worden. Die Priester und Astronomen von Babylon folgerten aus zweitausendjährigen Beobachtungen die ewigen Gesetze der Natur und Vorsehung. Sie beteten die sieben Götter oder Engel an, die den Lauf der sieben Planeten regierten und ihren unwiderstehlichen Einfluß über die Erde geltend machten. Die Eigenschaften der sieben Planeten samt den zwölf Bildern des Tierkreises und den vierundzwanzig Sternbildern der nördlichen und südlichen Halbkugel wurden durch Bilder und Talismane dargestellt; die sieben Tage der Woche waren jeder einer eigenen Gottheit gewidmet. Die Sabäer beteten dreimal jeden Tag. Der Tempel des Mondes in Haran war das Ziel ihrer Wallfahrt. Aber ihr biegsamer Glaube war stets bereit zu lehren und zu lernen; die Überlieferung von der Schöpfung, der Sintflut, den Patriarchen stimmte auf eine merkwürdige Weise mit der ihrer jüdischen Gefangenen überein. Sie beriefen sich auf die geheimen Bücher Adams, Sets und Enochs, und eine leichte Beimischung des Evangeliums hat die letzten Polytheisten in Christen des heiligen Johann im Gebiete von Bassora verwandelt. Die Altäre von Babylon wurden von den Magiern gestürzt, dagegen die Unbilden der Sabäer durch Alexander gerächt. Persien seufzte über fünfhundert Jahre unter einem fremden Joch, und die reinsten Schüler Zoroasters entwichen der Versuchung des Götzendienstes und atmeten mit ihren Gegnern die Freiheit der Wüste. Siebenhundert Jahre vor dem Tode Mohammeds hatten sich Juden in Arabien angesiedelt, und eine bei weitem größere Menge wurde aus dem heiligen Lande in den Kriegen des Titus und Hadrian vertrieben. Die fleißigen Verbannten strebten nach Freiheit und Macht, sie errichteten Synagogen in den Städten, Schlösser in der Wildnis, und die heidnischen Bekehrten vermengten sich mit den Kindern Israels, denen sie auch durch das äußere Zeichen der Beschneidung glichen. Noch tätiger und glücklicher waren die christlichen Glaubensboten. Die Katholiken behaupteten ihre allgemeine Herrschaft; die Sekten, die sie unterdrückten, entwichen nacheinander über die Grenzen des römischen Reiches. Die Marcioniten und Manichäer verbreiteten ihre phantastischen Meinungen und unechten Evangelien; die Kirchen von Yemen aber und die Fürsten von Hira und Gassan wurden durch die jakobitischen und nestorianischen Bischöfe in einer reineren Lehre unterwiesen. Die freie Religionswahl wurde den Stämmen zugestanden; jeder Araber konnte willkürlich seine besondere Religion bekennen und ändern, und der rohe Aberglaube seines Hauses vermischte sich mit der erhabenen Theologie Heiliger und Weiser. Ein Grundartikel des Glaubens wurde durch die allgemeine Übereinstimmung dieser gelehrten Fremdlinge eingeschärft: das Dasein eines obersten Gottes, der über die Mächte des Himmels und der Erde erhaben ist, der sich aber der Menschheit durch den Mund der Engel und Propheten häufig offenbart und dessen Gnade und Gerechtigkeit durch Wunder die Ordnung der Natur unterbrochen hat. Die vernünftigsten der Araber erkannten seine Macht an, obwohl sie seine Verehrung vernachlässigten, und es war mehr Gewohnheit als Überzeugung, die sie noch immer an den Götzendienst fesselte. Die Juden und Christen waren das Volk des Buches; die Bibel war bereits in die arabische Sprache übersetzt, und das alte Testament wurde durch die Übereinstimmung dieser unversöhnlichen Feinde angenommen. Es freute die Araber, in der Geschichte der hebräischen Patriarchen die Urväter ihres Volkes zu entdecken. Sie zollten der Herkunft und Verheißung Ismaels ihren Beifall, verehrten den Glauben und die Tugenden Abrahams, führten seinen und ihren eigenen Stammbaum bis auf den ersten Menschen zurück und glaubten an die Wunder des heiligen Buches und die Träume und Überlieferungen der jüdischen Rabbiner.

Das Gerücht von der niedrigen und plebejischen Herkunft Mohammeds ist eine ungeschickte Verleumdung der Christen, welche die Verdienste ihres Feindes dadurch vergrößerten, statt ihn herabzuwürdigen. Seine Abstammung von Ismael ist entweder ein Nationalglaube oder eine Fabel, aber wenn auch sein älterer Stammbaum dunkel und zweifelhaft ist, konnte er doch mehrere Geschlechtsfolgen reinen und echten Adels aufweisen. Er entsproß dem Stamm Koreisch und der Familie Haschem, der erlauchtesten von Arabien, den Fürsten von Mekka und den Erbhütern der Kaaba. Der Großvater Mohammeds war Abdol Motalleb, der Sohn Haschems, ein reicher und freigebiger Bürger, der einer Hungersnot durch den Ertrag seines Handels abhalf. Mekka, das durch den freigebigen Vater genährt worden war, wurde durch den mutigen Sohn gerettet. Das Königreich Yemen war den christlichen

Fürsten von Abessinien untertan; ihr Vasall Abraha wurde durch einen Schimpf gereizt, die Ehre des Kreuzes zu rächen und die heilige Stadt wurde von Elefanten und einem Heere Afrikaner eingeschlossen. Ein Vertrag wurde vorgeschlagen. In der ersten Audienz verlangte Mohammeds Großvater die Rückgabe seiner Herden. »Und warum«, fragte Abraha, »flehst du mich nicht lieber zu Gunsten deines Tempels an, den ich zu zerstören gedroht habe?« »Weil«, erwiderte der unerschrockene Häuptling, »das Vieh mein Eigentum ist; die Kaaba gehört den Göttern, sie werden ihr Haus schon gegen Unbilden und Frevel verteidigen.« Der Mangel an Lebensmitteln oder die Tapferkeit der Koreischiten zwang die Abessinier zu einem schmählichen Rückzug; ihre Niederlage wurde von einem wunderbaren Vogelschwarm vergrößert, von dem man erzählte, daß er Steine auf die Häupter der Ungläubigen fallen ließ, und man feierte die Befreiung lange durch die Aera des Elefanten. Der Ruhm Abdol Motallebs wurde durch häusliches Glück gekrönt; er erreichte das Alter von hundertzehn Jahren und zeugte sechs Töchter und dreizehn Söhne. Sein Liebling Abdallah war der schönste und bescheidenste aller arabischen Jünglinge. In der ersten Nacht, als er seine Vermählung mit Amina aus dem edlen Geschlechte der Zahriten vollzog, sollen zweihundert Jungfrauen aus Eifersucht und Verzweiflung gestorben sein. Mohammed, der einzige Sohn Abdallahs und Aminas, wurde in Mekka vier Jahre nach Justinians Tod und zwei Monate nach der Niederlage der Abessinier geboren, deren Sieg die christliche Religion in der Kaaba eingeführt haben würde. Er verlor in früher Kindheit Vater, Mutter und Großvater; seine Oheime waren mächtig und zahlreich, und bei der Teilung der Erbschaft wurde der Anteil der Waise auf fünf Kamele und eine äthiopische Sklavin beschränkt. Daheim und außen, im Frieden und Kriege war Abu Taleb, der achtbarste seiner Oheime, der Führer und Beschützer seiner Jugend. In seinem fünfundzwanzigsten Jahre trat er in die Dienste der Kadidschah, einer reichen und edlen Witwe von Mekka, die seine Treue bald mit ihrer Hand und ihrem Vermögen belohnte. Der Ehevertrag führt im einfachen Stil des Altertums die gegenseitige Liebe des Mohammed und der Kadidschah an, beschreibt ihn als den vollkommensten des Stammes Koreisch und bedingt eine Morgengabe von zwölf Unzen Gold und zwanzig Kamelen, die sein freigebiger Oheim liefert. Durch diese Vermählung wurde der Sohn Abdallahs wieder in den Rang seiner Ahnen eingesetzt. Die vernünftige Matrone war mit seinen häuslichen Tugenden zufrieden, bis er im vierzigsten Lebensjahre den Titel eines Propheten annahm und die Religion des Korans verkündete.

Nach Angabe seiner Gefährten zeichnete sich Mohammed durch persönliche Schönheit aus, eine Gabe, die selten verachtet wird, ausgenommen von denjenigen, denen sie versagt worden ist. Bevor er sprach, gewann der

Redner das Wohlwollen seiner öffentlichen oder geheimen Zuhörerschaft. Sie bewunderten seine imponierende Erscheinung, sein majestätisches Aussehen, sein durchdringendes Auge, seinen wallenden Bart, sein Antlitz, das jede seelische Empfindung widerspiegelte und die Geberden, die jedem Worte seiner Lippen Nachdruck gaben. Im gewöhnlichen Umgang hielt er gewissenhaft an der ernsten und feierlichen Höflichkeit seines Vaterlandes fest; sein ehrfurchtsvolles Benehmen gegen Reiche und Mächtige erhielt durch seine Herablassung und Leutseligkeit gegen die ärmsten Bürger von Mekka Würde. Sein offenes Benehmen verbarg seine weitreichenden schlauen Absichten und seine Höflichkeit wurde persönlicher Freundschaft oder allgemeinem Wohlwollen zugeschrieben. Sein Gedächtnis war umfassend und getreu, sein Witz ungezwungen und leicht, seine Phantasie erhaben und sein Urteil klar, schnell und durchgreifend. Er besaß den Mut sowohl zu kühnen Gedanken als zur Tat, und wenn sich auch seine Pläne erst allmählich mit seinem Erfolge erweiterten, so trägt doch die erste Idee, die er von seiner göttlichen Sendung nährte, das Gepräge eines ursprünglichen und überlegenen Genies. Der Sohn Abdallahs war im Schöße des edelsten Geschlechtes, im Gebrauche der reinsten Mundart Arabiens erzogen worden und seine geläufige Rede wurde durch bescheidenes, und rechtzeitiges Stillschweigen gemäßigt und veredelt. Aber trotz seiner Rednergabe war Mohammed ein ungebildeter Barbar; die allgemeine Unwissenheit entschuldigte, daß er in seiner Jugend niemals lesen oder schreiben gelernt hatte, allein er war auf einen engen Kreis des Daseins beschränkt und jenes getreuen Spiegels beraubt, aus dem unserer Seele die Seelen der Weisen und Heroen entgegenstrahlen. Aber das Buch der Natur und Menschheit lag vor seinen Augen aufgeschlagen. In politischen und philosophischen Beobachtungen jedoch, die dem arabischen Reisenden zugeschrieben werden, hat man einigermaßen phantasiert. Er vergleicht die Nationen und Religionen der Erde, entdeckt die Schwäche der Monarchien Persien und Rom, sieht mit Mitleid und Entrüstung die Entartung der Zeiten und beschließt, den unbezwinglichen Mut und die ursprünglichen Tugenden der Araber unter einem Gott und einen König zu vereinen. Eine genauere Untersuchung ergibt jedoch, daß statt des Besuches der Höfe, Lager und Tempel des Ostens die beiden Reisen Mohammeds nach Syrien sich auf die beiden Märkte von Bostra und Damaskus beschränkten; daß er erst dreizehn Jahre alt war, als er die Karawane seines Oheims begleitete und daß ihm später seine Pflicht gebot zurückzukehren, sowie er über die Waren der Kadidschah verfügt hatte. Auf diesem eiligen Zuge konnte das Auge des Genies einige für seine Gefährten unsichtbare Dinge gewahren, konnten einige Samenkörner auf einen fruchtbaren Boden fallen, aber seine Unkenntnis der syrischen Sprache stand seiner Wißbegierde im Wege, und ich vermag weder im Leben, noch in den Schriften Mohammeds zu gewahren, daß sich sein Gesichtskreis über die Grenzen der arabischen Welt ausdehnte. Aus jeder Gegend dieser einsamen Welt versammelten sich die Pilgrime von Mekka alljährlich zur Andacht und zum Handel. Bei dem freien Verkehr der Scharen konnte ein einfacher Bürger in seiner Muttersprache den politischen Zustand und den Charakter der Stämme, die Theorie und Praxis der Juden und Christen studieren. Einige gelehrte Fremde werden gezwungen gewesen sein, die Rechte der Gastfreiheit in Anspruch zu nehmen, ja die Feinde Mohammeds haben ihn den Juden, den Perser und den syrischen Mönch genannt, denen sie Schuld geben, bei Abfassung des Korans geheime Hilfe geleistet zu haben. Umgang bereichert den Verstand, aber Einsamkeit ist die Schule des Genies, und die Gleichmäßigkeit eines Werkes verrät die Hand eines einzigen Künstlers. Von seiner frühesten Jugend an war Mohammed religiöser Betrachtung ergeben; jedes Jahr entzog er sich im Monat Ramadan der Welt und den Armen Kadidschahs; in der Grotte von Hera, drei Meilen von Mekka, beriet er sich mit dem Geiste des Betruges oder der Schwärmerei, dessen Wohnung nicht im Himmel, sondern in der Seele des Propheten war. Der Glaube, den er unter dem Namen Islam seiner Familie und Nation predigte, besteht aus einer ewigen Wahrheit und einer notwendigen Erdichtung: Es gibt nur einen Gott und Mohammed ist sein Prophet!

Die jüdischen Lobredner rühmen, daß während die gelehrten Nationen des Altertums durch die Fabeln der Vielgötterei betrogen wurden, ihre einfachen Altvordern die Kenntnis des wahren Gottes bewahrt haben. Die moralischen Eigenschaften Jehovahs lassen sich mit dem Maße menschlicher Tugend nicht leicht messen; seine metaphysischen Eigenschaften sind dunkel ausgedrückt, aber jede Zeile des Pentateuchs legt Zeugnis für seine Macht ab; die Einheit seines Namens ist auf der ersten Tafel des Gesetzes eingegraben, und sein Heiligtum wurde nie durch ein sichtbares Bild des unsichtbaren Wesens befleckt. Nach der Zerstörung des Tempels wurde der Glaube der hebräischen Verbannten durch die geistige Andacht in der Synagoge gereinigt, festgestellt und aufgeklärt, und die Macht Mohammeds kann seinen beständigen Vorwurf nicht rechtfertigen, daß die Juden von Mekka und Medina Esra als den Sohn Gottes anbeten. Aber die Kinder Israels hatten aufgehört ein Volk zu sein, und die Religionen der Welt waren, wenigstens in den Augen des Propheten, mit der Schuld beladen, daß sie dem höchsten Gotte Söhne oder Töchter oder Gefährten zuschrieben. In dem rohen Gottesdienste der Araber ist dieses Verbrechen offen sichtbar; die Sabäer werden durch den Vorrang, die sie dem ersten Planeten oder der Intelligenz in ihrer himmlischen Hierarchie geben, nur schwach entschuldigt, und in dem System der Magier verrät der Kampf der beiden Prinzipien die Unvollkommenheit des Siegers. Die Christen des siebenten Jahrhunderts waren unmerklich zum Heidentum zurückgesunken; ihre öffentliche und geheime Andacht galt den Reliquien und Bildern, welche die Tempel des Ostens schändeten. Der Thron des Allmächtigen wurde von Märtyrern, Heiligen und Engeln, den Gegenständen der Volksverehrung, verdunkelt und die collyridianischen Ketzer, die auf dem fruchtbaren Boden Arabiens blühten, nannten die Jungfrau Maria eine Göttin. Die Mysterien der Dreieinigkeit und Menschwerdung scheinen dem Grundsatze der Einheit Gottes zu widerstreiten. Sie führen drei gleiche Gottheiten ein und verwandeln den Menschen Jesus in die Wesenheit des Sohnes Gottes; ein orthodoxer Kommentar kann nur ein gläubiges Gemüt befriedigen; ungezügelte Forschsucht und rastloser Eifer hatten den Schleier von dem Heiligtum weggerissen, und jede der orientalischen Sekten versicherte eifrigst, daß alle übrigen den Vorwurf der Götzendienerei und Vielgötterei verdienten. Der Glaube Mohammeds ist frei von Zweideutigkeit, und der Koran legt ein glorreiches Zeugnis für die Einheit Gottes ab. Der Prophet von Mekka verwarf die Verehrung von Götzen und Menschen, Sternen und Planeten, aus dem vernünftigen Grundsatz, daß alles, was aufgeht untergehen, was geboren ist sterben, was vergänglich ist verfallen und vergehen muß. Als Urheber des Weltalls bekannte und betet er ein unendliches und ewiges Wesen ohne Gestalt an, nicht gezeugt, ohne Gleichen, unseren innersten Gedanken gegenwärtig, vorhanden durch die Notwendigkeit seiner eigenen Natur und aus sich selbst alle moralische und intellektuelle Vollkommenheit schöpfend. Diese erhabenen Wahrheiten, so in der Sprache des Propheten mitgeteilt, werden von seinen Schülern festgehalten und von den Auslegern des Korans mit metaphysischer Genauigkeit bestimmt. Ein philosophischer Geist könnte den Volksglauben der Mohammedaner bekennen, der vielleicht für unsere jetzige Fassungskraft zu erhaben ist. Welcher Gegenstand bleibt für die Phantasie oder auch nur für den Verstand übrig, wenn wir das unbekannte Wesen ohne alle Begriffe der Zeit und des Raumes, der Bewegung und Materie, des Gefühls und Denkens sehen? Das erste Prinzip der Vernunft und Offenbarung wurde durch die Stimme Mohammeds bestätigt; seine Proselyten sind von Indien bis Marokko durch den Namen der Unitarier ausgezeichnet, und der Gefahr des Götzendienstes ist durch das Verbot der Bilder vorgebeugt worden. Die Mohammedaner bekennen sich streng zur Lehre vom ewigen Beschlüsse und unbeschränkter Vorherbestimmung. Sie kämpfen mit den gewöhnlichen Schwierigkeiten: wie das Vorherwissen Gottes mit der Freiheit und Zurechnung des Menschen vereinigen? wie die Macht des Bösen unter der Herrschaft unendlicher Macht und unendlicher Güte erklären? Der Gott der Natur ist in allen seinen Werken, und sein Gesetz ist in das Herz des Menschen geschrieben. Die Kenntnis jener, die Befolgung dieses herzustellen ist der wirkliche oder angebliche Zweck der Propheten jedes Zeitalters gewesen. Mohammed räumte seinen Vorgängern denselben Glauben ein, den er für sich selbst verlangte und glaubt an Offenbarungen seit Adam bis zur Kundmachung des Korans. Während dieser Periode wurden einige Strahlen des prophetischen Lichtes hundertvierundzwanzigtausend durch Tugend und Gnade Auserwählten sichtbar, dreihundertzehn Apostel mit besonderer Vollmacht, ihr Vaterland von Abgötterei und Laster zu bekehren entsandt, einhundertvier Bände vom heiligen Geist eingegeben, und sechs Gesetzgeber von besonderer Größe haben den Menschen die sechs aufeinanderfolgenden Offenbarungen verschiedener Riten, aber nur einer einzigen unwandelbaren Religion verkündet. Die Macht und der Rang Adams, Noahs, Abrahams, Moses', Christus' und Mohammeds stehen in angemessener Stufenfolge übereinander; wer aber einen einzigen dieser Propheten haßt oder verwirft, gehört zu den Ungläubigen. Die Schriften der Patriarchen waren nur in den unechten Exemplaren der Griechen und Syrer erhalten; das Betragen Adams hatte ihm keinen Anspruch auf Dank oder Ehrfurcht von seinen Kindern gegeben. Die sieben Vorschriften Noahs wurden von einer unteren und unvollkommenen Klasse der Proselyten der Synagoge beobachtet; das Andenken Abrahams wurde von den Sabäern in seinem Vaterland Chaldäa verehrt; von den Myriaden Propheten lebten und herrschten nur Moses und Christus, und der Rest der vom Geist eingegebenen Schriften war in den Büchern des alten und neuen Testamentes enthalten.

Die wunderbare Geschichte des Moses findet sich durch den Koran geheiligt und verschönert, und den gefangenen Juden genügt die geheime Rache, ihren eigenen Glauben Nationen auferlegt zu haben, deren neue Glaubensbekenntnisse sie verlachen. Gegen den Stifter des Christentums lehrte der Prophet die Mohammedaner eine hohe und mysteriöse Ehrfurcht zu bewahren. »Fürwahr, Christus Jesus, der Sohn der Maria, ist der Apostel Gottes, er hauchte sein Wort der Maria ein, und ein Geist ging von ihm aus, geehrt in dieser und jener Welt und einer von denjenigen, die Gottes Gegenwart am nächsten stehen.« Die Wunder der echten und unechten Evangelien werden ihm verschwenderisch zugeschrieben, und die lateinische Kirche hat es nicht verschmäht, aus dem Koran die unbefleckte Empfängnis seiner jungfräulichen Mutter zu entlehnen. Jesus wird am Tage des Gerichtes durch sein Zeugnis sowohl die Juden verdammen, die ihn als Propheten verwerfen, wie die Christen, die ihn nicht als Gottes Sohn anbeten. Seine boshaften Feinde verleumdeten seinen Ruf und verschworen sich gegen sein Leben; allein nur ihre Absicht war schuldig, ein Phantom oder Verbrecher hing statt seiner am Kreuze, der unschuldige Heilige aber wurde in den siebenten Himmel aufgenommen. Sechshundert Jahre lang blieb das Christentum der

Weg der Wahrheit und des Heiles, die Christen vergaßen jedoch allmählich das Gesetz wie das gegebene Beispiel ihres Stifters, und Mohammed lernte von den Gnostikern Kirche wie Synagoge der Fälschung des heiligen Textes anzuklagen. Moses und Christus freuten sich zuversichtlich auf einen künftigen Propheten, glorreicher als sie selbst; die evangelische Verheißung des Parakletes oder heiligen Geistes war schon lange verkündet und ging in Erfüllung in der Person Mohammeds, des größten und letzten der Apostel Gottes.

Die Verkündigung der Ideen fordert eine gewisse Ähnlichkeit im Denken und der Redeweise. Die Sprache eines Philosophen würde einem Bauern gegenüber wirkungslos bleiben; und doch, wie gering ist der Abstand zwischen ihren Geisteskräften, verglichen mit einem unendlichen und endlichen Geist, mit dem Worte Gottes ausgedrückt durch die Zunge oder die Feder eines Sterblichen! Die Begeisterung der hebräischen Propheten, der Apostel und Evangelisten Christi war gewiß mit ihrer Vernunft und ihrem Gedächtnisse nicht unvereinbar; ja die Schreibart der Bücher des alten und neuen Testaments zeigt die starke Verschiedenheit ihrer Talente. Mohammed begnügte sich mit dem anspruchslosen aber erhabeneren Charakter eines einfachen Herausgebers; die Substanz des Korans ist, ihm selbst oder seinen Schülern zufolge, unerschaffen und ewig, im Wesen der Gottheit ruhend und mit leuchtendem Griffel auf die Tafel seiner ewigen Beschlüsse geschrieben. Eine Abschrift auf Papier wurde in einem Einband von Seide und Edelsteinen in den untersten Himmel durch den Engel Gabriel gebracht, der unter der jüdischen Haushaltung allerdings mit den wichtigsten Sendungen beauftragt wurde; und dieser treue Bote offenbarte dem arabischen Propheten nach und nach die Kapitel und Verse. Statt einer dauernden, vollkommenen Urkunde des göttlichen Willens wurden die Bruchstücke des Korans nach Mohammeds Ermessen vorgebracht; jede Offenbarung ist seiner Politik oder Leidenschaft angepaßt, und aller Widerspruch wird durch die rettende Maxime beseitigt, daß jeder Text der Schrift durch jede folgende Stelle abgeschafft oder verändert werden könne. Das Wort Gottes und seines Apostels wurde von seinen Jüngern emsig auf Palmblätter und auf Schulterknochen von Hammeln niedergeschrieben und die Blätter ohne Ordnung und Zusammenhang in einen dem Hausgebrauch dienenden Kasten geworfen, den eine seiner Frauen aufbewahrte. Zwei Jahre nach Mohammeds Tod sammelte sein Freund und Nachfolger Abubeker das heilige Buch und gab es heraus. Kalif Othman sah das Werk im dreißigsten Jahre der Hegira durch, und die verschiedenen Ausgaben des Koran erheben sämtlich auf das wunderbare Privilegium eines gleichen und unverfälschten Textes Anspruch. Aus Schwärmerei oder Eitelkeit gründet der Prophet die Wahrheit seiner Sendung auf das Buch, fordert verwegen Menschen und Engel heraus, die Schönheit einer einzigen Seite nachzuahmen und wagt zu behaupten, daß nur Gott das unvergleichliche Werk inspirieren konnte. Ein derartiger Beweis spricht mit größter Macht zu dem frommen Araber, dessen Seele gläubig und verzückt ist, der durch die Musik der Worte in Wonne versetzt wird und dessen Unwissenheit nicht imstande ist, die Erzeugnisse des menschlichen Geistes zu vergleichen. Die Harmonie des Stils kann in einer Übersetzung nicht zu den europäischen Ungläubigen dringen; er wird ungeduldig die endlos unzusammenhängende Rhapsodie von Fabel, Lehre und Deklamation zu lesen, die nur selten ein Gefühl oder eine Idee anregt, bald im Staube kriecht und bald sich in den Wolken verliert. In seiner Phantasie ahnte der arabische Glaubensbote die Eigenschaften Gottes, aber sein höchster Flug steht tief unter der erhabenen Einfachheit des in einem fernen Zeitalter in demselben Lande und derselben Sprache verfaßten Buches Hiob. Wenn die Abfassung des Korans menschliche Kraft übersteigt, welcher höheren Intelligenz müßten wir die Iliade des Homer oder die Philippiken des Demosthenes zuschreiben! In allen Religionen ergänzt das Leben des Stifters seine schriftlichen Offenbarungen; die Aussprüche Mohammeds galten als ebensoviele Lehren der Wahrheit, seine Handlungen als ebensoviele Beispiele der Tugend, und seine Frauen und Gefährten erhielten das Andenken an sie. Nach Verlauf von zweihundert Jahren wurde die Sunna oder das mündliche Gesetz von Al Bochari, der siebentausendzweihundertfünfundsechzig Überlieferungen und dreihunderttausend Sagen zweifelhafter und verdächtiger Natur voneinander schied, festgesetzt und geheiligt. Jeden Tag betete der fromme Verfasser im Tempel von Mekka und verrichtete seine Waschungen mit dem Wasser des Zemzem. Die Blätter wurden nacheinander auf der Kanzel und dem Grabe des Apostels niedergelegt und das Werk ist von den vier orthodoxen Sekten der Sunniten gebilligt worden.

Die Sendung der alten Propheten, Moses und Jesus, war durch viele glänzende Wunder beglaubigt worden. Mohammed wurde von den Bewohnern von Mekka und Medina wiederholt gedrängt, einen ähnlichen Beweis seines göttlichen Auftrages zu liefern, den Engel oder das Buch seiner Offenbarung vom Himmel herabzurufen, einen Garten in der Wüste zu schaffen oder Flammen auf die ungläubige Stadt regnen zu lassen. So oft er von den Koreischiten gedrängt wird, beruft er sich auf Geschichte und Prophezeiung, auf die inneren Beweise seiner Lehre und verbirgt sich hinter der Vorsehung Gottes, die Zeichen und Wunder verweigere, die das Verdienst des Glaubens schmälern und die Schuld des Unglaubens mehren würden. Aber der demütige Ton seiner Ausflüchte verrät seine Schwäche und seinen Ärger, und diese ihm keine Ehre bringenden Stellen setzen die Unverfälschtheit des Koran außer Zweifel. Die Anhänger Mohammeds sind seiner Gabe Wunder zu wirken sicherer als er selbst; ihre Zuversicht und Leichtgläubigkeit wächst im Maße der Entfernung von Zeit und Ort seiner geistigen Großtaten. Sie glauben oder behaupten, daß Bäume ihm entgegengingen, Steine ihn grüßten, Wasser aus seinen Fingern strömte, daß er die Hungrigen sättigte, die Kranken heilte und die Toten erweckte; daß ein Balken ihm zuächzte, ein Kamel bei ihm klagte, ein Hammelsviertel ihm eröffnete, daß es vergiftet sei, kurz, daß die lebendige wie die leblose Natur dem Apostel Gottes in gleichem Grade untertan war. Die nächtliche Traumreise wird in einen wirklichen und körperlichen Vorgang verwandelt. Ein geheimnisvolles Tier, Borak, brachte ihn von dem Tempel von Mekka nach dem von Jerusalem; mit seinem Gefährten Gabriel stieg er zu den sieben Himmeln empor, wo er Begrüßungen mit Patriarchen, Propheten und Engeln austauschte. Über den siebenten Himmel hinaus durfte nur Mohammed schweben; er schritt durch den Schleier der Einheit, trat dem Throne bis auf zwei Bogenschußweiten nahe und fühlte eine unaussprechliche Kälte sein Herz durchdringen, als die Hand Gottes seine Schulter berührte. Nach dieser geheimen aber wichtigen Besprechung stieg er wieder nach Jerusalem hinab, setzte sich abermals auf den Borak, kehrte nach Mekka zurück und vollendete im zehnten Teil einer Nacht eine Reise von vielen tausend Jahren. Nach einer anderen Legende kam der Apostel in einer Nationalversammlung der boshaften Aufforderung der Koreischiten nach. Durch sein unwiderstehliches Wort spaltete er die Scheibe des Mondes; der gehorsame Planet schwebte von seinem Platz am Himmel nieder, vollendete seine sieben Rundgänge um die Kaaba, begrüßte Mohammed in arabischer Sprache, verkleinerte plötzlich seinen Umfang, schlüpfte zum Kragen seines Hemdes hinein und kam zum Ärmel heraus. Der große Haufen ergötzt sich an diesen Wundergeschichten, aber die ernstesten muselmanischen Gottesgelehrten ahmen die Bescheidenheit ihres Meisters nach und gestatten Weite des Glaubens oder der Auslegung. Sie können mit Recht anführen, daß es, um Religionen zu lehren, nicht nötig sei, die Harmonie der Natur zu verletzen, daß ein von Mysterien nicht umwölkter Glaube die Wunder entbehren könne und daß das Schwert Mohammeds nicht minder mächtig gewesen sei, als der Stab Moses.

Der Polytheist wird durch die Vielfachheit des Aberglaubens erdrückt und unsicher; tausend Zeremonien ägyptischen Ursprungs waren mit dem mosaischen Gesetze verwoben und der Geist des Evangeliums schwand im Prunk der Kirche. Der Prophet von Mekka folgte dem Vorurteile oder der Politik oder der Vaterlandsliebe, indem er die Zeremonien der Araber und die Gewohnheit heiligte, den heiligen Stein der Kaaba zu besuchen. Aber Mohammeds Vorschriften selbst schärfen einfache und vernünftige Frömmigkeit ein. Beten, Fasten, Almosengeben sind die religiösen Pflichten eines Muselmanes, der durch die Hoffnung belebt wird, daß das Gebet ihn auf den halben Weg zu Gott, das Fasten bis an das Tor des Paradieses bringe, das Almosengeben dort Einlaß verschaffe. I. Nach der Sage der nächtlichen Reise hatte der Apostel bei seiner persönlichen Besprechung mit Gott den Befehl erhalten, seinen Jüngern die Verpflichtung aufzuerlegen, täglich fünfzig Gebete zu beten. Auf Moses Rat bat er um eine Erleichterung dieser unerträglichen Bürde, und die Zahl wurde allmählich auf fünf herabgesetzt, von denen keine Befreiung durch Geschäft oder Vergnügen, Zeit oder Ort möglich war. Die Andacht des Gläubigen wird mit Tagesanbruch, zu Mittag, des Nachmittags, des Abends und zur ersten Nachtwache gehalten. Bei dem gegenwärtigen Sinken religiöser Inbrunst sind unsere Reisenden durch die tiefe Demut und Aufmerksamkeit der Türken und Perser überrascht worden. Reinlichkeit ist der Schlüssel zum Gebet; die häufigen Waschungen der Hände, des Antlitzes und des Körpers, die bei den Arabern von jeher üblich waren, werden durch den Koran feierlich eingeschärft, der die förmliche Erlaubnis enthält, bei Wassermangel Sand anzuwenden. Die Worte und Stellungen beim Beten, je nachdem dies stehend, sitzend oder kniend geschah, sind durch Gewohnheit oder Gesetz vorgeschrieben, aber das Gebet selbst besteht in kurzen und inbrünstigen Ausrufungen. Der Eifer wird durch keine langwierige Liturgie erschöpft, und jeder Mohammedaner hat für sich selbst den Charakter eines Priesters. Unter Deisten, die den Gebrauch der Bilder verwerfen, fand man es für notwendig, den Verirrungen der Phantasie einen Zaum anzulegen, indem man Augen und Gedanken nach einem Kebla oder sichtbaren Punkt des Horizontes richtete. Der Prophet war zuerst geneigt, den Juden durch die Wahl von Jerusalem zu schmeicheln; er entschied sich jedoch bald für Mekka, und jeden Tag fünfmal wenden sich die Blicke der Nationen in Astrachan, in Fez, in Delhi mit Frömmigkeit gegen den Tempel dieser Stadt. Jeder Platz ist zur Gottesverehrung gleich rein; die Mohammedaner beten ohne Unterschied in ihrem Gemach oder auf der Straße. Zum Unterschied von den Gebräuchen bei Christen und Juden ist der Freitag jeder Woche für den öffentlichen Gottesdienst bestimmt. Das Volk versammelt sich in der Moschee, und der Imam oder ein ehrwürdiger Ältester besteigt die Kanzel, um das Gebet zu beginnen und die Predigt zu halten. Die mohammedanische Religion kennt weder Päpste noch Opfer, und der unabhängige, schwärmerische Mohammedaner blickt mit Verachtung auf die Diener und Sklaven der anderen Religionen. II. Die freiwilligen Bußübungen der Asketen, ihres Lebens Qual und Ruhm, waren einem Propheten verhaßt, der ein vorschnelles Gelübde seiner Gefährten, sich von Fleisch, Weibern und Schlaf zu enthalten, tadelte und fest erklärte, er würde keine Mönche in seiner Religion dulden. Nichtsdestoweniger führte er in jedem Jahr eine dreißigtägige Fastenzeit ein und empfahl streng ihre Beobachtung als eine Einrichtung, welche die Seele reinige und den Leib unterwerfe und als Übung des Gehorsams im Willen Gottes und seines Apostels. Im Monat Ramadan enthält sich der Mohammedaner von Sonnenaufgang bis Sonnenuntergang der Speise, des Trankes, der Frauen, des Bades und der Wohlgerüche, jeder Nahrung, die seine Kraft wiederherstellen und jedes Vergnügens, das seine Sinne ablenken kann. Durch die Veränderlichkeit des Mondjahres ist der Ramadan bald im kalten Winter, bald im heißen Sommer, und der geduldige Märtyrer muß, ohne seinen Durst auch nur durch einen Tropfen Wasser zu mildern, das Ende eines langen und schwülen Tages abwarten. Das einigen Priester- und Einsiedlerorden eigentümliche Verbot des Weintrinkens ist von Mohammed allein in ein positives und allgemeines Gesetz verwandelt worden, und ein beträchtlicher Teil der Menschen hat auf sein Geheiß den Genuß dieses heilsamen, obschon gefährlichen Getränkes abgeschworen. Dieser peinliche Zwang wird ohne Zweifel von dem Schwelger gebrochen und von dem Heuchler umgangen; aber man kann deshalb den Gesetzgeber, der ihn auferlegte, nicht beschuldigen, er habe seine Proselyten durch die Erlaubnis zügelloser Befriedigung ihrer sinnlichen Begierden angelockt. III. Die Mildtätigkeit der Mohammedaner erstreckt sich bis zum Tier, und der Koran schärft, nicht als Verdienst, sondern als strenge und unerläßliche Pflicht ein, dem Dürftigen und Unglücklichen beizuspringen. Mohammed ist vielleicht der einzige Gesetzgeber, der das Maß der Mildtätigkeit genau bestimmt hat; zwar kann dasselbe nach dem Grad und der Beschaffenheit des Eigentums, je nachdem dasselbe in Geld, Korn oder Vieh, in Früchten oder Waren besteht, wechseln; aber der Mohammedaner erfüllt das Gesetz nicht, wenn er nicht den zehnten Teil seines Einkommens dazu verwendet, und wenn er sich des Betruges oder der Erpressung schuldig weiß, soll das Zehntel in ein Fünftel zur Wiedergutmachung verwandelt werden. Wohlwollen ist die Grundlage der Gerechtigkeit, weil das Gebot, jemandem Hilfe zu leisten, das Verbot in sich schließt, ihm ein Unrecht zuzufügen. Ein Prophet kann die Geheimnisse des Himmels und der Zukunft enthüllen, aber in seinen moralischen Vorschriften kann er nur die Lehren unserer eigenen Herzen wiederholen.

Die beiden Glaubensartikel und die vier praktischen Pflichten des Islams werden durch Belohnungen und Strafen gehütet, und der Mohammedaner glaubt fest und fromm an ein letztes Gericht und an einen jüngsten Tag. Der Prophet hat nicht gewagt, den Zeitpunkt dieser furchtbaren Katastrophe zu bestimmen, wohl aber die Zeichen im Himmel und auf Erden dunkel verkündet, die der allgemeinen Auflösung vorangehen, bei der die Leben zerstört werden und die Ordnung der Schöpfung in das ursprüngliche Chaos zurückfallen wird. Auf den Ton der Trompete werden neue Welten zum

Dasein gelangen; Engel, Genien und Menschen werden von den Toten auferstehen, und die Seele wird wieder mit dem Körper vereinigt werden. Die Lehre von der Wiederauferstehung wurde zuerst von den Ägyptern geglaubt, die Körper einbalsamierten und die Pyramiden bauten, um die alte Hülle der Seele während einer Periode von dreitausend Jahren zu bewahren. Aber dieses Verfahren ist zwecklos; mit philosophischem Geist verläßt sich Mohammed auf die Allmacht des Schöpfers, dessen Wort den Staub wieder beleben und die zahllosen Atome sammeln kann, die ihre Form und ihr Wesen nicht beibehalten hatten. Der Zustand der Seele, bis dies geschieht, ist schwer zu beschreiben, und selbst diejenigen, die am festesten an ihre unkörperliche Natur glauben, sind in Verlegenheit, zu begreifen, wie sie ohne Hilfe der Sinneswerkzeuge denken oder handeln können.

Der Wiedervereinigung der Seele mit dem Leibe folgt das letzte Gericht; aber der Prophet hat in seiner Kopie des Gemäldes der Magier die Form des Verfahrens, ja sogar die Trägheit eines irdischen Tribunals zu treu nachgeahmt. Von seinen unduldsamen Gegnern wird er geschmäht, weil er die Hoffnung auf Heil sogar auf sie selbst ausdehnt und die schwärzeste aller Ketzereien begehe, indem er nämlich behaupte, daß jeder Mensch, der an Gott glaube und gute Werke tue, am Jüngsten Tag ein günstiges Urteil erwarten dürfe. Eine solche vernünftige Gleichgültigkeit paßt schlecht zum Charakter eines Schwärmers, und es ist nicht wahrscheinlich, daß ein Bote des Himmels den Wert und die Notwendigkeit seiner eigenen Offenbarung herabsetzt. In der Sprache des Korans ist der Glaube an Gott unzertrennlich von jenem an Mohammed; gute Werke sind jene, die er geboten hat; und in diesen beiden Merkmalen liegt das Bekenntnis des Islams, zu dem alle Nationen und alle Sekten ohne Unterschied zugelassen werden. Ihre geistige Blindheit, wenn auch durch Unwissenheit entschuldigt und mit Tugenden gekrönt, wird mit ewigen Qualen bestraft werden, und die Tränen, die Mohammed über dem Grabe seiner Mutter vergießt, für die zu beten ihm nicht erlaubt war, enthüllen einen auffallenden Gegensatz von Menschlichkeit und Schwärmerei. Die Verdammung der Ungläubigen ist allgemein; das Maß ihrer Schuld und Strafe richtet sich nach der Größe des Beweises der Religion Mohammeds, den sie verworfen und nach den Irrtümern, die sie bekannt haben; die ewigen Wohnungen der Christen, Juden, Sabäer, Magier und Götzendiener liegen im Abgrund eine unter der anderen, und der unterste Raum ist den treulosen Heuchlern vorbehalten, welche die Religion als Maske benützen. Nachdem der größere Teil der Menschheit ihrer Meinung wegen verdammt worden ist, werden die echten Gläubigen nach ihren Taten gerichtet. Das Gute und Böse, das jeder Mohammedaner vollbracht hat, wird genau abgewogen, wobei eine sonderbare Art der Gegenrechnung zum Ersatz der Unbilden stattfindet; der

Beleidiger muß zugunsten der Person, der er Unrecht getan, eine seiner eigenen guten Handlungen abtreten, und wenn er gar kein moralisches Eigentum besitzt, wird seine Sündenlast um einen angemessenen Teil der Fehler der Beleidigten beschwert. Je nachdem Schuld oder Tugend überwiegt, wird das Urteil gefällt werden. Alle aber müssen ohne Unterschied über die scharfe und gefährliche Brücke des Abgrundes gehen; die Unschuldigen, in Mohammeds Fußstapfen wandelnd, werden ruhmvoll durch die Tore des Paradieses schreiten, während die Schuldigen in die erste und mildeste der sieben Höllen stürzen. Die Zeit der Buße wechselt von neunhundert bis siebentausend Jahren; aber der Prophet hat weislich verheißen, daß alle seine Jünger, wie groß auch ihre Sünden sein mögen, durch ihren eigenen Glauben und seine Fürbitte gerettet werden würden. Es ist nicht zu verwundern, daß der Aberglaube auf die Furcht seiner Anhänger am mächtigsten wirkt, weil sich die menschliche Phantasie das Elend eines zukünftigen Lebens mit weit größerer Kraft ausmalen kann als die Seligkeit. Mit der Finsternis und dem Feuer können wir ein Gefühl der Pein verbinden, das durch den Begriff der endlosen Dauer bis zu einem unendlichen Grad verschärft werden kann. Derselbe Begriff bewirkt aber einen entgegengesetzten Erfolg bezüglich der Freudendauer, denn unser Genuß hienieden ist meist schon durch das Aufhören des Übels bedingt. Es ist sehr natürlich, daß ein arabischer Prophet bei den Hainen, Brunnen und Strömen des Paradieses verweilte. Statt aber den gesegneten Einwohnern einen edlen Geschmack für Harmonie und Wissen, Umgang und Freundschaft einzuhauchen, preist er eitel die Perlen und Diamanten, die seidenen Gewänder, Marmorpaläste, goldenen Schüsseln, reichen Weine, köstlichen Leckereien, zahlreiche Dienerschaft und den ganzen Troß sinnlicher Üppigkeit, der für seine Genießer selbst in der kurzen Periode dieses irdischen Lebens schal wird. Zweiundsiebzig Huris oder schwarzäugige Mädchen von glänzender Schönheit, blühender Jugend, jungfräulicher Reinheit und ausgesuchter Empfindlichkeit werden zum Vergnügen des geringsten Gläubigen geschaffen; ein Augenblick des Vergnügens wird auf tausend Jahre verlängert, und seine Kräfte werden um das Hundertfache vermehrt, um ihn seiner Seligkeit würdig zu machen. Obschon gewöhnlich das Gegenteil geglaubt wird, werden doch die Tore des Himmels für beide Geschlechter offen stehen. Mohammed hat aber den auserwählten Frauen keine männlichen Gefährten zugewiesen, entweder um nicht die Eifersucht früherer Gatten zu erregen oder ihr Glück nicht durch die Besorgnis vor einer ewigen Ehe zu stören. Dieses Bild eines fleischlichen Paradieses hat die Entrüstung, vielleicht den Neid der Mönche erregt; sie ziehen gegen die unreine Religion Mohammeds los, und seine bescheidenen Verteidiger geben als armselige Ausflucht an, daß dies Bilder und Allegorien seien. Aber die vernünftigere

Partei bleibt folgerichtig ohne Scham bei der buchstäblichen Auslegung des Korans: zwecklos wäre ja die Auferstehung des Leibes, wenn er nicht wieder in den Besitz seiner besten Fähigkeiten kommen würde, und die Vereinigung des sinnlichen und geistigen Genusses ist notwendig, um das Glück des Doppelwesens, des vollkommenen Menschen, zu vervollständigen. Aber die Freuden des mohammedanischen Paradieses werden nicht auf bloße Üppigkeit und Sinnengenuß beschränkt sein, und der Prophet hat ausdrücklich erklärt, daß die Heiligen und Märtyrer, die zur Seligkeit des Anschauens Gottes gelangen, jedes niedrige Glück vergessen und verachten werden.

Die ersten und schwierigsten Eroberungen Mohammeds waren die seiner Gattin, seines Dieners, seines Zöglings und seines Freundes, weil er sich als Prophet denjenigen kundgab, die seine Schwächen als Mensch am besten kannten. Dennoch glaubte Kadidschah den Worten und glühte für den Ruhm ihres Gatten; der gehorsame und zugetane Seid wurde durch die Aussicht auf Freiheit gewonnen; der berühmte Ali, Abu Talebs Sohn, erfaßte die Ansichten seines Vetters mit dem Geiste eines Helden. Der reiche, mäßige, wahrheitsliebende Abubeker bekräftigte die Religion des Propheten, dem er nachzufolgen bestimmt war. Durch seine Überredung wurden zehn der achtbarsten Bürger Mekkas veranlaßt, dem Geheimunterricht im Islam beizuwohnen; sie ließen sich durch Vernunft und Schwärmerei fesseln und wiederholten das Grundbekenntnis: »Es ist nur ein Gott und Mohammed ist sein Prophet!« und ihr Glaube wurde noch in diesem Leben mit Reichtümern und Ehrenstellen, mit dem Befehl über Heere und der Regierung von Königreichen belohnt. Drei Jahre vergingen in der Stille mit Bekehrung von vierzehn Proselyten, den ersten Anhängern seiner Lehre; im vierten Jahre aber übernahm er das Amt eines Propheten. Mit dem Entschluß, seiner Familie das Licht der göttlichen Wahrheit zu offenbaren, bereitete er ein Mahl, ein Lamm wie es heißt, und einen Krug Milch zur Bewirtung von vierzig Gästen aus dem Geschlecht Haschem. »Freunde und Vettern«, sprach Mohammed zu der Versammlung, »ich biete euch, ich allein kann euch die Schätze dieser Welt und der zukünftigen bieten. Gott hat mir befohlen, euch zu seinem Dienst zu berufen. Wer unter euch will meine Last tragen? Wer unter euch will mein Genosse und mein Vezir sein?« Keine Antwort erfolgte, bis endlich das staunende, zweifelnde und verachtende Schweigen durch den ungestümen, mutigen Ali, einen vierzehnjährigen Jüngling, gebrochen wurde. »O Prophet, ich bin der Mann; wer gegen dich aufsteht, dem will ich die Zähne zerschmettern, die Augen ausreißen, die Beine brechen, den Bauch aufschlitzen. O Prophet, ich will dein Vezir über sie sein.« Mohammed nahm dieses Anerbieten mit Entzücken an, und Abu Taleb wurde ironisch ermahnt, die höhere Würde seines Sohnes zu ehren. In ernsterem Tone riet Alis Vater seinem Neffen, den unausführbaren Plan aufzugeben. »Spare deine Vorstellungen«, erwiderte der unerschrockene Schwärmer seinem Oheim und Wohltäter, »und wenn man die Sonne zu meiner Rechten und den Mond zu meiner Linken stellte, würden sie mich nicht von meiner Bahn ablenken.« Er beharrte zehn Jahre in Erfüllung seiner Sendung; aber die Religion, die sich über den Osten und Westen verbreitet hat, machte innerhalb der Mauern von Mekka nur langsame und mühselige Fortschritte. Indessen genoß Mohammed die Genugtuung, seine kleine Gemeinde der Unitarier, die ihn als einen Propheten verehrten und denen er zur günstigen Zeit die geistige Nahrung des Korans spendete, wachsen zu sehen. Die Zahl der Proselyten kann an der Verminderung von dreiundachtzig Männern und achtzehn Frauen ermessen werden, die sich im siebenten Jahre seiner Sendung nach Äthiopien zurückzogen. Seine Partei wurde durch die wichtige Bekehrung seines Oheims Hamza und des wilden und unbeugsamen Omar verstärkt, der zugunsten des Islams denselben Feuereifer bewährte, den er zu dessen Vernichtung an den Tag gelegt hatte. Auch war die Freigebigkeit Mohammeds nicht auf den Stamm Koreisch und den Bereich von Mekka beschränkt; an feierlichen Festen, in den Tagen der Wallfahrt besuchte er die Kaaba, mischte sich unter die Fremden jedes Stammes und drang sowohl in Privatgesprächen als in öffentlichen Reden auf den Glauben und die Verehrung einer einzigen Gottheit. Im Bewußtsein seines Rechtes wie seiner Schwäche berief er sich auf Gewissensfreiheit und verwarf die Anwendung religiösen Zwanges; aber er forderte die Araber zur Reue auf und beschwor sie, der alten Götzendiener von Ad und Thamud zu gedenken, welche die göttliche Gerechtigkeit von der Erde getilgt hatte.

Das Volk von Mekka war in seinem Unglauben durch Aberglauben und Neid verhärtet. Die Ältesten der Stadt, die Oheime des Propheten, erkünstelten Verachtung gegen eine verwegene Waise, die sich zum Reformator seines Vaterlandes aufspielen wollte. Die frommen Reden Mohammeds in der Kaaba wurden von Abu Talebs Geschrei unterbrochen: »Mitbürger und Pilger, höret nicht auf den Versucher, horchet nicht auf seine ruchlosen Neuerungen, beharret fest auf der Verehrung von Al Lata und Al Uzzach.« Der Sohn Abdallahs blieb jedoch dem greisen Häuptling stets teuer, und er schützte den Ruf und die Person seines Neffen gegen die Angriffe der auf den Vorrang der Familie Haschern seit langer Zeit eifersüchtigen Koreischiten. Ihre Bosheit verbarg sich unter dem Gewande der Religion; zur Zeit Hiobs wurde das Verbrechen der Gottlosigkeit von dem arabischen Richter bestraft, und Mohammed hatte die Schuld der Abtrünnigkeit und Verleugnung der Nationalgottheiten auf sich geladen. Aber so wenig strenge waren die Gesetze von Mekka, daß die Häupter der Koreischiten, statt einen Verbrecher anzuklagen, gezwungen waren, zu Überredung oder Gewalt zu greifen. Sie wandten sich an Abu Taleb oft in vorwurfsvollem und drohendem Tone: »Dein Neffe schmäht unsere Religion. Er beschuldigt unsere weisen Altvordern der Unwissenheit und Narrheit. Bringe ihn schnell zum Schweigen, sonst entzündet er in der Stadt Tumult und Zwietracht. Wenn er dabei beharrt, werden wir unsere Schwerter gegen ihn und seine Anhänger ziehen, und du wirst für das Blut deiner Mitbürger verantwortlich sein.« Der einflußreiche und gemäßigte Abu Taleb vereitelte die Gewalttätigkeit der Partei der alten Religion; die hilflosesten oder furchtsamsten Jünger des Propheten wanderten nach Äthiopien aus, und er selbst zog sich in feste Plätze in der Stadt oder auf dem Lande zurück. Da er noch immer von seiner Familie beschützt wurde, verpflichteten sich die übrigen Mitglieder des Stammes Koreisch, allen Verkehr mit den Kindern Haschems abzubrechen, von ihnen weder zu kaufen noch ihnen zu verkaufen, sie weder zur Ehe zu nehmen noch ihnen Frauen zur Ehe zu geben, sondern sie mit unversöhnlichem Hasse zu verfolgen, bis sie Mohammed der göttlichen Gerechtigkeit überliefert haben würden. Der Beschluß wurde in der Kaaba vor den Augen der versammelten Nation angeschlagen. Die Gesandten der Koreischiten verfolgten die mohammedanischen Verbannten im Herzen von Afrika, belagerten den Propheten und seine getreuesten Anhänger, beraubten sie des Wassers und entflammten ihre gegenseitige Feindschaft durch Wiedervergeltung der Unbilden und Beleidigungen. Ein zweifelhafter Waffenstillstand stellte scheinbare Eintracht her, bis der Tod des Abu Taleb Mohammed der Macht seiner Feinde in einem Augenblick preisgab, als er durch den Verlust der treuen und edelmütigen Kadidschah seiner häuslichen Trösterin beraubt wurde. Abu Sophian, das Oberhaupt des Hauses Ommijah, folgte in der Regierung der Republik Mekka. Ein eifriger Verehrer der Götzen, ein Todfeind des Hauses Haschern, berief er eine Versammlung der Koreischiten und ihrer Bundesgenossen, um über das Schicksal des Propheten zu entscheiden. Seine Einkerkerung hätte die Fanatiker zur Verzweiflung treiben können, und die Verbannung eines beredten und beliebten Schwärmers würde das Unheil über die Provinzen von Arabien verbreitet haben. Daher wurde sein Tod beschlossen, und man kam überein, daß jeder Stamm ein Schwert in seine Brust stoßen solle, um die Blutschuld zu teilen und die Rache der Haschemiten zu vereiteln. Ein Engel oder Spion enthüllte die Verschwörung, und die Flucht war das einzige Hilfsmittel Mohammeds. In tiefer Nacht entwich er, nur von seinem Freunde Abubeker begleitet, in der Stille aus seinem Hause; die Mörder wachten, wurden aber durch Ali getäuscht, der auf dem Lager ruhte und mit dem grünen Gewand des Propheten bekleidet war. Die Koreischiten ehrten die Aufopferung des heldenmütigen Jünglings. Ein paar noch vorhandene Verse Alis geben ein interessantes Bild von seiner

Angst, Liebe und religiösen Zuversicht. Drei Tage waren Mohammed und sein Gefährte in der Höhle von Tor, ungefähr eine Stunde von Mekka, verborgen, und an jedem Abend empfingen sie durch den Sohn und die Tochter Abubekers insgeheim Nachricht und Nahrung. Die emsigen Koreischiten durchforschten jeden Winkel in der Nähe der Stadt; sie kamen zum Eingang der Höhle, aber ein Spinnengewebe und ein Taubennest sollen sie überzeugt haben, daß der Platz einsam und unbetreten sei. »Wir sind nur zwei«, sagte der zitternde Abubeker. »Noch ein dritter ist da, Gott selbst«, erwiderte der Prophet. Kaum war die Suche vorüber, so verließen die beiden Flüchtlinge ihre Felsen und bestiegen die Kamele; auf dem Wege nach Medina wurden sie von Sendungen der Koreischiten eingeholt, aus deren Händen sie sich durch Bitten und Versprechungen lösten. In diesem wichtigen Augenblick hätte die Lanze eines Arabers die Weltgeschichte umgestalten können. Die Flucht von Mekka nach Medina hat die merkwürdige Zeitrechnung der Hedschra begründet, die nach Verlauf von vierzehn Jahrhunderten noch immer die Mondjahre der mohammedanischen Religion bezeichnet.

Die Religion Mohammeds würde in der Wiege erstickt worden sein, wenn Medina nicht mit Glauben und Ehrfurcht die heiligen Vertriebenen von Mekka empfangen hätte. Medina oder die Stadt, bekannt unter dem Namen Yathreb, war, bevor sie durch den Thron des Propheten geheiligt wurde, zwischen den Stämmen der Charegiten und Awsiten geteilt, deren erbliche Fehde bei der geringsten Veranlassung auflodertte; zwei jüdische Kolonien, die sich priesterlicher Herkunft rühmten, waren ihre geringen Bundesgenossen, und ohne die Araber zu bekehren, führten sie Wissenschaft und Religion ein, was Medina den Titel Stadt des Buches gab. Einige ihrer edelsten Bürger waren auf einer Wallfahrt nach der Kaaba durch Mohammeds Predigt bekehrt worden; nach ihrer Rückkehr verbreiteten sie den Glauben an Gott und seinen Propheten, und das neue Bündnis wurde durch ihre Abgesandten in zwei nächtlichen, geheimen Zusammenkünften auf einem Berg in den Vorstädten von Mekka geschlossen. In der ersten vereinigten sich zehn Charegiten und zwei Awsiten in Glauben und Liebe und beteuerten im Namen ihrer Weiber, Kinder und abwesenden Brüder, daß sie für immer den Glauben des Korans bekennen und seine Vorschriften befolgen würden. Die zweite diente einem politischen Bündnis: Der erste Lebensfunke des Reiches der Sarazenen. Dreiundsiebzig Männer und zwei Frauen aus Medina hielten eine feierliche Unterredung mit Mohammed, seinen Verwandten und Jüngern und banden sich durch gegenseitigen Eid der Treue. Sie versprachen im Namen der Stadt, daß sie, wenn er verbannt werden sollte, ihn als ihren Bundesgenossen aufnehmen, ihm als ihrem Anführer folgen und ihn gleich ihren eigenen Weihern und Kindern bis zum letzten Atemzug verteidigen würden. »Aber wenn du von deiner Vaterstadt zurückgerufen wirst«, fragten sie mit schmeichelnder Besorgnis, »wirst du nicht deine neuen Freunde verlassen?« »Alle Dinge«, erwiderte Mohammed lächelnd, »sind nun zwischen uns gemein; euer Blut ist mein Blut, euer Verderben mein Verderben. Wir sind durch die Bande der Ehre und des Interesses aneinandergekettet. Ich bin euer Freund und der Feind eurer Feinde.« »Aber wenn wir in deinem Dienst getötet werden, was wird dann unser Lohn sein?« riefen die Abgesandten von Mekka aus. »Das Paradies!« versetzte der Prophet. »Strecke deine Hand aus!« Er streckte sie aus, und sie wiederholten den Eid der Anhänglichkeit und Treue. Ihr Vertrag wurde vom Volke genehmigt, das sich einmütig zum Islam bekannte. Sie freuten sich der Verbannung des Propheten, zitterten aber für sein Leben und erwarteten ungeduldig seine Ankunft. Nach einer gefährlichen, eiligen Reise längs der Küste machte er in Koba halt und feierte seinen öffentlichen Einzug in Medina sechzehn Tage nach seiner Flucht aus Mekka. Fünfhundert Bürger gingen Mohammed entgegen, er wurde mit Freudengeschrei empfangen; er saß auf einer Kamelstute, ein Sonnenschirm beschattete sein Haupt und ein Turban war vor ihm entfaltet, um als Fahne zu dienen. Seine tapfersten Jünger, die durch den Sturm zerstreut worden waren, sammelten sich um ihn, und die Verdienste der Moslems wurden mit den Namen Mohagerianer und Ansaren, die Flüchtlinge von Mekka und die Bundesgenossen von Medina, belohnt, Um den Samen der Eifersucht auszurotten, vereinte Mohammed seine vornehmsten Anhänger, indem er ihnen die Rechte und Pflichten von Brüdern auferlegte, und als sich Ali ohne Genossen fand, erklärte der Prophet liebevoll, daß er der Gefährte und Bruder des edlen Jünglings sein wolle. Das Mittel war von Erfolg gekrönt; die heilige Brüderschaft wurde im Frieden und im Kriege geachtet, und die beiden Parteien wetteiferten hochherzig miteinander an Mut und Treue. Nur einmal wurde die Eintracht durch einen zufälligen Streit leicht getrübt: ein Patriot von Medina klagte über den Übermut der Fremden, aber der Antrag, sie zu vertreiben, wurde mit Abscheu aufgenommen und sein eigener Sohn erbot sich hastig, das Haupt seines Vaters zu den Füßen des Propheten zu legen.

Mohammed übernahm von seiner Niederlassung in Medina an das königliche und priesterliche Amt. Es wäre ruchlos gewesen, gegen einen Richter, dessen Beschlüsse durch göttliche Weisheit eingegeben wurden, berufen zu wollen. Ein kleiner Fleck Landes, das Eigentum von zwei Waisen, wurde durch Geschenk oder Kauf erworben; an dieser auserwählten Stelle baute er ein Haus und eine Moschee, in ihrer rohen Einfachheit ehrwürdiger als die Paläste und Tempel der assyrischen Kalifen. Auf seinem goldenen oder silbernen Siegel war der apostolische Titel eingegraben. Wenn er in der wöchentlichen Versammlung betete und predigte, lehnte er sich gegen den

Strunk eines Palmbaumes, und es dauerte lange, bevor er einen Stuhl oder eine Kanzel aus rohbehauenem Holze verwendete. Nach sechsjähriger Regierung erneuerten fünfzehnhundert bewaffnete Mohammedaner im Felde ihren Treueid, und ihr Anführer wiederholte seinerseits das Gelübde, das er bis zum Tode des letzten Mitgliedes oder bis zur gänzlichen Vernichtung des Bundes halten wolle. In demselben Lager war es, wo der Abgesandte von Mekka über die Aufmerksamkeil der Gläubigen auf die Worte und Blicke des Propheten, über die Gier, womit sie seinen Speichel, ein Haar, das zur Erde fiel, das Wasser, daß er zu seiner religiösen Reinigung verwendet hatte, sammelten, als erhielten sie dadurch von seiner prophetischen Kraft einigen Anteil, in Erstaunen gesetzt wurde. »Ich habe den Chosroes von Persien und den Cäsar von Rom gesehen«, rief er aus, »aber nie erblickte ich einen König unter seinen Untertanen, wie es Mohammed unter seinen Genossen ist.« Schwärmer handeln mit größerer Energie und Wahrhaftigkeit als die kalten und formenreichen Knechte der Höfe.

Im Naturzustand hat jeder Mensch das Recht, durch Waffen seine Person und sein Eigentum zu verteidigen, die Gewalttätigkeit seiner Feinde zurückzuweisen, ja ihr sogar zuvorzukommen und seine Feindseligkeiten bis zu einem vernünftigen Maße um der Genugtuung und Wiedervergeltung willen auszudehnen. Bei den Arabern wurden durch die Pflichten eines Untertanen und Bürgers nur schwache Zügel angelegt, und Mohammed war in Erfüllung einer friedlichen und wohlwollenden Sendung durch seine ungerechten Landsleute beraubt und verbannt worden. Die Wahl eines unabhängigen Volkes hatte den Flüchtling von Mekka zu dem Rang eines Souveräns erhoben. Er hatte das Recht, Bündnisse zu schließen und Verteidigungs- und Angriffskriege zu führen. Das unvollständige menschliche Recht wurde durch die Fülle göttlicher Macht ergänzt und bewaffnet; der Prophet von Medina zeigte in seinen neuen Offenbarungen einen wilderen und blutdürstigeren Charakter, was beweist, daß seine frühere Mäßigung die Folge der Schwäche gewesen war. Überredung war versucht worden, die Zeit der Langmut war verstrichen, und es wurde ihm nun befohlen, seine Religion mit dem Schwerte zu verbreiten, die Denkmäler des Götzendienstes zu zerstören und ohne Rücksicht auf die Heiligkeit der Tage und Monate die ungläubigen Völker der Erde zu verfolgen. Dieselben blutigen Vorschriften, die der Koran so oft einschärft, werden von seinem Verfasser dem Pentateuch und dem Evangelium zugeschrieben. Aber der milde, zweideutige Text wird so erklärt, daß Jesus nicht den Frieden, sondern ein Schwert auf die Erde gebracht habe; seine Geduld und Demut dürfen nicht mit dem unduldsamen Eifer der Fürsten und Bischöfe verwechselt werden. Mit besserem Rechte konnte sich Mohammed bei seinem Religionskriege auf das Beispiel Moses', die Richter und Könige von Israel berufen. Das Kriegsrecht der Hebräer war noch viel strenger als das des arabischen Gesetzgebers. Der Herr der Heerscharen zog in Person von den Juden; wenn eine Stadt ihrer Aufforderung nicht folgte, wurden die männlichen Einwohner ohne Unterschied niedergemetzelt. Die sieben Völkerschaften Kanaans waren der Vernichtung geweiht, und weder Reue noch Bekehrung konnte sie vor dem unabwendbaren Geschick retten, wonach kein Geschöpf innerhalb ihrer Landmarken am Leben bleiben durfte. Den Feinden Mohammeds dagegen wurde es freigegeben, Freundschaft, Unterwerfung oder Schlacht zu wählen. Wenn sie sich zum Islam bekannten, wurden ihnen alle zeitlichen und geistlichen Wohltaten seiner ursprünglichen Schüler zuteil, und sie zogen unter demselben Banner mit ihnen, um die Religion zu verbreiten, die sie angenommen hatten. Die Milde des Propheten hing von seinem Interesse ab, aber er trat nur selten einen am Boden liegenden Feind in den Staub und schien zu verheißen, daß gegen Zahlung eines Tributs die weniger Schuldigen seiner ungläubigen Untertanen bei ihrem Gottesdienst oder wenigstens in ihrem primitiven Glauben beharren durften. In den ersten Monaten seiner Regierung predigte er die Lehre vom heiligen Krieg und entfaltete sein weißes Banner vor den Toren von Medina. Der kriegerische Prophet focht persönlich in neun Schlachten oder Belagerungen, und fünfzig kriegerische Unternehmungen wurden in zehn Jahren teils von ihm selbst, teils von seinen Unterbefehlshabern ausgeführt. Der Araber fuhr fort, den Beruf eines Kaufmannes mit dem eines Räubers zu vereinigen, und seine kleinen Streifzüge zur Verteidigung oder zum Angriff einer Karawane bereiteten die Truppen allmählich zur Eroberung von Arabien vor. Die Teilung der Beute wurde durch ein göttliches Gesetz geregelt; das Ganze wurde getreulich zu einem Haufen geschichtet, ein Fünftel des Goldes und Silbers, der Gefangenen und des Viehes, der beweglichen und unbeweglichen Güter wurde dem Propheten für fromme und mildtätige Zwecke übergeben, das übrige zu gleichen Teilen unter die Soldaten, die den Sieg erfochten oder das Lager bewacht hatten, verteilt. Der Anteil der Erschlagenen ging auf ihre Witwen und Waisen über, und die Reiterei erhielt einen doppelten Anteil für Pferd und Mann, um Berittene zu gewinnen. Von allen Seiten strömten die wandernden Araber zur Fahne der Religion und des Raubes; der Prophet gab die Erlaubnis, daß die weiblichen Gefangenen als Frauen oder Geliebte behandelt werden dürften, und so schien der Genuß des Reichtums und der Schönheit nur eine Vorstufe der Freuden des Paradieses zu sein, die den tapferen Märtyrern des Glaubens winkten. »Das Schwert«, sagt Mohammed, »ist der Schlüssel zu Himmel und Hölle; ein Tropfen Blut in Gottes Sache vergossen, eine Nacht unter Waffen zugebracht, nützen mehr als zwei Monate Fasten und Beten; wer immer in der Schlacht fällt, dessen Sünden sind verziehen; am Tage des

Gerichtes werden seine Wunden glänzen wie Scharlach, duften wie Moschus, und seine verlorenen Gliedmaßen werden durch die Fittiche der Engel und Cherubim ersetzt werden.« Die unerschrockenen Seelen der Araber wurden von Enthusiasmus entflammt, das Bild der unsichtbaren Welt prägte sich ihrer Phantasie mit Allgewalt ein, und der Tod, den sie stets verachtet hatten, wurde zum Gegenstand der Hoffnung und des Verlangens. Der Koran schärft im unbedingtesten Sinn die Lehren des Fatums und der Vorherbestimmung ein, die sowohl Fleiß als Tugend vernichten müßten, wenn die Handlungen der Menschen von ihrem spekulativen Glauben geleitet würden. Nichtsdestoweniger hat sein Einfluß in jedem Jahrhundert den Mut der Sarazenen und Türken erhöht. Die ersten Gefährten Mohammeds gingen mit furchtloser Zuversicht in die Schlacht; es gibt keine Gefahr, wo es keinen Zufall gibt; es war ihnen vielleicht bestimmt, in ihrem Bett zu sterben oder heil und unverwundet mitten unter den Geschossen der Feinde zu bleiben.

Vielleicht hätten sich die Koreischiten mit Mohammeds Flucht begnügt, wenn sie nicht durch die Rache eines Feindes, der ihren syrischen Handelsweg durch das Gebiet von Medina stören konnte, herausgefordert und in Unruhe versetzt worden wären. Abu Sophian führte selbst mit nur dreißig bis vierzig Begleitern eine reiche Karawane von tausend Kamelen; sein Zug entging durch Glück oder Gewandtheit der Wachsamkeit Mohammeds, aber der Fürst der Koreischiten erfuhr, daß die heiligen Räuber im Hinterhalt lägen, um seine Rückkehr zu erspähen. Er schickte einen Boten an seine Brüder in Mekka, und die Furcht, ihre Waren und Lebensmittel zu verlieren, wenn sie ihm nicht mit der Kriegsmacht der Stadt zu Hilfe eilten, stachelte sie auf. Die heilige Schar Mohammeds bestand aus dreihundertdreizehn Muselmanen, siebenundsiebzig Flüchtlingen und den übrigen Verbündeten. Sie ritten wechselweise auf siebzig Kamelen (die Kamele von Yatreb sind im Krieg furchtbar), und so groß war ihre Armut, daß nur zwei von ihnen zu Pferde im Felde erscheinen konnten. In dem fruchtbaren und berühmten Tale Beder, drei Märsche von Medina, erfuhr er durch seine Kundschafter, daß sich die Karawane von der einen Seite und die Koreischiten, hundert Reiter und achthundert Mann Fußvolk, von der anderen Seite näherten. Nach kurzer Beratung opferte er die Hoffnung auf Reichtum dem Ruhm und der Rache und warf eine kleine Verschanzung auf, um seine Truppen und einen Strom frischen Wassers zu decken, der durch das Tal floß. »O Gott«, rief er aus, als die Scharen der Koreischiten von den Bergen herabzogen, »o Gott, wenn diese vernichtet sind, wer wird dich auf Erden anbeten? – Mut, Kinder! Schließt eure Reihen; schießt eure Pfeile ab und der Tag ist unser.« Mit diesen Worten stellte er sich selbst mit Abubeker auf einen Thron oder Betstuhl und verlangte unverzüglich den Beistand Gabriels und von dreitausend Engeln. Sein Blick haftete auf dem Schlachtfeld;

die Mohammedaner ermatteten und wurden bedrängt. In diesem entscheidenden Augenblick sprang der Prophet von seinem Thron auf, schwang sich auf sein Pferd und warf eine Hand voll Sand in die Luft. »Verwirrung decke ihr Antlitz!« Beide Heere hörten den Donner seiner Stimme; ihre Phantasie sah die himmlischen Krieger; die Koreischiten bebten und flohen. Siebzig der tapfersten wurden erschlagen; siebzig Gefangene schmückten den ersten Sieg der Gläubigen. Die Toten der Koreischiten wurden beraubt und beschimpft, zwei der schuldigsten Gefangenen hingerichtet und das Lösegeld der übrigen, viertausend Drachmen Silber, ersetzte das entgangene Gut der Handelskarawane. Umsonst suchten die Kamele des Abu Sophian einen neuen Weg durch die Wüste und am Euphrat; sie wurden von den behenden Mohammedanern eingeholt, und reich muß die Beute gewesen sein, wenn der für den Propheten weggelegte fünfte Teil zwanzigtausend Drachmen betrug. Der Ingrimm über den öffentlichen und persönlichen Verlust stachelte Abu Sophian an, ein Heer von dreitausend Mann zu sammeln, von denen siebenhundert mit Brustharnischen bewaffnet und zweihundert beritten waren. Dreitausend Kamele folgten seinem Zug, und seine Gattin Henda und fünfzehn edle Frauen von Mekka schlugen unaufhörlich die Handpauken, um die Truppen anzufeuern und die Größe Hobais, der beliebtesten Gottheit der Kaaba, zu preisen. Die Fahne Gottes und Mohammeds wurde von neunhundertfünfzig Gläubigen verteidigt; das Mißverhältnis der Zahl war nicht größer als auf dem Schlachtfeld von Beder, und ihre verwegene Siegeszuversicht gewann die Oberhand über die göttliche oder menschliche Einsicht des Propheten. Die zweite Schlacht wurde auf dem Berge Ohud, sechs Meilen nördlich von Medina geschlagen. Die Koreischiten rückten in Form eines Halbmondes vor. Der rechte Flügel wurde von Kaled geführt, dem grimmigsten und glücklichsten Krieger Arabiens. Die Truppen Mohammeds waren geschickt auf dem Abhänge eines Berges aufgestellt, und ihr Rücken wurde von einer Abteilung von fünfzig Bogenschützen gedeckt. Ihr ungestümer Angriff gegen das Zentrum der Götzendiener durchbrach dieses, aber bei der Verfolgung verloren sie ihre vorteilhafte Stellung, die Bogenschützen verließen ihre Posten, die Beute verlockte die Mohammedaner, sie gehorchten ihrem Anführer nicht, und ihre Reihen gerieten in Verwirrung. Der unerschrockene Kaled kam ihnen durch eine Schwenkung seiner Reiterei in die Flanke und den Rücken und rief mit lauter Stimme aus, daß Mohammed getötet sei. Er war in der Tat von einem Wurfspieß im Gesicht verwundet, zwei seiner Zähne waren von einem Stein zerschmettert; aber inmitten des Lärmes und Schreckens warf er den Ungläubigen Prophetenmord vor und segnete die befreundete Hand, die sein Blut stillte und ihn an einen sicheren Platz brachte. Siebzig Märtyrer starben für die Sünde des Volkes; sie fielen, sagt der Prophet, in Paaren, jeder Bruder die Leiche seines Gefährten umschlungen haltend; ihre Leiber wurden von den unmenschlichen Frauen von Mekka verstümmelt, und Abu Sophians Gattin wühlte in den Eingeweiden Hamzas, des Oheims des Propheten. Sie mochten ihre Götzen preisen und ihre Wut sättigen, die Muselmanen sammelten sich bald wieder im Felde, doch den Koreischiten fehlte es an Stärke oder Mut, die Belagerung von Medina zu unternehmen. Es wurde im folgenden Jahre von einem Heer von zehntausend Feinden angegriffen, und dieser dritte Feldzug wird verschieden nach den Völkern, die unter Abu Sophians Banner zogen oder nach dem Graben benannt, der die Stadt und ein Lager von dreitausend Mohammedanern deckte. Mohammed lehnte weislich eine allgemeine Schlacht ab. Der tapfere Ali zeichnete sich im Zweikampf aus, und der Krieg währte zwanzig Tage bis zur völligen Trennung der Bundesgenossen. Ein Unwetter, Sturm, Regen und Hagel riß ihre Zelte um, ihre Privatstreitigkeiten wurden durch einen hinterlistigen Gegner geschürt, und die Koreischiten, verlassen von ihren Bundesgenossen, gaben die Hoffnung auf, den Thron des unbezwinglichen Verbannten zu stürzen oder seinen Eroberungen Einhalt zu tun.

Die Wahl von Jerusalem zum ersten Kebla des Gebetes offenbart den anfänglichen Hang Mohammeds zugunsten der Juden, und e« wäre für ihr zeitliches Interesse ein Glück gewesen, wenn sie in dem arabischen Propheten die Hoffnung Israels und den verheißenen Messias anerkannt hätten. Ihre Halsstarrigkeit verwandelte seine Freundschaft in jenen unversöhnlichen Haß, womit er dieses Volk bis zum letzten Augenblick seines Lebens verfolgte, und seine Verfolgung dehnte sich bei seinem doppelten Charakter eines Propheten und eines Eroberers auf beide Welten aus. Die Kainoken wohnten in Medina unter dem Schutz der Stadt; er ergriff die Gelegenheit und forderte sie bei einem zufälligen Tumult auf, entweder seine Religion anzunehmen oder mit ihm zu kämpfen. »Ach«, erwiderten die zitternden Juden, »wir verstehen nicht mit den Waffen umzugehen, aber wir beharren bei dem Glauben und dem Gottesdienst unserer Väter; warum willst du uns zu gerechter Verteidigung zwingen?« Der ungleiche Kampf wurde in fünfzehn Tagen beendet, und nur mit äußerstem Widerstreben gab Mohammed dem Drängen seiner Bundesgenossen nach und willigte ein, das Leben der Gefangenen zu schonen. Ihre Reichtümer wurden eingezogen, ihre Waffen, furchtbare Werkzeuge in den Händen der Mohammedaner, und siebenhundert unglückliche Verbannte wurden gezwungen, eine Zuflucht an den Grenzen von Syrien zu erflehen. Die Nadhiriten waren schuldiger, denn sie hatten sich verschworen, den Propheten bei einer freundschaftlichen Zusammenkunft zu ermorden. Er belagerte ihre drei Meilen von Medina entfernte Feste, aber sie erlangten durch ihre entschlossene Verteidigung ehrenvolle Bedingungen; der Besatzung wurde gestattet, unter Trompetenschall und Paukenschlag mit kriegerischen Ehren abzuziehen. Die Juden hatten den Krieg der Koreischiten angeregt und daran teilgenommen; kaum hatten sich die Völker von dem Graben zurückgezogen, als Mohammed, ohne auch nur seine Rüstung abzulegen, noch an demselben Tage aufbrach, um den feindlichen Stamm der Kinder von Koreidha auszurotten. Nach fünfundzwanzigtägigem Widerstand ergaben sie sich auf Gnade und Ungnade. Sie bauten auf die Fürbitte ihrer alten Bundesgenossen von Medina, hätten aber wissen können, daß der Fanatismus die Gefühle der Menschlichkeit vernichtet. Ein ehrwürdiger Ältester, auf dessen Urteil sie sich beriefen, sprach ihr Todesurteil; siebenhundert Juden wurden in Ketten auf den Marktplatz geschleppt, stiegen lebendig in die zu ihrer Hinrichtung und ihrem Grabe gemachten Höhle, und der Prophet sah unverwandt der Niedermetzelung seiner hilflosen Feinde zu. Die Muselmanen erbten ihre Schafe und Kamele; dreihundert Brustharnische, fünfhundert Piken, tausend Lanzen bildeten den brauchbarsten Teil der Beute. Sechs Tagereisen nordöstlich von Medina war die alte und reiche Stadt Chaibar, der Sitz der jüdischen Macht in Arabien; das Gebiet, ein fruchtbarer Fleck in der Wüste, war mit Pflanzungen und Herden bedeckt und von acht Schlössern, wovon einige für uneinnehmbar galten, beschützt. Die Streitkräfte Mohammeds bestanden aus zweihundert Reitern und vierzehnhundert Mann zu Fuß. In acht aufeinanderfolgenden regelmäßigen und mühevollen Belagerungen wurden sie der Gefahr, der Ermattung und dem Hunger preisgegeben und auch die unerschrockensten Häuptlinge zweifelten am Erfolg. Der Prophet belebte ihren Glauben und Mut durch Nennung Alis, dem er den Beinamen Löwe Gottes verlieh; wir können immerhin glauben, daß er mit seinem unwiderstehlichen Säbel einen Hebräer von riesenhaftem Wuchs mitten durchhieb, unmöglich aber, daß er das Tor einer Festung aus den Angeln riß und als Schild in der linken Hand schwang. Nach Bezwingung der Schlösser unterwarf sich die Stadt Chaibar dem Joch. Das Oberhaupt des Stammes wurde in Mohammeds Gegenwart gefoltert, um ihm das Versteck seiner verborgenen Schatze zu erpressen. Hirten und Landwirte wurden mit Duldung behandelt. Man gestattete ihnen, solange es dem Eroberer gefallen würde, ihr Eigentum zu gleichen Teilen zu seinem und ihrem eigenen Nutzen zu pflegen. Unter Omars Regierung wurden die Juden von Chaibar nach Syrien verschickt, wobei der Kalif das Gebot seines sterbenden Gebieters anführte, daß nur eine, und zwar die wahre Religion in seinem Vaterland Arabien bekannt werden dürfte.

Fünfmal jeden Tag waren Mohammeds Blicke gegen Mekka gerichtet, und er wurde durch die heiligsten und wichtigsten Beweggründe veranlaßt, die Stadt und den Tempel, von wo er als Verbannter vertrieben worden war, als

Eroberer wieder zu besuchen. Er sah die Kaaba im Schlafen und im Wachen, und ein eitler Traum wurde in ein Gesicht und in eine Prophezeiung umgewandelt; der Prophet entfaltete die heilige Fahne und verhieß vorschnell den Sieg. Auf seinem Zuge nach Mekka entfaltete er den feierlichen Pomp wie bei einer Wallfahrt; siebzig zum Opfer gewählte und geschmückte Kamele gingen vor der Vorhut, das heilige Gebiet wurde geachtet und die Gefangenen ohne Lösegeld entlassen, um den Ruf seiner Milde und Andacht zu verbreiten. Kaum war aber Mohammed in der Ebene, eine Tagreise vor der Stadt, angelangt, so rief er aus: »Sie haben sich in Tigerfelle gehüllt!« Die entschlossenen und zahlreichen Koreischiten widersetzten sich seinen Fortschritten, und gar leicht konnten die wandernden Araber der Wüste einen Anführer im Stich lassen, dem sie in der Hoffnung auf Beute gefolgt waren. Der unerschrockene Fanatiker verwandelte sich in einen kaltblütigen und vorsichtigen Politiker; er ließ im Vertrag den Titel eines Apostel Gottes fallen, schloß mit den Koreischiten und ihren Bundesgenossen einen Waffenstillstand auf zehn Jahre, verpflichtete sich, die Flüchtlinge von Mekka auszuliefern, die sich zu seiner Religion bekehren würden und bedang sich für das folgende Jahr das demütige Recht aus, die Stadt als Freund zu besuchen und drei Tage in ihr zu verweilen, um die Zeremonien der Wallfahrt vorzunehmen. Die sich zurückziehenden Mohammedaner waren beschämt und traurig, und in ihrer getäuschten Erwartung konnten sie mit Recht den Propheten anklagen, der sich so oft auf den Erfolg berufen hatte. Aber der Glaube und die Hoffnung der Pilger wurden durch den Anblick von Mekka neuerlich entflammt. Ihre Schwerter ruhten in der Scheide; siebenmal umschritten sie in den Fußstapfen des Propheten die Kaaba. Die Koreischiten hatten sich nach den Bergen zurückgezogen, und Mohammed verließ nach dem herkömmlichen Opfer die Stadt am vierten Tage. Das Volk erbaute sich an seiner Andacht, die feindlichen Häupter wurden eingeschüchtert, entzweit, verführt und sowohl Kaled als Amru, die zukünftigen Eroberer von Syrien und Ägypten, verließen zu sehr gelegener Zeit die im Sinken begriffene Götzendienern. Die Macht Mohammeds wurde durch die Unterwerfung der arabischen Stämme vermehrt; zehntausend Mann sammelten sich zur Bezwingung von Mekka, und die Götzendiener, der schwächere Teil, waren leicht überführt, daß sie den Waffenstillstand gebrochen hätten. Durch Schwärmerei und Manneszucht wurde der Marsch beschleunigt und geheimgehalten, bis der Glanz von zehntausend Feuern den bestürzten Koreischiten die Absicht, die Annäherung und die unwiderstehliche Macht des Feindes enthüllte. Der stolze Abu Sophian überreichte die Schlüssel der Stadt, bewunderte die Verschiedenartigkeit der Waffengattungen und Fahnen, die an ihm vorbeizogen, bemerkte, daß der Sohn Abdallahs ein mächtiges Königreich erworben habe und bekannte, von

Omars Säbel bedroht, daß derselbe der Prophet des wahren Gottes sei. Die Rache Mohammeds war durch Religionseifer angestachelt, und seine beleidigten Anhänger waren begierig, den Befehl eines allgemeinen Gemetzels zu vollziehen, ja ihm sogar zuvorzukommen. Statt ihren und seinen eigenen Leidenschaften zu fröhnen, verzieh der siegreiche Verbannte die Schuld und vereinigte die Parteien von Mekka. Seine Truppen rückten in drei Abteilungen in die Stadt ein; achtundzwanzig Einwohner wurden durch Kaled getötet, elf Männer und sechs Frauen durch Mohammed geächtet. Aber er tadelte die Grausamkeit seines Unterbefehlshabers, und mehrere der schuldigsten Opfer verdankten ihr Leben seiner Milde oder Verachtung. Die Häuptlinge der Koreischiten lagen im Staub zu seinen Füßen. »Welches Mitleid könnt ihr von einem Manne erwarten, den ihr so schwer gekränkt habt?« »Wir vertrauen der Großmut unseres Stammverwandten.« »Und ihr sollt nicht umsonst vertraut haben; euer Leben ist sicher, ihr seid frei.« Das Volk von Mekka erwarb sich durch seine Bekehrung zum Islam Verzeihung. Nach siebenjähriger Verbannung thronte der flüchtige Glaubensbote als Fürst und Prophet in seiner Vaterstadt. Die dreihundertsechzig Götzen der Kaaba wurden schmählich zerbrochen, das Haus Gottes gereinigt und geschmückt; der Prophet erfüllte, künftigen Zeiten als Beispiel, abermals die Pflichten eines Wallfahrers und erließ das immerwährende Gesetz, daß kein Ungläubiger je wagen dürfe, seinen Fuß auf das Gebiet der heiligen Stadt zu setzen.

Die Eroberung von Mekka entschied den Glauben und Gehorsam der arabischen Stämme, die je nach den Wechselfällen des Glückes dem beredten oder gewaffneten Propheten gehorcht oder ihn verworfen hatten. Gleichgültigkeit gegen Ritus und Meinungen kennzeichnet noch den Charakter der Beduinen, und sie nahmen die Lehren des Korans ebenso oberflächlich an, als sie jetzt ernsthaft daran hängen. Ein hartnäckiger Rest beharrte aber bei der Religion seiner Altvordern, und der Krieg von Honain erhielt seinen Namen von den Götzen, die Mohammed zu zerstören und die Verbündeten von Tayef zu verteidigen geschworen hatten. Viertausend Heiden rückten geheim und schnell heran, um den Eroberer zu überrumpeln; sie bemitleideten und verachteten die träge Sorglosigkeit der Koreischiten, aber sie verließen sich auf die Wünsche und vielleicht auch auf den Beistand eines Volkes, das erst vor so kurzer Zeit seinen Göttern entsagt und sich unter das Joch des Feindes gebeugt hatte. Die Fahnen von Mekka und Medina wurden vom Propheten entfaltet; eine Beduinenschar verstärkte das Heer, und zwölftausend Mohammedaner verließen sich in ihrem verwegenen und sündhaften Trotz auf ihre unbezwingliche Macht. Sie stiegen ohne Vorsicht in das Tal Honain hinab. Die Höhen waren von den Bogenschützen und Schleuderern der Bundesgenossen besetzt, sie wurden bedrängt, ihre Ordnung löste sich auf, ihr

Mut verwandelte sich in Entsetzen, und die Koreischiten lächelten über das drohende Verderben. Der Prophet wurde auf seinem weißen Maultier von den Feinden umzingelt, er wollte sich in ihre Speere stürzen, um einen glorreichen Tod zu finden; zehn seiner treuen Gefährten warfen sich dazwischen, drei von ihnen fielen tot zu seinen Füßen und er rief wiederholt aus: »O meine Brüder, ich bin der Sohn Abdallahs, der Apostel der Wahrheit! O Mensch, stehe fest in deinem Glauben! O Gott, sende deine Hilfe herab!« Sein Oheim Abbas, der sich gleich den homerischen Helden durch seine weitschallende Stimme auszeichnete, ließ das Tal von der Aufzählung der Gaben und Verheißungen Gottes widerhallen; die fliehenden Muselmanen kehrten von allen Seiten zur heiligen Fahne zurück, und Mohammed bemerkte mit Vergnügen, daß das Feuer von neuem angefacht war. Seine Anordnungen und sein Beispiel stellte die Schlacht wieder her, und er reizte seine siegreichen Truppen, an den Urhebern ihrer Schmach erbarmungslose Rache zu üben. Von dem Schlachtfelde von Honain rückte er ohne Verzug vor, um Tayef, sechzig Meilen südöstlich von Mekka, zu belagern, eine starke Festung, deren fruchtbare Ländereien die Früchte Syriens inmitten der arabischen Wüste hervorbrachten. Ein befreundeter Stamm, der in der Kriegskunst erfahren war, sandte ihm Sturmwidder und Kriegsmaschinen und fünfhundert Werkleute dazu. Umsonst bot er den Sklaven von Tayef die Freiheit, umsonst verletzte er sein eigenes Gesetz durch Ausrottung der Obstbäume, umsonst öffneten die Minierer den Boden, umsonst wurde eine Bresche von den Truppen geschlagen. Nach zwanzigtägiger Belagerung ließ der Prophet zum Rückzug blasen und zog mit frommen Triumphgesängen ab. Er tat, als wenn er für die Reue und das Heil der ungläubigen Stadt betete. Die Beute dieses glücklichen Feldzuges belief sich auf sechstausend Gefangene, vierundzwanzigtausend Kamele, vierzigtausend Schafe und viertausend Unzen Silber; ein Stamm, der bei Honain gefochten hatte, löste seine Gefangenen dadurch aus, daß er seine Götzen opferte. Mohammed ersetzte aber den Kriegern den Verlust, indem er ihnen sein Fünftel der Beute überließ und um ihretwillen wünschte, er besäße so viele Nutztiere, als es Bäume in der Provinz Tehama gäbe. Statt die Koreischiten zu bestrafen, schnitt er nur, wie er sich ausdrückte, ihre Zungen ab, indem er sich bemühte, ihre Anhänglichkeit durch größere Freigebigkeit zu gewinnen! Abu Sophian allein erhielt dreihundert Kamele und zwanzig Unzen Silber, und Mekka wurde aufrichtig zur einträglichen Religion des Korans bekehrt.

Die Flüchtlinge und Hilfsgenossen klagten, daß diejenigen, welche die Last getragen, in der Stunde des Sieges vernachlässigt würden. »Ach!« versetzte ihr schlauer Anführer, »lasset mich immerhin diese zweifelhaften Bekehrten, die jüngst noch Feinde waren, durch einige vergängliche Güter bereichern. Eurer

Bewachung aber vertraue ich mein Leben und mein Glück an. Ihr seid die Gefährten meiner Verbannung, meines Königreiches, meines Paradieses.« Die Gesandten von Tayef, wo man die Wiederholung der Belagerung fürchtete, folgten ihm. »Gewähre uns, o Apostel Gottes, einen Waffenstillstand von drei Jahren und die Duldung unseres alten Gottesdienstes.« »Keinen Monat, keine Stunde.« »Befreie uns wenigstens von der Verpflichtung des Gebetes.« »Ohne Gebet hilft die Religion nichts.« Sie unterwarfen sich still, ihre Tempel wurden zerstört und das gleiche Vernichtungsurteil an allen Götzen von Arabien vollzogen. Seine Stellvertreter wurden am Roten Meer, am Ozean, am Persischen Meerbusen von den Freudenrufen eines treuen Volkes begrüßt, und die Gesandten, die vor dem Tore von Medina knieten, waren so zahlreich (sagt das arabische Sprichwort) wie die Datteln, die zur Zeit der Reife von einem Palmbaum fallen. Die Nation unterwarf sich Gott und dem Zepter Mohammeds. Die schimpfliche Benennung Tribut wurde abgeschafft; die freiwillig oder ungern gegebenen Opfer von Almosen und Zehnten wurden für die Religion verwendet, und einhundertvierzehntausend Mohammedaner begleiteten den Propheten auf seiner letzten Wallfahrt.

Als Heraklius im Triumphe aus dem persischen Krieg zurückkehrte, empfing er in Emesa einen der Abgesandten Mohammeds, der die Fürsten und Völker der Erde zum Bekenntnis des Islams aufforderte. Daraus machten die eifrigen Araber eine geheime Bekehrung des christlichen Kaisers zum Islam und daraus entstand die griechische Fabel eines persönlichen Besuches des Fürsten von Medina, der vom Kaiser reiche Ländereien und einen sicheren Ruhesitz in der Provinz Syrien angenommen habe. Aber die Freundschaft von Heraklius und Mohammed war von kurzer Dauer; die neue Religion hatte die Raubsucht der Sarazenen eher angestachelt als gemildert, und die Ermordung eines Gesandten diente ihnen als Vorwand, um mit dreitausend Soldaten in das Gebiet von Palästina ostwärts vom Jordan einzufallen. Die heilige Fahne wurde Seid anvertraut, und so groß war die Zucht oder der Enthusiasmus der neuen Sekte, daß die edelsten Häuptlinge ohne Widerwillen unter dem Sklaven des Propheten dienten. Für seinen Todesfall waren Giafar und Abdallah nacheinander bestimmt, ihm im Oberbefehl zu folgen, und wenn alle drei im Kriege umkommen sollten, hatten die Truppen Vollmacht, ihren Anführer zu wählen. Die drei Anführer wurden in der Schlacht von Muta getötet, bei der ersten Gelegenheit, die Tapferkeit der Mohammedaner gegen einen auswärtigen Feind zu erproben. Seid fiel als Krieger in den vordersten Reihen; der Tod Giafars war heldenmütig und merkwürdig: er verlor seine rechte Hand, da schwang er die Fahne mit der linken; auch die linke Hand wurde von seinem Körper getrennt, da umfaßte er die Fahne mit den blutigen Stümpfen, bis er mit fünfzig ehrenvollen Wunden am Boden lag. »Vorwärts!« schrie

Abdallah, der an den erledigten Platz trat, »vorwärts mit Zuversicht. Entweder der Sieg oder das Paradies ist unser!« Ein Lanzenstoß warf ihn nieder, aber die sinkende Fahne wurde von Kaled, dem Proselyten von Mekka gerettet; neun Schwerter zerbrachen ihm in der Hand, und er widerstand tapfer der überlegenen Anzahl der Christen, ja trieb sie zurück. Im nächtlichen Kriegsrat des Lagers wurde er zum Oberbefehlshaber gewählt; seine geschickten strategischen Bewegungen sicherten am folgenden Tag entweder den Sieg oder den Rückzug der Sarazenen. Kaled wurde von seinen Brüdern und Feinden durch den ruhmreichen Namen das Schwert Gottes ausgezeichnet. Auf der Kanzel beschrieb Mohammed mit prophetischem Entzücken die Krone der gesegneten Märtyrer, insgeheim aber zeigte er menschliche Gefühle: er wurde überrascht, als er mit Seids Tochter weinte. »Was sehe ich?« rief sein erstaunter Verehrer. »Du siehst«, erwiderte der Prophet, »einen Freund, der den Verlust seines teuersten Freundes beweint.« Nach der Unterwerfung von Mekka wollte der Herrscher von Arabien den Rüstungen des Heraklius zuvorkommen und erklärte den Römern feierlich den Krieg, ohne im mindesten die Beschwerlichkeiten und Gefahren des Unternehmens zu verheimlichen. Die Mohammedaner zeigten Mutlosigkeit; sie schützten den Mangel an Geld, Pferden, Vorräten, die Erntezeit und die unerträgliche Hitze des Sommers vor. »Noch heißer ist die Hölle!« rief der entrüstete Prophet. Er verschmähte es, sie zu zwingen, aber nach seiner Rückkehr bestrafte er die Schuldigsten mit fünfzigtägigem Bann. Ihre Feigheit erhöhte das Verdienst Abubekers Othmans und der treuen Gefährten, die ihr Leben und Vermögen aufs Spiel setzten. Mohammed entfaltete seine Fahne an der Spitze von zehntausend Reitern und zwanzigtausend Mann Fußvolk. Auf dem Marsch litten sie in der Tat grauenhafte Not; Ermattung und Durst wurden noch furchtbarer durch die glühenden, verpesteten Wüstenwinde; zehn Männer ritten abwechselnd auf demselben Kamel. Sie sahen sich in die schreckliche Lage versetzt, das Wasser aus dem Bauch getöteter Tiere trinken zu müssen. Auf halbem Wege, zehn Tagereisen von Medina und Damaskus, ruhten sie sich in der Nähe des Haines und Brunnens von Tabuk aus. Über diesen Platz hinaus wollte Mohammed den Krieg nicht tragen; er erklärte sich durch die friedlichen Absichten des Kaisers des Morgenlandes zufriedengestellt, wahrscheinlich aber war er durch dessen kriegerische Macht eingeschüchtert. Der tätige und unerschrockene Kaled verbreitete dagegen ringsum Schrecken, und der Prophet empfing die Unterwerfung der Stämme und Städte vom Euphrat bis Ailah, an der Spitze des Roten Meeres. Seinen christlichen Untertanen gewährte Mohammed gern Sicherheit und Freiheit im Verkehr, beließ ihnen ihre Güter und duldete ihren Gottesdienst. Die Schwäche ihrer arabischen Brüder hatte diese abgehalten, sich ihm zu widersetzen; die Jünger Jesus' waren dem Feind der Juden teuer, und es lag im Interesse eines Eroberers, der mächtigsten Religion der Erde einen guten Vergleich anzubieten.

Bis zum Alter von dreiundsechzig Jahren war Mohammeds Kraft den zeitlichen und geistlichen Anstrengungen seiner Sendung gewachsen. Seine epileptischen Anfälle, eine alberne Verleumdung der Griechen, würden eher Anlaß zu Mitleid als zum Abscheu gegeben haben. Er selbst aber glaubte ernstlich, daß er in Chaibar durch eine Jüdin vergiftet worden sei. Vier Jahre lang nahm die Gesundheit des Propheten ab, und er wurde immer schwächer; aber seine Todeskrankheit war ein vierzehntägiges Fieber, das ihn zeitweise der Vernunft beraubte. Sowie er sich der Gefahr bewußt wurde, erbaute er seine Brüder durch seine Demut oder Reue. »Wenn es irgendeinen Menschen gibt«, sagte der Prophet von der Kanzel, »den ich mit Unrecht gegeißelt habe, biete ich meinen Rücken der Geißel der Wiedervergeltung dar. Habe ich den Ruf eines Mohammedaners angegriffen? Er möge meine Fehler angesichts der Gemeinde verkünden. Habe ich jemanden seiner Güter beraubt? Das Wenige, was ich besitze, soll Kapital und Zinsen bezahlen.« »Ja«, rief eine Stimme aus der Schar, »ich habe auf drei Drachmen Silber Anspruch.« Mohammed hörte die Klage, befriedigte die Forderung und dankte seinem Gläubiger, daß er ihn lieber in dieser Welt als am Tage des Gerichts anklage. Er sah mit Festigkeit dem Nahen des Todes entgegen, sprach seine Sklaven frei (siebzehn Männer und elf Frauen), bestimmte genau die Ordnung bei seinem Leichenbegängnis und tröstete seine weinenden Freunde, denen er seinen Segen erteilte. Bis zum dritten Tage vor seinem Tod verrichtete er regelmäßig die öffentlichen Gebete; er bat Abubeker, diesen alten und treuen Freund, sein Nachfolger im priesterlichen und königlichen Amt zu werden, aber dieser lehnte weislich eine gefährliche ausdrückliche Ernennung ab. In einem Augenblick, wo seine Kräfte schon sichtbar geschwächt waren, verlangte er Feder und Tinte, um ein göttliches Buch, die Summe und Vollendung aller seiner Offenbarungen zu schreiben oder vielmehr zu diktieren. Da entstand im Gemach ein Zank, ob man ihm gestatten solle, das Ansehen des Korans zu schmälern, und der Prophet sah sich gezwungen, die unangebrachte Heftigkeit seiner Schüler zu tadeln. Wenn man den Überlieferungen seiner Frauen und Gefährten auch nur die geringste Glaubwürdigkeit zuschreibt, so bewahrte er im Schöße seiner Familie und bis zum letzten Augenblick seines Lebens die Würde eines Apostels und die Glaubenszuversicht eines Enthusiasten; er beschrieb die Besuche des Engels Gabriel, der ihm anbot, der Erde für ewig Lebewohl zu sagen, er drückte sein lebhaftes Vertrauen nicht bloß in die Barmherzigkeit, sondern auf die Gunst des höchsten Wesens aus. In einem vertrauten Gespräch hatte er sein besonderes Vorrecht erwähnt, daß der Engel des Todes sich nicht eher seiner Seele bemächtigen dürfe, als bis er den Propheten ehrfurchtsvoll um Erlaubnis gebeten habe. Die Bitte wurde gewährt, und Mohammed sank sogleich in Agonie. Sein Haupt ruhte auf dem Schoß der Ayescha, seiner geliebtesten Frau; er wurde aus allzu heftigem Schmerz ohnmächtig, aber seine Besinnung wieder erlangend, hob er seine Augen zur Decke und sprach mit festem Blick, obschon mit schwankender Stimme die letzten gebrochenen Worte: »O Gott! .. verzeihe meine Sünden.. Ja, ..ich komme zu meinen Gefährten in die Höhe«, und so verschied er in Frieden auf einem über den Boden gebreiteten Teppich (632).

Ein Zug zur Eroberung von Syrien wurde durch dieses traurige Ereignis aufgehalten; das Heer machte an den Toren von Medina halt, ihre Anführer waren um ihren sterbenden Gebieter versammelt. Die Stadt, insbesondere das Haus des Propheten, war der Schauplatz lärmenden Schmerzes oder stiller Verzweiflung; nur die Schwärmer konnten noch Trost und Hoffnung fühlen. »Wie kann er tot sein, unser Zeuge, unser Fürbitter, unser Vermittler bei Gott! Bei Gott, er ist nicht tot; gleich Moses und Jesus liegt er in heiliger Verzückung und wird bald zu seinem treuen Volk zurückkehren.« Was die Augen sahen wurde nicht anerkannt. Omar zog seinen Säbel und drohte, die Häupter der Ungläubigen abzuschlagen, die behaupten würden, daß der Prophet nicht mehr lebe. Der Tumult wurde durch den angesehenen und gemäßigten Abubeker beigelegt. »Ist es Mohammed«, fragte er Omar und die Menge, »oder der Gott Mohammeds, den ihr anbetet? Der Gott Mohammeds lebt ewig, aber der Prophet war ein Sterblicher, wie wir selbst, und hat nach seiner eigenen Voraussage das gemeinsame Los der Sterblichen erfahren.« Er wurde von seinen frommen nächsten Verwandten an demselben Ort beerdigt, wo er verschieden war; Medina ist durch Mohammeds Tod und Begräbnis geheiligt und die unzählbaren Pilger von Mekka biegen oft von ihrem Weg ab, um in freiwilliger Andacht vor dem Grab des Propheten zu beten.

Man wird vielleicht erwarten, daß ich am Schluß des Lebens Mohammeds seine Fehler und Tugenden abwiege, daß ich entscheide, ob dem außerordentlichen Mann eigentlich der Beiname eines Schwärmers oder eines Betrügers zukomme. Auch wenn ich mit dem Sohn Abdallahs vertrauten Umgang gepflogen hätte, würde die Aufgabe noch immer schwierig und der Erfolg ungewiß sein. In einer Entfernung von Jahrhunderten sehe ich nur dunkel seinen Schatten durch eine Wolke religiösen Weihrauchs und könnte ich ihn auch richtig zeichnen, würde doch das schwankende Bild nicht in gleichem Grad auf den Einsiedler des Berges Hera, den Prediger von Mekka und den Eroberer von Asien passen. Der Urheber einer mächtigen Umwälzung war mit einem frommen, zur religiösen Betrachtung geneigten Gemüt begabt; sowie er durch seine Vermählung von Mangel befreit wurde, vermied er die Pfade des Ehrgeizes und der Habsucht und lebte unschuldig bis zum Alter von vierzig Jahren, und er hätte leicht sterben und keinen Namen hinterlassen können. Die Einheit Gottes ist eine der Natur und Vernunft höchst zusagende Idee, und selbst ein spärlicher Umgang mit Juden und Christen konnte ihn lehren, die Abgötterei von Mekka zu verachten und zu verabscheuen. Es war die Pflicht eines Menschen und Bürgers, die Lehre des Heils mitzuteilen und sein Vaterland von der Herrschaft der Sünde und des Irrtums zu befreien. Die stets auf dieselbe Sache gerichtete Willenskraft der Seele konnte eine allgemeine Verpflichtung in einen besonderen Beruf verwandeln; die glühenden Bilder der Phantasie konnten sich leicht dem Gefühl als himmlische Eingebungen aufdringen, das angestrengte Denken sich in Verzückungen und Gesichte auflösen und die innere Stimme, der unsichtbare Mahner, als ein Engel Gottes erscheinen. Der Schritt von der Schwärmerei zum Betrug ist gefährlich und schlüpfrig; der Dämon des Sokrates liefert einen merkwürdigen Beweis, wie ein weiser Mann sich selbst, wie ein guter Mann andere täuschen und wie das Gewissen zwischen Selbsttäuschung und freiwilligem Trug sich halten kann. Man kann wohlwollender Weise annehmen, daß die ursprünglichen Beweggründe Mohammeds reines und echtes Wohlwollen waren; aber ein irdischer Glaubensbote ist unfähig, die hartnäckigen Ungläubigen zu lieben, die seine Macht verwerfen, seine Lehre verachten und ihn selbst verfolgen. Stolz und Rache wurden in Mohammeds Brust entzündet, und er seufzte gleich dem Propheten von Ninive nach der Vernichtung der Rebellen, die er verdammt hatte. Der Haß der Bürger Mekkas und die Wahl derer von Medina verwandelten ihn aus einem Bürger in einen Fürsten, den demütigen Prediger in einen Heerführer; aber seine Streitbarkeit war durch das Beispiel von Heiligen gerechtfertigt, und derselbe Gott, der eine sündhafte Welt mit Pest und Erdbeben heimsucht, konnte seine tapferen Diener zu ihrer Bekehrung oder Züchtigung begeistern. In seiner Politik war er gezwungen, weniger fanatisch zu sein, den Vorurteilen und Leidenschaften seiner Anhänger einigermaßen nachzugeben und sogar die Laster der Menschen zum Werkzeug ihres Heils zu machen. Betrug und Treulosigkeit, Grausamkeit und Ungerechtigkeit waren oft der Verbreitung des Glaubens nützlich. Mohammed befahl oder billigte daher die Ermordung der Juden und Götzendiener, die dem Schlachtfeld entronnen waren. Durch die Wiederholung solcher Handlungen mußte der Charakter Mohammeds leiden. So verderbliche Gewohnheiten konnten durch persönliche und gesellige Tugenden, die notwendig sind, um den Ruf eines Propheten unter seinen Sektierern und Freunden zu erhalten, kaum aufgewogen werden. Die herrschende Leidenschaft seiner letzten Jahre war Ehrgeiz, und ein Politiker wird vermuten, daß er insgeheim (der siegreiche Betrüger!) über die Schwärmerei seiner Jugend und die Leichtgläubigkeit seiner Proselyten lächelte. Ein Philosoph dagegen wird bemerken, daß ihre Leichtgläubigkeit und seine Erfolge ihn nur noch mehr von seiner göttlichen Sendung überzeugen mußten, daß sein Interesse und seine Religion unzertrennlich verbunden waren und daß sein Gewissen durch die Überzeugung beschwichtigt wurde, ihn allein habe die Gottheit von positiven und menschlichen Gesetzen befreit. Wenn Mohammed irgendeine Spur seiner angeborenen Unschuld behielt, so können seine Sünden als Beweis seiner Aufrichtigkeit genommen werden. Lüge und Betrug sind minder verbrecherisch, wenn sie zur Verteidigung der Wahrheit dienen, und er würde vor der Niederträchtigkeit der Mittel zurückgewichen sein, wenn er nicht von der Gerechtigkeit und Wichtigkeit des Zweckes überzeugt gewesen wäre. Sogar Eroberer kann man bei einem Wort oder einer Handlung unverstellter Menschlichkeit ertappen, denn die Verfügung Mohammeds, daß bei dem Verkaufe der Gefangenen die Mütter niemals von ihren Kindern getrennt werden sollen, kann den Tadel des Geschichtsschreibers mäßigen oder sogar zum Schweigen bringen.

Mohammed verachtete königlichen Pomp. Der Apostel Gottes unterzog sich dem geringsten Hausdienst, zündete Feuer an, fegte den Boden, molk die Schafe und besserte mit eigenen Händen seine Schuhe und sein Wollgewand aus. Die Kasteiung und Buße eines Mönchs verschmähend, führte er ohne Anstrengung und nicht aus Eitelkeit die enthaltsame Lebensweise eines Arabers und Kriegers. Bei feierlichen Veranlassungen bewirtete er seine Gefährten einfach und gastfrei, aber mit Überfluß. In seinem häuslichen Leben vergingen mehrere Wochen, ohne daß Feuer auf dem Herde des Propheten brannte. Er bekräftigte das Verbot des Weintrinkens durch sein Beispiel, ein wenig Gerstenbrot stillte seinen Hunger. Milch und Honig waren Leckerbissen für ihn. Seine gewöhnliche Nahrung bestand aus Datteln und Wasser. Wohlgerüche und Frauen waren die beiden sinnlichen Genüsse, die seine Natur forderte und seine Religion nicht verbot, ja Mohammed erklärte, daß durch diese unschuldigen Vergnügungen die Inbrunst seiner Andacht gesteigert werde. Das warme Klima entflammt das Blut der Araber und ihre Sinnlichkeit ist schon von den Schriftstellern des Altertums hervorgehoben worden. Ihre Unmäßigkeit wurde durch die bürgerlichen und religiösen Satzungen des Korans beschränkt, blutschänderische Ehen getadelt, die unbegrenzte Vielweiberei auf vier rechtmäßige Frauen oder Geliebte beschränkt, die Rechte betreffs Bett und Mitgift gerecht festgelegt, die Trennung erschwert, Ehebruch als ein schweres Verbrechen verdammt und Hurerei bei beiden Geschlechtern mit hundert Hieben bestraft. Das waren die ruhigen und vernünftigen Vorschriften des Gesetzgebers. Aber für seine Person fröhnte Mohammed den menschlichen Begierden und mißbrauchte die

Rechte eines Propheten. Eine besondere Offenbarung stellte ihn außerhalb der Gesetze, die er der Nation auferlegt hatte; Mädchen und Frauen wurden ihm ohne Rückhalt überlassen, und dieses seltsame Vorrecht erregte mehr Neid als Ärgernis, mehr die Verehrung als den Neid der frommen Mohammedaner. Wenn wir der siebenhundert Weiber und dreihundert Geliebten des weisen Salomon gedenken, müssen wir die Mäßigung des Arabers rühmen, der sich nur mit siebzehn oder fünfzehn Frauen begnügte. Elf werden aufgezählt, die in Medina ihre besonderen Gemächer rings um das Haus des Propheten hatten und der Reihe nach seine eheliche Gesellschaft genossen. Seltsam, daß mit Ausnahme der einzigen Ayescha, Abubekers Tochter, alle Witwen waren. Sie war gewiß eine Jungfrau, weil Mohammed seine Ehe mit ihr (so groß ist die frühzeitige Reife in diesem Klima) vollzog, als sie erst neun Jahre alt war. Durch ihre Tugend, Schönheit und ihren Geist übte Ayescha einen überlegenen Einfluß aus, sie besaß die Liebe und das Vertrauen des Propheten, nach dessen Tod die Tochter Abubekers lange als die Mutter der Gläubigen verehrt wurde. Ihr Benehmen war zweideutig und unklug gewesen; bei einem nächtlichen Marsch wurde sie zufällig zurückgelassen, und des Morgens kehrte Ayescha mit einem Mann ins Lager zurück. Mohammed war eifersüchtig, aber eine göttliche Offenbarung versicherte ihm ihre Unschuld; er bestrafte ihren Ankläger und erließ ein Gesetz zugunsten des häuslichen Friedens, wonach keine Frau verdammt werden durfte, außer vier männliche Zeugen hätten ihren Ehebruch mitangesehen. Bei seinem Abenteuer mit Seineb, der Gattin Seids und mit Maria, einer ägyptischen Gefangenen, vergaß der verliebte Prophet, auf seinen Ruf bedacht zu sein. Im Hause Seids, seines Freigelassenen und Adoptivsohnes, hatte er die schöne Seineb nur leichtbekleidet gesehen und war in einen Ausruf der Andacht und des Verlangens ausgebrochen. Der knechtische oder dankbare Freigelassene verstand den Wink und wich ohne Zögern seinem Wohltäter. Da aber das Sohnesverhältnis Ärgernis erregt hatte, stieg der Engel Gabriel vom Himmel herab, um die Tat zu genehmigen und die Adoption für ungültig zu erklären und dem Apostel einen sanften Verweis zu erteilen, daß er die Milde seines Gottes mißbraucht habe. Eine seiner Gattinnen, Hafna, die Tochter Omars, überraschte ihn auf ihrem eigenen Bett in den Armen seiner ägyptischen Gefangenen; sie versprach Geheimhaltung und Verzeihung, und er schwur, auf Maria Verzicht zu leisten. Beide Parteien vergaßen ihre Verpflichtungen und Gabriel stieg abermals herab, um ihn von seinem Eid zu lösen und ihn zu ermahnen, seine Gefangenen und Geliebten zu genießen, ohne sich an das Geschrei seiner Frauen zu kehren. In einsamer dreißigtägiger Zurückgezogenheit arbeitete er allein mit Maria, die Gebote des Engels zu vollziehen. Nachdem seine Liebe und Rache gesättigt waren, rief er seine elf Frauen vor sich, warf ihnen ihren Ungehorsam und ihre

Geschwätzigkeit vor und drohte ihnen mit Scheidung sowohl in dieser als in jener Welt; eine schreckliche Sentenz, da diejenigen, die das Bett des Propheten bestiegen hatten, niemals eine zweite Ehe eingehen durften. Vielleicht läßt sich die Unmäßigkeit Mohammeds durch die Sage von seiner natürlichen oder übernatürlichen Gabe beschönigen; er vereinigte in sich die Manneskraft von dreißig gewöhnlichen Sterblichen und der Prophet hätte die dreizehnte Arbeit des griechischen Herkules tun können. Eine ernstere und anständigere Entschuldigung liegt in seiner Treue gegen Kadidschah. Während einer vierundzwanzigjährigen Ehe verzichtete ihr jugendlicher Gemahl auf Vielweiberei, und die stolze und zärtliche ehrwürdige Matrone wurde nie durch die Gesellschaft einer Nebenbuhlerin verletzt. Nach ihrem Tod versetzte er sie unter die vier vollkommenen Frauen mit Moses' Schwester, Jesus' Mutter und Fatime, der geliebtesten seiner Töchter. »War sie nicht alt?« fragte Ayescha mit dein Übermut einer blühenden Schönheit, »hat dir Gott nicht an ihrer Stelle eine bessere gegeben?« »Nein, bei Gott«, rief Mohammed in ehrenhafter Dankbarkeit aus, »es kann nie eine bessere geben! sie glaubte an mich, als die Menschen mich verachteten; sie half mir, als ich arm war und von der Welt verfolgt wurde.«

Der Stifter einer Religion und eines Reiches wollte, indem er der Vielweiberei in weitestem Sinn fröhnte, eine zahlreiche Nachkommenschaft zur Linealerbfolge zeugen. Die Hoffnungen Mohammeds wurden schmerzlich betrogen. Die Jungfrau Ayescha und seine zehn Witwen reifen Alters und erprobter Fruchtbarkeit blieben in seinen mächtigen Umarmungen steril. Die vier Söhne der Kadidschah starben in der Kindheit. Maria, seine ägyptische Geliebte, wurde ihm durch die Geburt Ibrahims teuer. Nach fünfzehn Monaten schon weinte der Prophet über seinem Grab, aber er trug mit Festigkeit den Hohn seiner Feinde und tat der Schmeichelei oder der Leichtgläubigkeit der Mohammedaner durch die Versicherung Einhalt, daß der Tod des Kindes keine Sonnenfinsternis zur Folge gehabt hätte. Kadidschah hatte ihm auch vier Töchter gegeben, die mit seinen treuesten Schülern vermählt waren; die drei ältesten starben vor ihrem Vater, Fatime aber, die das Vertrauen und die Liebe ihres Vaters besaß, wurde die Gattin seines Vetters Ali und die Mutter einer berühmten Nachkommenschaft. Das Verdienst und die UnfälleAlis und seiner Nachkommen veranlassen mich, an dieser Stelle die Reihe der sarazenischen Kalifen anzuführen, ein Titel, der die Beherrscher der Gläubigen als die Stellvertreter und Nachfolger des Apostels Gottes bezeichnet.

Die Geburt, Vermählung und der Charakter Alis, wodurch er über alle seine Vaterlandsgenossen erhoben wurde, rechtfertigten seinen Anspruch auf den erledigten Thron von Arabien. Der Sohn Abu Talebs war kraft eigenen

Rechtes das Oberhaupt der Familie Haschern und der Erbfürst oder Beschützer der Stadt oder des Tempels von Mekka. Das Licht der Prophezeiung war erloschen; aber der Gemahl der Fatime durfte auf die Erbschaft und den Segen ihres Vaters hoffen. Die Araber hatten sich zuweilen eine weibliche Herrschaft gefallen lassen, und der Prophet hatte seine beiden Enkel oft in seinem Schoß gewiegt und auf der Kanzel als die Hoffnung seines Alters und die Anführer der Jünglinge des Paradieses gezeigt. Der erste wahre Gläubige durfte danach streben, sowohl in dieser als in jener Welt vor ihnen einher zu ziehen, und wenn auch einige ernster und strenger waren, hatte doch noch kein Proselyt den Eifer und die Tugend Alis übertroffen. Er besaß die Eigenschaften eines Dichters, Kriegers und Heiligen; seine Weisheit lebt noch in einer Sammlung moralischer und religiöser Sprichwörter fort, und er überwältigte jeden Gegner sowohl im Rede- als im Schwerterkampf. Der Prophet war von der ersten Stunde seiner Sendung an bis zur letzten Feier seines Leichenbegängnisses nie von diesem hochherzigen Freund verlassen worden, den er seinen Bruder, seinen Stellvertreter, den treuen Aaron eines zweiten Moses zu nennen pflegte. Dem Sohn Abu Talebs wurde später vorgeworfen, er habe vernachlässigt, durch eine feierliche Erklärung, die jede Mitbewerbung zum Schweigen gebracht und seine Nachfolge mit den Beschlüssen des Himmels besiegelt hätte, sein Interesse zu wahren. Aber der arglose Held vertraute sich selbst; Eifersucht und vielleicht auch Furcht vor Widerstand verschoben die Kundmachung der Beschlüsse des Propheten, und sein Krankenlager wurde von der schlauen Ayescha, Abubekers Tochter und Alis Feindin, belagert.

Das Schweigen und der Tod des Propheten gaben dem Volk seine Freiheit zurück. Seine Gefährten beriefen eine Versammlung, um über die Wahl seines Nachfolgers zu beraten. Durch das erbliche Recht und den hohen Geist war Ali einer Aristokratie von Ältesten widerwärtig, die das Zepter durch eine freie und häufige Wahl zu verleihen und wieder an sich zu nehmen wünschten; die Koreischiten konnten sich niemals mit dem stolzen Vorrang des Hauses Haschem aussöhnen. Die alte Zwietracht der Stämme flammte wieder auf, die Flüchtlinge von Mekka und die Verbündeten von Medina verteidigten ihre gegenseitigen Ansprüche, und die Ausführung des unbesonnenen Vorschlages, zwei unabhängige Kalifen zu wählen, hätte Religion und Reich der Sarazenen schon im Entstehen vernichten müssen. Der Tumult wurde durch den uneigennützigen Entschluß Omars beendet, der plötzlich auf seine eigenen Ansprüche Verzicht leistete, seine Hand ausstreckte und sich zum ersten Untertanen des milden und ehrwürdigen Abubeker erklärte. Die Dringlichkeit des Augenblicks und die Zustimmung des Volkes konnten diese ungesetzliche und übereilte Maßregel entschuldigen; Omar selbst aber erklärte von der

Kanzel, daß, wenn in Zukunft irgendein Mohammedaner sich erdreisten würde, der Wahl seiner Brüder vorzugreifen, sowohl der Wähler als der Gewählte des Todes schuldig sein sollten. Nach Abubekers einfacher Krönung gehorchten ihm Medina, Mekka und die Provinzen von Arabien. Nur die Haschemiten verweigerten die Treue, und ihr Oberhaupt hielt sich in seinem eigenen Hause über sechs Monate eingeschlossen, ohne sich an Omars Drohungen zu kehren, der die Wohnung der Tochter des Propheten in Brand zu stecken versuchte. Der Tod der Fatime und die Abnahme seiner Partei bezwangen den entrüsteten Ali; er ließ sich herbei, den Beherrscher der Gläubigen zu begrüßen, ließ seine Entschuldigung, daß es notwendig gewesen sei, ihren gemeinsamen Feinden zuvorzukommen, gelten und wies weislich sein höfliches Anerbieten zurück, die Regierung niederzulegen. Nach zweijähriger Herrschaft wurde der greise Kalif vom Todesengel abberufen. In seinem Testament hinterließ er mit stillschweigender Billigung seiner Gefährten das Zepter dem starken und unerschrockenen Omar. »Ich habe keinen Anspruch auf die Stelle«, sagte der bescheidene Kandidat. »Wohl aber die Stelle auf dich«, erwiderte Abubeker und starb mit dem inbrünstigen Gebet, der Gott Mohammed möge seine Wahl genehmigen und die Muselmanen auf die Bahn der Eintracht und des Gehorsams leiten. Das Gebet blieb nicht ohne Wirkung, da Ali selbst in einem Leben der Einsamkeit und Andacht den größeren Wert und die Würde seines Nebenbuhlers anzuerkennen schien, der ihn für den Verlust des Reiches mit den schmeichelhaftesten Beweisen des Vertrauens und der Hochachtung tröstete. Omar empfing im zwölften Jahre seiner Regierung von Mörderhand eine tödliche Wunde, verwarf unparteiisch als Nachfolger seinen Sohn und Ali, weigerte sich, sein Gewissen mit der Wahl seines Nachfolgers zu belasten und übertrug sechs der achtungswertesten Gefährten die schwierige Aufgabe, einen Beherrscher zu wählen. Bei dieser Veranlassung wurde Ali abermals von seinen Freunden getadelt, daß er sein Recht dem Urteil von Menschen unterwarf und ihr Ohnmacht anerkannte, indem er einen Platz unter den sechs Wählern annahm. Er hätte ihre Stimmen erlangen können, wenn er sich herbeigelassen haben würde, strengen und knechtischen Gehorsam nicht nur dem Koran und der Überlieferung, sondern auch den Beschlüssen zweier Ältesten zu geloben. Mit diesen Beschränkungen übernahm Othman, Mohammeds Geheimschreiber, die Regierung, und erst nach dem dritten Kalifen, vierundzwanzig Jahre nach dem Tod Mohammeds, wurde Ali durch Volkswahl mit dem königlichen und priesterlichen Amt bekleidet. Die Araber bewahrten in ihren Sitten die ursprüngliche Einfachheit, und auch der Sohn Abu Talebs verachtete den Pomp und die Eitelkeit dieser Welt. Zur Stunde des Gebetes begab er sich, in ein dünnes Baumwollgewand gekleidet, einen großen Turban auf dem Haupt, seine Schuhe in der einen Hand, in der anderen statt eines Stabes seinen Bogen, nach der Moschee von Medina. Die Gefährten des Propheten und die Häupter der Stämme begrüßten ihren neuen Souverän und reichten ihm die Rechte zum Zeichen der Huldigung und Treue.

Das Unheil, dessen Quelle im Ehrgeiz liegt, beschränkt sich gewöhnlich auf die Zeiten und Länder, in denen die Kämpfe ausgefochten worden sind. Aber der Religionszwiespalt der Freunde und Feinde Alis ist in jedem Jahrhundert der Hedschra erneuert worden und lebt noch in dem unsterblichen Haß der Türken und Perser fort. Letztere, die mit der Benennung Schiiten oder Sektierer gebrandmarkt sind, haben den Mohammedanismus durch einen neuen Glaubensartikel bereichert, nämlich: Mohammed ist der Prophet Gottes und sein Gefährte Ali ist Gottes Statthalter. Sie stoßen sowohl im Gespräch als bei dem öffentlichen Gottesdienst auf die drei Usurpatoren, die sein unverjährbares Recht, die Würde des Imam und Kalifen zu erhalten, verletzt haben, die bittersten Verwünschungen aus und glauben, daß Omar der vollständige Ausbund der Verruchtheit und Gottlosigkeit ist. Die Sunniten, die sich auf die allgemeine Zustimmung und die orthodoxe Überlieferung der Mohammedaner stützen, bekennen sich zu einer minder parteiischen oder wenigstens anständigeren Ansicht. Sie ehren das Andenken Abubekers, Omars, Othmans und Alis, der heiligen und rechtmäßigen Nachfolger des Propheten. Aber sie weisen den letzten und geringsten Platz dem Gemahl der Fatime in der Überzeugung an, daß die Ordnung der Nachfolge durch die Grade der Heiligkeit bestimmt worden sei. Ein Geschichtsschreiber, der diese vier Kalifen unbeirrt durch Aberglauben wägt, wird die ruhige Entscheidung fällen, daß ihre Sitten gleich rein und musterhaft, ihr Eifer gleich feurig und wahrscheinlich aufrichtig und daß inmitten der Reichtümer und Macht ihr Leben der Erfüllung der moralischen und religiösen Pflichten gewidmet war. Aber die öffentlichen Tugenden Abubekers und Omars, die Klugheit des ersten und die Strenge des zweiten, veranlaßten Frieden und Glück während ihrer Regierung. Der schwache und alte Othman war der Last der Eroberung und Herrschaft nicht gewachsen. Er wählte und wurde betrogen, er vertraute und wurde verraten; die würdigsten Gläubigen leisteten während seiner Regierung entweder keine Dienste oder waren feindlich gesinnt, und seine verschwenderische Güte erzeugte nur Undankbarkeit und Unzufriedenheit. Der Geist der Zwietracht verbreitete sich über die Provinzen, ihre Abgesandten kamen in Medina zusammen, und die Charegiten, die verzweifelten Schwärmer, die Unterordnung und Vernunft schmähten, mengten sich mit den freigeborenen Arabern, die Abhilfe ihrer Beschwerden und Bestrafung ihrer Unterdrücker verlangten. Von Kufa, von Bassora, von Ägypten, von den Stämmen der Wüste erhoben sie sich in Waffen, lagerten eine Stunde von Medina und sandten an ihren Souverän das übermütige Gebot, entweder Gerechtigkeit zu üben oder vom Thron zu steigen. Seiner Reue wegen begannen sich die Aufrührer zu entwaffnen und zu zerstreuen, aber ihre Wut wurde durch die Intrigen seiner Feinde neuerdings entflammt und die Fälschung eines treulosen Geheimschreibers benutzt, um seinen Ruf zu schwärzen und seinen Fall zu beschleunigen. Der Kalif hatte den einzigen Schutz seiner Vorgänger verloren, die Achtung und das Vertrauen der Mohammedaner; während einer sechswöchentlichen Belagerung wurde ihm das Trinkwasser, die Zufuhr an Lebensmitteln abgeschnitten und die schwachen Tore des Palastes nur wegen der Gewissenszweifel der Empörer nicht erbrochen. Verlassen von denen, die seine Einfalt mißbraucht hatten, erwartete der hilflose und ehrwürdige Kalif den herannahenden Tod; der Bruder der Ayescha kam an der Spitze der Mörder und Othman empfing, den Koran an der Brust haltend, zahllose Wunden. Eine tumultuarische Anarchie von fünf Tagen wurde durch die Thronbesteigung Alis beendigt; seine Weigerung würde ein allgemeines Gemetzel zur Folge gehabt haben. In dieser peinlichen Lage zeigte er den geziemenden Stolz des Oberhauptes der Haschemiten, erklärte, daß er lieber zu dienen als zu herrschen wünsche, wies die Anmaßung der Fremden zurück und forderte die förmliche, wenn auch nicht freiwillige Zustimmung der Häupter der Nation. Er ist niemals beschuldigt worden, den Mörder Omars gefördert zu haben, obschon Persien unklugerweise das Fest dieses heiligen Märtyrers feiert. Die Zwietracht zwischen Othman und seinen Untertanen wurde durch die rechtzeitige Vermittlung Alis besänftigt. Hassan, sein ältester Sohn, war in Verteidigung des Kalifen mißhandelt und verwundet worden. Nichtsdestoweniger ist es zweifelhaft, ob Hassans Vater es mit seinem Widerstand gegen die Rebellen kräftig und ernstlich meinte. Doch gewiß ist, daß der Nutzen ihres Verbrechens ihm zufiel. Die Versuchung war in der Tat so groß, daß sie auch die Tugendhaftesten zum Wanken und zum Fall bringen konnte. Der ehrgeizige Kandidat strebte nicht mehr nach dem dürftigen Zepter von Arabien; die Sarazenen waren im Osten und im Westen siegreich gewesen und die reichen Königreiche Persien, Syrien und Ägypten waren dem Beherrscher der Gläubigen Untertan.

Ein Leben des Gebetes und der Betrachtung hatte die kriegerische Veranlagung Alis nicht unterdrücken können; noch im reifen Alter und nach langer Welterfahrung verriet er in seinem Benehmen die Verwegenheit und Unklugheit der Jugend. In den ersten Tagen seiner Regierung unterließ er es, die zweifelhafte Treue Delhas und Zobeirs, der zwei mächtigsten arabischen Häuptlinge, durch Geschenke oder Fesseln zu sichern. Sie flohen von Medina nach Mekka, von da nach Bassora, pflanzten die Fahne der Empörung auf und bemächtigten sich der Statthalterschaft von Irak oder Assyrien, um die sie als Lohn ihrer Dienste vergeblich gebeten hatten. Die Maske des Patriotismus wird vorgenommen, auch um die schreiendsten Widersprüche zu decken und die Feinde, vielleicht die Mörder Othmans, forderten nun Rache für sein Blut. Ayescha, die Witwe des Propheten, die bis zur letzten Stunde ihres Lebens einen unversöhnlichen Haß gegen den Gatten und die Nachkommen der Fatime nährte, hatte sie auf ihrer Flucht begleitet. Die vernünftigeren Mohammedaner nahmen Ärgernis daran, daß die Mutter der Gläubigen sich im Lager aufhielt; aber die abergläubische Menge war überzeugt, daß ihre Anwesenheit die Gerechtigkeit ihrer Sache zeige und den Erfolg sichere. An der Spitze von zwanzigtausend seiner treuen Araber und neuntausend tapferer Bundesgenossen aus Kufa bekämpfte und schlug der Kalif die überlegenen Streitkräfte des Feindes unter den Mauern von Bassora. Ihre Anführer Delha und Zobeir wurden in der ersten Schlacht getötet, welche die mohammedanischen Waffen mit Bürgerblut befleckte. Nachdem Ayescha durch die Reihen gezogen war, um die Truppen anzufeuern, hatte sie ihren Posten mitten im Feld an gefährlicher Stelle gewählt. In der Hitze des Gefechtes waren siebzig Mann, die den Zaum ihres Kamels hielten, getötet oder verwundet worden und die Sänfte, in der sie saß, starrte von Wurfspießen und Pfeilen. Die ehrwürdige Gefangene ertrug mit Festigkeit die Vorwürfe des Siegers. Sie wurde unverzüglich nach ihrem Platz am Grabe Mohammeds mit der Ehrfurcht und Liebe entlassen, die der Witwe des Propheten gebührte. Nach diesem Sieg, genannt der Tag des Kamels, zog Ali gegen einen furchtbareren Gegner, gegen Moawijah, den Sohn Abu Sophians, der den Titel eines Kalifen angenommen hatte und dessen Ansprüche durch die syrischen Streitkräfte und durch den Einfluß des Hauses Ommijah unterstützt würden. Vom Paß von Thapsakus dehnte sich die Ebene Siffin längs des Euphrats aus. Auf diesem geräumigen und ebenen Schauplatz führten die beiden Gegner hundertzehn Tage lang einen unentschiedenen Krieg. Man schätzte in neunzig Gefechten und Scharmützeln den Verlust Alis auf fünfundzwanzigtausend, den des Moawijah auf fünfundvierzigtausend Soldaten, und die Liste der Erschlagenen wurde durch die Namen von fünfundzwanzig Veteranen geschmückt, die bei Beder unter Mohammeds Fahne gefochten hatten. In diesem blutigen Kampf entwickelte der rechtmäßige Kalif einen durch Tapferkeit und Menschlichkeit in höherem Grad ausgezeichneten Charakter. Seine Truppen hatten strengen Befehl, den ersten Angriff des Feindes abzuwarten, ihre fliehenden Brüder zu schonen, die Leichen der Erschlagenen und die Keuschheit ihrer weiblichen Gefangenen zu ehren. Er schlug, um mohammedanisches Blut zu sparen, edelmütig einen Zweikampf vor, aber sein zitternder Nebenbuhler lehnte die Herausforderung als sicheres Todesurteil ab.

Die syrischen Reihen wurden von dem mutigen Helden durchbrochen, der auf einem Schecken saß und sein schweres, zweischneidiges Schwert mit unwiderstehlicher Kraft schwang. So oft er einen Rebellen niederschlug, rief er das Allah Akbar (»Gott ist siegreich!«), und während eines nächtlichen Kampfes hörte man ihn diesen furchtbaren Ausruf vierhundertmal wiederholen. Schon dachte der Fürst von Damaskus an Flucht, als Alis Händen der sichere Sieg durch seine ungehorsamen und schwärmerischen Truppen entrissen wurde. Sie wurden durch die feierliche Berufung auf die Bücher des Korans, die Moawijah auf den vordersten Lanzen aufpflanzte, eingeschüchtert, und Ali mußte sich einen schimpflichen Waffenstillstand und einen hinterlistigen Vergleich gefallen lassen. Er zog sich mit Schmerz und Entrüstung nach Kufa zurück. Seine Partei war entmutigt, die fernen Provinzen Persien, Yemen und Ägypten wurden von seinem schlauen Nebenbuhler unterjocht oder verführt, und einigen Fanatikern, die die drei Oberhäupter der Nation töten wollten, gelang nur der Mord an dem Vetter Mohammeds. Im Tempel von Mekka sprachen drei Charegiten oder Schwärmer über die Unordnung der Kirche und des Staates und waren bald darüber einig, daß der Tod des Ali, des Moawijah und seines Freundes Amru, des Vizekönigs von Ägypten, den Frieden und die Einheit der Religion wiederherstellen würde. Jeder der Mörder wählte sein Opfer, vergiftete seinen Dolch, weihte sein Leben Gott und begab sich insgeheim auf den Schauplatz seiner Tat. Ihr Entschluß war gleich verzweifelt; aber der erste irrte sich in der Person Amrus und erdolchte den Stellvertreter, der seinen Sitz eingenommen hatte; der Fürst von Damaskus wurde von dem zweiten gefährlich, der rechtmäßige Kalif aber in der Moschee von Kufa von dem dritten tödlich verwundet. Er starb im dreiundsechzigsten Lebensjahr (660) und empfahl seinen Kindern voll Barmherzigkeit den Mörder mit einem einzigen Streich zu töten. Das Grab Alis wurde vor den Tyrannen des Hauses Ommijah geheim gehalten; aber im vierten Jahrhundert der Hedschra erhob sich in der Nähe der Ruinen von Kufa ein Grabmal, ein Tempel und eine Stadt. Viele tausend Schiiten ruhen in der heiligen Erde zu den Füßen des Statthalters Gottes. Die Wüste wird durch die zahlreichen und jährlichen Besuche der Perser belebt, welche die Andacht an diesem Grab für ebenso verdienstvoll halten wie eine Wallfahrt nach Mekka.

Die Verfolger Mohammeds maßten sich das Erbe seiner Kinder an und die ehemaligen Verteidiger des Götzendienstes wurden die obersten Häupter seiner Religion und seines Reiches. Abu Sophian leistete grimmig und hartnäckig Widerstand, seine Bekehrung war spät und zögernd gewesen, Notwendigkeit und Eigennutz bestärkten ihn in seiner neuen Religion. Er diente, focht, glaubte vielleicht, und die Sünden in der Zeit der Unwissenheit wurden vielleicht durch die neuerlichen Verdienste des Hauses Ommijah gesühnt. Moawijah, der Sohn Abu Sophians und der grausamen Henda, wurde in seiner frühen Jugend mit dem Amt oder Titel eines Geheimschreibers des Propheten ausgezeichnet. Omar verlieh ihm die Statthalterschaft von Syrien, und er verwaltete diese wichtige Provinz über vierzig Jahre, teils in einem untergeordneten, teils im höchsten Rang. Ohne auf den Ruhm der Tapferkeit und Freigebigkeit zu verzichten, strebte er nach dem Ruhm der Menschlichkeit und Mäßigung; ein dankbares Volk hing an seinem Wohltäter, und die siegreichen Mohammedaner wurden mit der Beute von Cypern und Rhodus bereichert. Die heilige Pflicht, die Mörder Othmans zu bestrafen, diente ihm als Vorwand. Das blutige Hemd des Märtyrers wurde in der Moschee von Damaskus ausgestellt, der Emir beweinte das Schicksal eines ermordeten Verwandten, und sechzigtausend Syrer traten mit dem Eid der Treue und Rache in seine Dienste. Amru, der berühmte, starke Eroberer von Ägypten, war der erste, der den neuen Monarchen begrüßte und das gefährliche Geheimnis offenbarte, daß die arabischen Kalifen wo anders als in der Stadt des Propheten ernannt werden können. Moawijahs Politik siegte über die Tapferkeit seines Nebenbuhlers, und nach dem Tode Alis unterhandelte er über die Abdankung seines Sohnes Hassan, der sich ohne Klage aus dem Palast von Kufa in eine armselige Zelle am Grabe seines Großvaters zurückzog. Die ehrgeizigen Wünsche des Kalifen wurden schließlich durch die wichtige Umwandlung eines Wahlreiches in eine Erbmonarchie gekrönt. Einiges Gemurre über Freiheit bezeugte den Widerwillen und die Schwärmerei der Araber, und vier Bürger von Medina verweigerten den Treueid; aber Moawijah verfolgte seine Pläne mit Kraft und Geschicklichkeit, und sein Sohn Yelid, ein schwacher und ausschweifender Jüngling, wurde als Beherrscher der Gläubigen und Nachfolger des Propheten ausgerufen.

Eine bekannte Geschichte wird von der Güte eines der Söhne Alis erzählt. Ein Sklave, der bei der Tafel aufwartete, hatte aus Versehen eine Schüssel mit siedender Brühe auf seinen Gebieter fallen lassen; der unachtsame Bursche fiel zur Erde, um seine Bestrafung durch Bitten abzuwenden und rezitierte einen Vers aus dem Koran: »Das Paradies harret derjenigen, die ihren Zorn beherrschen!« – »Ich zürne nicht!« – »und derjenigen, die Vergehen verzeihen!« – »Ich verzeihe dein Vergehen!« – »und derjenigen, die Böses mit Gutem vergelten!« – »Ich schenke dir die Freiheit und vierhundert Silberstücke!« Gleich fromm, erbte Hosein, Hassans jüngerer Bruder, einen Teil des Mutes seines Vaters und diente ehrenvoll gegen die Christen in der Belagerung von Konstantinopel. Das Erstgeburtsrecht des Hauses Haschem und der heilige Charakter eines Enkels des Propheten waren in seiner Person vereint und es stand ihm frei, sein Recht gegen Yelid, den Tyrannen von Damaskus, zu verfolgen, dessen Laster er verachtete und dessen Anerkennung man nie von ihm gefordert hatte. Eine Liste von hundertvierzigtausend Mohammedanern, die ihre Anhänglichkeit an seine Sache bekannten und bereit waren, das Schwert zu ziehen, sobald er an den Ufern des Euphrat erscheinen würde, wurde insgeheim von Kufa nach Medina gesandt. Er beschloß gegen den Rat seiner weisesten Freunde, sich selbst und seine Familie einem treulosen Volk anzuvertrauen. Er durchzog die arabische Wüste mit einem bescheidenen Gefolge von Frauen und Kindern; als er sich aber den Grenzen von Irak näherte, wurde er durch die Verlassenheit oder das öde Aussehen des Landes in Bestürzung versetzt, und er argwöhnte entweder den Abfall oder die Vernichtung seiner Partei. Seine Besorgnisse waren berechtigt; Obeidollah, der Statthalter von Kufa, hatte die ersten Funken eines Aufruhrs erstickt, und Hosein wurde in der Ebene von Kerbela von fünftausend Reitern umzingelt, die ihn von der Stadt und dem Strom abschnitten. Noch hätte er nach einer Festung in der Wüste, die den Waffen des Cäsar und Chosroes getrotzt hatte, entfliehen und sich dem Stamme Tais anvertrauen können, der zehntausend Krieger zu seiner Verteidigung zu den Waffen gerufen hätte. In einer Besprechung mit dem feindlichen Anführer schlug er die Wahl zwischen drei ehrenvollen Bedingungen vor; man sollte ihm entweder gestatten, nach Medina zurückzukehren oder ihn in einer Grenzfestung gegen die Türken verwenden oder mit sicherem Geleit vor Yefid führen. Aber die Befehle des Kalifen oder seines Unterfeldherrn waren hart und unbedingt und Hosein erfuhr, daß er sich entweder als Gefangener und Verbrecher dem Beherrscher der Gläubigen unterwerfen oder die Folgen seiner Empörung tragen müsse. »Glaubt ihr etwa«, erwiderte er, »mich mit dem Tod zu schrecken?« Und er bereitete sich in einer kurzen Nacht vor, mit feierlicher und ruhiger Entschlossenheit seinem Schicksal entgegenzutreten. Er tat dem Wehklagen seiner Schwester Fatime Einhalt, die den drohenden Sturz seines Hauses beklagte. »Unser Vertrauen«, sagte Hosein, »beruht auf Gott allein. Alle Dinge sowohl im Himmel wie auf Erden müssen untergehen und zu ihrem Schöpfer zurückkehren. Mein Vater, meine Mutter, mein Bruder waren besser als ich, und jeder Mohammedaner hat das Beispiel des Propheten vor Augen.« Er drang in seine Freunde, durch rechtzeitige Flucht für ihre Sicherheit zu sorgen; sie weigerten sich einmütig, ihren geliebten Gebieter zu verlassen oder zu überleben, und ihr Mut wurde durch inbrünstiges Gebet und die zuversichtliche Hoffnung auf das Paradies gestählt. Am Morgen des verhängnisvollen Tages stieg er, das Schwert in der einen, den Koran in der anderen Hand, zu Pferde; seine hochherzige Schar von Märtyrern bestand nur aus zweiunddreißig Reitern und vierzig Mann zu Fuß; aber ihre Seiten und Rücken waren durch Zeltstricke und einen tiefen Graben geschützt, den sie mit angezündeten Reisigbündeln nach arabischer

Sitte gefüllt hatten. Der Feind rückt widerstrebend vor, und einer seiner Anführer ging mit dreißig Anhängern über, um den sicheren Tod zu teilen. In jedem dichten Angriff, in jedem Zweikampf waren die verzweifelten Fatimiten unbezwinglich, aber die sie umgebenden Scharen beschossen sie aus der Ferne mit Pfeilen und töteten nacheinander Pferde und Menschen; ein Waffenstillstand wurde von beiden Seiten für die Stunde des Gebetes geschlossen, und der Kampf endigte mit dem Tod des letzten der Gefährten Hoseins. Allein, ermüdet und verwundet, setzte er sich vor seinem Zelt nieder. Während er etwas Wasser trank, traf ihn ein Pfeil in den Mund, und sein Sohn und sein Neffe, zwei schöne Jünglinge, wurden in seinen Armen getötet. Er erhob seine Hände gegen den Himmel, sie waren voll Blut. Er sprach ein Sterbegebet für die Lebenden und Toten. In der höchsten Verzweiflung eilte seine Schwester aus dem Zelt und beschwor den Feldherrn der Truppen von Kufa, Hosein nicht vor seinen Augen ermorden zu lassen. Eine Träne rann in seinen ehrwürdigen Bart und seine kühnsten Krieger wichen zurück, als sich der sterbende Held unter sie stürzte. Der gewissenlose Schamer, ein von den Gläubigen verfluchter Name, warf ihnen ihre Feigheit vor, und der Enkel Mohammeds wurde durch dreiunddreißig Lanzen- und Schwertstöße getötet. Nachdem sie seine Leiche in den Staub getreten, brachten sie seinen Kopf nach dem Schloß von Kufa, und der unmenschliche Obeidollah schlug mit einem Stock auf seinen Mund. »Ach!« rief ein greiser Mohammedaner aus, »auf diesen Lippen habe ich die Lippen des Propheten gesehen.« In einem fernen Jahrhundert und Land erweckte der tragische Tod Hoseins das Mitgefühl des kältesten Lesers. Zur jährlichen Feier seines Märtyrertodes überlassen sich seine persischen Verehrer bei der frommen Wallfahrt zu seinem Grab ihre Seele dem religiösen Schmerz und der Entrüstung. Als die Schwestern und Kinder Alis in Ketten vor den Thron von Damaskus gebracht wurden, riet man dem Kalifen ein beim Volk beliebtes und feindlich gesinntes Geschlecht, das er zu sehr gekränkt habe, als daß eine Versöhnung möglich sei, auszurotten. Yefid zog jedoch Milde vor und entließ die trauernde Familie in Ehren, um ihre Tränen mit denen ihrer Verwandten in Medina zu mengen. Der Ruhm des Märtyrertums ersetzte das Recht der Erstgeburt. Die zwölf Imams oder Päpste des persischen Glaubens sind Ali, Hassan, Hosein und die Nachkommen Hoseins in gerader Linie bis in die neunte Generation. Ohne Waffen, ohne Schätze, ohne Untertanen genossen sie nacheinander die Verehrung des Volkes und reizten die Eifersucht der herrschenden Kalifen. Ihre Gräber in Mekka oder Medina, an den Ufern des Euphrats oder in der Provinz Chorasan werden noch immer von andächtigen Pilgern besucht. Sie waren oft der Vorwand zu Aufruhr und Bürgerkrieg; aber diese königlichen Heiligen verachteten den Pomp der Welt, unterwarfen sich dem Willen Gottes und der Ungerechtigkeit der Menschen und widmeten ihr schuldloses Leben dem Studium und der Ausübung der Religion. Der zwölfte und letzte Imam, ausgezeichnet durch den Titel Mahadi oder Führer, lebte noch einsiedlerischer als seine Vorgänger und übertraf sie an Heiligkeit. Er verbarg sich in einer Höhle in der Nähe von Bagdad; Zeit und Ort seines Todes sind unbekannt, ja seine Verehrer behaupten, er lebe noch immer und werde vor dem Tage des Gerichtes erscheinen, um die Tyrannei Dedschals oder des Antichrists zu stürzen. Im Verlaufe von zwei bis drei Jahrhunderten hatte sich die Nachkommenschaft des Abbas, des Oheims des Propheten, bis zu dreiunddreißigtausend Personen vermehrt. Das Geschlecht Alis war nicht minder fruchtbar; das geringste Individuum war über die ersten und größten Fürsten erhaben, ja von den ausgezeichnetsten glaubte man, daß sie die Vollkommenheit der Engel überträfen. Ihr unglückliches Schicksal aber und die große Ausdehnung der mohammedanischen Herrschaft bot jedem kühnen und schlauen Betrüger, der auf eine Verwandtschaft mit dem heiligen Stamm Anspruch machte, einen weiten Spielraum; das Zepter der Almohaden in Spanien und Afrika, der Fatimiten in Ägypten und Syrien, der Sultane von Yemen und der Sophis von Persien ist durch diesen unbestimmten und zweideutigen Anspruch geheiligt worden. Unter ihrer Regierung war es gefährlich, die Echtheit ihrer Geburt zu bestreiten. Einer der fatimitischen Kalifen brachte einen unbescheidenen Frager zum Schweigen, indem er den Säbel zog: »Das«, rief Moez, »ist mein Stammbaum und dies sind«, eine Handvoll Gold den Soldaten hinwerfend, »meine Verwandten und Kinder.« In den verschiedensten Ständen von Fürsten, Gottesgelehrten, Edlen, Kaufleuten, Bettlern wird ein Schwarm echter oder angeblicher Nachkommen Mohammeds und Alis durch den Titel Scheik, Scherif oder Emir geehrt. Im osmanischen Reich zeichnen sie sich durch einen grünen Turban aus, beziehen einen Jahresgehalt vom Staat, werden nur von ihrem Oberhaupt gerichtet und behaupten, wie sehr sie auch durch ihre Verhältnisse oder ihren Charakter herabgekommen sein mögen, noch immer den stolzen Vorrang ihrer Geburt. Eine Familie von dreihundert Personen, der reine und rechtgläubige Stamm des Kalifen Hassan, lebt in den heiligen Städten Mekka und Medina und hat nach Jahrhunderten noch immer die Bewachung des Tempels inne und besitzt die Souveränität in ihrem Vaterland. Mohammeds Ruhm und Verdienste hatten ein plebejisches Geschlecht geadelt, und das alte Geschlecht der Koreischiten wird von der neuen Majestät der Könige der Erde überstrahlt.

Die Talente Mohammeds verdienen unsere Achtung, aber sein Erfolg hat vielleicht unsere Bewunderung zu sehr erregt. Kann es uns überraschen, daß eine Menge Proselyten sich zur Lehre und zu den Leidenschaften eines beredten Fanatikers bekannten? Die Kirche hat dieselbe Verführung von der

Zeit der Apostel bis zu jener der Reformatoren wiederholt versucht. Scheint es vielleicht unglaublich, daß ein Privatmann nach Schwert und Zepter griff, sein Vaterland unterjochte und mit seinen siegreichen Waffen eine Monarchie gründete? In den orientalischen Dynastien haben sich hundert glückliche Usurpatoren aus einem niedrigeren Ursprung erhoben, furchtbarere Hindernisse überwältigt und einen größeren Raum erobert und beherrscht. Mohammed verstand in gleichem Grad zu predigen und zu kämpfen, und die Vereinigung dieser entgegengesetzten Eigenschaften trug, indem sie sein Verdienst erhöhten, zu seinem Erfolg bei; Gewalt und Überredung, Enthusiasmus und Furcht griffen beständig ineinander, bis endlich vor der unwiderstehlichen Macht jede Schranke zerbrach. Er forderte die Araber zur Freiheit und zum Sieg, zum Krieg und Raub, zur Befriedigung ihrer Lieblingsleidenschaften in dieser und jener Welt auf; der Zwang, den er auferlegte, war notwendig, um sein Ansehen als Prophet zu begründen und das Volk im Gehorsam zu üben, und das einzige Hindernis für seinen Erfolg war sein vernünftiger Glaube an die Einheit und Vollkommenheit Gottes. Nicht die Verbreitung, sondern die Dauer seiner Religion verdient unsere Bewunderung; was er in Mekka und Medina schuf, ist genau so rein und vollständig von den indischen, afrikanischen und türkischen Proselyten des Korans bewahrt worden. Wenn die christlichen Apostel Petrus und Paulus nach dem Vatikan zurückkehren könnten, würden sie möglicherweise nach den Namen der Gottheit fragen, die mit so geheimnisvollen Zeremonien in diesem prachtvollen Tempel verehrt wird; in Oxford oder Genf würden sie vielleicht weniger überrascht sein, würden es aber doch für nötig halten, den Katechismus der Kirche zu lesen und die orthodoxen Kommentare zu ihren eigenen Schriften und den Worten ihres Lehrers zu studieren. Aber der türkische Dom der heiligen Sophie stellt mit etwas mehr Glanz umfangreicher das Zelt dar, das in Medina von Mohammeds errichtet worden ist. Die Mohammedaner haben der Versuchung widerstanden, den Gegenstand ihres Glaubens und ihrer Andacht in den Maßen des Menschen darzustellen. »Ich glaube an einen Gott und Mohammed ist sein Prophet«, ist das einfache und unwandelbare Glaubensbekenntnis des Islams. Die Ehren, die dem Propheten gezollt werden, haben das menschliche Maß nie überschritten, und seine lebendigen Vorschriften haben die Dankbarkeit seiner Schüler auf die Grenzen der Vernunft und Religion beschränkt. Die Verehrer Alis haben allerdings das Andenken ihres Helden, seiner Gattin und Kinder geheiligt, und einige persische Lehrer behaupten, daß das göttliche Wesen in der Person der Imame inkarniert worden sei; aber ihr Aberglaube wird von den Sunniten allgemein verdammt und sie haben rechtzeitig vor der Verehrung von Heiligen und Märtyrern gewarnt. Die metaphysischen Fragen über die Eigenschaften Gottes und die Freiheit des Willens sind in den Schulen der Mohammedaner so wie in jenen der Christen Gegenstand des Streites gewesen; allein bei jenen hat sich niemals das Volk daran beteiligt, noch wurde je die Ruhe des Staates gestört. Die Ursache dieses wichtigen Unterschiedes läßt sich in der Trennung oder Vereinigung des königlichen und priesterlichen Amtes finden. Es lag im Interesse der Kalifen, der Nachfolger Mohammeds und Beherrscher der Gläubigen, alle religiösen Neuerungen zurückzudrängen; der Stand, die strengen Einrichtungen, der zeitliche und weltliche Ehrgeiz der Geistlichkeit sind den Mohammedanern unbekannt; die Weisen des Gesetzes sind die Leiter ihres Gewissens und die Orakel ihres Glaubens. Vom atlantischen Ozean bis zum Ganges ist der Koran als Grundgesetzbuch nicht nur der Theologie, sondern auch des Zivil- und Kriminalrechtes anerkannt, und die Gesetze, welche die Handlungen und das Eigentum der Menschen regulieren, werden durch die unwandelbare Heiligkeit des Willens Gottes geschützt. Diese religiöse Knechtschaft ist mit einigen praktischen Nachteilen verbunden; der ungelehrte Gesetzgeber ist oft durch seine eigenen Vorurteile sowie durch die seines Vaterlandes mißleitet worden, und die Einrichtungen, die die arabischen Wüstenbewohner benötigen, mögen schlecht zum Reichtum des Volkes von Ispahan und Konstantinopel passen. In diesem Falle legt sich der Kadi das heilige Buch ehrfurchtsvoll auf sein Haupt und unterschiebt gewandt eine Auslegung, die den Grundsätzen der Billigkeit und den Sitten und der Politik der Zeit angemessener ist.

Mohammeds wohltätiger oder verderblicher Einfluß auf das öffentliche Wohl bildet die letzte Betrachtung in bezug auf seinen Charakter. Die bittersten und frömmsten seiner christlichen oder jüdischen Feinde werden gewiß zugeben, daß er den erdichteten Auftrag übernahm, eine heilsame Lehre zu verkünden, die an Vollkommenheit nur ihrer eigenen nachsteht. Er benützte als Grundlage seiner Religion frommerweise ihre früheren Offenbarungen, die Tugenden und Wunder ihrer Stifter. Die Götzen Arabiens wurden vor dem Thron Gottes vernichtet, das Menschenopfer durch Gebet, Fasten und Almosen, die löblichen und unschuldigen Künste der Andacht, ersetzt, und seine Belohnungen und Strafen in einer zukünftigen Welt waren in Bildern ausgemalt, wie sie einem unwissenden und sinnlichen Volk am besten zusagten. Mohammed war vielleicht nicht fähig, ein moralisches und politisches System zum Gebrauch seiner Landsleute zu entwerfen; aber er empfahl den Gläubigen Milde und Freundschaft sowie die Ausübung gesellschaftlicher Tugenden und tat durch seine Gesetze und Vorschriften dem Durst nach Rache und der Unterdrückung der Witwen und Waisen Einhalt. Die feindlichen Stämme wurden in Glauben und Gehorsam vereinigt und die Tapferkeit, die in einheimischen Fehden nutzlos vergeudet worden war, kraftvoll gegen einen auswärtigen Feind gelenkt. Wäre der Stoß minder heftig gewesen, so hätte Arabien frei daheim und gefürchtet im Ausland unter einer Reihe einheimischer Monarchen blühen können. Seine Souveränität verlor sich durch Ausdehnung seiner Eroberungen und die Schnelligkeit, in der sie vor sich ging. Die Kolonien der Nation waren über den Osten und Westen zerstreut, und ihr Blut vermischte sich mit dem ihrer Bekehrten und Gefangenen. Nach der Regierung von drei Kalifen wurde der Thron von Medina nach dem Tal von Damaskus und an die Ufer des Tigris verlegt. Die heiligen Städte wurden durch einen gottlosen Krieg verletzt, Arabien durch einen Untertanen, vielleicht einen Fremden regiert, und die Beduinen der Wüste, von ihrem Traum der Herrschaft erwachend, kehrten wieder zu ihrer alten und einsamen Unabhängigkeit zurück.

SECHSTES KAPITEL - DIE EROBERUNGSZÜGE DER ARABER

Eroberung von Persien, Syrien, Ägypten, Afrika und Spanien durch die Araber oder Sarazenen. – Reich der Kalifen oder Nachfolger Mohammeds. – Zustand der Christen unter ihrer Regierung

Die Umwälzungen, die in Arabien vor sich gegangen waren, hatten den Charakter der Araber nicht geändert; der Tod Mohammeds war das Zeichen zum Beginn der Unabhängigkeitsbewegung, und der schnell vor sich gegangene Bau seiner Macht sowie der seiner Religion wurde stark erschüttert. Eine kleine und treue Schar seiner ersten Jünger hatte seiner Beredsamkeit Gehör geschenkt und seine Not geteilt. Sie waren mit dem Propheten vor den Verfolgungen aus Mekka entflohen oder hatten den Flüchtling in Medina aufgenommen. Die immer mehr zunehmende Menge, die Mohammed als ihren König und Propheten anerkannte, war von seinen Waffen bezwungen oder durch sein Glück angelockt worden. Die einfache Idee eines einzigen und unsichtbaren Gottes verwirrte die Polytheisten; der Stolz der Christen und Juden jedoch wollte sich nicht unter das Joch eines sterblichen und derselben Zeit angehörigen Gesetzgebers beugen. Ihr Glauben und ihr Gehorsam waren noch nicht hinreichend fest, und viele der Neubekehrten sehnten sich nach dem ehrwürdigen, alten mosaischen Gesetz, nach dem Ritus und den Mysterien der katholischen Kirche oder nach den Götzen, Opfern und fröhlichen Festen ihrer Vorfahren zurück. Die widerstreitenden Interessen und Erbfehden der arabischen Stämme hatten ein einheitliches System noch nicht ermöglicht. Die Barbaren haßten die mildesten und nützlichsten Gesetze, die ihre Leidenschaften zügelten oder ihre Gewohnheiten verletzten. Sie unterwarfen sich mit Widerstreben den religiösen Vorschriften des Korans, z. . dem Verbot des Weintrinkens, dem Fasten des Ramadan, der täglichen Wiederholung von fünf Gebeten. Die Almosen und Zehnten, die für den Schatz von Medina gesammelt wurden, unterschieden sich nur durch den Namen von einem dauernden und schimpflichen Tribut. Das Beispiel Mohammeds hatte Schwärmerei oder Betrügerei geweckt. Mehrere Nebenbuhler wagten es, die Handlungsweise des noch lebenden Propheten nachzuahmen und seiner Macht zu trotzen. Der erste Kalif war an der Spitze der Flüchtlinge und Verbündeten auf die Städte Mekka, Medina und Tayef beschränkt, und vielleicht würden die Koreischiten die Götzen der Kaaba wieder aufgestellt haben, wenn nicht ein rechtzeitiger Vorwurf diese Absicht vereitelt hätte. »Ihr Männer von Mekka, werdet ihr die letzten sein, welche die Religion des Islams bekennen und die ersten, die sie verlassen?« Nachdem Abubeker die Muselmanen ermahnt hatte, auf die Hilfe Gottes und seines Propheten zu vertrauen, beschloß er durch einen kräftigen Angriff der Vereinigung der Rebellen zuvorzukommen. Die Weiber und Kinder wurden in den Höhlen der Gebirge in Sicherheit gebracht. Die unter elf Fahnen ziehenden Krieger verbreiteten den Schrecken ihrer Waffen, und ihr Erscheinen belebte und kräftigte die Treue der Gläubigen wieder. Die unbeständigen Stämme unterwarfen sich in demütiger Reue den Pflichten des Gebetes, dem Fasten und dem Almosengeben. Selbst die Kühnsten der Abtrünnigen beugten sich nach einigen Siegen und Bestrafungen dem Schwerte des Herrn und Kaleds. In der fruchtbaren Provinz Yemanah, zwischen dem Roten Meere und dem persischen Meerbusen, in einer Medina kaum nachstehenden Stadt, hatte ein mächtiger Häuptling, Moseilama, den Charakter eines Propheten angenommen, und der Stamm Hanifa schenkte seiner Stimme Gehör. Eine Prophetin wurde von seinem Ruf angezogen. Diese beiden Auserwählten des Himmels verachteten Züchtigkeit in Worten und Handlungen und verbrachten mehrere Tage in mystischem Liebesverkehr. Ein dunkler Satz seines Korans ist noch erhalten; Moseilama, im Stolz seiner Sendung, ließ sich herab, eine Teilung der Erde anzubieten. Der Vorschlag wurde von Mohammed mit Verachtung verworfen, aber die reißenden Fortschritte des Betrügers erweckten die Besorgnisse seines Nachfolgers. Vierzigtausend Muselmanen versammelten sich unter der Fahne Kaleds und setzten ihren Glauben in einer entscheidenden Schlacht aufs Spiel. Im ersten Gefecht wurden sie nach dem Verlust von zwölfhundert Mann zurückgetrieben; aber durch die Geschicklichkeit und Beharrlichkeit ihres Anführers trugen sie endlich den Sieg davon. Ihre erste Niederlage wurde mit der Niedermetzelung von zehntausend Ungläubigen gerächt und Moseilama selbst von einem äthiopischen Sklaven mit demselben Wurfspieße durchbohrt, der den Oheim des Propheten tödlich verwundet hatte. Die verschiedenen Rebellen Arabiens, die ohne Führer und ohne gemeinsames Ziel handelten, wurden durch die machtvolle, geordnete Monarchie bald unterdrückt, und die ganze Nation bekannte sich wieder zur Religion des Korans und beharrte bei ihr mit Festigkeit. Durch den Ehrgeiz der Kalifen war für unmittelbare Beschäftigung der unruhigen Sarazenen gesorgt; sie wurden zur Führung eines heiligen Krieges vereinigt und ihr Enthusiasmus wurde ebenso durch den Widerstand des Gegners wie durch Siege über ihn gestärkt.

Die schnellen Eroberungen der Sarazenen werden die ganz natürliche Vermutung erwecken, daß die Kalifen in Person die Heere der Gläubigen befehligten und in den vordersten Reihen während der Schlacht die Krone des

Märtyrertums suchten. Der Mut Aubekers, Omars und Othmans war allerdings bei der Verfolgung und in den Kriegen des Propheten erprobt worden, und die Gewißheit, nach ihrem Tode in das Paradies zu kommen, muß sie die Freuden und Gefahren dieser Welt verachten gelehrt haben. Aber sie bestiegen den Thron in spätem oder wenigstens vorgeschrittenem Alter und hielten die Sorge für die Religion und die Wahrung des Rechtes für die wichtigsten Pflichten eines Souveräns. Ihre längsten Züge waren, mit Ausnahme Omars Zug zur Eroberung von Jerusalem, Wallfahrten von Medina nach Mekka. Die Botschaften von Siegen empfingen sie, während sie am Grabe des Propheten beteten oder predigten. Ihre strenge und mäßige Lebensweise war durch Tugend oder Gewohnheit bewirkt, und in Stolz und Einfachheit sprachen sie dem eitlen Prunke der übrigen Könige der Erde Hohn. Als Abubeker das Kalifat übernahm, gebot er seiner Tochter Ayescha, genaue Rechnung über sein Privateigentum zu führen, damit es sich zeige, ob er durch den Staatsdienst ärmer oder reicher geworden sei. Er hielt sich zu einem Gehalte von drei Goldstücken und zum Halten eines schwarzen Sklaven und eines Kamels für berechtigt. Am Freitag jeder Woche verteilte er den Rest seines eigenen und des öffentlichen Geldes zuerst an die würdigsten und dann an die ärmsten Muselmanen. Der Rest seines Reichtums, ein grobes Gewand und fünf Goldstücke, wurden seinem Nachfolger übergeben, der mit einem Seufzer beklagte, daß er ein so bewunderungswürdiges Muster nicht erreichen könne. Indessen stand Omars Enthaltsamkeit und Demut den Tugenden seines Vorfahren nicht nach; seine Nahrung bestand aus Gerstenbrot oder Datteln, er trank nur Wasser und predigte in einem an zwölf Stellen zerrissenen oder geflickten Gewand. Ein persischer Satrap, der dem Eroberer seine Huldigung darbringen wollte, fand ihn unter den Bettlern der Moschee von Medina eingeschlafen. Sparsamkeit ist die erste Quelle der Freigebigkeit, und die Zunahme seines Einkommens ermöglichte es Omar, eine gerechte und dauernde Belohnung für vergangene und gegenwärtige Dienste den Gläubigen zu gewähren. Unbekümmert um seinen eigenen Anteil, wies er Abbas, dem Oheim des Propheten, den größten Jahresgehalt von fünfundzwanzigtausend Drachmen oder Silberstücken an. Fünftausend teilte er jedem der greisen Krieger, die aus dem Feldzug von Beder übrig waren, zu, und der letzte und geringste der Gefährten Mohammeds wurde durch eine jährliche Belohnung von dreitausend Silberstücken ausgezeichnet. Tausend Silberstücke im Jahre erhielten die Veteranen, die in den ersten Kriegen gegen die Perser und Griechen gefochten hatten, und je nach dem Alter und Verdienste der Soldaten Omars war der absteigende Sold bemessen. Unter seiner und seines Vorgängers Regierung waren die Eroberer des Ostens die gewissenhaften Diener Gottes und des Volkes; der Hauptteil der öffentlichen Gelder blieb für die Ausgaben des Krieges und Friedens reserviert. Die Mischung von Klugheit, Gerechtigkeit und Güte des Souveräns ermöglichte es, die Zucht der Sarazenen zu bewahren, und das Oberhaupt des Staates vereinigte durch ein seltenes Glück die Kraft und Entschlußkraft des Despoten mit der Gemäßigtheit einer republikanischen Regierung. Der Heldenmut Alis, die vollendete Klugheit Moawijahs weckte den Wetteifer ihrer Untertanen, und die Talente, die in bürgerlicher Zwietracht ausgebildet worden waren, wurden mit größerem Nutzen zur Ausbreitung des Glaubens und der Herrschaft des Propheten verwendet. In der Atmosphäre der Eitelkeit und Faulheit des Palastes von Damaskus fehlte es den späteren Fürsten des Hauses Ommijah ebensosehr an den Eigenschaften von Staatsmännern, wie an denen von Heiligen. Dennoch wurde die Beute unbekannter Nationen fortwährend zu Füßen ihres Thrones niedergelegt, und das stete Wachstum des arabischen Reiches muß mehr dem Geiste der Nation, als den Fähigkeiten ihrer Anführer zugeschrieben werden. Man muß aber diesbezüglich die große Schwäche ihrer Feinde in Betracht ziehen. Die Geburt Mohammeds fiel glücklicherweise in die Zeit, in der die Perser, die Römer und die Barbaren Europas am meisten entartet und zerrüttet waren. Das Reich Trajans, ja auch nur das Konstantins oder Karls des Großen würde dem Angriff der nackten Sarazenen standgehalten haben, und der Strom des Fanatismus wäre in Dunkelheit in Arabien versiegt.

In den siegreichen Tagen der römischen Republik war es die Politik des Senats, ihre Konsuln und Legionen einem einzigen Feind entgegenzustellen und diesen erst völlig zu schlagen und zu unterdrücken, bevor sie die Feindseligkeiten eines zweiten herausforderten. Die hochherzigen oder schwärmerischen arabischen Kalifen verschmähten diese bewährten Grundsätze. Sie bekriegten gleichzeitig mit Erfolg die Nachfolger des Augustus und des Artaxerxes, und diese beiden rivalisierenden Monarchien wurden fast im gleichen Augenblick die Beute eines Feindes, den sie so lange verachtet hatten. In den zehn Regierungsjahren Omars unterwarfen die Araber sechsunddreißigtausend Städte und Schlösser, zerstörten viertausend Kirchen oder Tempel der Ungläubigen und bauten vierzehnhundert Moscheen. Hundert Jahre nach der Flucht Mohammeds aus Mekka dehnte sich die Herrschaft seiner Nachfolger von Indien bis an den Atlantischen Ozean über verschiedene und entlegene Provinzen aus. Man kann darunter Persien (I.), Syrien (II.), Ägypten (III.), Afrika (IV.) und Spanien (V.) verstehen. Ich schreite nun, nach dieser allgemein gehaltenen Einteilung zur Schilderung dieser denkwürdigen Ereignisse, indem ich die minder interessanten Eroberungen im fernen Orient kurz erwähne und eine ausführliche Darstellung jener Länder gebe, die zum römischen Reiche gehörten. Ich muß jedoch die Mängel meiner Wiedergabe durch die Blindheit und Unzulänglichkeit meiner Führer entschuldigen. Die Griechen, so redselig in Religionsstreitigkeiten, waren nicht sehr bemüht, die Triumphe ihrer Feinde zu feiern. Nach hundert Jahren, die in Unwissenheit vergangen waren, wurden Berichte aus mündlicher Überlieferung zusammengetragen. Aus den zahlreichen Erzeugnissen der arabischen und persischen Literatur haben unsere Übersetzer die unvollständigen Skizzen eines späteren Zeitalters gewählt. Die Kunst und der Geist der Geschichtsschreibung waren den Asiaten fremd, sie verstehen die Gesetze der Kritik nicht; unsere Mönchschroniken aus derselben Zeit lassen sich mit ihren beliebtesten Werken vergleichen, die niemals vom Geiste der Philosophie oder der Freiheit belebt werden. Die orientalische Bibliothek eines Franzosen würde den gelehrtesten Mufti unterrichten können, und vielleicht finden die Araber bei keinem einzigen ihrer Geschichtsschreiber eine so klare und umfassende Darstellung ihrer eigenen Taten, wie sie in den folgenden Blättern gegeben ist.

I. Im ersten Regierungsjahre des ersten Kalifen rückte sein Unterfeldherr Kaled, das Schwert Gottes und die Geißel der Ungläubigen, gegen den Euphrat vor und bezwang die Städte Anbar und Hira. Westlich von den Ruinen von Babylon hatte sich ein Stamm nichtnomadisierender Araber am Rande der Wüste niedergelassen. Hira war der Sitz eines Königsgeschlechtes, das sich zum Christentum bekannt hatte und das unter dem Schatten des persischen Thrones sechshundert Jahre regiert hatte. Der letzte der Mondaren wurde von Kaled geschlagen und getötet, sein Sohn als Gefangener nach Medina gesandt; seine Edlen beugten sich vor dem Nachfolger des Propheten, und das Volk wurde durch das Beispiel und Glück seiner Landsleute verführt. Der Kalif erhielt, als die erste Frucht auswärtiger Eroberungen, einen jährlichen Tribut von siebzigtausend Goldstücken. Die Sieger, ja sogar deren Geschichtschreiber, staunten über ihre beginnende Größe. »In demselben Jahre«, sagt Elmacin, »schlug Kaled mehrere entscheidende Schlachten, eine unermeßliche Menge von Ungläubigen wurde niedergemetzelt und unermeßlich reiche Beute von den siegreichen Muselmanen gemacht.« Der unbezwingliche Kaled wurde bald nach Syrien gesandt; minder tätige oder kluge Befehlshaber leiteten den Angriff auf die persische Grenze. Die Sarazenen wurden, als sie den Übergang über den Euphrat versuchten, mit Verlust zurückgeschlagen. Obwohl sie die übermütig gewordenen Magier während der Verfolgung züchtigten, blieben ihre restlichen Streitkräfte auf die Wüste von Babylon beschränkt.

Die Entrüstung und Besorgnisse der Perser bewirkten auf kurze Zeit die Aufhebung der inneren Streitigkeiten. Durch einstimmiges Urteil der Priester und Großen wurde ihre Königin Arzema abgesetzt, die sechste jener kurz regierenden Usurpatoren, die in den drei oder vier Jahren seit Chosroes Tod und Heraklius Rückzug aufgetaucht und verschwunden waren. Ihre Tiara wurde auf das Haupt Yezdidschirds, des Enkels Chosroes, gesetzt. Der junge und unerfahrene, erst fünfzehnjährige Fürst wich einem gefährlichen Zusammentreffen aus. Die königliche Fahne wurde seinem Feldherrn Rustam anvertraut und der Rest von dreißigtausend Mann regulärer Truppen angeblich auf hundertzwanzigtausend Soldaten, die aus Untertanen oder Bundesgenossen ausgewählt wurden, gebracht. Die Muselmanen, deren Zahl von zwölftausend auf dreißigtausend erhöht worden war, hatten ihr Lager in der Ebene von Cadesia aufgeschlagen. Sie hatten, wenn auch weniger Menschen, so doch mehr Krieger als die Schar der ihnen gegenüberstehenden Ungläubigen. Ich bemerke hier, was ich oft wiederholen muß, daß der Angriff der Araber, nicht wie jener der Griechen und Römer, ein Vorstoß des dichtmarschierenden Fußvolkes war; ihre Streitmacht bestand hauptsächlich aus Reitern und Bogenschützen, und das Gefecht konnte daher, durch Zweikämpfe und kleine Scharmützel oft unterbrochen, ohne irgendein entscheidendes Ereignis mehrere Tage dauern. Die einzelnen Abschnitte der Schlacht von Cadesia sind durch besondere Namen ausgezeichnet. Der erste wurde wegen des rechtzeitigen Erscheinens von sechstausend syrischen Brüdern der Tag der Hilfe genannt. Der Tag der Erschütterung bezeichnete vielleicht die Unordnung eines oder beider kämpfenden Heere. Der dritte Abschnitt, in dem sich ein nächtlicher Tumult ereignete, erhielt den sonderbaren Namen Nacht des Geheuls von dem Geschrei, das mit den unartikulierten Lauten der wildesten Tiere verglichen wurde. Der Morgen des folgenden Tages entschied das Schicksal Persiens. Ein zur rechten Zeit sich erhebender Wirbelwind trieb den Sand gegen die Ungläubigen. Das Gedröhn des Kampfes drang bis in das Zelt Rustams, der, sehr unähnlich dem alten Helden desselben Namens, nachlässig in dem kühlen Schatten des Gepäcks seines Lagers ruhte, wo die Maultiere und das Gold und Silber lagen. Bei den Anzeichen der Gefahr fuhr er von seinem Lager auf; ein tapferer Araber holte ihn auf der Flucht ein, faßte ihn beim Fuß, hieb seinen Kopf ab und spießte diesen auf eine Lanze. Mit dieser kehrte er unverzüglich mach dem Schlachtfelde zurück und trug Tod und Schrecken in die dichtesten Reihen der Perser. Die Sarazenen gestehen einen Verlust von siebentausend Mann ein, und die Schlacht von Cadesia wird mit Recht als erbittert und mitleidslos beschrieben. Die Standarte der Monarchie wurde gestürzt und auf dem Schlachtfelde erbeutet: es war die lederne Schürze eines Grobschmieds, der in alten Zeiten als Befreier Persiens erschienen war. Dieses alte Wahrzeichen des Heroismus und der Armut war jedoch verschwenderisch von einer großen Menge von Juwelen bedeckt und fast unsichtbar. Nach diesem Siege (636) unterwarf sich die reiche Provinz Irak oder Assyrien dem Kalifen, und seine Eroberung wurde durch die bald darauf erfolgende Gründung von Bassora gesichert, ein Platz, der für immer den Handel und die Schiffahrt der Perser beherrscht. Achtzig Meilen vom Meerbusen vereinigt sich der Euphrat mit dem Tigris zu einem breiten und geradlinigen Strom, der mit Recht der Fluß der Araber heißt. In der Mitte zwischen der Vereinigung und der Mündung dieser berühmten Ströme wurde die neue Niederlassung an dem westlichen Ufer gegründet. Die erste Kolonie bestand aus achthundert Muselmanen, aber durch die günstige Lage wurde sie bald zu einer blühenden und volkreichen Hauptstadt. Die Temperatur ist zwar sehr hoch, die Luft aber rein und gesund. Die Fluren sind mit Palmbäumen und Herden bedeckt, und eines der naheliegenden Täler ist als eines der vier Paradiese oder Gärten Asiens gepriesen worden. Unter den ersten Kalifen wurde die Gerichtsbarkeit dieser arabischen Stadt über die südlichen Provinzen von Persien ausgedehnt. Die Stadt ist durch die Gräber von Märtyrern geheiligt worden, und die europäischen Schiffe besuchen noch immer den Hafen von Bassora als einen bequemen Unterbrechungs- und Durchgangspunkt für den indischen Handel.

Nach der Niederlage von Cadesia hätte ein von Flüssen und Kanälen durchzogenes Land der siegreichen Reiterei unübersteigliche Hindernisse in den Weg gestellt, und die Mauern von Ktesiphon oder Madain, die den Sturmwiddern der Römer widerstanden hatten, wären durch die Pfeile der Sarazenen nicht zum Einsturz gebracht worden. Aber die fliehenden Perser waren in dem Glauben befangen, daß der letzte Tag ihres Reiches und ihrer Religion gekommen sei. Die stärksten Plätze wurden aus Feigheit preisgegeben oder durch Verrat genommen. Der König entwich mit einem Teile seiner Familie und Schätze nach Holwan am Fuße der Medischen Gebirge. Im dritten Monat nach der Schlacht ging Said, Omars Unterbefehlshaber, ohne Widerstand zu finden, über den Tigris. Die Hauptstadt wurde im Sturm genommen, und der ungeordnete Widerstand des Volkes reizte mehr und mehr die Muselmanen, die mit religiösem Entzücken riefen: »Das ist der weiße Palast des Chosroes, das ist die Verheißung des Apostels Gottes!« Die nackten Räuber der Wüste erhielten plötzlich solche Reichtümer, wie sie sich niemals erhofft, von denen sie nicht einmal Kunde gehabt hauen. Jedes Gemach enthüllte einen neuen Schatz, der zur Schau gestellt wurde. Die Menge des Goldes und Silbers, der verschiedenen Gewänder und der kostbare Schmuck übertrafen (sagt Abulfeda) die kühnste Phantasie. Ein anderer Geschichtschreiber schildert die riesige, fast unglaubliche Masse der Beute, indem er sie auf drei Millionen Goldstücke schätzt. Einige kleine, aber interessante Einzelheiten zeigen den Gegensatz zwischen den Reichtümern der Besiegten und der Unwissenheit und Armut der Sieger. Von den fernen Inseln des Indischen Ozeans war ein großer Vorrat Kampfer eingeführt worden, der mit einer Beimischung von Wachs zur Erleuchtung der Paläste des Orients verwendet wurde. Unbekannt mit dem Namen und den Eigenschaften dieses wohlriechenden Gummis, hielten die Sarazenen dieses für Salz, streuten es auf ihr Brot und staunten über den bitteren Geschmack. Eines der Gemächer des Palastes war mit einem seidenen, sechzig Ellen langen und ebenso breiten Teppich geschmückt; ein Paradies oder Garten war darauf gemalt, Blumen, Früchte und Gesträuche waren durch Goldstickerei und Edelsteine nachgeahmt und das große Viereck von einem bunten Kranz umwoben. Der arabische Feldherr beredete seine Soldaten, ihren berechtigten Anspruch auf den Teppich in der Hoffnung aufzugeben, daß dieses kostbare Meisterwerk dem Kalifen große Freude bereiten würde. Ohne Rücksicht auf Kunstwert oder königlichen Prunk zu nehmen, teilte der gerechte Omar die Beute unter seine Brüder von Medina. Das Kunstwerk wurde zerstört. Aber der bloße Wert der verschiedenen Materialien war so groß, daß der Anteil Alis allein für zwanzigtausend Drachmen Silber verkauft wurde. Ein Maultier, das die Tiara, den Harnisch, den Gürtel und die Armbänder Chosroes trug, wurde von den Verfolgern eingeholt. Das glänzende Siegeszeichen wurde dem Beherrscher der Gläubigen überbracht. Die ernstesten seiner Gefährten ließen sich zu einem Lächeln herab, als sie die ungeschlachte Gestalt des Veteranen erblickten, der mit den Zeichen des großen Königs bekleidet war. Auf die Plünderung von Ktesiphon folgte dessen Verödung und allmählicher Verfall. Den Sarazenen mißfiel die Lage und das Klima des Platzes, und Omar erhielt von seinem Feldherrn den Rat, den Sitz der Regierung auf das westliche Ufer des Euphrat zu verlegen. In jedem Jahrhundert war die Gründung der assyrischen Städte leicht, sowie deren Verfall schnell vor sich ging. Es fehlt dem Lande an Steinen und Bauholz, und die festesten Gebäude bestehen nur aus an der Sonne getrockneten Ziegeln, die durch Kitt aus einheimischem Erdpech verbunden sind. Das Wort Kufa bezeichnet eine Behausung aus Rohr und Erde. Aber die Wichtigkeit der neuen Hauptstadt wurde durch die Zahl, den Reichtum und Mut einer Kolonie von Veteranen unterstützt, deren Zügellosigkeit die weisesten Kalifen duldeten, weil sie fürchten mußten, hunderttausend schwertbewaffnete Männer zur Empörung zu reizen. »Ihr Männer von Kufa«, sagte Ali, der sich um ihren Beistand bewarb, »ihr habt stets durch eure Tapferkeit geleuchtet. Ihr habt den persischen König besiegt und seine Truppen zerstreut und von seinem Erbe Besitz ergriffen.« Diese wichtige Eroberung wurde durch die Schlachten von Jalula und Nehawend vollendet. Nach dem Verluste der ersteren floh Yezdidschird aus Holwan und verbarg sich in Schmach und Verzweiflung in den Gebirgen von Farsistan, von denen Cyrus mit seinen tapferen Gefährten herniedergestiegen war. Der Mut der Nation überdauerte den ihres Monarchen. Zwischen den Bergen, südlich von Ekbatana oder Hamadan hielten hundertfünfzigtausend Perser zum dritten und letzten Male den Feinden ihrer Religion und ihres Vaterlandes stand. Der Ausgang der entscheidenden Schlacht von Nehawed wird von den Arabern der Sieg der Siege genannt. Wenn es wahr ist, daß der fliehende Feldherr der Perser von Maultieren und Kamelen, die mit Honig beladen waren, aufgehalten und dadurch eingeholt wurde, so beweist dieser Umstand, wie groß die Üppigkeit einer orientalischen Armee war und wie sehr sie durch diese behindert wurde.

In der Geographie von Persien waren die Griechen und Römer nicht sehr bewandert. Dessen berühmtesten Städte sind aber offenbar älter als der Einbruch der Sarazenen. Mit der Bezwingung von Hamadan und Ispahan, von Kasbin, Tauris und Rei näherten sie sich den Gestaden des Kaspischen Meeres. Die Redner von Mekka priesen den Mut der Gläubigen, die bereits den nördlichen Bär aus den Augen verloren und fast die Grenzen der bewohnten Welt überschritten hätten. Sich abermals gegen Westen und das römische Reich wendend, überschritten sie den Tigris auf der Brücke von Mosul und umarmten in den bezwungenen Provinzen Armenien und Mesopotamien ihre siegreichen Brüder des syrischen Heeres. Vom Palaste von Madain aus nach Osten machten sie nicht minder große und schnelle Fortschritte. Sie rückten am Tigris und am Meerbusen vor, drangen über die Gebirgspässe in das Tal von Istachar oder Persepolis und entweihten das letzte Heiligtum des Reiches der Magier. Der Enkel des Chosroes wäre, unter den stürzenden Säulen und verstümmelten Statuen, die ein düsteres Bild des vergangenen und gegenwärtigen Schicksals Persiens gaben, fast überrumpelt worden. Er floh schleunigst durch die Wüste von Kirma, flehte die kriegerischen Segestaner um Hilfe an und suchte am Rande des türkischen und chinesischen Reiches Zuflucht. Aber ein siegreiches Heer fühlt keine Ermattung. Die Araber teilten ihre Streitkräfte zur Verfolgung eines furchtsamen Feindes, und der Kalif Othman versprach die Statthalterschaft von Chorasan dem ersten Anführer, der in dieses große und volkreiche Land, das Reich der alten Baktrier, eindringen würde. Die Bedingungen wurden angenommen, der Lohn erworben und die Fahne Mohammeds auf den Wällen von Herat, Meru und Balch aufgepflanzt. Der siegreiche Anführer gönnte sich weder Rast noch Ruhe, bis seine schaumbedeckte Reiterei aus dem Wasser des Oxus getrunken hatte. Bei der bestehenden Anarchie erlangten die Statthalter der Städte und Schlösser besondere Kapitulationsbedingungen. Diese wurden von dem jeweiligen Sieger vorgeschrieben, der sich durch Hochachtung, Klugheit oder Mitleid hiebei leiten ließ. Zwischen Bruder und Sklaven bestand nichts als ein Glaubensunterschied. Nach einer mutigen Verteidigung mußte

Harmozan, der Fürst oder Satrap von Susa, sich und sein Land dem Kalifen auf Gnade oder Ungnade ergeben. Ihre Zusammenkunft liefert ein lebendiges Bild der arabischen Sitten. In Gegenwart und auf Befehl Omars wurde der glänzend gekleidete Barbar seiner mit Gold gestickten Seidengewänder und seiner mit Rubinen und Smaragden geschmückten Tiara beraubt. »Fühlst du nun«, sprach der Sieger zu seinem nackten Gefangenen, »fühlst du nun das Gericht Gottes und den Unterschied in der Belohnung für Untreue und Gehorsam?« »Ach, nur zu tief!« erwiderte Harmozan. »In den Tagen unserer gemeinsamen Unwissenheit fochten wir mit den Waffen des Fleisches und unser Volk war überlegen. Gott war damals neutral. Seitdem er im Kampfe eure Partei ergriffen hat, habt ihr unser Königreich und unsere Religion gestürzt.« Niedergedrückt von diesem peinlichen Gespräch, klagte der Perser über unerträglichen Durst, ließ aber die Besorgnis laut werden, getötet zu werden, während er den Becher mit Wasser leere. »Sei guten Mutes«, sprach der Kalif, »dein Leben ist sicher, bis du dieses Wasser ausgetrunken hast.« Der schlaue Satrap vertraute der Zusicherung und zerschmetterte das Gefäß sofort auf dem Boden. Omar wollte die List rächen, aber seine Gefährten stellten ihm die Heiligkeit des Eides vor, und Harmozans schleunige Bekehrung brachte ihm nicht nur völlige Begnadigung, sondern auch ein Jahresgehalt von zweitausend Goldstücken. Die Verwaltung des Volkes wurde nach einer wirklichen Zählung des Volkes, Viehes und der Erdfrüchte geregelt. Diese Handlungsweise, welche die Fähigkeit des Kalifen beweist, hätte die Philosophen jedes Jahrhunderts belehren können.

Die Flucht Yezdidschirds hatte ihn über den Oxus bis an den Jaxartes geführt, zwei in alter und neuer Zeit berühmte Ströme, die von den Gebirgen Indiens dem Kaspischen Meer zufließen. Er wurde von Tarkhan, dem Fürsten von Fargana, einer fruchtbaren Provinz am Jaxartes, gastfreundlich aufgenommen. Der König von Samarkand und die türkischen Stämme von Sogdiana und Skythien wurden durch die Klagen des gestürzten Monarchen, der mit Versprechungen nicht sparte, gerührt. Er bewarb sich durch eine Bittgesandtschaft um die Freundschaft des mächtigen Kaisers von China. Der tugendhafte Taitsong, der erste Kaiser der Dynastie Tang, kann mit Recht den Antoinen von Rom verglichen werden. Sein Volk lebte in Wohlstand und Frieden, und seine Herrschaft wurde von vierundvierzig Barbarenhorden der Tartarei anerkannt. Seine fernsten Besatzungen von Kaschgar und Khoten unterhielten einen ziemlich regelmäßigen Verkehr mit ihren Nachbarn am Jaxartes und Oxus. Erst vor kurzem war durch eine persische Kolonie in China die Astronomie der Magier eingeführt worden, und Taitsong fühlte wohl über die schnellen Fortschritte und die gefährliche Nachbarschaft der Araber Besorgnis. Der Einfluß und vielleicht die Hilfsgelder Chinas belebten die

Hoffnungen Yezdidschirds und der Feueranbeter von neuem, und er kehrte mit einem Türkenheere zurück, um das Erbe seiner Väter wieder zu erobern. Die glücklichen Muselmanen waren, ohne auch nur das Schwert aus der Scheide zu ziehen, Zeugen seines Unterganges und Todes. Der Enkel des Chosroes wurde von seinen Sklaven verraten, von den aufrührerischen Bewohnern von Meru beschimpft, von seinen barbarischen Bundesgenossen gedrängt, geschlagen und verfolgt. Er erreichte das Ufer eines Flusses und bot seine Ringe und Armbänder einem Müller, damit ihn dieser übersetze. Unbekannt mit der Not des Königs oder gefühllos für sie, antwortete dieser, daß vier Drachmen der tägliche Ertrag seiner Mühle seien und er seine Arbeit erst einstellen wolle, bis ihm sein Verlust vergütet würde. In diesem Augenblick wurde der letzte König aus dem Geschlechte der Sassaniden durch die entstandene Verzögerung von der türkischen Reiterei eingeholt und getötet.

Seine unglückliche Regierung hatte neunzehn Jahre gedauert. Sein Sohn Firuz, ein Schützling des chinesischen Kaisers, nahm die Stelle eines Hauptmanns seiner Leibwache an. Der Gottesdienst der Magier wurde von einer Anzahl treuer Flüchtlinge in der Provinz Bucharei lange ausgeübt. Sein Enkel erbte den königlichen Titel, kehrte aber nach einer mißlungenen Unternehmung nach China zurück und beendete seine Tage im Palast von Sigan. Der Mannesstamm der Sassaniden war erloschen; die weiblichen Gefangenen aber, die Töchter Persiens, wurden von den Siegern in Knechtschaft oder zur Ehe genommen und so das Geschlecht der Kalifen und Imame durch das Blut ihrer königlichen Mütter veredelt.

Nach dem Sturz des persischen Königreiches war der Oxus die Grenze zwischen den Gebieten der Türken und der Sarazenen. Diese Grenze wurde von den mutigen Arabern bald überschritten. Die Statthalter von Chorasan dehnten nach und nach ihre Streifzüge immer weiter aus und brachten einst im Triumphe den Halbstiefel einer türkischen Königin, die ihn auf der Flucht über die Berge von Buchara verloren hatte, heim. Die endgültige Eroberung jedoch von Transoxiana so wie von Spanien war dem untätigen Walid und seiner ruhmvollen Regierung vorbehalten. Der Name Katibah oder Kameltreiber deutet auf die Herkunft und die Verdienste seines siegreichen Unterfeldherrn. Während einer seiner Kollegen die mohammedanische Fahne an den Ufern des Indus entfaltete, wurden die umfangreichen Länder zwischen dem Oxus, Jaxartes und dem Kaspischen Meere durch Katibah unterworfen, und die Bewohner gelobten dem Propheten und den Kalifen Gehorsam. Ein Tribut von zwei Millionen Goldstücken wurde den Ungläubigen auferlegt, ihre Götzenbilder wurden verbrannt oder zerbrochen, und der Anführer der Muselmanen hielt in der neuen Moschee von Karism eine Predigt. Nach mehreren Schlachten wurden die türkischen Horden in die Wüste zurückgetrieben, und die Kaiser von China bewarben sich um die Freundschaft der siegreichen Araber. Ihrem Fleiß kann der Wohlstand der Provinz, des Sogdianian der Alten, zum größten Teil zugeschrieben werden, aber die Fruchtbarkeit des Bodens und das günstige Klima war schon seit der Herrschaft der makedonischen Könige erkannt und ausgenützt worden. Vor dem Einbruch der Sarazenen waren Karism, Bochera und Samarkand, unter dem Joche der nördlichen Hirten stehend, wohlhabend und volkreich gewesen. Diese Städte waren mit einer doppelten Mauer umgeben; die äußere Befestigung von großem Umfang, schloß die benachbarten Felder und Gärten ein. Der Warenaustausch zwischen Indien und Europa wurde von den sogdianischen Kaufleuten durchgeführt, und die unschätzbare Kunst, Leinwand in Papier zu verwandeln, hat sich von der Fabrik in Samarkand über die abendländische Welt verbreitet.

II. Kaum hatte Abubeker die Einheit des Glaubens und der Regierung hergestellt, als er ein Rundschreiben an die arabischen Stämme sandte: »Im Namen des barmherzigsten Gottes an alle wahren Gläubigen. Heil und Glück und die Gnade und der Segen Gottes sei mit euch. Ich preise den höchsten Gott und bete für seinen Propheten Mohammed. Dies soll euch benachrichtigen, daß ich die echten Gläubigen nach Syrien senden will, um dieses aus den Händen der Ungläubigen zu befreien. Und ich tue euch kund, daß für die Religion kämpfen, eine Handlung des Gehorsams gegen Gott ist.« Seine Boten kehrten mit Berichten über den frommen und kriegerischen Eifer zurück, den sie in jeder Provinz wachgerufen hatten. Das Lager von Medina füllte sich nach und nach mit Scharen von unerschrockenen Sarazenen, die nach Kampf lechzten, über die Hitze und über Mangel an Lebensmitteln klagten und ungeduldig über das Zögern des Kalifen murrten. Sobald ihre Zahl groß genug war, bestieg Abubeker den Berg, hielt Heerschau über Menschen, Pferde und Waffen und sprach ein inbrünstiges Gebet für den Erfolg ihres Unternehmens. Er begleitete sie zu Fuß auf den ersten Marschtagen, und als die Anführer schamrot von den Pferden steigen wollten, beseitigte der Kalif ihre Scham durch die Erklärung, daß es gleich verdienstvoll sei, für die Religion zu reiten wie zu gehen. Seine Befehle für die Anführer der syrischen Armee waren von jenem kriegerischen Fanatismus eingegeben, der die Gegenstände irdischen Ehrgeizes erobern will, die er zu verachten scheint. »Gedenket«, sagte der Nachfolger des Propheten, »daß ihr stets in Gottes Gegenwart, am Rande des Grabes, in der Gewißheit des Gerichtes und in der Hoffnung des Paradieses seid. Vermeidet Ungerechtigkeit und Unterdrückung, ratschlaget mit euren Brüdern und strebt, die Liebe und das Vertrauen eurer Truppen zu bewahren. Wenn ihr die Schlachten des Herrn kämpfet, so zeiget euch als Männer, ohne dem Feind den Rücken zu kehren; aber euer Sieg werde nicht mit dein Blut von Weibern und Kindern befleckt. Vernichtet keine Palmbäume und verbrennet keine Kornfelder. Hauet keine Fruchtbäume nieder und tötet kein Vieh, es sei denn zu eurer Nahrung. Wenn ihr einen Vertrag schließet oder Bedingungen annehmt, so beharret dabei und haltet euer Wort. Wenn ihr weiterziehet werdet ihr fromme Personen treffen, die zurückgezogen in Klöstern leben und sich vorgenommen haben, Gott auf diese Weise zu dienen. Diese lasset in Frieden, tötet sie weder, noch zerstöret ihre Klöster. Ferner werdet ihr eine andere Art Volkes finden, die der Synagoge des Satans angehören und geschorene Häupter haben. Denen spaltet den Schädel und gebet ihnen keine Gnade, bis sie entweder Muselmanen werden oder Tribut zahlen.« Alle eitlen und leichtfertigen Gespräche, jede gefährliche Erinnerung an alte Streitigkeiten war unter den Arabern streng verboten. Ihre Religionsübungen wurden mitten im Lager eifrigst vorgenommen und die Pausen zwischen den Gefechten zum Gebet und zum Studium des Korans verwendet. Geringfügiger oder übermäßiger Weingenuß wurde mit achtzig Streichen auf die Fußsohlen bestraft. Die Muselmanen jener frühen Zeit waren mit solcher Inbrunst erfüllt, daß sie viele geheime Sünden und Fehltritte freiwillig offenbarten und um Strafe baten. Nach einigem Zögern wurde der Oberbefehl über das syrische Heer dem Abu Obeidah, einem Flüchtling aus Mekka und Gefährten des Propheten, übertragen, dessen Eifer und Andacht mit Milde und Güte gepaart war. Aber bei jeder Schwierigkeit während des Krieges verlangten die Soldaten nach dem überlegenen Genie Kaleds. Die Wahl des Fürsten, mochte sie ausfallen, wie sie wolle, änderte nichts daran, daß dem Ruhme nach das Schwert Gones immer der erste Anführer der Sarazenen war. Er gehorchte ohne Widerstreben, er wurde ohne Eifersucht zu Rate gezogen, und Kaled, oder besser seine Zeit, war so beschaffen, daß er seine Bereitwilligkeit erklärte, unter der Fahne des Glaubens zu dienen, selbst wenn sie sich in der Hand eines Feindes oder Kindes befände. Ruhm, Reichtum und Herrschaft waren allerdings dem siegreichen Muselman verheißen; aber man prägte ihm sorgfältigst ein, daß, wenn die Güter des Lebens sein einziger Ansporn wären, sie auch seine einzige Belohnung bleiben würden.

Eine der fünfzehn Provinzen von Syrien, das bebaute Land östlich vom Jordan, war von den Römern in ihrer Eitelkeit mit dem Namen Arabien geschmückt worden, und die ersten Waffentaten der Sarazenen wurden durch den Schein eines Nationalrechtes gerechtfertigt. Das Land war durch viele Handelsvorteile ausgezeichnet, die Kaiser hatten es mit einer Reihe von festen Plätzen versehen und die volkreichen Städte Gerasa, Philadelphia und Bosra waren durch starke Mauern wenigstens vor einem Handstreich geschützt. Die letzte dieser Städte war die achtzehnte Station von Medina. Der Weg war den Karawanen von Hedschas und Irak wohlbekannt, die jährlich den reichen Markt der Provinz und Wüste besuchten. Durch die beständige Eifersucht der Araber waren die Bewohner im Gebrauch der Waffen geübt, und Bosra, was in syrischer Sprache starker Turm der Verteidigung bedeutet, konnte zwölftausend Reiter entsenden. Durch ihren ersten Erfolg gegen die Städte und die streifenden Parteien an der Grenze ermutigt, wagte eine Heeresabteilung von viertausend Mann die Festung anzugreifen. Sie wurde von der Übermacht der Syrer bedrängt und durch die Ankunft Kaleds mit fünfzehnhundert Reitern gerettet. Er tadelte das Wagnis, stellte die Schlacht wieder her und befreite seinen Freund, den ehrwürdigen Serdschabil, der vergeblich Gott und den Apostel angerufen hatte. Nach kurzer Ruhe vollzogen die Muselmanen ihre Waschungen mit Sand an Stelle von Wasser, und das Morgengebet wurde von Kaled gesprochen, bevor er zu Pferde stieg. Im Vertrauen auf ihre Stärke öffnete die Bevölkerung von Bosra die Tore, sandte ihre Streitkräfte in die Ebene und schwur, bei der Verteidigung ihrer Religion zu sterben. Aber eine Religion des Friedens war nicht imstande, den fanatisch schreienden Scharen der Sarazenen, die »Kämpfet, kämpfet! Paradies, Paradies!« riefen, zu widerstehen. Das Geheul der Priester und Mönche, der Lärm in der Stadt, das Geläute der Glocken vermehrte das Entsetzen und die Unordnung der Christen. Die Araber blieben mit einem Verluste von zweihundertdreißig Mann Herren des Feldes, und die Wälle von Bosra waren in Erwartung menschlicher oder göttlicher Hilfe mit heiligen Kreuzen und geweihten Fahnen bedeckt. Der Statthalter Romanus hatte frühzeitig zur Unterwerfung geraten. Verachtet vom Volke und seines Amtes entsetzt, behielt er Mittel zur Rache. Bei einer nächtlichen Unterredung zeigte er dem Feinde einen unterirdischen Gang, der unter den Mauern der Stadt zu seinem Hause führte. Der Sohn des Kalifen und hundert Freiwillige vertrauten der Treue dieses neuen Bundesgenossen, und ihre Unerschrockenheit wurde vom Erfolg gekrönt: sie konnten ihren Gefährten ohne große Mühe Einlaß gewähren. Nachdem Kaled den Tribut und die sonstigen Bedingungen vorgeschrieben hatte, bekannte der Abtrünnige oder Bekehrte vor dem versammelten Volke seinen verdienstlichen Verrat. »Ich entsage eurer Gemeinschaft«, sagte Romanus, »sowohl in dieser als in jener Welt. Und ich verleugne Ihn, der gekreuzigt wurde und jeden, der Ihn verehrt. Ich wähle Gott zu meinem Herrn, den Islam zu meinem Glauben, Mekka zu meinem Tempel, die Muselmanen zu meinen Brüdern und Mohammed zu meinem Propheten, der gesandt wurde, uns auf die rechte Bahn zu führen und die wahre Religion denjenigen zum Trotz zu erhöhen, die neben Gott noch andere Götzen haben.«

Die Eroberung von Bosra, eine Tagesreise von Damaskus gelegen, ermutigte die Eroberer zur Belagerung der alten Hauptstadt von Syrien. In einiger Entfernung von den Mauern lagerten sie in den Hainen dieses blühenden Bezirkes. Wie gewöhnlich wurde den mutigen Bürgern, die kürzlich eine Verstärkung von fünftausend Griechen erhalten hatten, die Wahl zwischen dem mohammedanischen Glauben, Tribut oder Krieg überlassen. Während der Kindheit sowie des Verfalles der Kriegskunst wurde eine Herausforderung den Feinden häufig von den Feldherren gesendet oder von diesen angenommen. Manche Lanze zersplitterte auf der Ebene von Damaskus, und Kaled zeichnete sich durch persönliche Tapferkeit bei dem ersten Ausfalle der Belagerten aus. Nach hartnäckigem Kampfe hatte er einen der christlichen Anführer, einen starken, seiner würdigen Gegner zu Boden geworfen und gefangengenommen. Er bestieg sogleich ein frisches Pferd, ein Geschenk des Statthalters von Palmyra, und stürmte in die vorderste Reihe der Kämpfenden. »Ruhe einen Augenblick«, sagte sein Freund Derar, »und laß mich deinen Platz einnehmen, du bist von dem Kampfe mit diesem Hunde ermüdet.« »O Derar!« erwiderte der unermüdliche Sarazene, »wir werden in jener Welt ausruhen. Wer heute arbeitet, wird morgen ruhen.« Mit gleichem Feuer und unermüdet bekämpfte und besiegte Kaled einen zweiten Krieger. Die Häupter seiner Gefangenen, die sich weigerten, ihre Religion zu verleugnen, wurden in die Stadt geworfen. Der Ausgang einiger allgemeiner oder Einzelgefechte nötigte die Damaszener zu einer stärkeren Verteidigung. Ein Bote, den sie von der Mauer herabgelassen hatten, kehrte jedoch mit der Botschaft zurück, daß sie mächtige Hilfe baldigst erhalten würden. In ihrer Freude teilten sie diese Nachricht lärmend den Arabern mit. Nach einer Beratung wurde von den Feldherren beschlossen, die Belagerung von Damaskus aufzuheben oder vielmehr aufzuschieben, bis sie die Streitkräfte des Kaisers geschlagen haben würden. Beim Rückzuge wollte Kaled bei der Nachhut, der gefährlichsten Stelle, bleiben, fügte sich jedoch bescheiden den Wünschen Abu Obeidahs. Aber in der Stunde der Gefahr eilte er zu seinen Gefährten, die durch sechstausend Reiter und zehntausend Mann zu Fuß, welche einen Ausfall machten, hart bedrängt wurden. Nur wenige von den Christen konnten in Damaskus die Ursachen ihrer Niederlage erzählen. Die Bedeutung des Kampfes erforderte die Vereinigung der Sarazenen, die an den Grenzen von Syrien und Palästina zerstreut waren. Ich schreibe hier eines ihrer Kreisschreiben ab, das an Amru, den künftigen Eroberer von Ägypten, gerichtet war. »Im Namen des barmherzigsten Gottes, Kaled dem Amru Heil und Glück. Wisse, daß Deine Brüder, die Muselmanen, gegen Aiznadin ziehen, wo ein Heer von siebzigtausend Griechen steht, die gekommen sind, um das Licht Gottes mit ihrem Mund auszulöschen; aber Gott bewahret sein Licht den Ungläubigen zum Trotz. Sobald daher dieser mein Brief Deinen Händen überliefert ist, komme mit denen, die Du bei Dir hast, nach Aiznadin, wo Du uns finden wirst, so es Gott, dem Höchsten, gefällt.« Diese Aufforderung fand Freude und Gehorsam, und die fünfundvierzigtausend Muselmanen, die an demselben Tage zusammentrafen, schrieben die Wirkungen ihrer Tätigkeit und ihres Eifers der Vorsehung zu.

Ungefähr vier Jahre nach dem Triumphe im persischen Kriege wurde die Ruhe des Heraklius und des Reiches durch einen neuen Feind gestört, dessen Religion die Christen de« Ostens weniger gut verstanden, als dessen Macht, die sie zu fühlen bekamen. Er wurde in seinem Palaste zu Konstantinopel und Antiochia durch den Einbruch in Syrien, den Verlust von Bosra und das gefährdete Damaskus geweckt. Eine Armee von siebzigtausend, teils alten, teils neu ausgehobenen Truppen sammelten sich zu Hems oder Emesa unter dem Befehl seines Unterfeldherrn Werdan. Diese Truppen, hauptsächlich Reiterei, konnten entweder als Syrer, Griechen oder Römer bezeichnet werden: Syrer nach ihrem Vaterlande oder dem Kriegsschauplatz, Griechen nach der Religion und Sprache ihres Herrschers, Römer nach dem erhabenen Namen, der von den Nachfolgern Konstantins dauernd entweiht wurde. Als Werdan auf der Ebene von Aiznadin auf einem weißen, mit goldenen Ketten geschmückten Maultiere, von Fahnen und Bannern umgeben, dahinritt, wurde er plötzlich eines nackten grimmigen Kriegers gewahr, der sich so nahe herangewagt hatte, um den Feind auszukundschaften. Die Kühnheit und Tapferkeit Derars war durch die Schwärmerei seines Zeitalters und Vaterlandes bedingt und ist vielleicht durch diese ausgeschmückt worden. Christenhaß, Beutedurst und Verachtung der Gefahr waren die vorherrschenden Leidenschaften des verwegenen Sarazenen. Die Aussicht, einen frühen Tod zu erleiden, konnte weder jemals seine religiöse Zuversicht erschüttern noch seine Entschlüsse stören. Sogar seine gute Laune konnte dadurch keine Einbuße erleiden. Bei der hoffnungslosesten Unternehmung war dieser Sarazene kühn, klug und glücklich. Nach unzähligen bestandenen Gefahren, nachdem er dreimal Gefangener der Ungläubigen gewesen war, lebte er, um die Taten bei der Eroberung Syriens zu erzählen und um die Reichtümer, den Lohn seiner Taten, zu genießen. Diesmal hielt er mit seiner Lanze dreißig Römer in Schach, die von Werdan entsendet worden waren. Nachdem Deran siebzehn von ihnen getötet oder aus dem Sattel gehoben hatte, kehrte er wohlbehalten zu seinen jubelnden Brüdern zurück. Als der Feldherr seine Verwegenheit milde tadelte, entschuldigte er sich wie ein einfältiger Soldat. »Ich fing ja nicht zuerst mit dem Kampfe an«, sagte Derar, »sie kamen, um mich zu fangen und da ich fürchtete, daß Gott meine Flucht sehen würde, focht ich mit aller Kraft Ohne Zweifel ist mir Gott beigestanden, und die Feinde werden in unsere Hände fallen.«

Angesichts beider Heere trat ein ehrwürdiger Grieche aus der Schlachtreihe und näherte sich seinen Feinden mit freigebig gemachten Friedensanerbietungen: der Abzug der Sarazenen sollte mit einem Turban, einem Gewand, einem Goldstück für jeden Soldaten, mit zehn Gewändern und hundert Goldstücken für den Anführer, hundert Gewändern und tausend Goldstücken für den Kalifen erkauft werden. Mit Lachen und Entrüstung wies Kaled das Anerbieten zurück. »Ihr Christenhunde, ihr kennet die Wahl: Koran, Tribut oder Schwert! Wir sind ein Volk, das am Kriege mehr Freude findet als am Frieden. Wir verachten euer armseliges Almosen, denn wir werden baldigst Herren eurer Reichtümer, eurer Familien und eurer selbst sein.« Trotz dieser zur Schau getragenen Verachtung, war er sich der Gefahr bewußt. Selbst diejenigen, die in Persien gewesen waren und die Heere des Chosroes gesehen hatten, gaben zu, daß sie nie eine größere Heeresmacht erblickt hätten. Der schlaue Sarazene verwendet die Übermacht des Feindes, um seine Scharen aufzustacheln: »Ihr seht die vereinte Macht der Römer vor euch«, sagte er, »Hoffnung zu entkommen besteht keine. Wohl aber könnt ihr, wenn ihr tapfer seid, Syrien in einem Tage erobern. Der Ausgang hängt von der Ordnung ab, die ihr bewahrt und von eurer Geduld. Entfaltet eure Tapferkeit erst am Abend. Am Abend pflegt der Prophet zu siegen.« In zwei darauffolgenden Gefechten ertrug er mit großer Ruhe die Angriffe des Feindes und das Murren seiner Truppen. Endlich, als die Kräfte der Gegner erschöpft und deren Köcher fast leer waren, gab Kalef das Zeichen zum Angriff und siegte. Die Reste des kaiserlichen Heeres flohen nach Antiochia, Cäsarea oder Damaskus. Über den Tod von vierhundertsiebzig Muselmanen trösteten sich deren Brüder mit dem Glauben, daß sie mehr als fünftausend Ungläubige zur Hölle gesandt hatten. Die Beute war unschätzbar; viele Banner und Kreuze aus Gold und Silber, Edelsteine, silberne und goldene Ketten, zahllose Rüstungen und Gewänder aus den kostbarsten Stoffen. Die Verteilung wurde bis zur Einnahme von Damaskus verschoben, nur die Waffen der Besiegten dienten zur Bekämpfung der Damaszener. Die glorreiche Kunde wurde dem Kalifen überbracht. Auch jene Araberstämme, die sich bisher am ablehnendsten und feindseligsten gegen die Lehre des Propheten verhalten hatten, waren begierig, die Beute Syriens zu teilen.

Die traurige Nachricht gelangte mit Schnelligkeit unter Schmerz und Entsetzen nach Damaskus. Dessen Bewohner sahen von ihren Mauern die Rückkehr der Helden von Aiznadin. Amru führte die Vorhut von neuntausend Reitern, dann folgten die schreckenerregenden Scharen der Sarazenen. Die Nachhut befehligte Kaled selbst, in der die Standarte des schwarzen Adlers mitgeführt wurde. Derar wurde beauftragt, mit zweitausend Reitern die Runde um die Stadt zu machen, die Ebene von Feinden zu säubern und alle Zufuhr für die Stadt abzuschneiden. Die anderen arabischen Häuptlinge nahmen die ihnen angewiesenen Stellungen vor den Toren von Damaskus ein. Die Belagerung wurde mit frischer Kraft und Zuversicht erneuert. Selten verwendeten die primitiveren Sarazenen die Kriegsmaschinen der Griechen oder Römer, noch gaben sie sich mit Kunst oder feineren Arbeiten ab. Trotzdem waren ihre Unternehmungen meist glücklich. Sie schlossen Städte meist ein, ohne Gräben zu ziehen, wiesen die Ausfälle der Belagerten zurück, versuchten Erfolge durch Kriegslist oder Sturm zu erreichen und begnügten sich im übrigen, die Wirkungen des Hungers oder von Streitigkeiten abzuwarten. Damaskus hätte sich nach dem Siege von Aiznadin gefügt, wenn der Mut der Bewohner nicht durch den angesehenen und beispielgebenden Thomas, einen edlen Griechen, belebt worden wäre. Während der Nacht taten Lärm und Beleuchtung in der Stadt kund, daß am folgenden Morgen ein Ausfall beabsichtigt sei. Der christliche Held, der Verachtung gegen die Schwärmerei der Araber zeigte, griff jedoch gleichfalls zum Glauben als Hilfsmittel. Am Haupttore wurde im Angesicht beider Heere ein großes Kruzifix errichtet, der Bischof und die Geistlichkeit begleitete den Zug und legten einen Band des Neuen Testaments zu Füßen Jesu nieder. Die gegnerischen Parteien wurden durch Gebete, die den Schutz Gottes erflehten, erbaut oder geärgert. Die Schlacht wurde mit erbitterter Wut geführt. Thomas, ein unvergleichlicher Bogenschütze, wurde den kühnsten Sarazenen gefährlich; er wurde jedoch durch eine sarazenische Heldin verletzt. Die Gattin Abans, die ihm in den heiligen Krieg gefolgt war, umarmte ihren sterbenden Gemahl. »Glücklich«, sagte sie »glücklich bist du, mein Teurer, du bist zu deinem Gott gegangen, der uns erst vereinigte, dann trennte. Ich will deinen Tod rächen und alles, was in meiner Macht steht, tun, um an den Ort zu gelangen, wo du bist, denn ich liebe dich. Kein Mann soll mich mehr berühren, denn ich habe mich dem Dienste Gottes geweiht.« Ohne Seufzer, ohne Tränen wusch sie die Leiche ihres Gemahls und begrub sie mit den üblichen Zeremonien. Dann griff Abans unerschrockene Witwe zu den Waffen, die sie schon früher geführt hatte und suchte die Stelle im Gewühle, wo der Sieger über ihren Gatten kämpfte. Ihr erster Pfeil durchbohrte die Hand seines Fahnenträgers, ihr zweiter verwundete Thomas am Auge. Die ermatteten Christen sahen die Standarte ihres Führers sinken. Aber der hochherzige Verteidiger von Damaskus weigerte sich, in seinen Palast zurückzukehren. Er ließ seine Wunde auf dem Walle verbinden. Der Kampf dauerte bis zum Abend, und die Syrer ruhten auf ihren Waffen. Mitten in der Nacht wurde durch einen Schlag auf eine Glocke das Zeichen zum Angriff gegeben, die Tore öffneten sich, und aus jedem brach eine gewaltige Heeressäule gegen die Lager der schlafenden Sarazenen vor. Kaled war der erste, der sich ihnen gewaffnet entgegenstellte.

An der Spitze von vierhundert Reitern begab er sich eilends an die Stelle der Gefahr, und Tränen rollten über seine Wangen, als er mit Inbrunst ausrief: »O Gott, der du niemals schläfst, sieh herab auf deine Diener und überliefere sie nicht den Händen der Ungläubigen!« Das Schwert Gottes gebot dem tapferen und siegreichen Thomas Einhalt. Die Muselmanen stellten, als sie die Gefahr überblickten, die Ordnung in ihren Reihen wieder her und griffen die Angreifenden ihrerseits in Flanken und Rücken an. Nach dem Verlust vieler Tausende zog sich der christliche Feldherr in Verzweiflung in die Stadt zurück, von deren auf den Wällen stehenden Kriegsmaschinen die Verfolgung der Sarazenen gehemmt wurde.

Nach siebzigtägiger Belagerung war die Geduld und waren vielleicht die Vorräte der Damaszener erschöpft. Die tapfersten Anführer unterwarfen sich dem Gebot der Notwendigkeit. Sie hatten während des Krieges gelernt, die Wildheit Kaleds zu fürchten und die Milde Abu Obeidahs zu verehren. Um Mitternacht wurden hundert auserlesene Abgeordnete der Geistlichkeit und des Volkes in das Zelt dieses ehrwürdigen Befehlshabers geführt. Er empfing und entließ sie mit Wohlwollen. Sie kehrten mit einem schriftlichen Vertrage eines der Gefährten Mohammeds zurück, in dem gesagt war, daß alle Feindseligkeiten aufhören, freiwillig Fortziehende so viel Habe, als sie tragen konnten, mitnehmen durften und die als zinspflichtigen Untertanen des Kalifen Verbleibenden ihre Ländereien und Häuser sowie ihre sieben Kirchen behalten sollten. Auf Grund dieser Bedingungen wurden ihm die vornehmsten Bürger als Geiseln überliefert und das dem Lager nächste Tor geöffnet. Die Soldaten unterwarfen sich den Bestimmungen ihres Anführers und befleißigten sich derselben Mäßigkeit. Abu Obeidah erwarb sich mit seinen milden Bedingungen die Dankbarkeit des Volkes, das er vor dem Verderben bewahrt hatte. Der Erfolg der Gesandtschaft hatte jedoch die Wachsamkeit der Damaszener vermindert. Im gleichen Augenblick wurde das auf der anderen Seite liegende Stadtviertel durch Verrat im Sturm genommen. Eine Abteilung von hundert Arabern hatte das östliche Tor einem unerbittlichen Feinde geöffnet. »Keine Gnade!« schrie der raubgierige und blutdürstige Kaled, »keine Gnade den Feinden des Herrn!« Seine Trompeten bliesen, und ein Strom von Christenblut ergoß sich in die Straßen von Damaskus. Als er die Kirche der heiligen Maria erreichte, wurde er durch seine ihm entgegentretenden friedlichen Gefährten in Wut versetzt. Deren Schwerter ruhten in den Scheiden; sie waren von einer Schar von Mönchen und Priestern umgeben. Abu Obeidah begrüßte den Feldherrn und sprach: »Gott hat die Stadt durch deren Übergabe in meine Hände geliefert und den Gläubigen die Mühen des Kampfes erspart.« »Und bin ich nicht«, erwiderte Kaled mit Entrüstung, »bin ich nicht der Stellvertreter des Beherrschers der Gläubigen? Die Ungläubigen sollen durch das Schwert umkommen. Los auf sie!« Die hungrigen und grausamen Araber wären dem Befehle nachgekommen, und Damaskus wäre verloren gewesen, wenn Obeidah durch seine Festigkeit nicht in anerkennenswertester Weise diese gerettet hätte. Er warf sich zwischen die zitternden Bürger und die gierigsten der Barbaren, beschwor sie im Namen Gottes, sein Versprechen nicht zu brechen, ihre Wut zu zügeln und den Beschluß ihrer Anführer abzuwarten. Diese Anführer zogen sich in die Kirche der heiligen Maria zurück. Nach heftigem Widerstreben unterwarf sich Kaled seinem einsichtigen und angesehenen Kollegen, der die Heiligkeit des Eides, die Ehre sowie den Vorteil, den die Muselmanen aus der pünktlichen Erfüllung ihres Wortes ziehen würden, ins Treffen führte. Er machte ferner aufmerksam, daß sie im Falle eines Wortbruches von den anderen syrischen Städten eine besonders hartnäckige Verteidigung zu gewärtigen hätten. Man kam überein, den Kampf ruhen zu lassen. Jener Teil von Damaskus, der sich Obeidah ergeben hatte, sollte sogleich gemäß dem Vertrage behandelt werden, und die endgültige Entscheidung wurde dem weisen und gerechten Kalifen anheimgegeben. Eine große Anzahl der Damaszener entschied sich zur Unterwerfung und Tributzahlung. Damaskus wird noch jetzt von zwanzigtausend Christen bewohnt. Der tapfere Thomas aber und die freigeborenen Patrioten, die unter seiner Fahne gefochten hatten, zogen Armut und Verbannung vor. Auf den benachbarten Feldern wurde ein großes Lager von Priestern, Laien, Soldaten, Bürgern, Frauen und Kindern aufgeschlagen. Sie sammelten eiligst und geängstigt ihre wertvollsten Habseligkeiten und verließen unter lautem Wehklagen oder in stummem Schmerze ihre Heimat und die lieblichen Ufer des Pharphar. Der unbeugsame Kaled wurde durch ihre sichtliche Not nicht gerührt. Er machte den Damaszenern ein Kommagazin streitig, bemühte sich, die Besatzung der Wohltaten des Vertrages nicht teilhaftig werden zu lassen und willigte nur mit Widerstreben ein, daß jeder Flüchtling sich mit einem Schwert oder einer Lanze oder einem Bogen bewaffnete. Er erklärte finster, daß sie nach Ablauf von drei Tagen als Feinde der Muselmanen behandelt und verfolgt werden würden.

Die Leidenschaft eines syrischen Jünglings trug Schuld an dem Verderben der Flüchtlinge von Damaskus. Ein Edelmann der Stadt, namens Jonas, war mit einer reichen Jungfrau verlobt. Deren Eltern aber verschoben die Hochzeit und sie ließ sich bereden, mit dem Mann ihrer Wahl zu entfliehen. Sie bestachen des Nachts die Wache am Tore von Kaisan. Der vorangehende Liebhaber wurde von den Arabern umzingelt. Seins Ausruf in griechischer Sprache: »Der Vogel ist gefangen!« warnte die Geliebte, die in die Stadt zurückfloh. In Gegenwart Kaleds und angesichts des Todes bekannte sich Jonas zum Glauben des Propheten, dem er bis zu seinem Märtyrertod treu blieb. Nach Einnahme der Stadt eilte er zu dem Kloster, in das sich Eudokia geflüchtet hatte; aber der Liebhaber war vergessen, der Abtrünnige wurde verachtet. Eudokia bekannte sich zu ihrer Religion, wenn sie auch deshalb ihr Vaterland verlieren mußte. Kaled, obwohl ohne Mitleid, verweigerte jedoch die gewaltsame Zurückhaltung irgendeines Bewohners von Damaskus. Vier Tage wurde der Feldherr in der Stadt durch wichtige Verpflichtungen zurückgehalten. Sein Blutdurst und seine Beutegier wären mit der Zeit schwächer geworden und erloschen. Jonas jedoch drängte ihn zur Verfolgung und versicherte, daß die ermatteten Flüchtlinge noch eingeholt werden könnten. An der Spitze von viertausend, als christliche Reiter verkleideten Arabern ging Kaled an die Verfolgung. Sie unterbrachen ihren Ritt nur für Augenblicke, in denen gebetet wurde. Der Führer war mit dem Lande völlig vertraut. Lange Zeit war die Fährte der Damaszener deutlich sichtbar, plötzlich aber verschwand sie. Die Verfolger waren jedoch gewiß, daß die Flüchtlinge ins Gebirge gezogen waren und bald von ihnen eingeholt werden mußten. Beim Überschreiten der Bergketten des Libanon ertrugen sie unglaubliche Beschwerden. Der sinkende Mut der fanatischen Veteranen wurde durch den eifrigen Liebhaber aufgefrischt und befeuert. Von einem Bauer erfuhren sie, daß der Kaiser den Flüchtlingen den Befehl gesandt hatte, die Küstenstraße nach Konstantinopel einzuschlagen, da er wahrscheinlich fürchtete, daß die Soldaten und Einwohner Antiochias durch ihren Anblick und die Geschichte ihrer Leiden entmutigt werden könnten. Die Sarazenen wurden, vorsichtig den Städten sich fernhaltend, durch die Gebiete von Gabala und Laodikea geführt. Es regnete unaufhörlich, die Nacht war finster, ein einziger Berg trennte sie von der römischen Armee, und Kaled, stets besorgt um seine Brüder, erzählte ihnen einen unheilkündenden Traum, den er gehabt hatte.

Mit Anbruch des Tages besserte sich das Wetter, und sie erblickten in einem schönen Tale die Zelte der Damaszener. Nach einer kurzen Ruhe und nach dem Gebete teilte Kaled seine Reiterei in drei Geschwader. Das erste vertraute er seinem treuen Derar an, er selbst behielt das dritte. Sie stürzten auf die wirre Menge, die schlecht mit Waffen versehen war und besiegten sie, die bereits ermüdet und vom Gram geschwächt war. Die Araber glaubten, daß, mit Ausnahme eines Gefangenen, der begnadigt und entlassen worden war, kein Christ ihrem Schwerte entgangen war. Gold und Silber war über das Lager verstreut, und eine königliche Garderobe, bestehend aus dreihundert Lasten Seide, war den Barbaren hoch willkommen. Im Getümmel der Schlacht suchte und fand Jonas die, die er verfolgte. Eudokia war jedoch durch diese neuerliche treulose Handlung seinerseits gegen ihn ergrimmt, und gegen seine verhaßte Umarmung kämpfend, stieß sie sich einen Dolch ins Herz. Eine andere Frau, die Witwe des Thomas und die wirkliche oder angebliche Tochter des Heraklius, wurde ohne Lösegeld verschont und entlassen. Der Großmut Kaleds war durch seine Verachtung hervorgerufen worden. Der übermütige Sarazene beschimpfte durch eine trotzige Botschaft den Cäsar. Kaled war über hundertfünfzig Meilen in das Herz der römischen Provinz eingedrungen. Er kehrte mit derselben Schnelligkeit und in aller Stille nach Damaskus zurück. Bei der Thronbesteigung Omars wurde das Schwert Gottes des Oberbefehles entsetzt; aber der Kalif mußte, obwohl er die Verwegenheit des Unternehmens tadelte, doch die Kraft und Geschicklichkeit loben, womit es ausgeführt worden war.

Ein anderer Streifzug der Eroberer von Damaskus wird in gleichem Maße deren Habsucht, wie ihre Verachtung der Reichtümer dieser Welt zeigen. Sie erfuhren, daß die Produkte und Fabrikate des Landes alljährlich auf der Messe von Abyla ungefähr dreißig Meilen von der Stadt zur Schau gestellt wurden. Gleichzeitig besuchten Scharen von Pilgern die Zelle eines frommen Einsiedlers. Es war auch beabsichtigt, während dieses Festes die Vermählung der Tochter des Statthalters von Tripolis zu feiern. Abdallah, der Sohn Giafars, eines ruhmgekrönten und heiligen Märtyrers, übernahm mit einem Geschwader von fünfhundert Reitern den Auftrag, die Ungläubigen zu berauben. Als er sich der Messe von Abyla näherte, erhielt er Nachricht, daß nahezu zehntausend Menschen, Christen und Juden, Griechen und Armenier, Eingeborene Syriens und Fremde aus Ägypten, nebst einer Leibwache von fünftausend Reitern, welche die Braut begleiteten, dort zusammengeströmt waren. Die Sarazenen hielten an. »Was mich betrifft«, sagte Abdallah, »wage ich nicht umzukehren. Die Feinde sind zahlreich, die Gefahr ist groß, aber der Lohn wird glänzend sein und ist uns sicher, entweder in dieser oder jener Welt. Jeder kann handeln, wie es ihm beliebt, zurückkehren oder mit mir vorgehen.« Kein einziger Muselman verließ seine Fahne. »Zeige den Weg«, sagte er zu seinem christlichen Führer, »und du wirst sehen, was die Streiter des Propheten vermögen.« Sie griffen in fünf Geschwadern an, aber nach der ersten Überraschung wurden sie von der Menge der Feinde umzingelt und fast erdrückt. Zur Zeit des Sonnenunterganges, als die Waffen ihren Händen zu entsinken begannen und sie dem Tode nahe waren, gewahrten sie eine sich nähernde Staubwolke, hörten das ihnen willkommene Geschrei Tekbir! Bald darauf erblickten sie die Fahne Kaleds, der ihnen mit großer Schnelligkeit zu Hilfe eilte. Die Christen wurden durch seinen Angriff niedergeworfen und auf ihrer Flucht zum Flusse Tripolis niedergemetzelt. Die aufgestapelten Reichtümer der Messe blieben zurück: die zum Verkauf ausgestellten Waren, das zum Kauf mitgebrachte Geld, der für das Vermählungsfest bereitstehende Schmuck und die Juwelen der Tochter des Statthalters von Tripolis und vierzig Frauen ihres Gefolges. Die Früchte, Mundvorräte, der Hausrat, das Gold,

Silbergeschirre und die Juwelen wurden schnell auf Pferde, Esel und Kamele geladen und die Räuber kehrten im Triumph nach Damaskus zurück. Den Einsiedler, der auf Märtyrerruhm nicht bedacht war, ließ man nach einem kurzen Wortwechsel auf dem blutigen und verwüsteten Platz einsam zurück, ohne ihm das Leben zu nehmen.

Syrien, eines jener Länder, die durch eine frühe Kultur veredelt worden sind, war dieses Vorzuges nicht unwürdig. Die Hitze wird durch die Nähe des Meeres und der Gebirge und durch den Reichtum an Wald und Wasser erträglich gemacht. Der Boden liefert reichlich Früchte für den Unterhalt der Menschen. Die Tiere vermehren sich rasch. Vom Zeitalter des David bis zu jenem des Heraklius war das Land mit alten und blühenden Städten bedeckt. Die Einwohner waren zahlreich und wohlhabend. Selbst nach den Verheerungen der Despoten und dem Persischen Kriege vermochte Syrien noch immer die räuberischen Stämme der Wüste anzulocken und deren Gier zu befriedigen. Eine zehn Tagesreisen große Ebene, von Damaskus nach Aleppo und Antiochia, wird im Westen von dem sich windenden Orontes bewässert. Die Gebirge des Libanon und Antilibanon ziehen sich von Norden nach Süden zwischen dem Orontes und dem Mittelmeere hin. Das von den beiden Rücken der schneebedeckten Berge eingeschlossene Tal erhielt den Beinamen hohl (Cölesyrien). Unter den Städten mit griechischen oder orientalischen Namen, die bei der Eroberung von Syrien aufgezählt werden, sind auch Emesa oder Hems, die Metropole der Ebene und Heliopolis oder Baalbek, die Hauptstadt dieses Tales erwähnt. Unter den letzten Cäsaren waren sie stark und volkreich. Die Türme glänzten weithin, ein großer Raum war mit öffentlichen und Privatgebäuden bedeckt, und die Bürger zeichneten sich durch ihren Mut oder Stolz, durch ihre Reichtümer oder ihr üppiges Leben aus. In den Zeiten des Heidentums waren die Einwohner sowohl Enmesas als auch Heliopolis' Verehrer des Baal oder der Sonne. Nach dem Untergang dieser Religionen und ihres Glanzes zeigte sich in ihrem Glücke eine besondere Verschiedenheit. Keine Spur ist von dem Tempel von Emesa übrig, dessen Spitze in den Elaboraten der Dichter die Gipfel des Libanon erreichte. Die von den Schriftstellern des Altertums nicht erwähnten Ruinen von Baalbek hingegen erwecken noch heute die Neugierde und das Erstaunen der europäischen Reisenden. Der Tempel maß zweihundert Fuß in der Länge und hundert in der Breite. Die Vorderseite ist mit einem doppelten Portikus von acht Säulen .geschmückt, vierzehn befinden sich auf jeder Seite. Jede Säule ist fünfundvierzig Fuß hoch und besteht aus drei massiven Blöcken aus Stein oder Marmor. Der Stil ist korinthisch. Da jedoch Baalbek nie der Sitz eines Monarchen gewesen ist, so vermögen wir nicht zu erklären, wie die Ausgabe für so prachtvolle Gebäude allein durch die Spenden von Privatpersonen aufgebracht werden konnte. Nach der Eroberung von Damaskus drangen die Sarazenen nach Heliopolis und Emesa vor. Ich vermeide aber die Beschreibung der Ausfälle und Kämpfe, da eine solche bereits in größerem Maßstabe gegeben wurde. Bei der Fortsetzung des Krieges waren ihr Schwert und ihre Politik gleicherweise wirksam. Durch kurze, einzelnen Truppenteilen des Feindes gewährte Waffenstillstände wurde dieser geschwächt, die Syrer konnten zwischen der Freundschaft und Feindschaft mit den Sarazenen Vergleiche ziehen. Sie machten sie mit ihrer Sprache, Religion und Sitten vertraut und leerten durch heimlich erfolgende Käufe die Magazine und Waffenhäuser der Städte, zu deren Belagerung sie später zurückkehrten. Sie verlangten von den reicheren und hartnäckigeren Städten höheres Lösegeld. Chalcis allein mußte fünftausend Unzen Gold, fünftausend Unzen Silber, zweitausend seidene Gewänder und so viel Feigen und Oliven zahlen, als fünftausend Esel fortschleppen konnten. Die Bedingungen des Waffenstillstandes oder der Übergabe wurden jedoch treulich gehalten, und der Stellvertreter des Kalifen, der versprochen hatte, das übergebene Baalbek nicht zu betreten, blieb in seinem Zelte, bis die streitenden Parteien seine Gegenwart verlangten. Die Eroberung der Ebene und des Tales von Syrien wurde in weniger als zwei Jahren vollendet. Dennoch tadelte der Beherrscher der Gläubigen diese wegen ihrer langsamen Fortschritte, und die Sarazenen forderten, ihren Fehler reue- und wuterfüllt beweinend, ihre Anführer auf, sie vorwärts in die Schlachten des Herrn zu führen. Bei einem Kampfe vor den Mauern von Emesa hörte man einen Jüngling, den Vetter Kaleds, laut ausrufen: »Mir däucht, ich sehe die schwarzhaarigen Jungfrauen auf mich herniederblicken; wenn eine einzige von ihnen auf dieser Welt erschiene, würde die ganze Welt aus Liebe zu ihr sterben. Ich sehe ferner in der Hand der einen ein Tuch aus grüner Seide und in der anderen einen Helm aus Edelsteinen, und sie winkt mir und ruft: Komm schnell, denn ich liebe dich.« Mit diesen Worten stürzte er sich auf die Christen und trug den Tod in ihre Reihen, bis er endlich von dem Befehlshaber von Emesa gestellt und mit einem Wurfspieß getötet wurde.

Die Sarazenen waren genötigt, ihre ganze Tapferkeit und ihren Enthusiasmus gegen die Streitkräfte des Kaisers zu entfalten, der aus den beiden Niederlagen erkannt hatte, daß die Räuber der Wüste einen regelrechten Feldzug unternommen hatten, die eroberten Länder in der Hand behalten wollten und nahe daran waren, diese Eroberungen zu vollenden. Aus den Provinzen Europas und Asiens wurden achtzigtausend Soldaten zu Land und Wasser nach Antiochia und Cäsarea gesandt. Die leichten Truppen des Heeres bestanden aus sechzigtausend christlichen Arabern vom Stamme Gassan. Unter der Fahne Jabalahs, des letzten ihrer Fürsten, bildeten sie die

Vorhut, denn es war Maxime bei den Christen, daß man einen Diamant am besten mit Diamanten schneidet. Heraklius entzog sich den Gefahren des Feldes, aber Zuversicht oder vielleicht Kleinmütigkeit bewog ihn, den strikten Befehl zu erteilen, daß das Schicksal der Provinz durch eine einzige Schlacht entschieden werden solle. Die Syrer folgten der Fahne Roms und hingen dem Kreuze an. Sie wurden aber, ob Edle, Bauern oder Bürger, durch die Grausamkeit und Zügellosigkeit einer Schar kaiserlicher Truppen erbittert, die sie als Untertanen behandelte, unterdrückte und als Fremde verachtete. Das Gerücht von den gewaltigen Rüstungen gelangte in das Lager der Sarazenen von Emesa. Die Häuptlinge, obschon zum Kampfe entschlossen, beriefen einen Kriegsrat. Abu Obeidah würde im Vertrauen auf seinen Glauben am gleichen Flecke geblieben sein und den Märtyrertod erlitten haben. Der kluge Kaled aber riet zu einem ehrenvollen Rückzuge nach den Grenzen Palästinas und Arabiens, wo sie die Hilfe ihrer Vaterlandsgenossen und den Angriff der Ungläubigen erwarten konnten. Ein schnellfüßiger Bote kehrte bald aus Medina mit dem Segen Omars und Alis, mit Versprechungen der Fürbitte der Witwe des Propheten zurück. Auf ihrem Wege rollten sie eine Heeresabteilung der Griechen auf, und als sie sich im Lager zu Yenmak mit ihren Brüdern vereinigten, erhielten sie die erfreuliche Nachricht, daß Kaled die christlichen Araber des Stammes Gassan bereits angegriffen und zerstreut habe. In der Nähe von Bosra ergießen sich die Quellen des Berges Hermon in einem Bache in die Ebene Dekapolis oder der zehn Städte: Hieromar ist sein Name, der später zu Yermuk verunstaltet wurde. Er verliert sich nach kurzem Laufe im See Tiberias. Dieser kleine Fluß wurde durch einen langen und blutigen Kampf berühmt. Bei dieser Veranlassung gab der bescheidene Abu Obeidah auf allgemeinen Wunsch dem verdienstvollsten aller Muselmanen den Oberbefehl zurück. Kaled stellte sich vor die Front, sein Amtsgenosse bei der Nachhut auf, damit eventuell Unordnung machende Flüchtlinge durch seine ehrwürdige Person und die gelbe Fahne, welche Mohammed vor den Mauern Chaibars entfaltet hatte, aufgehalten würden. In der letzten Linie befand sich Derars Schwester, eine jener Araberinnen, die sich dem heiligen Krieg angeschlossen hatten und die den Bogen und die Lanze zu handhaben gewohnt waren. Die Ermahnung des Feldherrn war kurz und eindringlich: »Vor euch ist das Paradies, hinter euch der Teufel und das höllische Feuer.« Der Anprall der römischen Reiterei war jedoch so stark, daß der rechte Flügel der Araber durchbrochen und vom Hauptheer getrennt wurde. Dreimal zogen sie sich in Unordnung zurück, und dreimal wurden sie durch die Vorwürfe und Schläge der Weiber zum Angriff vorgetrieben. In den Pausen des Gefechtes besuchte Abu Obeidah die Zelte seiner Brüder, verlängerte ihre Ruhe, indem er die Gebete zweier verschiedener Stunden sprach, verband eigenhändig ihre

Wunden und gab ihnen die tröstende Versicherung, daß die Ungläubigen ihre Leiden teilten, ohne an ihrem Lohne teilzuhaben. Viertausenddreißig Muselmanen wurden auf dem Schlachtfeld begraben und siebenhundert rühmten sich, bei dem Kampfe durch die geschickten armenischen Bogenschützen ein Auge verloren zu haben. Die Veteranen des syrischen Heeres gestanden, daß es der härteste Kampf gewesen sei, den sie erlebt hatten, und daß der Ausgang sehr zweifelhaft gewesen wäre. Aber dieser Tag war auch der entscheidendste. Mehrere tausend Griechen und Syrer fielen durch das Schwert der Araber, viele wurden nach der Schlacht in den Wäldern und Gebirgen niedergemetzelt, viele ertranken in den Fluten des Yermuk, weil sie die Furt verfehlten. Obwohl die Verluste vergrößert worden sein mögen, beweinen und bekennen doch die christlichen Schriftsteller die blutige Strafe ihrer Sünden. Der römische Feldherr Manuel wurde entweder in Damaskus getötet oder er hatte Zuflucht in dem Kloster des Berges Sinai gefunden. Jabalah trauerte als Verbannter am byzantinischen Hofe um Arabien und beweinte den unseligen Vorzug, den er der Sache der Christen gegeben hatte. Einst hatte er zum Islam geneigt, aber auf einer Wallfahrt nach Mekka, hatte er, gereizt, einen seiner Brüder verwundet und war vor dem Gericht des strengen Kalifen geflohen. Die siegreichen Sarazenen verbrachten einen Monat in Damaskus und pflegten der Ruhe. Die Beute wurde von dem klugen Abu Obeidah geteilt, der einem Krieger den gleichen Anteil zusprach wie seinem Pferde; für die edlen Renner von arabischer Zucht wurde ein doppelter Anteil vorbehalten.

Nach der Schlacht von Yermuk zeigte sich die römische Armee nicht mehr im Felde, und die Sarazenen konnten frei unter den syrischen Städten jene wählen, die sie angreifen wollten. Sie fragten bei dem Kalifen an, ob sie gegen Jerusalem oder Cäsarea marschieren sollten. Nach dem Rat Alis wurde unverzüglich zur Belagerung der letzteren geschritten. Ein profanes Auge sah in Jerusalem nur die erste oder zweite Hauptstadt Palästinas. Dem frommen Muselman erschien es jedoch als Tempel des heiligen Landes, der durch die Offenbarungen Moses und Johannes geweiht worden war, und es wurde nach Mekka und Medina verehrt und besucht. Der Sohn Abu Sophians wurde mit fünftausend Arabern entsandt, um den Versuch einer Überrumpelung zu machen oder einen Vertrag zu schließen. Am elften Tage aber wurde die Stadt von Obeidahs sämtlichen Truppen eingeschlossen. Er ließ den Befehlshaber und das Volk von Älia (der profane Name der Stadt Jerusalem) folgendermaßen zur Übergabe auffordern: »Heil und Glück denjenigen, die auf dem rechten, Weg wandeln! Wir verlangen von euch, daß ihr bezeugt, daß es nur einen Gott gibt, und daß Mohammed sein Prophet ist. Wenn ihr euch dessen weigert, so williget ein, Tribut zu zahlen und uns künftig Untertan zu sein. Sonst werde ich Männer gegen euch schicken, die den Tod mehr lieben, als ihr das Weintrinken und Schweinefleischessen. Ich werde nicht eher von dannen ziehen, bis ich, so es Gott gefällt, diejenigen, die für euch fechten, vernichtet und eure Kinder zu Sklaven gemacht habe.« Die Stadt war jedoch von allen Seiten von steilen Bergen und tiefen Tälern umgeben. Seit dem Einfall in Syrien waren die Mauern und Türme sorgfältig ausgebessert worden. Die tapfersten der Flüchtlinge aus Yermuk hatten sich in den nächsten Zufluchtsort geworfen, und bei der Verteidigung des Grabes Christi fühlten wohl Eingeborene und Fremde einen Funken jenes Enthusiasmus, der in den Herzen der Muselmanen glühte. Die Belagerung von Jerusalem dauerte vier Monate. Kein Tag verging ohne Ausfall oder Sturm, die Kriegsmaschinen auf den Wällen waren unaufhörlich tätig und, noch weit unangenehmer und verheerender wirkte auf die Araber der strenge Winter. Die Christen wichen endlich ihren beharrlichen Belagerern. Der Patriarch Sophronius erschien auf den Wällen und verlangte durch einen Dolmetsch eine Unterredung. Nach dem vergeblichen Versuche, den Stellvertreter des Kalifen von seinem gottlosen Unternehmen abzubringen, schlug er im Namen des Volkes eine alle Teile zufriedenstellende Kapitulation vor, verlangte jedoch, daß die Vertragschließung in Anwesenheit des Kalifen und durch ihn selbst vorgenommen werden solle. Die Frage wurde im Rate von Medina erörtert. Die Heiligkeit des Ortes und der Rat Alis bewogen den Kalifen, dem Wunsche seiner Soldaten und Feinde zu willfahren. Die Einfachheit seines Reisezuges verschaffte ihm mehr Ruhm als königlicher Prunk und Eitelkeit. Der Eroberer von Persien und Syrien ritt auf einem roten Kamel, das außer ihm einen Sack mit Korn, einen Sack mit Datteln und einen ledernen Schlauch mit Wasser trug. Wo er anhielt, wurde seine Begleitung, ohne auf Standesunterschiede zu achten, eingeladen, sein geringes Mahl zu teilen, das durch die Gebete und Ermahnungen des Beherrschers der Gläubigen geheiligt wurde. Bei diesem Feldzuge oder vielmehr bei dieser Wallfahrt sprach er Recht, stellte die zügellose Vielweiberei der Araber ab, befreite die Zinspflichtigen von Erpressern und verbot grausame Handlungen gegen sie, strafte die in Üppigkeit lebenden Sarazenen, indem er sie ihrer reichen seidenen Gewänder beraubte und diese in den Kot werfen ließ. Als der Kalif Jerusalems ansichtig wurde, rief er mit lauter Stimme: »Gott ist siegreich! O Herr, verleihe uns eine leichte Eroberung!« Hierauf schlug er sein grobhärenes Zelt auf und setzte sich auf den Erdboden. Nach Unterzeichnung der Kapitulation ritt er furchtlos und ohne Vorsichtsmaßregeln zu treffen, in die Stadt und unterhielt sich mit dem Patriarchen über altertümliche Reliquien. Sophronius beugte sich vor seinem neuen Gebieter und murmelte heimlich Daniels Worte: »Abscheuliche Verwüstung traf die geheiligte Stätte. «Als die Stunde des Gebetes gekommen war, standen sie miteinander in der Auferstehungskirche; aber der Kalif weigerte sich, seine Andacht zu verrichten und begnügte sich, auf den Stufen der Kirche Konstantins zu beten. Dem Patriarchen teilte er seinen von Klugheit und der Ehre diktierten Beweggrund mit. »Wenn ich deiner Bitte nachgegeben hätte«, sagte Omar, »würden die Muselmanen in Zukunft, unter dem Vorwande, mein Beispiel nachzuahmen, den Vertrag gebrochen haben.« Auf seinen Befehl wurde der Ort, wo Salomons Tempel gestanden war, für den Bau einer Moschee in Bereitschaft gesetzt. Er ordnete während seines zehntägigen Aufenthaltes die Verwaltung der eroberten syrischen Gebiete. Die Bewohner von Medina waren vielleicht eifersüchtig gewesen, als sie der Kalif verließ oder hatten gefürchtet, daß sich dieser von der Heiligkeit Jerusalems oder der Schönheit Damaskus fesseln lassen würde. Ihre Besorgnisse wurde jedoch bald durch seine schnelle und freiwillig erfolgende Rückkehr zum Grabe des Apostels behoben.

Um den syrischen Krieg zu beenden, hatte der Kalif zwei besondere Heere gebildet. Eine auserlesene Schar unter Amru und Gesid blieb im Lager von Palästina, während die größere Truppenmenge unter den Fahnen Abu Obeidahs und Kaleds gegen Antiochia und Aleppo zog. Letztere Stadt, das Beröa der Griechen, war noch nicht als Hauptstadt einer Provinz oder eines Königreiches berühmt, und den Einwohnern, die sich rechtzeitig unterwarfen und große Armut vorschützten, wurde nur ein mäßiges Lösegeld auferlegt. Aber das Schloß von Aleppo, gesondert von der Stadt, das sich nicht ergeben hatte, stand auf einem hohen künstlichen Hügel, dessen Abhänge steil waren und der an den Ecken mit Quadersteinen versehen war. Der breite Graben, der das Schloß umgab, konnte aus den benachbarten Quellen mit Wasser gefüllt werden. Nach dem Verluste von dreitausend Mann konnte sich die Besatzung noch immer gegen die Angriffe verteidigen. Yukina, ihr tapferer Anführer, hatte seinen Bruder, einen frommen Mönch, ermordet, weil er es gewagt hatte, das Wort Frieden auszusprechen. Während einer vier- bis fünfmonatlichen Belagerung, der schwierigsten des syrischen Krieges, wurde eine große Anzahl Sarazenen getötet oder verwundet. Selbst ihr Abzug bis auf eine Meile Entfernung konnte den wachsamen Yukina nicht täuschen; auch die Hinrichtung von dreihundert Gefangenen, die vor den Mauern des Schlosses enthauptet wurden, konnte die Christen nicht erschrecken. Durch das Schweigen und später die Klagen Abu Obeidahs wurde der Kalif davon in Kenntnis gesetzt, daß die Geduld der Sarazenen am Fuße dieser uneinnehmbaren Feste erschöpft wäre. »Ich bin über euren Mißerfolg erstaunt«, erwiderte Omar, »aber ich verlange, daß die Belagerung der Feste unter keinen Umständen aufgehoben wird. Euer Rückzug würde unseren Ruhm vermindern und die Ungläubigen ermuntern, von allen Seiten über euch herzufallen. Bleibet vor Aleppo, bis Gott den Ausgang entschieden hat und fouragiert mit euren Pferden in der umliegenden Gegend.« Der Befehl des Beherrschers der Gläubigen erhielt durch die Entsendung von Freiwilligen aus allen arabischen Stämmen Nachdruck, die bald im Lager auf Pferden und Kamelen eintrafen. Unter diesen befand sich Dames, von niederer Herkunft aber riesenhaftem Wuchs, der große Unerschrockenheit und Entschlossenheit besaß. Am siebenundvierzigsten Tage schlug er vor, einen Angriff auf das Schloß zu wagen, wobei er nur dreißig Gefährten mitnehmen wollte. Der erfahrene Kaled unterstützte sein Anerbieten und Abu Obeidah ermahnte seine Brüder, die niedere Herkunft des Dames nicht zu verachten. Er sagte, daß er selbst, wenn er den ihm anvertrauten Posten verlassen dürfte, freudig unter dem Banner des Sklaven dienen würde. Dessen Plan wurde durch einen fingierten Rückzug unterstützt, und die Sarazenen schlugen ihr Lager ungefähr eine Stunde von Aleppo auf. Die dreißig Abenteurer lagen am Fuße des Berges im Hinterhalt. Dames stellte mit seinen griechischen Gefangenen Verhöre an, deren Unwissenheit ihn erzürnte, hatte jedoch damit endlich Erfolg. »Gottes Fluch über diese Hunde«, sagte der ungebildete Araber, »was für eine abscheuliche, barbarische Sprache sie reden!« Um die finsterste Stunde der Nacht bestieg er die zugänglichste Höhe, die er sorgfältig ausgekundschaftet hatte. An dieser Stelle waren die Steine entweder zerbröckelt oder die Wache minder aufmerksam. Sieben der stärksten Sarazenen stiegen einer auf des anderen Schulter und das gesamte Gewicht dieser Menschensäule wurde von den breiten Schultern des riesigen Sklaven getragen. Die Vordersten konnten den untersten Teil der Zinne erfassen und erklettern. Sie erdolchten in aller Stille die Schildwachen und warfen sie in den Abgrund. Die dreißig Brüder wurden mit dem Ausrufe: »O Apostel Gottes, hilf und befreie uns!« nacheinander an ihren langen Turbanen emporgezogen. Kühn, aber vorsichtig erforschte Dames den Palast des Befehlshabers, der in einem lärmenden Gelage die Befreiung feierte. Dann kehrte er zu seinen Gefährten zurück und griff die andere Seite des Eingangs der Festung an. Sie überwältigten die Wache, entriegelten das Tor, ließen die Zugbrücke nieder und verteidigten den engen Paß, bis bei Tagesanbruch Kaled sie aus der Gefahr befreite und die Eroberung sicherte. Yukina, ein furchtbarer Feind, wurde ein tätiger und eifriger Proselyt. Der Feldherr der Sarazenen bekundete seine Hochachtung für den geringen Sklaven, indem er solange mit dem Heere in Aleppo blieb, bis die Wunden Dames' geheilt waren. Die Hauptstadt von Syrien war noch immer von dem Schloß Aasaz und der eisernen Brücke über den Orontes beschirmt. Nach dem Verlust dieses wichtigen Postens und der Niederlage der letzten römischen Heere zitterte das üppige Antiochia und unterwarf sich. Es erkaufte seine Rettung mit dreihunderttausend Goldstücken; aber der Ort, an dem der Thron der Nachfolger Alexanders stand und der Sitz der römischen Regierung im Osten gewesen war, den Cäsar mit den Attributen »frei, heilig und unverletzlich« geschmückt hatte, wurde unter den Kalifen zu einer untergeordneten Provinzstadt gemacht.

Der Ruhm des Heraklius, den er im persischen Kriege gewonnen hat, wird durch die Schmach und Schwäche, die er in früheren und späteren Tagen zeigte, verringert. Als die Nachfolger Mohammeds den Religionskrieg begannen, war er über die große Mühe und Gefahr, die ihn erwartete, bestürzt. Von Natur aus träge, konnte der alte und schwache Kaiser zu einer zweiten Anstrengung nicht entflammt werden. Sein Schamgefühl und das Drängen der Syrer veranlaßten eine Verzögerung seiner schleunigen Entfernung vom Schauplatze des Krieges. Sein Heldentum war erloschen, und der Verlust von Damaskus und Jerusalem, die blutigen Felder von Aiznadin und Yermuk müssen bis zu einem gewissen Grade seiner Abwesenheit oder seinem unrichtigen Verhalten zugeschrieben werden. Statt das Grab Christi zu verteidigen, verwickelte er Kirche und Staat in einen mystischen Streit über die Einheit seines Willens. Während Heraklius die Sprößlinge aus seiner zweiten Ehe krönte, ließ er zahm den wertvollsten Teil ihrer Erbschaft rauben. In der Kathedrale von Antiochia beweinte er in Gegenwart der Bischöfe am Fuße des Kreuzes seine und die Sünden des Volkes; aber sein Geständnis zeigte der Welt, daß es vergeblich, ja vielleicht ruchlos ist, dem Gerichte Gottes zu widerstreben. Die Sarazenen waren in der Tat unbesiegbar, weil sie dies glaubten. Der Abfall Yukinas, seine scheinbare Reue und wiederholte Treulosigkeit konnten den Argwohn des Kaisers rechtfertigen, daß er von Verrätern und Abtrünnigen umgeben sei, die sich verschworen hätten, ihn und ihr Vaterland an die Feinde Christi zu verraten. In der Stunde des Unglücks wurde er, abergläubisch wie er war, durch Vorzeichen und einen Traum, in dem eine fallende Krone vorkam, beunruhigt. Nachdem er Syrien auf ewig Lebewohl gesagt hatte, schiffte er sich mit wenigen Begleitern ein und löste dadurch seine Untertanen vom Eid der Treue. Sein ältester Sohn Konstantin stand mit vierzigtausend Mann bei Cäsarea, dem Sitze der Regierung der drei Provinzen von Palästina. Private Interessen riefen ihn aber an den byzantinischen Hof zurück. Er fühlte sich nach der Flucht des Vaters einem Kampfe gegen die vereinte Macht des Kalifen auch nicht gewachsen. Seine Vorhut wurde dreist von dreihundert Arabern und tausend schwarzen Sklaven angegriffen, die im tiefen Winter die schneebedeckten Berge des Libanon überschritten hatten und denen Kaled selbst mit seinen siegreichen Geschwadern nachfolgte. Von Norden und Süden, von Antiochia und Jerusalem, rückten die Truppen längs der Meeresküste vor, bis sie sich unter den Mauern der phönizischen Städte vereinigten. Tripolis und Tyrus wurden verraten. Eine Flotte von fünfzig Transportschiffen, die ohne Verdacht in die nun feindlichen Häfen einlief, brachte den Sarazenen rechtzeitige Zufuhr an Lebensmitteln und Waffen. Ihre Anstrengungen wurden unerwartet durch die Übergabe von Cäsarea beendigt. Der römische Fürst hatte sich in der Nacht eingeschifft, und die wehrlosen Bürger erkauften die Begnadigung mit zweimalhunderttausend Goldstücken. Die noch nicht unterworfenen Städte Ramiah, Ptolemais oder Akre, Sichern oder Neapolis, Gaza, Askalon, Berytus, Sidon, Gabala, Laodikea, Hierapolis, Apanema wagten es nicht länger sich den Sarazenen zu widersetzen. Syrien beugte sich unter das Zepter des Kalifen siebenhundert Jahre nachdem Pompejus den letzten der mazedonischen Könige der Herrschaft beraubt hatte.

Die Schlachten und Belagerungen von sechs Feldzügen hatten viele tausend Mohammedaner hingerafft. Sie starben freudig und als Märtyrer. Ihre Einfalt und ihr Glauben zeigt sich in den Worten eines arabischen Jünglings, der, als er Mutter und Schwester zum letzten Male umarmte, sagte: »Es sind nicht die Wonnen, die Syrien geben kann, nicht die vergänglichen Freuden dieser Welt, die mich antreiben, mein Leben der Sache der Religion zu weihen. Ich suche die Gunst Gottes und seines Propheten, denn ich habe von einem der Gefährten des letzteren gehört, daß die Geister der Märtyrer in den Kröpfen grüner Vögel wohnen werden, die die Früchte des Paradieses fressen und aus seinen Strömen trinken. Lebt wohl, wir werden uns in den Hainen und bei den Brunnen wiedersehen, die Gott für seine Auserwählten bestimmt hat.« Die gefangenen Gläubigen mußten auch unter schwierigen Verhältnissen Entschlossenheit zeigen und Leiden ertragen können. Ein Vetter Mohammeds wird gepriesen, weil er nach dreitägigem Hungern den Wein und das Schweinefleisch verschmähte, das ihm als einzige Nahrung zu einer Qual gereicht wurde. Die Schwäche einiger nicht so starker Brüder erbitterte den unversöhnlichen und fanatischen Mann. Der Vater Amers beklagte in schmerzlichen Worten die Abtrünnigkeit seines deshalb verdammten Sohnes, der den Verheißungen Gottes und den Fürbitten des Propheten entsagt hatte, um mit Priestern und Diakonen die unterste Hölle zu bewohnen. Die glücklichen Araber, die den Krieg überlebten und im Glauben beharrten, wurden von ihren enthaltsamen Anführern davon abgebracht, das Glück zu mißbrauchen. Nachdem Abu Obeidah seinen Truppen eine dreitägige Erholung in Antiochia gegönnt hatte, führte er sie aus der Atmosphäre der Üppigkeit wieder hinweg und versicherte dem Kalifen, daß ihre Religion und Tugend nur durch harte Zucht, Armut und Beschwerlichkeiten erhalten werden könne. Der tugendhafte Omar war jedoch, wenn auch strenge gegen sich selbst, gütig und freigebig gegen seine Brüder. Nachdem er gerechterweise Lob und Dank ausgesprochen hatte, weinte er aus Mitleid. Seine Antwort, in der er die Strenge seines Stellvertreters milde tadelte, lautete: »Gott hat den Genuß der Annehmlichkeiten dieser Erde treuen Gläubigen und denen, die gute Werke verrichtet haben, nicht verboten. Du hättest ihnen daher erlauben sollen auszuruhen und die Freuden, die das Land bietet, reichlich zu genießen. Wenn einer der Sarazenen in Arabien keine Familie hat, mag er sich in Syrien vermählen, und wem es an Sklavinnen fehlt, der mag so viele kaufen, als er braucht.« Die Sieger schickten sich an, von dieser gnädigen Erlaubnis Gebrauch zu machen oder sie zu mißbrauchen. In dem Jahr, in dem sie triumphiert hatten, starben jedoch viele Menschen und Tiere, und fünfundzwanzigtausend Sarazenen wurden in Syrien hinweggerafft. Der Tod Abu Obeidahs wurde von den Christen beklagt, aber auch seine Brüder dachten daran, daß er einer der zehn Auserwählten war, welche der Prophet zu Erben des Paradieses gemacht hatte. Kaled überlebte seine Brüder ungefähr drei Jahre. Das Grab des Schwertes Gottes wird in der Nähe von Emesa gezeigt. Er hatte mit großer Tapferkeit in Arabien und Syrien das Reich der Kalifen gegründet. Er wurde durch seinen Glauben, daß er unter dem besonderen Schutz der Vorsehung stehe, gestärkt. Er hielt sich, solange er einen Helm trug, der von Mohammed gesegnet worden war, selbst mitten unter den Ungläubigen, für unverwundbar.

An die Stelle der ersten Eroberer traten ihre Kinder und ein neues Geschlecht ihrer Landsleute. Syrien war der Sitz und die Stütze des Hauses Ommijah, und die Einkünfte, Soldaten und Schiffe dieses mächtigen Königreiches wurden verwendet, um das Reich der Kalifen nach allen Seiten zu erweitern. Die Sarazenen verachten großen Ruhm und ihre Geschichtschreiber lassen sich daher kaum herbei, die weniger wichtigen Eroberungen anzuführen, deren Andenken während der siegreichen und glanzvollen Laufbahn verloren gegangen ist. Im Norden von Syrien gingen die Sarazenen über das Taurusgebirge und unterwarfen die Provinz Zilikien mit ihrer Hauptstadt Tarsus, dein alten Denkmal der assyrischen Könige. Auch während eines zweiten Zuges über dasselbe Gebirge zu den Gestaden des Schwarzen Meeres und in die Nähe Konstantinopels verwüsteten sie mehr die Ländereien, als daß sie den Bewohnern ihre Religion brachten. Gegen Osten drangen sie an die Ufer und Quellen des Euphrat und Tigris vor. Die langumstrittene Grenze zwischen dem römischen Reich und Persien wurde ausgelöscht. Die Mauern von Edessa und Amida, von Dara und Nisibis, welche Städte den Heeren und Kriegsmaschinen Sapors und Nushirwans widerstanden hatten, wurden dem Erdboden gleichgemacht, und die heilige Stadt Abgarus hielt wohl vergeblich den ungläubigen Eroberern das Schreiben und das Bild Christi entgegen. Gegen Westen wird das Königreich Syrien vom Meere begrenzt. Der Ruin von Axadus, einer kleinen Halbinsel oder Insel an der Küste, wurde zehn Jahre hinausgeschoben. Die Berge des Libanon hatten Überfluß an Bauholz, Phönizien einen solchen an Seeleuten. Die Eingeborenen der Wüste rüsteten endlich eine Flotte von siebzehnhundert Booten aus und bemannten sie. Die kaiserliche Flotte der Römer floh vor ihnen vom pamphylischen Felsen zum Hellespont; denn der Mut des Kaisers, eines Enkel des Heraklius, war vor dem Kampfe durch einen Traum und durch ein Wortspiel gebrochen worden. Die Sarazenen waren Herren der See, und die Inseln Cypern und Rhodus, wie die Cykladen waren ihren räuberischen Besuchen preisgegeben. Dreihundert Jahre vor der christlichen Zeitrechnung hatte die denkwürdige aber vergebliche Belagerung von Rhodus durch Demetrius die Einwohner instandgesetzt mit den eroberten Materialien eine Trophäe zu errichten. Ein gigantisches Standbild des Apollo oder der Sonne, siebzig Ellen hoch, wurde am Eingange des Hafens als Denkmal der Freiheit und der Künste Griechenlands aufgestellt. Nachdem der Koloß von Rhodus sechsundfünfzig Jahre gestanden war, wurde er durch ein Erdbeben zum Einsturz gebracht, aber der riesige Rumpf und die ungeheuren Bruchstücke lagen acht Jahrhunderte zerstreut auf dem Boden und werden häufig als eines der Wunder der alten Welt beschrieben. Sie wurden durch die emsigen Sarazenen gesammelt und an einen jüdischen Kaufmann von Edessa verhandelt, der neunhundert Kamele mit den Erzen beladen haben soll. Dies war eine ungeheure Last, auch wenn wir die hundert kolossalen Figuren und die dreitausend Statuen einschließen, welche die Stadt der Sonne geschmückt hatten.

III. Die Eroberung, von Ägypten kann durch den Charakter des führenden Sarazenen, einem der ersten seines Volkes, erklärt werden, der in einem Zeitalter lebte, in dem der geringste seiner Brüder den Mut des Schwärmers besaß und über die Natur triumphierte. Amru war zugleich niedrig und hoch geboren: seine Mutter, eine bekannte Buhlerin, konnte nicht entscheiden, welcher von fünf Koreischiten sein Vater war, aber die Ähnlichkeit des Amru mit ihrem ältesten Geliebten Aasi sprach dafür, daß er dessen Sohn sei. In seiner Jugend stand Amru unter dem Einfluß seiner leidenschaftlichen und vorurteilsbehafteten Verwandten. Er verwendete seine dichterische Begabung dazu, um satyrische Verse gegen Mohammed und dessen Lehre zu machen, und die herrschende Partei gebrauchte ihn zur Verfolgung der wegen ihrer Religion verbannten Flüchtlinge, die am Hofe des Königs von Äthiopien Zuflucht gesucht hatten. Aber er kam von dieser Reise als geheimer Proselyt zurück. Verstand und Interesse bewogen ihn, dem Götzendienste zu entsagen. Er entfloh mit seinem Freunde Kaled aus Mekka, und der Prophet konnte die beiden treuesten Verfechter seiner Sache gleichzeitig umarmen. Die Ungeduld Amrus, die Heere der Gläubigen anzuführen, wurde durch den Propheten gezügelt, der ihn tadelte und ihm riet, nicht nach Herrschaft und Macht zu streben, weil, wer heute Untertan ist, morgen Fürst sein könne. Aber die beiden Nachfolger Mohammeds verkannten seine großen Eigenschaften nicht; sie verdankten ihm die Eroberung von Palästina. Er vereinte in allen Schlachten und bei Belagerungen in Syrien, die Mäßigung eines Anführers mit der Tapferkeit eines Soldaten. Bei einem Besuche in Medina wünschte der Kalif sein Schwert zu sehen, mit dem so viele christliche Krieger getötet worden waren. Der Sohn Aasis zeigte einen kurzen und gewöhnlichen Säbel, und als er das Erstaunen Omars gewahrte, sagte der bescheidene Sarazene: »Ach, das Schwert ist ohne den Arm seines Herrn weder schärfer noch gewichtiger als das Schwert des Dichters Pharezdak.« Nach der Eroberung von Ägypten wurde er von dem eifersüchtigen Kalifen Othman zurückgerufen. In den darauffolgenden Unruhen tauchte der ehrgeizige Krieger, Staatsmann und Redner aus dem Privatstande auf. Seine mächtige Hilfe im Felde wie im Rate ermöglichte es, den Thron der Ommijaden zu begründen. Die Herrschaft und Gelder von Ägypten wurden von dem dankbaren Moawijah, einem getreuen Freunde, zurückgegeben, der sich selbst über den Rang eines Untertanen erhoben hatte, und Amru endete seine Tage in dem Palaste und in der Stadt, die er an den Ufern des Nils gegründet hatte. Auf dem Sterbebette hielt er an seine Kinder eine Ansprache, die von den Arabern als Muster der Beredsamkeit und Weisheit gepriesen wird. Er beklagte die Irrtümer seiner Jugend, übertrieb aber das Gift, das in seinen Erzeugnissen enthalten war und das Unheil, das dieses angerichtet hatte, weil der Büßende die Eitelkeit des Poeten hatte.

Die Erlaubnis zum Einbruche in Ägypten hatte Amru aus seinem Lager in Palästina von dem Kalifen durch Überraschung erzwungen oder war ihr zuvorgekommen. Der hochherzige Chosroes vertraute auf Gott und sein Schwert, das die Throne Chosroes' und Cäsars erschüttert hatte; als er aber die Größe des Unternehmens mit der geringen Macht der Muselmanen verglich, verdammte er seine eigene Verwegenheit und schenkte seinen schüchternen Gefährten Gehör. Den Lesern des Korans war der Stolz und die Größe Pharaos wohl bekannt. Zehnfache Wunder hatten kaum hingereicht, nicht den Sieg, sondern die Flucht von sechsmalhunderttausend Israeliten zu sichern. Ägypten hatte zahlreiche, stark bevölkerte Städte, die stark und fest gebaut waren. Der Nil mit seinen zahlreichen Armen bildete allein eine fast unübersteigliche Schranke, und es war anzunehmen, daß die Kornkammer der kaiserlichen Stadt von den römischen Streitkräften mit Hartnäckigkeit verteidigt werden würde. In seiner Verlegenheit überließ der Beherrscher der Gläubigen die Entscheidung dem Zufall oder, seiner Meinung nach, der Vorsicht. Der unerschrockene Amru war an der Spitze von viertausend

Arabern von seinem Posten Gaza aufgebrochen, als er von den Boten Omars eingeholt wurde. »Wenn Du noch in Syrien bist«, sagte der zweideutige Befehl, »so kehre ohne Verzug um; hast Du aber bei Empfang dieses Briefes bereits die Grenzen von Ägypten erreicht, so rücke mit Vertrauen vor, und verlaß Dich auf den Beistand Gottes und Deiner Brüder.« Erfahrung, vielleicht geheime Kunde hatten Amru Verdacht gegen die Festigkeit der Entscheidungen der Höfe eingeflößt. Er setzte seinen Marsch fort, bis es keinem Zweifel mehr unterlag, daß seine Zelte auf ägyptischem Boden aufgeschlagen waren. Nun versammelte er seine Offiziere und brach das Siegel, las das Schreiben, fragte erst feierlich um Namen und Zugehörigkeit des Ortes und erklärte dann, den Befehlen des Kalifen vollen Gehorsam leisten zu wollen. Nach dreißigtägiger Belagerung nahm er von Farmah oder Pelusium Besitz. Dieser Schlüssel von Ägypten; wie die Stadt mit Recht genannt wurde, erschloß dieses bis zu den Ruinen von Heliopolis und die Gegend des jetzigen Kairo.

Am westlichen Ufer des Nil, in geringer Entfernung östlich von den Pyramiden und südlich vom Delta, prangte Memphis. Es besaß einen Umfang von achtzehn Meilen und war mit der Pracht der alten Könige geschmückt. Unter der Herrschaft der Ptolomäer und Cäsaren war der Sitz der Regierung an die Meeresküste verlegt und die alte Hauptstadt durch die Künste und den Reichtum von Alexandria verdunkelt worden. Die Paläste und die Tempel verfielen und gingen der Vernichtung entgegen. Während der Herrschaft des Augustus, ja noch zu Zeiten Konstantins, wurde Memphis zu den größten und volkreichsten Provinzstädten gerechnet. Die Ufer des Nils, der an dieser Stelle dreitausend Fuß breit ist, waren durch zwei Schiffsbrücken von sechzig und dreißig Booten, die zu der mit Gärten und Häusern bedeckten Insel Ruda inmitten des Stromes führten, verbunden. Am östlichen Ende der Brücke stand die Stadt Babylon und befand sich das Lager einer römischen Legion, die den Übergang über den Fluß und die zweite Hauptstadt Ägyptens zu verteidigen hatte. Diese wichtige Festung, die mit Recht ein Teil von Memphis oder Misrah genannt werden kann, wurde von den Truppen des Stellvertreters Omars eingeschlossen. Bald langten in seinem Lager viertausend Sarazenen als Verstärkung an, und die Kriegsmaschinen, die mit ihren Geschossen die Mauern erschütterten, stammten wohl von seinen kunstfertigen syrischen Bundesgenossen. Die Belagerung dehnte sich jedoch sieben Monate aus, und die verwegenen Eindringlinge wurden von den aus den Ufern tretenden Wassern des Nils eingeschlossen und bedroht. Ihr letzter Sturm war kühn und von Glück begleitet; sie setzten über den Graben, obwohl er mit eisernen Speichen verbarrikadiert war, legten die Sturmleitern an, drangen mit dem Ruf: »Gott ist siegreich!« in die Festung und trieben den Rest der Griechen zu ihren

Booten und auf die Insel Ruda. Der Platz gefiel dem Eroberer wegen der guten Verbindung mit dem Golfe und der Halbinsel von Arabien. Die Ruinen von Memphis wurden verlassen, die Zelte der Araber in Wohnungen zu ständigem Aufenthalt verwandelt, und die erste Moschee wurde in Anwesenheit von achtzig Gefährten Mohammeds eingesegnet. In ihrem Lager am östlichen Ufer des Nils erhob sich eine neue Stadt, und die benachbarten Viertel von Babylon und Fostat werden jetzt, verfallen wie sie sind, Altmisrah oder Kairo genannt. Kairo, Stadt des Sieges, heißt eigentlich die neue Hauptstadt, die im zehnten Jahrhundert von den fatimitischen Kalifen gegründet wurde. Sie ist allmählich verschwunden, läßt sich aber von dem aufmerksamen Beobachter von den Denkmälern des Sesostris bis zu jenen des Saladin erkennen.

Die Araber hätten indes nach einem ruhmvollen und einträglichen Unternehmen in die Wüste zurückgehen müssen, wenn sie nicht im Herzen des Landes einen mächtigen Bundesgenossen gefunden hätten. Die schnelle Eroberung Alexanders war durch den Aberglauben und den Aufstand der Eingeborenen ermöglicht worden. Diese verabscheuten ihre persischen Unterdrücker, die Schüler der Magier, welche die Tempel der Ägypter verbrannt und mit frevelhafter Gier von dem Fleische ihres Gottes Apis gegessen hatten. Nach einem Zeitraum von zehn Jahrhunderten wiederholte sich eine ähnliche Umwälzung aus einer ähnlichen Ursache. Der Eifer der koptischen Christen, ihr Glaubensbekenntnis zu verteidigen, war ebenso groß, wie jener der Apisanbeter. Ich habe bereits den Ursprung und den Verlauf des monophysitischen Streites und die Verfolgung der Kaiser geschildert, die eine Sekte in eine Nation verwandelte und Ägypten ihrer Religion und Regierung entfremdete. Die Sarazenen wurden als Befreier der jakobitischen Kirche empfangen. Während der Belagerung von Memphis wurde heimlich ein Vertrag zwischen den Siegern und den ägyptischen Sklaven geschlossen. Ein reicher und edler Ägypter namens Mocawcas hatte seinen Glauben verheimlicht, um Verwalter der Provinz zu werden. Er hatte während der durch den persischen Krieg hervorgerufenen Unordnung nach Unabhängigkeit gestrebt, und die Gesandtschaft Mohammeds zählte ihn zu den Fürsten und versuchte ihn durch reiche Geschenke und zweideutige Artigkeiten zu ihrem Glauben zu bekehren, was jedoch nicht gelang. Durch den Mißbrauch seines Amtes hatte er die Bestrafung durch Heraklius zu fürchten, er verzögerte aus Stolz und Furcht seine Unterwerfung, und Eigennutz bestimmte ihn, sich die Gunst der Nation zu sichern und sich in die Arme der Sarazenen zu werfen. Bei seiner ersten Unterredung mit Amru wurde ihm die übliche Wahl gestellt: Koran, Tribut oder Schwert, was er ohne Entrüstung vernahm. »Die Griechen«, erwiderte Mocawcas, »sind entschlossen, das Schwert zu wählen; aber mit Griechen will ich keine Gemeinschaft, weder in dieser noch in jener

Welt. Ich schwöre für immer dem byzantinischen Tyrannen, seiner Synode von Chalcedon und seinen melchitischen Sklaven ab. Ich selbst und meine Brüder sind entschlossen, im Glauben zum Evangelium und der Einheit Christi zu leben und zu sterben. Es ist uns unmöglich, die Offenbarung eures Propheten anzunehmen, aber wir sehnen uns nach Frieden und wollen gerne Tribut zahlen und den Nachfolgern des Propheten gehorchen.« Als Tribut wurden zwei Goldstücke für jeden Christen festgesetzt. Greise, Mönche, Frauen und Kinder unter sechzehn Jahren waren von dieser Kopfsteuer ausgenommen. Die Kopten oberhalb und unterhalb Memphis schwuren dem Kalifen Treue und versprachen, jeden Muselman, der durch ihr Land reisen würde, gastfrei zu bewirten. Durch dieses Abkommen wurde die geistliche und weltliche Tyrannei der Melchiten zerbrochen. Die Bannflüche Cyrills wurden von jeder Kanzel aus verkündet. Die heiligen Gebäude samt dem Eigentum der Kirchen wurden der Jakobitengemeinde zurückgegeben, die, ohne Mäßigung zu zeigen, den Augenblick des Triumphes und der Rache genoß. Auf die dringende Aufforderung Amrus kam der Patriarch Benjamin aus der Wüste, und der Araber erklärte, noch nie mit einem christlichen Priester mit reineren Sitten und ehrwürdigerem Aussehen gesprochen zu haben. Bei dein Zuge von Memphis nach Alexandria vertraute sich der Stellvertreter Omars den eifrigen und dankbaren Ägyptern an. Die Straßen und Brücken wurden emsig ausgebessert, und während seines ganzen Zuges konnte er sich darauf verlassen, mit Nahrungsmitteln und Nachrichten versorgt zu werden. Die Griechen von Ägypten, die kaum ein Zehntel der Eingeborenen betrugen, wurden in diesem allgemeinen Abfall überwältigt. Sie waren von jeher gehaßt worden und wurden nun nicht länger gefürchtet. Der Richter floh von seinem Tribunale, der Bischof von seinem Altar, und entferntere Besatzungen wurden umzingelt, überrumpelt oder ausgehungert. Wenn der Nil nicht eine sichere und schnelle Verbindung mit dem Meere gebildet hätte, wäre kein einziger, der durch Geburt, Sprache, Amt oder Religion zu den Griechen gehörte, entkommen.

Durch den Abzug der Griechen aus dem Provinzen von Oberägypten hatten sich beträchtliche Streitkräfte auf der Insel des Deltas gesammelt. Die natürlichen und künstlichen Kanäle des Nils bildeten eine starke Schranke, und die Straße nach Alexandria wurde in zwanzigtägigen Gefechten durch den Sieg der Sarazenen mühsam gereinigt. Die Belagerung von Alexandria ist in den Annalen ihrer Eroberung die vielleicht schwierigste und wichtigste Unternehmung. Die erste Handelsstadt der Welt war mit Mundvorräten und Verteidigungsmitteln im Überfluß versehen. Ihre zahlreichen Einwohner kämpften für Religion und Eigentum, und waren durch die Feindschaft der Eingeborenen von sonst geübter Duldung und vom Frieden ausgeschlossen.

Der Zugang zur See war niemals gesperrt, und wenn Heraklius Augen für die öffentliche Not gehabt hätte, hätten dauernd frische Heere von Römern und Barbaren im Hafen ausgeschifft werden können, um die zweite Hauptstadt des Reiches zu retten. Wäre eine Linie von zehn Meilen zu besetzen gewesen, würden die Streitkräfte der Griechen längs dieser zerstreut worden sein, und ein tätiger Feind hätte zur Ausführung von Listen Gelegenheit gehabt. Aber zwei Seiten der ein längliches Viereck bildenden Stadt waren von dem Meere und dem See Maräotis gedeckt, und die beiden anderen Seiten waren nur je eine Meile lang. Die Anstrengungen der Araber waren der Schwierigkeit des Unternehmens und der Größe des Lohnes nicht unangemessen. Omar richtete von seinem Throne in Medina die Aufmerksamkeit auf das Lager und die Stadt. Er rief die arabischen Stämme und die Veteranen des syrischen Krieges zu den Waffen, und das Verdienst in den heiligen Krieg zu ziehen, wurde durch Ägyptens Ruhm und seine Fruchtbarkeit gesteigert. Voll Sehnsucht, ihre Tyrannen zu vertreiben oder zu vernichten, widmeten die treuen Eingeborenen ihre Dienste Amru; einige Funken kriegerischen Geistes wurden bei ihnen vielleicht durch das Beispiel ihrer Bundesgenossen entflammt, und der sanguinische Mocawcas hatte bestimmt, daß seine Gebeine in der heiligen Kirche des heiligen Johannes von Alexandria ruhen sollten. Der Patriarch Eutychius bemerkt, daß die Sarazenen mit Löwenmut kämpften. Sie schlugen die häufigen und fast täglichen Ausfälle der Belagerten zurück und griffen bald ihrerseits die Mauern und Türme der Stadt an. Bei jedem Angriffe war Amrus Schwert und Fahne in der vordersten Reihe der Angreifer zu erblicken. An einem denkwürdigen Tage verriet er sich jedoch durch seine unkluge Tapferkeit. Seine Begleiter, die in die Zitadelle eingedrungen waren, wurden zurückgetrieben, und der Feldherr blieb mit einem Freunde und einem Sklaven als Gefangener in den Händen der Christen. Als Amru vor den Präfekten geführt wurde, gedachte er seiner Würde und vergaß seine Lage. Er benahm sich stolz und sprach entschlossen wie es sich für den Stellvertreter des Kalifen geziemt, und schon war die Streitaxt eines Soldaten erhoben, um dem verwegenen Gefangenen den Kopf zu spalten. Sein Leben wurde durch einen geistesgegenwärtigen Sklaven gerettet, der seinen Gebieter unverweilt ins Antlitz schlug und ihm mit zornigem Ton gebot, in Gegenwart seines Vorgesetzten zu schweigen. Der leichtgläubige Grieche ließ sich täuschen; er war über den vorgeschlagenen Friedensvertrag erfreut und entließ seinen Gefangenen in der Hoffnung, bald eine ehrenvolle Gesandtschaft zu empfangen. Die laute Freude im Lager über die Rückkehr des Feldherrn, der Hohn mit dem er überschüttet wurde, ließ ihn seinen Irrtum erkennen. Endlich, nach vierzehnmonatlicher Belagerung und dem Verluste von dreiundvierzigtausend Mann, gewannen die Sarazenen die Oberhand. Die an

Zahl verminderten und entmutigten Griechen schifften sich ein, und die Fahne Mohammeds wehte auf den Mauern der Hauptstadt von Ägypten. »Ich habe«, meldet Amru dem Kalifen, »die große Stadt des Westens eingenommen. Es ist mir unmöglich, ihre Reichtümer und Schönheit zu beschreiben, ihre Mannigfaltigkeit zu erklären. Ich begnüge mich damit zu sagen, daß sie viertausend Paläste, viertausend Bäder, vierhundert Theater oder Belustigungsplätze, zwölftausend Buden zum Verkaufe von Gemüse hat und daß vierzigtausend zinspflichtige Juden in ihr wohnen. Die Stadt ist durch Waffengewalt und nicht durch Kapitulation oder einen Vertrag eingenommen worden, und die Muselmanen dürsten, die Früchte ihres Sieges zu ernten.« Der Beherrscher der Gläubigen verbat mit Festigkeit die Plünderung und befahl seinem Stellvertreter, den Reichtum und die Einkünfte von Alexandria zum allgemeinen Besten zu bewahren und zur Verbreitung des Glaubens zu verwenden. Die Einwohner wurden gezählt, ihnen ein Tribut auferlegt, der Glaubenseifer und die Rachegelüste der Jakobiten gezügelt, und den Melchiten, die sich den Arabern willig unterwarfen, die ruhige Ausübung ihres Gottesdienstes gestattet. Die Nachricht von diesem schimpflichen und unglücklichen Ereignisse übte Einfluß auf die Gesundheit des Kaisers Heraklius aus, der sieben Wochen nach dem Verluste von Alexandria an der Wassersucht starb. Das Geschrei des seines täglichen Unterhaltes beraubten Volkes zwang den Hof von Byzanz, während der Minderjährigkeit von Heraklius' Enkel die Wiedereroberung der Hauptstadt von Ägypten zu versuchen. Innerhalb vier Jahren wurde der Hafen und die Festungswerke von Alexandria zweimal von einer römischen Flotte und Armee besetzt. Zweimal mußten die Römer dem tapferen Amru weichen, der wegen dieser Gefahr aus den fernen Kriegen von Tripolis und Nubien zurückgerufen wurde. Aber die Leichtigkeit mit der die Versuche gelangen, der wiederholte Schimpf und der hartnäckige Widerstand reizten ihn zu dem Schwure, daß er, wenn er die Ungläubigen ein drittesmal in das Meer treiben müsse, Alexandria von allen Seiten so zugänglich machen würde, wie das Haus einer Buhlerin. Treu seinem Versprechen, ließ er später einen Teil der Mauern und Türme abtragen. Das Volk wurde jedoch bei der Züchtigung der Stadt verschont und die Moschee der Barmherzigkeit auf dem Platze errichtet, wo der Feldherr seinen wütenden Truppen Einhalt geboten hatte.

Ich würde den erwartungsvollen Leser täuschen, wenn ich das Schicksal der alexandrinischen Bibliothek, wie es von dem gelehrten Abulpharagius geschildert wird, mit Stillschweigen überginge. Amru war wißbegieriger und gebildeter als seine Brüder, und der arabische Feldherr liebte es, in seinen Mußestunden mit Johann zu sprechen, dem letzten Schüler des Ammonius, Philoponus genannt, wegen seines anstrengenden Studiums der Grammatik der Philosophie. Durch den vertraulichen Umgang ermutigt, wagte es Philoponus, um ein Geschenk, seiner Meinung nach unschätzbar, verächtlich in jener der Barbaren, zu bitten. Es war die Bibliothek, die als einziges Beutestück nicht das Siegel des Eroberers trug und von diesem nicht mit Beschlag belegt worden war. Amru war geneigt, dem Wunsche des Grammatikers zu willfahren, aber in seiner Redlichkeit weigerte er sich, ohne die Einwilligung des Kalifen das geringste zu verschenken. Omars Antwort war die eines unwissenden Schwärmers. »Wenn diese Schriften der Griechen mit dem Buche Gottes übereinstimmen, sind sie überflüssig und brauchen nicht aufbewahrt zu werden; wenn sie mit ihm nicht übereinstimmen, sind sie gefährlich und müssen vernichtet werden.« Dieses Urteil wurde in blindem Gehorsam vollzogen: die Papyrus- und Pergamentrollen wurden auf die viertausend Bäder der Stadt verteilt, und ihre Zahl war so groß, daß sechs Monate mit ihnen geheizt wurde. Seitdem die Dynastienbeschreibungen des Abulpharagius der Welt in einer lateinischen Übersetzung wiedergegeben worden sind, hat man diese Geschichte wiederholt abgeschrieben, und jeder Gelehrte hat mit frommer Entrüstung den unwiederbringlichen Verlust der Gelehrsamkeit, Künste und des Geistes des Altertums beklagt. Was mich betrifft, so bin ich sehr versucht, sowohl die Tatsache, als die Folgen in Abrede zu stellen. Die Tatsache ist fürwahr wunderbar: »Lies und staune«, sagt der Geschichtschreiber selbst. Der einzige diesbezügliche Bericht eines Fremden, der nach sechshundert Jahren an Mediens Grenze schrieb, wird durch das Schweigen von zwei Annalenschreibern früherer Zeiten Lügen gestraft, die beide Christen und geborene Ägypter waren. Der ältere, der Patriarch Eutychius, hat die Eroberung von Alexandria eingehend beschrieben. Die strenge Entscheidung Omars widerspricht den vernünftigen und orthodoxen Vorschriften der mohammedanischen Kasuisten. Sie erklären ausdrücklich, daß die im Kriege eroberten Religionsbücher der Juden und Christen niemals verbrannt werden durften, und daß die profanen Werke der Geschichtschreiber oder Dichter, Ärzte oder Philosophen berechtigterweise zum Nutzen der Gläubigen verwendet werden sollen. Die ersten Nachfolger Mohammeds scheinen allerdings eifrige Zerstörer gewesen zu sein; in diesem Falle aber würde der Brand aus Mangel an Material bald erloschen sein. Ich werde die Unfälle der alexandrinischen Bibliothek nicht wiederholt aufzählen; die Feuersbrunst, die Cäsar zu seiner Verteidigung entzündete, der Glaubenseifer der Christen, die die Denkmäler des Götzendienstes zu zerstören trachteten. Wenn wir aber vom Zeitalter der Antonine bis zu dem des Theodosius nachforschen, so erfahren wir von einer Anzahl von Zeugen, daß der königliche Palast und der Tempel des Serapis die vier- oder gar siebenhunderttausend Bände nicht mehr enthielten, welche die wißbegierigen und freigebigen Ptolomäer gesammelt hatten. Vielleicht war der Sitz und die Kirche des Patriarchen durch eine Büchersammlung bereichert worden, wenn jedoch die zahlreichen Bücher über den arianischen und monophysitischen Streit in den öffentlichen Bädern verbrannt worden wären, könnte ein Philosoph lächelnd zugeben, daß sie doch zuletzt der Menschheit etwas genützt haben. Ich bedaure es aufrichtig, daß wertvollere Büchersammlungen durch den Sturz des römischen Reiches vernichtet wurden. Wenn ich aber die jahrhundertelange Verschwendung aus Unwissenheit und Kriegsursachen bedenke, staune ich weit mehr über die erhalten gebliebenen Schätze, als über die Verluste. Viele merkwürdige und interessante Tatsachen sind in Vergessenheit geraten; die Werke der drei großen Geschichtschreiber Roms sind nur verstümmelt erhalten, und es fehlen und wir entbehren viele Werke der lyrischen, jambischen und dramatischen Poesie der Griechen. Aber wir sollten uns erinnern, daß die klassischen Werke, denen das Altertum den ersten Rang an Genie und Ruhm angewiesen hat, auf uns gekommen sind und den Zerstörungen durch die Zeit und den Zufall getrotzt haben. Die Lehrer frühen Wissens, deren Werke noch erhalten sind, haben die Schriften ihrer Vorgänger gelesen und miteinander verglichen, und es läßt sich nicht mit Grund behaupten, daß die Kenntnis irgendwelcher früher bekannten Dinge aus der Natur und Kunstwelt uns entzogen worden ist.

Bei der Verwaltung von Ägypten ließ Amru die Grundsätze der Gerechtigkeit und die Forderungen der Politik sprechen. Bei den wiederholten Tumulten der Eroberung und Befreiung wütete das Schwert der Araber und die Zunge der Kopten am meisten gegen die Provinz. Den Kopten erklärte Amru, daß Zwietracht säen und Lügen verbreiten doppelt an den Anklägern gestraft werden würde, die er als seine persönlichen Feinde verachten werde, und daß ihre unschuldigen Brüder, die sie kränken und ausstechen wollten, befördert werden würden. Die Araber munterte er auf, empfahl ihnen, ihre Würde, Religion und ihren Charakter zu bewahren und sich durch gemäßigtes Benehmen Gott und dem Kalifen angenehm zu machen. Ferner forderte er sie auf, ein Volk, das ihrem Worte getraut hat, zu schonen und zu beschützen und sich mit den zugeteilten, rechtmäßigen Belohnungen für den Sieg zu begnügen. Er verwarf bei der Tributerhebung die einfache, aber drückende Methode einer Kopfsteuer und zog mit Recht Abgaben vor, die verhältnismäßig nach den Gewinnen beim Handel und Ackerbau bestimmt wurden. Der dritte Teil dieser Abgaben wurde zur Ausbesserung der für alle so wichtigen Deiche und Dämme verwendet. Unter seiner Verwaltung versorgte das fruchtbare Ägypten das unfruchtbare Arabien. Kamelkarawanen, die Korn und Lebensmittel transportierten, bewegten sich ohne Unterbrechung auf der langen Straße von Memphis nach Medina. Der geniale Amru machte es jedoch bald möglich, die

Waren zu Wasser zu transportieren. Von den Pharaonen, den Ptolomäern, den Cäsaren war ein Werk begonnen oder beendet worden, das von ihm neuerlich instand gesetzt wurde. Ein mindestens sechzig Meilen langer Kanal wurde vom Nil zum Roten Meere gegraben. Dieser Wasserweg, der das Mittelmeer mit dem Indischen Ozean verbunden hätte, wurde jedoch bald wieder aufgegeben. Der Thron ward von Medina nach Damaskus verlegt, und die griechischen Flotten hätten einen Weg nach den heiligen Städten von Arabien gehabt.

Der Kalif Omar hatte von seiner neuen Eroberung nur eine sehr unvollständige Kenntnis, die ihm durch den Koran und durch Nachrichten vermittelt worden war. Er verlangte, daß ihm sein Stellvertreter das Reich Pharaos und der Amalekiter beschreibe, und die Antwort Amrus gibt eine lebendige und nicht ungetreue Schilderung dieses Landes. »O Beherrscher der Gläubigen, Ägypten ist ein Gemengsel von schwarzer Erde und grünen Pflanzen, von pulverisiertem Gebirge und rotem Sande. Die Entfernung von Syene bis zum Meer beträgt eine Monatsreise für einen Reiter. Das Tal entlang fließt ein Strom, auf dem der Segen des Allerhöchsten am Abend und am Morgen ruht und der je nach dem Stand der Sonne und des Mondes steigt und fällt. Wenn durch die Gnade der Vorsehung jährlich die Brunnen und Quellen zu fließen beginnen, so führt der Nil seine anschwellenden Gewässer durch das Königreich Ägypten; die Felder werden von der Flut bedeckt, und die Städte verkehren miteinander mittels bemalter Barken. Bei Rückgang der Überschwemmung bleibt ein befruchtender Schlamm zurück; die Landwirte, die sich über das Land ergießen, können mit einem Schwarm fleißiger Ameisen verglichen werden. Ihre angeborene Trägheit wird durch die Geißel des Zuchtmeisters und die Hoffnung auf reiche Ernte an Blumen und Früchten vermindert. In ihrer Hoffnung werden sie nur selten getäuscht; aber die Reichtümer, die sie aus Weizen, Gerste, Reis, Hülsenfrüchten, Obstbäumen und Vieh gewinnen, sind ungleichmäßig zwischen denjenigen verteilt, die arbeiten und jenen, die besitzen. Je nach der Jahreszeit sieht das Land wie eine silberne Woge oder ein grüner Smaragd aus oder leuchtet vor der kommenden Ernte.« Diese Ordnung wird jedoch bisweilen unterbrochen und das lange Ausbleiben der Wässer und das plötzliche Anschwellen des Flusses im ersten Jahre nach der Eroberung gab einer erbaulichen Fabel einen Schein von Wahrheit. Omar soll die jährliche Opferung einer Jungfrau untersagt haben; daraufhin schmollte der Nil und blieb untätig in seinem seichten Bette, bis der schriftliche Befehl des Kalifen, der in den gehorsamen Strom geworfen wurde, diesen dazu brachte, in einer einzigen Nacht sechzig Ellen anzuschwellen. Die Bewunderung der Araber für ihre neue Eroberung steigerte ihren Hang zur Romantik. Wir können bei den ernstesten Schriftstellern lesen, daß Ägypten zwanzigtausend große und kleine Städte besaß; daß, ohne die Griechen und die

Araber, bei Registrierung der Steuerpflichtigen die Kopten allein sechs Millionen zinspflichtige Untertanen oder zwanzig Millionen jedes Geschlechtes und Alters zählten; ferner, daß dreihundert Millionen in Gold und Silber aus Ägypten jährlich in den Schatz des Kalifen flossen. Vernünftigerweise glauben wir diese ausschweifenden Behauptungen nicht, die um so unglaubhafter werden, wenn wir den Umfang und Flächeninhalt des bewohnten Striches betrachten: ein Tal, das vom Wendekreis bis Memphis reichte und selten breiter war als zwölf Meilen, ferner das Delta, das mit zweitausendeinhundert Quadratstunden den zwölften Teil des Flächeninhaltes Frankreichs besitzt. Eine genaue Nachforschung rechtfertigt eine vernünftigere Schätzung. Die durch den Irrtum eines Schreibers entstandenen dreihundert Millionen vermindern sich zu der noch immer ansehnlichen Summe von vier Millionen dreihunderttausend Goldstücken, wovon neunhunderttausend zum Sold der Truppen verwendet wurden. Zwei authentische Listen aus dem neunzehnten und zwölften Jahrhundert geben die Zahl der kleineren und größeren Städte mit zweitausendsiebenhundert an. Ein französischer Konsul hat, nach langem Aufenthalte in Ägypten, die Zahl der Mohammedaner, Christen und Juden mit vier Millionen anzugeben gewagt.

IV. Die Eroberung von Afrika vom Nil bis zum Atlantischen Ozean wurde zuerst durch die Heere des Kalifen Othman versucht. Der fromme Plan wurde von Gefährten Mohameds und den Häuptern der Stämme gebilligt, und zwanzigtausend Araber zogen von Medina mit den Geschenken und dem Segen des Beherrschers der Gläubigen aus. Im Lager von Memphis stießen zwanzigtausend ihrer Landsleute zu ihnen. Die Leitung des Krieges wurde Abdallah, dem Sohne Saids und Milchbruder des Kalifen, anvertraut, der kürzlich an die Stelle des Eroberers und Statthalters von Ägypten gekommen war. Aber weder die Gunst des Fürsten, noch das Verdienst des Günstlings vermochte die Schuld der Abtrünnigkeit auszulöschen. Abdallah empfahl sich für das wichtige Amt, den Koran abzuschreiben, durch seine frühe Bekehrung und seine geschickte Feder. Er täuschte das in ihn gesetzte Vertrauen, veränderte den Text, verlachte die Vorwürfe über die Fehler, die er gemacht hatte und floh nach Mekka, um dem Grimme des Apostels zu entgehen und dessen Unwissenheit zu verkünden. Nach der Eroberung von Mekka stürzte er sich Mohamed zu Füßen; seine Tränen und die Bitten Othmans erpreßten eine ungern gewährte Begnadigung, aber der Prophet erklärte, daß er so lange gezögert hätte, um irgendeinem eifrigen Jüngling Zeit zu geben, seine Unbilden durch das Blut des Abtrünnigen zu rächen. Mit scheinbarer Treue und wirklichen Leistungen diente er nun der Religion, die zu verlassen nicht länger in seinem Interesse lag; durch seine Geburt und seine Verdienste erhielt er einen ehrenvollen Rang unter den Koreischiten, und Abdallah war bei einer

Reiternation als der kühnste und geschickteste Reiter Arabiens berühmt. An der Spitze von vierzigtausend Muselmanen drang er aus Ägypten nach den unbekannten Ländern des Westens vor. Die Sandflächen von Barca mochten für eine römische Legion undurchdringlich sein; aber die Araber hatten ihre treuen Kamele mit, und sie sahen, Eingeborene der Wüste, einen Boden und ein Klima, womit sie längst vertraut waren. Nach einem beschwerlichen Marsch schlugen sie ihre Zelte vor den Mauern von Tripolis auf, eine Seestadt, auf die sich der Name, der Reichtum und die Bewohner der Provinz allmählich konzentriert hatten und die jetzt den dritten Rang unter den Barbareskenstaaten einnimmt. Eine Abteilung Griechen, welche die Besatzung verstärken sollte, wurde an der Küste überrumpelt und niedergehauen; aber die Festungswerke von Tripolis widerstanden den ersten Angriffen, und die Sarazenen ließen sich durch die Annäherung des Präfekten Gregorius verleiten, die Belagerung aufzugeben und eine entscheidende Schlacht zu wagen. Wenn seiner Fahne wirklich hundertzwanzigtausend Mann folgten, müssen sich die regulären Truppen des Reiches in dem ordnungslosen Haufen der Afrikaner und Neger verloren haben, der seine Heerschar bildete. Er verwarf mit Entrüstung den Vorschlag, zwischen Koran und Tribut zu wählen, und mehrere Tage hindurch fochten die beiden Heere grimmig von der Morgendämmerung bis Mittag, zu welcher Zeit sie die Ermüdung und außerordentliche Hitze zwangen, in ihren Zelten Obdach und Erfrischung zu suchen. Die Tochter Gregors, eine Jungfrau von unvergleichlicher Schönheit und Unerschrockenheit, soll an seiner Seite gefochten haben; von frühester Jugend an, war sie gewöhnt zu reiten, mit dem Bogen zu schießen und den Säbel zu handhaben, und ihre reichen Waffen und ihr Anzug leuchteten in den vordersten Reihen der Schlacht. Ihre Hand und hunderttausend Goldstücke wurden für das Haupt des arabischen Feldherrn geboten, und die Jünglinge Afrikas durch den reichen Preis angefeuert. Auf die dringenden Bitten seiner Brüder mied Abdallah das Schlachtfeld, aber die Sarazenen wurden durch die Abwesenheit ihres Führers und durch wiederholte unentschiedene oder verlorene Gefechte entmutigt.

Ein edler Araber, später Alis Gegner und Vater eines Kalifen, hatte sich durch Tapferkeit in Ägypten ausgezeichnet. Zobeir war der erste gewesen, der die Sturmleitern an die Mauern von Babylon legte. In dem afrikanischen Kriege war er der Fahne Abdallahs fern. Auf die Kunde von der Schlacht schlug sich Zobeir mit zwölf Gefährten durch das Lager der Griechen und stürmte, ohne sich Ruhe zu gönnen und Nahrung zu genießen, vorwärts, um an den Gefahren seiner Brüder teilzunehmen. Seine Blicke flogen über das Schlachtfeld: »Wo ist unser Feldherr?« fragte er. »In seinem Zelte.« »Ist das Zelt ein Posten für den Feldherrn der Muselmanen?« Abdallah stellte mit

Erröten die Wichtigkeit seines eigenen Lebens dar und wies auf die Ankündigung des römischen Präfekten hin. »Vergilt den Ungläubigen ihr kleinmütiges Benehmen«, antwortete Zobeir. »Verkünde, daß das Haupt Gregors mit seiner Tochter und der gleichen Summe bezahlt werden solle.« Dem einsichtigen und mutigen Zobeir vertraute der Stellvertreter des Kalifen die Ausführung der von jenem entworfenen Kriegslist an, welche die Entscheidung zugunsten der Sarazenen mit sich brachte. Durch Tätigkeit und Schlauheit die mangelnde Zahl ersetzend, lag ein Teil ihrer Streitkräfte still im Lager, während der Rest den Feind in unregelmäßigen Gefechten hinhielt, bis die Sonne am höchsten stand. Auf beiden Seiten zog man sich ermattet zurück; die Pferde wurde abgezäumt, die Rüstungen beiseitegelegt, und die Gegner bereiteten sich vor oder schienen sich für das morgige Gefecht vorzubereiten und die Erfrischungen des Abends zu sich zu nehmen. Plötzlich wurde zum Angriff geblasen, aus dem Lager der Araber ergoß sich ein Schwarm frischer und unerschrockener Krieger; die Griechen und Afrikaner wurden durch die neuen Geschwader der Gläubigen, die fanatischen Augen als eine vom Himmel herabgekommene Schar von Engeln erscheinen mochte, in Bestürzung gesetzt. Mit dem Angriff wurden ihre Reihen durchbrochen; der Präfekt selbst fiel von der Hand Zobeirs, seine Tochter, die Rache und Tod suchte, wurde umzingelt und gefangen. Die Flüchtlinge verwickelten die Stadt Sufetula in ihr Unglück, wohin sie vor den Sarazenen geflohen waren. Sufetula lag hundertfünfzig Meilen südlich von Karthago. Ein sanfter Abhang wurde von einem Strome bewässert und von einem Hain von Wacholderbäumen beschattet. Die Ruinen eines Triumphbogens, eines Porticus und dreier Tempel korinthischen Stils lassen uns noch heute die Großartigkeit der Römer bewundern. Nach dem Falle dieser reichen Stadt flehten die Provinzbewohner und Barbaren von allen Seiten den Eroberer um Gnade an. Die Tributanerbietungen oder die Versicherungen, seinen Glauben zu bekennen, mögen dem eitlen oder religionseifrigen Feldherrn geschmeichelt haben, aber seine Verluste, die Ermattung der Truppen und das Fortschreiten einer epidemischen Seuche verhinderten die Gründung einer festen Ansiedlung, und die Sarazenen kehrten nach fünfzehnmonatlichem Feldzuge an Ägyptens Grenzen mit Gefangenen und Reichtümern aus dem afrikanischen Feldzug zurück. Das dem Kalifen gehörige Fünftel der Beute wurde einem Günstling auf die nominelle Bezahlung von fünfhunderttausend Goldstücken überlassen, aber der Staat wurde durch diesen betrügerischen Vorgang doppelt geschädigt, wenn in Wirklichkeit bei der Teilung des Raubes jeder Fußsoldat tausend und jeder Reiter dreitausend Goldstücke erhielt. Man erwartete, daß der Besieger Gregors von der Beute den köstlichsten Teil fordern würde. Er meldete sich jedoch nicht und man vermutete deshalb, daß er gefallen wäre. Erst als die

Tochter des Präfekten bei seinem Anblick zu weinen begann, offenbarte sich die Bescheidenheit dieses edlen Kriegers. Die unglückliche Jungfrau wurde dem Mörder ihres Vaters angeboten und von ihm als Sklavin verworfen, indem er erklärte, daß sein Schwert dem Dienste der Religion geweiht sei, und daß er für einen weit erhabeneren Lohn arbeite, als die Reize irdischer Schönheit oder die Reichtümer dieses vergänglichen Lebens. Eine seinem Charakter angemessenere Belohnung war der ehrenvolle Auftrag, dem Kalifen Othman den Erfolg seiner Waffen zu verkünden. Die Gefährten Mohammeds, die Häuptlinge und das Volk waren in der Moschee von Medina versammelt, um die interessante Erzählung Zobeirs zu hören, und da der Redner nichts vergaß, als die Erzählung seiner eigenen Taten und Ratschläge, stellten die Araber Abdallah den Helden Kaled und Amru zur Seite.

Die westlichen Eroberungen der Sarazenen unterblieben fast zwanzig Jahre, bis ihre Spaltungen durch die feste Gründung des Hauses Ommijah beigelegt worden waren; ja der Kalif Moawijah wurde durch die Afrikaner selbst in ihr Land eingeladen. Die Nachfolger des Heraklius hatten von dem Tribut Kunde bekommen, den diese gezwungen waren, den Arabern zu bezahlen; statt aber Mitleid zu haben und ihrer Not abzuhelfen, legten sie ihnen einen zweiten Tribut in gleicher Höhe auf. Ihre byzantinischen Minister waren ihren Klagen wegen ihrer Armut und ihres Ruins gegenüber taub. Ihre Verzweiflung brachte sie dahin, die Herrschaft eines einzigen Gebieters vorzuziehen, und die Erpressungen des Patriarchen von Karthago, der die Zivil- und Militärgewalt in Händen hatte, reizten die Sektierer, ja sogar die Katholiken der römischen Provinz, sich sowohl von der Religion ihres Tyrannen abzuwenden, als seine Herrschaft zu fliehen. Der erste Statthalter Moawijah erwarb wohlverdienten Ruhm, unterwarf eine wichtige Stadt, schlug ein Heer von dreißigtausend Griechen, schleppte achtzigtausend Gefangene mit sich fort und bereicherte mit der Beute die kühnen Abenteurer aus Syrien und Ägypten. Aber der Titel eines Eroberers von Afrika gebührt mit mehr Recht seinem Nachfolger Akbah. Er zog von Damaskus an der Spitze von zehntausend der tapfersten Araber aus, und die Streitmacht der Muselmanen wurde durch viele tausend bekehrte Barbaren vergrößert, die zweifelhafte Hilfskräfte darstellten. Es wäre ebenso schwer wie unnötig, den Weg und die Fortschritte Akbahs genau zu verfolgen. Die inneren Gegenden Ägyptens sind von den Orientalen mit erdichteten Heeren bevölkert und mit Schlössern besetzt worden. In der kriegerischen Provinz Zab oder Numidien mochten sich achtzigtausend Eingeborene in Waffen versammelt haben; aber die angegebene Zahl von dreihundertsechzig Städten ist unvereinbar mit dem Verfalle der Landwirtschaft, und der angebliche Umfang von drei Stunden wird durch die Ruinen von Erbe oder Lambesa, der alten Hauptstadt des Binnenlandes, nicht gerechtfertigt. Wenn wir uns der Seeküste nähern, bestimmen die wohlbekannten Städte Bugia und Tanger die Siegesgrenzen der Sarazenen genauer. Ein Rest des früheren Handels hat sich in Bugia mit seinem bequemen Hafen erhalten, das in einer glücklicheren Zeit zwanzigtausend Häuser gehabt haben soll. Der Reichtum an Eisen, das in den benachbarten Bergen gewonnen wird, hätte einem tapferen Volk die Möglichkeit geboten, sich Verteidigungswerkzeuge zu machen. Tingi oder Tanger ist wegen seiner großen Entfernung und seines Alters mit griechischen und arabischen Fabeln geschmückt worden; aber die bildlichen Ausdrücke der letzteren, wonach die Mauern aus Erz gebaut und die Dächer mit Gold und Silber gedeckt gewesen wären, müssen als Sinnbilder des Reichtums und der Stärke ausgelegt werden. Die Provinz Mauritania Tingitana, die von der Hauptstadt den Namen führte, ist von den Römern teilweise entdeckt und unvollständig besiedelt worden. Die fünf Kolonien waren auf einen kleinen Bereich beschränkt, und die südlicheren Teile wurden selten besucht, außer von Elfenbeinjägern, Zitronenholzsuchern und Leuten, die am Strand nach Purpurmuscheln suchten. Der furchtlose Akbah drang in das Herz des Landes vor, durchzog die Wildnis, in der seine Nachfolger die glänzenden Städte Fez und Marokko errichtet haben, und drang endlich bis zum Atlantischen Ozean und zur Wüste vor. Der Fluß Sus entströmt den westlichen Abhängen des Atlasgebirges, befruchtet, gleich dem Nil, die Umgebung und ergießt sich in mäßiger Entfernung von den Kanarischen oder Glücklichen Inseln ins Meer. Seine Ufer waren von Negern bewohnt, einem wilden Volke, ohne Gesetz, Zucht und Religion; sie staunten über die ihnen unbekannten Waffen der Orientalen, denen sie nicht widerstehen konnten, und da sie weder Gold noch Silber besaßen, war die erstrebteste Beute die schönen Weiber, von denen manche später für tausend Goldstücke verkauft wurden. Akbah wurde bei seinem Vordringen, nicht in seinem Eifer, durch den Ozean gehemmt. Er trieb sein Pferd in die Wogen, erhob sein Gesicht gegen Himmel und rief im Tone eines Schwärmers aus: »Großer Gott, wenn mein Vordringen nicht durch dieses Meer aufgehalten worden wäre, könnte ich vorwärts dringen zu den unbekannten Reichen des Westens, um die Einheit deines heiligen Namens zu predigen und die rebellischen Nationen, die andere Götter als dich verehren, mit dem Schwerte auszurotten.« Aber dieser mohammedanische Alexander, der nach neuen Welten seufzte, war nicht imstande, seine gemachten Eroberungen zu behaupten. Durch den allgemeinen Abfall der Griechen und Afrikaner wurde er von den Gestaden des Atlantischen Ozeans zurückgerufen, und die ihm umzingelnden Heerscharen ließen ihm nur den Ausweg eines ehrenvollen Todes. Die letzte Szene zeigt noch ein Beispiel der Nationaltugend. Ein ehrgeiziger Anführer, der den Oberbefehl an sich reißen wollte, aber an diesem

Unternehmen scheiterte, wurde als Gefangener der Araber mitgeführt. Die Aufrührer hatten auf seine Unzufriedenheit und Rachegelüste gerechnet; er verwarf ihre Anträge und offenbarte ihre Pläne. In der Stunde der Gefahr löste der dankbare Akbah seine Fesseln und riet ihm, zu fliehen; er zog es aber vor, unter dem Kommando seines Nebenbuhlers zu sterben. Sie umarmten sich als Freunde und Märtyrer, zogen ihre Säbel, zerbrachen die Scheiden und kämpften lange und hartnäckig, bis sie nebeneinander auf die letzten ihrer niedergemetzelten Vaterlandsgenossen sanken. Der dritte Feldherr oder Statthalter von Afrika, Zuheir, rächte das Schicksal seines Vorgängers, erlitt es schließlich aber selbst. Er besiegte die Eingeborenen in vielen Schlachten, wurde aber von einem mächtigen Heer geschlagen, das Konstantinopel Karthago zu Hilfe gesandt hatte.

Es war häufig die Gewohnheit der Negerstämme, sich mit den Angreifenden zu vereinigen, die Beute zu teilen, den Glauben der Muselmanen zu bekennen und, sobald diese abgezogen waren oder ins Unglück gerieten, sich zu empören und zu ihrer früheren Unabhängigkeit und Götzendienerei zurückzukehren. Der kluge Akbah hatte vorgeschlagen, eine arabische Kolonie im Herzen von Afrika zu gründen, eine Festung zu errichten, von der aus die wankelmütigen Barbaren gezähmt werden konnten, die gleichzeitig ein Zufluchtsort sein könne, der während der Wechselfälle des Krieges die Sarazenen und ihren Reichtum schützen würde. Er gründete diese Kolonie, die er bescheiden Karawanenstation nannte, im fünfzigsten Jahre der Hegira. Kairoan nimmt auch heute noch, trotz des Verfalles, die zweite Stelle im Königreiche Tunis ein, von welcher Stadt es fünfzig Meilen südlich liegt. Die Binnenlage der Stadt, zwölf Meilen westlich vom Meere, bewahrte sie vor der Flotte der Griechen und Sizilianer. Nachdem die reißenden Tiere und Schlangen vertilgt, der Wald gerodet worden war, entdeckte man in einer sandigen Ebene die Spuren einer römischen Stadt. Das Gemüse für Kairoan muß weit hergebracht werden, und der Mangel an Brunnen zwingt die Einwohner, Regenwasser in Zisternen und Behältern aufzubewahren. Diese Hindernisse wurden durch den tätigen Akbah beseitigt, und er errichtete eine Ziegelmauer von dreitausendsechshundert Schritten Länge. Nach Ablauf von fünf Jahren war der Palast des Statthalters mit einer hinreichenden Anzahl von Privathäusern umgeben, eine Moschee wurde von fünfhundert Säulen aus Granit, Porphyr und numidischem Marmor getragen, und Kairoan wurde der Sitz der Gelehrsamkeit wie der Regierung. Aber dieser Glanz wurde erst in einem späteren Zeitalter erreicht; die neue Kolonie wurde durch Akbahs und Zuheirs Niederlagen erschüttert, und die Unternehmungen gegen den Westen wurden durch bürgerliche Zwietracht innerhalb der arabischen Monarchie wieder unterbrochen. Der Sohn des tapferen Zobeir führte einen siebenjährigen Krieg gegen das Haus Ommijah und hielt eine siebenmonatliche Belagerung aus. Man sagte von Abdallah, daß er den Mut eines Löwen mit der Schlauheit eines Fuchses vereinige; aber er hatte nur den Mut, nicht die Hochherzigkeit seines Vaters geerbt.

Die Herstellung des inneren Friedens erlaubte es dem Kalifen Abdalmalek, die Eroberung von Afrika wieder aufzunehmen. Die Fahne wurde dem Statthalter von Ägypten, Hassan, übergeben, und das Einkommen dieses Königreiches nebst einem Heere von vierzigtausend Mann für dieses Unternehmen bestimmt. Während des Krieges waren die Binnenprovinzen von den Sarazenen bald erobert, bald verloren worden. Die Seeküste blieb jedoch dauernd in den Händen der Griechen; die Vorgänger Hassans hatten den Ruf und die Befestigungen Karthagos gescheut, und die Zahl ihrer Verteidiger war durch die Flüchtlinge von Cabes und Tripolis verstärkt worden. Hassan war kühner und glücklicher; er bezwang und plünderte die Hauptstadt von Afrika. Die Erwähnung von Sturmleitern scheint anzudeuten, daß er durch einen unerwarteten Angriff einer langen, regelmäßigen Belagerung auswich. Aber die Freude der Sieger wurde bald durch das Erscheinen christlicher Heere gestört. Der Präfekt und Patrizier Johann, ein Feldherr von Ruf und Erfahrung, schiffte sich in Konstantinopel mit den Streitkräften des morgenländischen Reiches ein; die Schiffe und Soldaten Siziliens stießen zu ihm, und der spanische Monarch sandte aus Furcht oder Religiosität eine große Schar Goten zur Verstärkung. Die verbündete Flotte durchbrach die Kette, die den Eingang des Hafens schützen sollte. Die Araber zogen sich nach Kairoan oder Tripolis zurück, die Christen landeten, und die Bürger empfingen das Kreuz mit Freudengeschrei. Der Winter verging in müßigen Träumen von Siegen und Befreiung. Aber Afrika war unwiederbringlich verloren. Der eifrige und grimmige Kalif rüstete im nächsten Frühjahr zahlreiche Streiter zu Lande und Wasser aus, und der Patrizier war nun seinerseits gezwungen, den Hafen und die Festungswerke von Karthago zu räumen. Eine zweite Schlacht wurde in der Nähe von Utika geschlagen; die Griechen und Goten erlitten abermals eine Niederlage, und nur durch eilige Einschiffung retteten sie sich vor Hassans Scharen, die bereits ihr Lager, das von einem schwachen und unzulänglichen Walle umgeben war, eingeschlossen hatten. Was noch von Karthago übrig war, wurde von den Flammen verzehrt, und die Kolonie der Dido und Cäsars lag über zweihundert Jahre öde, bis ein Teil, vielleicht ein Zwanzigstel der früheren Stadt, von dem ersten der fatimitischen Kalifen wieder besiedelt wurde. Im Anfang des sechzehnten Jahrhunderts bestand die zweite Hauptstadt des Westens aus einer Moschee, einem Kollegium ohne Studierende und fünfundzwanzig bis dreißig Hütten, die von fünfhundert Bauern bewohnt waren, die in ihrer Armut den

Stolz punischer Senatoren an den Tag legten. Aber selbst dieses elende Dorf wurde von den Spaniern, die Karl V. in die Festung Goletta gelegt hatte, zerstört. Die Ruinen von Karthago sind vernichtet, und selbst ihr Platz würde unbekannt sein, wenn nicht einige zerbrochene Bogen einer Wasserleitung den wißbegierigen Reisenden leiteten.

Die Griechen waren vertrieben, aber die Araber dadurch noch nicht Herren des Landes. In den inneren Provinzen widerstanden die Mauren oder Berber, so schwach unter den ersten Kaisern, so furchtbar unter den byzantinischen Fürsten, der Religion und Macht der Nachfolger Mohammeds. Unter der Fahne ihrer Königin Kahina erreichten die unabhängigen Stämme einige Einigkeit und Zucht, und da die Mauren in ihren Frauen Prophetinnen ehrten, griffen sie die Eindringlinge mit einem dem ihrigen ähnlichen Enthusiasmus an. Die kampferprobten Scharen Hassans waren den Verteidigern von Afrika nicht gewachsen; die Eroberungen eines Jahrhunderts gingen an einem einzigen Tage verloren. Der Anführer zog sich mit seinem Heer an die Grenzen Ägyptens zurück und harrte da fünf Jahre der verheißenen Verstärkung des Kalifen. Nach dem Rückzuge der Sarazenen versammelte die siegreiche Prophetin die maurischen Häuptlinge und empfahl ihnen eine seltsame und wilde Politik. »Unsere Städte«, sagte sie, »und das Geld und Silber, das sie enthalten, locken beständig die Araber an. Diese elenden Metalle sind nicht der Gegenstand unseres Ehrgeizes, wir begnügen uns mit den Früchten der Erde. Lasset uns diese Städte zerstören, lasset uns diese verderblichen Schätze unter ihren Ruinen begraben, und wenn es unseren Feinden an Versuchung fehlt, werden sie vielleicht aufhören, die Ruhe eines kriegerischen Volkes zu stören!« Der Vorschlag wurde einstimmig angenommen. Von Tanger bis Tripolis wurden die Gebäude oder wenigstens die Festungswerke zerstört, die Fruchtbäume niedergehauen, die Mittel zum Unterhalt vernichtet, ein fruchtbarer und volkreicher Garten in eine Einöde verwandelt, und die Geschichtschreiber späterer Zeiten konnten oft Spuren des Wohlstandes und der Verwüstung entdecken. So lautet die Erzählung der neueren Araber. Aber ich vermute, daß die Unkenntnis im Altertum, Liebe zum Wunderbaren und die Mode, die Philosophie der Barbaren zu preisen, sie verleitet haben, das als eine freiwillige Handlung zu preisen, was innerhalb von drei Jahrhunderten seit den wütenden Donatisten und Vandalen vor sich ging. Während der Empörung hatte Kahina wahrscheinlich zur Zerstörung beigetragen, und die Furcht vor einer allgemeinen Verheerung mochte die Städte, die sich widerstrebend der unwürdigen Führerin gefügt hatten, erschrecken und ihr entfremden. Die Wiederkehr ihrer byzantinischen Beherrscher hofften und wünschten sie vielleicht nicht mehr. In ihrer gegenwärtigen Knechtschaft jedoch lebten sie ohne Ordnung und

Gerechtigkeit, und auch der eifrigste Katholik mußte die halben Wahrheiten des Korans dem blinden Götzendienst der Mauren vorziehen. Der Feldherr der Sarazenen wurde abermals als der Retter der Provinz empfangen; die Freunde der bürgerlichen Gesellschaft verschworen sich gegen die Wilden des Landes. Die königliche Prophetin wurde in der ersten Schlacht getötet, die den jeder Grundlage entbehrenden Bau ihres Reiches und Aberglaubens stürzte. Ihr Geist lebte unter Hassans Nachfolgern wieder auf; er wurde endlich durch die Tätigkeit Musas und seiner beiden Söhne gebrochen. Auf die Anzahl der Rebellen läßt sich aus der Zahl von dreihunderttausend Gefangenen schließen, von denen sechzigtausend, das Fünftel des Kalifen, zum Besten des Staatsschatzes verkauft wurden. Dreißigtausend barbarische Jünglinge wurden unter die Truppen gesteckt, und die Bestrebungen Musas, ihnen die Kenntnis des Korans und die Befolgung seiner Lehren beizubringen, gewöhnten die Afrikaner an Gehorsam gegen den Propheten und den Beherrscher der Muselmanen, Bezüglich der Art der Regierung, der Nahrung und Wohnung gleichen die wandernden Mauren den Beduinen der Wüste, mit denen sie auch das Klima gemeinsam haben. Mit Annahme der Religion der Araber setzen sie ihren Stolz darein, deren Sprache, Namen und Ursprung anzunehmen. Das Blut der Fremden und Eingeborenen vermengte sich allmählich, und vom Euphrat bis zum Atlantischen Meere schien ein und dieselbe Nation über die Sandebenen von Asien und Afrika ausgebreitet zu sein. Ich will jedoch keineswegs in Abrede stellen, daß fünfzigtausend Zelte reiner Araber mit ihren Bewohnern jenseits des Nils durch die Lybische Wüste zerstreut worden sein mögen, und ich weiß wohl, daß fünf maurische Stämme unter dem Namen weiße Afrikaner ihr barbarisches Idiom beibehalten haben.

V. Während der Fortschritte bei der Eroberung trafen die Goten und Sarazenen von Norden und Süden an der Grenze zwischen Europa und Afrika aufeinander. Nach dem Glauben der letzteren ist Verschiedenheit der Religion ein vernünftiger Grund zur Feindschaft und zum Krieg. Schon zur Zeit Othmans hatten ihre Seeräubergeschwader die Küsten von Andalusien verheert; auch war die Hilfe nicht vergessen, die die Goten Karthago geleistet hatten. Die Festung Ceuta gehörte damals wie jetzt den Spaniern, eine der Säulen des Herkules, die durch eine schmale Meerenge von der anderen Säule, der Spitze Europas, getrennt ist. Ein kleiner Teil von Mauretanien fehlte noch zur Eroberung von Afrika. Musa wurde aber bei seinem Angriff auf Ceuta durch den tapferen und mutigen gotischen Heerführer, den Grafen Julian, zurückgeschlagen. Aus dieser Widerwärtigkeit und Klemme befreite ihn die unerwartete Botschaft des christlichen Anführers, der die Übergabe des Platzes, sich selbst und sein Schwert den Nachfolgern Mohammeds anbot und um die schimpfliche Ehre bat, sie in das Herz Spaniens führen zu dürfen.

Wenn man nach der Ursache seines Verrates fragt, so wiederholen die Spanier die zur Volkslegende gewordene Erzählung von seiner Tochter Cava, einer Jungfrau, die von ihrem Souverän verführt und genotzüchtigt worden war, und von einem Vater, der seine Religion und sein Vaterland der Rache opferte. Die Leidenschaften der Fürsten sind oft zügellos und verderblich gewesen, aber diese wohlbekannte romantische Geschichte wird nur sehr wenig durch äußere Zeugnisse gestützt, und die spanische Geschichte zeigt genügend politische und eigennützige Beweggründe, die für einen ergrimmten Staatsmann mehr Bedeutung haben. Nach dem Tode oder der Absetzung des Witiza wurden seine beiden Söhne durch Roderich, einen edlen Goten, dessen Vater Herzog oder Statthalter einer Provinz als Opfer der früheren Tyrannen gefallen war, ausgestochen. Die Monarchie war dauernd ein Wahlreich, aber die am Hofe erzogenen Söhne des Witiza ertrugen nur widerwillig ihren privaten Stand. Ihre Rache war um so gefährlicher, als sie durch die gewöhnlich geübte Verstellung an den Höfen verschleiert wurde; ihre Anhänger wurden durch das Andenken an empfangene Gunstbezeigungen und die Hoffnung auf eine Umwälzung aufgestachelt, und ihr Oheim Oppas, Erzbischof von Toledo und Sevilla, war die erste Person in der Kirche und die zweite im Staate. Es ist wahrscheinlich, daß Julian mit einer erfolglosen Partei in Ungnade fiel, daß er von der neuen Regierung wenig zu hoffen und viel zu fürchten hatte, und daß der unkluge König das Verhalten Julians und seiner Familie nicht vergessen oder verzeihen konnte. Die Verdienste und der Einfluß des Grafen machten ihn zu einem nützlichen und gefährlichen Untertanen; seine Besitzungen waren groß, seine Anhänger kühn und zahlreich, und es erwies sich als verderblich, daß er durch den Oberbefehl in Andalusien und Mauritanien die Schlüssel der spanischen Monarchie in Händen hatte. Zu schwach aber, um seinem Souverän in Waffen entgegenzutreten, bewarb er sich um den Beistand einer auswärtigen Macht, und seine übereilte Einladung an die Mauren und Araber veranlaßte während acht Jahrhunderten große Drangsale. In Briefen oder bei einer persönlichen Unterredung offenbarte er den Reichtum und die Schwäche seines Vaterlandes, die Unbeliebtheit seines Fürsten und die Entartung des verweichlichten Volkes. Die Goten waren nicht mehr jene siegreichen Barbaren, die das stolze Rom gedemütigt, die Königin der Nationen beraubt hatten und von der Donau bis zum Atlantischen Ozean vorgedrungen waren. Von der Welt durch die Gebirge der Pyrenäen abgeschnitten, hatten die Nachfolger Alarichs in Ruhe geschlummert; die Mauern der Städte waren in Staub zerfallen, die Jugend hatte die Waffenübungen aufgegeben, und der aus früheren Zeiten stammende Ruhm und Übermut mußte sie dem ersten Angriffe der Feinde preisgeben. Der ehrgeizige Sarazene wurde durch die Leichtigkeit des Unternehmens und die Wichtigkeit der spanischen Länder angefeuert, verschob aber jede Handlung bis er die Willensäußerung des Kalifen eingeholt hatte. Sein Bote kam bald mit Walids Erlaubnis zurück, die unbekannten Königreiche des Westens zu unterwerfen und ihnen die Religion des Propheten zu bringen. Musa setzte aus seiner Residenz Tanger die Unterhandlungen fort, die er völlig geheim hielt und beschleunigte seine Rüstungen. Die Gewissensbisse der Verschworenen schaffte er mit der lügnerischen Behauptung aus der Welt, daß er sich mit dem Ruhme und der Beute begnügen werde, ohne darnach zu streben, die Muselmanen jenseits des Meeres, das Afrika von Europa trennt, seßhaft zu machen.

Bevor Musa ein Heer von Gläubigen den Verrätern und Ungläubigen eines fremden Landes anvertraute, stellte er ihre Stärke und Wehrhaftigkeit auf eine Probe. Hundert Araber und vierhundert Afrikaner setzten in vier Schiffen von Tanger oder Ceuta über; der Ort, an dem sie landeten, erhielt den Namen ihres Anführers Tarik. Das Datum dieses denkwürdigen Ereignisses ist der Monat Ramadan des einundneunzigsten Jahres der Hegira, Monat Juli, siebenhundertachtundvierzig Jahre nach der spanischen Zeitrechnung Cäsars, siebenhundertzehn nach Christi Geburt. Von ihrer Landungsstelle marschierten sie achtzehn Meilen durch ein hügeliges Land bis zum Schlosse und der Stadt Julians, der sie den Namen (Algesiras, sie heißt noch so) der grünen Insel, nach einem von Grün bedeckten Vorgebirge, gaben, das in die See hinausragt. Ihre gastfreundliche Aufnahme, die Christen, die zu ihrer Fahne stießen, ihr Einfall in eine fruchtbare und unverteidigte Provinz, die Größe der Beute und die Sicherheit in der sie zurückkehren konnten, bewies ihren Brüdern, daß der Zug nach Spanien von Sieg begleitet sein würde. Im folgenden Frühling schifften sich fünftausend Veteranen und Freiwillige unter dem Befehle Tariks ein. Dieser war ein unerschrockener, mit Glück begabter Krieger, der die Erwartungen seines Oberfeldherrn übertraf. Die notwendigen Fahrzeuge waren durch ihren nur zu emsigen Bundesgenossen geliefert worden; die Sarazenen landeten an der Küste Europas. Der verballhornte, allgemein bekannte Name Gibraltar (Gebel al Tarik) bedeutet Berg des Tarik. Die Schanzen seines Lagers bildeten erstmalig die Umrisse jener Befestigungen, in denen die Engländer dem Hause Bourbon widerstanden haben. Die Statthalter der umliegenden Provinzen setzten den Hof von Toledo von der Landung und den Fortschritten der Araber in Kenntnis. Die Niederlage des Feldherrn Edeko, den Roderich entsandt hatte, die Fremdlinge zu schlagen und in Fesseln zu legen, zeigte diesem die Größe der Gefahr. Auf des Königs Gebot sammelten sich die Herzöge, Grafen, Bischöfe und Edlen der gotischen Monarchie mit ihren Mannen. Der Titel König der Römer, den ein arabischer Geschichtschreiber Roderich gab, kann durch die Religion, Sitten und Sprache der Nationen Spaniens erklärt werden. Die Armee bestand aus neunzig- bis hunderttausend Mann, eine furchtbare Macht, wenn Treue und Zucht im Verhältnis zur Zahl gestanden hätte. Die Truppen Tariks waren auf zwölftausend Sarazenen erhöht worden; aber die christlichen Unzufriedenen wurden durch Julians Einfluß angelockt, und eine Schar Afrikaner strebte nach den zeitlichen Segnungen des Korans. Die Stadt Xeres in der Nähe von Cadix ist durch einen Kampf berühmt geworden, der das Schicksal des Königreiches entschied. Der Fluß Guadelete, der sich in die Bucht ergießt, trennte die beiden Lager. An seinen Ufern fanden in drei aufeinanderfolgenden Tagen blutige Gefechte statt. Am vierten Tage ließen sich die beiden Heere in einen ernsteren und entscheidenderen Kampf ein. Alarich wäre beim Anblick seines unwürdigen Nachfolgers errötet, der auf dem Haupte ein Diadem aus Perlen, ferner fliegende Gewänder mit Gold und Seide bestickt trug und in einer Sänfte oder einem Wagen aus Elfenbein ruhte, den zwei weiße Maultiere zogen. Die Sarazenen wären trotz ihrer Tapferkeit der Überzahl beinahe unterlegen. Die Ebene von Xeres war mit sechzehntausend Sarazenenleichen bedeckt. »Meine Brüder«, sagte Tarik zu seinen überlebenden Gefährten, »der Feind ist vor, das Meer ist hinter euch: wohin wollet ihr fliehen? Folgt eurem Anführer; ich bin entschlossen, entweder zu sterben oder meinen Fuß auf den Nacken des gestürzten Königs der Römer zu setzen.« Außer auf den Mut und die Verzweiflung der Muselmanen baute er auf die geheimen, nächtlichen Zusammenkünfte des Grafen Julian mit den Söhnen und Brüdern des Witiza. Die beiden Fürsten und der Erzbischof von Toledo hatten die wichtigsten Posten inne; ihr rechtzeitiger Abfall zerbrach die Reihen der Christen; Furcht und Argwohn beschlich die Krieger, die jeder für sein eigenes Heil zu sorgen begannen. Die Reste des gotischen Heeres wurden in den folgenden drei Tagen auf der Flucht zerstreut oder vernichtet. Mitten in der allgemeinen Unordnung sprang Roderich aus seinem Wagen, bestieg Orelia, das flüchtigste seiner Rosse. Aber er entging dem Tode eines Kriegers nur, um einen schmählicheren Tod in den Gewässern des Bätis oder Guadalquivir zu finden. Sein Diadem, Gewand und Pferd wurden an den Ufern gefunden; da aber die Leiche des Gotenfürsten von den Wellen fortgerissen worden war, mußte der stolze und unwissende Kalif durch das Haupt eines geringeren Mannes, das ihm zugesendet wurde, getäuscht werden. Dieses wurde im Triumph vor dem Palaste von Damaskus aufgesteckt. »Das ist«, fährt der tapfere Geschichtschreiber der Araber fort, »das Schicksal jener Könige, die von einem Schlachtfelde fliehen.«

Graf Julian hatte sich so tief in Schuld und Schmach gestürzt, daß seine einzige Hoffnung auf dem Verderben seines Vaterlandes beruhte. Nach der Schlacht bei Xeres empfahl er den Sarazenen die wirksamsten Maßregeln. »Der König der Goten ist tot, ihre Fürsten sind vor dir geflohen, die Armee ist aufgelöst, die Nation in Bestürzung. Bemächtige dich, indem du entsprechende Truppen absendest, der Städte von Bätica; du selbst aber ziehe ohne Verzug gegen die königliche Stadt Toledo und gönne den Christen weder Zeit noch Ruhe, eine zweite Wahl vorzunehmen.« Tarik hörte auf den Rat. Ein gefangener Römer und Proselyt, der vom Kalifen selbst freigelassen worden war, griff Cordova mit siebenhundert Reitern an; er schwamm über den Fluß, überrumpelte die Stadt und trieb die Christen in die große Kirche, wo sie sich über drei Monate verteidigten. Eine andere Abteilung unterwarf die Küste von Bätica, die während der letzten Zeit der maurischen Macht von dem volkreichen Königreiche Granada eingenommen wurde. Der Zug Tariks von Bätica nach Tagus ging über die Sierra Morena, die Andalusien von Kastilien trennt, bis er in Waffen vor den Mauern von Toledo erschien. Die eifrigsten Katholiken waren mit ihren Reliquien entflohen, und wenn die Tore verschlossen blieben, so geschah dies nur solange, bis der Sieger billigen und vernünftigen Übergabebedingungen zugestimmt hatte. Die freiwillig Auswandernden durften mit ihrer Habe abziehen; sieben Kirchen blieben dem christlichen Gottesdienste vorbehalten, der Erzbischof und die Geistlichkeit hatte das Recht, ihre Ämter weiter auszuüben, die Mönche durften ihre Bußübungen halten oder vernachlässigen, und die Goten und Römer behielten ihre Gerichtsbarkeit. Wenn aber der gerechte Tarik die Christen beschützte, belohnte er politisch und dankbar die Juden, denen er für ihren geheimen und offenen Beistand bei den wichtigsten Eroberungen zu Dank verpflichtet war. Von den Königen und Synoden von Spanien verfolgt, die ihnen häufig nur die Wahl zwischen Taufe und Auswanderung gelassen hatten, benutzte dieses vertriebene Volk den Augenblick zur Rache; ihre Treue wurde durch den Vergleich ihres früheren und jetzigen Zustande gesichert, und der Bund zwischen den Jüngern Moses und Mohammeds wurde in den Zeiten ihrer gemeinsamen Verbannung aufrechterhalten. Von dem Königssitze zu Toledo setzte der arabische Heerführer seine Eroberungen im Norden mit den Königreichen Kastilien und Leon fort; es wäre aber überflüssig, die Städte aufzuzählen, die sich ihm ergaben oder die Smaragdtafel zu beschreiben, die von den Römern aus dem Osten gebracht, von den Goten bei der Beutemachung in Rom erworben und von den Arabern an ihren Kalifen in Damaskus gesandt worden war. Jenseits der asturischen Gebirge war die Seestadt Gijon das Ziel des Unterfeldherrn Musas, der mit der Schnelligkeit eines Reisenden seinen Siegeszug über siebenhundert Meilen, vom Felsen von Gibraltar bis zur Bai von Biskaya, durchgeführt hatte. Er machte erst am Meeresufer halt, und wurde bald darauf nach Toledo zurückgerufen, um seine Kühnheit zu entschuldigen, mit der er in Abwesenheit seines Oberfeldherrn ein Königreich erobert hatte. Spanien, das früher in ungeordneterem Zustand den Römern zweihundert Jahre widerstanden hatte, wurde in wenigen Monaten von den Sarazenen überwältigt. So leicht unterwarfen sich die Einwohner und schlossen Verträge, daß der Statthalter von Cordova als einziger genannt wird, der ohne irgendwelche Bedingungen im Kampfe gefangen genommen wurde. Die Sache der Goten war bei Xeres unwiderruflich entschieden worden, und die noch freien Männer der Nation wichen einem Kampfe mit einer Macht aus, die ihre Hauptstreitmacht besiegt hatte. Die Kraft der spanischen Nation war durch zwei aufeinanderfolgende Epochen der Hungersnot und Pest gebrochen worden, und die Statthalter, die sich nach Übergabe sehnten, konnten die Schwierigkeiten ins Treffen führen, die sich bei der Beschaffung genügender Lebensmittel für eine belagerte Festung ergeben würden. Auch der Aberglaube trug dazu bei, Schrecken zu verbreiten und die Christen zu entwaffnen: der schlaue Araber begünstigte die Verbreitung von Träumen, Zeichen, Prophezeiungen und jener Bilder, die man in einem geschlossenen Gemach des königlichen Palastes, das aufgebrochen wurde, fand, und die die vom Schicksal zur Eroberung Spaniens Auserkorenen zeigten. Der Widerstand war jedoch nicht gänzlich erloschen; einige Flüchtlinge zogen ein Leben der Armut und Freiheit in den Tälern von Asturien vor; die kühnen Bergbewohner trieben die Sklaven des Kalifen zurück, und das Schwert des Pelagius ist zum Zepter der katholischen Könige geworden.

Die Nachricht von diesem schnell erzielten Erfolge veranlaßte, daß Musas Neid erwachte, nachdem er zuerst Beifall gespendet hatte. Er begann, nicht zu klagen, aber zu fürchten, daß Tarik ihm nichts zu erobern übriggelassen habe. An der Spitze von zehntausend Afrikanern und Arabern setzte er von Mauritanien nach Spanien über. Seine vornehmsten Begleiter waren die Edelsten des Stammes Koreisch. Seinen ältesten Sohn ließ er zurück, um in Afrika den Oberbefehl zu führen, und seine drei jüngeren Söhne hatten das Alter und den Mut, ihren Vater in den kühnsten Unternehmungen beizustehen. Bei seiner Landung in Algesiras wurde er von dem Grafen Julian ehrfurchtsvoll empfangen, welcher seine innere Reue erstickte und durch Worte und Taten bezeugte, daß der Sieg der Araber seine Anhänglichkeit an ihre Sache nicht vermindert hätte. Die Bekämpfung einiger Feinde blieb Musa noch vorbehalten. In später Reue hatten die Goten ihre Anzahl mit der ihrer Feinde verglichen; die Städte, die Tarik auf seinem Marsche nicht berührt hatte, hielten sich für uneinnehmbar. Die tapfersten Patrioten verteidigten Sevilla und Merida. Sie wurden nacheinander von Musa belagert und bezwungen, der sein Lager vom Bätis zum Anas, vom Guadalquivir an die Guadiana verlegte. Als er die Wahrzeichen römischer Größe, die Brücke, die Wasserleitungen, die Triumphbogen und das Theater der alten Hauptstadt von

Lusitanien sah, sagte er zu seinen vier Gefährten: »Ich muß glauben, daß das Menschengeschlecht seine Kunst und Macht zum Baue dieser Stadt vereinigt habe; glücklich der Mann, der ihr Gebieter wird!« Er strebte nach diesem Glücke, aber die Emeritaner behaupteten bei dieser Gelegenheit, daß sie von den Veteranen des Augustus abstammen. Der Einsperrung in ihre Mauern zuvorkommend, lieferten sie den Arabern eine Schlacht in der Ebene; aber in einem Steinbruch oder einer Ruine in den Hinterhalt gelegte Truppen brachen plötzlich hervor, schlugen sie und schnitten ihnen den Rückweg ab. Die hölzernen Sturmtürme wurden an den Wall gerollt, die Verteidiger wehrten sich lange und hartnäckig, und das Schloß der Märtyrer gibt Zeugnis von den Verlusten der Muselmanen. Die standhaften Verteidiger wurden endlich durch Hungersnot gezwungen zu kapitulieren. Der kluge Sieger verschleierte seinen Unmut, indem er Milde walten ließ und ihnen Achtung bezeigte. Es wurde ihnen gestattet, Tributzahlung oder Auswanderung zu wählen, die Hälfte der Kirchen wurden den Katholiken belassen und die Besitztümer derjenigen, die entweder bei der Belagerung gefallen waren oder sich nach Gallicien zurückgezogen hatten, als Belohnung für die Gläubigen eingezogen. Auf der Straße zwischen Merida und Toledo begrüßte der Unterfeldherr Musas den Statthalter des Kalifen und führte ihn in den Palast der gotischen Könige. Bei dem ersten Zusammentreffen waren sie kalt und steif, strenge Rechenschaft wurde über die Schätze von Spanien verlangt, Tarik wurde beargwöhnt und erhielt Vorwürfe, und der Held wurde eingekerkert, geschmäht und schimpflich auf Befehl Musas (oder von diesem selbst) gegeißelt. So strenge war jedoch die Zucht, so rein oder zahm die ersten Muselmanen, daß Tarik nach dieser öffentlichen Anprangerung bei der Bezwingung der tarragonesischen Provinz wieder mitkämpfen durfte und Vertrauen erhielt. In Saragossa konnte mittels der freigebigen Spenden der Koreischiten eine Moschee errichtet werden. Der Hafen von Barcelona wurde den syrischen Schiffen geöffnet, und die Goten wurden über die pyrenäischen Gebirge hinaus bis in die gallische Provinz Septimanien oder Languedoc verfolgt. In der Kirche der heiligen Maria zu Carcassone fand Musa sieben Reiterstatuen aus massivem Silber, die er wahrscheinlich nicht dort beließ. Er kehrte von der Grenze oder der Säule von Narbonne auf demselben Wege nach dem gallicischen und lusitanischen Gestade des Ozeans zurück. Während der Abwesenheit des Vaters züchtigte sein Sohn Abdelaziz die Aufrührer von Sevilla und bezwang die Bewohner der Seeküste des Mittelmeeres von Malaga bis Valencia. Sein Vertrag mit dem klugen und tapferen Theodemir diene zur Veranschaulichung der Sitten und Politik jener Zeiten. »Friedensbedingungen, abgeschlossen und beschworen von Abdelaziz, dem Sohn Musas, des Sohnes Nasirs, und von Theodemir, Fürsten der Goten. Im Namen des barmherzigsten Gottes gewährt Abdelaziz Frieden unter folgenden Bedingungen: Theodemir soll in seinem Fürstentume nicht beunruhigt, noch dem Leben oder Eigentume, den Weibern und Kindern, der Religion und den Tempeln der Christen Unbilden zugefügt werden; Theodemir soll ohne Weigerung seine sieben Städte, Orihuela, Valentola, Alicante, Mola, Vacasora, Bigerra (jetzt Bejar), Ora (oder Opta) und Lorca übergeben; er soll den Feinden des Kalifen weder beistehen, noch Schutz gewähren, sondern Kunde von ihren feindlichen Plänen getreulich mitteilen; er selbst und jeder der gotischen Edlen soll jährlich ein Goldstück, ein Maß Weizen, ebensoviel Gerste und eine gewisse Menge Öl, Honig und Essig entrichten und jeder ihrer Vasallen die Hälfte dieser Abgaben leisten. Gegeben am vierten Regeb, im Jahre der Hegira vierundneunzig und unterschrieben mit den Namen vier muselmanischer Zeugen.« Theodemir und seine Untertanen wurden mit ungewöhnlicher Milde behandelt; die Höhe des Tributs jedoch scheint zwischen einem Fünftel und einem Zehntel, je nach der Hartnäckigkeit der Christen und der Schnelligkeit, mit der sie sich unterwarfen, geschwankt zu haben. Bei dieser Umwälzung wurde von den leidenschaftlichen Schwärmern manches Unheil gestiftet; einige Kirchen wurden durch die Sarazenen entweiht, einige Reliquien oder Bilder mit Götzen verwechselt, die Rebellen niedergehauen und eine Stadt (ein unbedeutender Ort zwischen Cordova und Sevilla) dem Erdboden gleichgemacht. Wenn wir jedoch den Einbruch der Goten in Spanien oder dessen Wiedereroberung durch die Könige von Castilien und Arragonien mit der arabischen Invasion vergleichen, können wir der Mäßigung und Zucht der arabischen Eroberer unseren Beifall nicht versagen.

Die Taten Musas wurden von ihm im späten Alter vollbracht, obschon er sich bemühte, dieses geheimzuhalten, indem er seinen weißen Bart mit rotem Pulver färbte. Aber in seiner Brust flammte bezüglich seiner Liebe zur Tätigkeit und zum Ruhme noch das Feuer der Jugend, und die Eroberung Spaniens war für ihn nur der erste Schritt zur Gründung einer europäischen Monarchie. Er rüstete eine große Heeresmacht zu Wasser und Land aus und wollte wieder über die Pyrenäen gehen, in Gallien und Italien die verfallenden Reiche der Franken und Langobarden erobern und die Einheit Gottes vor dem Altare im Vatikan predigen. Von da beabsichtigte er, nach Unterjochung der Barbaren von Deutschland, der Donau von ihrer Quelle bis zum Schwarzen Meere zu folgen, das griechische und römische Reich zu stürzen und, aus Europa und Asien zurückkehrend, seine neuen Besitzungen mit Antiochia und den syrischen Provinzen zu vereinigen. Aber diese ungeheure, vielleicht leicht auszuführende Unternehmung, mußte gewöhnlichen Menschen ausschweifend erscheinen. Der träumende Eroberer wurde bald an seine Abhängigkeit und

Knechtschaft erinnert. Die Freunde Tariks hatten seine Verdienste und Leiden mit Erfolg erzählt; man tadelte am Hofe von Damaskus das Vorgehen Musas, beargwohnte seine Absichten und verurteilte sein Zögern, der ersten Einladung zu gehorchen, indem man ihm einen heftigen und gemessenen Befehl sandte. Ein unerschrockener Bote betrat sein Lager zu Lugo in Gallicien und fiel in Gegenwart der Sarazenen und Christen seinem Pferde in die Zügel. Seine eigene Treue oder die Treue seiner Truppen veranlaßte ihn, gehorsam zu sein. Die Ungnade, die ihm zuteil wurde, wurde durch die Erlaubnis gemildert, seine zwei Söhne, Abdallah und Abdelaziz, zu Statthaltern zu machen. Sein langer Triumphzug von Ceuta nach Damaskus zeigte die Beute Afrikas und die Reichtümer Spaniens: vierhundert gotische Edle mit goldenen Kronen und Gürteln befanden sich unter seinem Gefolge, und die Zahl seiner Gefangenen beiderlei Geschlechtes, die wegen ihrer Geburt oder großen Schönheit ausgewählt worden waren, betrug achtzehn-, nach manchen Angaben sogar dreißigtausend. Als er Tiberias in Palästina erreichte, benachrichtigte ihn Soliman, des Kalifen Bruder und sein mutmaßlicher Erbe, geheim von der Krankheit und Todesgefahr des Kalifen, da Soliman das Schauspiel des Triumphes sich selbst vorbehalten wollte. Wenn Walid genesen wäre, wäre das Zögern Musas ein Verbrechen gewesen: er setzte seinen Zug fort und fand einen Feind auf dem Throne. In seinem Prozeß vor einem parteiischen Richter und gegen einen volksbeliebten Gegner wurde er der Prahlerei und Falschheit überführt und ihm eine Buße von zweihunderttausend Goldstücken auferlegt, deren Bezahlung ihn entweder arm machte oder seine Raubabsicht bewies. Die unwürdige Behandlung Tariks wurde durch eine gleiche gerächt. Der greise Feldherr mußte, nachdem er öffentlich gepeitscht worden war, einen Tag in der Sonne vor dem Tore des Palastes stehen, bis er in die Verbannung nach Mekka gesandt wurde, mit der Angabe, daß dies eine Wallfahrt sei. Der Grimm des Kalifen hätte sich nach dem Sturze Musas legen können, aber er verlangte besorgt die Ausrottung einer mächtigen und gekränkten Familie. Ein geheimes Todesurteil wurde schleunigst an die treuen Diener des Thrones in Afrika und Spanien gesandt, und jeder Gerechtigkeit bei der Vollziehung Hohn gesprochen. Abdelaziz fiel in der Moschee oder dem Palaste von Cordova durch die Schwerter der Verschworenen; sie klagten ihren Statthalter an, sich königliche Ehren anzumaßen, und seine Heirat mit Roderichs Witwe Egilona verletzte die Vorurteile sowohl der Christen als der Muselmanen. Mit ausgesuchter Grausamkeit wurde das Haupt des Sohnes dem Vater mit der Frage vorgelegt, ob er die Züge des Rebellen erkenne. »Ich kenne seine Züge«, rief er mit Entrüstung aus, »ich behaupte, daß er unschuldig ist und flehe zu Gott, die Urheber dieser Untat in gleicher Weise zu strafen.« Das Alter und die

Verzweiflung Musas entrückten ihn der Macht des Königs, er starb zu Mekka mit gebrochenem Herzen. Sein Nebenbuhler wurde gnädiger behandelt; man verzieh Tarik seine Dienste und erlaubte ihm, sich unter die Scharen der übrigen Sklaven zu mischen. Ich weiß nicht, ob Julian die Todesstrafe erlitt, die er, wenn auch nicht von den Sarazenen, verdient hatte, aber die Mär von ihrer Undankbarkeit gegen die Söhne des Witiza wird durch unverwerfliche Zeugnisse entkräftigt. Die zwei fürstlichen Jünglinge erhielten das Privateigentum ihres Vaters; aber nach dem Tode Ebas, des Älteren, wurde seine Tochter durch ihren gewalttätigen Oheim Sigebut ungerechterweise ihres Anteils beraubt. Die gotische Frau führte ihren Sohn vor den Kalifen Hascheim und erhielt ihr Erbe wieder, wurde aber einem edlen Araber zur Ehe gegeben. Ihre beiden Söhne Isaak und Ibrahim fanden in Spanien den achtungsvollen Empfang, der ihnen durch Herkunft und Reichtum gebührte.

Eine Provinz wird mit dem siegreichen Staat durch die Ansiedlung von Untertanen und den Nachahmungstrieb der Eingeborenen verschmolzen. Spanien, das nacheinander punisches, römisches und gotisches Blut in sich aufgenommen hatte, nahm in wenigen Generationen die Art und Sitten der Araber an. Die ersten Eroberer und die darauffolgenden zwanzig Statthalter der Kalifen waren von einem zahlreichen bürgerlichen und militärischen Gefolge begleitet, die das Glück im fernen Lande der Dürftigkeit daheim vorzogen. Das öffentliche und Privatinteresse wurde durch die Gründung treuer Kolonien gefördert, und die spanischen Städte rühmten sich stolz ihrer orientalischen Abstammung. Die siegreichen, obwohl bunten Scharen Tariks und Musas nahmen die ursprünglichen Rechte der Eroberer in Anspruch, indem sie sich Spanier nannten, gestatteten aber ihren Brüdern von Ägypten, sich ebenfalls in Murcia und Lissabon anzusiedeln. Die königliche Legion von Damaskus schlug ihren Sitz zu Cordova auf, die von Emesa zu Sevilla, die von Kinnisrin oder Chalcis zu Jaen, die von Palästina zu Algesiras und Medina Sidonia. Die Eingeborenen von Yemen und Persien waren um Toledo und im Innern des Landes zerstreut. Die fruchtbaren Ländereien von Granada wurden zehntausend Reitern aus Syrien und dem Irak, den Abkömmlingen der reinsten und edelsten der arabischen Stämme, verliehen. Diese verschiedenen Parteien wetteiferten häufig, zuweilen in wohltätiger, zuweilen in gefährlicher Weise miteinander. Zehn Jahre nach der Eroberung wurde dem Kalifen eine Karte der Provinz vorgelegt: Meere, Flüsse und Häfen, Einwohner und Städte, Klima, Boden und die mineralischen Produkte waren darauf verzeichnet. Im Laufe von zwei Jahrhunderten wurden die Gaben der Natur durch Ackerbau, Industrie und Handel durch ein emsiges Volk vermehrt. Die Ergebnisse ihrer Tätigkeit wurden durch die Phantasie vergrößert. Der erste Ommijade, der in Spanien herrschte, bat um die Unterstützung der Christen und begnügte sich in seinem Edikte, in dem er Schutz und Frieden versprach, mit der mäßigen Auflage von zehntausend Unzen Goldes, zehntausend Pfund Silbers, zehntausend Pferden, zehntausend Maultieren, tausend Brustharnischen und tausend Helmen und Lanzen. Der mächtigste seiner Nachfolger bezog aus demselben Königreiche ein jährliches Einkommen von zwölf Millionen fünfundvierzigtausend Dinaren oder Goldstücken, d. . ungefähr sechs Millionen Pfund Sterling, eine Summe, die im zehnten Jahrhundert höchstwahrscheinlich das gesamte Einkommen aller christlichen Monarchen überstieg. Sein Königssitz Cordova hatte sechshundert Moscheen, neunhundert Bäder und zweihunderttausend Häuser; er gab achtzig Städten ersten, dreihundert zweiten und dritten Ranges Gesetze. Die fruchtbaren Ufer des Guadalquivir waren mit zwölftausend Dörfern und Weilern geschmückt. Die Araber mochten die Wahrheit übertreiben; aber sie schufen die gesegnetste Epoche Spaniens, in Bezug auf Reichtümer, Kultur und Bevölkerung.

Der Prophet hatte die Kriege der Muselmanen geheiligt. Unter den Vorschriften und Beispielen, die er während seines Lebens gab, wählten die Kalifen die Lehre von der Duldung, weil sie geeignet war, den Widerstand ihrer Feinde zu brechen. Arabien war der Tempel und das Eigentum des Gottes Mohammeds; er blickte mit weniger Liebe auf die anderen Völker der Erde. Die Polytheisten und Götzendiener, die von ihm nichts wußten, durften von seinen Verehrern mit Recht ausgerottet werden. Bald trat jedoch an Stelle dieses Fanatismusses eine weisere Politik, und die mohammedanischen Eroberer von Hindostan haben nach einigen Morden die Pagoden dieses frommen und volkreichen Landes verschont. Die Schüler Abrahams, Moses und Jesus wurden feierlich eingeladen, die vollständigere Offenbarung Mohammeds anzunehmen; wenn sie aber die Bezahlung eines mäßigen Tributs vorzogen, durften sie ihre eigene Religion weiter bekennen. In der Schlacht Gefangene konnten ihr Leben durch Bekennen des Islams retten, die Frauen mußten der Religion ihrer Gebieter folgen, und durch die Erziehung der Kinder wurde allmählich die Zahl der aufrichtigen Proselyten vervielfacht. Die vielen Millionen Bekehrter aus Afrika und Asien, die die ursprünglichen Scharen der treuen Araber vermehrten, müssen vielmehr angelockt als gezwungen worden sein, den Glauben an den Gott der Araber und an seinen Propheten zu bekennen. Durch das Aussprechen eines Satzes und den Verlust der Vorhaut wurde der Untertan oder Sklave, der Gefangene oder Verbrecher sogleich zum Gefährten der siegreichen Muselmanen. Jede Sünde wurde gesühnt, jede Verpflichtung gelöst; das Gelübde des Zölibats erlosch. Die tatkräftigen Männer, die im Kloster schliefen, wurden durch die Trompete der Sarazenen geweckt, und jedes Mitglied einer neuen Gesellschaft stieg in einer zerrütteten Welt so hoch, als seinen Fähigkeiten und seinem Mute angemessen war. Die Menge wurde durch die Verheißungen des Propheten für dieses und jenes Leben angelockt. Man kann glauben, daß viele seiner Proselyten aufrichtig an seine Offenbarung glaubten. Einem denkenden Polytheisten mußte sie als der göttlichen und menschlichen Natur würdig vorkommen. Reiner als das System des Zoroaster, edler als das Gesetz Moses konnte die Religion Mohammeds mit der Vernunft minder unvereinbar scheinen, als die Mysterien und der Aberglaube, der im siebenten Jahrhundert das einfache Evangelium entstellte.

In den ausgedehnten Provinzen von Persien und Afrika sind die einheimischen Religionen durch den mohammedanischen Glauben ausgerottet worden. Die zweideutige Theologie der Magier stand isoliert unter den Sekten des Orients; aber die profanen Schriften des Zoroaster ließen sich bei einiger Geschicklichkeit durch den ehrwürdigen Namen Abrahams mit der göttlichen Offenbarung in Zusammenhang bringen. Ihr böses Prinzip, der Dämon Ahriman, konnte entweder als der Nebenbuhler oder als das Geschöpf des Lichtgottes dargestellt werden. Es gab keine Bilder in den persischen Tempeln, aber Sonne und Feuer wurden verehrt. Die mildere Ansicht wurde durch das Beispiel Mohammeds und die klugen Kalifen geheiligt; die Magier oder Ghebern wurden mit den Juden und Christen zum Volke mit geschriebenem Gesetz gezählt. Noch im dritten Jahrhundert der Hegira zeigt sich in der Stadt Herat der Gegensatz zwischen Privatandacht und öffentlicher Duldung. Das mohammedanische Gesetz sicherte bei Bezahlung eines jährlichen Tributes den Ghebern von Herat ihre bürgerliche und religiöse Freiheit. Die neue, nicht prunkhafte Moschee wurde von dem antiken Glanze des anstoßenden Feuertempels überstrahlt. Ein fanatischer Imam klagte in seinen Predigten über die ärgerliche Nachbarschaft und beschuldigte die Gläubigen der Schwäche und Gleichgültigkeit. Durch seine Reden entflammt, rottete sich das Volk zusammen und der Tempel wurde in Flammen gesteckt, die jedoch beide Gebäude verzehrten. Es wurde sogleich eine neue Moschee erbaut. Die gekränkten Magier wandten sich an den Souverän von Chorasan. Er versprach gerechtes Urteil und Hilfe. Doch viertausend achtbare Bürger von Herat schworen, daß der götzendienerische Tempel niemals vorhanden gewesen sei! Die Untersuchung wurde niedergeschlagen und das Gewissen der Bürger, sagt der Geschichtschreiber Mirkhond, durch diesen heiligen und verdienstvollen Meineid befriedigt. Der größte Teil der Tempel Persiens ging infolge der nach und nach erfolgenden und allgemeinen Abtrünnigkeit ihrer ehemaligen Verehrer unter. Der Abfall ging allmählich vor sich, weil keine Zeit oder kein Ort bekannt ist, wo Verfolgungen stattgefunden haben. Er war allgemein, weil das ganze Reich von Schiraz bis Samarkand den Koran bekannte, die Perser jedoch ihre Sprache beibehielten. In den Gebirgen und Wüsten verharrten die hartnäckigen Bewohner bei dem Glauben ihrer Väter. Die Theologie der Magier hat sich durch schwache Überlieferung in der Provinz Kirman, an den Ufern des Indus, unter den Verbannten zu Surat und in der Kolonie, die Schah Abbas im achtzehnten Jahrhundert vor den Toren von Ispahan gründete, einigermaßen lebendig erhalten. Der oberste Priester hat sich nach dem Berge Elburz, achtzehn Meilen von der Stadt Yedz, zurückgezogen. Das ewige Feuer (wenn es noch brennt) ist dem Ungeweihten unzugänglich. Die Residenz des Oberpriesters aber ist die Schule, das Orakel und der Wallfahrtsort der Ghebern, deren harte und gleichförmige Gesichtszüge die Reinheit ihres Blutes bezeugen. Unter der Gerichtsbarkeit ihrer Ältesten führen achtzigtausend Familien ein unschuldiges und fleißiges Leben; sie verdienen ihren Unterhalt mit seltenen mechanischen Arbeiten und bebauen die Erde mit Inbrunst als eine religiöse Pflicht. Sie widerstanden dem despotischen Schah Abbas, der unter Drohungen und Foltern die prophetischen Bücher des Zoroaster verlangte. Die geringen Reste der Magier werden aus Verachtung oder Mäßigung von ihren gegenwärtigen Beherrschern verschont.

Die Nordküste von Afrika ist das einzige Land, wo das Licht des Evangeliums nach langer und vollständiger Herrschaft gänzlich erloschen ist. Die Künste, die zu Karthago und Rom gelehrt worden waren, wurden von Unwissenden ausgeübt. Man studierte die Glaubenslehren Cyprians und Augustins nicht mehr. Fünfhundert bischöfliche Kirchen waren durch die wütenden Donatisten, Vandalen und Mauren zerstört worden. Die Anzahl der Geistlichen und ihr Eifer nahm ab, und das Volk, aller Zucht, Kenntnis und Hoffnung bar, unterlag dem arabischen Propheten. Fünfzig Jahre nach der Vertreibung der Griechen meldet ein Statthalter von Afrika, daß der Tribut der Ungläubigen durch deren Bekehrung abgeschafft worden sei. Obwohl er seinen Betrug zu beschönigen suchte, war diese Behauptung doch auf die schnellen Fortschritte zurückzuführen, die der mohammedanische Glaube gemacht hatte. Im folgenden Jahrhundert wurden fünf Bischöfe nach Kairoan geschickt. Sie wurden von dem jakobitischen Patriarchen geweiht, um das erlöschende Feuer des Christentums wieder anzufachen; aber die Dazwischenkunft eines ausländischen Prälaten, der den Lateinern fremd und ein Feind der Katholiken war, setzt den Verfall und die Auflösung der afrikanischen Hierarchie voraus. Die Zeit war vorüber, in der der Nachfolger des heiligen Cyprian an der Spitze einer zahlreichen Synode einen Kampf mit dem ehrgeizigen römischen Bischof bestehen konnte. Im elften Jahrhundert flehte der unglückliche Priester, der auf den Ruinen von Karthago saß, den Vatikan um Almosen und Schutz an und klagte bitterlich, daß er von den Sarazenen gegeißelt worden sei und daß ihm seine Herrschaft von den vier Suffraganen, den wankenden Pfeilern seines Thrones, streitig gemacht werde.

Zwei Schreiben Gregors VII. bezweckten, die Not der Katholiken zu mildern und den Stolz eines Maurenfürsten zu mindern. Der Papst versichert dem Sultan, daß sie beide denselben Gott verehrten, beide dereinst hoffen könnten, sich im Schoße Abrahams zu treffen. Die erhobene Klage, daß keine drei Bischöfe mehr gefunden werden könnten, um einen Bruder zu weihen, verkündet den schnellen und unvermeidlichen Ruin des bischöflichen Standes. Die Christen von Afrika und Spanien hatten sich seit langer Zeit der Sitte der Beschneidung unterworfen und befolgten das Gesetz des Verbotes des Weintrinkens. Sie wurden Mozaraber genannt (adoptierte Araber), welcher Name die bürgerliche und religiöse Gleichheit andeutet. Um die Mitte des zwölften Jahrhunderts hatte die Verehrung Christi aufgehört und geistliche Hirten waren längs der Küste der Barbarei, und in den Königreichen Cordova und Sevilla, Valencia und Granada nur mehr selten anzutreffen. Der Thron der Ahnohaden oder Unitarier war auf die blindesten Fanatiker gestützt. Ihre außerordentliche Strenge mochte durch die neuerlichen Siege und die Unduldsamkeit der Fürsten, von Sizilien und Kastilien, von Aragonien und Portugal hervorgerufen oder gerechtfertigt worden sein. Der Glaube der Mozaraber wurde gelegentlich durch päpstliche Missionäre wieder belebt. Bei der Landung Karls V. wurden einige Familien lateinischer Christen in Tunis und Algier ermutigt, ihre Häupter zu erheben. Aber der aufkeimende Same des Evangeliums wurde schnell wieder ausgerottet, und in der Provinz zwischen Tripolis und dem Atlantischen Meer ist jede Erinnerung an die Sprache und Religion Roms verloren gegangen.

Nach Ablauf von elf Jahrhunderten genießen die Christen und Juden des türkischen Reiches noch immer die Gewissensfreiheit, die ihnen von den arabischen Kalifen gewährt worden war. Während der Zeit nach der Eroberung wurden die Katholiken beargwöhnt, da ihr Name Melchit ihre heimliche Anhänglichkeit an den griechischen Kaiser verriet, während die Nestorianer und Jakobiten, seine alten Feinde, sich als die aufrichtigen und freiwilligen Freunde der Mohammedaner bewährten. Aber diese einseitige Einstellung wurde mit der Zeit geändert, die ägyptischen Kirchen zur Hälfte den Katholiken überlassen und alle orientalischen Sekten mit Duldung behandelt. Rang, Freiheit und Gerichtsbarkeit, der Patriarchen, Bischöfe und der Geistlichkeit wurden von der bürgerlichen Obrigkeit beschützt; einzelne empfahlen sich durch ihre Gelehrsamkeit zu Geheimschreibern und Ärzten; sie bereicherten sich als Steuereinnehmer und sie erhielten zuweilen den Befehl über Städte und Provinzen. Ein Kalif aus dem Hause Abbas erklärte einst, daß die Christen in der Verwaltung von Persien das meiste Vertrauen verdienten. »Die Muselmanen«, sagte er, »mißbrauchen ihr gegenwärtiges Glück, die Magier trauern ihrer einstmaligen Größe nach, und die Juden sehnen sich ungeduldig nach Befreiung.« Aber die Sklaven des Despoten sind dem Wechsel der Gunst und Ungnade ausgesetzt. Die unfreien Kirchen des Orients wurden in jedem Jahrhundert durch ihre habsüchtigen und bigotten Beherrscher ausgeplündert. Die üblichen oder gesetzlichen Einschränkungen mußten die stolzen oder glaubenseifrigen Christen beleidigen. Ungefähr zweihundert Jahre nach Mohammed wurden sie gezwungen, einen Turban oder Gürtel von anderer Farbe zu tragen als die anderen Untertanen, um sich von ihnen zu unterscheiden. Sie durften ferner nicht mehr auf Maultieren oder Pferden, sondern nur wie die Frauen auf Eseln reiten. Ihre öffentlichen und privaten Gebäude durften eine gewisse Größe nicht übersteigen, auf der Straße und in den Bädern mußten sie dem geringsten des Volkes ausweichen oder sich vor ihm neigen, und ihr Zeugnis wird verworfen, wenn es einem wahren Gläubigen zum Nachteil gereicht. Bei kirchlichen Umgängen ist ihnen Prachtentfaltung, beim Gottesdienst Glockenläuten und das Psalmsingen untersagt. Sie haben sich in ihren Predigten über den Nationalglauben ehrerbietig zu äußern. Der frevelhafte Versuch, eine Moschee zu betreten oder einen Muselman zu verführen, geht nicht ungestraft hin. In Zeiten der Ruhe und Ordnung sind die Christen nie gezwungen worden, dem Evangelium zu entsagen oder den Koran zu bekennen; aber Todesstrafe wird über diejenigen verhängt, die das Gesetz Mohammeds bekannt haben und wieder abtrünnig geworden sind. Die Märtyrer von Cordova forderten das richterliche Urteil gegen sie durch ein öffentliches Bekenntnis ihrer Unbeständigkeit oder durch leidenschaftliche Schmähungen gegen den Propheten und seine Religion heraus.

Am Ende des ersten Jahrhunderts der Hegira waren die Kalifen die mächtigsten und unumschränktesten Monarchen der Erde. Ihre Macht war weder von den Großen des Reiches, den Bürgern, der Kirche, noch von einem Senate oder einer anderen Körperschaft beschränkt. Der Einfluß der Gefährten Mohammeds hörte mit ihrem Tode auf, und die Häuptlinge oder Emire der arabischen Stämme verloren, sobald sie nicht mehr in der Wüste waren, ihr Unabhängigkeitsgefühl. Die Nachfolger Mohammeds vereinigten in sich die königliche und priesterliche Würde, und wenn der Koran die Richtschnur ihrer Handlungen war, waren sie die obersten Ausleger und Richter dieses göttlichen Buches. Sie herrschten über die Nationen des Ostens, die die Freiheit nicht kannten und die gewohnt waren, die Gewalttaten und Grausamkeit ihrer eigenen Tyrannen zu billigen. Unter dem letzten der Ommijaden dehnte sich das arabische Reich zweihundert Tagereisen von Osten nach Westen, von den Grenzen der Tartarei und Indiens bis zu dem Gestade des Atlantischen Ozeans aus. Und wenn wir auch den Ärmel des Rockes, wie ihre Schriftsteller die schmale Provinz Afrika nennen, nicht in Betracht ziehen, breitet sich doch das zusammenhängende Gebiet von Fargana bis Aden, von Tarsus bis Surat, in jeder Richtung die Länge einer vier- bis fünfmonatlichen Karawanenreise zeigend, aus. Wir würden umsonst nach der unauflöslichen Einheit und dem Gehorsam suchen, das die Reiche des Augustus und der Antonine kennzeichnet; aber durch die mohammedanische Religion wurden über diese Gebiete ähnliche Sitten und Anschauungen verbreitet. Der Koran wurde gleich eifrig in Sevilla wie in Samarkand studiert; der Maure und Inder umarmten sich als Landsleute und Brüder während der Wallfahrt nach Mekka und die arabische Sprache wurde als allgemeines Idiom in allen Provinzen westlich vom Tigris angenommen.

SIEBENTES KAPITEL - VERFALL DES ARABISCHEN REICHES

Die zwei Belagerungen von Konstantinopel durch die Araber. – Ihr Einbruch in Frankreich und Niederlage durch Karl Martell. – Bürgerkrieg der Ommijaden und Abbassiden. – Gelehrsamkeit der Araber. – Üppigkeit der Kalifen. – Seeunternehmungen nach Kreta, Sizilien und Rom. – Verfall und Teilung des Reiches der Kalifen. – Niederlage und Siege der griechischen Kaiser

Als die Araber aus der Wüste hervorbrachen, müssen sie über die Leichtigkeit und Schnelligkeit ihrer Erfolge gestaunt haben. Nachdem sie aber auf ihrer Siegesbahn bis zu den Ufern des Indus und den Gipfeln der Pyrenäen vorgedrungen waren, nachdem sie wiederholt Beweise ihrer Macht erbracht und die Kraft ihres Glaubens erprobt hatten, mußten sie staunen, daß ihnen irgendeine Nation widerstehen und der Herrschaft der Nachfolger des Propheten eine Grenze gesetzt werden könne. Die Zuversicht von Kriegern und Schwärmern läßt sich begreifen; der ruhige Geschichtschreiber der Gegenwart, der die großen und raschen Erfolge der Sarazenen betrachtet, muß ernstlich nachdenken, um erklären zu können, durch welche Mittel Kirche und Staat vor dieser drohenden und anscheinend unabwendbaren Gefahr gerettet wurden. Die Wüsteneien von Skythien und Sarmatien wurden wohl durch ihr Klima, ihre Armut und die mutigen nordischen Hirten geschützt; China war fern und unzugänglich; aber der größte Teil der gemäßigten Zone gehorchte den mohammedanischen Eroberern, die Griechen waren durch Kriege erschöpft und hatten ihre schönsten Provinzen verloren, und die Barbaren erbebten mit Recht bei dem jähen Sturz der gotischen Monarchie. Im folgenden werde ich die Ereignisse darstellen, durch die unsere Vorfahren in Britannien und unsere Nachbarn in Gallien vor dem arabischen Joch bewahrt wurden, die Majestät Roms geschützt, die Unterwerfung Konstantinopels aufgeschoben und durch die Christen gestärkt und unter ihre Feinde der Same der Zwietracht, der ihren Verfall beschleunigte, geschleudert wurde.

Sechsundvierzig Jahre nach der Flucht Mohammeds von Mekka erschienen seine Anhänger in Waffen vor den Mauern von Konstantinopel. Sie wurden durch angebliche Verheißung des Propheten angefeuert, daß den Streitern, die als erste die Stadt der Cäsaren belagerten, alle Sünden vergeben würden. Die zahlreichen römischen Triumphe wurden auf die Eroberer von Neu-Rom bezogen. In dieser zum Herrschaftssitz und zum Handel wohlgewählten Stadt waren die Reichtümer der Nation aufgespeichert. Kaum hatte daher der Kalif

Moawijah seinen Nebenbuhler unterdrückt und seinen Thron fest begründet, so strebte er danach, die Schuld, Bürgerblut vergossen zu haben, durch ein heiliges Unternehmen zu sühnen. Seine Rüstungen zur See und zu Land waren der Größe des Unternehmens angemessen, seine Fahne wurde Sophian, einem greisen Krieger, anvertraut, und die Truppen wurden durch die Gegenwart Yezids, des Sohnes und mutmaßlichen Erben des Beherrschers der Gläubigen, angefeuert. Von dem Mute und der Wachsamkeit des regierenden Kaisers, der den Namen Konstantin entehrte und nur seinen unrühmlichen Großvater Heraklius nachahmte, hatten die Griechen wenig zu hoffen und ihre Feinde nichts zu fürchten. Ohne Aufenthalt und ohne Widerstand zu finden, segelte das Heer der Sarazenen durch den Hellespont, der in fast allen Zeiten als natürliches Bollwerk der Hauptstadt gehütet wurde. Die arabische Flotte legte sich vor Anker, und die Truppen gingen in der Nähe des Palastes Hebdomon, sieben Meilen von der Stadt, an das Land. Viele Tage lang wurden vom grauenden Morgen bis zum Abend Angriffe auf die Stadt vom goldenen Tor bis zum östlichen Vorgebirge gemacht. Die Krieger in den vordersten Reihen wurden durch die eifrigen und nachdrängenden Massen vorwärtsgetrieben. Aber die Belagerer hatten die Macht und die Hilfsquellen von Konstantinopel unrichtig eingeschätzt. Die festen und hohen Mauern wurden von kriegsgeübten Scharen bewacht; die äußerste Gefahr für ihre Religion und ihr Reich hatte den Mut der Römer wieder entflammt. Die Flüchtlinge aus den eroberten Provinzen verteidigten neuerlich mit besserem Erfolge Damaskus und Alexandria. Die Sarazenen wurden durch ein seltsames künstliches Feuer in Schrecken versetzt. Der erfolgreiche Widerstand bewirkte, daß sie sich leichteren Unternehmungen zuwandten. Sie plünderten die europäischen und asiatischen Gestade der Propontis. Sie zogen sich endlich, nachdem sie die See vom April bis September gehalten hatten, auf die Insel Cyzicus, achtzig Meilen von der Hauptstadt entfernt, zurück, die als Aufbewahrungsort für ihre Vorräte und Beute diente. Sie waren so ausdauernd oder machten so geringe Anstrengungen, daß sie in sechs einander folgenden Sommern mit immer geringerer Hoffnung und Kraft denselben Angriff versuchten, dem immer der gleiche Rückzug folgte. Endlich zwangen sie Schiffbrüche, Krankheiten, Schwert und Feuer, das fruchtlose Unternehmen aufzugeben. Sie beweinten den Verlust von dreißigtausend Muselmanen, die bei der Belagerung von Konstantinopel umgekommen waren und priesen ihr Andenken. Das feierliche Leichenbegängnis Abu Ayubs oder Jobs machte selbst die Griechen neugierig. Dieser ehrwürdige Araber, einer der letzten Gefährten Mohammeds, gehörte zu den Ansaren oder Verbündeten von Medina, die den fliehenden Propheten geborgen hatten. In seiner Jugend focht er unter der heiligen Fahne zu Beder und Ohud, in reiferen Jahren war er der Freund und Anhänger Alis, und in seinem Alter kämpfte er in fernen Ländern gegen die Feinde des Korans. Sein Andenken blieb erhalten, aber sein Begräbnisplatz blieb während siebenhundertachtzig Jahren bis zur Eroberung von Konstantinopel durch Mahomed II. vernachlässigt und unbekannt. Ein Gesicht (denn die Werkzeuge aller Religionen sind die gleichen) offenbarte rechtzeitig den heiligen Platz am Fuße der Mauer am Ende des Hafens, und die Moschee Ayub wurde zur einfachen und kriegerischen Weihe der türkischen Sultane bestimmt.

Der Ausgang der Belagerung ließ im Osten und Westen den Ruf der römischen Waffen wieder aufleben und warf einen Schatten auf den Ruhm der Sarazenen. Der griechische Gesandte wurde in Damaskus in einer allgemeinen Versammlung der Emire aus dem Stamme Koreisch mit Wohlwollen aufgenommen; ein dreißigjähriger Friede oder Waffenstillstand wurde zwischen den beiden Reichen geschlossen, und es war für den Beherrscher der Gläubigen entehrend, daß er einen jährlichen Tribut, fünfzig Pferde von edler Zucht, fünfzig Sklaven, dreitausend Goldstücke, zahlte. Der greise Kalif sehnte sich, in Ruhe und Frieden seine Gebiete zu besitzen und seine Tage zu enden. Während die Mauren und Inder vor ihm zitterten, wurde er in seinem Palast, sowie die Bewohner von Damaskus, von den Mardaiten oder Maroniten des Berges Libanon mißhandelt. Diese bildeten das festeste Bollwerk des Reiches, bis sie aus Politik von den argwöhnischen Griechen entwaffnet und fortgeschafft wurden. Nach der Erhebung Persiens und Arabiens herrschte das Haus der Ommijaden nur mehr über die Königreiche Syrien und Ägypten. Aus Not und Furcht mußten sie sich den dringenden Forderungen der Christen fügen und zahlten für jeden Tag des Jahres ein Pferd, einen Sklaven und tausend Goldstücke Tribut. Sobald aber das Reich durch Abdalmalek mit Hilfe der Waffen und Politik wieder vereinigt worden war, warf er die Zeichen der Knechtschaft, die sein Gewissen und seinen Stolz kränkten, ab. Er verweigerte den Tribut, und die Griechen waren durch die furchtbare Tyrannei des zweiten Justinian, die gerechte Empörung seiner Untertanen und den häufigen Wechsel seiner Gegner und Nachfolger nicht in der Lage, ihn zur Bezahlung zu zwingen. Bis zur Regierung Abdalmaleks hatten sich die Sarazenen mit den persischen und römischen Schätzen, den Münzen des Chosroes und des Kaisers, begnügt. Auf Befehl dieses Kalifen wurde eine Nationalmünze zur Prägung von Gold und Silber errichtet. Die Inschrift des Dinars, obschon von einigen schüchternen Kasuisten getadelt, verkündete die Einheit des Gottes Mohammeds. Unter der Regierung des Kalifen Walid wurde die griechische Sprache und Schrift im Finanzamte verboten. Wenn dieses Verbot zur Erfindung oder Populärmachung der arabischen oder indischen Ziffern, wie sie genannt werden, geführt hat, so wurde durch ein amtliches Gesetz die

Vervollkommnung der Arithmetik, Algebra und der mathematischen Wissenschaften gefördert.

Während der Kalif Walid müßig auf dem Throne von Damaskus saß, während seine Feldherrn die Eroberung von Transoxiana und Spanien durchführten, überschwemmte ein drittes Heer die Provinzen von Kleinasien und näherte sich den Grenzen der byzantinischen Hauptstadt. Eine zweite Belagerung und abermalige Schmach blieben aber seinem Bruder Soliman vorbehalten, der ehrgeiziger, tätiger und kriegerischer war. Infolge der Umwälzungen im griechischen Reich wurde, nachdem der Tyrann Justinian bestraft und gerächt worden war, ein geringer Geheimschreiber namens Anastasius oder Artemius durch Zufall, vielleicht wegen seiner Verdienste, auf den Thron erhoben. Der Kriegslärm schreckte ihn auf, und sein Gesandter kehrte aus Damaskus mit der Entsetzen erregenden Nachricht zurück, daß die Sarazenen eine See- und Landstreitmacht ausrüsteten, wie sie noch niemals dagewesen sei. Anastastius ergriff seiner Stellung und der drohenden Gefahr gemäße Vorsichtsmaßregeln. Er erließ den gemessenen Befehl, daß alle Personen, die nicht mit Mitteln für eine dreijährige Belagerung versehen seien, die Stadt zu verlassen hätten. Die öffentlichen Kornmagazine und Arsenale wurden reichlich gefüllt, die Mauern ausgebessert und verstärkt, und Maschinen, die Steine, Spieße oder Feuer schleudern konnten, wurden auf den Wällen und Kriegsbrigantinen aufgestellt, welch letztere durch den eifrigen Bau neuer vermehrt wurden. Es ist sicherer und ehrenvoller, einem Angriff zuvorzukommen, als ihm zu widerstehen. Man entwarf einen Plan, der größere Anforderung als sonst an den Ruf der Griechen stellte. Die Seevorräte des Feindes, das Zypressenholz, das aus dem Libanon stammend längst der Küste von Phönizien für die ägyptische Flotte aufgestapelt war, sollte verbrannt werden. Dieses Unternehmen scheiterte durch Verrat oder wegen der Feigheit der Truppen, die in der neuen Sprache des Reiches thema obsequii hießen. Sie ermordeten ihre Anführer, verließen auf der Insel Rhodus ihre Fahnen, zerstreuten sich über das naheliegende Festland und erwarben sich Verzeihung oder Belohnung, indem sie einen einfachen Beamten des Finanzamtes mit dem Purpur bekleideten. Der Name Theodosius mochte ihn dem Volk und Senate empfehlen, doch schon nach einigen Monaten vertauschte er den Thron mit dem Kloster und überließ den Purpur sowie die Verteidigung der Hauptstadt und des Reiches dem stärkeren Leo dem Isaurier. Der furchtbarste aller Sarazenen, Moslemah, der Bruder des Kalifen, rückte an der Spitze von hundertzwanzigtausend Arabern und Persern, die meist auf Pferden und Kamelen ritten, heran. Ihre Hoffnungen wurden durch die erfolgreichen Belagerungen von Tiana, Amorium und Pergamus gesteigert. Bei Abydus am Hellespont setzten die Mohammedaner zum erstenmal von Asien nach Europa über. Von da zog Moslemah in die thrakischen Städte der Propontis, schloß Konstantinopel von der Landseite ein, umgab sein Lager mit Wall und Graben und erklärte seinen festen Entschluß, die Wiederkehr der Saat- und Erntezeit abwarten zu wollen, wenn die Hartnäckigkeit der Belagerten seiner eigenen gleichkommen sollte. Die Griechen boten einen Tribut von einem Goldstück pro Kopf an, was jedoch mit Verachtung verworfen wurde. Moslemahs Übermut wurde bald durch die Ankunft der mächtigen, unbezwinglichen Flotte der Ägypter gesteigert. Sie soll sich auf achtzehnhundert Schiffe belaufen haben, eine Zahl, die ihre Kleinheit verrät. Ja von den zwanzig stark gebauten und geräumigen Schiffen, deren Größe einer schnellen Fahrt hinderlich war, war jedes nur mit hundert schwerbewaffneten Soldaten besetzt. Die Armada fuhr mit günstigen Winden und bei ruhiger See auf den Bosporus zu. Die Oberfläche der Meerenge war, wie die Griechen sich ausdrückten, mit einem beweglichen Walde bedeckt. Der sarazenische Feldherr hatte eine Nacht zum allgemeinen Sturm von der Land- und Seeseite bestimmt, der verhängnisvoll werden sollte. Um die Feinde sicher zu machen, hatte der Kaiser die Kette wegziehen lassen, die gewöhnlich den Eingang des Hafens abschloß. Während die Sarazenen aber überlegten, ob sie die günstige Gelegenheit benützen sollten oder ob dies eine Falle wäre, näherten sich ihnen bereits die Brander der Griechen. Die Schiffe wurde in Brand gesteckt, zahlreiche Araber samt ihren Waffen kamen darin um, und die ordnungslos Flüchtenden wurden zerschmettert oder versanken in den Wogen. Keine Spur blieb von der Flotte übrig, mit der man gedroht hatte, die Römer auszutilgen. Einen noch größeren Verlust erlitten die Mohammedaner durch den Tod des Kalifen Soliman, der in seinem Lager bei Kinnisrin oder Chalcis in Syrien plötzlich starb, als er sich eben anschickte, die übrigen Streitkräfte des Ostens gegen Konstantinopel zu führen. Auf den Bruder Moslemahs folgte ein Verwandter und Feind, und der Thron, den ein tätiger und fähiger Fürst inne gehabt hatte, wurde von einem nutzlosen und gefährlichen Schwärmer bestiegen. Während er mit Gewissenszweifeln kämpfte, wurde die Belagerung während des Winters fortgesetzt, mehr aus Unentschlossenheit als auf Befehl des Kalifen Omar. Der Winter war ungewöhnlich streng, die Erde über hundert Tage mit tiefem Schnee bedeckt. Die Eingeborenen Ägyptens und Arabiens, die an ein heißes Klima gewöhnt waren, lagen erstarrt und fast leblos in dem vereisten Lager. Bei Wiederkehr des Frühlings lebten sie wieder auf; zu ihren Gunsten wurde eine zweite Anstrengung gemacht, und ihrer Not wurde durch die Ankunft zweier großer Flotten abgeholfen, die Korn, Waffen und Soldaten herbeiführten. Die eine bestand aus vierhundert Transportschiffen und Galeeren und kam aus Alexandria, die andere, dreihundertsechzig Schiffe stark, stammte aus den Häfen von Afrika. Aber das griechische Feuer wurde abermals angezündet, wenn auch diesmal mit geringerem Erfolg, was lediglich darauf zurückzuführen ist, daß die Muselmanen gelernt hatten, sich in größerer Entfernung zu halten oder der Treulosigkeit der ägyptischen Seeleute zugeschrieben werden kann, die mit ihren Schiffen zum Kaiser der Christen übergingen. Der Handel und die Schifffahrt der Hauptstadt war wieder gerettet, und durch den Ertrag des Fischfanges war für die Bedürfnisse der Einwohner im Überfluß gesorgt. Bald machten sich bei den Truppen Moslemahs Hunger und Krankheiten bemerkbar, und da ungenießbare Dinge als Nahrungsmittel verwendet wurden, nahm die Sterblichkeit in grauenerregender Weise zu. An Eroberungen dachten selbst die Schwärmer nicht mehr, ja die Sarazenen konnten sich weder einzeln noch in kleinen Abteilungen aus ihrem Lager hinauswagen, ohne sich der Rache der unbarmherzigen thrakischen Bauern auszusetzen. Ein Bulgarenheer wurden mittels Geschenken und Verheißungen von Leo bewogen, von der Donau herbeizuziehen. Die wilden Bundesgenossen machten durch die Niedermetzelung von zweiundzwanzigtausend Asiaten einigermaßen die Übel wieder gut, die sie dem Reiche zugefügt hatten. Man verbreitete geschickt das Gerücht, daß die Franken und die unbekannten Nationen des Westens sich zu Wasser und zu Land zur Verteidigung der christlichen Sache rüsteten, und ihre furchtbare Hilfe wurde in dem Lager und in der Stadt mit verschiedenen Gefühlen erwartet. Endlich nach dreizehnmonatiger Belagerung empfing der verzweifelte Moslemah von dem Kalifen die willkommene Erlaubnis zum Rückzuge. Der Marsch der arabischen Reiterei über den Hellespont und durch die asiatischen Provinzen ging unverzüglich und ohne Belästigung vor sich. Ein Heer ihrer Brüder jedoch wurde in Bithynien in Stücke gehauen. Die Reste der Flotte waren durch Sturm und Feuer so oft beschädigt worden, daß nur fünf Galeeren wieder in den Hafen von Alexandria einliefen, deren Besatzung von den vielfältigen und fast unglaublichen Unglücksfällen erzählen konnte.

Die Befreiung von Konstantinopel bei diesen zwei Belagerungen kann hauptsächlich der furchtbaren Wirkung des bisher unbekannten griechischen Feuers zugeschrieben werden. Die wichtige Erfindung, diese künstliche Flamme zu erzeugen und zu leiten, wurde von Callinicus, einem Eingeborenen von Heliopolis in Syrien, gemacht, der aus dem Dienste des Kalifen in jenen des Kaisers übergegangen war. Das Genie eines Chemikers und Ingenieurs ersetzte Flotten und Heere. Zum Glück blieb diese Erfindung jener drangvollen Periode vorbehalten, in der die entarteten Römer des Morgenlandes nicht imstande waren, es mit den enthusiastischen, kriegerischen Sarazenen aufzunehmen. Der Geschichtschreiber, der es wagt, die außerordentlichen Zusammenhänge zu analysieren, sollte dem Wissen seiner byzantinischen Führer und damit seinem eigenen ein wenig Mißtrauen entgegenbringen. Man neigte zum Glauben an das Wunderbare, kümmerte sich nicht viel um die Wahrheit, betont diese jedoch im vorliegenden Falle. Aus den dunklen Bemerkungen kann vielleicht geschlossen werden, daß der Hauptbestandteil des griechischen Feuers Naphtha oder flüssiges Erdharz, ein leichtes, zähes und brennbares Öl gewesen sei, das aus der Erde quillt und Feuer fängt, sobald es mit der Luft in Berührung kommt. Das Naphtha wurde, ich weiß nicht auf welche Art und in welchem Verhältnisse, mit Schwefel und Pech vermischt, das man aus immergrünen Tannen erhält. Diese Mischung erzeugte außer nach allen Seiten sich ausbreitendem Feuer auch starken Rauch und lautes Geräusch. Durch Wasser konnte es nicht gelöscht werden, sondern wurde durch dasselbe auseinandergetrieben; Sand, Urin und Essig waren die einzigen Mittel, welche das Feuer dämpfen konnten, das von den Griechen mit Recht das flüssige oder Seefeuer genannt worden ist. Es wurde mit derselben Wirkung gegen Feinde zur See und Land, bei Schlachten und Belagerungen angewandt. Man goß es entweder aus großen Kesseln von den Wällen oder schleuderte es in glühenden Kugeln aus Stein oder Eisen gegen den Feind. Pfeile oder Wurfspieße wurden mit Flachs und Werg umwunden, mit dem brennbaren Öl getränkt und, bevor sie abgeschossen wurden, angezündet; das Öl wurde auch, um größere Verheerungen anzurichten, in Brandschiffen verladen, am häufigsten aber aus langen Kupferröhren geblasen, die am Vorderteile der Galeeren angebracht und als feuerspeiende Ungeheuer ausgebildet waren. Diese Erfindung wurde in Konstantinopel als das Palladium des Staates bewahrt; die Galeeren und die Artillerie wurde wohl gelegentlich den Verbündeten Roms geliehen, aber das griechische Feuer wurde mit großer Gewissenhaftigkeit bewacht. Der Schrecken der Feinde bei Anwendung dieses Kampfmittels, wurde durch deren Unwissenheit und die dadurch hervorgerufene Bestürzung vermehrt. Der kaiserliche Verfasser der Abhandlung über die Verwaltung des Reiches gibt an, wie man am besten den zudringlichen Fragen und der unbescheidenen Neugierde der Barbaren ausweichen könne. Man sollte ihnen sagen, daß das Geheimnis des griechischen Feuers dem ersten und größten der Konstantine durch einen Engel mit der heiligen Verpflichtung offenbart worden sei, dieses Geschenk des Himmels, dieses besonders segensreiche Geheimnis der Römer, niemals einem Fremden mitzuteilen. Fürst und Untertanen seien, wollten sie nicht Hochverrat und Gottesfrevel begehen, gleichermaßen verpflichtet, das Geheimnis zu wahren, und der Versuch, dieses Gebot zu brechen, würde die unnachsichtlichen Strafen Gottes nach sich ziehen. Infolge dieser Vorsichtsmaßregeln blieb das Geheimnis über vierhundert Jahre in den Händen der Römer des Ostens. Am Ende des elften Jahrhunderts litten die Pisaner, die mit dem Meere und jeder Kunst vertraut waren, sehr unter dem griechischen Feuer, ohne dessen Zusammensetzung zu kennen. Es wurde endlich von den Mohammedanern gestohlen oder gleichfalls erfunden. Sie verwendeten in den heiligen Kriegen von Syrien und Ägypten eine Erfindung gegen die Christen, die gegen sie selbst ersonnen worden war. Ein tapferer Ritter, der die Sarazenen verachtete, beschreibt mit großer Aufrichtigkeit sein eigenes und seiner Gefährten Entsetzen bei dem Anblick der verderbenbringenden Maschine und bei dem Geräusch, das sie machte. Die früheren französischen Schriftsteller nannten das Feuer, das sie ausspie, feu Grégeois. Es flog, sagt Joinville, durch die Luft wie ein beflügelter, langgeschwänzter Drache von der Größe eines Oxhoftes, mit Donnergetöse und mit der Schnelligkeit des Blitzes und erleuchtete weithin die Nacht. Der Gebrauch des griechischen oder wie es nun heißen konnte, des sarazenischen Feuers, dauerte bis zur Mitte des vierzehnten Jahrhunderts an, zu welcher Zeit die Erfindung des Schieß- oder Schwarzpulvers eine neue Umwälzung in der Kriegskunst und der Geschichte der Menschheit hervorbrachte.

Konstantinopel und das griechische Feuer konnten die Araber hindern, in das östliche Europa vorzudringen; im Westen wurden jedoch die Provinzen von Gallien durch die Eroberer Spaniens bedroht und überflutet. Die Schwäche der französischen Monarchie lud diese unersättlichen Fanatiker zum Angriff ein. Die Nachkommen Chlodwigs besaßen nicht mehr seinen kriegerischen Geist. Der letzte König des merowingischen Geschlechtes erhielt den Beinamen der Faule. Sie bestiegen den Thron, ohne Macht zu erlangen und sanken tatenlos ins Grab. Ein ländlicher Palast in der Nähe von Compiegne war ihnen zur Residenz oder zum Gefängnis angewiesen. Jedes Jahr im Monat März oder Mai wurden sie auf einem von Ochsen gezogenen Wagen in die Versammlung der Franken gebracht, um den fremden Gesandten Audienz zu erteilen und die Handlungen des Majordomus zu genehmigen. Dieser Hausbeamte war der erste Minister der Nation und der Gebieter seines Fürsten geworden. Ein öffentliches Amt wurde nach und nach das Erbe einer Untertanenfamilie. Der ältere Pippin hinterließ einen erwachsenen Sohn unter der Vormundschaft seiner eigenen Witwe und ihres unmündigen Kindes, und diesem schwachen Regenten widersetzten sich kräftig die kühnsten seiner Bastarde. Eine halb barbarische, halb verderbte Regierung wurde fast aufgelöst. Die zinspflichtigen Herzöge, die Grafen der Provinzen, die Herren von Grund und Boden waren versucht, den schwachen Monarchen zu verachten und den ehrgeizigen Majordomus nachzuahmen. Unter diesen unabhängigen Großen war einer der glücklichsten und kühnsten Eudes, Herzog von Aquitanien, der sich in den südlichen Provinzen Macht und Titel eines Königs anmaßte. Die Goten, Gascogner und Franken sammelten sich unter der Fahne dieses christlichen Helden. Er schlug den ersten Einfall der

Sarazenen zurück, und Zama, der Statthalter des Kalifen, verlor sein Heer und Leben unter den Mauern von Toulouse. Seine ehrgeizigen und rachedürstenden Nachfolger gingen neuerlich über die Pyrenäen. Die vorteilhafte Lage von Narbonne, die schon die Römer erkannt hatten, reizte die Muselmanen: sie forderten die Provinz Septimanien oder Languedoc als zur spanischen Monarchie gehörend an. Der Souverän von Damaskus und Samarkand besaß die Weinberge der Gascogne und von Bordeaux. Die Bewohner des Südens von Frankreich, von der Mündung der Garonne bis zu jener der Rhone, nahmen die Sitten und Religion der Araber an.

Dem stolzen Abdalrhaman oder Abderrhaman, der auf Wunsch der Soldaten und des Volkes wieder nach Spanien gesandt worden war, waren die Grenzen dieses Reiches zu eng. Dieser alte und kühne Feldherr wollte das übrige Frankreich und Europa unterwerfen und schickte sich an der Spitze einer furchtbaren Heerschar an, seine geplante Unternehmung durchzuführen, wobei er voller Zuversicht war, jeden Widerstand niederwerfen zu können. Seine erste Sorge war, einen einheimischen Rebellen zu unterdrücken, der die wichtigsten Pyrenäenpässe beherrschte: Munuza, ein Maurenhäuptling, hatte ein Bündnis mit dem Herzog von Aquitanien geschlossen. Eudes hatte aus Eigennutz oder wegen des öffentlichen Interesses der Hochzeit seiner schönen Tochter mit dem ungläubigen Afrikaner zugestimmt. Die stärkste Festung der Cerdagne wurde von überlegenen Streitkräften belagert und eingenommen, und der Rebell in den Gebirgen auf der Flucht eingeholt und erschlagen. Seine Witwe wurde als Gefangene nach Damaskus gesandt, um die Begierden oder wahrscheinlicher die Eitelkeit des Beherrschers der Gläubigen zu befriedigen. Nach Überschreitung der Pyrenäen schritt Abderrhaman unverzüglich zum Übergang über die Rhone und zur Belagerung von Arles. Ein christliches Heer versuchte die Stadt zu entsetzen. Es wurde geschlagen, und noch im dreizehnten Jahrhundert waren die Gräber seiner Anführer zu sehen. Viele tausend Leichen von Christen wurden von dem Strom in das Meer gespült. Nicht weniger siegreich war Abderrhaman am Ozean. Er ging, ohne Widerstand zu finden, über die Garonne und Dordogne, die ihre Gewässer im Golf von Bordeaux vereinigen. Jenseits dieser Ströme fand er aber das Lager des unerschrockenen Eudes, der ein zweites Heer aufgebracht hatte. Er erlitt eine zweite, den Christen so verderbliche Niederlage, daß nach ihrem schmerzlichen Bekenntnisse Gott allein die Zahl der Erschlagenen zählen konnte. Der siegreiche Sarazene zog in die Provinzen Aquitanien, deren ehemals gallische Namen in den neuen Benennungen Perigord, Saintogne und Poitou noch zu erkennen sind, pflanzte seine Fahnen auf den Mauern oder wenigstens vor den Toren von Tours und Sens auf. Er entsandte Heeresabteilungen, die das Königreich Burgund bis Lyon und Besançon durchstreiften. Das Andenken an die Verheerungen, die seine Truppen anrichteten, denn Abderrhaman schonte weder Land noch Leute, wurde lange durch Überlieferung bewahrt. Der Einbruch der Mauren oder Mohammedaner in Frankreich bildet die Grundlage jener in den Ritterromanen phantastisch verzerrten Fabeln, die in Italien so schön ausgeschmückt worden sind. Bei dem herrschenden Verfalle der Künste und der Gesellschaft boten die verlassenen Städte den Sarazenen nur eine geringe Beute. Am meisten raubten sie aus den Kirchen und Klöstern, die sie ihres Schmuckes entkleideten und den Flammen überlieferten. Der Sieg war nun über mehr als tausend Meilen vom Felsen von Gibraltar bis an die Ufer der Loire hinausgetragen worden. Die nochmalige Zurücklegung einer gleichen Strecke hätte die Sarazenen an die Grenzen Polens oder die schottischen Hochlande gebracht. Der Rhein ist nicht unfahrbarer als der Nil oder Euphrat, und die arabische Flotte hätte ohne Kampf in die Mündung der Themse einlaufen können. Es wäre möglich gewesen, daß der Koran in den Schulen von Oxford gelehrt und von den Kanzeln einem beschnittenen Volke Offenbarungen Mohammeds verkündet worden wären.

Vor einem solchen Schicksal wurde die Christenheit durch einen einzigen genialen, von Glück begünstigten Mann gerettet. Karl, der natürliche Sohn des älteren Pippin, begnügte sich mit dem Titel Majordomus und Herzog der Franken, aber er verdiente, der Ahnherr einer Reihe von Königen zu werden. Während einer mühevollen Regierung von vierundzwanzig Jahren stellte er die Würde des Thrones wieder her. Die Rebellen von Deutschland und Gallien wurden nach und nach von einem Krieger vernichtet, der sein Banner während eines Feldzuges an der Elbe, der Rhone und am Gestade des Ozeans entfaltete. In der allgemeinen Gefahr rief sein Vaterland nach ihm, und sein Nebenbuhler, der Herzog von Aquitanien, sah sich gezwungen, unter den Flehenden und Flüchtigen vor ihm zu erscheinen. »Ach«, riefen die Franken, »welches Unglück, welche Schmach! Wir haben viel von den Eroberungen der Araber gehört, wir fürchteten ihre Angriffe von Osten; sie haben nun Spanien erobert und greifen unser Vaterland von Westen an; trotzdem sie uns an Zahl und Bewaffnung (sie hatten keine Schilde) nachstehen.« »Wenn ihr meinem Rat folget«, erwiderte der kluge Majordomus, »so werdet ihr weder ihren Marsch unterbrechen noch euren Angriff übereilen. Sie gleichen einem Strom und es ist gefährlich, einen solchen in seinem Laufe hemmen zu wollen. Ihr Durst nach Beute und die bisherigen Siege verdoppeln ihre Tapferkeit, und Tapferkeit ist wirksamer als Waffen und Truppenzahl. Habet Geduld, bis sie mit Schätzen beladen sind. Wegen des Reichtums werden sie in Streit geraten, und dies wird uns den Sieg sichern.« Vielleicht wurde diese schlaue Politik dem Majordomus von den arabischen Schriftstellern untergeschoben; die Ursache seiner Handlungsweise ist vielleicht in dem eigennützigen und engherzigen Wunsche zu suchen, den rebellischen Herzog von Aquitanien gedemütigt und seine Provinz verwüstet zu sehen. Es ist jedoch am wahrscheinlichsten, daß Karl zum Zögern gezwungen war. Ein stehendes Heer war unter dem ersten und zweiten Königshause unbekannt, mehr als die Hälfte des Königreiches befand sich in den Händen der Sarazenen; die Franken von Neustrien und Austrasien waren sich entweder der drohenden Gefahr zu sehr bewußt oder kümmerten sich zu wenig um sie, um Hilfstruppen zu senden, und die freiwilligen Hilfstruppen der Gepiden und Deutschen waren von den Truppen des christlichen Feldherrn zu weit entfernt. Kaum hatte er aber seine Streitkräfte gesammelt, als er dem Feind entgegenrückte und ihn ihm Herzen Frankreichs zwischen Tours und Poitiers stellte. Sein wohlgeleiteter Aufmarsch war durch eine Hügelkette gedeckt, und Abderrhaman scheint durch sein unerwartetes Erscheinen offenbar überrascht worden zu sein. Die Nationen von Asien, Afrika und Europa rückten mit gleichem Eifer zu einem Kampfe vor, der die Weltgeschichte beeinflussen sollte.

In den sechs ersten Tagen, während unwichtiger Gefechte, errangen die Reiter und Bogenschützen des Ostens Vorteile. Aber im Handgemenge am siebenten Tag wurden die Orientalen durch die starken Deutschen erdrückt, die unerschrocken und eisern fochten. Der Beiname Martell, der Hammer, der Karl gegeben wurde, deutet auf seine wuchtigen und unwiderstehlichen Streiche hin. Auch Eudes Tapferkeit wurde durch Grimm und Eifer angestachelt. Ihre Gefährten gelten in der Geschichte als die eigentlichen Pairs und Paladine des französischen Rittertums. Nach einer blutigen Schlacht, in der Abderrhaman getötet wurde, zogen sich die Sarazenen am Abend in ihr Lager zurück. Verzweifelt und durch den Rückzug in Unordnung geratend, fielen sich die verschiedenen Stämme von Yemen und Damaskus, Afrika und Spanien in der Nacht erbittert gegenseitig an. Die Reste des Heeres lösten sich auf, und jeder Emir suchte durch einen schleunigen und gesonderten Rückzug für seine eigene Sicherheit zu sorgen. Mit Anbruch des Tages argwöhnten die Christen, von der Stille im gegnerischen Lager irregeführt, eine Hinterlist. Ihre Kundschafter brachten ihnen Kunde von dem verlassenen Lager, das daraufhin seiner Beute beraubt wurde. Mit Ausnahme einiger berühmter Reliquien wurde jedoch nur ein sehr kleiner Teil der wieder eroberten Reichtümer ihren rechtmäßigen Eigentümern zurückgegeben. Die Freudenbotschaft verbreitete sich bald über die katholische Welt. Die Mönche Italiens waren imstande zu glauben oder zu behaupten, daß dreihundertfünfzig- oder dreihundertsiebzigtausend Mohammedaner und nur fünfzehnhundert Christen auf dem Schlachtfelde von Tours gefallen waren. Dies wird jedoch zur Genüge durch die vorsichtige Maßregel des

Frankenfeldherrn widerlegt, der eine Verfolgung fürchtend, seine deutschen Verbündeten in ihre heimischen Wälder zurücksandte. Die Untätigkeit des Siegers beweist, daß er große Verluste erlitten hatte, und die größten Wunden werden nicht in der Schlacht, sondern einem fliehenden Feinde geschlagen. Der Sieg der Franken war indessen vollständig und entscheidend. Aquitanien wurde von Eudes wieder erobert, und die Araber versuchten nie wieder in Gallien einzufallen und wurden bald von Karl Martell und seinen tapferen Nachfolgern über die Pyrenäen zurückgetrieben. Man hätte erwarten sollen, daß der dankbare Klerus den Retter der Christenheit zum Heiligen erheben oder wenigstens preisen würde. Der Majordomus hatte sich jedoch im Drange der Zeiten genötigt gesehen, die Reichtümer oder auch nur die Einkünfte der Bischöfe und Äbte zur Rettung des Staates und Löhnung der Soldaten zu verwenden. Seine Verdienste wurden vergessen, man gedachte nur seines Kirchenraubes, und eine gallische Synode wagte es, in einem Schreiben an einen Karolingerfürsten zu erklären, daß sein Ahnherr verdammt sei, daß bei Öffnung seines Grabes die Anwesenden durch Feuer und einen schrecklichen Drachen erschreckt worden wären, und daß ein Heiliger jener Zeiten Karl Martell für ewig in der Höllenglut bratend erblickt hätte.

    Der Verlust eines Heeres oder einer Provinz im Abendland war dem Hofe von Damaskus minder schmerzlich, als wenn sich ein einheimischer Nebenbuhler erhob. Ausgenommen in Syrien waren die Kalifen des Hauses Ommijah niemals beliebt gewesen. Während Mohammed lebte, verblieben sie beim Götzendienste und stifteten Aufruhr. Sie bekehrten sich nur widerwillig, ihre Erhöhung war das Werk der Intrige und der Parteien gewesen, und ihre Thronansprüche waren mit dem heiligsten und edelsten Blute Arabiens bezahlt worden. Der Beste ihres Geschlechtes, der fromme Omar, war mit seinen eigenen Ansprüchen unzufrieden. Ihre persönlichen Tugenden reichten nicht hin, um Abweichungen von der ordnungsmäßigen Thronfolge zu rechtfertigen, und die Gläubigen wünschten der Familie Haschem und den Verwandten des Propheten den Thron. Von diesen waren die Fatimiten entweder leichtsinnig oder feig; die mutigen und klugen Abkömmlinge des Abbas aber hofften auf ihren aufsteigenden Stern. Von Syrien, wo sie sich aufhielten, schickten sie heimlich Anhänger und Sendlinge aus, die in den östlichen Provinzen ihr unwandelbares Recht predigten. Mohammed, der Sohn Alis, des Sohnes Abdallas, des Sohnes Abbas, Oheims des Propheten, gab den Abgeordneten von Chorasan Audienz und nahm ihr Geschenk von vierhunderttausend Goldstücken an. Nach Mohammeds Tod wurde der Treueid im Namen seines Sohnes Ibrahim einer zahlreichen Schar von Anhängern abgenommen, die nur eines Zeichens und eines Anführers harrten. Der Statthalter von Chorasan klagte auch weiterhin über die Fruchtlosigkeit seiner Ermahnungen und die verderbliche Blindheit der Kalifen von Damaskus, bis er mit allen seinen Anhängern aus der Stadt und dem Palaste Meru durch den rebellierenden Abu Moslem vertrieben wurde. Dieser Schöpfer von Königen, der Urheber, wie er genannt wird, wurde zuletzt für seine Verdienste, wie von den Höfen üblich, belohnt. Seine geringe Herkunft (vielleicht stammte er aus dem Ausland) konnte den aufstrebenden Abu Moslem nicht zurückhalten. Eifersüchtig auf seine Frauen, freigebig, verschwenderisch mit seinem und dem Blute anderer, rühmte er sich vielleicht mit Recht, sechshunderttausend seiner Feinde vernichtet zu haben. Niemals sah man ihn lächeln, außer an einem Schlachttage. Die Fatimiten hatten als heilige Farbe grün, die Ommijaden weiß, und die Abbassiden hatten daher die schwarze gewählt. Ihre Turbane und Gewänder hatten diese düstere Farbe; zwei schwarze Standarten oder neun Ellen hohe Pikstöcke wurden vor der Vorhut Abu Moslems getragen, und ihre allegorischen Namen Nacht und Schatten deuteten dunkel auf die unauflösliche Einheit der Stammhalter der Linie Haschem. Vom Indus bis zum Euphrat wurde der Orient durch den Kampf der weißen und schwarzen Parteien zerrüttet. Die Abbassiden waren größtenteils siegreich, aber ihr Erfolg wurde durch das persönliche Unglück ihres Oberhauptes verringert. Der Hof von Damaskus, nach langer Untätigkeit erwachend, beschloß die Wallfahrt nach Mekka zu hindern, die Ibrahim mit einem glänzenden Gefolge unternommen hatte, um sich der Gunst des Volkes und des Propheten zu empfehlen. Eine Abteilung Reiterei stellte sich seinem Zug entgegen und nahm ihn gefangen. Der unglückliche Ibrahim, der von der Königsmacht geträumt hatte, starb in Ketten im Kerker von Haran. Seine zwei jüngeren Brüder, Saffah und Almansor, entgingen den Nachstellungen des Tyrannen und hielten sich zu Kufa verborgen, bis es ihnen durch die Annäherung ihrer östlichen Verbündeten möglich war, den Wünschen des Volkes nachzukommen und sich zu zeigen. An einem Freitag zog Saffan in der Tracht eines Kalifen und der Farbe seiner Sekte mit militärischem und religiösem Prunke in die Moschee und betete und predigte als der rechtmäßige Nachfolger des Propheten. Seine Verwandten nahmen nach seiner Entfernung dem willigen Volke den Eid der Treue ab. Aber dieser wichtige Kampf mußte an den Ufern des Zab, nicht in der Moschee von Kufa entschieden werden. Alle Vorteile schienen auf Seiten der weißen Partei zu sein: das Ansehen der Regierung, ein Heer von hundertzwanzigtausend Soldaten gegen nur zwanzigtausend, der verdienstvolle Kalif Merwan der Vierzehnte und letzte aus dem Hause Ommijah. Vor seiner Thronbesteigung hatte er sich durch seinen Sieg über die Georgier den ehrenvollen Beinamen: der wilde Esel von Mesopotamien erworben. Er wäre, wie Abulfeda sagt, zu den größten Fürsten gezählt worden, wenn das Schicksal nicht den Sturz seiner Familie für diesen

Augenblick bestimmt hätte, ein Beschluß, gegen den alle menschliche Klugheit und Tapferkeit nichts auszurichten vermochte. Die Befehle Merwans wurden mißverstanden oder blieben unausgeführt. Da er einen Augenblick vom Pferde gestiegen war, wurde durch den Anblick des reiterlosen Pferdes der Glaube an seinen Tod und daraufhin der Enthusiasmus der Truppen der schwarzen Partei geschickt von Abdullah, dem Oheim seines Nebenbuhlers, wachgerufen. Nach einer vernichtenden Niederlage floh der Kalif nach Mahul, aber die Fahne der Abbassiden flatterte bereits auf den Wällen. Er ging über den Tigris zurück, warf einen kummervollen Blick auf seinen Palast Haran, setzte über den Euphrat, gab die Festungswerke von Damaskus preis und schlug, ohne in Palästina zu verweilen, sein letztes, ihm verhängnisvoll werdendes Lager zu Busir an den Ufern des Nils auf. Er wurde unablässig durch Abdallah vorwärtsgetrieben, der mit jedem Schritte neue Macht und Ruhm gewann. Die Reste der weißen Partei wurden schließlich in Ägypten besiegt, und der Tod Merwands war ihm vielleicht nicht weniger willkommen als seinem Gegner. Der unbarmherzige Sieger rottete auch die entferntesten Verwandten des feindlichen Stammes aus; ihre Gebeine wurden zerstreut, ihr Andenken verdammt, und der Märtyrertod Hoseins wurde an den Nachkommen seiner Peiniger tausendfach gerächt. Achtzig Ommijaden, die dem Wort ihrer Feinde getraut oder an ihre Milde geglaubt hatten, wurden in einem Gemetzel getötet; das Gestöhn der Sterbenden mischte sich in die Musik eines Freudenfestes. Durch diesen Ausgang des Bürgerkrieges gelangten die Abbassiden zur Herrschaft (750), aber nur die Christen hatten von dem gegenseitigen Gemetzel der Anhänger Mohammeds einen Gewinn.

Die Tausende, die im Kriege gefallen waren, würden durch das nachwachsende Geschlecht bald wieder ersetzt worden sein, wenn als Folge des Bürgerkrieges nicht eine Teilung der Macht und des Reiches der Sarazenen stattgefunden hätte. Bei der Verfolgung der Ommijaden war ein fürstlicher Jüngling namens Abdalrhaman allein seinen Feinden entronnen, die den Flüchtling von den Ufern des Euphrat bis in die Täler des Atlasgebirges verfolgten. Seine Anwesenheit in der Nähe Spaniens belebte den Eifer der weißen Partei. Die Sache der Abbassiden war zuerst von den Persern verfochten worden, der Westen dagegen war vom Bürgerkriege frei geblieben. Die Diener der ererbten Familie besaßen, allerdings ohne Gewähr für die Zukunft, ihre Ländereien und Verwaltungsämter. Aus Dankbarkeit, Entrüstung und Furcht luden sie den Enkel des Kalifen Haschem ein, den Thron seiner Ahnen zu besteigen. In seiner verzweifelten Lage war Verwegenheit und Klugheit fast eins. Das Freudengeschrei des Volkes begrüßte ihn bei seiner Landung in Andalusien. Nach einem glücklichen Kampfe errichtete Abdalrhaman seinen Thron zu Cordova und wurde der

Ahnherr der Ommijaden von Spanien, die über zweihundertfünfzig Jahre vom Atlantischen Ozean bis zu den Pyrenäen herrschten. Er erschlug einen Statthalter der Abbassiden, die ein Heer und eine Flotte in seine Gebiete gesandt hatten, in einer Schlacht. Das Haupt Alas, in Salz und Kampfer konserviert, wurde von einem kühnen Boten vor dem Palaste von Mekka aufgehangen, und der Kalif Almansor freute sich, daß er durch ein Meer von einem so furchtbaren Gegner getrennt war. Die gegenseitigen Drohungen, einander anzugreifen, wurden nicht verwirklicht; aber statt daß Spanien eine Tür für die Eroberungen in Europa bildete, wurde es von dem übrigen Reiche getrennt, wurde zum ständigen Feinde des Orients und neigte zur Freundschaft und zum Frieden mit den christlichen Fürsten von Frankreich und Konstantinopel. Das Beispiel, das die Ommijaden gaben, wurde von den wirklichen oder angeblichen Nachkommen Alis nachgeahmt, den Edrisiten von Mauretanien und den mächtigen Fatimiten von Afrika und Ägypten. Im zehnten Jahrhundert machten sich drei Kalifen oder Beherrscher der Gläubigen den Thron Mohammeds streitig. Sie regierten in Bagdad, Kairo und Cordova, exkommunizierten einander und stimmten nur in dem Grundsatze überein, daß ein Sektierer ein hassenswerter und größerer Verbrecher sei als ein Ungläubiger.

Mekka war das Erbe der Linie Haschem, aber die Abbassiden versuchten nie am Geburtsorte oder in der Stadt des Propheten zu residieren. Damaskus war durch die Ommijaden geschändet und mit ihrem Blute befleckt worden. Nach einiger Zeit legte Almansor, der Bruder und Nachfolger Saffahs, den Grundstein zu Bagdad, dem kaiserlichen Sitze seiner Nachkommen während einer fünfhundertjährigen Herrschaft. Der auserwählte Platz liegt an dem östlichen Ufer des Tigris, ungefähr fünfzehnhundert Meilen von Modain entfernt. Die doppelte Mauer war kreisrund, und so schnell vergrößerte sich die jetzt zu einer Provinzstadt zusammengeschrumpfte Residenz, daß dem Leichenbegängnisse eines beliebten Heiligen achthunderttausend Männer und sechzigtausend Frauen aus Bagdad und den benachbarten Orten beiwohnten. In dieser Stadt des Friedens, mitten unter den Reichtümern des Orients, verschmähten die Abbassiden bald die Enthaltsamkeit und Mäßigkeit der ersten Kalifen und waren bestrebt, die Pracht der persischen Könige nachzuahmen. Almansor hinterließ trotz seiner Kriege und Bauten dreißig Millionen Pfund Sterling in Gold und Silber, und dieser Schatz wurde in wenigen Jahren von seinen lasterhaften Kindern vergeudet. Sein Sohn Mahadi gab auf einer einzigen Wallfahrt nach Mekka sechs Millionen Golddinare aus. Der Bau von Zisternen und Karawansereien längs einer siebenhundert Meilen langen Straße kann als Frömmigkeit oder Mildtätigkeit ausgelegt werden, aber sein Zug Kamele, die mit Schnee beladen waren, konnten nur dazu dienen, die

Eingeborenen von Arabien in Erstaunen zu setzen und die Früchte und Getränke der königlichen Tafel zu kühlen. Die Höflinge priesen die Freigebigkeit seines Enkels Almamon, der vier Fünftel des Einkommens einer Provinz, eine Summe von zwei Millionen vierhunderttausend Golddinaren, verschenkte, bevor er den Fuß aus dem Steigbügel setzte. Bei der Vermählung desselben Fürsten wurden tausend der größten Perlen über das Haupt der Braut geschüttet und eine Lotterie von Ländereien und Häusern veranstaltet. Der Glanz des Hofes wurde beim Sinken des Reiches eher erhöht als vermindert. Ein griechischer Gesandter konnte die Prachtentfaltung des Kalifen Moktader bewundern oder bemitleiden. »Das ganze Heer des Kalifen«, sagte der Geschichtschreiber Abulfeda, »stand unter Waffen, Reiterei wie Fußvolk, zusammen hundertsechzigtausend Mann. Die Staatswürdenträger, die Lieblingssklaven standen in glänzender Tracht neben ihm, die Gürtel schimmerten von Gold und Edelsteinen. Sie waren von siebentausend Eunuchen, dreitausend schwarzen und viertausend weißen, umgeben. Die Zahl der Türhüter belief sich auf siebenhundert; Barken und Boote, glänzend aufgeputzt, schwammen auf dem Tigris. Nicht minder prachtvoll war der Palast selbst, in dem achtunddreißigtausend Wandteppiche aufgehangen waren, zwölftausendfünfhundert davon aus Seide und mit Gold durchwirkt. Fußteppiche gab es zweiundzwanzigtausend. Hundert Löwen mit je einem Wächter wurden vorgeführt. Unter den seltenen und kostbaren Schaustücken sah man einen Baum aus Gold und Silber, der achtzehn große Äste und viele kleine Zweige hatte, auf denen eine große Menge Vögel saßen, die, wie die Blätter, ebenfalls aus Gold und Silber waren. Durch eine Maschinerie wurden die Vögel bewegt und sangen Lieder. Durch diese prunkvolle Schaustellung wurde der griechische Gesandte von dem Vezir zu den Stufen des Thrones des Kalifen geführt.« Im Westen behaupteten die Ommijaden gleich prunkhaft ihre Ansprüche auf den Titel: Beherrscher der Gläubigen. Drei Meilen von Cordova hatte der dritte und größte Abdalrhaman zu Ehren seiner Lieblingssultanin Stadt, Palast und Gärten von Zehra gebaut. Fünfundzwanzig Jahre wurde mit einem Aufwand von über drei Millionen Pfund Sterling gearbeitet; er lud die Künstler von Konstantinopel, die geschicktesten Bildhauer und Architekten des Zeitalters ein, an seinen Hof zu kommen. Die Gebäude wurden von zwölfhundert Säulen aus spanischem und afrikanischem, griechischem und italienischem Marmor getragen und mit diesem ausgeschmückt. Die Audienzhalle war mit Gold und Perlen ausgelegt, im Mittelpunkt befand sich ein Wasserbecken, das von kostbaren Vogel- und Tiergestalten umgeben war. In einem hohen Pavillon des Gartens befand sich eines jener in einem schwülen Klima so wonnevollen Becken oder ein Springbrunnen mit dem reinsten Quecksilber gefüllt. Das Serail Abdalrhamans, seine Frauen, Kebsweiber und schwarzen Eunuchen belief sich auf sechstausenddreihundert Personen. Wenn er ins Feld zog, begleitete ihn eine Leibwache von zwölftausend Reitern, deren Gürtel und Säbel mit Gold ausgelegt waren.

Die Erfüllung der Wünsche von Privatpersonen war ständig durch Armut oder Verbote verhindert, aber Leben und Arbeit von Millionen ist dem Dienste eines despotischen Fürsten geweiht, dessen Befehle blind vollzogen, dessen Wünsche augenblicklich befriedigt werden. Unsere Augen werden durch ein glänzendes Bild geblendet, und wie sehr uns auch die Gebote der Vernunft gegenwärtig sein mögen, wird es doch wenige unter uns geben, die es zurückweisen würden, die Königswürde eine kurze Zeit inne zu haben. Es wird daher von Nutzen sein, die Erfahrungen desselben Abdalrhaman, dessen Prachtentfaltung unsere Bewunderung, vielleicht unseren Neid erregt hat, mitzuteilen. Eine unzweifelhaft echte Schrift wurde im Gemache des verstorbenen Kalifen gefunden: »Ich habe nun fünfzig Jahre siegreich oder im Frieden regiert, geliebt von meinen Untertanen, gefürchtet von meinen Feinden, geachtet von meinen Bundesgenossen. Ich besaß Reichtum und Ehre, Macht und Vergnügen und nichts schien mir zu mangeln. In dieser Lage habe ich emsig die Tage reinen und echten Glückes gezählt, die mir zuteil geworden sind: Vierzehn! – 0 Mensch, setze dein Vertrauen nicht auf diese Welt!« Die Üppigkeit, in der die Kalifen lebten und die ihr persönliches Glück wenig förderte, machte sie schlaff und beendete die Siegeslaufbahn des arabischen Reiches. Die ersten Nachfolger Mohammeds hatten sich mit nichts anderem beschäftigt, als mit Eroberungen und Andachtsübungen. Ihr gesamtes Einkommen wurde, außer dem kleinen Teil, den sie zu ihrem Lebensunterhalt benötigten, dem großen Werke gewidmet. Die Abbassiden verarmten wegen ihrer zahlreichen Bedürfnisse und ihrer Verschwendungssucht. Statt ihre Kräfte einer großen Sache zu widmen, wurden sie von Vergnügungen abgelenkt; Weiber und Eunuchen ernteten die Früchte der Tapferen, und das königliche Lager war so üppig wie ein Palast ausgestattet. Ähnlich waren die Vorgänge bei den Untertanen des Kalifen. Die strenge Schwärmerei milderte sich mit der Zeit und dem wachsenden Wohlstand. Sie betrieben Industrien, um Reichtümer zu erwerben, Ruhmessucht feuerte die Literaten an und Glück wurde im häuslichen Leben gesucht. Krieg hörte auf, die Leidenschaft der Sarazenen zu sein. Weder Erhöhung des Soldes, noch zahlreiche Geschenke vermochte die Nachkommen jener Krieger anzulocken, die sich in der Hoffnung auf Beute und das Paradies unter den Fahnen Abubekers und Omars zusammengeschart hatten.

Unter den Ommijaden waren die Studien der Muselmanen auf die Auslegung des Korans und die Werke in ihrer Muttersprache beschränkt. Ein den Gefahren des Krieges ständig ausgesetztes Volk mußte die Arzneikunde ehren; aber die Ärzte von Arabien klagten, daß körperliche Bewegung und Mäßigkeit sie des größten Teiles ihrer Praxis beraube. Nach ihren einheimischen Bürgerkriegen erwachten die Untertanen der Abbassiden aus ihrem geistigen Schlummer, fanden Muße und fühlten den Trieb zur Erwerbung weltlicher Kenntnisse erwachen. Die diesbezüglichen Bestrebungen wurden zuerst durch den Kalifen Almansor unterstützt, der außer dem Studium der arabischen Gesetze mit Erfolg das der Astronomie betrieb. Als aber das Zepter auf Almamon, den siebenten der Abbassiden, überging, führte er die Pläne seines Großvaters aus. Sein Gesandter zu Konstantinopel, seine Bevollmächtigten in Armenien, Syrien und Ägypten sammelten die wissenschaftlichen Bücher der Griechen. Sie wurden auf seinen Befehl von den kundigsten Dolmetschern in die arabische Sprache übersetzt; seine Untertanen wurden aufgefordert, diese belehrenden Schriften eifrigst zu lesen, und der Nachfolger. Mohammeds wohnte mit Vergnügen und bescheiden den Versammlungen der Gelehrten bei. »Ihm war nicht unbekannt«, sagt Abulpharagius, »daß diejenigen die Auserwählten Gottes, seine besten und nützlichsten Diener sind, deren Leben der Vervollkommnung ihrer geistigen Fähigkeiten gewidmet ist. Die wenig ehrgeizigen Chinesen oder Türken mögen sich ihres manuellen Fleißes rühmen; aber diese geschickten Künstler müssen die sechsseitigen Pyramiden der Bienenstöcke betrachten ohne sie nachmachen zu können, diese starken Helden werden vom Löwen oder Tiger in Furcht versetzt, und in ihren Liebesgenüssen stehen sie an Kraft tief unter den gröbsten und verachtetsten Vierfüßlern. Die Lehrer der Weisheit sind die eigentlichen Gesetzgeber und Leuchten dieser Welt, die ohne sie wieder in Barbarei und Unwissenheit zurücksinken würde.« Der eifrige und wißbegierige Almamon fand unter den folgenden Fürsten des Hauses Abbas Nachahmer; ihre Nebenbuhler, die Fatimiten von Afrika und die Ommijaden von Spanien, waren sowohl Beschützer der Gelehrten als Beherrscher der Gläubigen. Die unabhängigen Emire der Provinzen machten auf dasselbe königliche Vorrecht Anspruch. Durch ihre Rivalität wurde der Geschmack gefördert und die Wissenschaften von Samarkand und Bochara bis Fez und Cordova verbreitet. Der Vezir eines Sultans widmete zweihunderttausend Goldstücke zur Gründung eines Kollegiums in Bagdad und wandte ihm jährlich fünfzehntausend Golddinare zu. Unterricht wurde, vielleicht zu verschiedenen Zeiten, sechstausend Schülern jeden Ranges, vom Sohne des Edlen bis zu jenem des Handwerkers, erteilt. Für den Unterhalt der bedürftigen Schüler war hinreichend gesorgt und die Lehrer wurden angemessen entlohnt. In jeder arabischen Stadt wurden die arabischen Schriften kopiert und eifrig von den Reichen gesammelt. Ein einfacher

Gelehrter schlug eine Einladung des Sultans von Bochara aus, weil vierhundert Kamele nötig gewesen wären, um seine Bücher fortzuschaffen. Die königliche Bibliothek der Fatimiten bestand aus hunderttausend schön geschriebenen und prachtvoll gebundenen Handschriften, die den Studierenden von Kairo ohne Eifersucht geliehen wurden. Die Sammlung erscheint jedoch klein, wenn wir glauben können, daß die Ommijaden von Spanien eine Bibliothek von sechshunderttausend Bänden angelegt haben, wovon vierundvierzig bloß den Katalog enthielten. In ihrer Hauptstadt Cordova und ihren nahen Städten Malaga, Almeria und Murica waren mehr als dreihundert Schriftsteller beschäftigt, und über siebzig öffentliche Bibliotheken waren in den Städten des andalusischen Königreiches geöffnet. Das Zeitalter der arabischen Gelehrsamkeit dauerte gegen fünfhundert Jahre bis zum großen Einbruche der Mongolen. Während dieser Zeit hatte Europa seine dunkelste und trägste Epoche in den Annalen der Geschichte. Seit sich aber der Westen mit den Wissenschaften beschäftigt, scheint die arabische Gelehrsamkeit in Verfall zu geraten.

    In den Bibliotheken der Araber sowie in jenen Europas, hatten die meisten Werke nur einen örtlichen oder scheinbaren Wert. Die Regale waren mit Werken von Rednern oder Dichtern vollgestopft, deren Stil dem Geschmacke und Sitten ihrer Landsleute zusagte. Es waren allgemeine und besondere Geschichten, die von jedem neuen Geschlecht in anderer Art erneuert wurden, ferner Gesetzbücher und Kommentare, die sich auf die Gesetze des Propheten stützten, Ausleger des Korans und der orthodoxen Überlieferung, endlich die Schriften der Theologen, Polemiker, Mystiker, Scholastiker und Moralisten, die je nach der Einstellung der Gläubigen oder Zweifler die besten oder schlechtesten Schriftsteller waren. Die streng wissenschaftlichen Werke lassen sich in vier Klassen einteilen: Philosophie, Mathematik, Astronomie und Physik. Die Schriften der Weisen Griechenlands wurden in die arabische Sprache übersetzt und in ihr erläutert, und mehrere im Original verloren gegangene Abhandlungen sind durch Übersetzungen von Orientalen, die die Schriften des Aristoteles und Plato, des Euklid und Apollonius, des Ptolomäus, Hyppokrates und Galenus besaßen und studierten, erhalten geblieben. Von den ideellen Systemen, die mit der Mode der Zeiten wechselten, nahmen die Araber die Philosophie der Stagiriten an, die für die Leser aller Zeitalter gleich verständlich oder dunkel ist. Plato schrieb für die Athener, er ist zu sehr an ihre Sprache und Religion gebunden. Nach dem Sturze dieser Religion erhoben sich die Peripatetiker und behielten bei den Streitigkeiten der orientalischen Sekten die Oberhand. Die Mohammedaner von Spanien brachten lange nachher ihren Stifter den lateinischen Schulen wieder in Erinnerung. Da die Physik, die sowohl in der Akademie als im Lyzeum gelehrt wurde, nicht auf

Beobachtungen, sondern auf Spekulationen gegründet war, verzögerten diese die Fortschritte der wirklichen Wissenschaft. Die Metaphysik ist nur zu oft dem Aberglauben dienstbar gemacht worden. Die menschlichen Fähigkeiten werden durch Ausübung der Dialektik geschärft; die zehn Kategorien des Aristoteles ordnen und reihen unsere Begriffe in ein System ein. Sein Syllogismus ist die stärkste Waffe im Wortkampfe. Die Sarazenen bedienten sich seiner geschickt in ihren Schulen. Da er aber bei Entdeckung des Irrtums bessere Dienste leistet als bei der der Wahrheit, kann es nicht Wunder nehmen, daß sich die Lehrer und Schüler dauernd in einem logischen Kreis bewegten. Die Mathematik zeichnet sich dadurch aus, daß sie sich im Laufe der Zeiten nur vorwärts, nicht rückwärts entwickeln kann.

Die alte Geometrie wurde, wenn ich gut unterrichtet bin, von den Italienern des fünfzehnten Jahrhunderts wieder aufgenommen. Welchen Ursprung das Wort Algebra immer haben mag, so schreiben die Araber ihre Entdeckung selbst dem Griechen Diophantus zu. Mit größerem Erfolge pflegten sie die Astronomie, die den Geist des Menschen über seine kleine Welt und sein augenblickliches Dasein hinaushebt. Die kostbarsten Beobachtungswerkzeuge wurden von dem Kalifen Almamon angeschafft. Das Land der Chaldäer eignete sich vorzüglich infolge seiner geräumigen Ausdehnung, wie dem klaren Himmel, der sich darüber wölbt, zur Beobachtung der Sterne. In den Ebenen von Sinaar und später in denen von Kufa maßen die Mathematiker genau einen größten Kreis der Erde und bestimmten seinen Umfang auf vierundzwanzigtausend (englische) Meilen. Von der Zeit der Herrschaft der Abbassiden bis zu jener Tamerlans wurden die Sterne ohne Hilfe von Gläsern eifrigst beobachtet. Durch die astronomischen Tafeln von Bagdad, Spanien und Samarkand werden bloß einige kleine Irrtümer berichtigt, ohne daß gewagt wird, die Hypothesen des Ptolemäus zu verwerfen und ohne einen einzigen Schritt zur Entdeckung des Sonnensystems vorwärts zu tun. An den orientalischen Höfen konnten die Wahrheiten der Wissenschaften nur mit Hilfe törichter und auf die Unwissenheit bauender Mittel verbreitet werden, und der Astronom wäre verachtet worden, wenn er seine Wissenschaft nicht in das Gewand der Astrologie gekleidet hätte. Nur in der Arzneikunde verdienen die Araber das ihnen gespendete Lob. In der Kunst nehmen Mesua und Geber, Razis und Avicenna einen achtbaren Rang selbst unter den griechischen Künstlern ein. In der Stadt Bagdad erhielten achthundertsechzig Ärzte das Recht, ihren einträglichen Beruf auszuüben; in Spanien ließen sich christliche Fürsten von Sarazenen behandeln, und die Schule von Salerno, von Arabern gegründet, belebte in Italien und Europa die Wissenschaft der Heilkunde. Der Erfolg jedes ausübenden Arztes mußte von Zufälligkeiten abhängen; wir können uns heute einen richtigen Begriff von ihrer allgemeinen Kenntnis in der Anatomie, Botanik und Chemie, der Grundlage der Theorie und Praxis, machen. Ehrfurcht vor den Toten machte es den Arabern unmöglich, menschliche Leichen zu sezieren, und die Ärzte mußten sich bei ihren Studien auf Affen und andere Tiere beschränken. Man wußte nur etwas über die äußeren sichtbaren Teile des Menschen, während die wirkliche Kenntnis des inneren Baues späteren Zeiten vorbehalten blieb. Im Kräuterbuch des Dioskoris finden wir zweitausend Pflanzen der heißen Zone verzeichnet. Einige Kenntnisse wurden in den Tempeln und Klöstern aus früheren Zeiten bewahrt, und viele nützliche Fertigkeiten wurden durch die Belebung der Gewerbe und Künste erlernt. Die Wissenschaft der Chemie verdankt ihren Ursprung ebenfalls den Sarazenen. Sie erfanden zuerst den Brennkolben zur Destillation, analysierten die Substanzen der drei Naturreiche, erprobten Alkalien und Säuren und verwandelten giftige Metalle in heilsame Arzneien. Am eifrigsten forschten die Araber nach dem Gesundheitselixier und der Möglichkeit der Umwandlung eines Metalles in ein anderes. Das Vermögen Tausender verdampfte in den Schmelztiegeln, und man versuchte das große Werk durch Geheimniskrämerei, Lügen und Schüren des Aberglaubens zu fördern.

Die Muselmanen beraubten sich selbst des Gewinnes, die griechischen und römischen Schriften im Urtext lesen zu können, da sie aus großer Liebe zu ihrer Sprache das Studium jeder fremden verschmähten. Die Dolmetscher für die griechische Sprache waren christliche Untertanen der Kalifen. Diese fertigten die Übersetzung zuweilen nach dem Urtext, meist aber nach einer syrischen Übersetzung an. Neben den Astronomen und Ärzten findet man keinen Dichter, Redner, ja nicht einmal einen Geschichtschreiber, der die Sprache der Sarazenen sprechen konnte. Die Mythologie Homers würde den Abscheu dieser finsteren Fanatiker erweckt haben. Sie begnügten sich, die Provinzen von Karthago und Rom und die Kolonien der Makedonier zu besitzen: die Helden des Plutarch und Livius gerieten in Vergessenheit, und die Weltgeschichte vor Mohammed beschränkte sich auf eine kurze Legende von den Patriarchen, den Propheten und den persischen Königen. Dadurch, daß in unseren Schulen Griechisch und Latein gelehrt wird, mag unser Geschmack vielleicht in einer bestimmten Richtung gelenkt worden sein, und ich bin keineswegs geneigt, vorschnell die Literatur und die Schriften der Völker zu verdammen, deren Sprache ich nicht verstehe. Aber ich weiß, daß von den Klassikern viel gelernt werden kann, und ich glaube, daß die Orientalen viel zu lernen haben: würdevollen Stil, richtige Proportionen in der Kunst, das Erkennen der wahren Schönheit, richtige Zeichnung der Charaktere und Leidenschaften, Rhetorik in den Erzählungen, richtige Beweisführung, den Aufbau epischer und dramatischer Werke. Der Einfluß der Wahrheit und

Vernunft ist sicherlich größer. Die Philosophen von Athen und Rom genossen die Segnungen und verteidigten die Rechte der bürgerlichen und religiösen Freiheit. Ihre moralischen und politischen Schriften hätten allmählich die Verbote der orientalischen Despoten vernichten, mehr Freisinnigkeit und Duldung verbreiten und die arabischen Weisen ermutigen können, zu ahnen, daß ihr Kalif ein Tyrann und ihr Prophet ein Betrüger sei. Die Abergläubischen wurden sogar durch die Einführung der abstrakten Wissenschaften beunruhigt, und die strengen Gottesgelehrten verdammten die verwegene und verderbliche Wißbegierde Almamons. Dem Durste nach dem Märtyrertum, dem Traume vom Paradies und dem Glauben an die Vorherbestimmung müssen wir den unbezwinglichen Enthusiasmus des Fürsten und Volkes zuschreiben. Die Sarazenen verloren an Furchtbarkeit, als ihre Jugend, statt im Lager zu üben, in den Schulen lernte, als die Soldaten wagten, zu lesen und nachzudenken begannen. Dennoch waren die eitlen Griechen auf die Studien der Araber eifersüchtig und belehrten die Barbaren des Ostens nur widerwillig.

Während des blutigen Kampfes der Ommijaden und Abbassiden hatten die Griechen die Gelegenheit wahrgenommen, ihre Leiden zu rächen und ihre Grenzen zu erweitern. Aber strenge Vergeltung wurde von Mahadi, dem dritten Kalifen der neuen Dynastie geübt, der seinerseits die günstige Gelegenheit benützte, als ein Weib und ein Kind, Irene und Konstantin, auf dem griechischen Thron saßen. Ein Heer von fünfundneunzigtausend Persern und Arabern wurde vom Tigris zum thrakischen Bosporus unter dem Oberbefehle Haruns oder Aarons, dem zweiten Sohne des Beherrschers der Gläubigen, gesandt. Er schlug sein Lager auf der Konstantinopel gegenüberliegenden Höhe von Chrysopolis oder Skutari auf und bewies Irene so den Verlust ihrer Truppen und Provinzen. Mit Zustimmung oder unter Duldung der Fürstin unterzeichneten ihre Minister einen schimpflichen Frieden. Einige Geschenke wurden ausgetauscht; diese vermochten jedoch nicht zu verhindern, daß dem römischen Reiche ein jährlicher Tribut von siebzigtausend Golddinaren auferlegt wurde. Die Sarazenen waren zu schnell in ein fremdes Land vorgedrungen; sie erhielten jedoch als Dank für ihren Rückzug von den Griechen Führer und Lebensmittel, und keiner hatte den Mut zu sagen, daß es ein leichtes wäre, die ermatteten Streitkräfte der Sarazenen während ihres Marsches zwischen einem steilen Berge und dem Flusse Sangarius zu umzingeln und zu vernichten. Fünf Jahre nach diesem Feldzuge bestieg Harun den Thron seines Vaters und älteren Bruders. Er war der mächtigste und tätigste Monarch seines Geschlechtes, im Westen als Karls des Großen Bundesgenosse berühmt und den jüngsten Lesern als Held der arabischen Sage bekannt. Sein Beiname Al Raschid (der Gerechte) wird durch die Ausrottung der hochherzigen, vielleicht unschuldigen Barmekiden befleckt, aber er war imstande, einer klagenden Witwe Gehör zu schenken, die von seinen Truppen ausgeraubt worden war und die, wie eine Stelle im Koran angibt, es wagte, den Despoten mit dem Gerichte Gottes und der Nachwelt zu drohen. Sein Hof war glänzend und er zog Wissenschaftler an ihn. Während seiner dreiundzwanzigjährigen Regierung besuchte Harun wiederholt seine Provinzen von Chorasan bis Ägypten, neunmal machte er die Wallfahrt nach Mekka, achtmal fiel er in die Gebiete der Römer ein, und so oft diese Tributzahlung verweigerten, ließ er sie fühlen, daß die während eines Monats durch seine Truppen durchgeführte Plünderung erheblich größere Summen koste, als der Tribut für ein Jahr ausmache. Nachdem aber die unnatürliche Mutter Konstantins abgesetzt und verbannt worden war, beschloß ihr Nachfolger Nikephorus diesen Makel der Schmach und Knechtschaft auszulöschen. In dem Schreiben des Kaisers an den Kalifen wurde stichelnd auf das Schachspiel, dessen Kenntnis sich bereits von Persien nach Griechenland verbreitet hatte, angespielt. »Die Königin (er spricht von Irene) betrachtete dich als einen Turm und sich als einen Bauern. Diese kleinmütige Frau unterwarf sich und zahlte einen Tribut, den sie doppelt so hoch von den Barbaren hätte fordern sollen. Gib daher die unrechtmäßig erworbenen Güter zurück oder das Schwert wird sprechen.« Bei diesen Worten warfen die Abgesandten ein Bündel Schwerter vor die Stufen des Thrones. Der Kalif lächelte über die Drohung, zog seinen Säbel Samsamah, eine Waffe von großer und historischer Berühmtheit, und hieb die schwachen Waffen der Griechen entzwei, ohne die Schneide seiner Klinge zu verletzen. Er diktierte dann einen Brief von außerordentlicher Kürze: »Im Namen des barmherzigen Gottes, Harun al Raschid, Beherrscher der Gläubigen, an Nikephorus, den römischen Hund. Ich habe Dein Schreiben gelesen, o Du Sohn einer ungläubigen Mutter. Meine Antwort sollst Du nicht hören, sondern sehen.« Sie wurde in Blut und Feuer auf den Ebenen von Phrygien geschrieben. Die scheinbare Reue der Unterlegenen veranlaßte den Kalifen, sein Wüten zu unterbrechen. Er zog sich triumphierend nach dem beschwerlichen Feldzug in seinen Lieblingspalast Racca am Euphrat zurück. Die rauhe Jahreszeit und die große Entfernung, in der sich der Kalif befand (fünfhundert Meilen), gaben seinem Gegner Mut, den Frieden zu brechen. Nikephorus wurde jedoch durch den schnellen und kühnen Marsch des Beherrschers der Gläubigen, der im tiefen Winter über das schneebedeckte Taurusgebirge ging, in Bestürzung versetzt. Seine politische und kriegerische List war erschöpft; der treulose Grieche entkam mit drei Wunden vom Schlachtfelde, das mit vierzigtausend Leichen seiner Untertanen bedeckt war. Dennoch schämte sich der Kaiser, sich zu unterwerfen, und der Kalif suchte Ruhm und Sieg. Einhundertfünfunddreißigtausend reguläre

Soldaten erhielten Sold und waren auf der Musterrolle eingetragen, über dreihunderttausend Personen zogen unter dem schwarzen Banner der Abbassiden. Sie stürmten weit über Tyana und Ancyra hinaus und schlossen das pontische Heraklea ein, einst ein blühender Staat, jetzt ein armseliger Flecken und damals noch fähig, eine viermonatliche Belagerung der Streitkräfte des Orients auszuhalten. Es wurde völlig zerstört und große Beute gemacht. Wäre aber Harun mit der griechischen Geschichte vertraut gewesen, hätte er die Statue des Herkules vielleicht zu retten vermögen, deren Keule, Bogen, Köcher und Löwenhaut mit gediegenem Golde geschmückt waren. Die fortschreitende Verheerung, durch die die Länder vom Schwarzen Meer bis zur Insel Cypern in Mitleidenschaft gezogen wurden, nötigte den Kaiser Nikephorus, seinen Stolz zu bezähmen. Es wurde ein neuer Vertrag geschlossen, in dem bestimmt wurde, daß die Ruinen von Heraklea als ewiges Warnungszeichen stehen bleiben müssen und daß der Tribut in Münzen mit dem Bilde und Namen Haruns und seiner drei Söhne gezahlt werden müsse. Nach dem Tode Haruns wurden seine Söhne in einen Bürgerkrieg verwickelt, und der Sieger, der freigebige Almamon, war mit der Herstellung des inneren Friedens und Einführung der Wissenschaften hinreichend beschäftigt.

Unter der Regierung Almamons zu Bagdad und Michaels des Stammlers zu Konstantinopel wurden die Inseln Kreta und Sizilien von den Arabern unterjocht. Die erste dieser beiden Eroberungen wird von ihren eigenen Geschichtschreibern, die von Jupiter und Minos nichts wissen, gering geachtet, keineswegs aber von den byzantinischen Geschichtschreibern übersehen, die jetzt anfangen, die Ereignisse zu ihren Zeiten in richtigerem Lichte darzustellen. Eine Schar andalusischer, mit dem Klima oder der Regierung von Spanien unzufriedener Freiwilliger war auf Seeabenteuer ausgesegelt; da sie jedoch nicht mehr als zehn bis zwanzig Galeeren hatten, müssen sie als Seeräuber bezeichnet werden. Als Untertanen des Herrschers der weißen Partei durften sie mit Recht in die Gebiete der schwarzen Kalifen einbrechen. Eine aufrührerische Rotte ließ sie in Alexandria ein. Sie hieben Freund wie Feind nieder, plünderten Kirchen und Moscheen, verkauften über sechstausend christliche Gefangene und behaupteten sich so lange, bis sie von Almansor selbst an der Spitze seiner Truppen angegriffen wurden. Von der Mündung des Nil bis zum Hellespont waren die Inseln und Küsten der Griechen und Muselmanen ihren Räubereien ausgesetzt. Sie sahen das fruchtbare Kreta und kehrten bald mit vierzig Galeeren zu einem ernsteren Angriffe zurück. Die Andalusier zogen furchtlos und unbelästigt durch das Land; als sie aber mit ihrer Beute zur Küste zurückkehrten, standen ihre Schiffe in Flammen, und ihr Anführer Abu Caab bekannte sich als Anstifter des Unheils. Er wurde des Wahnsinns oder Verrates beschuldigt. »Worüber klagt ihr?« fragte der schlaue Emir. »Ich habe euch in ein Land gebracht, wo Milch und Honig fließt. Hier ist euer wahres Vaterland. Ruhet von eurer Mühe aus und vergesset euren unfruchtbaren Geburtsort.« »Und unsere Frauen und Kinder?« »Eure schönen Gefangenen werden die Stelle eurer Frauen vertreten und ihr werdet bald Väter anderer Kinder werden.« Ihre erste Wohnung war ihr von Wall und Graben umgebenes Lager in der Bai von Suda. Ein abtrünniger Mönch führte sie an einen besseren Platz in dem östlichen Teile. Der Name ihrer Festung Candax ging verballhornt als Kandia (Kreta) auf die ganze Insel über. Von den hundert Städten des Zeitalters Minos bestanden nur mehr dreißig und von diesen konnte nur eine, wahrscheinlich Cydonia, ihre Freiheit und das Christentum bewahren. Die Sarazenen von Kreta ersetzten bald ihre Flotte. Aus dem Bauholz des Berges Ida wurden Schiffe gezimmert und mit ihnen das Meer befahren. Während einhundertachtunddreißig Jahren griffen die Fürsten von Konstantinopel diese ausschweifenden Korsaren in fruchtlosen Kreuzzügen mit unzulänglichen Waffen und ohne Erfolg an.

Der Verlust Siziliens wurde durch die Handlung eines Privatmannes veranlaßt. Ein verliebter Jüngling, der eine Nonne aus dem Kloster entführt hatte, wurde vom Kaiser zum Verlust der Zunge verurteilt. Euphemius suchte Hilfe bei den Sarazenen von Afrika und kehrte bald mit einer Flotte von hundert Schiffen, einem Heere von siebenhundert Reitern und zehntausend Mann zu Fuß, sowie dem Purpur zurück. Er landete bei Mazara in der Nähe der Ruinen des alten Selinus. Nach einigen geringen Siegen der Sarazenen wurde Syrakus von den Griechen befreit, der Abtrünnige vor dessen Mauern getötet und seine afrikanischen Freunde gezwungen, sich vom Fleische ihrer eigenen Pferde zu nähren. Sie wurden ihrerseits durch ihre Brüder von Andalusien erlöst, die mit mächtiger Verstärkung anrückten. Der größte westliche Teil der Insel wurde allmählich unterworfen und Palermo mit dem geräumigen Hafen zum Sitz der Streitkraft und Seemacht ausersehen. Syrakus war noch über fünfzig Jahre dem Kaiser und Christus treu. Bei der letzten und verhängnisvollen Belagerung zeigten seine Bürger einen Rest jenes Mutes, womit sie einst die Angriffe der Athener und Karthager zurückgewiesen hatten. Sie hielten sich zwanzig Tage gegen die Sturmwidder und Katapulte, die Minen und Sturmdächer der Belagerer, ja der Platz hatte entsetzt werden können, wenn die Matrosen der kaiserlichen Flotten nicht in Konstantinopel zurückgehalten worden wären, um eine Kirche zu Ehren der Jungfrau Maria zu bauen. Der Diakon Theodosius wurde samt dem Bischof und der Geistlichkeit in Ketten vom Altar nach Palermo geschleppt, in ein unterirdisches Verließ geworfen und stündlich der Gefahr des Todes ausgesetzt, wenn er nicht seinen Glauben abschwören wolle. Seine rührende und schöne Klage kann als Grabschrift seines Vaterlandes angesehen werden. Von der Eroberung durch die Römer bis zu diesem letzten Unglück war Syrakus, jetzt zu seiner ursprünglichen Größe Ortygia zusammengeschrumpft, dauernd im Niedergang gewesen. Aber die Reste waren noch immer reich, die Gefäße der Kathedrale aus reinem Silber wogen fünfhundert Pfund; die ganze Beute wurde auf eine Million Goldstücke (ungefähr vierhunderttausend Pfund Sterling) geschätzt, und die Zahl der gefangenen Christen muß größer als siebzehntausend gewesen sein, die nach der Plünderung von Tauromenium in afrikanische Sklaverei geschleppt wurden. Die Religion und Sprache der Griechen wurde in Sizilien ausgerottet, und so groß war die Gelehrigkeit des nachwachsenden Geschlechtes, daß fünfzehntausend Knaben an einem Tage mit dem Sohne des fatimitischen Kalifen beschnitten und gekleidet werden konnten. Die arabischen Flotten liefen aus den Häfen von Palermo, Biserta und Tunis aus; hundertfünfzig Städte von Kalabrien und Kampanien wurden angegriffen und geplündert, und selbst die Vorstädte Roms blieben nicht unverschont. Wenn die Mohammedaner vereint gewesen wären, wäre Italien leicht erobert und dem Reiche des Propheten einverleibt worden. Aber die Kalifen von Bagdad hatten ihre Macht im Westen verloren, die Aglabiten und Fatimiten usurpierten die afrikanischen Provinzen, die Emire von Sizilien strebten nach Unabhängigkeit, und an Stelle eines Eroberungszuges im großen wurden räuberische Streifzüge unternommen.

In den allgemeinen Leiden Italiens erwecken diejenigen Roms eine traurige Erinnerung. Eine Sarazenenflotte von Afrika kommend wagte es, in die Mündung des Tiber einzulaufen und sich einer Stadt zu nähern, die selbst im Zustande des Verfalls noch als die Metropole der christlichen Welt verehrt wurde. Die Tore und Wälle wurden von einem zitternden Volke bewacht, aber die Kirchen und Gräber des heiligen Petrus und Paulus wurden mit den Vorstädten des Vatikan und der Straße nach Ostia preisgegeben. Ihre unverletzliche Heiligkeit hatte sie gegen die Goten, Vandalen und Langobarden geschützt, aber die Araber verachteten das Evangelium und die Legenden gleichermaßen. Ihre Raubsucht wurde durch den Koran geradezu gefordert und gebilligt. Die christlichen Reliquien wurden der Weihgaben entkleidet, ein silberner Altar vom Heiligtum des Petrus gewaltsam entfernt und wenn die Gebeine und Leiber der Heiligen ganz blieben, ist dies bloß der Eile der Sarazenen zu verdanken. Sie plünderten auf ihrem Zuge längs der appischen Straße Fundi und belagerten Gayeta, wandten sich aber von Rom ab. Dadurch, daß sie sich teilten, wurde das Kapitol gerettet. Die Gefahr hing fortwährend über den Häuptern des römischen Volkes, denn ihre einheimischen Streitkräfte waren denen eines arabischen Emirs nicht gewachsen. Sie nahmen den Schutz ihres lateinischen Souveräns in Anspruch, aber die karolingische Standarte wurde durch eine Abteilung Barbaren gestürzt; sie dachten endlich an die

Wiedereinsetzung der griechischen Kaiser, aber diese waren fern, ihre Hilfe unsicher und der Gedanke Hochverrat. Ihre Not schien noch durch den Tod ihres geistlichen und weltlichen Oberhauptes gesteigert zu werden; Leo der Vierte wurde zum Heile der Kirche und der Stadt ohne die gewöhnlichen Umtriebe bei einer Wahl einstimmig zum Papste gewählt. Er war ein geborener Römer und besaß den Mut seiner fernen Vorfahren, er stand im allgemeinen Elend aufrecht, gleich einer jener festen und hohen Säulen, die auf dem römischen Forum stehen. Die ersten Tage seiner Regierung widmete er Gebeten, Umzügen, der Reinigung der Reliquien, um die furchtsame Menge zu trösten und mit Hoffnungen zu beleben. Vorkehrungen zur Verteidigung gegen einen eventuellen Angriff waren seit langer Zeit, nicht aus törichter Hoffnung auf Frieden, sondern wegen der allgemeinen Not und Armut, nicht mehr getroffen worden. Soweit es seine geringen Mittel und die kurze Zeit gestatteten, wurden die alten Mauern ausgebessert und fünfzehn Türme an den zugänglichsten Punkten gebaut oder bestehende erneuert. Zwei derselben beherrschten den Tiber auf jedem Ufer, und eine eiserne Kette ward über den Fluß gespannt, um das Hinaufsegeln einer feindlichen Flotte zu verhindern. Die Römer wurden durch die willkommene Nachricht, daß die Belagerung von Gayeta aufgehoben und ein Teil des Feindes mit den geraubten Kirchengütern in den Wellen umgekommen sei, erfreut und waren nun sicher, einen kurzen Aufschub erlangt zu haben.

Aber der Sturm brach bald mit doppelter Wut los. Der Aglabite, der in Afrika herrschte, hatte von seinem Vater einen Schatz und ein Heer geerbt. Eine mit Arabern und Mauren bemannte Flotte ging nach kurzem Aufenthalte in den Häfen von Sardinien an der Mündung des Tiber, sechzehn Meilen von der Stadt, vor Anker. Die Anzahl der Kämpfer und die Ordnung, die herrschte, schien darauf hinzudeuten, daß nicht ein räuberischer Einbruch geplant war, sondern eine dauernde Eroberung. Der wachsame Leo hatte aber ein Bündnis mit den Vasallen des griechischen Reiches, den freien Seestaaten Gayeta, Neapel und Amalfi geschlossen. In der Stunde der Gefahr erschienen ihre Galeeren im Hafen von Ostia unter dem Befehle des Cäsarius, Sohn des Herzogs von Neapel, eines edlen und tapferen Jünglings, der bereits zur See gegen die Sarazenen siegreich gewesen war. Cäsarius wurde mit seinen vornehmsten Gefährten in den lateranesischen Palast eingeladen, und der gewandte Papst tat unwissend, was ihre Anwesenheit bedeuten sollte, indem er nach ihrem Begehren fragte und die angebotene Hilfe mit Freude und Überraschung annahm. Die Bürger begleiteten in Waffen ihren Vater nach Ostia, wo er die Streitkräfte seiner hochherzigen Befreier besichtigte und segnete. Sie küßten seine Füße, empfingen das heilige Abendmahl und hörten das Gebet Leos, der bat, daß Gott, der den heiligen Petrus und Paulus über die

Wogen getragen hatte, auch die Arme seiner Streiter stärken möge. Nach einem ähnlichen Gebet schritten die Muselmanen zu einem Angriffe auf die Schiffe der Christen, die ihre vorteilhaftere Aufstellung längst der Küste beibehielten. Der Sieg neigte sich bereits den Verbündeten zu, als ein plötzlich sich erhebender Sturm denselben ohne die Mithilfe der Streiter Christi entschied. Die Christen waren in einem befreundeten Hafen geborgen, während die Schiffe der Afrikaner zwischen den Felsen und Inseln des Gestades umhergeschleudert und zerschmettert wurden. Diejenigen, die dem Schiffbruch oder dem Hunger entgingen, fanden weder noch verdienten sie Erbarmen von ihren unversöhnlichen Gegnern. Durch Schwert und Galgen wurde die große Zahl der Gefangenen verringert, und der Rest wurde zur Wiederherstellung der heiligen Gebäude verwendet, die sie zu zerstören versucht hatten. Der Papst brachte an der Spitze der Bürger und Bundesgenossen sein Dankgebet an den Gräbern der Apostel dar. Dreizehn arabische Bogen aus reinem und gediegenem Silber, die erbeutet worden waren, wurden am Altare Petrus' aufgehangen. Leo der Vierte wandte nun seine Aufmerksamkeit der Verschönerung und Verteidigung des römischen Reiches zu. Die Kirchen wurden ausgebessert und verschönt, viertausend Pfund Silber als Ersatz für den Stuhl des heiligen Petrus bestimmt. Seine Kirche erhielt ein zweihundertsechzig Pfund schweres Becken aus reinem Gold, worauf sich die Bilder des Papstes und des Kaisers eingemeißelt befanden, die mit einer Reihe Perlen umgeben waren. Dieses Kleinod macht jedoch Leo weniger berühmt, als daß er dafür Sorge trug, daß die Mauern von Horta und Ameria wieder aufgebaut und die umherirrenden Einwohner von Centumcellä in die neugegründete Stadt Leopolis, zwölf Meilen vom Ufer des Meeres entfernt, gebracht wurden. Seine Freigebigkeit bewog eine Anzahl Korsen, sich mit ihren Frauen und Kindern in Porto an der Mündung des Tiber niederzulassen; die verfallene Stadt wurde für sie wieder aufgebaut, die Felder und Weingärten unter die neuen Ansiedler verteilt und ihnen der Beginn eines neuen Lebens dadurch erleichtert, daß man ihnen Hornvieh und Pferde schenkte. Die kühnen Auswanderer, die nach Rache gegen die Sarazenen dürsteten, schworen unter der Fahne des heiligen Petrus zu leben und zu sterben. Die Pilger der Nationen aus dem Westen und Norden, die Rom besuchten, hatten allmählich die große und volkreiche Vorstadt des Vatikan gebildet, und ihre verschiedenen Wohnungen wurden als die Schulen der Griechen und Goten, der Langobarden und Sachsen bezeichnet. Dieser Platz war dauernd kirchenräuberischen Angriffen ausgesetzt, und er wurde deshalb mit einer Mauer mit Türmen umgeben. Die Arbeiten, zu denen nach Möglichkeit jeder beisteuerte, wurden während jeder Jahreszeit innerhalb von vier Jahren zu Ende geführt, und Leo war fast zu jeder Stunde des Tages beim

Bau anzutreffen. Er legte dem Vatikan den Namen leontinische Stadt bei, was vielleicht Liebe zum Ruhm, eine hochherzige, aber weltliche Leidenschaft zeigt. Die Einweihung wurde jedoch in Demut vorgenommen und große Bußübungen veranstaltet. Der Bischof und seine Geistlichkeit zogen barfuß in Sack und Asche rings um die Stadt, Psalmen wurden gesungen, Litaneien gebetet und die Mauern mit Weihwasser bespritzt. Die Feier schloß mit der Bitte, daß unter der schützenden Fürsorge der Apostel und Engel, das alte wie das neue Rom stets rein, glücklich und uneinnehmbar bleiben möge.

Der Kaiser Theophilus, Sohn Michaels des Stammlers, war einer der tätigsten und mutigsten Fürsten, die im Mittelalter zu Konstantinopel herrschten. Er zog selbst im Angriffs- und Verteidigungskampfe fünfmal gegen die Sarazenen. Seine Angriffe waren gefürchtet, er selbst vom Feinde geachtet. Im letzten dieser Feldzüge drang er in Syrien ein und belagerte die unbedeutende Stadt Sozopetra, in der zufällig der Kalif Motassem geboren war, dessen Vater Harun im Frieden wie Kriege stets von seinen Frauen begleitet war. Der Kalif war zu dieser Zeit mit der Niederwerfung eines persischen Empörers beschäftigt und vermochte für seine Geburtsstadt, für die er eine Art kindlicher Zuneigung fühlte, nichts anderes zu tun, als Fürsprache einzulegen. Aber gerade dieser Umstand bestimmte den Kaiser, ihn in diesem Punkte besonders zu treffen. Sozopetra wurde dem Erdboden gleichgemacht, die syrischen Gefangenen mit Grausamkeit behandelt und verstümmelt und tausend gefangene Frauen fortgeschleppt. Eine Matrone aus dem Hause Abbas rief in ihrer Angst Motassem an, und dessen Ehre erforderte es, die Untaten der Griechen zu rächen. Unter der Regierung der beiden älteren Brüder war der jüngste auf sein Erbe Anatolien, Armenien, Georgien und Zirkassien beschränkt. In diesen Grenzländern wurde er zum tapferen Mann; er focht unter anderem in acht Schlachten siegreich gegen die Feinde des Korans und erhielt den Namen der Achtgesegnete. Die Truppen aus dem Irak, Syrien und Ägypten wurden durch Türken vervollständigt, die Reiterei war zahlreich, obwohl wir nicht an die hundertdreißigtausend Pferde der königlichen Ställe glauben, und die Kosten der Ausrüstung wurden auf vier Millionen Sterling oder hunderttausend Pfund Gold angeschlagen. Vom Sammelplatze Tarsus rückten die Sarazenen in drei Abteilungen längs der Heerstraße von Konstantinopel vor. Motassem befehligte selbst die Mitte, während die Vorhut seinem Sohn Abbas anvertraut war, der die erste Probe seiner Tapferkeit ablegen sollte. Um seinen Schimpf zu rächen, wollte der Kalif Vergeltung an den Griechen in derselben Weise üben. Der Vater des Theophilus war zu Amorium in Phrygien geboren; der frühere Sitz des kaiserlichen Hauses war mit Denkmälern geschmückt und Vorrechten ausgestattet. Wie gleichgültig er auch dem Volke sein mochte, hatte er doch in den Augen des Souveräns und seines Hofes hohen Wert. Amorium sollte also aus Rache vernichtet werden, und die Sarazenen vereinigten ihre drei Heere unter den Mauern der dem Untergang geweihten Stadt. Die weisesten Leute hatten vorgeschlagen, Amorium zu räumen, die Einwohner zu entfernen und die leeren Gebäude den Sarazenen preiszugeben. Der Kaiser beharrte jedoch bei dem hochherzigen Entschluß, die Stadt seiner Ahnen zu verteidigen und die Schlacht zu wagen. Als sich die Heere trafen, schien es den Römern, daß die Reihen der Sarazenen dichter seien als ihre eigenen, für beide Nationen aber war der Ausgang der Schlacht unrühmlich. Die Reihen der Araber wurden durchbrochen, jedoch von dreißigtausend Persern, die dem byzantinischen Reiche dienten. Die Griechen wurden durch die türkische Reiterei zurückgedrängt und besiegt, und wenige Christen wären mit dem Kaiser vom Schlachtfeld entkommen, wenn die Bogensehnen der Türken nicht durch den Regen naß und schlaff geworden wären. Die Flüchtlinge kamen erst drei Tagereisen vom Kampfplatz entfernt, in Doryläum, zur Ruhe, und als Theophilus Schau über seine zitternden Geschwader hielt, verzieh er die gemeinsame Flucht des Fürsten und des Volkes. Der Kaiser versuchte umsonst das Schicksal Amoriums durch Bittgesuche abzuwenden. Der unerschütterliche Kalif verwarf seine Bitten und Versprechungen mit Verachtung und hielt die römischen Gesandten zurück, um Zeugen seiner großen Rache zu sein. Sie wären beinahe die Zeugen seiner großen Schmach geworden. Der treue Statthalter, die kampfgeübte Besatzung und das verzweifelte Volk widerstanden fünfundfünfzig Tage den wütenden Angriffen; ja die Sarazenen hätten die Belagerung aufheben müssen, wenn ihnen nicht ein Verräter den schwächsten Teil der Mauer gezeigt hätte, einen Platz, der mit den Standbildern eines Löwen und Stiers geschmückt war. Motassem erfüllte sein Gelübde mit unbarmherziger Strenge. Vom Zerstören mehr ermüdet als befriedigt, kehrte er in seinen neuen Palast Samara in der Nähe von Bagdad zurück, während der unglückliche Theophilus sich um die zweifelhafte Hilfe seines westlichen Nebenbuhlers, des Kaisers der Franken, bewarb. Bei der Belagerung von Amorium waren siebzigtausend Muselmanen umgekommen; dreißigtausend Christen wurden niedergemetzelt und ebenso viele zu Gefangenen gemacht, die wie die entsetzlichsten Verbrecher behandelt wurden. Manchmal zwang die Not zur Auswechslung der Gefangenen; aber bei dem National- und Religionskampfe der beiden Reiche fehlte es im Frieden an Vertrauen, im Kriege an Barmherzigkeit. Selten wurde auf dem Schlachtfelde Pardon gegeben, diejenigen, die dem Schwerte entrannen, wurden in hoffnungsloser Gefangenschaft ausgesuchter Marter unterworfen. Ein katholischer Kaiser berichtet mit sichtlicher Freude über die Hinrichtung der Sarazenen von Kreta, die lebendig geschunden oder in Kessel mit siedendem Öl geworfen wurden. Der Ehre hatte Motassem eine blühende Stadt, zweihunderttausend Menschen und das Eigentum von Millionen geopfert. Derselbe Kalif stieg einst vom Pferde und beschmutzte sein Gewand, um einem schwachen Greise zu helfen, der mit seinem beladenen Esel in einen Graben gestürzt war. Welcher von diesen Handlungen mochte er mit größerem Vergnügen gedenken, als der Todesengel bei ihm erschien?

Mit Motassem, dem achten der Abbassiden, erlosch der Ruhm seines Hauses und Volkes. Als die Araber sich über den Osten ausgebreitet und sich mit Persern, Syrern und Ägyptern vermengt hatten, verloren sie allmählich die kriegerischen Tugenden, die sie sich in der Wüste angeeignet hatten. Der Mut des Südländers wird künstlich durch Zucht und Vorurteile hervorgerufen. Aber die Schwärmerei war verschwunden, die Lohntruppen der Kalifen wurden durch Nordländer ergänzt, die von Natur aus tapfer sind. Die entweder gefangengenommenen oder gekauften kräftigen türkischen Jünglinge, die jenseits des Oxus und Jaxartes wohnten, wurden im mohammedanischen Glauben und zu Soldaten erzogen. Die türkischen Leibwachen umstanden bewaffnet den Thron ihres Wohltäters, ihre Anführer maßten sich die Herrschaft über den Palast und die Provinzen an. Motassem, als erster der Kalifen, berief über fünfzigtausend Türken in die Hauptstadt. Ihr zügelloses Betragen veranlaßte öffentliche Unruhen, ja die Streitigkeiten der Soldaten und des Volkes bewogen den Kalifen, Bagdad zu verlassen und seine Residenz und das Lager seiner barbarischen Lieblinge zu Samara am Tigris ungefähr zwölf Stunden oberhalb der Stadt des Friedens aufzuschlagen. Sein Sohn Motawakkel war ein eifersüchtiger und grausamer Tyrann; gehaßt von seinen Untertanen, verließ er sich auf die Treue von Fremden, die sich von Ehrgeiz und Besorgnis angetrieben, durch Versprechungen zu einer Umwälzung verführen ließen. Auf Anstiften oder wenigstens zugunsten seines Sohnes drangen sie am Abend in das Gemach des Kalifen und hieben ihn in sieben Stücke mit denselben Schwertern, die er kürzlich selbst unter sie verteilt hatte. Zum Thron, noch von des Vaters Blut rauchend, wurde Montaser im Triumphe geführt, hatte aber während seiner sechsmonatlichen Regierung nichts als ein schlechtes Gewissen. Beim Anblick einer alten Tapete, die das Verbrechen und die Strafe des Sohnes Chosroes' zeigte, weinte er, seine Tage wurden durch Schmerz und Gewissensqual gekürzt, und wir können den Vatermörder bemitleiden, der sterbend ausrief, er habe sowohl diese als jene Welt verloren. Nach dieser Tat des Hochverrates wurde die Königswürde im Staate Mohammeds durch fremde Söldlinge usurpiert, die in vier Jahren drei Beherrscher der Gläubigen ernannten, absetzten, mordeten. So oft Furcht, Wut oder Habsucht die Türken entflammte, wurden diese Kalifen bei den Füßen aus ihrem Palast geschleppt, nackt der Sonne ausgesetzt, mit eisernen

Keulen geschlagen und gezwungen, abzudanken, wodurch sie wenigstens ihr Leben retteten. Endlich kehrte wieder mehr Ruhe ein; die Abbassiden kehrten nach Bagdad zurück, die Türken wurden strenger im Zaum gehalten und in ausländischen Kriegen beschäftigt und vermindert. Aber die Nationen des Ostens hatten jetzt gelernt, die Nachfolger des Propheten mit Füßen zu treten, und der Friede konnte nur dadurch gewahrt werden, daß die Macht und Zucht abnahm. So ähnlich ist der militärische Despotismus in allen Ländern, daß ich die Geschichte der Prätorianer von Rom zu wiederholen scheine.

Während Schwärmerei durch Geschäfte, Üppigkeit und wissenschaftliche Bestrebungen des Zeitalters vermindert wurde, erhielt sie sich um so heftiger in den wenigen Auserwählten, die in dieser oder jener Welt herrschen wollten. Das Buch der Prophezeiungen war durch den Propheten sorgfältigst zusammengestellt worden, aber die Fanatiker glaubten, daß Gott, der sich bereits Adam, Noah, Moses, Christus und Mohammed geoffenbart hatte, dies nochmals in vollständigerer Weise tun werde. Im zweihundertsiebenundsiebzigsten Jahre der Hegira nahm ein arabischer Priester namens Karmath, der in der Nähe von Kufa lebte, folgende Titel an: Führer, Leiter, Beweiser, heiliger Geist, Kamel, Herold des Messias, Sohn Alis, Johannes des Täufers und des Engels Gabriel. Der Messias hatte angeblich in menschlicher Gestalt mit ihm verkehrt. Die Vorschriften des Korans verfeinerte er in seinen Büchern in geistiger Weise. Die Anzahl der Waschungen, Fasten und Wallfahrten wurde vermindert, er gestattete den Genuß des Weines und bisher verbotener Speisen. Seine Schüler mußten täglich fünfzig Gebete sprechen, um ihre Inbrunst zu steigern. Die Gärung unter dem müßiggehenden Landvolk erregte die Aufmerksamkeit der Regierung von Kufa. Die Fortschritte der neuen Sekte wurden durch eine geringe Verfolgung gesteigert, und der Tod des Propheten veranlaßte ein Anschwellen seiner Anhänger. Seine zwölf Apostel predigten unter den Beduinen, »einem Volke«, sagt Abulfeda, »dem es ebensosehr an Vernunft, wie an Religion fehlt.« Diese Predigten schienen in Arabien eine neue Umwälzung vorzubereiten. Die Karmathier wurden zur Empörung reif, weil sie das Recht des Hauses Abbas leugneten und den weltlichen Pomp der Kalifen von Bagdad verabscheuten. Sie waren befähigt, militärische Zucht zu erhalten, weil sie ihrem Imam unbedingten Gehorsam gelobten, der durch Gottes und Volkes Stimme zu seinem Prophetenamte berufen wurde. Statt des gesetzlichen Zehnten forderte er ein Fünftel ihres Eigentums und ihrer Beute; die Brüder waren miteinander durch einen Eid, durch den sie Gehorsam gelobten, verbunden und gegenseitig gesichert. Nach einem blutigen Kampfe behielten sie in der Provinz Bahrein, am Persischen Meerbusen gelegen, die Oberhand. Weit und breit waren die Stämme der Wüste dem Zepter oder vielmehr dem Schwerte Abu Saids und seines Sohnes Abu Taher Untertan. Diese rebellischen Imame konnten ein Heer von hundertsiebzigtausend Fanatikern in das Feld stellen. Die Söldner des Kalifen zitterten bei der Annäherung eines Feindes, der weder Pardon gab noch verlangte. Der Unterschied zwischen ihnen an Standhaftigkeit und Geduld beweist die Veränderung, die innerhalb dreier Jahrhunderte des Glückes bei den Arabern vorgegangen ist. Solche Truppen wurden in jedem Gefecht geschlagen, die Städte Rakka und Baalbek, Kufa und Bassora erstürmt und geplündert. Bagdad wurde von Bestürzung ergriffen und der Kalif bebte in seinem Palaste. Auf einem kühnen Streifzuge auf dem jenseitigen Ufer des Tigris drang Abu Taher mit nur fünfhundert Reitern bis vor die Tore der Hauptstadt. Auf besonderen Befehl Moktaders waren die Brücken abgebrochen worden, und der Beherrscher erwartete stündlich die Einlieferung des Rebellen oder seines Kopfes. Ein Unterbefehlshaber machte Abu Taher aus Mitleid oder Furcht auf die Gefahr aufmerksam und empfahl einen schleunigen Rückzug. »Dein Gebieter«, antwortete der unerschrockene Karmathier dem Boten, »steht an der Spitze von dreißigtausend Soldaten, drei Männer wie diese fehlen in seiner Schar.« In demselben Augenblick wandte er sich zu seinen Gefährten, befahl dem ersten, sich einen Dolch in die Brust zu stoßen, dem zweiten, in den Tigris zu springen und dem dritten, sich in einen Abgrund zu stürzen. Sie gehorchten ohne Murren. »Berichte«, fuhr der Imam fort, »was du gesehen hast. Noch vor Abend wird dein Feldherr unter meinen Hunden an der Kette liegen.« Noch vor Abend war das Lager überrumpelt und die Drohung ausgeführt. Die Raubsucht der Karmathier wurde durch ihren Abscheu vor dem Kultus von Mekka geheiligt. Sie plünderten eine Karawane von Pilgern und gaben zwanzigtausend Muselmanen dem Tod durch Verhungern auf dem heißen Wüstensande preis. In einem anderen Jahre ließen sie die Pilger ungestört ziehen; aber mitten in der andächtigen Feier stürmte Abu Taher in die Stadt und trat die ehrwürdigsten Reliquien der Mohammedaner mit Füßen. Dreißigtausend Bürger und Fremde fielen durch das Schwert, die geheiligten Städte wurden durch dreißigtausend Leichenbegängnisse entweiht, der Brunnen Zemzem füllte sich mit Blut, die goldene Gießröhre wurde abgebrochen, der Schleier der Kaaba unter die ruchlosen Sektierer geteilt und der schwarze Stein, das älteste Denkmal der Nation, im Triumphe in ihre Hauptstadt gebracht. Nach Verübung dieser Frevel und Grausamkeiten fuhren sie fort, die Grenzen von Irak, Syrien und Ägypten unsicher zu machen; aber es zeigte sich, daß der Enthusiasmus früherer Zeiten unwiederbringlich dahin war. Aus Gewissensbissen oder Habsucht gestatteten sie wieder die Wallfahrt nach Mekka und gaben den heiligen Stein der Kaaba zurück. Es ist überflüssig nachzuforschen, in welche Parteien sie sich teilten und durch welches Schwert sie schließlich ausgerottet wurden. Die Sekte der Karmathier kann als zweite Ursache für das Sinken und den Verfall des Reiches angesehen werden.

Die dritte und augenfälligste Ursache lag im Reiche selbst. Der Kalif Almamon erklärte mit Stolz, daß es ihm leichter sei, den Osten und Westen zu beherrschen als auf dem Schachbrett zu triumphieren; ich aber vermute, daß er sich hier wie dort manchen verderblichen Mißgriff zuschulden kommen ließ und stelle fest, daß in den fernen Provinzen die Herrschaft des mächtigsten der Abbassiden bereits geschwächt war. In einem despotisch regierten Reiche ist der Stellvertreter mit der vollen Majestät des Fürsten bekleidet; die Teilung der Gewalt verringerte vielleicht den Gehorsam und regte die tyrannisierten Untertanen an, über die Regierung nachzudenken. Der im Purpur Geborene ist selten der Herrschaft würdig, wenn aber ein Privatmann, Bauer oder Sklave auf den Thron erhoben wird, liegt die Vermutung nahe, daß er besonderen Mut und Fähigkeiten besitzt. Der Vizekönig eines fernen Landes strebte danach, unabhängig zu werden und das Königtum seinem Geschlechte zu sichern. Die Völker freuen sich, wenn ihr Souverän unter ihnen lebt. Die Macht über Heere und Schätze bietet dem Ehrgeizigen das Mittel zu seiner Unabhängigkeit. Eine Veränderung wurde kaum sichtbar, solange sich die Stellvertreter des Kalifen mit dem Statthaltertitel begnügten, solange sie für sich und ihre Söhne um die Bestellung zum Statthalter baten, solange sie Münzen mit dem Bilde des Beherrschers der Gläubigen prägen und in öffentlichen Gebeten seinen Namen preisen ließen. Aber während der langen Regierung nahmen sie den Stolz und die Abzeichen des Königtums an. Krieg oder Frieden, Belohnung oder Strafe hing allein von ihrem Willen ab, und die Staatseinkünfte wurden zu örtlichen Zwecken oder für sie persönlich verwendet. Statt dem Kalifen regelmäßig Soldaten zu stellen und Geld zu liefern, schenkte man ihm, um ihm zu schmeicheln, einen Elefanten, Falken, seidene Teppiche oder einige Pfunde Moschus und Ambra.

Nach der Empörung der Spanier gegen die Abbassiden brachen auch die ersten Aufstände in der Provinz Afrika aus. Ibrahim, der Sohn Aglabs, des Statthalters des wachsamen und strengen Harun, hinterließ seinen Nachfolgern, den Aglabiten, große Machtmittel. Der wahrscheinlich träge Kalif verschmerzte den Verlust. Er begnügte sich, den Stifter der Edrisiten, der das Königreich und die Stadt Fez am Gestade des westlichen Ozeans gegründet hatte, mit giftigen Schmähungen zu verfolgen. Im Oriente war die erste selbständige Monarchie diejenige der Taheriten, der Nachkommen des tapferen Taher, der in dem Bürgerkriege zwischen den Söhnen Haruns mit nur zu großem Eifer und Erfolg Almamon, dem jüngeren der Brüder, gedient hatte. Er wurde in ehrenvolle Verbannung gesandt, um an den Ufern des Oxus zu befehlen. Seine unabhängigen Nachfolger, die in Chorasan bis ins vierte

Geschlecht herrschten, hatten ein bescheidenes und ehrfurchtsvolles Benehmen, ihre Untertanen lebten glücklich und die Grenzen des Reiches waren sicher. Sie wurden durch einen jener Abenteurer gestürzt, die in der Geschichte des Orients so häufig zu finden sind. Er hatte sein Gewerbe, das eines Kupferschmiedes (daher der Name Soffariden), mit dem eines Räubers vertauscht. Bei einem nächtlichen Besuche, den er dem Schatze des Fürsten von Sistan abstattete, stolperte Jakob, der Sohn des Leith, über einen Klumpen Salz, das er zufällig kostete. Salz ist bei den Morgenländern das Zeichen der Gastfreundlichkeit, und der gewissenhafte Räuber zog sich augenblicklich zurück, ohne Beute mitzunehmen oder Schaden anzurichten. Die Kunde von diesem ehrenhaften Benehmen verschaffte Jakob Vertrauen und Gnade; er führte ein Heer zuerst für seinen Wohltäter, endlich für sich selbst, unterjochte Persien und bedrohte die Residenz der Abbassiden. Auf dem Marsch gegen Bagdad wurde der Eroberer von einem Fieber befallen. Er erteilte dem Gesandten des Kalifen auf dem Krankenlager Audienz. Neben ihm auf dem Tisch lag ein Schwert, ein Stück Schwarzbrot und Zwiebeln. »Wenn ich sterbe«, sagte er, »so ist euer Gebieter von seiner Angst erlöst. Wenn ich am Leben bleibe, so muß das Schwert zwischen uns entscheiden. Wenn ich besiegt werden sollte, so wird es mir nicht schwer fallen, zu der bescheidenen Kost meiner Jugend zurückzukehren.« Von der Höhe, auf der er stand, wäre der Sturz wohl nicht so sanft und harmlos gewesen. Sein früher Tod befreite den Kalifen von seiner Sorge, der mit verschwenderischen Zugeständnissen den Rückzug seines Bruders Amru nach Schiraz und Ispahan erkaufte. Die Abbassiden waren zu schwach, um zu kämpfen und zu stolz, um zu verzeihen; sie riefen die mächtigen Samaniden zu Hilfe, die mit zehntausend Mann über den Oxus gingen. Sie waren so arm, daß ihre Steigbügel aus Holz waren und so tapfer, daß sie das achtmal so starke Heer der Soffariden besiegten. Der gefangene Amru wurde als willkommenes Geschenk in Ketten an den Hof von Bagdad gesendet, und da sich der Sieger mit Transoxiana und Chorasan begnügte, kehrte das Königreich Persien für eine Weile unter die Herrschaft der Kalifen zurück. Die Provinzen von Syrien und Ägypten wurden ihren Herrschern zweimal von türkischen Sklaven aus dem Stamme Tulun und Ikschid entrissen. Diese Barbaren, in Religion und Sitten den Muselmanen gleich, erhoben sich aus den blutigen Parteifehden, erlangten den Thron und beherrschten die Provinzen. Sie waren zu ihrer Zeit berühmt und gefürchtet. Die Gründer dieser beiden mächtigen Dynastien waren sehr eitel auf ihre Herrschaft. Der eine flehte auf dem Sterbebette Gottes Barmherzigkeit für einen Sünder an, der die Grenzen seiner eigenen Macht nicht kenne; der andere umgab sein Schlafgemach mit vierhunderttausend Soldaten und achttausend Sklaven. Ihre Söhne gewöhnten sich frühzeitig an die Laster der

Könige. Ägypten und Syrien wurde von den Abbassiden wieder erobert und durch dreißig Jahre beherrscht. Beim Verfall des Reiches geriet Mesopotamien mit den wichtigen Städten Mosul und Aleppo in die Gewalt der arabischen Fürsten aus dem Stamme Hamadan. Die Dichter ihres Hofes priesen die Schönheit ihres Antlitzes, ihre Beredsamkeit, Freigebigkeit und Tapferkeit. In Wirklichkeit bietet die Erhebung und Regierung der Hamadaniten ein Bild des Verrates, Mordes und Vatermordes. Zu derselben Zeit wurde Persien abermals usurpiert, und zwar von den Bowiden. Drei Brüder, die verschiedentlich als Stützen und Säulen des Staates bezeichnet wurden, teilten sich in die Herrschaft und duldeten vom Kaspischen Meer bis zum Ozean keinen anderen Tyrannen neben sich. Unter ihrer Herrschaft lebte der Geist und die Sprache Persiens wieder auf. Die Araber verloren dreihundertvier Jahre nach dem Tode des Propheten wieder das Zepter des Ostens.

Rhadi, der zwanzigste Abbasside und neununddreißigste Nachfolger Mohammeds, war der letzte, der den Titel Beherrscher der Gläubigen verdiente, der letzte, sagt Abulfeda, der zum Volke redete oder sich mit den Gelehrten beriet, der in seinem Haushalte die Pracht und den Reichtum der früheren Kalifen zeigte. Nach ihm sanken die früheren Herren der orientalischen Welt ins tiefste Elend und wurden als Knechte mißhandelt. Ihre Herrschaft wurde durch die Empörung der Provinzen auf Bagdad beschränkt. Diese Stadt hatte noch immer eine große Einwohnerzahl, die auf ihr vergangenes Glück eitel, mit ihrem gegenwärtigen Zustand unzufrieden und bedrückt von den Forderungen war, die die Staatskasse an sie stellte, die ehemals die Beute und den Tribut der Nationen enthielt. In ihrem Müßiggang beschäftigten sie sich mit Religions- und Parteistreitigkeiten. Unter der Maske der Frömmigkeit störten die Anhänger Hanbals das häusliche Leben, brachen in die Häuser der Plebejer und Fürsten ein, gossen den Wein aus, zerbrachen die Musikinstrumente, schlugen die Musiker und verdächtigten schändlicherweise jeden, der mit einem schönen Jüngling angetroffen wurde. Wo immer zwei Personen beisammen waren, war die eine ein Verehrer, die andere ein Gegner Alis, und die Abbassiden wurden von jenen Sektierern verflucht, die ihre Thronrechte leugneten. Ein aufrührerisches Volk kann nur durch Militärmacht im Zaume gehalten werden, aber wer vermochte die Habsucht der Söldner selbst zu befriedigen und ihren Gehorsam zu erzwingen? Die afrikanischen und türkischen Leibwachen kämpften gegeneinander, und ihre Oberbefehlshaber, die Emire al Omra, kerkerten ihre Souveräne ein oder setzten sie ab und drangen in Harems und in die Moscheen. Wenn die Kalifen zu einem benachbarten Fürsten flüchteten, so vertauschten sie nur ihre alte Knechtschaft mit einer neuen. Sie riefen endlich, von Verzweiflung getrieben, die Bowiden, Persiens Sultane, zu Hilfe, die alle

Parteien in Bagdad zum Schweigen brachten. Moez-al-Dowlat, der zweite der drei Brüder, übernahm die Zivil- und Militärgewalt und wies dem Beherrscher der Gläubigen edelmütig sechzigtausend Pfund Sterling zu. Am vierzigsten Tage jedoch, bei der Audienz der Gesandten von Chorasan, wurde der Kalif auf Befehl des Fremdlings vor den Augen der zitternden Menge vom Thron in den Kerker geschleppt. Seine Augen wurden ihm ausgestochen und sein Palast geplündert. Trotz all dieser Vorgänge strebten die ehrgeizigen Abbassiden auch weiterhin nach dem Throne von Bagdad. Im Unglück kehrten die vormals üppigen Kalifen zu der Lebensweise und Enthaltsamkeit der ersten Herrscher zurück. Ihrer Rüstungen und seidenen Gewänder beraubt, fasteten sie, beteten sie, studierten den Koran und die Überlieferungen der Sunniten und gaben sich eifrig dem Gottesdienst hin. Die Völker hingen noch immer an den Nachfolgern des Apostels, an den Orakeln, dem Gesetze; und den Streitigkeiten und der Schwäche ihrer Gegner verdanken die Abbassiden, daß sie noch zuweilen auf den Thron gelangten. Sie litten besonders unter dem Triumph der Fatimiten, der wirklichen oder angeblichen Nachkommen Alis. Aus dem äußersten Afrika kommend, erlangten diese glücklicheren Nebenbuhler in Ägypten und Syrien die geistliche und weltliche Oberhoheit, und der Monarch am Nil tyrannisierte den demütigen Priester an den Ufern des Tigris. In dem Jahrhundert, das dem Kriege des Theophilus mit Motassem vorausging, waren die Feindseligkeiten bei der Nation auf einige Streifzüge zur See und zu Lande beschränkt, was unausbleiblich bei dem gemeinsamen Hasse und den gemeinsamen Grenzen war. Als aber die orientalische Welt zerrüttet und zertrümmert wurde, wurden die Griechen mit der Hoffnung auf Rache und Eroberungen aus ihrer Trägheit geweckt. Das byzantinische Reich hatte seit der Thronbesteigung der Herrscher aus dem basilischen Hause Frieden und Ruhe genossen. Es konnte daher leicht irgendeinen kleinen Emir angreifen, der außerdem von seinen mohammedanischen Brüdern bedroht war. Nikephorus Phokas, der ebenso berühmt im Lager, wie unbeliebt in der Stadt war, wurde mit den ehrenvollen Titeln Morgenstern, Sarazenentod begrüßt. Er hatte die untergeordnete Würde eines Großdomestikus oder Feldherrn des Ostens inne. Er bezwang die Insel Kreta und rottete das Seeräubernest aus, das solange ungestraft dem Reiche getrotzt hatte. Seine kriegerischen Talente bewährten sich bei der Leitung und bei dem Erfolg eines so oft mit Verlusten und Schmach gescheiterten Unternehmens. Die Sarazenen wurden durch die Landung seiner Truppen mittels hölzerner Brücken, die er von den Schiffen auf das Gestade warf, in Bestürzung gesetzt. Sieben Monate vergingen mit der Belagerung von Kandia. Die eingeborenen Kreter wurden durch die häufig aus Afrika und Spanien einlangende Hilfe der Mauren in Verzweiflung gestürzt. Nachdem die Griechen die dicken Mauern und den doppelten Graben erstürmt hatten, wurde der hoffnungslose Kampf noch in den Straßen und Häusern der Stadt fortgesetzt. Mit der Hauptstadt war die ganze Insel unterjocht, und die Bevölkerung unterwarf sich ohne Widerstand der Taufe. Konstantinopel konnte sich an dem Pompe eines lange nicht mehr gesehenen Triumphes freuen. Das kaiserliche Diadem war jedoch die einzige Belohnung, die die Dienste des Nicephorus bezahlen oder seinen Ehrgeiz befriedigen konnte.

Nach dem Tode des jüngeren Romanus, der vierte des basilischen Hauses, vermählte sich seine Witwe Theophania mit Nikephorus Phokas und später mit seinem Mörder Johann Zimisces, den zwei Helden des Zeitalters. Sie herrschten als die Vormünder und Kollegen der unmündigen Söhne der Kaiserin, und die zwölf Jahre, in denen sie den militärischen Oberbefehl hatten, bilden die glänzendste Epoche in den byzantinischen Annalen. Ihr Heer, aus Untertanen und Bundesgenossen zusammengesetzt, war, wenigstens in den Augen der Feinde, zweihunderttausend Mann stark. Dreißigtausend davon waren mit Brustharnischen versehen, viertausend Maultiere folgten den Truppen, und das tägliche Lager wurde mit einer Einfriedung von eisernen Pflöcken umgeben. Eine Reihe blutiger und unentschiedener Kämpfe bewirken nichts anderes, als was im Laufe der Zeiten ohnehin von selbst erfolgt wäre; ich werde dennoch die Eroberungen der beiden Kaiser von den Bergen von Kappadokien bis zur Wüste von Bagdad kurz schildern. Die Belagerung von Mopsu Hestia und Tarsus in Kilikien gewöhnten die Truppen, die ich für kurze Zeit Römer nenne, an Kämpfe und machten sie ausdauernd. In der Doppelstadt Mopsu Hestia, durch die der Fluß Sarus fließt, wurden zweihunderttausend Muselmanen getötet oder zu Sklaven gemacht. Diese erstaunlich große Zahl der Bevölkerung muß jedenfalls die Bewohner der Provinz ebenfalls enthalten. Mopsu Hestia wurde umzingelt und im Sturm genommen, Tarsus dagegen durch Hunger langsam bezwungen. Kaum hatten die Sarazenen eine ehrenvolle Übergabe unterzeichnet, als sie die nun unnütze ägyptische Hilfsflotte sich nähern sahen. Man entließ sie unter sicherem Geleite nach Syrien. Ein Teil der früheren Christen hatte ruhig unter ihrer Herrschaft gelebt, und die verlassenen Wohnungen füllten sich mit neuen Ansiedlern. Die Moschee wurde in einen Stall verwandelt, die Kanzel den Flammen überliefert und viele reich verzierte Kreuze aus Gold und Edelsteinen, die Beute aus den asiatischen Kirchen, vom Kaiser der Kirche dargebracht. Dieser ließ die Tore von Mopsu Hestia und Tarsus nach Konstantinopel schaffen und in die Mauer als ewiges Andenken seines Sieges einfügen. Die beiden römischen Fürsten trugen, nachdem sie sich der Engpässe des Berges Amanus bemächtigt hatten, ihre Waffen wiederholt bis in das Herz von Syrien. Statt jedoch die Mauern von Antiochia zu stürmen, schien Nikephorus aus Menschlichkeit oder Aberglauben die alte Metropole des Ostens zu ehren. Er begnügte sich, einen Wall um die Stadt zu ziehen, ließ ein Heer zurück und gebot seinem Feldherrn, ohne Ungeduld den Frühling abzuwarten. Im tiefen Winter, in einer finsteren und regnerischen Nacht, näherte sich ein Unteranführer mit dreihundert Soldaten der Mauer, legte die Sturmleitern an, besetzte zwei naheliegende Türme, hielt sich standhaft gegen die Übermacht und behauptete seinen Posten tapfer, bis endlich spät die ausgiebige Hilfe seines ihn tadelnden Oberfeldherrn anlangte. Nach dem ersten Gemetzel und der Plünderung legte sich der Tumult, die Herrschaft Christi und des Kaisers wurde wieder hergestellt, und hunderttausend Sarazenen, die Heere und Flotten von Afrika, rannten später vergeblich gegen die Mauern von Antiochia. Die königliche Stadt Aleppo war dem Seif-ul-Dowlat aus der Dynastie Hamadan unterworfen. Dieser Fürst befleckte seinen früheren Ruhm durch einen eiligen Rückzug: er gab sein Königreich und seine Hauptstadt den eingedrungenen Römern preis. Diese bemächtigten sich in seinem prachtvollen Palaste, der außerhalb der Mauern von Aleppo stand, freudig eines reichgefüllten Waffenmagazins, eines Stalles mit vierzehnhundert Maultieren und dreitausend Beutel mit Gold und Silber. Die Mauern der Stadt widerstanden jedoch den Stößen ihrer Sturmwidder. Die Belagerer schlugen ihre Zelte auf dem benachbarten Berge Jauschan auf. Während ihres Rückzuges brach ein erbitterter Kampf zwischen den Söldnern und Städtern auf dem Marktplatze aus, sie verließen ihre Wachtposten an den Toren und auf den Wällen, und während sie einander wütend angriffen, wurden sie von ihrem zurückkehrenden gemeinsamen Feinde geschlagen. Die Männer wurden getötet, zehntausend Jünglinge in Gefangenschaft geführt, mehr als zehntausend Traglasten an Beute wurden erobert und der überflüssige Rest verbrannt. Nach zehntägigem Plündern und Morden zogen die Römer aus der blutenden Stadt ab. Bei ihren Einbrüchen in Syrien befahlen sie den Bauern ihre Felder zu bestellen, damit sie selbst in der folgenden Jahreszeit die Früchte ernten könnten. Mehr als hundert Städte wurden unterworfen und achtzehn Kanzeln der vornehmsten Moscheen als Sühne für die Tempelschändung der Anhänger Mohammeds den Flammen überliefert. Die klassischen Städte Hierapolis, Apamea und Emesa wurden für kurze Zeit wieder erobert. Der Kaiser Zimisces lagerte in dem Paradiese von Damaskus, nahm das Lösegeld eines unterwürfigen Volkes an, und erst die uneinnehmbare Festung Tripolis an der phönizischen Küste bot ihm Einhalt. Seit den Tagen des Heraklius war der Euphrat unterhalb des Passes des Taurusgebirges für die Griechen unzugänglich gewesen, sie bekamen ihn nicht einmal zu Gesicht. Der siegreiche Zimisces überschritt den Strom wieder und eroberte mit unglaublicher Schnelligkeit die einst berühmten Städte Samosata, Edessa,

Martyropolis, Amida und Nisibis, die die alte Grenze des Reiches in der Nähe des Tigris darstellten. Er verlangte danach, sich der Schätze von Ekbatana zu bemächtigen, eine wohlbekannte Stadt, unter welchem Namen der byzantinische Geschichtschreiber die Hauptstadt der Abbassiden meinte. Flüchtlinge hatten bereits Schrecken vor ihm verbreitet, die erträumten Reichtümer von Bagdad waren jedoch bereits von den einheimischen Tyrannen früherer Zeiten vergeudet worden. Das Volk und der Statthalter der Bowiden verlangten von dem Kalifen, daß er ernsthaft für die Verteidigung der Stadt sorge. Der hilflose Mothi erwiderte, daß ihm seine Waffen, Einkünfte und Provinzen entrissen worden wären und daß er bereit sei, eine Würde niederzulegen, die er nicht zu behaupten vermöge. Der Emir war unerbittlich. Der Schmuck des Palastes wurde verkauft und die dafür erzielte geringe Summe von vierzigtausend Goldstücken sogleich verpraßt. Die Besorgnisse der Bevölkerung von Bagdad wurden durch den Rückzug der Griechen zerstreut und Mangel an Nahrungsmitteln und Wasser machten die mesopotamische Wüste unzugänglich. Der Kaiser kehrte ruhmgesättigt und mit der Beute des Orients beladen nach Konstantinopel zurück und stellte triumphierend die Seidenstoffe, Spezereien und Gold und Silber zur Schau. Aber die Macht des Orients war durch diesen vorübergehenden Sturm nur gebeugt, nicht gebrochen. Nach dem Abzüge der Griechen kehrten die flüchtigen Fürsten in ihre Hauptstädte zurück. Die Untertanen verleugneten den erzwungenen Treueid, die Muselmanen reinigten ihre Moscheen wieder und stürzten die Bilder der Heiligen und Märtyrer um. Die Nestorianer und Jakobiten zogen die Sarazenen einem orthodoxen Gebieter vor, und die Melchiten waren nicht mutig und zahlreich genug, Kirche und Staat zu verteidigen. Von diesen Eroberungen wurde nur Antiochia, die Städte Kilikiens und die Insel Cypern dauernd dem Römischen Reiche einverleibt.

ACHTES KAPITEL - INNERER ZUSTAND DES MORGENLÄNDISCHEN REICHES

Zustand des morgenländischen Reiches im zehnten Jahrhundert. – Ausdehnung und Einteilung. – Reichtum und Finanzen. – Der Palast von Konstantinopel. – Titel und Ämter. – Stolz und Macht der Kaiser. – Taktik der Griechen, Araber und Franken. – Aufhören der lateinischen Sprache. – Studien und Isolierung der Griechen

Ein Schein historischen Lichtes scheint sich aus dem dunklen zehnten Jahrhundert zu erheben. Wir öffnen mit Neugierde und Ehrfurcht die kaiserlichen Schriften des Konstantin Porphyrogenitus, die er in reifem Alter zur Belehrung seines Sohnes verfaßte und in denen er verspricht, das morgenländische Reich im Frieden und Kriege, im Innern und Äußern zu beschreiben. Im ersten dieser Werke gibt er eine umständliche Beschreibung der üblichen Zeremonien in Kirche und Palast. Im zweiten versucht er eine genaue Schilderung der Provinzen oder Themen, wie sie genannt wurden, sowohl von Europa als auch von Asien. Das System der römischen Taktik, die Heereszucht und Ordnung der Truppen und ihre kriegerischen Bewegungen zu Lande und zu Wasser sind in der dritten dieser didaktischen Sammlungen erläutert, die Konstantin oder seinem Vater Leo zugeschrieben werden können. In dem vierten Werke, von der Verwaltung des Reiches, enthüllt er die Geheimnisse der byzantinischen Politik, den freundlichen und feindlichen Verkehr mit den Nationen der Erde. Die literarischen Bestrebungen des Zeitalters, die Rechtssysteme, der Ackerbau und die Geschichtsforschung kamen den Untertanen und den makedonischen Fürsten zugute. Die sechzig Bücher der Basiliken, der Kodex und die Pandekten der Ziviljurisprudenz wurden nach und nach unter den drei ersten Regierungen dieser Dynastie verfaßt. In die Kunst des Ackerbaues hatten sich die besten und weisesten der Alten vertieft und über sie geschrieben. Die diesbezüglichen Vorschriften sind in den zwanzig Büchern der Geoponiken Konstantins zusammengefaßt. Auf seinen Befehl wurden die historischen Beispiele für Laster und Tugend in dreiundfünfzig Büchern methodisch geordnet angeführt, und jeder Bürger konnte sich die Erfahrungen der vergangenen Geschlechter zunutze machen. Der Souverän des Ostens, zuerst erhabener Gesetzgeber, war ebenso der demütige Lehrer seiner Untertanen, wie bescheidener Schriftsteller, und wenn seine Nachfolger und Untertanen sich um seine väterliche Fürsorge nicht kümmerten, können wir doch das ewige Vermächtnis genießen.

Bei näherer Prüfung vermindert sich aber der Wert des Geschenkes und die Dankbarkeit der Nachwelt. Im Besitze dieser kaiserlichen Schätze müssen wir fortwährend unsere Armut und Unwissenheit beklagen, und der schwindende Ruhm ihrer Verfasser wird aus Gleichgültigkeit oder Verachtung gänzlich erblassen. Die Basiliken werden zu einer unvollständigen Abschrift, zu einer parteiischen und verstümmelten Übersetzung der Gesetze Justinians in das Griechische. Die vernünftigen Gesetze der alten Zivilrechtsgelehrten werden aus Dummheit und Frömmigkeit verstümmelt und ein unbedingtes Verbot der Ehetrennung, des Konkubinates und der Geldverzinsung erlassen und so die Freiheit und das Glück des Privatlebens unterbunden, In dem historischen Werke hätte ein Untertan Konstantins die unnachahmlichen Tugenden der Griechen und Römer bewundern können, hätte lernen können, wie hoch der menschliche Geist einst strebte. Dem Kanzler oder Großlogotheten wurde aufgetragen, eine Schrift über das Leben der Heiligen herauszugeben, und der Aberglaube erhielt durch die fabelhaften und blumenreichen Legenden des Simon Metaphrastes neue Nahrung. In den Augen des Weisen sind die Arbeiten des Landwirtes, der die Gaben des Schöpfers vervielfältigt und für die Nahrung seiner Brüder sorgt, wichtiger als astronomische Studien. Die kaiserlichen Verfasser der Geoponiken waren jedoch ernstlicher mit der Vernichtungskunst beschäftigt, die seit Xenophons Tagen als die Kunst der Helden und Könige gelehrt worden ist, als mit etwas anderem. Die Taktik Leos und Konstantins ist mit unedlen Zutaten ihres Zeitalters vermengt. Es mangelt dem Werke an schöpferischem Geiste, sie halten unbedingt an den Maximen fest, die durch Siege bestätigt worden sind. Weder der Stil noch die Methode ist richtig; sie verwechseln zeitlich und räumlich unvereinbare Dinge, die spartanische und makedonische Phalanx, die Legionen des Cato und Trajan, des Augustus und Theodosius. Selbst die Nützlichkeit und Wichtigkeit dieser militärischen Grundbegriffe kann in Zweifel gezogen werden: die allgemeine Theorie wird jedoch von der Vernunft eingegeben, aber die Schwierigkeiten und der Verdienst bestehen in der Ausführung. Ein Soldat wird mehr durch Übung als Studium ausgebildet, und ein Feldherr muß von Natur aus zur Ruhe und zum schnellen Entschluß Veranlagung haben, um das Schicksal von Heeren und Völkern zu entscheiden. Die Siege, die durch das Studium der Taktik gewonnen worden sind, sind so viel wert, wie die nach den Regeln der Kritik geschaffenen epischen Gedichte. Das Buch der Zeremonien schildert langweilig den verächtlichen Prunk, der in Kirche und Staat seit dem Verfalle des Reiches für notwendig befunden wurde. Eine Übersicht der Themen oder Provinzen wäre statt der Sagen über den Ursprung der Städte und der boshaften Epigramme auf die Sitten ihrer Bewohner von Nutzen gewesen. Mit Freuden würde der Geschichtschreiber diese Dinge mitteilen, aber sein

Stillschweigen kann nicht getadelt werden, da die Bevölkerungszahl der Hauptstadt und Provinzen, die Höhe der Abgaben und Einkünfte, die Zahl der Untertanen und Fremden, die unter der kaiserlichen Fahne dienten, von Leo dem Philosophen und seinem Sohne Konstantin nicht mitgeteilt werden. Seine Abhandlung über die öffentliche Verwaltung ist mit denselben Fehlern behaftet, zeichnet sich aber doch durch einen Vorzug aus: die Geographie und die Sitten der barbarischen Welt sind genau und interessant gezeichnet. Von diesen Nationen waren die Franken allein imstande, ihrerseits die Hauptstadt des Ostens zu beobachten und zu schildern. Der Gesandte Ottos des Großen, ein Bischof von Cremona, hat den Zustand Konstantinopels um die Mitte des zehnten Jahrhunderts beschrieben. Sein Stil ist feurig, die Darstellung lebendig, seine Beobachtung scharf, ja selbst die Vorurteile und Leidenschaften Luitprands werden originell und genial dargestellt. Mit Hilfe dieses spärlichen Vorrats einheimischen und ausländischen Materials werde ich versuchen, die Form und das Wesen des byzantinischen Reiches zu beleuchten, die Provinzen und den Reichtum zu beschreiben, die Zivilregierung und Streitmacht, den Charakter und die Literatur der Griechen in einem Zeiträume von sechshundert Jahren, von der Regierung des Heraklius bis zum sieggekrönten Einbrüche der Franken oder Lateiner.

Nach der endlichen Teilung zwischen den Söhnen des Theodosius breiteten sich Barbarenschwärme von Skythien und Deutschland über die Provinzen aus und vernichteten die Herrschaft Roms. Die Schwäche der Herrscher von Konstantinopel war bei der Größe des Reiches nicht ohne weiteres zu sehen, die Grenzen blieben unverletzt oder wenigstens erhalten, und Justinians Reich wurde das eroberte Afrika und Italien angegliedert. Diese Provinzen waren jedoch nur kurz in seinem Besitz, und die Sarazenen eroberten fast die Hälfte des morgenländischen Reiches. Syrien und Ägypten wurde durch die arabischen Kalifen unterdrückt, und nach der Bezwingung von Afrika drangen die Sarazenen in Spanien ein und eroberten es. Die Inseln des Mittelmeeres blieben ihrer Flotte nicht unzugänglich. Die treuen und aufrührerischen Emire mißhandelten von Kreta und den Festungen von Kilikien aus die Hauptstadt und die Provinzen. Die übrigen, unter der Botmäßigkeit der Kaiser gebliebenen Provinzen, erhielten eine neue Verwaltung, an Stelle der Präsidenten, Konsuln und Grafen wurden Themen oder militärische Statthalterschaften eingerichtet, die unter den Nachfolgern des Heraklius vorherrschten und von dem kaiserlichen Schriftsteller beschrieben worden sind. Der Ursprung dieser neunundzwanzig Themen, zwölf in Europa, siebzehn in Asien, ist dunkel, die Etymologie zweifelhaft, die Grenzen waren willkürlich und änderten sich. Einige besondere Namen, die unserem Ohr höchst fremd klingen, waren der Sprache der Truppen entlehnt, die auf Kosten und zum Schutze dieser Themen erhalten wurden. Die eitlen griechischen Kaiser griffen nach allem, was einer Eroberung ähnlich sah und das Ansehen ihres Reiches in Erinnerung der verlorengegangenen Herrschaft hob. Auf dem westlichen Ufer des Euphrat wurde ein neues Mesopotamien geschaffen, der Name der früheren Prätur Sizilien auf einen schmalen Landstrich in Kalabrien übertragen und ein Bruchteil des Herzogtums Benevent wurde die Theme Lombardei. Zur Zeit des Verfalls des arabischen Reiches konnten die Nachfolger Konstantins ihren Stolz mit tatsächlichen Eroberungen befriedigen. Die Siege des Nikephorus, Johann Zimisces und Basilius des Zweiten ließen den Ruhm des römischen Namens wieder aufleben; die Grenzen wurden erweitert, die Provinzen Kilikiens, die Hauptstadt Antiochia, die Inseln Kreta und Cypern wurden wieder unterworfen und ein Drittel von Italien mit Konstantinopel wieder vereinigt. Das Königreich Bulgarien wurde zerstört, und die letzten Souveräne der makedonischen Dynastie dehnten ihre Herrschaft von den Quellen des Tigris bis in die Nähe Roms aus. Im elften Jahrhundert erschienen neue Feinde, und neue Unglücksfälle brachen herein. Italien wurde von den Normannen überschwemmt, and die Türken eroberten fast sämtliche asiatische Gebiete des Reiches. Nach diesen Verlusten herrschten die Kaiser aus dem Hause der Komnenen noch immer von der Donau bis zum Peloponnes, von Belgrad bis Nicäa, Trapezunt und dem sich windenden Mäander. Die großen Provinzen Thrakien, Makedonien und Griechenland waren ihnen unterworfen, sie besaßen außer Cypern, Rhodus und Kreta fünfzig Inseln des Ägäischen oder Heiligen Meeres, und der Rest ihres Reiches übertraf das größte der europäischen Königreiche an Ausdehnung.

Diese Fürsten konnten in Wahrheit behaupten, daß sie von allen christlichen Monarchen das größte Einkommen, die größte Stadt, den blühendsten und dichtbevölkertsten Staat besaßen. Mit dem Verfalle des Reiches waren auch die Städte verfallen; die Ruinen Roms, die Lehmmauern, hölzernen Schuppen und engen Grenzen von Paris und London konnten sich nicht mit Konstantinopel, den prächtigen Palästen und Kirchen vergleichen. Die reiche Stadt lockte die Perser und Bulgaren, die Araber und Russen zu kühnen Angriffen, hatte diese aber bisher abgeschlagen und hoffte dies auch für die Zukunft zu tun. Minder glücklich und uneinnehmbar waren die Provinzen, und man konnte nur wenige Bezirke, wenige Städte auffinden, die nicht von irgendeinem grimmigen Barbaren verheert worden waren. Nach Justinian verengerte das Reich seine Grenzen; Kriege wüteten und profane und kirchliche Tyrannen bedrängten das Volk. Der Gefangene, der den Barbaren entflohen war, wurde häufig von den Dienern seines Souveräns gegeißelt und eingekerkert. Allzuviele Fasten und Gebete waren vorgeschrieben, viele

Klöster vorhanden, und eine große Anzahl Feste lenkte die Menschen von ihrer Tätigkeit ab. Aber die Untertanen des byzantinischen Reiches blieben immer die geschicktesten und fleißigsten der Nationen; ihr Vaterland war mit allen Vorteilen des Bodens, Klimas und der Lage gesegnet. Ihr geduldiger und friedlicher Sinn trug zur Erhaltung und Wiederherstellung der Künste mehr bei, als der kriegerische Geist und die Feudalanarchie von Europa. Die mit dem Reiche noch verbundenen Provinzen wurden durch Unglücksfälle verloren, wieder bevölkert und bereichert. Die Katholiken von Syrien, Ägypten und Afrika entzogen sich dem Joche des Kalifen, begaben sich in den Schutz ihres Fürsten, vereinigten sich mit der Gemeinde ihrer Brüder. Die bewegliche Habe, die den Nachforschungen des Unterdrückers entzogen werden kann, wurde in die Verbannung mitgenommen und erleichterte diese. Konstantinopel nahm die fliehenden, gewerbefleißigen Familien aus Alexandria und Tyrus auf. Die Häuptlinge von Armenien und Skythien, die vor Feinden oder Religionsfanatikern flohen, wurden ebenfalls gastfreundlich aufgenommen, ihre Anhänger ermuntert, neue Städte zu bauen und öde Ländereien urbar zu machen. Viele Plätze in Europa tragen noch heute die Namen, die ihnen von den Einwanderern damals gegeben wurden, bewahren deren Sitten oder wenigstens ihr Andenken. Selbst die Barbarenstämme, die sich gewaltsam auf dem Boden des Reiches niedergelassen hatten, wurden allmählich dem Reiche einverleibt, unterwarfen sich der Kirche und dem Staat. Solange sie sich nicht mit den Griechen vermischten, stellten ihre Nachkommen treue und gehorsame Soldaten. Wenn wir hinreichend Material besäßen, um die neunundzwanzig Themen der byzantinischen Monarchie genau zu kennen, könnten wir unsere Wißbegier befriedigen, indem wir eine beliebige Provinz zur Betrachtung aussuchten. Dies ist leider nicht der Fall; wir verdanken es jedoch einem glücklichen Umstand, daß uns der Zustand der interessantesten Provinz am genauesten bekannt wurde. Dies ist die Provinz Peloponnes.

Schon im achten Jahrhundert, während der Herrschaft der Bilderstürmer, hatten sich über Griechenland, ja sogar über den Peloponnes Sklavenscharen ergossen, die dem Heere der Bulgaren vorausgeeilt waren. Die Einwanderer alter Zeit, Cadmus, Danaus und Pelops hatten in diesem fruchtbaren Land Staatskunst und Wissenschaft begründet, die Wilden des Nordens aber rotteten die noch erhaltenen spärlichen Reste aus. Durch diesen Einbruch wurde das Land und die Bewohner umgestaltet, das griechische Blut geschändet und die stolzen Edlen des Peloponnes wurden als Fremdlinge und Sklaven bezeichnet. Spätere Fürsten reinigten das Land einigermaßen von den Barbaren, die spärlichen Reste wurden durch einen Eid, durch den sie Gehorsam, Tributzahlung und Stellung von Soldaten versprachen und den sie oft brachen, gebunden. Die Belagerung von Patras wurde, durch ein seltsames Zusammentreffen, gemeinsam von den Sklaven des Peloponnes und den Sarazenen aus Afrika vorgenommen. Der Mut der Bürger wurde durch die erdichtete Botschaft, daß der Prätor von Korinth zum Ersatz heranrücke, gestärkt. Sie machten einen kühnen und glücklichen Ausfall. Die Fremden schifften sich wieder ein, die Rebellen unterwarfen sich. Den Erfolg des Tages verdankten die Bürger angeblich einem Unbekannten, der in den vordersten Reihen mit den Abzeichen des Apostels Andreas gefochten hatte. Das Heiligtum, das seine Reliquien enthielt, ward mit den errungenen Siegeszeichen geschmückt, und der unterworfene Volksstamm wurde für immer zum Dienste der Metropolitankirche von Patras und zu deren Vasallenschaft bestimmt. Der Friede der Halbinsel wurde durch zwei slawische Stämme in der Nähe von Helos und Lakedämon häufig gestört. Sie verhöhnten die schwachen Unterdrücker und widerstanden ihnen oft, bis endlich der feindliche Einbruch ihrer Brüder die Unterzeichnung einer goldenen Bulle veranlaßte, welche die Rechte und Pflichten der Ezzeriten und Milenger festsetzte und durch die ihnen ein jährlicher Tribut von zwölfhundert Goldstücken auferlegt wurde. Der kaiserliche Geograph macht einen genauen Unterschied zwischen diesen Fremdlingen und einem ursprünglich heimischen Stamm, der vielleicht von den früheren Heloten abstammte. Die großmütigen Römer, insbesondere Augustus, hatten die Seestädte von der spartanischen Herrschaft befreit, und da diese dauernd im Besitze der Freiheit blieben, wurden sie Eleutherer oder freie Lakonier genannt. Zur Zeit Konstantins Porphyrogenitus hatten sie den Namen Mainoten erworben, unter welchem Namen sie ihre Ansprüche auf die Plünderung derjenigen, die an ihrem felsigen Gestade Schiffbruch erleiden, entehrten. Ihr Land, das kein Korn, aber Ölbäume hervorbringt, dehnte sich bis zum Vorgebirge Malea aus. Ihr Häuptling oder Fürst wurde von dem byzantinischen Prätor ernannt, und sie hatten nur einen geringen Tribut von vierhundert Goldstücken zu zahlen, der mehr ihre Steuerfreiheit als ihre Abhängigkeit bewies. Die freien Lakonier gebärdeten sich wie Römer und bekannten lange die Religion der Griechen. Unter Kaiser Basilius wurden sie getauft, verehrten jedoch in ihrer Einfalt Venus und Neptun weiter, deren Altäre sie noch fünfhundert Jahre nach deren Ächtung durch die römische Welt bekränzten. In der Theme des Peloponnes zählte man noch vierzig Städte, Argos und Korinth mögen trotz ihres Verfalles im zehnten Jahrhundert, weit entfernt von ihrem alten Glanze, ebenfalls weit entfernt von ihrem jetzigen Zustand gewesen sein. Die Besitzer oder Lehensinhaber der Ländereien waren verpflichtet, in Person oder durch einen Stellvertreter Kriegsdienste zu leisten, jeder größere Grundbesitzer mußte fünf Goldstücke zahlen, und die gleiche Summe mußte von mehreren geringeren Sassen, die zusammen einen Steuerkopf bildeten, aufgebracht werden. Als ein italienischer Krieg vorbereitet wurde, befreiten sich die Peloponnesier von persönlicher Dienstleistung durch die Zahlung von hundert Pfund Goldes (viertausend Pfund Sterling) und tausend Pferden mit den dazu gehörigen Waffen und Geschirren. Die Kirchen und Klöster lieferten ihren Beitrag; ein schwunghafter Handel wurde mit geistlichen Würden betrieben, und der arme Bischof von Leukadia zum Beispiel mußte hundert Goldstücke jährlich zahlen.

Der Reichtum der Provinz war auf den großen Ertrag aus dem Handel gegründet. Von einem weisen Politiker war das Gesetz gegeben worden, das alle Seeleute des Peloponnes sowie die mit Pergament und Purpur beschäftigten Arbeiter von allen persönlichen Abgaben freisprach. Dies kann mit Recht auch von den Leinwand-, Woll- und Seidenmanufakturen angenommen werden, wovon die ersteren seit den Tagen Homers in Griechenland geblüht hatten und die letzteren wahrscheinlich schon unter der Regierung Justinians errichtet worden waren. Diese Gewerbe, die in Korinth, Theben und Argos ausgeübt wurden, gaben zahlreichen Menschen Arbeit und Nahrung. Männer, Frauen und Kinder erhielten je nach Alter und Stärke Arbeit zugewiesen, und wenn auch viele derselben häusliche Sklaven waren, gehörten doch ihre Gebieter, die das Werk leiteten und den Gewinn daraus zogen, einem freien und ehrenvollen Stande an. Die Geschenke, die eine reiche und edelmütige Matrone dem Kaiser Basilius, ihrem Adoptivsöhne, machte, waren ohne Zweifel auf griechischen Webstühlen verfertigt worden. Danielis schenkte einen Teppich aus feiner Wolle, mit einem Muster, das ein Pfauenrad zeigte und von einer Größe, daß damit der Fußboden einer neuen, Christus, dem Erzengel Michael und dem Propheten Elias geweihten Kirche bedeckt werden konnte. Sie gab sechshundert Stück Leinwand und Seide, zu mannigfaltigem Gebrauche geeignet. Die Seide war purpurn gefärbt und gestickt, die Leinwand so außerordentlich fein, daß ein ganzes Stück zusammengerollt in ein hohles Rohr ging. Ein sizilianischer Geschichtschreiber unterscheidet bei der Beschreibung die griechischen Fabrikate je nach ihrem Preis, der sich nach Schwere und Beschaffenheit der Seide, Dichtheit des Gewebes, Schönheit der Farbe und Art der Stickerei richtet. Ein einfacher, doppelter oder dreifacher Faden wurde für gewöhnliche Arbeit verwendet, das kostbarere Gewebe bestand aus einem sechsfachen Faden. Von den Farben preist er besonders Scharlach und Grün. Die Stickerei war entweder aus Seide oder Gold und erhaben gearbeitet, einfache Streifen oder Kreise wurden ausgeführt, aber auch Blumen gestickt. Die Gewänder, die man für den Altar oder Palast anfertigte, waren häufig mit Edelsteinen und Figuren aus orientalischen Perlen geschmückt. Bis zum zwölften Jahrhundert züchtete man in Griechenland allein von allen christlichen Ländern die Seidenraupe und verstand allein die Kunst der Seidenherstellung. Aber die tätigen und gewandten Araber hatten das Geheimnis gestohlen. Die Kalifen des Ostens verschmähten es, von den Ungläubigen Gewänder und Hausschmuck zu beziehen. Die beiden spanischen Städte Almeria und Lissabon waren wegen der Erzeugung, Verarbeitung und vielleicht wegen der Ausfuhr von Seide berühmt. Diese wurde zuerst von den Normannen in Sizilien eingeführt und der Sieg Rogers unterscheidet sich durch diese Handlung von den anderen unfruchtbaren Siegen seiner Zeit. Nach der Plünderung von Korinth, Athen und Theben schiffte sich sein Unterbefehlshaber mit einer Anzahl gefangener Weber und Seidenarbeiter beiderlei Geschlechts ein. Diese bildeten für seinen Gebieter eine glorreiche, für den griechischen Kaiser aber eine schimpfliche Trophäe. Der König von Sizilien war über das Geschenk erfreut, und als er die Gefangenen zurückgab, behielt er die Arbeiter und Arbeiterinnen von Theben und Korinth zurück, die, wie der byzantinische Geschichtschreiber sagt, unter einem barbarischen Gebieter arbeiteten, wie die alten Eretrier im Dienste des Darius. Ein stattliches Gebäude im Palastbezirk von Palermo wurde dieser arbeitsamen Kolonie eingeräumt, die ihre Fertigkeit ihren Kindern und Schülern vererbte, um die wachsende Nachfrage der westlichen Welt zu befriedigen. Der Verfall der Seidenweberei von Sizilien muß den Unruhen auf der Insel und der Nebenbuhlerschaft der italienischen Städte zugeschrieben werden. Im Jahre 1314 hatte nur Lucca unter allen Schwesterrepubliken noch das einträgliche Monopol. Ein Bürgerkrieg zerstreute die Arbeiter nach Florenz, Bologna, Venedig, Mailand, ja selbst in die Länder jenseits der Alpen. Dreizehn Jahre nach diesem Ereignis gebieten die Verordnungen Modenas die Anpflanzung von Maulbeerbäumen und bestimmen die Abgaben an roher Seide. Nördlichere Gegenden sind der Zucht von Seidenwürmern minder günstig, die gewerbefleißigen Länder Frankreich und England erhalten aber für andere Waren die Erzeugnisse Italiens und Chinas.

Ich muß die Klage wiederholen, daß die beiläufigen und kärglich vorhandenen Schriften jener Zeiten eine richtige Schätzung der Steuern, des Einkommens und der Hilfsquellen des griechischen Reiches nicht erlauben. Aus jeder Provinz von Europa und Asien flössen ununterbrochen Gold- und Silberströme in die kaiserlichen Kassen. Die Ausbreitung der verschiedenen Stämme vergrößerte auch das Reich, und nach den Maximen eines Despoten verkörperte sich der Staat in der Hauptstadt, diese im Palaste und der Palast in der Person des Kaisers. Ein jüdischer Reisender, der den Orient im zwölften Jahrhundert besuchte, bewundert die byzantinischen Reichtümer. »Hier, bei der Königin der Städte, fließen die Abgaben des Reiches zusammen«, sagt Benjamin von Tudela; »die hohen Türme sind mit kostbaren Vorräten an Seide, Purpur und Gold angefüllt. Man sagt, Konstantinopel zahle seinem

Souverän jeden Tag zwanzigtausend Goldstücke, die von den Buden, Schenken und Märkten, von den Kaufleuten Persiens, Ägyptens, Rußlands und Ungarns, von den Spaniern und Italienern, die die Hauptstadt besuchen, erhoben werden.« In allen Geldangelegenheiten ist die Meinung eines Juden zweifellos von Gewicht. Da obgenannter Betrag aber ein Einkommen von mehr als sieben Millionen Pfund Sterling im Jahr bedeuten würde, nehme ich an, daß die zahlreichen Festtage des griechischen Kalenders nicht inbegriffen sind. Die Größe des Schatzes, den Theodors und Basilius I. sammelten, wird ein Bild von ihren Einkünften und Hilfsquellen geben. Bevor die Mutter Michaels sich in ein Kloster zurückzog, suchte sie die Verschwendungssucht ihres Sohnes zu zügeln oder ihn bloßzustellen, indem sie freimütig die Reichtümer, die er erbte, aufzählte: einhunderttausend Pfund Gold, dreihunderttausend Pfund Silber, die von ihrem Gemahl und ihr selbst gespart worden waren. Die Habsucht des Basilius ist nicht geringer als seine Tapferkeit und sein Glück; seine siegreichen Heere wurden bezahlt und belohnt, ohne daß der Schatz von zweihunderttausend Pfund Gold (gegen acht Millionen Pfund Sterling), den er in den unterirdischen Gewölben des Palastes verborgen hatte, angegriffen wurde.

Wie groß der Geldbedarf des Staates immer war und wieviel Geld für zukünftige Zwecke beiseite gelegt wurde, immer standen die Bedürfnisse und das Vergnügen des Kaisers an der ersten Stelle, und sein Verbrauch wurde nach seinem eigenen Ermessen bestimmt. Die Fürsten von Konstantinopel waren anspruchsvoll; je nach der Jahreszeit beteiligten sie sich an; den Vergnügungen der Hauptstadt, machten jede Mode mit oder zogen sich auf das Land zurück. Sie feierten das Fest der Weinlese, vertrieben sich die Zeit mit Jagd oder Fischen und suchten in heißen Sommern die kühle, erfrischende Seeküste auf. Auf zahlreichen Inseln und an den Küsten von Asien und Europa besaßen sie prächtige Villen, die auf das prunkvollste ausgestattet und in überladenem Stil gebaut waren. Durch Erbschaft und Konfiskation waren die Kaiser Eigentümer vieler schöner Häuser in der Stadt und den Vorstädten geworden, wovon zwölf den Ministern des Staates angewiesen wurden. Der große Palast, der Mittelpunkt der kaiserlichen Residenz, stand elf Jahrhunderte auf demselben Platze zwischen dem Hippodrome, der Kathedrale der heiligen Sophie und den Gärten, die sich über manche Terrasse zum Gestade der Propontis senkten. Der ursprüngliche Palast des ersten Konstantins war eine Nachbildung desjenigen des alten Roms. Seine Nachfolger erweiterten denselben und waren bestrebt, mit den Wunderbauten der Alten Welt zu wetteifern. Im zehnten Jahrhundert erregte der byzantinische Palast die Bewunderung wenigstens der Lateiner, durch seine Festigkeit, Größe und Pracht. Aber die mit viel Mühe und unter großem Aufwand durch

Jahrhunderte fortgesetzten Zubauten, hatten einen ungeheuren und unregelmäßigen Komplex geschaffen. Jedes einzelne Gebäude trug den Stempel der Zeiten, in denen es gebaut wurde und seines Stifters, und der Mangel an Raum macht es verständlich, daß der regierende Monarch, vielleicht mit geheimer Freude, die Werke seines Vorgängers einreißen ließ. Die sonstige Sparsamkeit des Kaisers Theophilus gestattete ihm, großen häuslichen Aufwand zu treiben. Ein begünstigter Gesandter, der selbst die Abbassiden durch seinen Stolz und seine Freigebigkeit in Erstaunen gesetzt hatte, überreichte bei seiner Rückkehr das Modell eines von dem Kalifen von Bagdad erst kürzlich an den Ufern des Tigris erbauten Palastes. Das Muster wurde unverzüglich nachgebaut und an Pracht übertroffen. Der neue Palast des Theophilus war mit Gärten und fünf Kirchen, von denen sich eine durch besondere Größe und Schönheit auszeichnete, geschmückt und mit drei Domen gekrönt. Das Dach aus vergoldetem Erz ruhte auf Säulen aus italienischem Marmor, und die Wände waren mit buntem Marmor ausgekleidet. An der Vorderseite der Kirche wurde ein halbrunder Portikus nach dem griechischen Sigma gestaltet, von fünfzehn Säulen aus phrygischem Marmor getragen. Eine ähnliche Anordnung zeigten die unterirdischen Grüfte. Der Platz vor dem Sigma war mit einem Springbrunnen geschmückt und der Rand des Beckens mit Silberplatten ausgelegt und umgeben. Am Beginn jeder Jahreszeit wurde das Becken statt mit Wasser mit köstlichen Früchten angefüllt, die von der Menge an Ort und Stelle verzehrt wurden. Der Fürst genoß dieses lärmende Schauspiel von einem von Gold und Edelsteinen schimmernden Thron, der auf einer hohen Terrasse, zu der Marmorstufen führten, stand. Unterhalb des Thrones saßen die Hauptleute seiner Leibwache, die Obrigkeiten, die Häupter der Parteien des Zirkus. Die unteren Stufen nahm das Volk ein. Ganze Banden von Tänzern, Sängern und Gebärdenspielern trieben ihr Wesen. Der Platz war von der Justizhalle, dem Arsenale und verschiedenen Amts- und Luxusgebäuden umgeben; der Purpursaal führte diesen Namen, weil darin alljährlich von der Kaiserin selbst Scharlach- und Purpurgewänder verteilt wurden. Die vielen Gemächer waren den Jahreszeiten angepaßt und mit Marmor, Porphyr, mit Malerei, Bildhauerarbeit und Mosaik, mit Gold, Silber und Edelsteinen geschmückt. Die geschicktesten und ausdauerndsten Künstler des Zeitalters wurden zu den Arbeiten verwendet. Die geschmackvollen Athener jedoch würden ihre läppischen und kostspieligen Arbeiten verachtet haben: ein goldener Baum mit Blättern und Zweigen, auf denen Vögel saßen, die man Lieder singen lassen konnte, ferner zwei Löwen aus massivem Gold in Lebensgröße, die ein Gebrüll ausstoßen konnten. Die Nachfolger des Theophilus aus der basilischen und komnenischen Dynastie geizten nicht minder darnach, ein Denkmal ihres

Daseins zu hinterlassen, und der prachtvollste und edelste Teil des Palastes erhielt den würdevollen Namen des goldenen Triklinums. Mit geziemendem Anstand strebten die reichen griechischen Großen ihren Souverän nachzuahmen, und wenn sie in ihren gestickten Seidengewändern durch die Straßen zogen, wurden sie von den Kindern für Könige gehalten. Eine Matrone vom Peloponnes, Danielis, die Basilius den Makedonier gepflegt hatte, ließ sich aus Zuneigung oder Eitelkeit verlocken, ihren Adoptivsohn, der nun Kaiser war, zu besuchen. Wegen ihres Alters oder wegen der damit verbundenen Unannehmlichkeiten lehnte sie Reiten oder Fahren ab. Sie wurde über fünfhundert Meilen in einer reichgeschmückten Sänfte von zehn starken Sklaven auf den Schultern getragen. Da diese in kurzen Zwischenräumen einander ablösten, waren dreihundert zu diesem Dienste erforderlich. Sie wurde im byzantinischen Palaste mit kindlicher Ehrerbietung und mit den Ehren einer Königin empfangen. Woher immer ihr Reichtum stammte, so waren doch ihre Geschenke des Königs würdig. Ich habe bereits die Erzeugnisse des Peloponnes an Leinwand, Seide und Wolle beschrieben, die sie als Geschenk darbrachte; aber das vollkommenste ihrer Geschenke bestand in dreihundert schönen Jünglingen, worunter sich hundert Verschnittene befanden; »denn es war nicht unbekannt«, sagt der Geschichtschreiber, »daß die Luft des Palastes für solche gedeihlicher ist, als die Milchkammer eines Hirten für Sommerfliegen.« Schon zu ihren Lebzeiten verfügte sie über den größten Teil ihrer Besitzungen am Peloponnes und ernannte in ihrem Testamente Leo, den Sohn des Basilius, zu ihrem Universalerben. Nach der Auszahlung der Vermächtnisse kamen dadurch achtzig Villen zur kaiserlichen Domäne. Dreitausend Sklaven der Danielis wurden von ihrem neuen Gebieter freigelassen und an der italienischen Küste angesiedelt. An diesem Beispiel einer Frau im Privatstande können wir den Reichtum der Kaiser ermessen. Wir sind aber nur in der Lage, ein gewisses Maß an Vergnügen genießen zu können, und welchen Wert auch der Luxus im Leben haben mag, erfreut sich ein Privatmann mehr an seinem eigenen Vermögen, als der Verwalter eines öffentlichen an diesem.

Bei einer unumschränkten Regierung, unter der der Unterschied zwischen edler und plebejischer Abstammung aufgehoben ist, vergibt der Souverän allein die Würden, und der Rang im Palaste und im Reiche hängt von den Titeln und Ämtern ab, die von ihm willkürlich verliehen und aberkannt werden. Über tausend Jahre, von Vespasian bis zu Alexius Komnenus, war Cäsar der zweithöchste Titel, da der höchste Titel Augustus den Söhnen und Brüdern des regierenden Monarchen häufiger erteilt wurde. Um sein Versprechen gegen einen mächtigen Bundesgenossen, den Gemahl seiner Schwester, zu umgehen, ohne es zu brechen und um die Liebe seines Bruders

Isaak zu belohnen, ohne ihn sich gleichzustellen, erfand der schlaue Alexius eine neue Würde. Die biegsame griechische Sprache erlaubte es ihm, die Titel Augustus und Kaiser (Sebastos und Autokrator) zu vereinigen, was den stolzklingenden Titel Sebastokrator ergab. Der Träger dieses Titels stand über dem Cäsar auf der ersten Stufe des Thrones. Er wurde durch öffentlichen Zuruf gefeiert und unterschied sich von dem Souverän nur durch einen besonderen Schmuck des Hauptes und der Füße. Nur der Kaiser durfte die purpurnen oder roten Halbstiefel tragen, und sein geschlossenes Diadem oder seine Tiara war nach Art jener der persischen Könige geformt. Sie bestand aus einer hohen pyramidenförmigen Kappe aus Tuch oder Seide, mit Perlen und Juwelen verschwenderisch besetzt. Die Krone wurde aus einem waagrechten Reif und zwei Bogen aus Gold gebildet. Oben am Kreuzungspunkte war eine Kugel oder ein Kreuz angebracht, und zwei Schnüre Perlen hingen über jede Wange. Die Halbstiefel des Sebastokrators und Cäsars waren statt rot grün, und ihre offenen Kronen waren mit weniger Juwelen besetzt. Alexius schuf noch die Titel Panhypersebastos und Protosebastos, deren Klang und Bedeutung den Kenner der griechischen Sprache befriedigen wird. Diese Benennungen bedeuteten einen Vorzug vor dem einfachen Augustus, und dieser ehemals heilige Titel der römischen Fürsten wurde auf Verwandte und Diener des byzantinischen Hofes angewendet. Die Tochter des Alexius preist die verschiedenen Abstufungen der Titel, die ihr Vater geschaffen hat, es ist aber auch für geringe Geister möglich, weitere Titel zu erfinden. Das Titelwörterbuch wurde bald durch seine Nachfolger weiter bereichert. Den bevorzugten Söhnen oder Brüdern gaben sie den höheren Titel Herr oder Despot. Die Inhaber dieser Titel erhielten neue Vorrechte und kamen in der Rangliste sogleich nach dem Kaiser. Die fünf Titel: 1. Despot, 2. Sebastokrator, 3. Cäsar, 4. Panhypersebastos und 5. Protosebastos waren gewöhnlich auf die Prinzen von Geblüt beschränkt. Mit ihnen verband sich jedoch keinerlei Amt, sie waren daher unnütz und nicht sehr eindrucksvoll.

In jeder Monarchie muß die effektive Regierungsgewalt von den Ministern des Palastes und Schatzes, der Flotte und des Heeres ausgeübt werden. Die Titel allein können verschieden sein, und in einer Jahrhunderte dauernden Umwälzung stiegen die Grafen, Präfekten, Prätoren und Quästoren allmählich herab, und ihre Untergebenen erhoben sich zu den ersten Würden des Staates. 1. In einer Monarchie, in der alles nur in bezug auf den Fürsten von Wichtigkeit ist, ist das wichtigste Amt die Sorge für den Palast und die Zeremonien. Der zu Justinians Zeiten hochgestellte Curapalata wurde durch den Protovestiarius, der ursprünglich nur die Kleiderkammer zu beaufsichtigen hatte, verdrängt. Er dehnte seine Macht über zahlreiche Diener immer mehr aus und stand mit seinem silbernen Stabe bei öffentlichen oder

Privataudienzen an ihrer Spitze. 2. Im alten System Konstantins führten die Finanzeinnehmer den Titel Logothet oder Rechnungsführer. Die vornehmsten Beamten wurden als die Logotheten der Domänen, der Stellen, des Heeres, des Privatschatzes, des öffentlichen Schatzes bezeichnet, und der Großlogothet, der oberste Hüter der Gesetze und Finanzen, kann mit dem Kanzler der lateinischen Monarchien verglichen werden. Er wachte über die Zivilverwaltung und hatte als helfende Untergebene: den Eparch oder Präfekten der Stadt, den ersten Geheimschreiber und die Bewahrer des geheimen Siegels, den Archivar, der für die allein dem Kaiser zu Unterschriften vorbehaltene rote oder Purpurtinte zu sorgen hatte. Einführer und Dolmetscher der fremden Botschafter waren der Großtschausch und der Dragoman, zwei Worte türkischen Ursprungs, die noch später bei der hohen Pforte gebräuchlich waren. 3. Die Domestici wurden aus Leibwachen allmählich zu Heerführern. Die militärischen Themen im Osten und Westen waren oft unterteilt, bis der Großdomestikus den allgemeinen und unumschränkten Befehl über die Landmacht erhielt. Der Protostrator, ursprünglich der Beamte, der dem Kaiser half zu Pferde zu steigen, wurde allmählich der Stellvertreter des Domestikus im Felde. Seine Amtsgewalt erstreckte sich über die Ställe, die Reiterei, die Jäger und Falkner des Kaisers. Der Stratopedarch war der Großrichter des Lagers, der Protospathar befehligte die Leibwache, der Connetable, der Großäteriar und Acolyth waren die Anführer der Franken, Barbaren und der Waräger oder Engländer, der fremden Miettruppen, die bei abnehmendem Nationalgeist den Kern der byzantinischen Truppen bildeten. 4. Die Seemacht stand unter dem Befehle des Großherzogs, dessen Vertreter der Großdrungär war, der seinerseits vom Emir oder Admiral, ein Titel sarazenischer Herkunft, der sich in allen Sprachen Europas eingebürgert hat, vertreten wurde. Aus diesen Beamten und vielen anderen, die aufzuzählen überflüssig ist, bestand die Zivil- und Militärhierarchie. Ihre Würden und Gehalte, Tracht und Titel, ihre wechselseitigen Begrüßungen und ihre Rangordnung waren genau bestimmt. Der Codex war fast vollendet, als dieser auf Sand errichtete Bau, das Denkmal des Stolzes und der Knechtschaft, für immer unter dem Schutt des Reiches begraben wurde.

Die erhabensten Titel, die auf das höchste Wesen angewendet wurden, sind aus Schmeichelei und Furcht menschlichen Geschöpfen gegeben worden, die auch in anbetender Stellung verehrt werden. Diese Sitte, flach niederzufallen und die Erde zu Füßen des Kaisers zu küssen, hatte Diokletian von den knechtischen Persern entlehnt. Sie dauerte bis zum Ende der Monarchie, ja wurde noch verschärft. Ausgenommen am Sonntag, an dem man aus religiösem Stolze darauf verzichtete, wurde sie von allen, die sich dem Kaiser näherten, auch von den Prinzen, die mit Diadem und Purpur bekleidet waren, wie von den Gesandten, die ihre unabhängigen Souveräne, die Kalifen von Asien, Ägypten oder Spanien, die Könige von Frankreich und Italien und die lateinischen Kaiser des alten Rom vertraten, an allen Tagen gefordert. Bei den Geschäftsverhandlungen behauptete der Bischof Luitprand von Cremona die Würde seine Gebieters Otto und eines Franken. Er kann aber seine Erniedrigung bei der ersten Audienz nicht verbergen. Als er sich dem Throne näherte, fingen die Vögel des goldenen Baumes an, ihre Lieder zu gurgeln und die beiden Löwen brüllten. Luitprand wurde mit seinen zwei Gefährten gezwungen, sich zu verneigen und niederzufallen, und dreimal berührte er mit seiner Stirne den Boden. Als er sich erhob, war der Thron durch eine Vorrichtung zur Decke hochgehoben worden, und der Kaiser erschien in anderem, schönerem Schmucke. Die Zusammenkunft schloß in stolzem und majestätischem Schweigen. Der Bischof von Cremona schildert in seiner interessanten Erzählung ehrlich die Zeremonien des byzantinischen Hofes, die noch bei der hohen Pforte beachtet wurden und bis ins siebzehnte Jahrhundert an den Höfen der Großfürsten von Moskau oder Rußland üblich waren. Nach einer langen Reise zu Lande oder Wasser machte der Gesandte am goldenen Hofe Halt, bis er von den hiefür bestimmten Beamten in den zu seiner Aufnahme vorbereiteten Palast geführt wurde. Aber dieser Palast war ein Kerker, und seine Wächter hinderten jeden geselligen Verkehr mit Eingeborenen und Fremden. Bei seiner ersten Audienz überreichte er die Geschenke seines Gebieters, Sklaven, goldene Gefäße und kostbare Rüstungen. Vor seinen Augen wurden, um zu prunken, die Beamten und Soldaten des Reiches bezahlt, er wurde bei einem kaiserlichen Bankett bewirtet, wobei Gesandte anderer Nationen, je nachdem die Griechen sie achteten oder verachteten, anwesend waren. Als besondere Gunst sandte der Kaiser von seiner Tafel die Schüsseln, von denen er gekostet hatte, und seine Lieblinge wurden mit Ehrengewändern entlassen. Des Morgens und Abends fanden sich seine Zivil- und Militärbeamten zur Begrüßung im Palaste ein. Sie wurden dadurch belohnt, daß sie den Kaiser sehen durften, erhielten vielleicht ein Lächeln von ihm. Er deutete seine Befehle durch Winke oder Zeichen an, und jedermann stand in seiner Anwesenheit schweigend und unterwürfig da. Bei seinen regelmäßigen oder außergewöhnlichen Zügen durch die Hauptstadt entschleierte er sein Antlitz, damit alle es sehen konnten. Die politischen Zeremonien hingen mit den religiösen zusammen, und seine Besuche in den Hauptkirchen richteten sich nach den Feiertagen. Am Vorabend solcher Umzüge wurde die Absicht des Monarchen durch Herolde verkündet. Die Straßen wurden geräumt und gereinigt, mit Blumen bestreut und der kostbarste Hausrat, Gefäße aus Gold und Silber, seidene Teppiche in den

Fenstern und auf den Balkonen zur Schau gestellt. Lärmen wurde dem Volke auf das strengste verboten und für Zucht und Sitte Sorge getragen. Den Zug eröffneten die Anführer an der Spitze ihrer Truppen, der Kaiser wurde von den Eunuchen und der Leibgarde beschützt und an der Kirchentüre von dem Patriarchen und seiner Geistlichkeit feierlich empfangen. Die Freudenzurufe wurden im vorhinein geregelt und keineswegs dem Zufall und dem Volke überlassen. Die besten Plätze waren von der blauen und grünen Partei des Zirkus eingenommen. Ihre wütenden Kämpfe, die die Hauptstadt erschüttert hatten, waren allmählich zum Kampfe um die Gunst des Souveräns geworden. Von allen Seiten ertönte das Lob des Kaisers; die Dichter und Musiker leiteten den Chor, und den Schluß jedes Gesanges bildete der Wunsch, daß der Kaiser ein langes Leben haben und viele Siege feiern möge. Ähnliche Rufe erschollen bei den Audienzen, bei der Tafel und in der Kirche. Als Beweis seiner grenzenlosem Herrschaft wurde der Zuruf in lateinischer, gotischer, persischer, französischer, ja selbst in englischer Sprache von den Söldnern wiederholt, die diesen Nationen wirklich oder angeblich angehörten. Diese Wissenschaft der Formen und Schmeichelei ist durch Konstantin Porphyrogenitus zu Papier gebracht worden, die durch die Eitelkeit der folgenden Fürsten mächtig hätte ergänzt werden können. Bei ruhiger Überlegung mußte der Fürst gewiß bedenken, daß derselbe Beifallsruf jedem Herrscher dargebracht wurde. Wenn sich dieser vielleicht aus dem Privatstande emporgeschwungen hatte, erinnerte er sich wohl, daß seine Stimme in dem Augenblicke, in dem er seinem Vorgänger beneidete oder sich gegen sein Leben verschwor, die lauteste gewesen sei. Die Fürsten des Nordens, die Völker ohne Glauben oder Ruhm, sagt Konstantin, strebten darnach, ihr Blut mit dem Blute der Kaiser zu mengen, indem sie eine kaiserliche Jungfrau heirateten oder ihre Töchter römischen Fürsten zur Ehe gaben. Der greise Monarch offenbart in seinen Lehren, die für seinen Sohn bestimmt sind, die Maximen der Politik und des Stolzes und führt Gründe an, warum diese Forderungen verweigert werden sollen. Jedem Tiere, sagt der kluge Kaiser, ist es bestimmt, sich eine Gefährtin unter den Tieren seiner eigenen Art zu suchen; auch das Menschengeschlecht ist durch Sprache, Sitten und Religion in mehrere Stämme geteilt. Rücksicht auf die Reinheit der Abstammung bewahrt die Harmonie des öffentlichen und Privatlebens, und fremdes Blut ist die Quelle der Unordnung und Zwietracht. Das war von jeher die Ansicht der weisen Römer gewesen; ihre Gesetze verboten die Vermählung ihrer Bürger mit Fremden. In den fernen Tagen der Größe Roms hätte ein Senator die Werbung eines Königs um seine Tochter voll Verachtung zurückgewiesen, und Marcus Antonius befleckte sich durch seine Verheiratung mit einer Ägypterin. Der Kaiser Tacitus wurde durch das Volk gezwungen, Berenice zu verlassen. Dieses Verbot wurde durch den großen Konstantin in ein heiliges Gesetz umgewandelt. Die Gesandten der Nation wurden feierlichst aufmerksam gemacht, daß Fremdehen vom Stifter der Kirche und Stadt verdammt worden wären. Das Gesetz war über dem Altar der Sophienkirche eingemeißelt, und der ruchlose Fürst, der es verletzt hätte, wäre von der bürgerlichen und kirchlichen Gemeinschaft der Römer ausgeschlossen worden. Wenn die Gesandten über die byzantinische Geschichte informiert gewesen wären, hätten sie drei Beispiele anführen können, daß dieses Gesetz verletzt worden war: die Vermählung Konstantins des Vierten, Vater Leos, mit einer Tochter des Königs der Chozaren; die Verheiratung der Enkelin des Romanus mit einem Bulgarenfürsten; und die Verlobung Bertas von Frankreich und Italien mit dem jungen Romanus, dem Sohne Konstantin Porphyrogenitus' selbst. Auf diese Entgegnungen hatte man drei Antworten in Bereitschaft, die die Schwierigkeit lösten und das Gesetz bestätigten. I. Die Tat und Schuld Konstantin Copronymus' wurden anerkannt. Der isaurische Ketzer, von dem der Taufbrunnen beschmutzt und den heiligen Bildern Krieg erklärt worden war, hatte in der Tat eine Barbarin zur Gattin gehabt. Das Maß seiner Verbrechen war dadurch voll geworden, und er verfiel der gerechten Strafe der Kirche und Ächtung durch die Nachwelt. II. Romanus war kein rechtmäßiger Kaiser. Er war plebejischer Usurpator, der die Gesetze der Monarchie nicht kannte und ihre Ehre nicht achtete. Sein Sohn Christoph bekleidete im Kollegium der Fürsten den dritten Rang und war zugleich Untertan und Mitschuldiger eines rebellischen Vaters. Die Bulgaren waren aufrichtige und fromme Christen, und die Sicherheit des Reiches und die Freiheit vieler tausend Gefangener hing von dieser tadelnswerten Heirat ab. Es gab jedoch keinen Grund, der es ermöglichte, das Gesetz Konstantins unwirksam zu machen. Geistlichkeit und Senat mißbilligten die Handlung des Romanus, und er wurde deswegen zu seinen Lebzeiten und nach seinem Tode mit Vorwürfen beladen. III. Was die Vermählung seines eigenen Sohnes mit der Tochter des Königs Hugo von Italien betrifft, so hat der weise Porphyrogenitus dafür eine bessere Verteidigung ersonnen. Konstantin der Große und Heilige achtete die Treue und Tapferkeit der Franken. In seinem prophetischen Geist sah er ihre künftige Größe voraus. Sie allein waren von dem allgemeinen Verbote ausgenommen. König Hugo von Frankreich war in gerader Linie ein Abkömmling Karls des Großen, und seine Tochter Berta erbte alle Vorrechte ihrer Familie und der Nation. Aus Wahrheitsliebe oder Bosheit wurde aber der Betrug oder Irrtum des kaiserlichen Hofes verraten. Das angebliche Erbe Hugos, die Monarchie, war jedoch die Grafschaft Arles, obwohl man nicht leugnete, daß er sich in Zeiten der Verwirrung die Provence angemaßt hatte und in Italien eingefallen war. Sein Vater war ein einfacher Edelmann, und wenn Berta in weiblicher Linie von den Karolingern abstammte, waren die Verwandtschaftsverhältnisse verworren und oft unlegal. Die Großmutter Hugos war die berüchtigte Waldrada, mehr die Konkubine als die Gattin Lothars des Zweiten, dessen Ehebruch, Scheidung und zweite Vermählung die Bannstrahlen des Vatikans gegen ihn veranlaßt haben. Seine Mutter oder die große Berta, wie sie genannt wurde, war zuerst die Gattin des Grafen von Arles und dann des Markgrafen von Toscana gewesen. Frankreich und Italien nahmen an ihren Ausschweifungen Anstoß, und bis in ihr sechzigstes Jahr hatte sie Liebhaber jedes Standes, die ihr eifrigst dienten. Das Beispiel mütterlicher Unkeuschheit wurde von dem König von Italien nachgeahmt. Seine drei Lieblingsgeliebten wurden mit den klassischen Namen Venus, Juno und Semele geschmückt. Die Tochter der Venus vermählte oder verlobte sich vielmehr mit dem jungen Romanus, dem künftigen Erben des morgenländischen Reiches, und ihr Name Berta wurde in Eudoxia umgewandelt. Die Vollziehung der Ehe wurde wegen des zarten Alters beider aufgeschoben und die Verlobung nach fünf Jahren durch den Tod der Braut gelöst. Die zweite Braut des Kaisers Romanus war eine Plebejerin, jedoch von römischer Herkunft. Ihre beiden Töchter Theophania und Anna wurden Fürsten zur Ehe gegeben. Die Ältere heiratete als Friedenspfand den ältesten Sohn Ottos des Großen, der sich um sie durch Gesandtschaften und mit den Waffen in der Hand beworben hatte. Man konnte fragen, wie ein Sachse zu einem Vorrechte kam, das den Franken vorbehalten blieb. Aber jede Frage wurde durch den Ruhm und die Frömmigkeit eines Helden, der das abendländische Kaisertum wiederhergestellt hatte, zum Schweigen gebracht. Nach dem Tode ihres Schwiegervaters und Gemahls regierte Theophania während der Minderjährigkeit ihres Sohnes Otto des Dritten, Rom, Italien und Deutschland, und die Lateiner haben die Tugenden einer Kaiserin gepriesen, die einer höheren Pflicht das Andenken an ihr Vaterland zum Opfer brachte. Bei der Vermählung ihrer Schwester Anna wurde jedes Vorurteil, jede Rücksicht auf Würde aus Furcht und Notwendigkeit beiseite geschoben. Ein Heide des Nordens, Wladimir, Großfürst von Rußland, freite um eine Tochter des byzantinischen Hofes. Er drohte mit Krieg, falls seine Werbung nicht angenommen würde, andernfalls wollte er sich bekehren und gegen die einheimischen Rebellen tatkräftigst Hilfe leisten. Ein Opfer ihrer Religion und ihres Vaterlandes wurde die griechische Fürstin aus dem Palaste ihrer Väter gerissen und wurde zur Herrscherin der Barbaren und eine ewig Verbannte an den Ufern des Borysthenes oder in der Nähe des Polarkreises. Dennoch war Annas Ehe glücklich und fruchtbar. Die Tochter ihres Enkels Jeroslaus, die auf ihre kaiserliche Abstammung hinweisen konnte, wurde die Gemahlin Heinrichs I. von Frankreich.

Im byzantinischen Palaste war der Kaiser der erste Sklave der Zeremonien, die er wünschte, der starren Formen, die jedes Wort, jede Gebärde regelten, ihn im Palaste festhielten und ihn in ländlicher Einsamkeit störten. Er war jedoch unumschränkter Herrscher über das Leben und Schicksal von Millionen, und die festesten, über die Verlockungen des Reichtums erhabensten Menschen, wären vielleicht von der Macht, über ihresgleichen zu herrschen, verführt worden. Er hatte die gesetzgebende und vollziehende Gewalt in Händen, und Leo, der Philosoph, entzog dem Senat den letzten Rest der Machtbefugnisse. Die Griechen waren in Knechtschaft gefangen; in den wildesten Stürmen kam ihnen nicht einmal der Gedanke an Freiheit. Der Fürst war der einzige Maßstab, die einzige Quelle ihres Glückes. Aberglaube schmiedete ihre Ketten fester. Der Kaiser wurde in der St. Sophienkirche feierlich gekrönt; am Fuße des Altars schwuren sie ihm und seiner Familie unbedingten Gehorsam. Er seinerseits versprach, die Todesstrafe und Verstümmelungen so wenig als möglich zu verhängen; das orthodoxe Glaubensbekenntnis wurde von ihm unterzeichnet, und er gelobte den Beschlüssen der sieben Synoden und den Kanons der heiligen Kirche zu gehorchen. Aber die Worte, mit denen er Barmherzigkeit zusicherte, waren allgemein gehalten, er schwur nicht dem Volke, sondern seinem unsichtbaren Richter, und mit Ausnahme der unsühnbaren Schuld der Ketzerei war die Geistlichkeit stets bereit, ihren Souverän von eventuellen Sünden freizusprechen und sein Recht zu predigen. Die griechischen Geistlichen waren selbst der weltlichen Obrigkeit Untertan: der Tyrann bestimmte, welche Bischöfe ernannt, versetzt oder abgesetzt und mit dem Tode bestraft werden sollten. Es glückte ihnen nie, so wie der lateinischen Geistlichkeit, eine unabhängige Republik zu bilden, und der Patriarch von Konstantinopel verurteilte die zeitliche Größe seines römischen Bruders, um die er ihn insgeheim beneidete. Unbegrenzter Despotismus wird glücklicherweise durch die Natur und Notwendigkeit begrenzt. Der Gebieter eines Reiches muß nach Maßgabe seiner Tugend und Weisheit seine heiligen und schwierigen Pflichten erfüllen. Ist er zu lasterhaft und zu wenig weise, wird er zu einem Scheinbilde und sein Zepter in Wirklichkeit von irgendeinem Minister oder Günstling gehandhabt, der für sein Privatinteresse arbeitet und das Volk unterdrückt. Jeder, selbst der unumschränkteste Monarch, muß in irgendeinem verhängnisvollen Augenblick die Einsicht und Launen einer Nation von Sklaven fürchten, und die Erfahrung hat bewiesen, daß, was an Ausdehnung der königlichen Macht gewonnen wird, an Sicherheit und Festigkeit verlorengeht.

Welche Titel ein Despot auch führt, welche Rechte er in Anspruch nimmt, ist es doch zuletzt das Heer, das ihn gegen innere und äußere Feinde schirmt.

Vom Zeitalter Karls des Großen bis zu jenem der Kreuzzüge beherrschten oder machten sich die Welt (ich sehe von dem fernen chinesischen Reiche ab) drei Reiche oder Völker streitig: die Griechen, Sarazenen und Franken. Ihre kriegerische Macht läßt sich ermitteln, indem man ihren Mut, ihre Künste und Reichtümer und ihren Gehorsam gegen ihre Herrscher vergleicht. Die Griechen waren weit weniger mutig als ihre Nebenbuhler, gehorchten jedoch ihrem Souverän besser und hatten größere Reichtümer als die Franken, und waren darin den Sarazenen mindestens ebenbürtig.

Der Reichtum der Griechen setzte sie in den Stand, die Dienste der ärmeren Nationen zu erkaufen und zum Schutze ihrer Küsten eine Seemacht zu unterhalten. Mit dem Golde Konstantinopels wurden Slawen und Türken, Bulgaren und Russen geworben, deren Tapferkeit zu den Siegen des Nikephorus und Zimisces beitrug. Wenn ein friedliches Volk zu sehr die Grenzen bedrängte, wurde ein wohlgeleiteter Angriff eines ferneren Stammes auf dasselbe organisiert und so das angreifende Volk von den Grenzen des byzantinischen Reiches wieder abgelenkt. Die Nachfolger Konstantins beanspruchten stets die Herrschaft über das Mittelländische Meer von der Mündung des Danais bis zu den Säulen des Herkules, und sie besaßen dieselbe auch häufig. Ihre Hauptstadt enthielt große Schiffsvorräte und beherbergte viele geschickte Künstler. Durch die Lage Griechenlands und Asiens, die langen Küsten, tiefen Buchten und zahlreichen Inseln, wurden ihre Untertanen zu guten Schiffern, und der Handel mit Venedig und Amalfi veranlaßte die Ausbildung vorzüglicher Seeleute für die kaiserliche Flotte. Seit dem peloponnesischen und punischen Krieg waren die Handelsbeziehungen nicht erweitert worden, und die Wissenschaft des Schiffbaues scheint geringer geworden zu sein. Die Kunst, jene staunenswerten Schiffe zu bauen, die drei, sechs, ja zehn Reihen von Ruderbänken hatten, die übereinandergelagert waren, scheint den Schiffsbaumeistern von Konstantinopel unbekannt gewesen zu sein. Die Dromonen oder leichten Galeeren des byzantinischen Reiches hatten zwei Reihen Ruderbänke, jede Reihe bestand aus fünfundzwanzig Bänken und auf jeder Bank saßen zwei Ruderer und handhabten ihre Ruder. Eine Galeere hatte außerdem einen Kapitän oder Zenturio, der beim Gefecht mit seinem Waffenträger am Schiffsheck stand, ferner zwei Steurer und zwei Offiziere, die am Vorderteile beschäftigt waren, der eine um den Anker zu betätigen, der zweite um die Röhre, die das griechische Feuer ausspie, zu richten und das Feuer abzuschießen. Die ganze Besatzung war zugleich Soldaten und Matrosen. Sie waren mit Angriffs- und Verteidigungswaffen versehen, mit Bogen und Pfeilen, die sie vom oberen Verdeck aus abschössen und mit Piken, mit denen sie durch die Luken des unteren Verdecks stießen. Zuweilen waren allerdings die Kriegsschiffe größer und fester gebaut und trugen siebzig Soldaten und zweihundert Matrosen. Aber meistens waren sie klein und leicht zu lenken. Da das Vorgebirge des Peloponnes, Malea, noch sehr gefürchtet war, wurde die kaiserliche Flotte fünf Meilen zu Lande über die Meerenge von Korinth geschafft. Die Grundsätze der Taktik bei Seegefechten hatten seit den Zeiten des Thukydides keine Veränderung erfahren. Eine Flotte von Galeeren rückte noch immer im Halbkreis vor, griff den Feind von vorn an, und die Schiffe versuchten ihre scharfen Schnäbel in die Seiten der feindlichen Fahrzeuge zu bohren. Eine aus starkem Holze gebaute Schleudermaschine für Wurfspieße und Steine stand in der Mitte des Verdecks. Das Entern geschah mittels eines Kranes, der Körbe mit Bewaffneten auf das gegnerische Deck hob. Signale waren nur selten üblich und wurden mit Hauptflaggen in verschiedenen Stellungen und Farben gegeben. In der Nacht wurden die Befehle: Verfolgung, Angriff, Halt, Rückzug, Abbruch des Kampfes, Formierung mittels Lichtern von der Anführergaleere aus gegeben. Am Land wurden Feuerzeichen verwendet, die von Berg zu Berg sichtbar waren, und eine Reihe von acht Stationen beherrschte einen Raum von fünfhundert Meilen. Konstantinopel erfuhr durch sie in wenigen Stunden, wenn die Sarazenen von Tarsus feindselige Bewegungen ausführten. Aus der interessanten und ins Detail gehenden Beschreibung einer zur Bezwingung von Kreta ausgerüsteten Armada kann man sich einen Begriff von der Macht der griechischen Kaiser bilden. Eine Flotte von hundertzwölf Galeeren und fünfundsiebzig Schiffen pamphylischer Bauart wurde in der Hauptstadt, auf den Inseln des Ägäischen Meeres und in den Seehäfen Asiens, Makedoniens und Griechenlands ausgerüstet. Sie war mit vierunddreißigtausend Matrosen, siebentausenddreihundertundvierzig Soldaten, siebenhundert Russen und fünftausendsiebenundachtzig Mardaiten, deren Väter vom Libanon verpflanzt worden waren, bemannt. Der Monatssold dieser Truppen betrug vierunddreißig Zentner Gold, ungefähr hundertsechsunddreißigtausend Pfund Sterling. Es folgt eine endlose Aufzählung von Waffen, Maschinen, Kleidern, Leinwand und Brot, die für Menschen und Pferde erforderlich waren, nicht hinreichend zur Eroberung einer kleinen Insel, aber mehr als genügend zur Gründung einer blühenden Kolonie.

Die Erfindung des griechischen Feuers brachte nicht wie jene des Pulvers eine Umwälzung in der Kriegskunst hervor. Diesem flüssigen Brennstoffe verdankte das Reich Konstantins seine Rettung. Er wurde bei Belagerungen und Seegefechten mit furchtbarer Wirkung verwendet. Die Erfindung wurde jedoch nicht vervollkommnet oder war nur geringer Vervollkommnung fähig. Die Maschinen des Altertums, die Katapulte, Ballisten und Stoßwidder waren beim Angriffe und der Verteidigung von Festungen noch immer in

Verwendung und sehr erfolgreich. Die Entscheidung bei der Schlacht hing keinesfalls vom schnellen und schweren Feuer des Fußvolkes ab, das man gegen ein ähnliches Feuer von Seiten des Feindes vergeblich mit Rüstungen versehen hatte. Stahl und Eisen wurden zu Angriffs- und Verteidigungswaffen verarbeitet, und die Helme, Schilde und Brustharnische des zehnten Jahrhunderts unterscheiden sich weder in Form noch Stoff wesentlich von denjenigen, welche die Gefährten Achilles oder Alexanders gehabt hatten. Statt aber die neueren Griechen gleich den Legionssoldaten der alten Zeit an das ständige Tragen dieser schweren Waffen zu gewöhnen, wurden die Rüstungen in leichte Wagen gelegt, die ihnen auf ihrem Marsche folgten. Bei Annäherung des Feindes wurden die Harnische mit Eile und Widerwillen angelegt. Die Angriffswaffen bestanden aus Schwertern, Streitäxten und Speeren. Die makedonische Pike war um ein Viertel ihrer Länge gekürzt worden und war auf zwölf Vorderarmslängen oder Fuß gebracht worden. Die scharfen skythischen und arabischen Pfeile hatten immer großes Unheil angerichtet, und die Kaiser beklagten den Verfall der Kunst des Pfeilschießens. Sie geben ihm die Schuld an den öffentlichen Unglücksfällen und raten und befehlen, daß sich die kriegerische Jugend bis zum Alter von vierzig Jahren emsig in dieser Kunst üben solle. Die Rotten oder Regimenter waren gewöhnlich dreihundert Mann stark. Das Fußvolk Leos und Konstantins war in Reihen von acht Gliedern aufgestellt; die Reiterei griff jedoch nur in Gliedern von vier Reihen an, aus der Überlegung heraus, daß der Stoß der vorderen durch einen Druck der hinteren Pferde nicht verstärkt werden könne. Wenn die Reihenanzahl des Fußvolkes und der Reiterei zuweilen verdoppelt wurde, verriet dies Mißtrauen in den Mut der Truppen, deren Zahl diesen ersetzen sollte und von denen es nur eine auserlesene Schar wagte, den Speeren und Schwertern der Barbaren zu begegnen. Die Schlachtordnung mußte sich nach den Bodenverhältnissen und dem Gegner richten. Gewöhnlich wurde aber in zwei Linien mit einer Reserve Aufstellung genommen, die dem Charakter der Griechen am meisten zusagte und genügend Hilfsquellen bei unvorhergesehenen Zwischenfällen bot. Wurde die erste Linie geschlagen, zog sie sich hinter die zweite zurück, und die Reserve schwenkte in zwei Abteilungen um die Flanken, um den Sieg zu vervollständigen oder den Rückzug zu decken. Der Herrscher schärfte, wenigstens in der Theorie, die Kriegskunst ein, indem er Lager- und Marschordnung, Übungen und Schwenkungen durch Edikte beschrieb. Was in Schmieden, am Webstuhl und in Laboratorien nur erzeugt werden konnte, wurde mit Hilfe der Reichtümer der Fürsten von ihren zahlreichen, fleißigen Arbeitern geschaffen. Aber weder Heeresmacht noch Kunst vermochte den wichtigsten Bestandteil der Heere, den Soldaten selbst, zu schaffen. Wenn man bei einem Auszug Konstantins stets dessen glückliche und sieggekrönte

Rückkehr voraussetzte, so konnte er mit aller Taktik selten mehr erreichen als einer Niederlage zu entgehen oder den Krieg in die Länge zu ziehen. Trotz einiger vorübergehender Erfolge waren die Griechen in ihrer eigenen wie in der Achtung ihrer Nachbarn gesunken. »Eine träge Hand und eine geschwätzige Zunge« sagte man gewöhnlich von ihnen. Der Verfasser der Taktik wurde in seiner Hauptstadt belagert, und die unzivilisiertesten Barbaren, die bei Nennung der Sarazenen oder Franken zitterten, zeigten stolz die Denkmünzen aus Gold oder Silber, die sie von dem schwachen Souverän von Konstantinopel als Lösegeld erhalten hatten. Der Mut, den die Regierung und der Herrscher nicht einzuflößen verstanden, hätte wenigstens von der Religion angefeuert werden sollen; aber die Religion der Griechen lehrte sie nur zu dulden und nachzugeben. Der Kaiser Nikephorus, der für kurze Zeit die Heereszucht und den Ruhm der Römer wiederhergestellt hatte, wünschte, daß den Christen, die ihr Leben in dem heiligen Krieg gegen die Ungläubigen verloren hatten, das Märtyrertum zuerkannt wurde. Dies scheiterte jedoch an dem Widerstände des Patriarchen, der Bischöfe und der vornehmsten Senatoren, die sich auf die Satzungen des heiligen Basilius beriefen, welche besagen, daß alle, die das blutige Handwerk eines Soldaten ausgeübt haben, drei Jahre aus der Gemeinschaft der Gläubigen ausgeschlossen sein sollen.

Man vergleiche diese Gewissenszweifel der Griechen mit den Tränen der Muselmanen, die sie vergossen, wenn sie an der Schlacht nicht teilnehmen durften. Dieser Gegensatz macht einem philosophischen Betrachter die Geschichte der beiden sich einander befehdenden Nationen verständlich. Die Untertanen der letzten Kalifen hatten zweifellos nicht mehr den Eifer und den Glauben der Gefährten des Propheten. Aber ihr kriegerischer Glaube stellte immer Gott als den Urheber der Kriege dar. Der Fanatismus glühte, wenn auch verborgen, fort und flammte bei den Sarazenen, die an den christlichen Grenzen wohnten, häufig auf. Ihre ständige Streitmacht bestand aus tapferen Sklaven, die erzogen worden waren, ihren Gebieter zu bewachen und seiner Fahne zu folgen. Ertönte aber die Trompete, die den heiligen Krieg gegen die Ungläubigen verkündete, so scharten sich die Muselmanen von Sykien, Kilikien, Afrika und Spanien zusammen. Reiche und Arme geizten nach Sieg oder Tod in der Sache Gottes, Greise, Gebrechliche und Frauen betätigten sich an dem verdienstlichen Werke, indem sie Stellvertreter gerüstet und beritten ins Feld sandten. Ihre Angriffs- und Verteidigungswaffen kamen an Stärke und Güte jenen der Römer gleich, die sie in der Kunst des Reitens und Bogenschießens weit übertrafen. Das gediegene Silber an ihren Gürteln, Zäumen und Schwertern zeigte ihren Wohlstand. Statt der Wagen folgten ihnen zahlreiche Kamele, Maultiere und Esel. Die Menge dieser Tiere, die sie mit Flaggen und Fahnen zierten, vermehrten ihre Pracht und schien ihre Zahl zu vergrößern, und die Pferde der Feinde wurden oft durch den ihnen widerwärtigen Geruch der Kamele in Unordnung gebracht. Durst und Hitze ertrugen die Sarazenen in besonderem Maße, sie unterlagen aber leicht der Kälte, und ihr großes Schlafbedürfnis erforderte besondere Vorsichtsmaßregeln gegen nächtliche Überfälle. Ihre Schlachtordnung war ein längliches Viereck mit zwei dichten Reihen. Die erste bestand aus Bogenschützen, die zweite aus Reitern. In den Schlachten zu Wasser und Land widerstanden sie geduldig den wütenden Angriffen und griffen selten ihrerseits eher an, als bis sie gewahrten, daß die Feinde ermattet waren und über den Haufen geworfen werden konnten. Wenn sie jedoch zurückgeschlagen und ihre Reihen durchbrochen wurden, verstanden sie es selten, sich wieder zu sammeln oder den Kampf wieder aufzunehmen, und ihr Entsetzen steigerte sich durch das Vorurteil, daß Gott zugunsten des Gegners entschieden habe. Durch den Verfall des Kalifats wurde dieser Glaube gestützt; es fehlte auch weder bei den Christen noch bei den Mohammedanern an dunklen Prophezeiungen, die beider Niederlagen vorhersagten. Die Einheit des arabischen Reiches war zerstört, aber die Bruchstücke waren bevölkerte und mächtige Königreiche, und der Emir von Aleppo oder Tunis zum Beispiel konnte bei seinen Rüstungen zu Wasser und Land über viele geschickte, kunstfleißige Männer und Schätze gebieten. Die Fürsten von Konstantinopel fühlten bei ihren Verhandlungen im Kriege und Frieden mit den Sarazenen nur zu häufig, daß die Disziplin dieser Barbaren nichts barbarisches hatte, und wenn ihnen auch der geniale Geist für Erfindungen mangelte, waren sie doch lebhaft, wißbegierig und besaßen Fertigkeit in der Nachahmung der Dinge. Das Muster war allerdings vollkommener als die Nachbildung; ihre Schiffe, Maschinen und Festungswerke waren nicht so geschickt gebaut, wie die der Griechen. Sie bekannten ohne Scham, daß Gott ihnen die besondere Gabe der Rede verliehen hatte, aber die Chinesen geschickter, die Griechen klüger seien.

Einige deutsche Stämme zwischen Rhein und Weser hatten ihren Einfluß über den größten Teil von Gallien, Deutschland und Italien ausgedehnt. Die Christen der lateinischen Kirche und die Nationen des Westens, die sich bis an das Gestade des Atlantischen Ozeans ausbreiteten, wurden von den Griechen und Arabern gemeinsam als Franken bezeichnet. Sie wurden von Karl dem Großen vereinigt, und sein Geist wurde ihnen eingeflößt. Nach der Teilung unter seine Nachkommen und deren Ausartung ging die kaiserliche Macht, die mit den Cäsaren von Byzanz gewetteifert und die dem christlichen Namen angetane Schmach gerächt hätte, bald verloren. Ihre Feinde fürchteten sie nicht länger, und die Untertanen konnten nicht mehr damit rechnen, daß das öffentliche Einkommen für den Krieg verwendet würde und daß die Heere und Seegeschwader, die von der Mündung der Elbe bis zu jener des Tibers regelmäßig verteilt waren, sich gegenseitig unterstützen würden. Im Anfang des zehnten Jahrhunderts war die Dynastie Karls des Großen fast verschwunden; seine Monarchie war in viele feindliche und unabhängige Staaten zersplittert; die ehrgeizigen Fürsten nahmen den Titel König an; ihr Beispiel wurde durch ihre Untergebenen nachgeahmt: die Edlen jeder Provinz verweigerten ihrem Souverän den Gehorsam, unterdrückten ihre Vasallen und lagen gegen ihre Nachbarfürsten ununterbrochen im Streite. Ihre Privatfehden, die das Regierungsgebäude stürzten, nährten den kriegerischen Geist ihrer Untertanen. Bei den verworrenen Zuständen des zehnten und elften Jahrhunderts war jeder Bauer ein Soldat und jedes Dorf eine Festung; jeder Wald und jedes Tal war der Schauplatz des Mordes oder Raubes, die Herren jedes Schlosses waren genötigt, Fürsten und Krieger zu sein. Sie trauten sich gleich Eroberern größeren Maßstabes kühn zu, ihre Familien, Ländereien und Diener verteidigen, die ihnen zugefügten Gewalttaten rächen zu können, und nicht selten wurde aus einem Verteidigungskampfe ein Angriffskrieg. Die Nähe der Gefahr und die Notwendigkeit schneller Entschlüsse stählte Körper und Geist; sie weigerten sich, einen Freund zu verlassen und einem Feinde zu vertrauen, und statt unter der schützenden Fürsorge der Obrigkeit ruhig zu leben, verachteten sie die Gesetze. In den Tagen der Feudalanarchie verwandelte man die Werkzeuge für den Ackerbau in solche für den Krieg, friedliche Tätigkeit wurde kaum geduldet, und der Bischof, der seine Inful mit dem Helm vertauschte, tat dies mehr aus Vorliebe als aus Lehenspflicht.

Die Franken liebten Freiheit und Krieg, was die Griechen mit Staunen und Schrecken wahrnahmen. »Die Franken«, sagt der Kaiser Konstantin, »sind bis zur Verwegenheit kühn und tapfer, sie sind mutig und verachten Gefahren und Tod. Im Felde und Handgemenge drängen sie vorwärts und stürzen sich blindlings auf den Feind, ohne es der Mühe wert zu erachten, seine oder ihre Zahl zu zählen. In ihren Reihen kämpfen Blutsverwandte und Freunde nebeneinander, und ihre kriegerischen Taten werden von dem Verlangen, ihre treuesten Gefährten zu retten oder zu rächen, hervorgerufen. In ihren Augen ist Rückzug schimpfliche Flucht, Flucht unauslöschliche Schmach.« Eine so mutige und unerschrockene Nation hätte siegen müssen, wenn diese Vorzüge nicht durch viele gewichtige Mängel aufgehoben worden wären. Der Verfall ihrer Seemacht gab den Griechen und Sarazenen die Meere zu jeder beliebigen Unternehmung frei. In dem Jahrhundert, das der Einführung des Rittertums voranging, war die fränkische Reiterei unerfahren und ungeübt. Ihre Krieger waren sich dessen so bewußt, daß sie bei allen gefährlichen Fällen vom Pferde stiegen und lieber zu Fuß kämpften. Ungeübt im Gebrauche der Piken und Wurfwaffen, wurden sie durch ihre langen Schwerter, ihre schwere Rüstung und großen Schilde und, wenn ich die spottenden Griechen zitieren darf, durch ihren großen Leibesumfang behindert. Im Unabhängigkeitsdrang verschmähten sie es, sich unterzuordnen, sie verließen die Fahne ihres Führers, wenn er sie länger als die ausbedungene Zeit im Felde zu halten trachtete. Sie waren überall den Fallstricken eines zwar minder tapferen, aber schlaueren Feindes preisgegeben. Sie konnten bestochen werden, denn die Barbaren waren käuflich; sie konnten überrumpelt werden, denn sie verachteten Vorsichtsmaßregeln und verschmähten es, ihr Lager mit Posten zu umgeben. Ein Sommerfeldzug erschöpfte ihre Kraft und ihren Mut, und sie überließen sich der Verzweiflung, wenn ihr immer großer Hunger und Durst nicht mit Fleisch und Wein gestillt werden konnte. Dies war der allgemeine Charakter der Franken, der hier und dort einige nationale oder örtliche Schattierungen zeigte, die ich mehr dem Zufalle, als dem Klima zuschreiben möchte, die aber sowohl von Einheimischen als von Fremden bemerkt wurden. Ein Gesandter Ottos des Großen erklärte im Palaste von Konstantinopel, daß die Sachsen besser mit dem Schwerte als mit der Feder zu kämpfen wüßten und daß sie den Tod der Schmach vorzögen, einem Feinde den Rücken zu kehren. Die Edlen von Frankreich setzten ihren Ruhm darein, daß ihre einzigen Vergnügungen und Beschäftigungen Krieg und Raub seien. Sie verhöhnten die Paläste, Bankette und Sitten der Italiener, die nach Angabe der Griechen selbst entartete Nachkommen der alten Lombarden waren.

Durch das wohlbekannte Edikt Caracallas erhielten seine Untertanen von Britannien bis Ägypten den Namen und die Vorrechte von Römern; ihr Souverän konnte vorübergehenden oder dauernden Aufenthalt in jeder Provinz ihres gemeinsamen Vaterlandes nehmen. Nach der Teilung des Reiches wurde eine ideelle Einheit gewissenhaft bewahrt, und die Nachfolger des Honorius und Arcadius bezeichnen sich in ihren Gesetzen, Satzungen und ihren Titeln genau so wie die Herrscher des früheren Reiches als die Souveräne der gesamten römischen Welt. Nach dem Sturze des abendländischen Reiches waren bloß die Herrscher von Konstantinopel römische Kaiser, und von diesen war Justinian der erste, der nach einer Trennung von sechzig Jahren die Herrschaft über das alte Rom wieder erlangte und dadurch den Titel Kaiser der Römer wieder wahrmachte. Aus Eitelkeit oder irgendwelchem Mißvergnügen verließ einer seiner Nachfolger, Konstans II., den thrakischen Bosporus und zog wieder in der Tiberstadt ein: ein ausschweifendes Tun (ruft der boshafte Byzantiner aus), als wenn man eine häßliche, alte Matrone einer blühenden und schönen Jungfrau vorziehen wollte. Aber die Langobarden widersetzten sich seiner Niederlassung in Italien; er zog in Rom nicht als Sieger, sondern als Flüchtling ein; und während eines zwölftägigen Aufenthaltes plünderte er die Hauptstadt der Welt und verließ sie dann für immer. Die endgültige Trennung Italiens wurde ungefähr zweihundert Jahre nach der Eroberung Roms durch

Justinian vollzogen. Seit seiner Regierung datiert das allmähliche Vergessen der lateinischen Sprache. Dieser Gesetzgeber hatte seine Institutionen, Kodizes und Pandekten in einer Sprache, verfaßt, die er als die geeignete für die römische Regierung preist und als geheiligtes Idiom des Palastes und Senats von Konstantinopel, der Lager und Richterstühle des Ostens hinstellt. Diese fremde Sprache war den Bewohnern und Soldaten der asiatischen Provinzen unbekannt und wurde von dem größeren Teil der Richter und Staatsdiener nur unvollständig verstanden. Nach kurzem Kampfe siegte Natur und Gewohnheit über die menschliche Macht: Justinian erließ seine Novellen zum allgemeinen Besten seiner Untertanen in beiden Sprachen. Die einzelnen Teile seiner Jurisprudenz wurden nach und nach übersetzt; man vergaß das Original, studierte die Übersetzung, und das Griechische, das allerdings den Vorzug verdiente, erlangte in der Monarchie allgemeine und gesetzliche Geltung. Die Abstammung der folgenden Fürsten und ihre Residenz entfremdete sie der römischen Sprache; Tiberius wird von den Arabern, Mauritius von den Italienern als der erste der griechischen Cäsaren, als Stifter einer neuen Dynastie und Monarchie bezeichnet. Die stille Umwälzung war vor dem Tode des Heraklius vollendet, und nur Reste der lateinischen Sprache wurden in der Jurisprudenz und im Palast beibehalten. Nach der Wiederherstellung des abendländischen Reiches durch Karl den Großen und die Ottonen erlangten die Namen Franken und Lateiner gleiche Bedeutung und Ausbreitung. Diese stolzen Barbaren behaupteten mit einigem Recht, daß sie Anspruch auf die Sprache und Herrschaft Roms hätten. Sie schmähten die Fremdlinge des Ostens, die auf Tracht und Sprache der Römer Verzicht geleistet hatten und wendeten auf sie den Namen Griechen ständig an. Aber diese verächtliche Benennung wurde von dem Fürsten und dem Volke, auf die sie angewendet wurden, mit Entrüstung zurückgewiesen. Welche Veränderungen immer im Laufe der Jahrhunderte vorgegangen sein mögen, behaupteten sie in gerader Linie von Augustus und Konstantin abzustammen, und der Name Römer blieb ihnen, bis das konstantinopolitanische Reich in Trümmer zerfallen war.

Während die Regierungssprache des Ostens Latein war, blieb Griechisch die Sprache der Literaten und Philosophen, und die Meister dieses vollkommenen und klangreichen Idioms konnten nicht in Versuchung kommen, ihre römischen Schüler um die scheinbare Gelehrsamkeit und den unselbständigen Geschmack zu beneiden. Nach dem Sturze des Heidentums, dem Verluste von Syrien und Ägypten und dem Ende der Schulen von Alexandria und Athen wurden die Studien der Griechen hauptsächlich in einigen Mönchsklöstern und dem kaiserlichen Kollegium von Konstantinopel fortgesetzt, das unter der Regierung Leos des Isauriers abbrannte. In dem prahlerischen Stil des Zeitalters hieß der Präsident dieser Stiftung die Sonne der Wissenschaft; seine zwölf Genossen, die Professoren der verschiedenen Künste und Fakultäten, waren mit den Namen der zwölf Zeichen des Sternkreises benannt. Eine Bibliothek von sechsunddreißigtausendfünfhundert Bänden stand zu ihrer Verfügung, und sie konnten die Handschrift Homers auf einer hundertzwanzig Fuß langen Pergamentrolle zeigen, die angeblich aus den Eingeweiden einer ungeheuren Schlange hergestellt worden war. Aber das siebente und achte Jahrhundert war eine Zeit der Zwietracht und Finsternis; die Bibliothek war verbrannt, das Kollegium geschlossen. Die Ikonoklasten werden als Feinde des Altertums dargestellt, und barbarische Unwissenheit und Verachtung der Wissenschaften hat die Fürsten der heraklianischen und isaurischen Dynastie geschändet.

Im neunten Jahrhundert belebte sich die Wissenschaft zuerst wieder. Nachdem sich der Fanatismus der Araber gelegt hatte, waren die Kalifen mehr bestrebt, die Künste und Wissenschaften zu beleben, als Eroberungen zu machen. Die Griechen wurden dadurch zum Wetteifer angespornt, der Staub wurde von den alten Büchern geblasen, und die Philosophen wurden geschätzt und belohnt. Der Cäsar Bardas, Michaels III. Oheim, war der hochherzige Beschützer der Wissenschaften, ein Titel, durch den allein er sein Andenken bewahrt hat und sein Ehrgeiz entschuldigt wird. Ein Teil der Schätze seines Neffen wurden zuweilen nicht für Vergnügungen vergeudet, sondern eine Schule im Palaste von Magnaura gegründet, wo die Anwesenheit des Bardas den Wetteifer der Lehrer wie der Lernenden anregte. An ihrer Spitze stand der Philosoph Leo, Erzbischof von Thessalonika. Seine tiefen Kenntnisse in der Astronomie und Mathematik wurden von den Fremdlingen bewundert und die Schwierigkeit dieser geheimen Wissenschaften von der leichtgläubigen Menge vergrößert, die bescheiden voraussetzt, daß jede der ihrigen überlegene Kenntnis entweder die Folge göttlicher Eingebung oder der Magie ist. Auf die dringende Bitte des Cäsars entsagte sein Freund, der berühmte Photius, seinem weltlichen, studienreichen Leben, bestieg den Thron des Patriarchen und wurde von den Synoden des Ostens abwechselnd verdammt und wieder losgesprochen. Selbst die ihn hassenden Priester gaben zu, daß diesem Universalgelehrten keine Kunst und Wissenschaft, mit Ausnahme der Poesie, fremd sei und er Tiefe des Gedankens mit Belesenheit und Beredsamkeit vereine. Während Photius noch die Stelle eines Protospathars oder Hauptmanns der Leibwache bekleidete, war er als Gesandter an den Kalifen von Bagdad geschickt worden. Er vertrieb sich die langsam dahin schleichenden Stunden in dieser Verbannung durch die unbegreiflich schnelle Verfassung seines Hauptwerkes, der Bibliothek, dieses lebendigen Denkmals der Gelehrsamkeit und Kritik. Zweihundertachtzig Schriftsteller, Geschichtschreiber, Redner, Philosophen und Theologen werden ohne regelmäßige Ordnung beurteilt; er gibt eine Übersicht über ihre Werke oder Lehren, würdigt ihren Stil und Charakter und richtet bescheiden, aber freimütig selbst über die Kirchenväter und zeigt häufig den Aberglauben der Zeiten. Der Kaiser Basilius, der seine eigene mangelhafte Erziehung beklagte, vertraute seinen Sohn und Nachfolger, Leo den Philosophen, Photius an, und die Regierung dieses Fürsten und seines Sohnes Konstantin Porphyrogenitus bildet eine der gedeihlichsten Epochen der byzantinischen Literatur. Sie sammelten die Schätze des Altertums und vereinigten sie in der kaiserlichen Bibliothek. Sie oder ihre Gefährten machten Auszüge daraus, so daß das Publikum ohne besondere Anstrengungen seine Wißbegierde befriedigen konnte. Außer den Basiliken und dem Gesetzkodex wurden die Wissenschaften der Landwirtschaft und Kriegskunst, die zur Erhaltung und Vernichtung des Menschen dienen, gleich emsig verbreitet. Die Geschichte Griechenlands und Roms war in dreihundertfünfzig Büchern oder Titeln enthalten, von denen nur zwei (das von den Gesandtschaften und das von den Tugenden und Lastern) erhalten sind. Der Leser jedes Standes konnte die Vergangenheit kennenlernen und daraus Lehren ziehen und konnte die Helden einer glänzenden Zeit bewundern und vielleicht nachzuahmen lernen. Ich werde über die Werke der byzantinischen Griechen nicht ausführlich berichten, die es verdienten, bekannt zu bleiben, da sie die Alten emsig studiert hatten. Die Gelehrten der Gegenwart können sich noch immer an dem philosophischen Kollektaneenbuch des Stobäus, dem grammatischen und historischen Lexikon des Suidas, der Chiliaden des Tzetzes, die sechshundert Erzählungen in zwölftausend Versen enthalten, und der Kommentarien zum Homer von Eustathius, Erzbischof von Thessalonika; erfreuen, der vierhundert Schriftsteller und Autoritäten aufzählt. Aus diesen selbstschaffenden Schriftstellern und aus den zahlreichen Scholiasten und Kritikern läßt sich einigermaßen der literarische Reichtum des zwölften Jahrhunderts ermessen. Die Schriften Homers, Demosthenes', Aristoteles' und Platons waren den Konstantinoplern zugänglich und wir müssen trotz des gegenwärtigen Reichtums ein Geschlecht beneiden, das noch die Geschichte des Theopompus, die Reden des Hyperides, die Lustspiele des Menander und die Oden des Alcäus und der Sappho lesen konnte. Die zahlreichen Erläuterungsschriften zeigen die Beliebtheit der griechischen Klassiker. Man kann aus den Kenntnissen zweier gelehrter Frauen auf die allgemeinen Kenntnisse schließen. Die Kaiserin Eudokia und die Prinzessin Anna von Komnena betrieben Rhetorik und Philosophie. Die gewöhnliche Mundart der Stadt klang grob und barbarisch; in den Reden und Schriften und der Umgangssprache der Kirche und des Palastes zeigt sich ein schönerer Stil, der zuweilen den reinen attischen Mustern nahekommt. Bei unserer jetzigen

Bildung ist es mühsam und zeitraubend, zwei Sprachen, die nicht mehr zu den lebenden gehören, zu erlernen. Die Dichter und Redner unserer Vorfahren konnten sich lange nur in ihren barbarischen, Harmonie und Anmut entbehrenden Sprachen ausdrücken. Sie hatten keine Beispiele und Lehrer und konnten sich nur auf ihre Phantasie und ihr Genie verlassen. Wenn aber die Griechen Konstantinopels die Beimengungen, die ihre Sprache hatte, ausmerzten, gelangten sie zu ihrer alten Sprache und konnten die schönsten Schöpfungen menschlicher Kunst, die Erzeugnisse jener erhabenen Meister genießen, die das erste aller Völker belehrt und begeistert hatten. Dieser Vorteil dient jedoch nur dazu, die Schuld und Schmach der entarteten Nation zu vergrößern. Sie hielten den Reichtum ihrer Väter in Händen, ohne deren Geist geerbt zu haben; sie lasen, priesen, sammelten, aber ihre matten Seelen waren gleich unfähig zum Denken, wie zum Handeln. In zehn Jahrhunderten ist nicht eine einzige Entdeckung gemacht worden, durch die die Würde und das Glück des Menschengeschlechtes gefördert worden wäre. Kein einziger Gedanke ist zu den spekulativen Systemen des Altertums hinzugefügt worden, und die geduldigen dogmatischen Schüler wurden die dogmatischen Lehrer des nächstfolgenden Geschlechtes. Kein einziges geschichtliches, philosophisches oder poetisches Werk ist durch besondere Schönheit, Phantasie, Originalität oder auch nur durch geglückte Nachahmung der Vergessenheit entrissen worden. Die am wenigsten anstößigen der prosaischen byzantinischen Schriftsteller haben sich durch ihre Einfachheit dem Tadel entzogen; aber die in ihrem Dünkel so beredten Redner sind am weitesten von den Mustern entfernt, denen sie nachstrebten. Große und obsolete Wörter werden gewählt, der Aufbau verwickelt gemacht, Bilder kindisch geschmückt, um den Leser in Erstaunen zu setzen und die Gewöhnlichkeit zu verbergen. Die Prosa versteigt sich zur Poesie, die Poesie sinkt noch unter die Flachheit und Schalheit der Prosa. Die tragischen, epischen und lyrischen Musen waren verstummt. Die Barden von Konstantinopel boten selten mehr als ein Rätsel oder Epigramm, ein Lobgedicht oder eine Erzählung; sie vergaßen sogar die Regeln der Prosodie und vermengten Füße und Silben in den Weisen, die politische oder Stadtverse genannt wurden. Die Seelen der Griechen waren im Aberglauben befangen, ihr Verstand wurde durch metaphysische Streitigkeiten verwirrt. Im Glauben an Erscheinungen und Wunder hatten sie alle Grundsätze der Moral verloren, und durch die Predigten der Mönche, ein sinnloses Gemisch von deklamierten Bibelstellen, war ihr Geschmack verderbt worden. Die Häupter der griechischen Kirche begnügten sich, die Orakel des Altertums zu bewundern und nachzuahmen, und weder die Schulen noch die Kanzel brachte einen Athanasius oder Chrysostomus hervor.

Der Wetteifer der Staaten und des einzelnen ist immer im Leben die

Triebfeder der Anstrengungen und des Fortschrittes des Menschengeschlechts. Die Städte Griechenlands hatten jene glückliche Mischung von Einheit und Unabhängigkeit, die sich in einem größeren Maßstabe, aber lockerer Form bei den Nationen des neueren Europas wieder findet: Einheit der Sprache, Religion und Sitten, die sie gegenseitig zu Zeugen und Richter machte; Unabhängigkeit der Regierung, die ihre Freiheit verteidigt und sie aufstachelt, um Ruhm zu kämpfen. Die Lage der Römer war minder günstig; aber in früher Zeit des römischen Reiches, in welcher der Nationalcharakter gebildet worden war, hatte es einen ähnlichen Wettkampf zwischen den Staaten Latium und Italien gegeben, und die Römer strebten in Künsten und Wissenschaften darnach, ihre griechischen Lehrmeister zu erreichen und zu übertreffen. Das Riesenreich der Cäsaren hemmte ohne Zweifel die Fortschritte des menschlichen Geistes und gewährte dem Wetteifrigen nur innerhalb seiner Grenzen Spielraum. Als sich das Reich aber allmählich auf den Osten und zuletzt auf Griechenland und Konstantinopel verminderte, wurden die Griechen geistig träge, die natürliche Folge ihrer isolierten Lage. Von Norden her wurden sie durch namenlose Barbarenstämme bedrängt, die sie kaum Menschen nannten. Die Sprache und Religion der Araber bildeten für sie eine unübersteigliche Schranke für jeden geselligen Verkehr. Die Eroberer Europas waren wohl gleichen Glaubens wie sie, aber die Sprache der Franken und Lateiner waren ihnen unbekannt, die Sitten derselben waren roh, und sie kamen nur selten in Krieg oder Frieden mit den Nachfolgern des Heraklius in Berührung. Alleinstehend wurden die selbstgenügsamen stolzen Griechen durch keinen Vergleich mit Fremden gestört, und wir dürfen nicht staunen, wenn sie auf der Bahn zurückblieben, da es ihnen an Mitbewerbern, derentwegen sie ihren Lauf beschleunigt hätten, und an Richtern fehlt, die sie im Siegesfalle krönen konnten. Die Nationen von Europa und Asien vermengten sich bei ihren Zügen in das Heilige Land, und erst unter der Dynastie der Komnenen zeigt sich wieder ein schwacher Wetteifer bei Ausübung kriegerischer Tugenden und in den Kenntnissen.

NEUNTES KAPITEL – RELIGIONSWIRREN

Ursprung und Lehre der Paulicianer. – Verfolgung derselben durch die griechischen Kaiser. – Empörung in Armenien usw. – Verpflanzung nach Thrakien. – Verbreitung im Westen. – Same, Art und Folgen der Reformation

Man kann in der Art, wie die einzelnen Nationen das Christentum bekennen, ihre Charaktere erkennen. Die Eingeborenen von Syrien und Ägypten verbrachten ihr Leben müßig und in stiller Andacht. Rom strebte wieder nach der Herrschaft der Welt; die lebhaften und geschwätzigen Griechen waren dauernd in metaphysisch theologische Streitigkeiten verwickelt. Statt daß man die unbegreiflichen Mysterien der Dreieinigkeit und Menschwerdung schweigend hinnahm, wurde darüber heftig und in spitzfindiger Art gestritten. Vom Konzil zu Nicäa bis zum Ende des siebenten Jahrhunderts wurde der Frieden und die Freiheit der Kirche durch diese geistlichen Kriege gestört, die einen so großen Einfluß auf den Verfall des Reiches hatten, daß der Geschichtschreiber genötigt ist, die Beschlüsse der Synoden und die Glaubensbekenntnisse zu studieren und die Sekten der damaligen Zeit aufzuzählen. Vom achten Jahrhundert an verstummten die Religionsstreitigkeiten, die Neugierde war erschöpft, die Eifrigen ermüdet und in den Beschlüssen von sechs Konzilien waren die Artikel des Glaubens unwiderruflich festgesetzt. Streitigkeiten, seien sie noch so verderblich, erfordern wenigstens einige Kraft und Betätigung der Seelenkräfte; die im Staube liegenden Griechen aber begnügten sich zu fasten, zu beten und eine blinde Unterwürfigkeit gegen die Patriarchen und Geistlichen an den Tag zu legen. Die isaurischen Kaiser versuchten es in einem nicht gut gewählten Zeitpunkt, ihre Untertanen aufzustacheln; die morgenländische Welt sehnt sich jedoch inbrünstig nach der Wiedereinführung der Bilder und feierte, als dies der Fall war, ein großes Fest. Diese Übereinstimmung überhob die kirchlichen Herrscher der Mühe, Verfolgungen von Ketzern in die Wege zu leiten. Die Heiden waren verschwunden, die Juden still und ohne Bedeutung, die Streitigkeiten mit den Lateinern selten, und die ägyptischen und syrischen Sekten genossen unter den arabischen Kalifen Duldung ihrer Religionsausübung. Um die Mitte des siebenten Jahrhunderts wurde ein Zweig der Manichäer ein Opfer der geistlichen Tyrannei, sie wurden bis zur Verzweiflung und Empörung gereizt, und ihre Verbannung bewirkte es, daß der Same der Reformation über den Westen verbreitet wurde. Diese wichtigen Ereignisse rechtfertigen das nähere Eingehen in die Lehre und Geschichte der

Paulicianer. Da diese nicht für sich selbst sprechen können, muß der unparteiische Kritiker das Gute vergrößern und das Schlimme, das von ihren Gegnern über sie verbreitet wurde, verkleinern oder zumindest argwöhnen, daß es nicht in ganzem Umfang wahr ist.

Die Gnostiker, die anfangs das Wachsen der Kirche behindert hatten, wurden von ihr, als sie groß geworden war, unterdrückt. Statt daß sie mit dem Reichtum der Kirche, der Gelehrsamkeit und Zahl ihrer Anhänger wetteifern konnten, wurden ihre wenigen Anhänger aus den Hauptstädten des Westens und Ostens vertrieben und ließen sich in den Dörfern und Gebirgen längs des Euphrats nieder. Einige Anhänger der Marcioniten mag es noch im fünften Jahrhundert gegeben haben, aber die zahlreichen Sekten waren schließlich alle unter dem verhaßten Namen der Manichäer verborgen. Diese Ketzer, die es wagten, die Lehre Zoroasters und Christi zu vereinigen, wurden von den Anhängern der Religionen mit unversöhnlichem Hasse verfolgt. Unter dem Enkel des Heraklius erstand in der Nachbarschaft von Samosata, das als Geburtsort Lukians berühmter ist als durch seinen Titel eines syrischen Königreiches, ein Reformator, den die Paulicianer für den auserwählten Boten Gottes hielten. In seiner geringen Wohnung zu Manalis nahm Konstantin einen Diakon, der aus der syrischen Gefangenschaft zurückkehrte, auf und dieser erhielt als Geschenk das Neue Testament, das die klugen griechischen, vielleicht auch gnostischen Geistlichen bereits dem gemeinen Mann vorenthielten. Er studierte es eifrigst und schrieb Auslegungen dazu. Die Katholiken, die diese bekämpfen, geben die Echtheit und Richtigkeit des Textes zu. Besonders liebte er die Schriften und den Charakter des heiligen Paulus. Der Name Paulicianer wird von den Feinden dieser Sekte von einem unbekannten und einheimischen Lehrer abgeleitet, aber ich bin überzeugt, daß sie sich ihrer Namensverwandtschaft mit dem Apostel rühmen. Seine Schüler Titus, Timotheus, Sylvanus, Tychicus wurden von Konstantin und seinen Mitarbeitern beschrieben, die Namen der apostolischen Kirchen auf die Gemeinden, die sie in Armenien und Kappadokien hatten, angewendet, und diese harmlose Allegorie erhielt das Andenken an die ersten Jahrhunderte. Im Evangelium und den Briefen; des heiligen Paulus erforschte sein Anhänger das Urchristentum, und was immer der Erfolg gewesen war, so zeigte er doch dabei einen besonderen Mut. Die heilige Schrift der Paulicianer war, bei aller Reinheit, mangelhaft. Ihre Stifter verwarfen die beiden Briefe des heiligen Petrus, des Apostels der Beschneidung, dessen Streit mit Paulus wegen dieses mosaischen Gesetzes nicht vergessen werden konnte. Sie stimmten mit ihren gnostischen Brüdern in der allgemeinen Verachtung des Alten Testaments, der Bücher Moses' und der Propheten überein, die von der katholischen Kirche geheiligt worden waren. Ebenso und ohne Zweifel mit mehr Grund verwarf

Konstantin, der neue Sylvanus, ihre Geschichte, die in so vielen umfangreichen und glänzenden Bänden von den orientalischen Sekten verbreitet worden war, ferner die fabelhaften Werke der hebräischen Patriarchen und der Weisen des Ostens, die unechten Evangelien, die im ersten Jahrhundert massenhaft aufgetaucht waren, die Theologie des Manes, die Stifter ähnlicher Ketzereien und die dreißig Zeugen oder Äonen, die von dem phantasiereichen Valentin geschaffen worden waren. Die Paulicianer verdammten die Sekte und Ansichten der Manichäer und klagten über die Ungerechtigkeit, daß man diesen verhaßten Namen den einfachen Verehrern des heiligen Paulus und Christi beilegte.

Manche Überlieferung der Kirche war von den Paulicianern beseitigt worden; ihre Freiheit wurde größer mit Verminderung der Anzahl ihrer Lehrer, auf deren Wunsch Geheimnisse und Wunder geglaubt werden mußten. Die Trennung der Gnostiker fand vor Einführung der Zeremonien der katholischen Kirche statt; sie waren den Neuerungen im Zeremoniell und in der Lehre unzugänglich. Sie glaubten nicht an die verschiedenen Wunder; ein »nicht von Menschenhänden gemachtes Bild« war für sie das Erzeugnis eines sterblichen Künstlers; die wunderwirkenden Reliquien waren für sie nur Gebeine und Asche, das wahre Kreuz war für sie nur Holz, das Blut und der Leib Christi, Brot und Wein, die Geschenke der Natur und Symbole der Gnade. Die Mutter Gottes wurde nicht verehrt, an die unbefleckte Empfängnis nicht geglaubt, und die Engel und Heiligen galten nicht als die Vermittler zwischen Gott und den Menschen. Bei der Lehre von den Sakramenten neigten die Paulicianer dazu, alle sichtbaren Gegenstände der Gottesverehrung abzuschaffen, und die Worte des Evangeliums waren ihrer Ansicht nach die Taufe und das Liebesmahl der Gläubigen. Die Heilige Schrift wurde von ihnen mit ziemlicher Freiheit ausgelegt und so oft sie den wahren Sinn nicht umschreiben konnten, nahmen sie zu Bildern und Allegorien Zuflucht. Sie müssen sich sehr angestrengt haben, um die Zusammenhänge zwischen dem Alten und Neuen Testament aufzulösen, weil sie das letztere als das Orakel Gottes verehrten und jenes als die alberne Erfindung von Menschen oder bösen Geistern verabscheuten. Wir können nicht überrascht sein, daß sie in dem Evangelium das Mysterium der heiligen Dreifaltigkeit fanden, aber statt an die wirklichen Leiden Christi zu glauben, frönten sie in ihrer Phantasie dem Glauben an einen himmlischen Leib, an eine scheinbare Kreuzigung, wodurch die eitlen und ohnmächtigen Juden geäfft worden waren. Ein zugleich so einfacher und übersinnlicher Glaube war dem Geist der Zeiten nicht angemessen, und der vernünftige Christ war mit Recht darüber entsetzt, daß die Paulicianer es wagten, die Einheit Gottes, den ersten Glaubensartikel, anzuzweifeln. Sie glaubten an den Vater, Christus, die menschliche Seele und die unsichtbare Welt. Aber sie glaubten auch an die Ewigkeit der Materie, einen rebellierenden Stoff, den Urquell eines zweiten Prinzips, an ein tätiges Wesen, das die sichtbare Welt geschaffen hat und seine Herrschaft bis zum Tode aller ausübe. Durch den Glauben an das moralisch und physisch Böse waren die beiden Prinzipien in die Philosophie und Religion des Ostens eingeführt worden, von wo sie sich unter den verschiedenen Gnostikerschwärmen verbreiteten. Tausend Abstufungen von einem Gott bis zu einem Dämon lassen sich für die Natur und den Charakter Ahrimans ersinnen, der von der Schwäche und Leidenschaft bis zu reiner Bosheit alles verkörpern kann. Der gütige und machtvolle Ormuzd ist sein Gegenspieler, und je weiter wir uns von dem einen entfernen, um so mehr nähern wir uns dem anderen.

Durch die kirchlichen Arbeiten Konstantin Sylvanus' wurde bald die Zahl seiner Schüler vervielfältigt. Der Rest der gnostischen Sekten, insbesondere die Manichäer von Armenien, vereinigten sich unter seiner Fahne. Viele Katholiken wurden durch seine Gründe bekehrt oder verführt, und er predigte mit Erfolg in den Gegenden von Pontus und Kappadokien, deren Bewohner schon früher die Lehren des Zoroaster eingesogen hatten. Die paulicianischen Lehrer zeichneten sich nur durch ihre Bibelnamen, den bescheidenen Titel Mitpilger, ihren strengen Lebenswandel, durch Eifer oder Kenntnisse aus. Aber sie waren unfähig, den Reichtum und die Ehren der katholischen Prälaten für sich zu wünschen, viel weniger zu erlangen; sie tadelten den geistlichen Stolz sehr und verdammten selbst die Einführung des Ranges der Ältesten und Presbyter als eine Einrichtung der jüdischen Synagoge. Die neue Sekte war dünn über die Provinzen von Kleinasien westwärts vom Euphrat verstreut; sechs ihrer Hauptgemeinden stellten die Kirchen vor, an die Paulus seine Briefe geschrieben hatte; ihr Stifter wählte seinen Sitz in der Nähe von Colonia im Bezirke von Pontus, der einst durch die Altäre der Bellona und die Wunder Gregors berühmt geworden war. Nach siebenundzwanzigjährigem Lehramte fiel Sylvanus, der die sanfte Herrschaft der Araber geflohen hatte, als Opfer der römischen Verfolgung. Die Gesetze der frommen Kaiser, die nur selten das Leben der minder verhaßten Ketzer forderten, ächteten ohne Barmherzigkeit die Montanisten und Manichäer, ihre Lehren und Bücher. Letztere wurden Flammen überliefert, und alle, die solche Schriften verheimlichten oder den Lehren anhingen, waren einem schimpflichen Tode geweiht. Ein griechischer, mit gesetzlicher und Militärmacht ausgestatteter Beamter erschien in Colonia, um den Hirten der Gemeinde zu töten und die verlorenen Schafe, wenn möglich, zurückzuführen. Mit ausgesuchter Grausamkeit stellte Simeon den unglücklichen Sylvanus vor eine Schar seiner Schüler, denen er als Bedingung ihrer Begnadigung und als Beweis ihrer Reue befahl, ihren geistlichen Vater zu töten. Sie wandten sich ab, die Steine entsanken ihren Händen, und unter der ganzen Schar war nur einer zu finden, ein neuer David, wie ihn die Katholiken nannten, der den Henker des Riesen der Ketzerei machte. Dieser Abtrünnige, Justus war sein Name, betrog und verriet seine arglosen Brüder abermals. Die Bekehrung Simeons zeigt Ähnlichkeit mit der des heiligen Paulus; gleich dem Apostel bekannte er sich zu der Lehre, die er zu verfolgen gesendet war, verzichtete auf seine Ehrenstellen und Besitzungen und erwarb unter den Paulicianern den Ruf eines Glaubensboten und Märtyrers. Diese geizten zwar nicht nach dem Märtyrertum, machten aber während hundertfünfzig Jahren alle Leiden mit, die ihnen durch Glaubenseifrige zugefügt werden konnten; man war jedoch nicht imstande, die Schwärmer auszurotten. Trotz des vergossenen Blutes erhoben sich neue Lehrer und Gemeinden; sie fanden mitten unter den auswärtigen Feindseligkeiten Zeit zu inneren Zwistigkeiten; sie predigten, zankten, litten. Die Tugenden des Sergius, der dreiunddreißig Jahre pilgerte, werden von den orthodoxen Geschichtschreibern, wenn auch mit Widerstreben, anerkannt. Die angeborene Grausamkeit Justinians II. wurde bei irgendeiner Gelegenheit angestachelt; er hoffte umsonst, in einem einzigen Brande die Paulicianer und ihre Lehre zu vernichten. Durch die Einfachheit, der sie sich in urchristlicher Weise befleißigten, und ihren Abscheu gegen den Volksglauben hätten die bilderstürmenden Fürsten mit einigen Irrlehren ausgesöhnt werden können; aber sie waren selbst den Verleumdungen der Mönche preisgegeben und zogen es vor, die Tyrannen der Manichäer zu sein, um nicht als deren Mitschuldige angeklagt zu werden. Ein solcher Vorwurf wurde gegen den milden Nikephorus erhoben, der zu ihren Gunsten die strengen Strafgesetze milderte; in seinem Charakter finden wir zumindest nicht die Möglichkeit einer anderen Deutung. Der schwache Michael I., der strenge Leo der Armenier, waren die ersten Verfolger, aber der Preis in der Verfolgung muß unzweifelhaft der blutdürstigen Theodora zuerkannt werden, die den Bilderdienst wieder in der orientalischen Kirche einführte. Ihre Glaubensrichter durchforschten die Städte und Gebirge von Kleinasien, und die Schmeichler der Kaiserin haben behauptet, daß während ihrer kurzen Regierung hunderttausend Paulicianer durch Galgen, Feuer und Schwert ausgerottet worden wären. Ihre Schuld und ihr Verdienst ist übermäßig vergrößert worden, wenn man aber an obige Zahl glaubt, muß man annehmen, daß viele einfache Ikonoklasten als Paulicianer bestraft wurden, und daß andere, die aus der Kirche ausgestoßen worden waren, wider Willen Zuflucht bei den Ketzern gesucht hatten.

Die wütendsten und verzweifelsten Rebellen sind die Anhänger einer verfolgten und schwer gereizten Religionssekte. Sie sind als Verfechter einer heiligen Sache Furcht und Gewissensbissen nicht mehr zugänglich; der Glaube an ihre gerechte Sache verhärtet ihre Herzen gegen menschliche Gefühle, sie rächen die Leiden ihrer Väter an den Kindern der Tyrannen. So waren die Hussiten von Böhmen und die Kalvinisten von Frankreich; so waren im neunten Jahrhundert die Paulicianer von Armenien und der anstoßenden Provinzen. Sie metzelten zuerst einen Statthalter und Bischof nieder, der sie dadurch gereizt hatte, daß er den kaiserlichen Befehl vollzog, die Ketzer entweder zu bekehren oder auszurotten. Sie verbargen sich in schwer zugänglichen Schlupfwinkeln des Berges Argäus. Die Verfolgungen der Theodora und die Empörung des Carbeas entzündeten eine größere Flamme. Dieser tapfere Paulicianer befehligte die Leibwache des Oberfeldherrn des Ostens. Sein Vater war von den katholischen Glaubensrichtern gepfählt worden, was seine Heeresflucht und Rache rechtfertigte. Fünftausend seiner Brüder waren um ihn versammelt, und sie sagten dem antichristlichen Rom die Treue auf. Ein sarazenischer Emir stellte Carbeas dem Kalifen vor, und der Beherrscher der Gläubigen nahm den unversöhnlichen Feind der Griechen in seinen Schutz. In den Gebirgen zwischen Sebas und Trebisond gründete oder befestigte er die Stadt Tephrice, die noch von einem grimmigen und zügellosen Volke bewohnt wird, und die benachbarten Berge bedeckten sich mit paulicianischen Flüchtlingen, die nun zum Schwerte griffen. Länger als dreißig Jahre wüteten in Kleinasien Kriege gegen auswärtige und innere Feinde. Die Anhänger des heiligen Paulus vereinigten sich bei ihren feindlichen Einfällen mit denen Mohammeds, und die friedlichen Christen, die in barbarische Knechtschaft geschleppt wurden, klagten mit Recht ihren unduldsamen Souverän an. So groß war das Unheil, so groß die Schmach, daß selbst der ausschweifende Michael, der Sohn der Theodora, sich gezwungen sah, selbst gegen die Paulicianer zu ziehen. Er wurde unter den Mauern von Samosata geschlagen, und der römische Kaiser floh vor den Ketzern, die seine Mutter zum Scheiterhaufen verdammt hatte. Die Sarazenen fochten unter denselben Fahnen, aber der Sieg wurde dem Carbeas zugeschrieben. Er ließ die gefangenen Anführer und mehr als hundert Tribunen aus Habsucht teils frei, teils marterte er sie aus Fanatismus. Sein tapferer und ehrgeiziger Nachfolger Chrysocheir beraubte große Gebiete. Im Bund mit den treuen Muselmanen drang er in das Herz von Kleinasien ein; die Grenztruppen und Palastwachen wurden wiederholt niedergeworfen, die Verfolgungsedikte mit der Plünderung von Nicäa und Nicomedia, von Ancyra und Ephesus beantwortet, ja selbst der Apostel Johannes vermochte seine Stadt und sein Grab nicht vor Entweihung zu schützen. Die Kathedrale von Ephesus wurde in einen Stall für Maulesel und Pferde verwandelt, und die Paulicianer wetteiferten mit den Sarazenen in der Verachtung und im Abscheu vor den Bildern und Reliquien. Es ist erfreulich, den Triumph der Empörer über die Despoten zu sehen, die ein flehendes, gekränktes Volk verachtet hatten. Der Kaiser Basilius, der Makedonier, war gezwungen, um Frieden zu bitten, Lösegeld für die Gefangenen zu bieten und mit Mäßigung und Nächstenliebe zu ersuchen, daß Chrysocheir seine Mitchristen schonen und sich mit einem Geschenke an Gold, Silber und seidenen Gewändern begnügen solle. »Wenn der Kaiser«, erwiderte der übermütige Fanatiker, »den Frieden wünscht, möge er dem Osten entsagen und ungestört im Westen herrschen. Weigert er sich dessen, werden ihn die Diener des Herrn vom Thron stürzen.« Basilius brach ungern die Verhandlungen ab, nahm die Herausforderung an, führte sein Heer in das Gebiet der Ketzer und verwüstete es mit Feuer und Schwert. Das offene Land der Paulicianer wurde verheert, aber nachdem er die Stärke von Tephrice, die Anzahl der Barbaren, die es schützten, und die Größe der Vorräte und Lebensmittel erkundet hatte, die in der Stadt aufgestapelt waren, stand er seufzend von der Belagerung ab. Nach seiner Rückkehr nach Konstantinopel gründete er Klöster und Kirchen, um sich die Hilfe seiner himmlischen Schutzherren, des Erzengels Michael und des Propheten Elias, zu sichern, und er betete täglich, daß es ihm vergönnt sein möge, das Haupt seines ruchlosen Gegners mit drei Pfeilen zu durchbohren. Dieser Wunsch ging über seine Erwartung in Erfüllung; nach einem glücklichen Einfall wurde Chrysocheir auf dem Heimwege überrumpelt und getötet. Das Haupt des Rebellen wurde triumphierend in die Hauptstadt gebracht und vor dem Throne niedergelegt. Bei Empfang dieses willkommenen Siegeszeichens rief Basilius unverzüglich nach seinem Bogen, durchbohrte das leblose Haupt mit sicherer Hand mit drei Pfeilen und empfing den Beifall des Hofes, der den Sieg des kaiserlichen Schützen pries. Mit Chrysocheir verschwand der Ruhm der Paulicianer; beim zweiten Feldzuge verließen die Ketzer das uneinnehmbare Tephrice und flehten entweder um Gnade oder entflohen über die Grenzen. Die Stadt wurde zerstört, aber unabhängige Paulicianer lebten in den Gebirgen fort und verteidigten über ein Jahrhundert ihre Freiheit und Religion, machten die römischen Grenzen unsicher und hielten das Bündnis mit den Feinden des Reiches und des Evangeliums.

Um die Mitte des achten Jahrhunderts hatte Konstantin, von den Verehrern der Bilder Kopronymus genannt, einen Zug nach Armenien unternommen. Er fand in den Städten Melitene und Theodosiopolis eine große Anzahl Paulicianer vor. Als Gunst oder Strafe verpflanzte er sie nach Konstantinopel und Thrakien, und dadurch wurde ihre Lehre in Europa eingeführt und verbreitet. Wenn sich die Sektierer in der Hauptstadt auch bald in der Menge verloren, schlugen die auf dem Lande Wurzel in dem fremden Boden. Die Paulicianer widerstanden den Verfolgungen, unterhielten geheimen Verkehr mit ihren Brüdern in Armenien, unterstützten und schirmten ihre

Prediger, die nicht ohne Erfolg den Bulgaren predigten. Im zehnten Jahrhundert wurden sie durch eine zahlreiche Kolonie, die Johannes Zimisces von den chalybischen Gebirgen in die Täler des Hämus versetzte, verstärkt. Die morgenländische Geistlichkeit, die ihre Ausrottung vorgezogen hätte, verlangte ungeduldig die Entfernung der Manichäer; der kriegerische Kaiser achtete sie in ihrer Tapferkeit, die er gefühlt hatte. Ihre Anhänglichkeit an die Sarazenen war unheilschwanger, aber an der Donau, gegen die Barbaren Skythiens konnten ihre Dienste nützlich sein, und sie fanden vielleicht in den Grenzkämpfen den Untergang. Ihre Verbannung wurde durch Duldung gemildert; die Paulicianer besaßen die Stadt Philippopolis und damit die Schlüssel von Thrakien, die Katholiken waren ihre Untertanen, die jakobitischen Auswanderer ihre Bundesgenossen, sie besaßen eine Reihe von Dörfern und Schlössern in Makedonien und Epirus, und viele Bulgaren gesellten sich zu ihnen und nahmen ihren Glauben an. Solange Macht ihnen Furcht einflößte und sie mit Mäßigung behandelt wurden, zeichneten sich ihre freiwilligen Scharen im Kriege für das Reich aus. Der Mut dieser Hunde, wie sie genannt wurden, stets gierig nach Krieg und Menschenblut, wird von den feigen Griechen mit Erstaunen und Tadel vermerkt. Sie wurden mit der Zeit übermütig und widersetzlich; sie wurden leicht durch Launen und Verfolgungen gereizt, und häufig wurden ihre Vorrechte durch Regierung und Geistlichkeit verletzt. Während des Normannenkrieges verließen zweitausendfünfhundert Manichäer die Fahne des Alexius Komnenus und kehrten in ihre Heimat zurück. Er verstellte sich, um Rache zu nehmen, lud ihre Häuptlinge zu einer freundschaftlichen Besprechung ein und bestrafte Unschuldige wie Schuldige mit Kerker, Vermögenseinziehung und Taufe. In friedlicherer Zeit übernahm der Kaiser das heilige Amt, sie mit der Kirche und dem Staate auszusöhnen; er schlug seine Winterquartiere zu Philippopolis auf, und der dreizehnte Apostel, wie er von seiner Tochter genannt wird, verbrachte ganze Tage und Nächte mit theologischen Erörterungen. Durch die Ehren und Belohnungen, die er den ausgezeichneten Proselyten erteilte, wurden seine Gründe unterstützt und ihre Hartnäckigkeit vermindert. Er gründete eine mit Gärten umgebene Stadt, der er entsprechende Freiheiten gewährte, die seinen Namen erhielt und in der die von ihm Bekehrten untergebracht wurden. Die wichtige Stadt Philippopolis wurde ihnen entrissen, die widerspenstigen Anführer in den Kerker geworfen oder verbannt und ihr Leben mehr aus Klugheit als aus Barmherzigkeit von einem Kaiser geschont, auf dessen Befehl ein armer vereinzelter Ketzer vor der St. Sophienkirche lebendig verbrannt worden war. Aber die Hoffnung, die Vorurteile einer Nation auszurotten, wurde durch die eifrigen Paulicianer vereitelt, die aufhörten, sich zu verstellen und sich weigerten, zu gehorchen. Nach der

Abreise und dem Tode des Alexius kehrten sie bald zu ihrer Religion zurück. Im Anfang des dreizehnten Jahrhunderts residierte ihr Papst oder Primas an der Grenze Bulgariens, Dalmatiens und Kroatiens und leitete durch seine Stellvertreter die Gemeinden in Italien und Frankreich. Von dieser Zeit an könnte man durch sorgfältige Forschung die Paulicianer bis in die Neuzeit verfolgen. Zu Ende des siebzehnten Jahrhunderts bewohnte die Sekte oder Kolonie noch immer die Täler des Hämus, wo sie in Unwissenheit und Armut lebten und oft von den Türken und der Geistlichkeit gequält wurden. Die neuen Paulicianer haben alle Erinnerung an ihren Ursprung verloren. Sie beten das Kreuz an und bringen blutige Opfer dar, welche Sitte durch einige gefangene Tartaren eingeführt wurde.

Im Westen waren die ersten Lehrer des manichäischen Glaubens vom Volke zurückgewiesen oder von den Fürsten unterdrückt worden. Der Erfolg, den die Paulicianer im elften und zwölften Jahrhundert erzielten, ist wohl darauf zurückzuführen, daß selbst die frömmsten Christen gegen die römische Kirche eingenommen waren. Sie war habsüchtig, despotisch und gehässig; die häufigen Neuerungen erregten Anstoß und Ärgernis. Die Lehre von der Transsubstantiation war streng und allgemein eingeführt. Der Lebenswandel der lateinischen Geistlichkeit war verderbt, und die orientalischen Bischöfe konnten als Nachfolger der Apostel gelten, wenn sie mit den fürstlichen Prälaten, die abwechselnd den Krummstab, das Zepter und das Schwert schwangen, verglichen wurden. Auf drei Wegen konnten die Paulicianer in das Herz Europas gelangen. Nach der Bekehrung der Ungarn folgten die Pilger, die nach Jerusalem wallfahrteten, dem Lauf der Donau. Auf dem Hin- und Rückwege kamen sie durch Philippopolis, und die Sektierer konnten, indem sie ihren Namen und Glauben verheimlichten, den französischen oder deutschen Pilgern in deren Heimat folgen. Die Venetianer beherrschten mit ihrem Handel die Küsten des Adriatischen Meeres, und die gastfreie Republik war für jeden Fremden, welcher Nation und Religion immer, frei zugänglich. Unter byzantinischer Flagge kamen die Paulicianer oft nach Italien und Sizilien; sie verkehrten im Kriege und Frieden frei mit den Eingeborenen und verbreiteten ihre Lehren in aller Stille in Rom, Mailand und dem Reiche jenseits der Alpen. Man entdeckte bald, daß viele tausend Katholiken jeden Ranges und Geschlechtes sich der manichäischen Ketzerei zugewendet hatten. Bald begann die Verfolgung, und zwölf Domherren zu Orleans erlitten den Flammentod. Die Bulgaren verbreiteten die Religion über Europa. Sie waren geeint im Haß gegen Götzendienerei und gegen Rom und unterstanden einer bischöflichen oder priesterlichen Regierung. Ihre verschiedenen Sekten unterschieden sich durch geringe Abstufungen des Glaubens, stimmten aber allgemein in der Verachtung des alten Testamentes und der Leugnung des Leibes Christi am

Kreuz, wie im Abendmahl überein. Selbst ihre Feinde gaben zu, daß ihr Götzendienst einfach und ihre Sitten tadellos seien; das Maß ihrer Vollkommenheit war so groß, daß ihre immer mehr zunehmenden Gemeinden in zwei Klassen von Jüngern, in die Übenden und Strebenden, eingeteilt waren. Im Lande der Albigenser, in den südlichen Provinzen von Frankreich, hatten die Paulicianer am festesten Wurzel gefaßt, und dieselben Vorgänge, die sich am Euphrat abgespielt hatten, wiederholten sich im dreizehnten Jahrhundert an den Ufern der Rhone. Die Gesetze der morgenländischen Kaiser wurden von Friedrich dem Zweiten wieder ins Leben gerufen. Die Barone und Städte von Languedoc spielten die Rolle der Anführer von Tephrice und Papst Innozenz der Dritte übertraf die blutdürstige Theodora. Nur in Grausamkeiten vermochten es ihre Soldaten den Helden der Kreuzzüge gleich zu tun, und die Unmenschlichkeit ihrer Priester wurde von den Stiftern der Inquisition, einer Einrichtung, die eher dazu dient, den Glauben an ein böses Prinzip zu festigen als zu widerlegen, weit überboten. Die Gemeinden der Paulicianer oder Albigenser wurden mit Feuer und Schwert ausgerottet, und wenige Überlebende entzogen sich durch die Flucht dem Tode oder nahmen den katholischen Glauben an. Aber der unbezwingliche Geist, den sie entzündet hatten, lebte in der abendländischen Welt fort; sogar in der Kirche und den Klöstern gab es heimliche Schüler des heiligen Paulus, die gegen die Tyrannei von Rom protestierten, an der Bibel als Glaubensregel festhielten und ihr Bekenntnis von allem Beiwerk der gnostischen Theologie reinigten. Die Kämpfe Wiclifs in England, Hus' in Böhmen waren verfrüht und wirkungslos, aber Zwingli, Luther und Calvin werden mit Dankbarkeit von Nationen gepriesen.

Ein Philosoph, der Wert und Verdienst abwägt, muß natürlich fragen, von welchen Glaubensartikeln, die gegen die Vernunft sprechen, sie die Christen befreit haben, denn eine solche Befreiung ist ohne Zweifel eine Wohltat, wenn sie sich mit Wahrheit und Frömmigkeit vereinbaren läßt. Nach einer unparteiischen Untersuchung müssen wir über die Schüchternheit der ersten Reformatoren staunen. Sie glauben mit den Juden an das alte Testament, samt allen Wundern, vom Garten des Paradieses bis zu den Gesichten des Propheten Daniel und waren gleich den Katholiken genötigt, gegen die Juden die Abschaffung eines göttlichen Gesetzes zu rechtfertigen. Bezüglich der Dreieinigkeit und Menschwerdung blieben die Reformatoren streng orthodox, sie nahmen die Beschlüsse der ersten vier oder sechs Konzilien an und verdammten alle diejenigen, die nicht am katholischen Glauben festhalten. Die Transsubstantiation oder unsichtbare Verwandlung des Brotes und Weines in den Leib und das Blut Christi ist eine Lehre, die den Beweis herausfordert; statt aber ihre Sinne zu Rate zu ziehen, unterlagen die Protestanten

Gewissenszweifeln und wurden durch die Worte Jesu bei Einsetzung des Sakramentes eingeschüchtert. Luther behauptete, daß Christus *körperlich*, Calvin, daß er *wirklich* beim Abendmahle gegenwärtig sei, und die Ansicht Zwinglis, daß es sich nur um eine geistige Anwesenheit, um ein Gleichnis handle, brach sich nur langsam in den reformierten Kirchen Bahn. Aber dieses Mysterium wird hinreichend durch die Lehren von der Erbsünde, Erlösung, des Glaubens, der Gnade und der Gnadenwahl aufgewogen, die den Briefen des heiligen Paulus entnommen sind. Diese Fragen sind allerdings von den Vätern und Schulmännern bereits diskutiert worden, ihre Vervollkommnung und Verbreitung unter das Volk muß aber den ersten Reformatoren zugeschrieben werden, die sie als wesentliche Bedingung für das Seelenheil bezeichneten.

Die Verdienste Luthers und seiner Nebenbuhler sind nichtsdestoweniger groß und der Philosoph muß diese furchtlosen Enthusiasten anerkennen. I. Sie schafften den Mißbrauch der Ablässe ab, und die heilige Jungfrau wird nicht mehr als Fürbitterin angerufen. Mönche und Nonnen wurden der Freiheit und dem gesellschaftlichen Leben wiedergegeben. Die Heiligen und Engel wurden ihrer Macht beraubt und genießen nur mehr die himmlische Seligkeit. Bilder und Reliquien wurden aus den Kirchen entfernt, und die Aufzählung von Wundern und Erscheinungen in den Predigten unterblieb. Es bleibt die Frage offen, ob diese Einfachheit, die auch in allen Gebeten beobachtet wird, sich mit der Andacht des Volkes verträgt und ob die Menge durch die Abwesenheit aller sichtbaren zu verehrenden Gegenstände nicht zur Schwärmerei verleitet wird oder in Gleichgültigkeit versinkt. II. Der Glaube an die Autorität, der den Bigotten abhält zu denken, wie es ihm gefällt und den Sklaven zu sprechen wie er denkt, ward vernichtet. Päpste, Kirchenväter und Konzilien waren nicht mehr die obersten und untrüglichen Richter der Welt, und jedem Christen wurde gelehrt, kein anderes Gesetz als die heilige Schrift und keinen anderen Richter als sein eigenes Gewissen anzuerkennen. Diese Freiheit war jedoch mehr die Folge als der Sinn der Reformation. Die patriotischen Reformatoren geizten darnach, den Tyrannen zu folgen, die sie entthront hatten. Sie verlangten mit gleicher Strenge das Bekenntnis zu ihrem Glauben und behaupteten das Recht zu haben, Ketzer mit dem Tode zu bestrafen. Calvin richtete aus persönlicher Feindschaft Servetus; Cranmer entzündete gegen die Wiedertäufer die Flammen von Smithfield, von denen er nachher selbst verzehrt wurde. Der römische Papst besaß ein geistliches und weltliches Reich; die protestantischen Gottesgelehrten waren von geringem Range, ohne Einkünfte und Macht. Die Beschlüsse des Papstes waren durch das Alter der katholischen Kirche geheiligt; die Beweise und Streitigkeiten der protestantischen Priester waren dem Urteil des Volkes unterworfen und ihr

Hinweis auf die Berechtigung jedes einzelnen zu urteilen, wurde weit über die Wünsche von den Wißbegierigen und Enthusiastischen befolgt. Seit den Tagen Luthers und Calvins ging im Schoße der Kirche in der Stille eine geheime Reformation vor sich; viele Vorurteile wurden beseitigt und die Schüler des Erasmus verbreiteten den Geist des Freimuts und predigten Mäßigung. Die Gewissensfreiheit wurde als Gemeingut, als unveräußerliches Recht proklamiert; die freien Regierungen von Holland und England haben Toleranz walten lassen, und die engherzigen Gesetze sind von klugen und menschlich denkenden Gesetzgebern geändert worden. Der Verstand hatte, seit er geübt ward, seine Grenzen erkannt, und Worte vermochten ihn nicht mehr zu befriedigen. Die Bücher über die Religionsstreitigkeiten liegen unbeachtet in den Winkeln. Die Freunde des Christentums sind jedoch über den maßlosen Trieb zur Forschung und über die Zweifelsucht bestürzt. Die Prophezeiungen der Katholiken sind in Erfüllung gegangen; das Gewebe des Mysteriums ist von den Arminianern, Arianern und Socinianern, deren Zahl nicht nach ihren Sondergemeinden berechnet werden darf, zerrissen worden, und die Wahrheit der Offenbarungen wird hauptsächlich von jenen Menschen untergraben, die die Religion bekennen, ohne ihrer Wesenheit gerecht zu werden und jenen, die der Philosophie frönen, ohne Mäßigung zu zeigen.

ZEHNTES KAPITEL - DIE BARBAREN OSTEUROPAS

Die Bulgaren. — Ursprung, Wanderungen und Niederlassung der Ungarn. — Ihre Eroberungszüge nach Osten und Westen. — Die Monarchie Rußland. — Geographie und Handel. — Kriege der Russen gegen das griechische Reich. — Bekehrung der Barbaren

Unter der Regierung Konstantins, des Enkels des Heraklius, wurde die alte, so oft verletzte und wiederhergestellte Donaugrenze durch eine neue barbarische Sintflut unwiederbringlich zerbrochen. Die Fortschritte, die die Barbaren machten, wurden ihnen durch die Kalifen, ihre unbekannten und zufälligen Bundesgenossen, erleichtert; die römischen Legionen waren in Asien beschäftigt, und die Kaiser waren nach dem Verlust von Syrien, Ägypten und Afrika zu ihrer Schmach genötigt, ihre Hauptstadt gegen die Sarazenen verteidigen zu müssen. Wenn ich bei der Schilderung der Sarazenen von meinem ursprünglichen Konzept abgewichen bin, so macht der interessante Gegenstand diese Abschweifung verständlich. Im Osten, im Westen, im Kriege, in Religion und Wissenschaft, in ihrem Glücke wie in ihrem Verfall interessieren uns die Araber; sie verursachten die erste Erschütterung der Kirche und des morgenländischen Reiches, und die Anhänger Mohammeds beherrschen noch immer den Orient. Die Schwärme von Wilden, die vom siebenten bis zwölften Jahrhundert aus den Hochebenen Skythiens hervorbrechen, verdienen eine so ausführliche Beschreibung nicht. Ihre Namen sind ungeschlacht, ihr Ursprung zweifelhaft, ihre Taten dunkel; sie waren in blindem Aberglauben befangen und von tierischer Tapferkeit; ihr gleichförmiges öffentliches und häusliches Leben war nicht von Politik geleitet und nicht verfeinert. Die byzantinischen Monarchen wiesen ihre Angriffe zurück und überlebten sie. Der größte Teil dieser Barbaren ist verschwunden, ohne ein Denkmal ihres Daseins hinterlassen zu haben, und die Reste leiden unter fremden Tyrannen und werden dies wohl noch lange tun. Ich werde mich begnügen, von der Geschichte I. der Bulgaren, II. der Ungarn, III. der Russen diejenigen Teile zu erzählen, die es verdienen, erhalten zu bleiben. Die Eroberungen IV. der Normannen und V. die türkische Monarchie werden in Verbindung mit den denkwürdigen Kreuzzügen in das heilige Land und dem Sturz der Stadt und des Reiches Konstantins erzählt werden.

I. Auf seinem Zuge nach Italien hatte Theoderich der Ostgote die Bulgaren geschlagen. Nach dieser Niederlage hörte man während eineinhalb Jahrhunderten nichts mehr von diesem Volke, und es läßt sich annehmen, daß ihr Name erst wieder durch fremde Kolonisten vom Borysthenes, Tanais oder

der Wolga aufgefrischt wurde. Ein König des alten Bulgarien gab seinen fünf Söhnen bei seinem Tode eine letzte Lehre über Mäßigung und Eintracht. Sie wurde aufgenommen wie die Jugend stets Ratschläge Älterer und Erfahrener aufnimmt. Die fünf Fürsten begruben ihren Vater, teilten seine Untertanen und Herden unter sich, vergaßen seinen Rat, trennten sich und wanderten, dem Glücke nachjagend, umher. Die abenteuerlichsten finden wir im Herzen Italiens unter dem Schutze des Exarchen von Ravenna wieder. Aber der Hauptstrom der Auswanderer richtete sich gegen die Hauptstadt. Das neuere Bulgarien erhielt den Namen und das Gepräge, das es noch bis zur Stunde trägt; die neueren Eroberer erhielten nacheinander durch Kriege oder Verträge die römischen Provinzen Dardania, Thessalien und die beiden Epirus. In der geringen Stadt Lychnidus oder Achrida stand in glücklichen Zeiten der Thron ihres Königs und sie beherbergte einen Patriarchen. Die Sprache der Bulgaren beweist deren Abstammung von einem slawischen Stamme. Die verwandten Scharen der Serben, Bosniaken, Raizen, Kroaten, Walachen folgten der Fahne oder dem Beispiele der tonangebenden Horde. Vom Schwarzen bis zum Adriatischen Meere waren sie als Gefangene oder Untertanen, als Bundesgenossen oder Feinde des griechischen Reiches über das Land verbreitet, und der Name Slawen wurde aus Zufall oder Bosheit von seiner ursprünglichen Bedeutung Ruhm in Knechtschaft verwandelt. Die Kroaten sind die Nachkommen eines mächtigen Volkes, der Eroberer und Souveräne von Dalmatien. Die Seestädte, insbesondere die junge Republik Ragusa, flehten den byzantinischen Hof um Beistand und Verhaltungsmaßregeln an; der großmütige Basilius riet ihnen, die unwiderstehlichen Barbaren durch einen jährlichen Tribut zu besänftigen. Das Königreich Kroatien war unter zwölf Zupane oder Lehensherren geteilt, und ihre vereinten Streitkräfte beliefen sich auf sechzigtausend Reiter und hunderttausend Mann Fußvolk. Eine lange, durch Inseln gedeckte, mit geräumigen Häfen versehene Küste, die der italienischen gegenüber lag, begünstigte die Schiffahrt. Die Boote oder Brigantinen der Kroaten waren nach Art der alten Liburnier gebaut; die hundertachtzig Kriegsschiffe, die als beträchtliche Seemacht gelten könnten, hatten jedoch bloß je zehn, zwanzig oder höchstens vierzig Mann Besatzung. Sie wurden allmählich hauptsächlich zum Handel verwendet. Dennoch gab es viele slawische Seeräuber, die gefürchtet waren. Erst gegen Ende des zehnten Jahrhunderts gelang es der Republik Venedig, die Freiheit des Golfes zu sichern. Die Altvorderen dieser dalmatinischen Könige waren weit davon entfernt, tüchtige Seeleute oder gar Seeräuber zu sein; sie wohnten in Weißkroatien, im Inneren Schlesiens und Kleinpolens.

Auch in der Glanzperiode, die nur kurz währte, waren die Bulgaren auf enge Grenzen beschränkt. Im neunten und zehnten Jahrhundert herrschten sie südlich der Donau; aber die mächtigeren Völker, die ihnen bei ihrer Auswanderung gefolgt waren, vereitelten jede Rückkehr nach Norden, sowie alle Ausdehnungsversuche nach Westen. Sie konnten sich, außer verschiedenen dunklen Taten, rühmen, daß sie, was bisher nur den Goten geglückt war, in der Schlacht einen Nachfolger Augustus' und Konstantins getötet hatten. Der Kaiser Nikephorus hatte seinen Ruhm im arabischen Kriege eingebüßt, er verlor sein Leben im bulgarischen Krieg. Bei seinen ersten Unternehmungen rückte er kühn und mit Erfolg bis in das Herz Bulgariens vor und verbrannte den Königshof, der wahrscheinlich bloß ein hölzernes Gebäude inmitten eines Dorfes war. Während er aber nach Beute forschte und alle Friedensanträge verwarf, sammelten sich seine Feinde, besetzten die Pässe in seinem Rücken, und man hörte den bebenden Nikephorus ausrufen: »Ach, ach! wir können nicht hoffen zu entkommen, außer auf Vogelfittichen.« Zwei Tage verharrte er verzweifelt in Untätigkeit; am Morgen des dritten Tages aber überrumpelten die Bulgaren das Lager und metzelten den römischen Fürsten und die Großwürdenträger des Reiches in ihren Zelten nieder. Die Leiche des Valens wurde wenigstens vor Beschimpfungen gerettet, aber der Kopf des Nikephorus wurde auf einem Speer zur Schau gestellt und sein später mit Gold eingefaßter Schädel bei Siegesschmäusen als Trinkgefäß verwendet. Die Griechen weinten über die Entehrung des Thrones, sahen aber darin die Strafe für Grausamkeit und Habsucht. Dieser gräßliche Becher entsprach den Sitten der Skythen; aber noch vor Ende des Jahrhunderts wurden die Bulgaren besänftigt. Sie waren im Besitze eines wohlhabenden Landes, pflegten friedlichen Verkehr mit den Griechen, und das Christentum wurde verbreitet. Die bulgarischen Großen wurden in den Schulen und im Palaste von Konstantinopel erzogen und Simeon, ein Jüngling aus königlichem Geschlecht, in der Rhetorik des Demosthenes und der Logik des Aristoteles unterrichtet. Er verließ das Kloster um König und Krieger zu werden, und unter seiner mehr als vierzigjährigen Regierung nahm Bulgarien einen Rang unter den zivilisierten Mächten der Erde ein. Die Griechen, die von ihm wiederholt angegriffen wurden, warfen ihm Treulosigkeit und Gottesfrevel vor. Sie erkauften den Beistand der heidnischen Türken; Simeon, der die erste Schlacht verloren hatte, gewann überlegen die zweite. Es galt damals schon für einen Sieg, wenn man den Kriegern dieser furchtbaren Nation auszuweichen verstand. Die Serben wurden geschlagen, gefangen, zerstreut, und nur fünfzig Familien blieben anfänglich im Lande, die ihr Leben durch die Jagd mühsam fristeten. Auf klassischem Boden, an den Ufern des Achelous, wurden die Griechen geschlagen. Simeon schritt zur Belagerung von Konstantinopel und diktierte in einer persönlichen Unterredung mit dem Kaiser die Friedensbedingungen. Sie kamen unter besonderen Vorsichtsmaßregeln zusammen: die königliche Galeere legte sich an eine künstliche, wohl befestigte Plattform, und die feindlichen Könige wetteiferten miteinander an Prachtentfaltung. »Bist du ein Christ«, sagte der demütige Romanus, »dann ist es deine Pflicht, deine Mitchristen zu schonen. Hat dich der Durst nach Reichtümern dem Frieden entfremdet? Stecke dein Schwert ein, öffne deine Hand, und ich will alle deine Wünsche erfüllen.« Die Versöhnung wurde durch ein Familienbündnis besiegelt, die Freiheit des Handels wieder hergestellt, den Freunden der Bulgaren die ersten Ehren am Hofe vor den Gesandten anderer Nationen eingeräumt und ihre Fürsten mit dem hohen und gefälligen Titel Basileus oder Kaiser geschmückt. Aber diese Freundschaft blieb nicht lange ohne Störung. Nach dem Tode Simeons griffen die Nationen wieder zu den Waffen; seine schwachen Nachkommen wurden besiegt und vernichtet. Im Anfang des elften Jahrhunderts erwarb sich Basilius der Zweite Porphyrogenitus den Titel eines Bezwingers der Bulgaren. Seine Habsucht wurde durch einen Schatz von vierhunderttausend Pfund Sterling (zehntausend Pfund Gold), den man im Palaste von Lychnidus fand, einigermaßen befriedigt. Er übte kalte, wohlausgesonnene grausame Rache an fünfzehntausend Gefangenen, die ihr Vaterland verteidigt hatten. Sie wurden des Augenlichtes beraubt und nur je einem von hundert ein Auge gelassen, damit er seine blinden Zenturionen ihrem Könige vorführen könne. Der König, wird gemeldet, starb vor Schmerz und Entsetzen. Die Nation wurde durch dieses furchtbare Exempel eingeschüchtert, die Bulgaren aus ihren Niederlassungen verjagt und auf eine kleine Provinz beschränkt. Die überlebenden Häuptlinge lehrten ihre Kinder Geduld zu haben und den Gedanken an Rache zu nähren.

II. Als die Ungarn, ungefähr neunhundert Jahre nach dem Beginn der christlichen Zeitrechnung, Europa zuerst überfluteten, glaubten sie an den Gog und Magog der heiligen Schrift, als Zeichen und Vorläufer des Weltendes. Seit Einführung der heiligen Schrift bei ihnen erforschten sie mit starker und patriotischer Wißbegierde ihre Vergangenheit. Sie führen ihren Stammbaum weit über Attila und die Hunnen hinaus, aber sie klagen, daß ihre ältesten Urkunden im Tartarenkriege verloren gingen, daß ferner ihre wahren Volksgesänge nicht geglaubt werden und daß die rohen Bruchstücke ihrer Chronik nur mit Mühe mit den Berichten der kaiserlichen Geographen in Übereinstimmung gebracht werden können. Magyar ist der einheimische und orientalische Name der Ungarn. Die Griechen gaben ihnen jedoch zum Unterschied von den skythischen Stämmen den Namen Türken, Abkömmlinge jenes mächtigen Volkes, das von China bis an die Wolga geherrscht hatte. Die pannonischen Kolonisten pflegten weiter Verkehr, Handel und Freundschaft mit den orientalischen Türken an den Grenzen Persiens, und nach einer

Trennung von dreihundertfünfzig Jahren entdeckten und besuchten die Boten des Königs von Ungarn ihr altes Vaterland an den Ufern der Wolga. Sie wurden gastfrei von einem Volke von Wilden und Heiden aufgenommen, die immer den Namen Ungarn geführt hatten und sich mit ihnen in ihrer Muttersprache verständigen konnten, sich an die Sage von den längst verlorenen Brüdern erinnerten und mit Staunen die Wundererzählung von ihrem neuen Königreiche und Glauben vernahmen. Ihre Stammverwandten suchten sie eifrigst zu bekehren, und einer ihrer hochherzigsten Fürsten hatte den schönen, aber nicht zur Ausführung gekommenen Plan gefaßt, das öde Pannonien mit ihren Verwandten aus der Tartarei zu bevölkern. Aus diesem Urvaterlande wurden sie durch Krieg und Völkerwanderung, durch das Nachdrängen ferner Stämme, die zugleich Flüchtlinge und Eroberer waren, nach dem Westen getrieben. Sie wandten sich gegen die Grenzen des römischen Reiches, machten an den Ufern der großen Flüsse halt, und man kann in den Gebieten von Moskau, Kiew und der Moldau Spuren ihrer ehemaligen kurzzeitigen Wohnsitze entdecken. Auf dieser langen Wanderung erlitten sie durch Stärkere öfter Niederlagen, und ihr Blut wird durch Beimischung des Blutes fremder Horden veredelt oder verunreinigt. Aus irgendeinem Grunde, wahrscheinlich aus Notwendigkeit, scharten sich mehrere Stämme Chozaren unter der Fahne ihrer alten Vasallen zusammen, führten eine zweite Sprache ein und erlangten den ehrenvollsten Posten in der Schlacht. Das Heer der Türken und ihrer Bundesgenossen zog in sieben gleich starken Abteilungen; jede derselben bestand aus dreitausendachthundertsiebenundfünfzig Kriegern, was, wenn man Weiber, Kinder und Knechte rechnet, mindestens eine Million Auswanderer ergibt. Sie wurden von sieben Waywoden oder erblichen Häuptlingen geleitet, aber deren Fehden und Schwäche begünstigte die Herrschaft einer einzelnen Person. Das Zepter, das von dem bescheidenen Lebedius abgelehnt worden war, wurde Almus und seinem Sohne Arpad angeboten. Die obersten Herrscher nannten sich Khan und legten die gegenseitigen Verpflichtungen zwischen Herrscher und Volk fest: das Volk hat den Fürsten zu gehorchen und der Fürst für das Glück und den Ruhm des Volkes zu sorgen!

Mit dieser Darstellung könnten wir uns füglich begnügen. Die scharfsinnigen neueren Gelehrten haben jedoch weitere Kenntnisse über die Frühzeit der Nation gesammelt. Die ungarische Sprache steht allein und gleichsam isoliert von den slawischen Mundarten da, ist aber mit dem Idiom der finnischen Rasse nahe verwandt. Die Finnen sind ein alter und wilder Stamm, der einst die nördlichen Gegenden von Europa und Asien bewohnte. Die Benennung Ugri oder Iguren findet man an den westlichen Grenzen Chinas; ihre Wanderungen nach den Ufern des Irtisch werden durch tartarische Zeugnisse bestätigt. Einen ähnlichen Namen und eine verwandte Sprache trifft man bei den Völkern des südlichen Sibirien, und die Reste der finnischen Stämme sind, wenn auch dünn, von den Quellen des Obi bis zu den Gestaden von Lappland verbreitet. Wenn die Ungarn und die Lappländer wirklich verwandt sind, so würde sich in ihrer Verschiedenheit der Einfluß des Klimas auf die Nationen zeigen; die Abenteurer an der Donau waren kühn und berauschten sich an dem Weine, der an ihren Ufern wächst, während die Finnen elende Flüchtlinge waren, die sich in den Eiswüsten bargen. Kampf und Freiheit waren seit jeher, oft zu ihrem Unglück, die herrschenden Leidenschaften der Ungarn, die die Natur an Seele und Leib mit Kraft begabt hatte. Die große Kälte ihres Landes veranlaßte, daß die Lappländer klein blieben; die arktischen Stämme allein wissen von Krieg und Blutvergießen nichts; eine glückliche Unwissenheit, wenn sie der Vernunft und Tugend entspränge.

Der kaiserliche Verfasser der Taktik hat die Bemerkung gemacht, daß alle skythischen Heiden einander in ihrem Hirten- und Kriegsleben glichen, alle auf gleiche Weise für ihren Lebensunterhalt sorgten und sich der gleichen Waffen bedienten. Er fügt jedoch hinzu, daß die Bulgaren und Ungarn ihren Brüdern überlegen und bezüglich ihrer Regierungen und der Heereszucht ähnlich sind. Ihre Ähnlichkeit verleitete Leo dazu, Freund und Feind gemeinsam zu beschreiben, und die Schilderung kann durch einige Züge, die ihre Zeitgenossen des zehnten Jahrhunderts überliefert haben, bereichert werden. Die angeborene Wildheit dieser Barbaren wird durch ihren Freiheitsdrang und das Bewußtsein ihrer großen Zahl gesteigert; sie verachteten außer kriegerischer Tapferkeit, alle Tugenden, die sonst von den Menschen hochgeachtet werden. Die Zelte der Ungarn waren aus Leder, ihre Kleidung aus Pelz, sie schoren ihr Haar, machten narbenzurücklassende Schnitte in ihr Gesicht, waren langsam in der Rede, schnell in ihren Taten, hielten Verträge nicht und hatten die übrigen Mängel der Barbaren: zu große Unwissenheit, um die Wichtigkeit der Wahrheit zu erkennen, zu großen Stolz, um den Bruch der feierlichsten Verpflichtungen zu leugnen oder zu beschönigen. Ihre Einfachheit ist gepriesen worden; sie enthielten sich aber nur des Luxus', den sie nicht kannten. Was sie sahen, danach begehrten sie, und ihre Begierden waren unersättlich; sie kannten nichts als Gewalttaten und Streit. Indem ich sie als Hirtenvolk bezeichnete, habe ich ihre Wirtschaft, Regierung und die Art ihrer Kriegsführung gekennzeichnet; ich füge hinzu, daß die Ungarn auch von den Erträgnissen der Jagd und Fischerei lebten. Sie mußten, obwohl sie nur selten die Erde bebauten, in ihren neuen Niederlassungen zuweilen eine auf niederer Stufe stehende Landwirtschaft betrieben haben. Auf den Wanderungen, wohl auch auf den Feldzügen, wurden ihre Scharen von

Tausenden von Schafen und Rindern begleitet, die ständig Fleisch und Milch lieferten und furchtbare Staubwolken aufwirbelten. Die erste Sorge des Anführers war ein ausgedehnter Futterbereich für die Lämmer- und Rinderherden, und war dieser gefunden, so kehrten sich die abgehärteten Krieger weder an Gefahren noch Strapazen. Die Vermengung von Tieren und Menschen, die das Land überfluteten, hätte ihr jeweiliges Lager nächtlichen Überfällen preisgegeben, wenn ihre leichte Reiterei, die stets in Bewegung war, sie nicht in großem Kreis umschwärmt hätte, um den sich nähernden Feind zu melden und aufzuhalten. Nachdem die Ungarn die Taktik der Römer gelernt hatten, bewaffneten sie sich mit Schwert, Lanze und Helm und deckten sich und ihre Pferde mit Harnischen. Die ihnen vertraute und von ihnen meisterhaft gehandhabte Waffe war der Bogen der Tartaren. Von frühester Kindheit an übten sich ihre Kinder und Sklaven im Bogenschießen und Reiten. Ihr Arm war stark, ihr Auge scharf und sie waren gewöhnt, auch im schärfsten Ritt kehrt zu machen und eine Wolke von Pfeilen zu entsenden. Im offenen Kampfe, im Hinterhalt, auf der Flucht und bei der Verfolgung waren sie gleich furchtbar. Ihre vorderen Reihen bewahrten einen Schein von Ordnung, und im Angriff wurden diese durch die nachdrängenden Scharen vorwärtsgetrieben. Sie verfolgten den fliehenden Feind blitzschnell, mit hängenden Zügeln und schrien dabei schrecklich; wenn sie sich dagegen auf wirklicher oder verstellter Flucht befanden, wurde der verfolgende Feind durch plötzliches Standhalten und Schwenkungen in Verwirrung gebracht und aufgehalten. Während ihrer Siege setzten sie Europa, das noch von den Wunden, die es von den Sarazenen und Dänen erhalten hatte, blutete, in Bestürzung; Barmherzigkeit verlangten sie selten, gewährten sie noch seltener. Beide Geschlechter waren dem Mitleid gleich unzugänglich, und durch ihre Gier nach rohem Fleische wurde die Sage gestützt, daß sie das Blut der Erschlagenen tränken und deren Herzen aßen. Es fehlte jedoch den Ungarn keineswegs an Gerechtigkeit und Menschlichkeit. Sie hatten Gesetze und Strafen, und es gab viele unter ihnen, die von Haus aus tugendhaft waren, durch die die Sitten verbessert wurden und welche die Pflichten des geselligen Lebens erfüllten.

Nach einer langen Wanderung, flüchtend oder siegend, näherten sich die türkischen Horden den Grenzen des byzantinischen und fränkischen Reiches. Ihre ersten Eroberungen und endlichen Niederlassungen dehnten sie auf beiden Seiten der Donau über Wien und Belgrad weit über die römische Provinz Pannonien oder des heutigen Ungarn aus. Dieses große Land war dünn von Mährern, einem slawischen Stamm, besiedelt, die von den neu eingedrungenen Horden zusammengedrängt wurden. Karl der Große besaß ein riesiges Reich, das nominell bis an die Grenzen Siebenbürgens reichte. Nach Aussterben seiner rechtmäßigen Nachfolger vergaßen die Herzöge von

Mähren den Monarchen des östlichen Frankreich Tribut zu zahlen. Der Bastard Arnulf fand sich unklugerweise bewogen, die Türken zu rufen; sie leisteten dem Rufe Folge, und man hat mit Recht den König von Deutschland als einen Verräter an der bürgerlichen und kirchlichen Gesellschaft der Christen gebrandmarkt. So lange Arnulf lebte, blieben die Türken aus Furcht oder Dankbarkeit ruhig; aber während der Kindheit seines Sohnes Ludwig fielen sie in Baiern ein und plünderten und verheerten an einem einzigen Tage ein Bereich mit einem Umfang von fünfzig (engl.) Meilen. In der Schlacht bei Augsburg waren die Christen bis zur siebenten Stunde des Tages im Vorteil, sie wurden aber durch die scheinbare Flucht der türkischen Reiterei getäuscht und schließlich besiegt. Der Brand breitete sich über Baiern, Franken und Schwaben aus, und die Ungarn förderten die Anarchie im Lande, indem sie die mächtigsten Barone zwangen, ihre Vasallen zu Kriegsdiensten anzuhalten und ihre Schlösser zu befestigen. Der Ursprung der ummauerten Städte wird dieser Zeit zugeschrieben; keine Entfernung konnte gegen einen Feind sichern, der zu gleicher Zeit das schweizerische Kloster St. Gallen und die Stadt Bremen an der Nordsee in Asche legte. Über dreißig Jahre mußten die deutschen Kaiser oder Könige Tribut zahlen. Jeder Widerstand wurde durch die wirksame Drohung niedergeschlagen, Weiber und Kinder in Gefangenschaft zu schleppen und alle männlichen Einwohner über zehn Jahren niederzumetzeln. Ich werde die Eroberungen der Ungarn jenseits des Rheins nicht näher beschreiben, aber ich muß erwähnen, daß die Südprovinzen Frankreichs von ihnen verheert wurden und Spanien jenseits der Pyrenäen durch die Annäherung dieser furchtbaren Fremdlinge in Bestürzung versetzt wurde. Italien hatte sie schon öfter zu Einfällen verlockt, aber sie fürchteten in ihrem Lager an der Brenta die scheinbar große Volksmenge und Stärke des neuentdeckten Landes. Sie baten, unbelästigt ihren Rückzug antreten zu dürfen; stolz verweigerte ihnen dies der König von Italien. Zwanzigtausend Christen büßten seine Hartnäckigkeit und Unbesonnenheit. Unter den Städten des Westens zeichnete sich das königliche Pavia durch Ruhm und Glanz aus, selbst Rom verdankte seinen Vorrang nur den Reliquien der Apostel. Die Ungarn erschienen, dreiundvierzig Kirchen verbrannten und nur ungefähr zweihundert Edle wurden verschont, die aus den Trümmern einige Scheffel Gold und Silber (wohl eine Übertreibung) gerettet hatten. Bei diesen jährlichen Streifzügen bis in die Nähe Roms und Capuas widerhallten die Kirchen, die noch standen, von kläglichen Litaneien: »O rette und befreie uns von den Ungarn!« Aber die Heiligen waren taub oder unerbittlich, der Strom rollte vorwärts bis zur äußersten Landspitze von Kalabrien. Ein Lösegeld wurde für den Kopf jedes italienischen Untertanen angeboten und angenommen: zehn Scheffel Silber wurde in das türkische Lager gebracht, die Räuber jedoch sowohl bei der Kopfzahl betrogen wie beim Silbergehalte des Metalls. Im Osten widerstanden den Ungarn anfangs die Bulgaren, deren Glaube ein Bündnis mit den Heiden verbot. Sie bildeten durch die Lage ihres Landes das Bollwerk des byzantinischen Reiches. Das Bollwerk wurde durchbrochen, der Kaiser erblickte die wogenden Banner der Türken, und einer ihrer kühnsten Krieger wagte es, seine Streitaxt in das goldene Tor einzuhauen. Die reichen und schlauen Griechen konnten den Angriff ablenken, aber die Ungarn konnten sich rühmen, daß sie von den Bulgaren und Griechen Tribut erhielten. Die große Zahl der Kriegsschauplätze und deren große Entfernung während des Feldzuges erweckte den Eindruck, daß die Zahl der Türken außerordentlich groß sei. Das höchste Lob gebührt ihrem Mute: ein kleiner Trupp von drei- bis vierhundert Reitern machte oft die kühnsten Streifzüge bis an die Tore von Tessalonika und Konstantinopel. Während dieser unglücklichen Periode im neunten und zehnten Jahrhundert schwebte über Europa eine dreifache Geißel: die Normannen aus dem Norden, die Ungarn aus dem Osten und die Sarazenen aus dem Süden kommend, verwüsteten immer wieder dieselben Landstriche, und Homer hätte sie mit Löwen verglichen, die an der verstümmelten Leiche eines Hirsches zerrten.

Die Befreiung Deutschlands und der Christenheit wurde von zwei sächsischen Fürsten, Heinrich dem Städtegründer und Otto dem Großen, die in zwei denkwürdigen Schlachten für immer die Macht der Ungarn brachen, bewerkstelligt. Der tapfere Heinrich erhob sich auf den Ruf seines Vaterlandes vom Krankenlager, aber er war guten Mutes und sein Feldzug von Erfolg gekrönt. »Meine Gefährten«, sprach er am Morgen des Schlachttages, »bleibet in Reih und Glied, fanget die ersten Pfeile der Heiden mit euern Schilden auf und kommt dem zweiten Pfeilregen durch einen schnellen Vorstoß mit euren Lanzen zuvor.«. Sie gehorchten und siegten. Das historische Gemälde von Merseburg zeigt die Züge Heinrichs, der in einem unwissenden Zeitalter die Verewigung seines Namens Künstlern anvertraute. Nach zwanzig Jahren fielen die Kinder, der durch sein Schwert gefallenen Türken in das Reich seines Sohnes ein; ihre Heeresmacht wird mit mindestens hunderttausend Reitern angegeben. Sie wurden von einer einheimischen Partei gerufen, ihr Zug von den Verrätern vorbereitet, und sie drangen weit über den Rhein und die Maas bis ins Herz von Flandern. Aber der tatkräftige und kluge Otto warf die Verschwörer nieder; die Fürsten sahen ein, daß, wenn sie nicht zusammenhielten, ihre Religion und ihr Vaterland unwiederbringlich verloren seien. Die Streitkräfte der Nation sammelten sich in den Ebenen von Augsburg. Sie marschierten und kämpften in acht Gruppen, je nach Provinzen und Stämmen; die erste, zweite und dritte bestand aus Baiern, die vierte aus Franken, die fünfte aus Sachsen, unter dem unmittelbaren Befehle des

Monarchen, die sechste und siebente aus Schwaben, und die achte, tausend Böhmen, schloß den Zug. Heereszucht und Tapferkeit wurden durch den Glauben erhöht. Die Soldaten fasteten und führten die Reliquien von Heiligen und Märtyrern mit sich. Der christliche Held gürtete sich mit dem Schwerte Konstantins, faßte den unbezwinglichen Speer Karls des Großen und schwang das Banner des heiligen Mauritius, des Präfekten der thebaischen Legion. Das größte Vertrauen aber setzte er in die heilige Lanze, deren Spitze aus den echten Nägeln des Kreuzes Christi geschmiedet war, und die sein Vater dem König von Burgund durch Kriegsdrohung und durch Überlassung einer Provinz abgerungen hatte. Die Ungarn wurden von vorn erwartet; sie gingen insgeheim über den Lech, einem Fluß Baierns, der sich in die Donau ergießt, kamen dem christlichen Heer in den Rücken, plünderten und brachten die böhmischen und schwäbischen Heerhaufen in Unordnung. Die Schlacht wurde durch die Franken wiederhergestellt, ihr tapferer Herzog Konrad aber, während er von seinen Anstrengungen ausruhte, von einem Pfeile durchbohrt und so getötet. Die Sachsen fochten tapfer unter den Augen ihres Königs, und der von ihm errungene Sieg war verdienstvoller und wichtiger als die Triumphe der letzten zwei Jahrhunderte. Die Verluste, die die Ungarn auf der Flucht erlitten, waren noch größer als jene in der Schlacht. Sie kamen zwischen den Flüssen Baierns in die Klemme und hatten, wegen ihrer früher verübten Grausamkeiten, keine Hoffnung auf Barmherzigkeit. Drei gefangene Fürsten wurden zu Regensburg gehängt, unzählige Gefangene erschlagen oder verstümmelt. Die Flüchtlinge, die es wagten in ihr Vaterland zurückzukehren, wurden von ihren Stammesgenossen zu ewiger Armut und Schmach verdammt. Der Geist der Nation war aber nicht gebrochen, und die zugänglichsten Punkte Ungarns wurden mit Gräben und Wällen befestigt. Im Unglück wurden die Ungarn mäßig und friedvoll; die Räuber des Westens gewöhnten sich an ein seßhaftes Leben, und ein einsichtsvoller Fürst lehrte das folgende Geschlecht, daß mehr durch Vervielfältigung und Austausch der Erzeugnisse eines fruchtbaren Landes gewonnen werden könne, als durch Beraubung fremder Länder. Der ursprüngliche Stamm, mit türkischem oder finnischem Blut, mengte sich mit neuen Kolonisten skythischen oder slawischen Ursprungs. Viele tausend starke und fleißige Gefangene waren aus allen Ländern Europas zusammengeschleppt worden und gereichten nun dem Land zum Nutzen. Nachdem sich Geisa mit einer Baiernfürstin vermählt hatte, verlieh er an deutsche Edle Würden und Ländereien. Der Sohn Geisas erhielt den Königstitel, und das Haus Arpad herrschte dreihundert Jahre über das Königreich Ungarn. Aber die freigeborenen Barbaren ließen sich durch den Glanz des Diadems nicht blenden, und das Volk behauptete weiter sein Recht, den Herrscher zu wählen, abzusetzen und zu bestrafen.

III. Der Name der Russen wurde zuerst im neunten Jahrhundert durch eine Gesandtschaft Theophilus', Kaisers des Morgenlandes, an den Kaiser des Abendlandes, Ludwig, Sohn Karls des Großen, verbreitet. Die Griechen waren von den Gesandten des Großfürsten oder Chagans oder Zars der Russen begleitet. Auf ihrer Reise nach Konstantinopel waren sie durch viele feindliche Völkerschaften gezogen, und sie hofften den Gefahren des Rückzuges zu entgehen, indem sie den fränkischen Monarchen baten, sie zur See nach ihrem Vaterland zu schaffen. Bei näherer Prüfung entdeckte man ihren Ursprung; es waren Brüder der Schweden und Normannen, die sich in Frankreich bereits verhaßt gemacht hatten und gefürchtet waren, und man besorgte mit Recht, daß diese russischen Fremden nicht Boten des Friedens, sondern solche des Krieges sein möchten. Man entließ die Griechen, hielt die Russen fest, und Ludwig wartete auf einen genaueren Bericht, um entweder nach den Gesetzen der Gastfreundschaft oder denjenigen der Klugheit vorzugehen. Die skandinavische Abkunft des Volkes oder wenigstens der Fürsten von Rußland wird durch ihre Annalen und die allgemeine Geschichte des Nordens bestätigt. Die Normannen, von denen man so lange nichts gewußt hatte, brachen auf einmal zu seemännischen und kriegerischen Unternehmungen hervor. Die ausgedehnten und angeblich volkreichen Länder Dänemark, Schweden und Norwegen besaßen viele unabhängige Häuptlinge und verzweifelte Abenteurer, die im Frieden vor Langeweile seufzen und bei Schmerzen und im Todeskampfe lächelten. Seeräuberei war das Gewerbe der skandinavischen Jugend, das ruhmsüchtig mit Lust betrieben ward. Ihres rauhen Klimas und der engen Grenzen überdrüssig, bestiegen sie ihre Schiffe und durchforschten jede Küste, wo sie entweder Beute machen oder Ansiedlungen gründen konnten. Die Ostsee war der erste Schauplatz ihrer Taten zu Wasser; sie besuchten die östlichen Küsten, an denen finnische und slawische Stämme ruhig lebten. Die Urrussen am Ladogasee zahlten diesen Fremden, die sie Waräger oder Seeräuber nannten, einen Tribut, der aus Fellen weißer Eichhörnchen bestand. Ihre Überlegenheit im Gebrauch der Waffen, in der Heereszucht und ihr Ruhm erweckte die Scheu und Ehrfurcht der Eingeborenen. Die Waräger ließen sich herab, ihnen bei ihren Kriegen gegen die tiefer im Lande wohnenden Wilden als Freunde und Bundesgenossen beizustehen und errangen allmählich durch Siege oder Wahl, die Herrschaft über ein Volk, das sie zu schützen wußten. Sie wurden wegen ihrer Tyrannei vertrieben, ihrer Tapferkeit wegen zurückgerufen, bis endlich (862) Rurik, ein skandinavischer Häuptling, der Ahnherr einer Dynastie wurde, die über siebenhundert Jahre herrschte. Seine Brüder dehnten ihren Einfluß aus, die Gefährten im südlichen Rußland folgten seinem Beispiel, und durch Krieg und Mord wurde eine mächtige Monarchie geschaffen.

So lange die Nachkommen Ruriks als Freunde und Eroberer betrachtet wurden, regierten sie mit Hilfe der Waräger, verteilten an ihre treuen Hauptleute Ländereien und Untertanen und ersetzten ihre Scharen durch Abenteurer von den Küsten des Baltischen Meeres. Nachdem jedoch die skandinavischen Häuptlinge feste Wurzeln geschlagen hatten, vermengten sie sich mit den Russen, nahmen ihre Religion und Sprache an. Der erste Wladimir hat das Verdienst, Rußland von den fremden Söldnern befreit zu haben. Sie hatten ihn auf den Thron gesetzt, seine Reichtümer genügten jedoch nicht, um ihre Forderungen zu befriedigen, aber sie folgten seinem Rat, sich einen reicheren Gebieter zu suchen und nach Griechenland zu schiffen, wo sie Gold und Silber statt Eichhörnchenfelle als Sold erhalten würden. Gleichzeitig forderte der russische Fürst seine byzantinischen Genossen auf, die ungestümen Söhne des Nordens in ihre Dienste zu nehmen, sie voneinander zu trennen, im Kriege zu verwenden, zu belohnen und zu zähmen. Zeitgenössische Schriftsteller haben den Empfang der Waräger zu Konstantinopel erwähnt und ihren Charakter beschrieben; sie stiegen täglich im Vertrauen und in der Achtung, die ganze Schar war in Konstantinopel versammelt und tat Dienste bei der Leibwache. Ihre Anzahl wurde bald durch eine beträchtliche Menge ihrer Landsleute von der Insel Thule ergänzt. In diesem Falle hat Thule wohl England zu bedeuten, denn die neuen Waräger waren Engländer und Dänen, die vor den Normannen geflohen waren. Die Wallfahrten und Seeräuberfahrten hatten einander ferne Nationen miteinander in Kontakt gebracht; der byzantinische Hof nahm die Einwanderer auf. Sie bewahrten dem Reich bis zum Untergang Treue und behielten ihre eigenen Sprachen bei. Mit ihren breiten, zweischneidigen Streitäxten, die auf den Schultern getragen wurden, begleiteten sie den Kaiser zur Kirche, in den Senat und das Hippodrom; sie umgaben ihn beim Schlafe und an der Tafel und erhielten die Schlüssel des Palastes, des Schatzes und der Hauptstadt zur Aufbewahrung.

Im zehnten Jahrhundert wußte man weit mehr über die nördlichen Gegenden Skythiens als die Alten, und das russische Reich erhielt auf der Karte Konstantins einen großen und ausgezeichneten Platz. Die Söhne Ruriks waren Herren der großen Provinz Wladimir oder Moskau, und wenn sie auch im Osten von Horden bedrängt wurden, schoben sie in jenen frühen Zeiten ihre Westgrenze bis an die Ostsee und Preußen vor. Im Norden erstreckte sich ihr Reich bis über den sechzigsten Breitegrad, sie beherrschten die hyperboräischen Länder, von denen man geglaubt hatte, daß sie in ewiger Finsternis lägen und von Ungeheuern bevölkert seien. Im Süden folgten sie dem Lauf des Borysthenes und näherten sich mit diesem Flusse dem Schwarzen Meer. Die Stämme, die in diesen ausgedehnten Landstrichen wohnten oder über sie wanderten, gehorchten einem Eroberer und verschmolzen allmählich zu einer Nation. Die russische Sprache ist eine Mundart der slawischen, aber im zehnten Jahrhundert waren die beiden verschieden, und da die slawische im Süden vorherrschte, kann man vermuten, daß die ursprünglichen Russen des Nordens, die ersten Untertanen des Anführers der Waräger, ein Teil der finnischen Rasse gewesen sind. Durch die Wanderungen, Vereinigungen und Trennungen der Nomadenstämme wurde das Bild, das die skythische Wüste bot, ständig verändert. Die älteste Karte Rußlands zeigte jedoch einige Plätze, die noch bis heute ihren Namen und ihre Lage beibehalten haben. Die beiden Hauptstädte Nowgorod und Kiew stammen aus dem ersten Jahrhundert der Monarchie; Nowgorod verdiente damals noch nicht den Beinamen groß und war des Bundes mit der Hansa, durch den Reichtum und Freiheitsideale in die Stadt gelangten, noch nicht würdig. Kiew konnte sich noch nicht rühmen, dreihundert Kirchen, unzählige Bewohner und solchen Glanz und Größe zu besitzen, daß es mit Konstantinopel, allerdings nur von jenen, die die Residenz des Kaisers nie gesehen hatten, verglichen werden konnte. Die beiden Städte waren ursprünglich bloß Lager oder Märkte, günstig gelegene Sammelpunkte, wo die Barbaren zum Handel oder zu Kriegsberatungen zusammenkamen. Aber selbst solche Versammlungen zeigen Fortschritte an. Eine neue Rinderrasse wurde aus den südlichen Provinzen eingeführt und Handel zu Lande und Wasser, vom Baltischen bis zum Schwarzen Meer, von der Mündung der Oder bis Konstantinopel getrieben. In den Zeiten des Götzendienstes wurde die slavische Stadt Julin von den Normannen, die sich klug einen freien Markt gesichert hatten, zu Handelszwecken besucht. Von diesem Hafen an der Mündung der Oder segelte der Korsar oder Kaufmann nach dem östlichen Ufer des Baltischen Meeres, die fernsten Nationen traten miteinander in Verbindung, und die heiligen Haine von Kurland sollen mit Gold aus Griechenland und Spanien geschmückt gewesen sein. Zwischen dem Meere und Nowgorod war eine bequeme Verbindung entdeckt worden, im Sommer über einen Golf, einen See und einen schiffbaren Fluß, im Winter über die harte ebene Schneedecke. Die Russen jener Stadt fuhren auf Strömen, die in den Borysthenes mündeten, mit ihren aus einem Baumstamme gezimmerten Kähnen hinab, führten Sklaven jeden Alters, Felle jeder Art, Honig und Rinderhäute mit und legten die gesamten Waren in den Vorratshäusern von Kiew nieder. Im Monat Juni fuhr die Flotte gewöhnlich ab; die Barken wurden in größere und festere Boote umgezimmert, und die Kaufleute fuhren ohne Hindernis den Borysthenes hinab, bis sie zu den sieben oder dreizehn Felsenriffen kamen, die das Bett durchziehen und Stromschnellen bilden. Bei den kleineren Fällen genügte es, die Schiffe zu erleichtern, die größeren

Katarakte waren aber nicht schiffbar, und die Schiffer mußten ihre Schiffe, Sklaven und Waren sechs Meilen über das Land schleppen, wobei sie räuberischen Überfällen ausgesetzt waren. Gelangten sie unbehindert wieder zum Strom, so feierten die Russen auf der ersten Insel unterhalb der Wasserfälle ein Fest, auf einer zweiten, nahe der Mündung des Flusses, besserten sie ihre Boote aus, um mit ihnen die längere und gefährlichere Reise auf dem Schwarzen Meere anzutreten. Steuerten sie längs der Küste hin, so erreichten sie bald die Mündung der schiffbaren Donau, mit einem günstigen Winde konnten sie aber in sechsunddreißig bis vierzig Tagen das gegenüberliegende Gestade von Anatolien erreichen und ihre Waren auf dem Markte von Konstantinopel verkaufen. Sie kehrten mit Öl, Wein, Korn, den Industrieerzeugnissen Griechenlands und den Gewürzen Indiens zurück. Einige ihrer Landsleute hielten sich ständig in der Hauptstadt und den Provinzen auf; es bestanden zu ihrem Schutze und zum Schutze ihrer Habe Verträge, die ihnen Vorrechte einräumten.

Aber diese Verbindung, die zum Besten des Menschengeschlechtes diente, wurde bald zu seinem Nachteile. Während hundertneunzig Jahren machten die Russen Versuche, Konstantinopel zu plündern; der Erfolg dieser Seezüge war verschieden, aber Beweggründe, Mittel und Zweck gleich. Die russischen Kaufleute hatten die Pracht und die Üppigkeit der Kaiserstadt gesehen und schilderten die Wunder in den glühendsten Farben. Die mitgebrachten Waren erregten die Gier ihrer Landsleute, sie beneideten die Griechen um die Geschenke der Natur, die ihren Himmelsstrichen versagt geblieben waren, um die Erzeugnisse der Kunst, zu deren Nachahmung sie zu träge waren und die sie aus Armut nicht kaufen konnten. Die Warägerfürsten entfalteten die Fahne, schifften sich mit den tapfersten Kriegern der nördlichen Inseln des Ozeans ein und wurden Seeräuber. Im siebenten Jahrhundert ahmten ihnen die Kosaken nach, indem sie mit ihren Flotten den Borysthenes und das Schwarze Meer zu demselben Zwecke befuhren. Die Griechen nannten die Böden ihrer Schiffe mit Recht Monoxyla, Einzelhölzer. Eine Buche oder Weide wurde ausgehöhlt und das so erlangte flache schmale Boot auf beiden Seiten durch Planken erhöht, bis es eine Höhe von zwölf Fuß und eine Länge von sechzig erreichte. Die Boote hatten kein Verdeck, aber zwei Steuerruder und einen Mast; sie bewegten sich mittels Ruder und Segel und trugen vierzig bis sechzig bewaffnete Krieger, einen Vorrat von Wasser und eingesalzenen Fischen. Der erste Versuch der Russen wurde mit zweihundert solchen Fahrzeugen gemacht; wie sie aber ihre gesamte Heeresmacht aufgeboten hätten, wären tausend bis zwölfhundert Schiffe gegen Konstantinopel ausgezogen. Ihre Flotte stand der Agamemnons nicht nach, wurde aber von den Furchtsamen zehn- bis fünfzehnmal vergrößert. Wenn die griechischen Kaiser verständig, vorsichtig und vorausschauend gewesen wären, wären sie vielleicht mit einer Flotte an die Mündung des Borysthenes gesegelt. Sie gaben aber die Küste von Anatolien den Seeräubern preis, die nach sechshundert Jahren die Küsten des Schwarzen Meeres abermals unsicher machten; solange jedoch die Hauptstadt geschont wurde, kümmerten sich die Fürsten und Geschichtschreiber nicht um die Leiden einer fernen Provinz. Der Sturm, der über Phasis und Trebisond hingebraust war, brach endlich auch über den thrakischen Bosporus los, eine fünfzehn Meilen breite Meerenge, in der die rohen Schiffe der Russen durch einen geschickten Gegner aufgehalten und vernichtet hätten werden können. Bei ihrer ersten Unternehmung unter dem Fürsten von Kiew passierten sie ungehindert die Meerenge und besetzten den Hafen von Konstantinopel in Abwesenheit des Kaisers Michael, dem Sohn des Theophilus. Nach zahllosen Gefahren landete er an der Treppe des Palastes und verfügte sich sogleich in die Kirche der Jungfrau Maria. Auf den Rat der Patriarchen wurde ihr Mantel, eine kostbare Reliquie, aus dem Heiligtum genommen und in das Meer getaucht; der sich rechtzeitig erhebende Sturm, der die Russen zur Rückkehr zwang, wurde hierauf frommer Weise der Mutter Gottes zugeschrieben. Da die griechischen Geschichtschreiber über den zweiten Einfall durch Oleg, dem Vormund der Söhne Ruriks, schweigen, ist man versucht an ihm oder seiner Wichtigkeit zu zweifeln. Der Bosporus war von starken Bollwerken und Verteidigungswaffen geschützt; er wurde gewöhnlich umgangen, indem man die Boote über die Landenge zog, und die Nationalchroniken beschreiben diese Handlung der Russen, als ob ihre Boote mit einem frischen Winde über das Land gesegelt wären. Der Anführer der dritten Armada, Igor, Ruriks Sohn, hatte für seinen Einfall einen Zeitpunkt gewählt, in dem die griechische Flotte gegen die Sarazenen kämpfte. Wenn es aber an Mut nicht fehlt, mangeln selten die Verteidigungswaffen. Fünfzehn im Dock befindliche und schadhafte Galeeren wurden bemannt und segelten kühn gegen den Feind; statt eines einzigen Rohres für griechisches Feuer, war aber jedes Schiff mit mehreren bewaffnet. Die Ingenieure waren gewandt und das Wetter günstig; mehrere tausend Russen, die lieber ertrinken als verbrennen wollten, sprangen ins Meer, und die wenigen, die nach dem thrakischen Gestade entkamen, wurden von den Bauern in unmenschlicher Weise niedergemetzelt. Ein Drittel der Boote floh jedoch in seichtes Wasser, und im nächsten Frühjahr war Igor wieder gerüstet die Schmach abzuwaschen und Rache zu nehmen. Nach langer Zeit nahm Jaroslaus, Igors Enkel, den alten Plan eines Einbruchs zur See wieder auf. Eine Flotte, unter dem Befehle seines Sohnes, wurde abermals durch das griechische Feuer am Eingange des Bosporus zurückgetrieben. Aber bei der übereilten Verfolgung wurde die Vorhut der Griechen von einer großen Menge von Booten mit Bewaffneten umzingelt, ihr Feuervorrat war wahrscheinlich erschöpft, und vierundzwanzig Galeeren wurden genommen, versenkt oder zerstört.

Russische Kriege wurden jedoch weit häufiger durch Verträge abgewendet als durch Waffen. Bei diesen Seekriegen waren alle Nachteile auf Seiten der Griechen: ihr wilder Feind gewährte keine Schonung, bei ihm war keine Beute zu machen, seine unerreichbaren Zufluchtsorte machten den Griechen Rache unmöglich, und im Reiche war man der Meinung, daß im Verkehr mit Barbaren weder Ehre gewonnen noch verloren werden konnte. Anfangs waren ihre Forderungen unzulässig hoch. Sie forderten drei Pfund Gold für jeden Krieger oder Seemann; die russische Jugend dürstete weiter nach Eroberungen oder Ruhm, die weisen Greise aber empfahlen Mäßigung. »Begnügt euch mit dem freigebig gestellten Antrag des Kaisers«, sagten sie. »Ist es nicht besser, daß ihr ohne Kampf in den Besitz von Gold, Silber, Seide, kurz aller Gegenstände eurer Wünsche gelangt? Sind wir des Sieges sicher? Können wir einen Vertrag mit dem Meere schließen? Wir kämpfen nicht auf festem Boden, wir kämpfen auf schwankendem, abgrundtiefem Wasser und der Tod hängt über unseren Häuptern.« Diese nordischen Flotten, die vom Polarkreise zu kommen schienen, hinterließen tiefen Schrecken in der kaiserlichen Hauptstadt. Der Pöbel behauptete und glaubte, daß auf einer Reiterstatue auf dem Taurusplatze eine Prophezeiung eingegraben wäre, daß die Russen endlich Herren von Konstantinopel werden würden. Im achtzehnten Jahrhundert hat eine russische Flotte, statt vom Borysthenes auszusegeln, Europa umschifft, und die türkische Hauptstadt ist von einer Flotte starker Kriegsschiffe bedroht worden, von denen jedes mit seiner Artillerie hundert russische Kähne früherer Zeiten versenken oder zerstören hätte können.

Zu Lande waren die Russen minder furchtbar als zur See, und da sie meist zu Fuß fochten, mußten ihre regellosen Scharen oft von der Reiterei der skythischen Horden durchbrochen und überritten worden sein. Aber ihre wachsenden Städte, so schwach und unvollkommen befestigt sie auch sein mochten, boten doch den Untertanen Schutz und setzten dem Feinde Schranken entgegen. Die Monarchen von Kiew besaßen bis zu einer verderblichen Teilung die Länder des Nordens, und die Nationen von der Wolga bis zur Donau wurden von Swätoslaus, dem Sohne Igors, des Sohnes Olegs, des Sohnes Ruriks, unterjocht oder zurückgedrängt. Er führte ein kriegerisches und wildes Leben; in ein Bärenfell gehüllt, schlief Swätoslaus gewöhnlich auf der Erde, das Haupt an seinen Sattel gelehnt, er aß mäßig und nur geringe Kost, gleich den Helden Homers briet und röstete er das Fleisch (es war häufig das der Pferde) auf Kohlen. Sein im Kampfe geübtes Heer besaß Festigkeit und Zucht, und man muß annehmen, daß kein Krieger ein anderes Leben führen durfte, als sein Anführer. Eine Gesandtschaft des

Kaisers Nikephorus bewog ihn, in Bulgarien einzufallen; er erhielt ein Geschenk von fünfzehnhundert Pfund Gold zur Bestreitung der Kosten des Feldzuges oder zur Belohnung. Ein Heer von sechzigtausend Mann wurde gesammelt und eingeschifft; die Russen segelten vom Borysthenes zur Donau, landeten an der Küste von Mösien und siegten nach einem heftigen Kampfe über die Reiterei der Bulgaren. Der besiegte König starb, seine Kinder wurden zu Gefangenen gemacht und seine Gebiete bis zum Hämusgebirge von den Fremden des Nordens unterjocht oder verheert. Statt aber seine Beute fahren zu lassen und seine Verpflichtungen zu erfüllen, war der Warägerfürst eher geneigt weiter vorzudringen als zurückzugehen. Wären seine Pläne von Erfolg begleitet gewesen, so wäre der Sitz der Regierung des russischen Reiches schon in jener frühen Zeit in ein gemäßigteres und fruchtbareres Klima verlegt worden. Swätoslaus erkannte und genoß die Vorzüge des neuen Landes, wo er durch Tausch oder Raub alle Erzeugnisse der Erde vereinigen konnte. Mittels leichter Schiffe bezog er aus Rußland Felle, Wachs und Honig, Ungarn versah ihn mit Pferden und den Erzeugnissen des Westens und Griechenland hatte Überfluß an Gold, Silber und Luxusgegenständen. Scharen von Patzinaciten (Petschenegen), Chozaren und Türken (Ungarn) strömten zu seinen Fahnen, und der Gesandte des Nikephorus verriet seinen Gebieter, nahm den Purpur an und versprach mit seinem neuen Bundesgenossen die Schätze der morgenländischen Welt zu teilen. Der Fürst zog von den Ufern der Donau bis Adrianopel; seine feierliche Aufforderung, die römische Provinz zu räumen, wurde mit Verachtung zurückgewiesen und Swätoslaus erwiderte grimmig, Konstantinopel habe bald die Anwesenheit eines Feindes und eines neuen Gebieters zu gewärtigen.

Nikephorus konnte dem Unheil nicht mehr steuern, das er verursacht hatte; Thron und Gattin gingen jedoch bald auf Johann Zimisces über, der trotz seinen kleinen Körpers den Mut und die Talente eines Helden besaß. Der erste Sieg seiner Unterbefehlshaber beraubte die Russen ihrer Bundesgenossen; zwanzigtausend von ihnen fielen entweder durch das Schwert oder empörten sich und wurden heeresflüchtig. Thrakien war befreit, aber siebzigtausend Barbaren standen noch unter Waffen. Die Legionen, die aus Syrien zurückgerufen worden waren, rüsteten sich im kommenden Frühling unter der Fahne eines kriegerischen Fürsten zu dienen, der sich zum Rächer der mißhandelten Bulgaren erklärt hatte. Die Pässe des Hämusgebirges waren nicht bewacht, sie wurden sogleich besetzt; die römische Vorhut bestand aus den Unsterblichen (eine aus dem Persischen übernommene Bezeichnung). Der Kaiser führte das Haupttheer von zehntausend Mann Fußvolk, und der Rest seiner Streitkräfte folgte langsam und vorsichtig mit Gepäck und Kriegsmaschinen. Die erste Tat des Zimisces war die Niederwerfung von

Marcianopolis oder Peristhlaba in zwei Tagen. Die Drommeten schmetterten, die Wälle wurden erstürmt, achttausendfünfhundert Russen getötet, die Söhne des Königs von Bulgarien aus dem Gefängnisse befreit und mit einem nominellen Diadem geschmückt. Nach diesen Verlusten zog sich Swätoslaus nach dem starken Dristra an den Ufern der Donau zurück und wurde vom Feinde verfolgt. Die byzantinischen Galeeren fuhren stromaufwärts, belagerten die Stadt von der Flußseite, und die Legionen warfen am Rande rings um die Stadt eine Verschanzungslinie auf. Der Fürst der Russen wurde in der Stadt eingeschlossen, angegriffen und ausgehungert. Manche tapfere Tat wurde ausgeführt, mancher verzweifelte Ausfall versucht, und erst nach fünfundsechzigtägiger Belagerung wich Swätoslaus dem widrigen Geschicke. Die guten Bedingungen, die er erhielt, beweisen die Klugheit des Siegers, der Tapferkeit ehrte und Verzweiflung fürchtete. Der Großfürst von Rußland verpflichtete sich durch die feierlichsten Eide, alle feindlichen Absichten aufzugeben; er erhielt freien Rückzug zugesichert, die Freiheit des Handels und der Schiffahrt wurde wieder hergestellt und jeder seiner Soldaten erhielt ein Maß Korn. Zweiundzwanzigtausend Maß wurden verteilt, woraus die großen Verluste ersichtlich sind, die die Russen erlitten hatten. Nach einer mühseligen Fahrt erreichten sie wieder die Mündung des Borysthenes; aber ihre Vorräte waren erschöpft, die Jahreszeit ungünstig, sie waren gezwungen, den Winter auf dem Eise zuzubringen, und bevor sie ihren Zug fortsetzen konnten, wurde Swätoslaus von den benachbarten Stämmen, die mit den Griechen in dauerndem Verkehr standen, umzingelt und erdrückt. Ganz anders war Zimisces Rückkehr, der in der Hauptstadt wie Camillus oder Marius, die Retter des alten Rom, empfangen wurde. Der fromme Kaiser schrieb den Sieg der Mutter Gottes zu; das Bild der Jungfrau Maria mit Jesus in den Armen wurde auf einen Triumphwagen gehoben, der die Kriegsbeute führte und auf dem die Abzeichen der Königswürde der Bulgaren lagen. Zimisces hielt seinen feierlichen Einzug zu Pferde, das Diadem schmückte sein Haupt, er trug einen Lorbeerkranz in der Hand, und Konstantinopel staunte über sich selbst, daß es seinem kriegerischen Souverän zujubelte. Photius von Konstantinopel, ein Patriarch, der sehr wißbegierig und ehrgeizig war, wünschte sich und der griechischen Kirche zur Bekehrung der Russen Glück. Er dachte, daß diese blutdürstigen Barbaren überredet worden waren, Jesus als ihren Gott, die christlichen Glaubensboten als ihre Lehrer und die Römer als ihre Freunde anzuerkennen. Sein Triumph war vorschnell und von kurzer Dauer. Bei manchen ihrer mit wechselndem Glück durchgeführten Seeabenteuer mochten einige Anführer eingewilligt haben, sich taufen zu lassen, und ein griechischer Bischof, Metropolit genannt, spendete in der Kirche zu Kiew einer Gemeinde von Sklaven und Eingeborenen die Sakramente. Aber der Same des

Evangeliums war auf einen unfruchtbaren Boden gefallen, es gab viele Abtrünnige, wenig neu Bekehrte, und erst die Taufe Olgas kann als Beginn der allgemeinen Bekehrung betrachtet werden. Sie war vielleicht niedrigster Herkunft und war, da sie den Tod ihres Gemahls Igor rächte und das Zepter übernahm, mit besonderer Tatkraft begabt, wodurch sie sich den Gehorsam der Barbaren sichern konnte. Zu einer Zeit, in der im Reiche innerer und äußerer Friede herrschte, segelte sie von Kiew nach Konstantinopel. Der Kaiser Konstantin Porphyrogenitus beschrieb umständlich das Zeremoniell bei ihrer Ankunft in seiner Hauptstadt und den Empfang im Palaste. Die Schritte, die sie zu machen hatte, die Titel, mit denen sie angesprochen wurde, die Begrüßungen, das Bankett, die Geschenke, alles war genau vorherbestimmt worden, um der Fremden zu schmeicheln, jedoch die höhere Majestät der Kaiser zu betonen. Bei der Taufe empfing sie den Namen Helena; gleichzeitig mit ihr ließen sich zwei ihrer Oheime, zwei Dolmetscher, sechzehn Frauen höheren, achtzehn geringeren Ranges, zweiundzwanzig Diener oder Beamte und vierundvierzig russische Kaufleute, die das Gefolge der Großfürstin Olga bildeten, taufen. Nach ihrer Rückkehr nach Rußland blieb sie dem Christentum treu, ihre Anstrengungen zur Verbreitung des Evangeliums waren jedoch nicht von Erfolg begleitet. Ihre Familie und ihr Volk blieb hartnäckig bei der Verehrung der Götter ihrer Väter. Ihr Sohn Swätoslaus fürchtete den Hohn und die Verachtung seiner Gefährten, und ihr Enkel Wladimir widmete sich der Ausschmückung der Denkmäler der alten Götter. Den Gottheiten des Nordens wurden noch Menschenopfer dargebracht, bei der Wahl des Opfers zog man den Eingeborenen dem Fremden, den Christen dem Götzendiener vor, ja der Vater, der seinen Sohn, der zum Opfer auserkoren war, verteidigte, wurde von der fanatischen Menge gleichfalls getötet. Trotzdem hatten die Lehren und das Beispiel der frommen Olga einen tiefen, wenn auch geheimgehaltenen Eindruck auf die Fürsten und das Volk gemacht. Die griechischen Glaubensboten fuhren fort zu predigen, zu disputieren, zu taufen. Die Gesandten oder Kaufleute Rußlands, die nach Konstantinopel kamen, verglichen die Religion der Griechen mit ihrer eigenen. Sie betrachteten mit Entzücken den Sankt Sophiendom, die ergreifenden Bilder der Heiligen und Märtyrer, die herrlichen Altäre, die Zahl und Gewänder der Priester und die feierlichen Zeremonien. Die andächtige Stille und der harmonische Gesang in den Kirchen erbaute sie, und es hielt nicht schwer, sie zu dem Glauben zu bringen, daß jeden Tag ein Engelchor vom Himmel niederschwebe, um bei der Andacht gegenwärtig zu sein. Die Bekehrung Wladimirs wurde dadurch entschieden oder beschleunigt, daß er nach einer römischen Braut begehrte. In der Stadt Cherson wurde er nach erfolgter Taufe von dem christlichen Bischof getraut; die Stadt wurde dem Kaiser Basilius, seinem Schwager, zurückgegeben, die ehernen Tore aber, wie berichtet wird, nach Nowgorod geschafft und vor der ersten Kirche als Denkmal seines Sieges und Glaubens aufgestellt. Auf seinen Befehl wurde Perun, der Gott des Donners, den er solange angebetet hatte, durch die Straßen der Stadt geschleppt, zwölf stämmige Barbaren schlugen mit Keulen auf die häßliche Figur los und warfen sie dann voll Verachtung in den Borysthenes. Das Edikt Wladimirs verkündete, daß alle, die sich weigern würden, sich taufen zu lassen, als Feinde Gottes und ihres Fürsten behandelt werden würden. Bald sammelten sich die gehorsamen Russen zur Taufe an den Flüssen, da sie von der Wahrheit und Vortrefflichkeit einer Religion überzeugt waren, die von dem Großfürsten und den Bojaren angenommen worden war. Die Reste der Barbarei waren bereits beim folgenden Geschlecht ausgerottet. Die beiden Brüder Wladimirs waren ohne Taufe gestorben; daher wurden ihre Gebeine aus dem Grabe genommen und nachträglich durch ein Sakrament geheiligt.

Im neunten, zehnten und elften Jahrhundert der christlichen Zeitrechnung wurde das Evangelium allmählich über Bulgarien, Ungarn, Böhmen, Sachsen, Dänemark, Norwegen, Schweden, Polen und Rußland verbreitet. Lobenswerter Ehrgeiz feuerte sowohl deutsche als griechische Mönche an, die Barbaren in ihren Zelten zu besuchen. Armut, Drangsale und Gefahren waren das Los der ersten Glaubensboten; sie waren mutig und leidgestählt, ihre Beweggründe rein und verdienstlich, ihr Lohn bestand lediglich in ihrem reinen Gewissen und in der Achtung eines dankbaren Volkes. Die Früchte ihrer Mühen wurden jedoch von den stolzen und reichen Prälaten späterer Zeit geerntet. Die ersten Bekehrungen erfolgten freiwillig; ein frommer Lebenswandel und eine beredte Zunge waren die einzigen Waffen der Glaubensboten. Die heimischen Fabeln der Heiden wurden durch die Wunder und Gesichte der Fremden zum Schweigen gebracht und die Geneigtheit der Häuptlinge erworben, indem man ihnen schmeichelte und sie bestach. Die Führer der Völker, die man als Könige oder Heilige grüßte, erachteten es für recht und fromm, ihren Untertanen und Nachbarn den katholischen Glauben aufzuzwingen. Die Völker an der Küste der Ostsee, von Holstein bis zum Finnischen Meerbusen wurden aus religiösen Gründen bekriegt. Die Bekehrung der Völker des Nordens verschaffte den alten und neuen Christen viele zeitliche Wohltaten; der Hang zum Kriege, der den Menschen innewohnt, konnte durch das Christentum aber nicht zum Verschwinden gebracht werden, und die katholischen Fürsten haben zu jeder Zeit Feindseligkeiten begonnen. Durch die Bekehrung der Barbaren hörten jedoch die Raubzüge der Normannen, Ungarn und Russen zu Wasser und Land auf. Sie lernten ihre Brüder schonen und ihre Besitzungen bebauen. Die Geistlichkeit förderte die Einführung der Gesetze und der Ordnung, führte Künste und Wissenschaft in die Länder der Barbaren ein. Die frommen russischen Fürsten nahmen die geschicktesten Griechen in ihre Dienste, um die Städte zu schmücken und die Einwohner zu unterrichten. Die Sophienkirche wurde in Kiew und Nowgorod roh nachgeahmt, die Schriften der Väter in die slawische Sprache übersetzt, und dreihundert Jünglinge eingeladen oder gezwungen, dem Unterricht in der Schule des Jaroslaus beizuwohnen. Man sollte meinen, daß Rußland durch die enge Verbindung mit der Kirche und dem Staate der Griechen, die die unwissenden Lateiner mit Recht so verachteten, schnell zur Bildung gelangte. Die byzantinische Nation war jedoch knechtisch veranlagt und eilte schnell dem Verfalle zu. Nach dem Sturze Kiews wurde der Borysthenes nur mehr selten befahren; die Großfürsten, die in Wladimir und Moskau residierten, waren dem Meere und der Christenheit fern. Sie wurden schließlich von den Tartaren versklavt. Die slawischen und skandinavischen Königreiche, die durch lateinische Glaubensboten bekehrt worden waren, standen unter der geistlichen Herrschaft der Päpste, denen sie Steuer zahlten; aber sie blieben durch Sprache und Gottesdienst untereinander und mit Rom verbunden, sogen den Geist der freien europäischen Republik ein und beteiligten sich allmählich an der Aufklärung der abendländischen Welt.

ELFTES KAPITEL - DIE NORMANNEN

Die Sarazenen, Franken und Griechen in Italien. – Erste Taten und Niederlassung der Normannen. – Charakter und Eroberungen Robert Guiscards, Herzogs von Apulien. – Befreiung von Sizilien durch seinen Bruder Roger. – Siege Roberts über die Kaiser des Ostens und Westens. – Roger, König von Sizilien, bricht in Afrika und Griechenland ein. – Der Kaiser Manuel Komnenus. – Kriege der Griechen und Normannen. – Erlöschen der Normannen

Die drei großen Nationen der Welt, die Griechen, Sarazenen und Franken stießen bei ihren Eroberungskämpfen in Italien gegeneinander. Die südlichen Provinzen, die später das Königreich Neapel bildeten, waren größtenteils den langobardischen Herzögen und Fürsten von Benevent unterworfen, die so mächtig waren, daß sie kurze Zeit Karl dem Großen widerstanden und so freigebig, daß sie in ihrer Hauptstadt eine Schule unterhielten, in der zweihundertdreißig Philosophen und Grammatiker lehrten. Durch Teilung dieses blühenden Staates entstanden die einander befehdenden Fürstentümer Benevent, Salerno und Capua. Von einem ehrgeizigen oder rachedürstenden Mitbewerber um einen Thron wurden die Sarazenen aufgefordert nach Italien zu kommen, und diese vernichteten das gemeinsame Erbe. Während zweihundert Jahren wurde Italien so verheert, daß auch die folgende Zeit der Ruhe die Wunden nicht zu heilen vermochte. Die Geschwader der Sarazenen liefen häufig, ja fast jährlich aus dem Hafen von Palermo aus und wurden mit zu großem Entgegenkommen von den Christen aufgenommen. Die starken Kriegsflotten der Sarazenen wurden in Afrika ausgerüstet, und selbst die Araber Andalusiens ließen sich zuweilen verleiten, gegen die Muselmanen einer feindlichen Sekte zu kämpfen oder ihnen beizustehen. Die italienische Geschichte zeigt eine Wiederholung früherer Ereignisse: ein Hinterhalt wurde in den kaudinischen Pässen gelegt, auf den Gefilden Cannäs wurde zum zweiten Male das Blut der Afrikaner vergossen, der Souverän von Rom griff abermals Capua und Tarent an oder verteidigte diese Städte. Eine Sarazenenkolonie war nach Bari verpflanzt worden, das die Einfahrt des Adriatischen Meerbusens beherrscht, und ihre gegen jedermann gerichteten Seeräuberfahrten reizten beide Kaiser und förderten deren Vereinigung. Es wurde ein Angriffsbündnis zwischen Basilius dem Makedonier, dem Ersten seiner Dynastie, und Ludwig, dem Urenkel Karls des Großen, geschlossen, und jeder lieferte dem anderen, was ihm mangelte. Es wäre von dem byzantinischen Monarchen unklug gewesen, seine in Asien stehenden Truppen nach Italien zu senden. Die Heere der Lateiner hätten jedoch nicht ausgereicht, wenn seine überlegene Flotte nicht die Einfahrt in den Meerbusen besetzt hätte. Die Festung Bari wurde von dem Fußvolk der Franken, der Reiterei und den Galeeren der Griechen eingeschlossen. Nach vierjähriger Verteidigung unterwarf sich der arabische Emir Ludwig, der die Belagerung in Person leitete. Die wichtige Eroberung war durch die Eintracht des Ostens und Westens ermöglicht worden, aber die Freundschaft wurde bald durch Eifersüchteleien und Stolz getrübt und verbittert. Die Griechen schrieben sich die Eroberung zu und veranstalteten einen Triumphzug. Sie verhöhnten die Unmäßigkeit und Trägheit der Handvoll Barbaren, die unter der Fahne des Karolingerfürsten gefochten hatten. Dessen beredte Antwort zeigt seine Entrüstung und die Wahrheit. »Wir anerkennen die Größe eurer Rüstungen«, sagte der Urenkel Karls des Großen, »eure Truppen waren in der Tat so zahlreich wie eine Schar Heuschrecken im Sommer, die die Sonne verfinstern, mit den Flügeln flattern und nach kurzem Fluge müde und atemlos zur Erde taumeln. Gleich ihnen sänket ihr nach kurzer Anstrengung dahin, wurdet von eurer eigenen Feigheit besiegt und verließet den Kampfplatz, um unsere christlichen Untertanen an der slawischen Küste zu mißhandeln und zu berauben. Unsere Zahl war klein, aber warum war sie klein? Weil ich nach langem Harren auf euch mein Heer entlassen und nur eine Schar auserlesener Krieger zurückbehalten habe, um die Blockade der Stadt fortzusetzen. Wenn sie sich angesichts des Todes an gastlichen Gelagen erfreuten, verhinderten etwa die Gelage ihre Taten? Wurden die Mauern Baris durch euer Fasten erstürmt? Haben nicht diese tapferen Franken, so zusammengeschmolzen sie auch durch die Kämpfe waren, die drei mächtigsten Emire der Sarazenen aufgehalten und besiegt? Hat deren Niederlage nicht den Fall der Stadt beschleunigt? Bari ist gefallen, Tarent zittert, Kalabrien wird befreit werden, und wenn wir die See beherrschen, wird die Insel Sizilien den Ungläubigen entrissen werden. Mein Bruder (ein die eitlen Griechen in hohem Maße beleidigender Titel) beschleunige deine Hilfe zur See, ehre deinen Bundesgenossen und mißtraue den Schmeichlern.«

Die stolzen Hoffnungen erloschen schnell mit dem Tode Ludwigs und dem Verfall des karolingischen Hauses. Wem immer die Ehre des Sieges gebührte, verstanden es doch die griechischen Kaiser, Basilius und sein Sohn Leo, die Früchte des Kampfes zu ernten. Die Italiener von Apulien und Kalabrien wurden überredet oder gezwungen, ihre Oberhoheit anzuerkennen. Der größte Teil des Königreiches Neapel, vom Berge Garganus bis zur Bai von Salerno, geriet unter die Herrschaft des morgenländischen Reiches. Die Herzogtümer oder Republiken von Amalfi und Neapel, die immer treu geblieben waren, freuten sich, daß ihr rechtmäßiger Souverän die Nachbargebiete beherrschte. Amalfi wurde reich, indem es Europa mit den Produkten und Fabrikaten von Asien versah. Aber die lombardischen Fürstentümer Benevent, Salerno und

Capua wurden wider Willen von der lateinischen Welt getrennt, und die geschworenen Eide wurden nur zu oft gebrochen und der Tribut verweigert. Die Stadt Bari wurde als Hauptstadt der neuen Theme oder Provinz Lombardei reich und groß. Der oberste Statthalter erhielt den Patriziertitel und später den sonderbaren Namen Katapan. Politik und Religion des Staates wurden von der Regierung von Konstantinopel geregelt und geleitet. So lange die Fürsten von Italien um das Zepter kämpften, blieb es bei matten und unglücklichen Versuchen, die Griechen widerstanden den Streitkräften Deutschlands, die unter der kaiserlichen Fahne der Ottonen über die Alpen gezogen waren, entweder oder wichen ihnen aus. Der erste und größte dieser sächsischen Fürsten wurde gezwungen, die Belagerung von Bari aufzuheben; der zweite konnte sich mit Ehren aus der Schlacht von Crotona retten, in der er seine Bischöfe und Barone verloren hatte. Den Erfolg dieses Tages entschieden die tapferen Sarazenen. Diese Seeräuber waren allerdings von den byzantinischen Flotten aus den Festungen und von den Küsten Italiens vertrieben worden, aber das Interesse war mächtiger als Aberglaube und Groll. Der Kalif von Ägypten hatte vierzigtausend Muselmanen seinen christlichen Bundesgenossen zu Hilfe gesandt. Die Nachfolger des Basilius glaubten, daß die Eroberung der Lombardei ihren Ministern, ihren Gesetzen und dem dankbaren Volk, das sie aus Anarchie und Unterdrückung erlöst hatten zu verdanken sei und ihre Herrschaft nun andauern würde. Verschiedene Aufstände hätten diesen Glauben eigentlich erschüttern müssen, und die von den Schmeichlern getäuschten Kaiser hätten durch die leichte und schnelle Eroberung der Normannen eines besseren belehrt werden können.

Die Veränderungen der Zeiten hatten in Apulien und Kalabrien einen traurigen Gegensatz zwischen dem Zeitalter des Pythagoras und dem zehnten Jahrhundert der christlichen Zeitrechnung geschaffen. Zu jener Zeit befanden sich an den Küsten Großgriechenlands (wie es damals hieß) zahlreiche freie und reiche Städte. Diese Städte waren mit Kriegern, Künstlern und Philosophen bevölkert, und die Streitkräfte von Tarent, Sybaris oder Krotona standen denen eines mächtigen Königreiches nicht nach. Im zehnten Jahrhundert waren diese Provinzen von einem unwissenden Volke bewohnt, durch Tyrannen ausgesogen und von barbarischen Kriegen verheert. Ein Zeitgenosse sagt, daß ein schönes großes Land in eine Öde verwandelt worden ist. Aus den Kriegen der Araber, Franken und Griechen werde ich zwei oder drei Episoden erzählen, die für die Sitten der Nationen bezeichnend sind. 1. Es gewährte den Sarazenen Vergnügen, die Kirchen und Klöster zu entweihen und zu plündern, und auf den Altartischen wurden die furchtbarsten Orgien gefeiert. Bei einer solchen Gelegenheit wurde ein Emir durch einen fallenden Balken getötet, und man schrieb diese Tat Christo zu. 2. Die Sarazenen belagerten die Städte Benevent und Capua; nachdem die Bevölkerung vergeblich bei den Nachfolgern Karls des Großen um Hilfe gebeten hatte, wandten sich die Langobarden an den griechischen Kaiser um Hilfe. Ein unerschrockener Bürger ließ sich von der Mauer herab, schlich sich durch die Verschanzungen und erfüllte seine Sendung, wurde aber von den Barbaren gefangengenommen, als er mit willkommener Nachricht zurückkehrte. Sie verlangten von ihm, daß er ihnen durch Täuschung seiner Landsleute beistehen solle und versprachen ihm in diesem Falle Reichtum und Ehren. Sollte er sie aber hintergehen, so würden sie ihn augenblicklich töten. Er stellte sich an, als würde er ihrem Verlangen nachgeben, war aber kaum in Hörweite der Christen auf den Wall gebracht worden, als er mit lauter Stimme rief: »Freunde und Brüder, harret bei der Verteidigung der Stadt aus, euer Souverän kennt eure Not, eure Befreier sind nahe. Ich kenne mein Schicksal und bitte euch für mein Weib und Kind zu sorgen.« Die Wut der Araber war groß; er wurde sogleich von hundert Lanzen durchbohrt. Das Andenken dieses hochherzigen Mannes verdiente es, bewahrt zu werden; die Wiederholung dieser Geschichte zu anderen Zeiten macht es jedoch zweifelhaft, ob sie sich wirklich ereignet hat. 3. Die Erzählung eines dritten Vorfalls dürfte ein Lächeln erregen. Theobald, Markgraf von Camerino und Spoleto, unterstützte die Rebellen von Benevent, und seine Grausamkeit war in jenen Tagen nicht unvereinbar mit Heldenmut. Seine Gefangenen, die der griechischen Nation oder Partei angehörten, wurden ohne Erbarmen entmannt und die Verstümmelung durch den grausamen Scherz verbittert, er wolle dem Kaiser Eunuchen schenken, welche die edelsten Zierden des byzantinischen Hofes bildeten. Die Besatzung eines Schlosses wurde bei einem Ausfalle geschlagen und die Gefangenen wie üblich verurteilt. Die Vollstreckung des Urteils wurde durch ein Weib gestört, das mit blutenden Wangen, aufgelösten Haaren und unter ungestümem Geschrei eindrang und den Markgrafen zwang, seine Klage anzuhören. »So führet ihr Krieg, ihr hochherzigen Helden, Krieg gegen Frauen, die euch nie beleidigt haben und deren einzige Waffen Spindel und Webstuhl sind?« Theobald verteidigte sich gegen die Beschuldigung und beteuerte, daß er seit den Zeiten der Amazonen nie wieder etwas von einem Kriege gegen Weiber gehört hätte. »Wie könnet ihr uns«, rief sie wütend aus, »mehr angreifen und verwunden, als indem ihr uns unsere Gatten und die Hoffnung auf Nachkommenschaft raubt? Den Raub unserer Rinder und Lämmer habe ich ohne Murren ertragen, aber dieser Schimpf, dieser unersetzliche Verlust, bricht meine Geduld und ich rufe den Himmel und die Erde laut um Gerechtigkeit an.« Ein allgemeines Gelächter zollte ihr Beifall; die wilden, dem Mitleide unzugänglichen Franken wurden durch ihre lächerliche, obwohl wohlbegründete Verzweiflung bewegt. Sie erreichte die

Freigabe der Gefangenen und erhielt auch ihr Eigentum zurück. Als sie im Triumphe nach dem Schlosse zurückkehrte, holte sie ein Bote ein, der sie in Theobalds Namen fragte, welche Strafe über ihren Gemahl verhängt werden solle, wenn er ein zweitesmal mit den Waffen in der Hand gefangen würde? »Wenn dies«, antwortete sie ohne Zögern, »durch seine Schuld und zu seinem Unglücke geschieht, hat er Nase, Augen, Hände und Füße. Diese sind sein Eigentum, die kann er durch seine persönlichen Vergehen verwirken. Aber mein Gebieter möge geruhen zu verschonen, was seine demütige Dienerin als ihr besonderes und rechtmäßiges Eigentum zu beanspruchen wagt.«

Die Festsetzung der Normannen im Königreiche Neapel und Sizilien ist ein seinem Ursprünge nach höchst romantisches, seine Folgen für Italien und das morgenländische Reich nach ein höchst wichtiges Ereignis. Die Provinzen der Griechen, Langobarden und Sarazenen waren jedem Angriffe preisgegeben, und die skandinavischen Seeräuber suchten alle Meere und Länder heim. Nachdem sie lange dem Raube und Morde gefrönt hatten, eroberten und besetzten die Normannen in Frankreich ein ausgedehntes Gebiet, das ihren Namen erhielt. Sie wurden Christen und bekannten sich als Vasallen Karls des Großen und Hugo Capets. Ihre Sitten wurden in einem wärmeren Klima als dem ihrer nördlichen Heimat verfeinert, ohne daß ihr Mut gelitten hätte. Die Gefährten Rollos vermengten sich nach und nach mit den Eingeborenen, nahmen die Sitten, Sprache und Galanterien der Franzosen an. Trotzdem galten die Normannen in einem kriegerischen Zeitalter als besonders tapfer. Sie machten Wallfahrten nach Rom, Italien und dem heiligen Lande. Der Reiz dieser Wallfahrten wurde durch die am Wege lauernden Gefahren erhöht, die Welt war an Wundern und Hoffnungen reich. Sie verbanden sich zu gegenseitiger Verteidigung, und die Räuber der Alpen, die oft Pilgerzüge überfielen, trafen auf Krieger im Mönchsgewand, die sie züchtigten. Bei einer dieser Fahrten in die Höhle des Berges Garganus in Apulien, die durch die Erscheinung des Erzengels Michael heilig war, wurden sie von einem Fremden in griechischer Tracht angeredet, der sich als Rebell, Flüchtling und Todfeind des griechischen Herrschers zu erkennen gab. Er hieß Melo, war ein edler Bürger aus Bari und suchte nach einer mißglückten Empörung neue Bundesgenossen und Rächer seiner Vaterstadt. Das kühne Aussehen der Normannen erregte sein Vertrauen und seine Hoffnungen; sie schenkten den Klagen und noch mehr den Versprechungen des Patrioten Gehör. Er versicherte ihnen, daß sie bei der Unternehmung Reichtümer erlangen würden, und dies schien ihnen zu beweisen, daß seine Sache gerecht sei. Sie betrachteten das fruchtbare Land, das von einem verweichlichten Tyrannen unterdrückt wurde, als Erbteil der Tapferen. Nach ihrer Rückkehr in die Normandie versuchten sie den Unternehmungsgeist anzufachen und es gelang ihnen eine kleine Schar zu sammeln, die Apulien befreien wollte. Sie gingen auf verschiedenen Wegen und in Pilgertracht über die Alpen und wurden in der Nähe Roms von dem Häuptling von Bari erwartet, der die ärmeren mit Waffen und Pferden versah und sie sogleich auf den Schauplatz der Tat führte. Im ersten Kampfe siegten sie durch ihre Tapferkeit, im zweiten wurden sie aber durch die große Zahl der Griechen und mit Hilfe der Kriegsmaschinen geschlagen. Sie zogen sich, das Antlitz den Feinden zugekehrt, voll Ingrimm zurück. Der unglückliche Melo starb am Hofe von Deutschland als Bittender; seine normannischen Anhänger irrten, sowohl aus ihrer Heimat als aus dem verheißenen Lande ausgeschlossen, in den Bergen und Tälern Italiens umher und erwarben sich ihren täglichen Unterhalt durch das Schwert. Die Fürsten von Capua, Benevent, Salerno und Neapel verwendeten die Normannen oft in ihren Kämpfen gegeneinander. Durch den größeren Mut und die größere Heereszucht der Normannen war der Sieg meistens bei jenen, für die sie fochten. Sie trugen jedoch dafür Sorge, daß nicht einer der Staaten ein besonderes Übergewicht erlange, wodurch ihre Hilfe minder wichtig geworden wäre und weniger einträglich. Ihr erstes Asyl war ein festes Lager in den Sümpfen Kampaniens. Der freigebige Herzog von Neapel verschaffte ihnen jedoch bald einen besseren Platz. Acht Meilen von seiner Residenz entfernt wurde als Bollwerk gegen Capua die Stadt Aversa gebaut und befestigt, und die Normannen, die die Stadt zu verteidigen hatten, genossen das Korn und die Früchte des fruchtbaren Bezirkes. Das Gerücht von ihren Erfolgen zog jedes Jahr neue Scharen von Pilgern und Kriegern herbei; die Armen wurden von der Not, die Reichen von der Hoffnung getrieben, denn die tapferen und tatenlustigen Normannen haßten Ruhe und dürsteten nach Ruhm. Jeder Flüchtling, jeder Geächtete, der vor der Strafe oder den Verfolgungen seines Herrschers geflohen war, wurde von den unabhängigen Normannen aufgenommen und fand Schutz. Diese fremden Elemente gingen bald völlig in der gallischen Kolonie auf. Der erste Anführer der Normannen war Graf Reinulf. Er verdiente diesen Posten sicherlich, denn in den Uranfängen der Gesellschaft ist der Rang ein Beweis und der Lohn für höhere Verdienste.

Seit der Eroberung von Sizilien durch die Araber hatten die griechischen Kaiser stets danach getrachtet, diese wertvolle Insel wieder zu erlangen. Aber alle ihre obgleich kräftigen Anstrengungen scheiterten an der Entfernung und am Meere. Sie machten kostspielige Rüstungen und errangen einen Schimmer von Erfolg, der bald einem neuen Unglück Platz machte. Zwanzigtausend ihrer besten Truppen gingen bei einem einzigen Zug verloren, und die Muselmanen verhöhnten die Politik einer Nation, die den Eunuchen nicht nur die Bewachung von Frauen, sondern auch den Oberbefehl über Männer anvertraute. Nach zweihundertjähriger Herrschaft wurden die Sarazenen durch ihre inneren Zwistigkeiten gestürzt. Der Emir schüttelte die Oberhoheit des Königs von Tunis ab, das Volk erhob sich gegen den Emir, die Häuptlinge bemächtigten sich der Städte, und jeder geringe Rebell war unabhängiger Tyrann seines Kreises. Der schwächere zweier feindlicher Brüder flehte die Christen um Hilfe an. Bei jeder Gefahr waren die Normannen schnell zur Hand und nützlich; fünfhundert Ritter oder Krieger zu Pferde wurden von Arduin, dem Geschäftsträger und Dolmetscher der Griechen, für die Fahne Maniaces', Statthalters der Lombardei, angeworben. Vor ihrer Landung versöhnten sich jedoch die feindlichen Brüder, die Einheit von Sizilien und Afrika war wieder hergestellt. Die Normannen bildeten die Vorhut, und die Araber von Messina wurden in dem ersten Gefechte geschlagen. Beim zweiten Gefecht wurde der Emir von Syrakus von Wilhelm von Hauteville, dem Eisenarm, aus dem Sattel gehoben und getötet. In einer dritten Schlacht schlugen die Normannen ein Heer von sechzigtausend Sarazenen und ließen die Griechen nur die Verfolgung durchführen. Die Normannen trugen auch wesentlich zum Erfolg des Maniaces bei, der dreizehn Städte und den größeren Teil von Sizilien unterwarf. Seine Erfolge wurden von dem undankbaren Tyrannen jedoch nicht sehr gewürdigt. Bei der Teilung der Beute vergaß er an seine tapferen Bundesgenossen, und die stolzen und habsüchtigen Normannen konnten eine solche Handlung nicht verzeihen. Sie führten durch ihren Dolmetscher Klage; ihre Beschwerden wurden nicht berücksichtigt und ihr Dolmetscher gegeißelt. Sie sannen daher auf Rache, verstellten sich jedoch vorerst, bis sie sicher nach Italien übersetzen konnten. Ihre Brüder von Aversa schlossen sich ihnen an, und die Normannen wollten sich durch ihren Einfall in der Provinz Apulien für das ihnen angetane Unrecht schadlos halten. Über zwanzig Jahre nach der ersten Auswanderung zogen die Normannen mit nicht mehr als siebenhundert Reitern und fünfhundert Mann zu Fuß ins Feld, wogegen die aus Sizilien zurückberufenen byzantinischen Legionen auf sechzigtausend Mann gebracht wurden. Der Herold der Griechen bot den Normannen die Wahl zwischen freiem Rückzug und der Schlacht. »Schlacht!« schrien die Normannen einstimmig, und einer ihrer stärksten Krieger streckte das Pferd des Herolds mit einem Faustschlage zu Boden. Dieser erhielt ein frisches Pferd und wurde entlassen; der Schimpf wurde vor den kaiserlichen Truppen geheimgehalten, aber in zwei aufeinanderfolgenden Schlachten lernten sie die todverbreitende Tapferkeit ihrer Gegner gründlich kennen. In der Ebene von Cannä flohen die Asiaten vor den Abenteurern Frankreichs; der Herzog der Lombardei wurde gefangengenommen, die Apulier unterwarfen sich, und nur die vier Städte Bari, Otranto, Brindisi und Tarent verblieben im Besitze der Griechen. Von diesem Zeitpunkte an können wir den Beginn der normannischen Herrschaft rechnen. Die junge Kolonie von

Aversa wurde bald verdunkelt. Zwölf Grafen wurden je nach Alter, Verdienst und Geburt gewählt. Jeder erhielt einen Distrikt zugewiesen, dessen Tribute er nach Belieben verwenden durfte, und jeder Graf baute in der Mitte seiner Ländereien ein Schloß. Melphi, inmitten der Provinz, wurde zur gemeinsamen Hauptstadt und Festung der Republik auserkoren, jedem der zwölf Grafen wurde ein Viertel mit einem besonderen Hause zugeteilt. Alle Angelegenheiten der Nation wurden durch diesen kriegerischen Senat geordnet. Der Vorsitzende und Feldherr erhielt den Titel Graf von Apulien. Diese Würde wurde Wilhelm dem Eisenarm erstmalig zugesprochen, der in der Sprache jener Zeit ein Löwe in der Schlacht, ein Lamm im Umgange, ein Engel im Rat genannt wird. Ein zeitgenössischer normannischer Schriftsteller hat die Sitten seiner Landsleute unparteiisch geschildert: »Die Normannen«, sagt Malaterra, »sind ein schlaues, rachsüchtiges und beredtes Volk. Wenn es nötig ist, lassen sie sich herab zu schmeicheln, wenn sie aber nicht durch Gesetze im Zaume gehalten werden, sind sie zügellos und frönen ihren Leidenschaften. Die Fürsten bestreben sich freigebig zu sein, das Volk fällt vom Extrem der Habsucht in das der Verschwendung, verachtet, was es besitzt und dürstet nach Reichtum und Herrschaft. Waffen und Pferde, prachtvolle Kleider, Jagd und Falknerei reizen das Verlangen der Normannen. Sie können jedoch, falls dies nötig ist, mit unglaublicher Geduld jedes Klima und die Beschwerden des Kriegslebens ertragen.«

Die Normannen von Apulien saßen zwischen zwei Königreichen und wurden, je nach der augenblicklichen politischen Lage, von den Souveränen von Deutschland oder Konstantinopel mit ihren Ländern belehnt. Ihre Sicherheit lag jedoch in ihrer Macht; sie liebten und vertrauten niemand, niemand liebte sie und vertraute ihnen. Die Fürsten verachteten das unterworfene Volk, und die Eingeborenen haßten ihre Unterdrücker. Alles, was ihnen wünschenswert erschien, ein Pferd, eine Frau, einen Garten nahmen die Fremden, und ihre habsüchtigen Häuptlinge waren ehrgeizig und ruhmsüchtig. Die zwölf Grafen vereinigten sich manchmal zu einem Bunde, wenn es galt, größere Unternehmungen zu machen; sie waren jedoch in inneren Zwistigkeiten befangen und stritten oft um die Beute. Nach dem Tode Wilhelms wurde sein Bruder Drogo sein Nachfolger, der zwar ein guter Anführer in der Schlacht und wackerer Kämpfer war, dem es aber nicht gelang, die gewaltigen Fürsten im Zaume zu halten. Konstantin Monomachus versuchte mit Hilfe politischer Mittel Italien von den Normannen, die ärger waren als ein Barbarenschwarm, zu befreien, zu welchem Zwecke Argyrus, der Sohn des Melo, mit den stolzesten Titeln und den ausgedehntesten Vollmachten versehen wurde. Das Andenken an seinen Vater mochte ihn den Normannen empfehlen, und es gelang ihm, sich ihre freiwilligen Dienste zu sichern, um die Empörung des Maniaces zu unterdrücken und ihre eigenen und die öffentlichen Drangsale zu rächen. Konstantin hatte den Plan, diese normannischen Krieger aus den italienischen Provinzen im persischen Kriege zu verwenden; der Sohn Melos verteilte unter die Grafen Gold und kostbare Erzeugnisse Griechenlands, um ihnen die kaiserliche Huld zu beweisen. Aber seine Künste scheiterten an der Einsicht und dem Mute der Eroberer von Apulien; sie wiesen seine Geschenke zurück oder verwarfen wenigstens seine Vorschläge und weigerten sich standhaft, ihre Besitzungen aufzugeben, um in fernen Landen dem Glück nachzujagen. Da alle Überredungskünste nichts nützten, beschloß Argyrus, sie zu zwingen oder zu vernichten. Die Lateiner wurden gegen den gemeinsamen Feind aufgeboten und ein Verteidigungsbündnis zwischen dem Papst und den beiden Kaisern des Ostens und Westens geschlossen. Auf dem Thron des Apostels Petrus saß Leo X., ein einfacher, heiliger Mann, der einen ehrwürdigen Charakter besaß, wodurch Maßregeln, die mit der Religion auch nicht sehr zu vereinigen waren, geheiligt werden konnten. Er wurde durch die Klagen, vielleicht die Verleumdungen eines mißhandelten Volkes gerührt, die gottlosen Normannen hatten den Zehnten abgeschafft, und es war recht und billig, daß die frevelbeladenen, die Strafen der Kirche nicht achtenden Räuber bestraft würden. Als Deutscher von edler Herkunft und Verwandter von Fürsten, hatte Leo freien Zutritt am Hofe Kaiser Heinrichs II., der ihm vertraute. Er glühte vor Eifer, Bundesgenossen zu finden und reiste von Apulien nach Sachsen und von der Elbe an den Tiber. Während die Feinde rüsteten, brachte Argyrus geheime und verbrecherische Waffen zur Anwendung. Eine Schar Normannen wurde niedergemetzelt und der tapfere Drogo in einer Kirche meuchlings ermordet. Aber sein Geist lebte in seinem Bruder Humphrey, dem dritten Grafen von Apulien, fort. Die Mörder wurden gezüchtigt, und der Sohn Melos wurde geschlagen und floh verwundet vom Schlachtfelde nach Bari, um die Ankunft der Hilfstruppen zu erwarten.

Die Heere Konstantins waren jedoch in einem Kriege gegen die Türken beschäftigt, Heinrich war schwach und unentschlossen, und statt daß der Papst mit einem Heere über die Alpen zurückkam, war er nur von einer Leibwache von siebenhundert Schwaben und einigen Freiwilligen aus Lothringen begleitet. Während seines langen Zuges von Mantua nach Benevent sammelte sich eine bunte, elende Schar Italiener unter der heiligen Fahne: Priester und Räuber schliefen im selben Zelt, Lanzen und Kreuze wogten durcheinander, und der kriegerische Heilige ordnete den Marsch und das Lager und frischte die Erfahrungen seiner Jugend auf. Die Normannen von Apulien konnten nur dreitausend Reiter und eine Handvoll Fußvolk in das Feld stellen, die Eingeborenen schnitten ihnen die Lebensmittel und den Rückzug ab, und sie wurden, sonst furchtlos, einige Augenblicke von abergläubischem Schauder befallen. Bei der Annäherung Leos knieten sie ohne Schmach und Widerwillen vor ihrem geistlichen Vater. Aber der Papst blieb unerbittlich; die hochgewachsenen Deutschen höhnten die kleineren Normannen, denen nur die Wahl zwischen Tod oder Verbannung freigestellt wurde. Flucht verschmähten sie, und da mehrere von ihnen schon seit Tagen keine hinreichende Nahrung genossen hatten, freuten sie sich auf einen leichten und ehrenvollen Tod. Sie stiegen auf den Berg Civitella, stürmten in die Ebene nieder und griffen das Heer des Papstes in drei Abteilungen an. Auf dem linken Flügel und im Zentrum griffen Richard Graf von Aversa und der berühmte Robert Guiscard an, durchbrachen, warfen und verfolgten die italienischen Scharen, die ohne Scham flohen. Eine schwierigere Arbeit blieb dem tapferen Grafen Humphrey vorbehalten, der die Reiterei am rechten Flügel anführte. Die Deutschen sind als ungeschickt im Reiten und bei der Handhabung der Lanze beschrieben worden, aber zu Fuß bildeten sie eine starke und undurchdringliche Phalanx, und weder Mann noch Roß, trugen sie auch noch so gute Rüstungen, konnten den Streichen ihrer langen, zweischneidigen Schwerter widerstehen. Nach langem, hartnäckigem Kampfe wurden sie von den von der Verfolgung zurückkehrenden Geschwadern umzingelt und starben, ohne sich vom Flecke zu rühren. Civitella verschloß dem fliehenden Papst seine Tore, und er wurde von den frommen Siegern eingeholt, die seine Füße küßten und ihn um seinen Segen und um die Lossprechung von ihren Sünden baten. Diese Krieger erblickten in ihrem Gefangenen und Feinde den Stellvertreter Christi, und obwohl man annehmen kann, daß sie sich aus Politik so verhielten, ist es doch wahrscheinlich, daß sie aus Religiosität so handelten. Der Papst beweinte in der Einsamkeit das vergossene Christenblut, an dem er schuldtragend war. Da seine Unternehmung nicht von Erfolg begleitet gewesen war, wurde er allgemein getadelt, daß er sich auf eine kriegerische Unternehmung eingelassen habe. Bei diesem Stande der Dinge entschloß er sich zu einem Vertrage und genehmigte die bisherigen wie zukünftigen Eroberungen der Normannen. Die Provinzen Kalabrien und Apulien bildeten, von wem immer sie usurpiert worden waren, einen Teil der Schenkung Konstantins und das Eigentum der Kirche; die Verleihung dieser Länder an die Normannen bestätigt die Rechtmäßigkeit der Ansprüche des Papstes. Sie versprachen, einander durch geistliche und weltliche Waffen zu unterstützen; ein Tribut oder Erbzins von zwölf Pfennigen wurde später für jeden Pflug Landes festgesetzt. Seit diesem merkwürdigen Übereinkommen ist das Königreich Neapel über siebenhundert Jahre ein Lehen des Heiligen Stuhles geblieben.

Robert Guiscards Abstammung wurde sowohl von Bauern als von Herzögen der Normandie abgeleitet; in Wirklichkeit stammte er vom mittleren Adel ab, und zwar von Valvassoren oder Bannerherren in der Diözese Cutances in der Normandie. Das Schloß Hauteville war ihr Sitz, sein Vater Tankred zeichnete sich am Hofe und im Heere des Herzogs aus und stellte im Kriege zehn Gewappnete oder Ritter. In zwei Ehen war er Vater von zwölf Söhnen geworden, die daheim von seiner zweiten Gattin erzogen wurden. Aber das kleine Besitztum genügte für seine zahlreiche und kühne Nachkommenschaft nicht. Seine Söhne sahen in der Nachbarschaft die Folgen der Armut und Zwietracht und beschlossen, in auswärtigen Kriegen sich ein Erbe zu erkämpfen. Nur zwei blieben zurück, um ihren alten Vater zu pflegen und den Stamm fortzupflanzen. Ihre zehn Brüder verließen einer nach dem anderen, sobald sie zu Männern geworden waren, das Schloß, gingen über die Alpen und stießen zu ihren Brüdern in Apulien. Die älteren wurden von ihrem angeborenen Mut vorwärts getrieben, die jüngeren durch deren Erfolge ermuntert, und die Ältesten, Wilhelm, Drogo und Humphrey, wurden wegen ihrer Verdienste zu den Oberhäuptern ihres Volkes gewählt und die Stifter einer neuen Republik. Robert war der älteste der sieben Söhne zweiter Ehe, und selbst die Feinde zollten ihm als Krieger und Staatsmann Lob. Er war größer als die Größten seines Heeres, von großer Stärke und Schönheit, und bis zu seinem Tode war er gesund, gebieterisch und würdevoll. Er hatte eine rote Gesichtsfarbe, breite Schultern, Haar und Bart waren lang und lichtblond. Feuer strahlte aus seinen Augen, und seine Stimme vermochte, gleich jener des Achilleus, den Lärm der Schlacht zu übertönen und Schrecken zu verbreiten. In den frühen Zeiten des Rittertums ist ein Mann mit solchen Eigenschaften nicht unwürdig, die Aufmerksamkeit des Dichters oder Geschichtschreibers zu erwecken: sie können anführen, daß Robert zu gleicher Zeit mit gleicher Gewandtheit mit der rechten Hand sein Schwert, mit der linken seine Lanze schwingen konnte, daß er in der Schlacht von Civitella drei Pferde verlor und daß man ihm bei dieser Schlacht den Preis der Tapferkeit vor allen Kriegern bei Freund und Feind zuerkannte. Sein grenzenloser Ehrgeiz war mit dem Bewußtsein größeren Wertes verbunden. Auf seiner Laufbahn hemmten ihn niemals Rücksichten auf Gerechtigkeit und Menschlichkeit, und obwohl er ruhmsüchtig war, war die Wahl seiner Mittel nur von dem zu erwartenden Erfolg abhängig. Der Beiname Guiscard wurde diesem Meister in der Politik gegeben, was man nur zu oft mit Verstellung und Betrug verwechselt; der apulische Dichter rühmt Robert, daß er Ulysses an List und Cicero an Beredsamkeit übertroffen habe. Diese Fähigkeiten wurden durch seine kriegerischen verschleiert; selbst auf der höchsten Stufe des Glücks war er zu seinen Waffengefährten vertraulich und hörte ihre Beschwerden an. Während er die Vorurteile seiner neuen Untertanen scheinbar annahm, trug er jedoch immer die Tracht seiner Heimat und behielt die alten Sitten bei. Er war raubsüchtig und freigebig, durch seine frühere Dürftigkeit war er an Mäßigkeit gewöhnt. Die geringste Summe war ihm willkommen, und er ließ seine Gefangenen unbarmherzig foltern, um sie zu zwingen, ihre verborgenen Schätze anzugeben. Nach Angabe der Griechen verließ er die Normandie mit nur fünf Reitern und dreißig Mann zu Fuß, aber selbst dies dürfte übertrieben sein: der sechste Sohn Tankreds von Hauteville zog als Pilger über die Alpen. Seine erste Schar waren italienische Abenteurer, die er zusammengelesen hatte. Seine Brüder und Landsleute hatten die fruchtbaren Gebiete Italiens unter sich geteilt und bewachten ihre Besitzungen mit Eifersucht und Geiz. Der emporstrebende Jüngling wurde nach Kalabrien getrieben, und bei seinen ersten Taten gegen Eingeborene und Griechen kann man den Helden nicht vom Räuber unterscheiden. Ein Schloß oder Kloster überrumpeln, die umliegenden Dörfer plündern, um Nahrung zu erhalten, waren die Taten, die ihn für größere Kämpfe stählten. Die Freiwilligen aus der Normandie scharten sich unter seiner Fahne zusammen und nahmen unter seiner Herrschaft die Art und den Namen der Normannen an.

Die sich mit seinem Glück entfaltenden Fähigkeiten erweckten die Eifersucht seines älteren Bruders, der bei einem kleinen Streite sein Leben bedrohte und seine Freiheit beschnitt. Nach Humphreys Tode konnten ihm seine zu jungen Söhne nicht im Oberbefehle folgen; Guiscard wurde auf den Schild erhoben und als Graf von Apulien und Feldherr der Republik begrüßt. Sein Ansehen und seine Macht wuchsen, er nahm die Eroberung Kalabriens wieder auf und strebte nach einem höheren Range. Wegen Raub oder Kirchenfrevel war er dem Kirchenbann verfallen; Nikolaus I. ließ sich jedoch ohne Mühe davon überzeugen, daß Streitigkeiten zwischen Freunden ihnen gegenseitig zum Nachteil gereichen würden, daß die Normannen die treuen Verteidiger des Heiligen Stuhles wären und daß man mit größerer Sicherheit auf das Bündnis mit einem Fürsten als auf ein solches mit einer launenhaften Aristokratie bauen könne. Eine Synode von hundert Bischöfen wurde nach Melphi berufen, und der Graf gab ein wichtiges Unternehmen auf, um den Papst zu bewachen und seine Beschlüsse auszuführen. Aus Dankbarkeit und Politik verlieh er Robert und seinen Nachkommen den Herzogstitel, belehnte ihn mit Apulien, Kalabrien und allen Provinzen, die er in Italien und Sizilien den schismatischen Griechen und Sarazenen entreißen würde. Diese apostolische Verleihung rechtfertigte seine Taten, konnte jedoch einem freien und siegreichen Volk die Zustimmung nicht abnötigen, weshalb Guiscard diese Auszeichnung verheimlichte, bis er im folgenden Feldzug Cosenza und Reggio erobert hatte. In der Stunde des Triumphes versammelte er seine Truppen und forderte die Normannen auf, den Beschluß des Stellvertreters Christi zu bestätigen. Die Soldaten begrüßten ihren Herzog freudig, und die Grafen leisteten ihm widerwillig und mit geheimer Entrüstung den Eid der Treue. Nach dieser Thronbesteigung nannte sich Robert: »Von Gottes und des heiligen Petrus Gnaden Herzog von Apulien, Kalabrien und dereinst von Sizilien«, aber er brauchte zwanzig Jahre, um diesen Titel zu verwirklichen. Die langsamen Fortschritte in einem so kleinen Land mögen den Fähigkeiten des Anführers und dem Mut der Nation unwürdig erscheinen; allein die Zahl der Normannen war klein, ihre Hilfsquellen gering, sie dienten freiwillig und waren unzuverlässig. Die Barone widersetzten sich zuweilen den kühnsten Plänen des Herzogs; die zwölf vom Volke gewählten Grafen verschworen sich gegen seine Herrschaft, und die Söhne Humphreys verlangten gegen ihren treulosen Oheim nach Rache und Anerkennung ihrer gerechten Ansprüche. Der kluge und tätige Guiscard entdeckte ihre Komplotte, unterdrückte die Empörung und bestrafte die Schuldigen mit Tod oder Verbannung. Seine besten Jahre und die Kräfte der Nation wurden in diesen einheimischen Fehden nutzlos vergeudet. Nach Überwältigung seiner auswärtigen Feinde, der Griechen, Langobarden und Sarazenen zogen sich deren geschlagene Truppen in die festen und volkreichen Städte an der Küste zurück. Sie zeichneten sich besonders im Bau von Befestigungsanlagen und bei der Verteidigung aus, die Normannen dagegen waren gewohnt, zu Pferde im Felde zu dienen, und ihre Angriffe auf befestigte Städte konnten nur mit der Zeit Erfolg haben. Salerno widerstand acht Monate, und Bari wurde jahrelang belagert. Bei diesen Unternehmungen war der Normannenherzog stets in den vordersten Reihen der Kämpfenden, der Ausharrendste bei allen Strapazen und der Geduldigste. Als er die Zitadelle von Salerno bedrängte, zerschmetterte ein großer Stein eine seiner Belagerungsmaschinen, und ein Splitter verwundete ihn an der Brust. Vor Bari wohnte er in einer elenden, aus dürren Ästen gebauten und mit Stroh gedeckten Baracke, eine gefährliche Wohnung, die alle Zugwinde der rauhen Jahreszeit zuließ und vor den Speeren der Feinde keinen Schutz bot!

    Robert eroberte in Italien ungefähr so viel Land wie das spätere Königreich Neapel umfaßte, und die durch ihn vereinigten Länder wurden während siebzehnhundert Jahren nicht mehr getrennt. Das Reich bestand aus den griechischen Provinzen Kalabrien und Apulien, dem lombardischen Fürstentum Salerno, der Republik Amalfi und den zu dem großen Herzogtum Benevent gehörigen inneren Landesteilen. Nur drei Bezirke hatten eine Sonderstellung, einer für immer, die beiden anderen bis zur Mitte des folgenden Jahrhunderts. Die Stadt Benevent samt den umliegenden Ländereien war dem römischen Papste vom deutschen Kaiser geschenkt oder im Tauschwege abgetreten worden. Obwohl dieses geheiligte Land zuweilen mit

Kriegsmacht überzogen wurde, war zuletzt der Name des heiligen Petrus stets mächtiger als das Schwert der Normannen. Von ihrer ersten Kolonie Aversa aus unterjochten und besetzten sie den Staat Capua, dessen Fürsten gezwungen wurden, ihr Brot vor dem Palaste ihrer Väter zu erbetteln. Die Herzöge von Neapel konnten unter dem Schutz des griechischen Reiches ihre und ihres Volkes Freiheit bewahren. Unter den neueroberten Städten Guiscards war Salerno wegen seines Wissens und Amalfi wegen seines Handels von Interesse. Von den verschiedenen Wissenschaften ist sicherlich die Heilkunde jene, die von den wilden wie von den zivilisierten Völkern am frühesten in Anspruch genommen und am meisten benötigt wurde. Die griechische Arzneikunde machte den Weg durch die arabischen Kolonien von Afrika, Spanien und Sizilien, und Salerno, eine berühmte Stadt, wo sich die Männer durch Redlichkeit und die Frauen durch Schönheit auszeichneten, besaß die erste Schule in Europa, wo die Heilkunde gelehrt wurde. Mönche und Bischöfe waren mit diesem nützlichen und einträglichen Gewerbe schließlich einverstanden, und Scharen von Kranken aus den höchsten Ständen suchten bei den Ärzten von Salerno Heilung. Sie wurden von dem normannischen Eroberer beschützt, denn obwohl Guiscard nur für die Waffen erzogen worden war, wußte er den Wert der Gelehrten zu schätzen. Nach neununddreißigjähriger Wanderung kehrte Konstantin, ein afrikanischer Christ, nach Bagdad als Meister der Sprache und der Wissenschaft der Araber zurück. Salerno wurde durch die Schriften des Schülers des Avicenna bereichert. Die Schule der Medizin wurde lange als Universität bezeichnet. Deren Lehren und Vorschriften sind in einer Reihe von Aphorismen in die leontinischen Verse oder lateinischen Reime des zwölften Jahrhunderts eingekleidet und aufbewahrt worden.

Sieben Meilen westlich von Salerno und dreißig südlich von Neapel lag die unbedeutende Stadt Amalfi, die sich zur mächtigen Industriestadt entfaltete. Das Land war zwar fruchtbar, aber nur von geringer Ausdehnung, doch die See war zugänglich und stand offen. Die Einwohner versahen zuerst die abendländische Welt mit den Waren und Produkten des Ostens, und dieser Handel wurde die Quelle des Reichtums und der Freiheit. Die Regierung war republikanisch, an der Spitze der Verwaltung stand ein Herzog, und die Oberhoheit besaß der griechische Kaiser. Amalfi hatte fünfzigtausend Bürger, und es gab keine Stadt, die mehr Gold, Silber und Luxusgegenstände enthielt, als sie. Die Seeleute, die es in großer Zahl gab, zeichneten sich in den nautischen Wissenschaften besonders aus. Die Entdeckung des Kompasses wird ihnen zugeschrieben. Ihr Handel umfaßte die Waren Afrikas, Arabiens und Indiens, ihre Niederlassungen in Konstantinopel, Antiochia, Jerusalem und Alexandria besaßen die Vorrechte unabhängiger Kolonien. Nach dreihundertjährigem Wohlstand wurde Amalfi von den Normannen unterdrückt, von dem eifersüchtigen Pisa verheert. Jetzt gibt es nur mehr tausend arme Fischer, die jedoch in den Resten des Arsenals, der Kathedrale und der Paläste königlicher Kaufleute Denkmäler der Größe ihrer Ahnen besitzen.

Roger, der zwölfte und jüngste von Tankreds Söhnen, war durch sein zartes und durch das hohe Alter seines Vaters lange in der Normandie zurückgehalten worden. Er nahm die an ihn ergangene willkommene Einladung an, eilte in das apulische Lager und erwarb sich zunächst die Hochachtung seines Bruders, der später auf ihn neidig wurde. Tapferkeit und Ehrgeiz besaßen sie in gleichem Grade, aber die Jugend, Schönheit und die angenehmen Sitten Rogers fesselten Krieger und Volk an ihn. Er und seine vierzig Krieger erhielten so wenig zu ihrem Unterhalt, daß er zuerst Räubereien, dann sogar Diebstähle beging. Die Eigentumsbegriffe waren so wenig feststehend, daß sein eigener Geschichtschreiber auf seinen Befehl ausdrücklich erwähnt, er habe aus dem Stall von Melphi Pferde gestohlen. Sein Geist erhob sich aus Armut und Schmach. Von seinen privaten Räubereien wendete er sich ab und führte verdienst- und ruhmvoll einen heiligen Krieg. Sein Einbruch in Sizilien wurde von seinem Bruder Guiscard begünstigt. Nach dem Rückzug der Griechen, hatten die Götzendiener ihre verlorenen Provinzen wieder erlangt, aber die Befreiung der Insel, die den Streitkräften des morgenländischen Reiches nicht gelungen war, wurde von einer kleinen Schar Abenteurer durchgeführt. Roger setzte bei seinem ersten Einfall in einem kleinen Boote über, landete mit nur sechzig Kriegern am feindlichen Gestade, jagte die Sarazenen bis an die Tore Messinas und kehrte wohlbehalten mit Beute beladen zurück. Im Schloß Trani zeigte er, daß er gleicherweise mutig und geduldig war. Im hohen Alter pflegte er mit Vergnügen zu erzählen, daß er bei dieser Belagerung mit seiner Gattin nur mehr einen Mantel besaß, den sie abwechselnd trugen. Bei einem Ausfalle sei sein Pferd von den Sarazenen getötet und er selbst gefangen worden. Nachdem er sich mit seinem Schwerte befreit hatte, sei er mit dem Sattel auf den Rücken heimgekehrt, damit nicht das geringste Siegenzeichen in den Händen der Feinde bliebe. Bei der Belagerung von Trani widerstanden dreihundert Normannen den Streitkräften der ganzen Insel und schlugen sie zurück. Auf dem Schlachtfelde von Ceramio wurden fünfzigtausend Mann zu Pferde und zu Fuß von einhundertsechsunddreißig christlichen Kriegern geschlagen. Die erbeuteten Fahnen und vier Kamele wurden für den Nachfolger des heiligen Petrus aufbewahrt, und wenn diese Siegeszeichen nicht im Vatikan, sondern am Kapitol aufgestellt worden wären, hätten sie an die Punischen Kriege erinnert. Die angeführten Zahlen über die Stärke der Normannen bedeuten höchstwahrscheinlich die Ritter, die Krieger von edlem Range, denen je fünf bis sechs Anhänger in das Feld folgten; aber selbst mit Hilfe dieser Interpretation und wenn man Tapferkeit, Waffen und Ruf in Betracht zieht, bleibt die Niederlage solcher Massen unverständlich und läßt nur die Wahl zwischen Wunder oder Fabel offen. Die Araber von Sizilien erhielten häufig mächtigen Beistand von ihren Stammverwandten in Afrika. Bei der Belagerung von Palermo standen den Normannen die Galeeren von Pisa bei, und bei der Schlacht wetteiferten die sonst neidischen Brüder miteinander. Nach dreißigjährigem Krieg erlangte Roger mit dem Titel Großgraf die Souveränität über die größte und fruchtbarste Insel des Mittelmeeres und zeigte während seiner Regierung einen edlen, sein Zeitalter und seine Erziehung weit überragenden Geist. Die Muselmanen durften ihre Religion weiter ausüben und behielten ihr Eigentum. Ein Philosoph und Arzt von Mazora aus Mohammeds Stamm sprach den Eroberer an und erhielt von ihm eine Einladung an den Hof; seine Geographie der sieben Klimate wurde in das Lateinische übersetzt, und Roger zog dieses Werk, nachdem er es emsig durchgelesen hatte, den Schriften des Griechen Ptolemäus vor. Die restlichen christlichen Einwohner hatten zum Erfolg der Normannen beigetragen: der Triumph des Kreuzes war ihr Lohn. Die Insel gehorchte wieder dem Papst, neue Bischöfe wurden für die vornehmsten Städte ernannt und Kirchen und Klöster den Geistlichen freigebig zugeteilt. Aber der christliche Held wahrte seine Rechte der weltlichen Herrschaft. Statt die Belehnung mit den Pfründen dem Papste zu überlassen, machte er sich schlau dessen Ansprüche zunutze, und die Herrschaft der Krone wurde durch die merkwürdige Bulle, die die Fürsten von Sizilien zu erblichen und ständigen Legaten des Heiligen Stuhles erklärt, gesichert und vergrößert.

Robert Guiscard hatte von der Eroberung Siziliens mehr Ruhm als Vorteil: Apulien und Kalabrien waren ihm in seinem Ehrgeize zu klein, und er beschloß die erste Gelegenheit zu benutzen, nötigenfalls sie zu schaffen, um in das römische Reich des Ostens einzubrechen und es vielleicht zu unterjochen. Von seiner ersten Gattin, die in seiner Armut bei ihm ausgeharrt hatte, ließ er sich unter dem Vorwande mit ihr blutsverwandt zu sein, scheiden, und ihr Sohn Bohemund ahmte seinen berühmten Vater nach, ohne an seine Stelle zu gelangen. Die zweite Gemahlin Guiscards war die Tochter der Fürstin von Salerno. Die Lombarden beruhigten sich, da die Erbfolge auf ihren Sohn Roger überging, die fünf Töchter wurden ehrenvoll vermählt. Eine derselben wurde in zartem Alter mit Konstantin, dem Sohne und Erben des Kaisers Michael, verlobt. Aber die Herrscher von Konstantinopel wurden gestürzt, die kaiserliche Familie Ducas im Palaste oder Kerker gefangen gehalten, und Robert beweinte und rächte die Schmach seiner Tochter und seines

Bundesgenossen. Eine Grieche, der sich als Vater Konstantins bezeichnete, erschien bald in Salerno und erzählte über seinen Sturz und sein Entweichen. Er wurde vom Herzog anerkannt und mit dem Prunk und den Titeln des Kaisers geschmückt. Bei seinem Triumphzug durch Apulien und. Kalabrien wurde Michael mit Tränen und Zurufen vom Volke begrüßt, und Papst Gregor der Siebente ermahnte die Katholiken und Bischöfe, für seine Wiedereinsetzung zu predigen und zu kämpfen. Er pflog mit Robert häufig vertraulichen Umgang; dennoch war dieser Michael nach dem Geständnis der Griechen und Lateiner ein Betrüger, ein dem Kloster entsprungener Mönch, oder ein Mensch, der im Palaste gedient hatte. Der Betrug war von dem schlauen Guiscard ersonnen worden, der darauf rechnete, daß der Prätendent, nachdem er einen anständigen Vorwand zum Krieg abgegeben hatte, auf einen Wink des Eroberers wieder verschwinden würde. Sieg war das einzige Argument, das den Glauben der Griechen bestimmen konnte, aber die Lateiner waren eher leichtgläubig als eifrig. Die alten Normannen wünschten sich in Ruhe ihrer erkämpften Länder zu erfreuen, die unkriegerischen Italiener zitterten vor den bekannten und unbekannten Gefahren eines Zuges über die See. Robert sparte beim Sammeln neuer Truppen nicht mit Geschenken und Versprechungen, drohte mit Bestrafung durch die weltliche und geistliche Macht, und man warf ihm nach Begehung einiger Gewalttaten vor, daß Greise und Kinder ohne Unterschied zum Dienste des unbarmherzigen Fürsten gepreßt wurden. Nach zweijährigen unaufhörlichen Rüstungen versammelten sich die Streitkräfte zu Lande und zu Wasser beim äußersten Vorgebirge, der Ferse von Italien. Robert wurde von seiner Gattin, die an seiner Seite fechten wollte, von seinem Sohn Bohemund und dem angeblichen Kaiser Michael begleitet. Dreizehnhundert Ritter normannischer Abstammung bildeten den Kern des Heeres, das bis dreißigtausend Mann, Truppen und Troß, stark sein mochte. Menschen, Pferde, Waffen, Maschinen, mit rohen Häuten bedeckte Türme wurden an Bord von hundertfünfzig Fahrzeugen eingeschifft. Die Transportschiffe waren in den italienischen Häfen gebaut und die Galeeren von der verbündeten Republik Ragusa geliefert worden.

An der Mündung des Adriatischen Meerbusens nähern sich die Küsten von Italien und Epirus einander. Die Entfernung von Brindisi und Durazzo beträgt nur hundert Meilen. Bei Otranto verengt sich das Meer bis auf fünfzig Meilen. Diese geringe Entfernung hatte Pyrrhus und Pompejus dazu gebracht, an die Errichtung einer Brücke zu denken, für die damaligen Zeiten eine erhabene Idee. Vor der allgemeinen Einschiffung entsandte der Normannenherzog Bohemund fünfzehn Galeeren, um die Insel Korfu zu erobern oder zu bedrohen, die gegenüberliegende Küste zu besichtigen und in der Nähe von Ballona einen Hafen für die Ausschiffung der Truppen zu sichern. Sie bewerkstelligten die Überfahrt und Landung ohne einen Feind zu gewahren, was den Verfall und die Vernachlässigung der griechischen Flotte beweist. Die Inseln und Seestädte von Epirus wurden von Robert niedergeworfen oder ergaben sich freiwillig. Er führte seine Flotte und Armee von Korfu zur Belagerung von Durazzo. Diese Stadt, der westliche Schlüssel des Reiches, besaß großen Ruhm, neuangelegte Befestigungen und wurde von einem alten Patrizier namens Paläologus, der in den orientalischen Kriegen siegreich gewesen war, sowie von einer zahlreichen Besatzung, die aus Albanesen und Makedoniern bestand, verteidigt, die damals einen sehr kriegerischen Charakter hatten. Guiscard wurde bei dieser Unternehmung, durch Gefahren und Unfälle jeglicher Art, auf die Probe gestellt. In der günstigsten Jahreszeit erhob sich, als seine Flotte an der Küste hinsegelte, plötzlich ein Sturm, der von Schneegestöber begleitet war; das Adriatische Meer wurde von einem aus Süden kommenden Orkan gepeitscht und ein neuer Schiffbruch am Acroceraunischen Felsen fand statt. Segel, Maste und Ruder wurden zersplittert oder weggerissen, die See und das Gestade bedeckten sich mit Schiffstrümmern, Waffen und Leichen. Der größte Teil der Mundvorräte ging unter oder wurde beschädigt. Die herzogliche Galeere wurde mühsam gerettet, und Robert schlug am nahen Vorgebirge sein Lager auf und sammelte sieben Tage die Reste seiner Flotte und sprach seinen Soldaten Mut zu. Die Normannen waren nicht mehr jene kühnen und erfahrenen Seeleute, die den Ozean von Grönland bis zum Atlasgebirge durchschifft hatten und über die Gefahren des Mittelmeeres lächelten. Sie hatten während des Sturmes geweint, gerieten über die Annäherung der feindlichen Venetianer in Bestürzung, die vom byzantinischen Hofe durch Bitten und Verheißungen zur Hilfeleistung bewogen worden waren. Der Kampf der ersten Tage ging für den bartlosen Bohemund, der die Flotte seines Vaters befehligte, nicht ungünstig aus. Die Galeeren der Republik lagen die ganze Nacht in Form eines Halbmondes vor Anker. Sie siegten am zweiten Tag durch ihre gewandten Bewegungen, ihre Bogenschützen, ihre Wurfspieße und durch das ihnen überlassene griechische Feuer. Die apulischen und ragusanischen Schiffe flüchteten ans Ufer, mehreren wurden die Ankertaue gekappt und sie vom Sieger fortgeführt, und ein Ausfall aus der Stadt verbreitete Bestürzung. Rechtzeitige Verstärkung wurde in die Stadt Durazzo geworfen, und nachdem die Belagerer die Herrschaft zur See verloren hatten, weigerten sich die Inseln und Seestädte Tribut zu zahlen und Lebensmittel zu liefern. Das Lager selbst wurde von einer pestartigen Seuche heimgesucht, fünfhundert Ritter starben eines ruhmlosen Todes, und die Anzahl der Begrabenen (wenn alle ein anständiges Begräbnis fanden) stieg auf zehntausend. Bei diesen Drangsalen blieb nur Guiscards Herz fest und unbezwungen, und während er neue Streitkräfte aus

Apulien und Sizilien an sich zog, bestürmte oder unterminierte er die Mauern von Durazzo. Aber seiner Kunst und Tapferkeit standen gleiche Tapferkeit und höhere Kunst entgegen. Ein beweglicher Turm, so groß und so geräumig, daß er fünfhundert Soldaten fassen konnte, wurde an den Fuß der Wälle gerollt; das Niederlassen des Tores oder der Zugbrücke wurde jedoch durch einen ungeheuren Balken verhindert und der Turm unverzüglich vom griechischen Feuer verzehrt.

Während das römische Reich von den Türken im Osten und von den Normannen im Westen angegriffen wurde, übergab der greise Nachfolger Michaels das Zepter Alexius, einem berühmten Heerführer und Stifter der Dynastie der Komnenen. Die Prinzessin Anna, seine Tochter und Geschichtsschreiberin, erwähnt in ihrer gezwungenen Art, daß selbst Herkules dem ungleichen Kampf nicht gewachsen gewesen wäre, und sie billigt daher den eiligst mit den Türken geschlossenen Frieden, wodurch ihr Vater instandgesetzt wurde, die Befreiung von Durazzo in Person durchzuführen. Alexius fand bei seiner Thronbesteigung weder Soldaten noch Geld vor; er ergriff aber so kraftvolle Maßregeln, daß er in sechs Monaten ein Heer von siebzigtausend Mann sammeln konnte, mit denen er fünfhundert Meilen zurücklegte. Seine Truppen wurden in Europa und Asien, vom Peloponnes bis zum Schwarzen Meer, ausgehoben, seine Leibwache zu Pferde hatte silberne Rüstungen und die Pferde reiche Geschirre, und der Kaiser hatte ein Gefolge an Fürsten und Großen, von denen mehrere mit dem Purpur bekleidet gewesen waren und infolge der Milde, die in jenen Zeiten herrschte, in Reichtum und Würden fortleben durften. Ihr jugendlicher Eifer befeuerte die Menge; aber ihr Hang zu Vergnügungen und ihr Widerwille gegen soldatischen Gehorsam konnten leicht Unordnung und Unheil veranlassen, und ihr ungeduldiges Geschrei nach einer baldigen Schlacht vereitelte die kluge Maßregel des Alexius, das Belagerungsheer einzuschließen und auszuhungern. Die Aufzählung der Provinzen zeigt den traurigen Gegensatz zwischen der früheren und der damaligen römischen Welt. Die ungeübten Truppen waren eilig und in Schrecken zusammengezogen worden und die Hilfe der Besatzungen von Anatolien oder Kleinasien mit Räumung von Städten erkauft worden, die unverzüglich von den Türken besetzt wurden. Der Kern des griechischen Heeres bestand aus den Warägern, den skandinavischen Leibwachen, die erst kürzlich durch Auswanderer und Freiwillige von der britischen Insel Thule verstärkt worden waren. Die normannischen Eroberer unterdrückten sie gemeinsam und vereinigten so die Dänen und Engländer; eine Schar kühner Jünglinge beschloß ein Land der Knechtschaft zu verlassen. Das Meer stand ihnen zur Flucht offen, und auf ihrer langen Irrfahrt besuchten sie jede Küste auf der sie Freiheit und Befriedigung ihrer Rache zu finden hofften. Sie wurden vom griechischen Kaiser in Dienst genommen und in eine Stadt am asiatischen Gestade als Posten gelegt. Alexius berief sie aber zur Verteidigung seines Palastes und seiner selbst nach Konstantinopel und vererbte seinen Nachfolgern die treue und tapfere Schar. Der Angriff durch die Normannen frischte die Erinnerung an ihre erlittenen Unbilden wieder auf, sie zogen freudig gegen den Nationalfeind und lechzten in Epirus den Ruhm wieder zu gewinnen, den sie in der Schlacht bei Hastings verloren hatten. Die Waräger wurden durch einige Scharen Franken oder Lateiner unterstützt, und die Europäer, die vor dem tyrannischen Guiscard nach Konstantinopel geflohen waren, dürsteten danach, ihren Eifer kundzutun und ihre Rache zu befriedigen. In dieser Not verschmähte der Kaiser die Hilfe der Pauliciner oder Manichäer von Thrazien und Bulgarien nicht. Diese Ketzer, die nach dem Märtyrertod Verlangen trugen, waren mutig, tatkräftig und fügten sich in die Heereszucht. Ein Vertrag mit dem Sultan hatte dem Kaiser die Hilfe einiger tausend Türken verschafft und man konnte der lanzenbewehrten Reiterei der Normannen mit Pfeil und Bogen bewaffnete türkische Kavallerie entgegenstellen. Auf das Gerücht von dieser furchtbaren Heeresmacht und nachdem man ihrer aus der Ferne ansichtig geworden war, versammelte Robert seine vornehmsten Unterbefehlshaber zu einem Kriegsrat. »Ihr sehet«, sprach er, »die Gefahr, sie ist groß und man kann ihr nicht ausweichen. Die Höhen sind besetzt, und der Kaiser der Griechen ist an Kriege und Triumphe gewöhnt. Gehorsamkeit und Eintracht allein kann euch retten: ich bin bereit, wenn ihr dies wünscht, den Oberbefehl einem würdigen Anführer abzutreten.« Der jubelnde Zuruf selbst seiner geheimen Feinde zeigte ihm in diesem gefährlichen Momente, daß er ihre Achtung und ihr Vertrauen besäße und der Herzog fuhr fort: »Lasset uns auf den Sieg bauen und den Feigen die Mittel zum Entkommen rauben. Lasset uns die Schiffe und das Gepäck verbrennen und an dieser Stelle die Schlacht liefern, als wäre hier unser Geburtsort und unser Begräbnisplatz.« Der Antrag wurde allgemein angenommen, und Guiscard erwartete in Schlachtordnung die Annäherung des Feindes. Er wurde im Rücken durch einen kleinen Fluß gedeckt, sein rechter Flügel lehnte sich ans Meer, sein linker an die Berge und vielleicht wußte er nicht einmal, daß an derselben Stelle Cäsar und Pompejus um die Weltherrschaft gekämpft hatten.

Alexius beschloß gegen den Rat seiner erfahrensten Unterbefehlshaber eine allgemeine Schlacht zu wagen und forderte die Besatzung der Stadt Durazzo auf, durch einen rechtzeitigen Ausfall an ihrer Befreiung mitzuwirken. Er marschierte in zwei Heerhaufen, um die Normannen bei Tagesanbruch von zwei Seiten zu überrumpeln; seine leichte Reiterei bedeckte die Ebene, die Bogenschützen bildeten die zweite Linie, und die Waräger beanspruchten die Ehre im Vordertreffen stehen zu dürfen. Beim ersten Angriff wüteten die

Streitäxte der Fremden in dem Heere Guiscards, das bereits auf fünfzehntausend Mann zusammengeschmolzen war. Die Lombarden und Kalabrier wandten schimpflich den Rücken, flohen zur Brücke und zum Meere. Aber die Brücke war abgebrochen worden, um einen Ausfall der Belagerten zu erschweren, und an der Küste hielten venetianische Galeeren, die ihre Wurfmaschinen gegen den ordnungslosen Haufen spielen ließen. Sie waren schon fast verloren, als sie durch ihre mutigen und geschickten Anführer gerettet wurden. Gaita, Roberts Gattin, wird von den Griechen als eine kriegerische Amazone, eine zweite Pallas, geschildert. Minder erfahren in den Künsten, aber nicht minder schrecklich in Waffen als die atheniensische Göttin hielt sie, obwohl durch einen Pfeil verwundet, Stand und versuchte die fliehenden Truppen zu sammeln. Der mächtige Ruf und Arm des Normannenherzogs unterstützten sie, der ebenso ruhig in der Schlacht wie hochherzig im Rate war. »Wohin«, schrie er, wohin wollet ihr fliehen! Der Feind ist unversöhnlich und der Tod minder schmerzlich als Knechtschaft.« Der Augenblick war entscheidend; da die Waräger im Zentrum vordrangen, wurden ihre Flügel entblößt. Das Haupteer des Herzogs, achthundert Ritter, stand fest und undurchbrechbar. Sie legten ihre Lanzen ein und stießen wütend und unwiderstehlich auf die Griechen vor. Es fehlte Alexius weder an den Eigenschaften eines Kriegers noch eines Feldherrn. Kaum erblickte er aber die Niederlage der Waräger und die fliehenden Türken, als er, seine Untertanen verachtend, die Hoffnung auf Sieg aufgab. Die Prinzessin Anna, die wegen dieses traurigen Ereignisses Tränen vergießt, beschränkt sich darauf, die Ausdauer und Schnelligkeit des Pferdes ihres Vaters hervorzuheben und ihn zu preisen, daß er sich im Kampfe wacker gehalten habe, nachdem er durch einen Lanzenstoß fast zu Boden geworfen worden war. Er schlug sich tapfer durch das Frankengeschwader, das sich ihm auf seiner Flucht entgegenstellte, und nachdem er zwei Tage und Nächte in den Gebirgen umhergeirrt war, fand er einige leibliche, wenn auch nicht seelische Ruhe in Lychnidus. Der siegreiche Robert tadelte die langsame und matte Verfolgung, bei der eine so erlauchte Beute entkommen war, tröstete sich aber mit den eroberten Siegeszeichen und Fahnen, mit dem im byzantinischen Lager erbeuteten Reichtümern und mit dem Ruhm, ein Heer, das fünfmal so stark wie sein eigenes gewesen war, geschlagen zu haben. Eine Schar Italiener war das Opfer ihrer eigenen Furcht geworden; von den Rittern aber wurden an diesem denkwürdigen Tage nur dreißig getötet. Die Verluste des römischen Heeres an Griechen, Türken und Engländern beliefen sich auf fünf- bis sechstausend. Die Ebene von Durazzo war mit den Leichen der Erschlagenen aus edlem oder kaiserlichem Blute bedeckt, und der Tod des Betrügers Michael war ehrenvoller als sein Leben.

Es ist mehr als wahrscheinlich, daß Robert über diesen Verlust nicht trauerte. Die Griechen verteidigten nach ihrer Niederlage Durazzo weiter, aber Paläologus, der unklugerweise von seinem Posten abberufen worden war, wurde durch einen venetianischen Befehlshaber ersetzt. Die Belagerer bauten sich feste Hütten an Stelle der Zelte, um die Kälte des Winters besser ertragen zu können, und Robert, der eine trotzige Botschaft von der Besatzung erhalten hatte, ließ sie wissen, daß seine Geduld mindestens ihrer Hartnäckigkeit gleichkomme. Vielleicht baute er bereits auf sein geheimes Einverständnis mit einem venetianischen Edlen, der die Stadt für eine reiche und ehrenvolle Heirat verkaufte. In tiefer Nacht wurden mehrere Strickleitern von den Mauern der Stadt herabgelassen, die behenden Kalabrier stiegen in aller Stille empor, und als die Griechen von den Trompeten geweckt wurden, waren die Normannen Herren der Wälle. Sie verteidigten sich jedoch drei Tage in den Straßen gegen einen Feind, der bereits Herr des Walles war, bis sie endgültig geschlagen wurden. Beinahe sieben Monate waren zwischen der ersten Umschließung und der Übergabe der Stadt verflossen. Von Durazzo drang der Normannenherzog in das Herz von Epirus oder Albanien vor, ging über die vordersten Gebirge von Thessalien, überrumpelte dreihundert Engländer in der Stadt Castoria, näherte sich Thessalonika und machte Konstantinopel zittern.

Er wurde jedoch von der weiteren Verfolgung seiner ehrgeizigen Pläne abgehalten. Sein Heer war auf ein Drittel seiner ursprünglichen Stärke zusammengeschmolzen. Statt daß es aus Italien ergänzt wurde, erhielt er vielmehr durch Klagebriefe die Nachricht, daß während seiner Abwesenheit Unruhen und Aufstände ausgebrochen seien, daß die Städte und Barone von Apulien sich empört hätten, daß der Papst in Not wäre und daß König Heinrich von Deutschland heranziehe, um in Italien einzubrechen. In der stolzen Zuversicht, daß er allein genüge, fuhr er in einer Brigantine über das Meer und ließ die Reste seines Heeres unter dem Befehle seines Sohnes und der normannischen Grafen zurück. Er ermahnte Behomund, die letzteren zu achten und forderte diese zum Gehorsam gegen ihren Anführer auf. Der Sohn Guiscards trat in die Fußstapfen seines Vaters; die Griechen vergleichen beide mit Raupen und Heuschrecken, welch' letztere verzehren, was erstere übriggelassen haben. Nachdem Bohemund zwei Schlachten gegen den Kaiser gewonnen hatte, stieg er in die Ebene von Thessalien nieder, belagerte Larissa, das ehemalige Reich des Achilles, welche Stadt den Schatz und die Vorräte der Byzantiner enthielt. Aber man darf Alexius, der standhaft und klug gegen die Drangsale der Zeiten kämpfte, gerechtes Lob nicht versagen. Da der Staatsschatz leer war, wagte er es, die Kirchengüter zu borgen. Die Manichäer fielen ab und wurden durch Stämme aus der Moldaugegend ersetzt; eine weitere Verstärkung von siebentausend Türken wurde herbeigezogen, um ihre getöteten Brüder zu rächen. Die griechische Kavallerie wurde täglich im Reiten, Bogenschießen, in Überfällen aus dem Hinterhalt geübt. Alexius hatte die Erfahrung gemacht, daß die furchtbare Reiterei der Franken im Kampfe zu Fuß untüchtig, ja nahezu jeder Bewegung unfähig sei. Er befahl daher seinen Bogenschützen mehr auf die Pferde als auf die Reiter zu schießen und ließ den Boden mit eisernen Fußangeln bestreuen. In der Nähe von Larissa kam der Feldzug zum Stehen. Bohemund zeichnete sich stets aus, und seine Unternehmungen waren häufig von Erfolg begleitet; sein Lager wurde jedoch von den Griechen infolge einer Kriegslist geplündert; die Stadt war nicht einzunehmen. Die käuflichen oder mißvergnügten Grafen verließen endlich seine Fahne, wurden ihrer Pflicht untreu und traten in den Dienst des Kaisers. Alexius kehrte nach Konstantinopel als Sieger zurück, der Sohn Guiscards räumte die eroberten Gebiete, die er nicht länger halten konnte, schiffte sich nach Italien ein und wurde von seinem Vater umarmt, der seine Verdienste anerkannte und sein Unglück begriff.

Von den lateinischen Fürsten, Alexius' Bundesgenossen und Roberts Feinden, war Heinrich der Dritte (als Kaiser) oder Vierte (als König von Deutschland) König von Deutschland und Italien und künftiger Kaiser des Abendlandes, der mächtigste. Das Schreiben des griechischen Monarchen an seinen Bruder enthält die wärmsten Freundschaftsbeteuerungen und drückt das lebhafte Verlangen aus, ihren Bund durch ein öffentliches und persönliches Band zu festigen. Er wünscht Heinrich zu seinem Erfolge in einem gerechten und heiligen Kriege Glück und klagt, daß seine eigenen Untertanen durch die verwegenen Unternehmungen Roberts des Normannen in ihrem Glücke gestört würden. Seine Geschenke sind für die Sitten des Zeitalters bezeichnend: eine mit Strahlen versehene Goldkrone, ein mit Perlen besetztes Kreuz, das auf der Brust getragen werden konnte, ein Schrein voll Reliquien mit den Namen und Titeln der Heiligen, eine Vase aus Kristall, eine aus Sardonyx, Balsam, wahrscheinlich aus Mekka, und hundert Stück Purpur. Diesen Geschenken fügte er eine bedeutendere Gabe hinzu, hundertvierzigtausend Byzantiner in Gold und sicherte ihm ferner weitere zweihundertsechzigtausend zu, sobald Heinrich Apulien mit seinem Heere betreten und durch einen Eid den Bund gegen den gemeinsamen Feind bekräftigt haben würde. Heinrich, der sich bereits an der Spitze eines Heeres in der Lombardei befand, nahm das freigebige Anerbieten an und rückte gegen Süden vor; die Kunde von der Schlacht von Durazzo zügelte seine Schnelligkeit. Die Rückkehr Roberts wurde durch seinen Namen und sein Heer jedoch erheblich beschleunigt, womit Heinrich die ihm von Alexius zugesagte Summe mehr als reichlich verdient hatte. Heinrich war der erbitterte Gegner der Normannen, der Bundesgenossen und Vasallen seines schlimmsten Feindes, Gregors des Siebenten. Der Kampf zwischen Thron und Inful war durch den ehrgeizigen, stolzen Priester künstlich wieder entzündet worden; der König und der Papst hatten sich gegenseitig abgesetzt und jeder einen Nebenbuhler auf den Thron seines Gegners erhoben. Nach der Niederlage und dem Tode des schwäbischen Anführers zog Heinrich nach Italien, um sich zum Kaiser krönen zu lassen und den Papst aus dem Vatikan zu vertreiben. Aber die Einwohner Roms hingen Gregor an; sie wurden durch herbeigezogene Krieger aus Apulien gestärkt, von wo auch Geld einlangte. Die Stadt wurde vom Könige von Deutschland dreimal fruchtlos belagert. Im vierten Jahre bestach er mit byzantinischem Gelde, wie gemeldet wird, die Großen, deren Besitzungen und Schlösser durch den Krieg verheert worden waren. Die Tore, Brücken und fünfzig Geißeln wurden in seine Hände geliefert und der Gegenpapst Clemens der Dritte im Lateran geweiht. Der dankbare Papst krönte seinen Schutzherrn im Vatikan, und der Kaiser Heinrich schlug seine Residenz als rechtmäßiger Nachfolger des Augustus und Karls des Großen auf dem Capitole auf. Die Trümmer des Septizoniums wurden weiter von Gregors Neffen verteidigt und dieser selbst in der Engelsburg belagert. Er konnte lediglich auf seine mutigen und treuen normannischen Vasallen hoffen. Ihre Freundschaft hatte wegen verschiedener Streitigkeiten einen Riß erlitten; aber im gegenwärtigen Falle wurde Guiscard durch seinen Eid und sein Interesse, das mächtiger war als alle Eide, durch Liebe zu Ruhm und Feindschaft gegen die beiden Kaiser getrieben, seine Partei zu ergreifen. Er entfaltete die heilige Fahne und beschloß dem Papste zu Hilfe zu eilen, sammelte unverzüglich das zahlreichste Heer, das er je besessen, sechstausend Reiter und dreißigtausend Mann zu Fuß. Sein Marsch nach Rom wurde allgemein bejubelt und die Gunst des Himmels wurde ihm verheißen. Heinrich, in sechsundsechzig Schlachten unbesiegt, zitterte bei seiner Annäherung, erinnerte sich einiger unaufschiebbarer Geschäfte, die seine Gegenwart in der Lombardei erforderten, ermahnte die Römer treu zu bleiben und entfernte sich eiligst drei Tage vor dem Einzuge der Normannen. In weniger als drei Jahren hatte der Sohn Tankreds den Papst befreit und die zwei Kaiser des Morgen- und Abendlandes bezwungen; sie flohen vor ihm. Aber der Triumph Roberts wurde durch die Drangsale, die Rom zu erleiden hatte, getrübt. Mit Hilfe der Freunde Gregors waren zwar die Mauern durchlöchert oder erstiegen worden, aber noch war die kaiserliche Partei mächtig und tätig; am dritten Tag brach im Volke ein mächtiger Aufruhr los, und ein übereiltes Wort des Siegers gab Anlaß zu Brand und Plünderung. Die Sarazenen von Sizilien, Untertanen Rogers und Hilfstruppen seines Bruders, benutzten die schöne Gelegenheit und beraubten und entweihten die heilige Stadt der Christen. Viele tausend Menschen wurden von den Bundesgenossen des heiligen Vaters getötet, geschändet, in Gefangenschaft geschleppt und ein großes Viertel der Stadt, vom Lateran bis zum Kollosseum, von den Flammen verzehrt. Gregor verließ die Stadt, wo er nur gehaßt und nicht mehr gefürchtet wurde, um seine Tage im Palaste von Salerno zu beenden. Der schlaue Papst machte dem eitlen Guiscard vielleicht Hoffnungen auf die römische oder kaiserliche Krone; dies war jedoch nicht ohne Gefahr, denn dann hätten sich die treuesten Freunde Deutschlands für immer von ihm abgewandt.

Der Befreier und die Geißel Roms hätte sich nun Ruhe gönnen können; aber noch im gleichen Jahre, in dem der Kaiser geflohen war, nahm der unermüdliche Robert seinen Plan, Eroberungen im Osten zu machen, wieder auf. Gregor hatte ihm aus Dankbarkeit die Königreiche Griechenland und Asien verheißen, seine Truppen standen stolz auf ihre Erfolge und gierig nach weiterem Kampf in Waffen. Ihre Zahl wird von Anna mit der von Bienenschwärmen verglichen; aber seine maximale Heeresstärke ist bereits angegeben worden. Diesmal besaß er hundertzwanzig Fahrzeuge; er zog der vorgerückten Jahreszeit halber den Hafen von Brindisi der offenen Reede von Otranto vor. Alexius hatte sich aus Furcht vor einem zweiten Angriff bemüht, die Seemacht des Reiches wieder herzustellen. Die Republik Venedig stellte ihm sechsunddreißig Transportschiffe, vierzehn Galeeren und neun Galeoten, Schiffe von außerordentlicher Größe und Stärke, zur Verfügung. Sie erhielt dafür Handelsmonopole, mehrere Buden und Häuser im Hafen von Konstantinopel, sowie Spenden für den heiligen Markus, welche den venetianischen Kaufleuten um so willkommener waren, als diese aus den Tributzahlungen ihrer Nebenbuhler von Amalfi stammten. Durch die Vereinigung der griechischen und venetianischen Flotten wimmelte das Adriatische Meer von feindlichen Fahrzeugen. Durch Roberts Geschick oder die Nachlässigkeit der Griechen, durch Umspringen des Windes oder mit Hilfe einer Nebelwand, gelang es den normannischen Truppen ungehindert an der Küste von Epirus zu landen. Mit zwanzig starken und wohlausgerüsteten Galeeren suchte der unerschrockene Herzog unmittelbar den Feind auf. Er war eigentlich nur gewohnt zu Pferde zu kämpfen, setzte aber sein eigenes Leben und das seines Bruders und zweier Söhne in einer Seeschlacht aufs Spiel. Nahe der Insel Korfu fanden drei Gefechte statt; in den beiden ersten behielten die geschickteren und zahlreicheren Verbündeten die Oberhand, aber im dritten errangen die Normannen einen entscheidenden und vollständigen Sieg. Die leichten Brigantinen der Griechen wurden in schimpfliche Flucht geschlagen; die neun schwimmenden Kastelle der Venetianer kämpften hartnäckig, dennoch wurden sieben versenkt und zwei genommen; zweitausendfünfhundert Gefangene flehten vergeblich um Gnade und Barmherzigkeit. Nach diesem Kampfe beklagte die Tochter des Alexius den

Verlust von dreizehntausend seiner Untertanen oder Bundesgenossen. Guiscards Genie hatte seinen Mangel an Erfahrung ersetzt; jeden Abend, wenn er zum Rückzug hatte blasen lassen müssen, erwog er die Ursachen seiner Niederlage und ersann neue Methoden, um den Mängeln abzuhelfen und die Vorteile des Feindes auszugleichen. Der Winter vereitelte sein weiteres Vordringen; mit Wiederkehr des Frühlings versuchte er neuerlich die Eroberung Konstantinopels. Statt aber über die Berge von Epirus zu gehen, wendete er sich gegen Griechenland und Italien, wo Beute zu holen war und wo die Streitkräfte zu Wasser und Lande vereint mit Nachdruck und Wirksamkeit vorgehen konnten. Aber auf der Insel Kephalonia brach unter seinen Truppen eine epidemische Krankheit aus, Robert selbst verschied an ihr im siebzigsten Lebensjahre in seinem Zelte. Das Gerücht ging um, daß seine Gattin oder der griechische Kaiser ihn vergiftet hätten. Sein Tod läßt der Phantasie bezüglich der Taten, die er noch vollbracht hätte, freien Spielraum; die nächste Zeit beweist hinreichend, daß die Größe der Normannen auf ihn gegründet war. Ohne daß sich der Feind auch nur zeigte, zerstreute sich sein siegreiches Heer oder zog sich in Unordnung oder Bestürzung zurück, und Alexius, der für sein Reich gezittert hatte, freute sich seiner Befreiung. Die Galeere, die die Überreste Guiscards führte, scheiterte an dem italienischen Gestade; die Leiche des Herzogs wurde jedoch aus der See gefischt und in der Gruft von Venusia beigesetzt, ein Ort, der als Geburtsstätte des Horaz berühmt ist. Roger, sein zweiter Sohn und Nachfolger, sank sofort zu der untergeordneten Stellung eines Herzogs von Apulien herab; der tapfere Bohemund erbte von seinem ihn hochachtenden aber parteiischen Vater nur das Schwert. Er beunruhigte mit seinen Ansprüchen die Nation, bis der erste Kreuzzug gegen die Ungläubigen des Ostens ihm ein ruhmreiches Feld der Betätigung eröffnete.

Die männliche Linie Robert Guiscards erlosch sowohl in Apulien als Antiochia in der zweiten Generation; aber sein jüngerer Bruder wurde der Ahnherr einer Reihe von Königen. Der Sohn des Großgrafen besaß den Namen, die Länder und den Mut des ersten Roger. Der Erbe dieses normannischen Abenteurers war in Sizilien geboren und wurde im Alter von vier Jahren Souverän der Insel. Hätte sich Roger mit seinem fruchtbaren Erbe begnügt, so hätte ihn ein glückliches und zufriedenes Volk gesegnet; und wenn durch weise Verwaltung die glücklichen Zeiten der griechischen Regierung hätten wieder hergestellt werden können, wäre Sizilien ein weites und machtvolles Reich gewesen. Aber der ehrgeizige Großgraf wußte nichts von solchen edlen Bestrebungen, er ging vielmehr mit Gewalt und List vor. Er strebte nach dem ungeteilten Besitze von Palermo, wovon die eine Hälfte der älteren Linie abgetreten worden war, suchte seine Grenzen in Kalabrien, trotz der bestehenden Verträge, zu erweitern und beobachtete ungeduldig die abnehmende Gesundheit seines Vetters Wilhelm von Apulien, des Enkels Roberts. Auf die erste Nachricht von seinem Tode segelte Roger mit sieben Galeeren von Palermo ab, ging in der Bai von Salerno vor Anker, empfing nach zehntägiger Verhandlung von den Bewohnern der normannischen Hauptstadt den Eid der Treue, erlangte die Unterwerfung der Barone und erzwang seine gesetzliche Belehnung von den sich sträubenden Päpsten, die weder Freundschaft noch Feindschaft eines mächtigen Vasallen lange ertragen konnten. Der geheiligte Ort Benevent wurde als Eigentum des Papstes ehrfurchtsvoll geschont, Capua und Neapel jedoch unterworfen und damit der Plan seines Oheims Guiscard vollendet; der siegreiche Roger war Herrscher über alle normannischen Eroberungen. Im Bewußtsein seiner Überlegenheit und Macht verschmähte er den Titel eines Herzogs und Grafen. Die Insel Sizilien und ein Drittel des italienischen Festlandes konnte gar wohl die Grundlage eines Königreiches bilden, das nur den Monarchien England und Frankreich nachstand. Die Häupter der Nation, die seiner Krönung zu Palermo beiwohnten, durften ohne Zweifel bestimmen, unter welchem Titel er über sie herrschen sollte; aber das Beispiel eines griechischen Tyrannen oder sarazenischen Emirs reichte nicht hin, um seine königliche Würde zu rechtfertigen, und die neun Könige der lateinischen Welt konnten ihren neuen Genossen verleugnen, so lange er nicht durch den Papst geweiht worden war. Anacletus fühlte sich geschmeichelt, daß der stolze Normanne sich herabgelassen hatte, ihn um die Krönung zu bitten. Inzwischen war aber als Gegenpapst Innozenz der Zweite gewählt worden, der, während Anacletus im Vatikan residierte, als siegreicher Flüchtling von den Nationen Europas anerkannt wurde. Die junge Monarchie Rogers wurde durch seine unglückliche Wahl eines kirchlichen Schutzherrn erschüttert und fast zum Einsturz gebracht; Lothar der Zweite von Deutschland und die Flotte Pisas zogen gegen ihn, Innozenz schleuderte seinen Bannstrahl, und auch der heilige Bernhard wandte sich gegen den sizilianischen Räuber. Nach tapferem Widerstände wurde der Normannenfürst vom italienischen Festlande vertrieben; ein neuer Herzog von Apulien wurde vom Papst und Kaiser belehnt, welch letztere jeder ein Ende des Gofanon oder der Fahne hielten, als Zeichen, daß sie sich ihr Recht vorbehielten und ihren Streit einstellten. Eine solche eifersüchtige Freundschaft ist jedoch von kurzer Dauer; die deutschen Heere schmolzen bald durch Krankheit und Rückkehr einzelner nach Deutschland zusammen. Der apulische Herzog wurde mit allen seinen Anhängern von einem Fürsten, der weder den Toten noch den Lebendigen verzieh, ausgerottet. Gleich seinem Vorgänger Leo dem Neunten wurde der schwache, wenngleich stolze Papst der Gefangene und Freund der Normannen. Ihre Versöhnung wurde von dem beredten Bernard gefeiert, der jetzt die Tugenden und den Titel des Königs von Sizilien pries.

Dieser Monarch hatte vielleicht als Buße für seinen gottlosen Krieg gegen den Nachfolger des heiligen Petrus versprochen, die Fahne des Kreuzes zu entfalten; er erfüllte mit Feuereifer ein Gelübde, das so in seinem Interesse lag und durch das er seinen Rachedurst befriedigen konnte. Sizilien hatte wieder unter den Sarazenen gelitten und eine gerechte Vergeltung sollte ihre Häupter treffen; die Normannen, die sich mit ihren Untertanen bereits sehr vermischt hatten, wurden aufgefordert, der Seesiege ihrer Ahnen zu gedenken, ihnen nachzueifern und auf dem Höhepunkte ihrer Macht mit einer im Verfall begriffenen afrikanischen Macht zu kämpfen. Als der fatimitische Kalif zur Eroberung von Ägypten auszog, belohnte er seinen Diener Joseph mit seinem königlichen Mantel, vierzig arabischen Pferden, seinem Palast samt dessen prachtvoller Einrichtung und der Statthalterschaft der Königreiche Tunis und Algier. Die Zeiriden, Josephs Nachkommen, vergaßen Treue und Dankbarkeit gegen einen fernen Wohltäter, machten sich unabhängig, gründeten eine orientalische Dynastie und siechten nun in Schwäche dahin. Von der Landseite wurden sie von den Almohaden, den fanatischen Fürsten von Marokko bedrängt, während die Küste den Griechen und Franken offenstand, die noch im elften Jahrhundert von ihnen ein Lösegeld von zweihunderttausend Goldstücken erpreßt hatten. Roger vereinigte in seinen ersten Kämpfen Malta mit Sizilien. Hierauf wurde die starke Seestadt niedergeworfen, die Männer niedergemetzelt und die Weiber entführt, eine Maßnahme, die durch die gleichen Untaten der Muselmanen gerechtfertigt erscheint. Die Hauptstadt der Zeiriden hieß Afrika, nach ihrem arabischen Gründer jedoch Mahadia. Sie ist stark gebaut, steht auf einer Landzunge, die Unsicherheit ihres Hafens wird aber durch die Fruchtbarkeit der umliegenden Landstriche nicht aufgewogen. Mahadia wurde von dem sizilianischen Admiral Georg mit einer Flotte von hundertfünfzig mit Kriegern und Zerstörungswerkzeugen reichlich versehenen Galeeren belagert. Der Souverän war geflohen, der maurische Statthalter weigerte sich zu kapitulieren und floh insgeheim mit der muselmanischen Bevölkerung und überließ den Platz mit seinen Schätzen den räuberischen Franken. In mehreren Feldzügen unterwarf der König von Sizilien oder seine Unterbefehlshaber die Städte Tunis, Safax, Kapsia, Bona und einen großen Teil der Küste. Die Festungen wurden mit Besatzungen versehen, das Land zinspflichtig gemacht, und man kann von Robert sagen, daß er Afrika in Botmäßigkeit erhielt. Unter der stürmischen Regierung seines Nachfolgers wurden diese überseeischen Besitzungen entweder vernachlässigt oder geräumt oder gingen verloren. Scipio und Belisar haben bewiesen, daß Afrika weder unzugänglich, noch unbezwinglich ist; bisher aber sind den großen Fürsten und Mächten der Christenheit ihre Eroberungszüge gegen die Mauren wiederholt mißlungen, die hingegen lange Zeit hindurch die Herrschaft in Spanien besaßen.

Seit dem Tode Robert Guiscards hatten die Normannen ihre feindlichen Pläne gegen das morgenländische Reich über sechzig Jahre fallen gelassen. Roger strebte nach einem Bündnisse mit den griechischen Fürsten und wünschte mit ihnen in verwandtschaftliche Beziehungen zu treten, um seinem königlichen Range Würde zu verleihen. Er verlangte eine Tochter des Hauses der Komnenen zur Ehe. Die ersten Verhandlungen schienen Erfolg zu verheißen. Aber die verächtliche Behandlung seiner Gesandten erbitterte den eitlen Monarchen, und den Übermut des byzantinischen Hofes büßten, wie üblich, die schuldlosen Untertanen. Der sizilianische Admiral Georg erschien mit einer Flotte von siebzig Galeeren vor Korfu. Insel und Stadt wurden von den mißvergnügten Einwohnern, die mit Recht eine Belagerung für ein weit größeres Übel als Tributzahlung hielten, übergeben. In der Geschichte des Handels ist dieser Einbruch ein wichtiger; die Normannen verbreiteten sich über das Meer und die Provinzen von Griechenland und die ehrwürdigen Städte Athen, Theben und Korinth wurden beraubt und die Einwohner mit Grausamkeit behandelt. Von den Unbilden Athens ist keine nähere Nachricht auf uns gekommen; Thebens Mauern wurden erstiegen, und die Bewohner mußten schwören, keinen Teil ihrer Habe verborgen zu haben. Die Stadt Korinth wurde bei der Annäherung der Normannen geräumt; die Griechen zogen sich in die Zitadelle zurück, die auf einer steilen, von dem klassischen Brunnen Pirene bewässerten Höhe stand. Diese Festung wäre uneinnehmbar gewesen, wenn die Verteidiger einigen Mut gezeigt hätten. Sobald die Belagerer den Berg erklettert hatten, bei diesem Sturm ihre einzige Mühe, staunte ihr Anführer über seinen eigenen Sieg. Er bewies dem Himmel seine Dankbarkeit, indem er das kostbare Bild des Schutzheiligen Theodor vom Altar riß. Die Seidenweber beiderlei Geschlechts, die Georg nach Sizilien führte, bildeten den wertvollsten Teil der Beute. Indem er die fleißigen Handwerker mit den trägen und feigen Soldaten verglich, rief er aus, daß Spindel und Webstuhl die einzigen Waffen waren, welche die Griechen zu handhaben verständen. Dieser Seezug ist durch zwei denkwürdige Ereignisse ausgezeichnet: die Befreiung des Königs von Frankreich und die Beschimpfung der byzantinischen Hauptstadt, Ludwig der Siebente war auf seinem Rückzuge zur See von einem unglücklichen Kreuzzug von den Griechen, die die Gesetze der Ehre und Religion niedrigerweise verletzten, aufgefangen worden. Die Normannen, die ihm mit ihrer Flotte begegneten, befreiten den König. Ludwig wurde ehrenvoll am Hofe von Sizilien bewirtet und setzte bald seine Reise nach Rom und Paris fort. In Abwesenheit des Kaisers waren Konstantinopel und der Hellespont ohne Verteidigung gelassen worden, da man keine Ahnung von einer Gefahr hatte. Die Geistlichkeit und das Volk, denn die Krieger waren Manuels Fahne gefolgt, gerieten beim Anblick einer Galeerenflotte, die angesichts der Stadt kühn die Anker auswarf, in Erstaunen und Bestürzung. Die Streitkräfte des sizilianischen Admirals reichten nicht hin, um die volkreiche und ausgedehnte Hauptstadt zu belagern und zu erstürmen, wohl aber freute sich Georg des Ruhmes, daß er die hochmütigen Griechen gedemütigt und den Flotten des Westens den Weg zum Sieg gewiesen hatte. Er setzte einige Soldaten ans Land, um die kaiserlichen Gärten ihrer Früchte zu berauben und schoß im Feuer gespitzte Pfeile gegen den Palast der Cäsaren. Gegen diese possenhafte Beschimpfung der Seeräuber von Sizilien, die seine Abwesenheit benutzt hatten, zeigte Manuel öffentlich Verachtung, während er heimlich zur Rache rüstete. Der Archipelagus und das Jonische Meer bedeckten sich mit seiner und Venedigs Flotte. Der byzantinische Geschichtschreiber mutet uns jedoch zu, an fünfzehnhundert Schiffe zu glauben, was wir selbst bei Zuzählung von Proviantschiffen, Transportschiffen und Pinassen kaum annehmen können. Die Unternehmungen dieser Flotte wurden mit Klugheit und Kraft geleitet; Georg verlor auf der Heimfahrt neunzehn seiner Galeeren, die voneinander getrennt und genommen wurden. Korfu flehte, nachdem es sich hartnäckig verteidigt hatte, seinen rechtmäßigen Souverän um Barmherzigkeit an, und bald war innerhalb der Grenzen des byzantinischen Reiches weder ein Schiff noch ein Soldat des Normannenfürsten zu finden, außer als Gefangener. Das Glück und die Gesundheit Rogers waren im Sinken begriffen; während er in seinem Palaste zu Palermo Botschaften über Siege oder Niederlagen empfing, wurde der unbezwingliche Manuel, der Vorderste bei allen Angriffen, von den Griechen und Lateinern als der Alexander oder Herkules des Zeitalters gefeiert.

Ein Fürst von solchem Charakter konnte sich damit nicht begnügen, einen übermütigen Barbaren zurückgewiesen zu haben. Es war das Recht und die Pflicht, es mochte das Interesse und der Ruhm Manuels sein, die alte Majestät des Reiches wiederherzustellen, die Provinzen Italien und Sizilien wieder zu erlangen und diesen anmaßenden König, den Enkel eines normannischen Vasallen, zu züchtigen. Die Eingeborenen von Kalabrien waren der griechischen Sprache und Religion, die von der lateinischen Geistlichkeit geächtet worden war, noch immer zugetan. Apulien wurde, nachdem es seine Herzöge verloren hatte, von den Königen Siziliens geknechtet; der Stifter der Monarchie hatte durch das Schwert geherrscht, sein Tod die Furcht seiner Untertanen vermindert, ohne sie zufriedener zu machen. Eine Feudalverfassung barg stets den Samen der Zwietracht, und ein Neffe Rogers selbst rief die Feinde seiner Familie und Nation ins Land. Sein Ansehen als

Kaiser und einige Feldzüge gegen die Ungarn und Türken hinderten Manuel den Krieg in Italien persönlich zu leiten. Der griechische Monarch vertraute dem edlen und tapferen Paläologus, seinem Unterbefehlshaber, eine Flotte und ein Heer an. Die Eroberung von Bari war seine erste Tat, die mit Gold und Eisen, wie jeder Sieg, durchgeführt wurde; Salerno und einige Plätze an der Westküste bewahrten dem Normannenkönig Treue; aber er verlor in zwei Feldzügen den größten Teil seiner Besitzungen auf dem Festlande, und der bescheidene Kaiser begnügte sich, unter Verschmähung aller Falschheit und Lüge, mit der Unterwerfung von dreihundert Städten und Dörfern Apuliens und Kalabriens, deren Namen an alle Mauern des Palastes geschrieben wurden. Die Lateiner erhielten, um ihren Vorurteilen zu genügen, eine echte oder erdichtete Schenkung mit dem Siegel der deutschen Kaiser; aber der Nachfolger Konstantins verschmähte bald diesen schimpflichen Vorwand, berief sich auf sein unverjährbares Herrscherrecht über Italien und erklärte seinen Entschluß, die Barbaren über die Alpen zu jagen. Durch die schlauen Reden, freigebigen Geschenke und unbegrenzten Verheißungen ihres morgenländischen Bundesgenossen wurden die freien Städte in ihrem hochherzigen Kampfe gegen den despotischen Friedrich Barbarossa ermutigt. Die Mauern Mailands wurden mit Hilfe des Geldes von Manuel wieder aufgebaut, und er goß einen Strom Gold, sagt der Geschichtschreiber, nach Ancona, dessen Anhänglichkeit an die Griechen durch Eifersucht und Feindschaft gegen Venedig, befestigt wurde. Lage und Handel machten Ancona zu einem wichtigen Platz im Herzen Italiens; zweimal belagerte es Friedrich, zweimal wurde er zurückgeschlagen. Der Gesandte von Konstantinopel feuerte die mutigen Einwohner an, und die unerschrockenen Patrioten wurden als treue Diener des byzantinischen Hofes mit Reichtum und Ehren überschüttet. Der stolze Manuel verachtete den barbarischen Kollegen. Sein Ehrgeiz wurde durch die Hoffnung gesteigert, die deutschen Usurpatoren des Purpurs zu entkleiden und im Morgen- und Abendlande als einziger Kaiser der Römer zu herrschen. In dieser Absicht bewarb er sich um das Bündnis mit dem Volk von Rom und dem Papste. Mehrere Große traten auf die Seite des griechischen Monarchen, der Beistand der mächtigen Familie Frangipani wurde durch die Vermählung seiner Nichte mit Odo Frangipani gesichert, und die Fahne oder das Standbild des Kaisers wurde in der alten Hauptstadt mit gebührender Ehrfurcht empfangen. Während des Kampfes zwischen Friedrich und Alexander dem Dritten, empfing der Papst im Vatikan zweimal die Gesandten Konstantinopels. Sie schmeichelten ihm, indem sie die Vereinigung beider Kirchen zusagten, führten seinen habsüchtigen, käuflichen Hof in Versuchung und forderten ihn auf, in diesem günstigen Augenblicke gerechterweise die stolzen Alemannen zu demütigen und den wahren Stellvertreter Konstantins und Augustus' anzuerkennen.

Aber diese italienischen Eroberungen, die geplante Herrschaft über die Welt, entglitten dem Kaiser bald wieder. Der kluge Alexander der Dritte, der so tief einschneidende Veränderungen genau erwog, wich seinen ersten Forderungen aus. Auch ließ sich der Papst nicht in Versuchung führen, wegen eines persönlichen Streites auf die Erbschaft des lateinischen Namens dauernd Verzicht zu leisten. Nach seiner Aussöhnung mit Friedrich führte er eine entschiedenere Sprache, hieß die Handlungen seiner Vorgänger gut, schleuderte gegen die Anhänger Manuels den Kirchenbann und sprach schließlich die Trennung der Kirchen oder wenigstens der Reiche von Rom und Konstantinopel aus. Die freien Städte der Lombardei gedachten nicht länger ihres ausländischen Wohltäters, der sich, ohne die Freundschaft Anconas zu bewahren, bald die Feindschaft Venedigs zuzog. Der Kaiser hatte sich aus Habsucht oder durch Beschwerden seiner Untertanen verleiten lassen, venetianische Kaufleute zu verhaften und ihre Waren einzuziehen. Diese Verletzung allgemeiner Grundsätze erbitterte die freien Venetianer; hundert Galeeren wurden in hundert Tagen ausgerüstet und bewaffnet; sie plünderten die Küsten von Dalmatien und Griechenland. Der Krieg wurde jedoch bald durch einen Vertrag beendigt, der unrühmlich für das Reich, ungenügend für die Republik war und die vollständige Rächung aller Unbilden den künftigen Geschlechtern vorbehielt. Der Statthalter Manuels hatte seinem Souverän berichtet, daß er stark genug sei, jede einheimische Empörung Kalabriens und Apuliens zu unterdrücken, daß aber seine Streitkräfte nicht hinreichten, den drohenden Angriffen des Königs von Sizilien zu widerstehen. Seine Prophezeiung ging bald in Erfüllung. Infolge des Todes Paläologus' ging der Befehl auf mehrere Anführer über, mit gleichem Range und gleich bar aller kriegerischen Fähigkeiten. Die Griechen zogen zu Land und Wasser die Kürzeren, und die von den Normannen verschonten Reste schworen für alle Zeiten dem Sieger Gehorsam. Der König von Sizilien ehrte jedoch den mutigen und standhaften Manuel, der ein zweites Heer in Italien ans Land gesetzt hatte. Er wandte sich ehrfurchtsvoll an den zweiten Justinian, bat um Frieden oder Waffenstillstand auf dreißig Jahre, nahm den königlichen Titel als Geschenk an und bekannte sich zum Vasallen des römischen Reiches. Die byzantinischen Kaiser begnügten sich mit dieser scheinbaren Herrschaft, ohne zu erwarten, daß die Normannenheere ihnen dienten und vielleicht auch ohne dies zu wünschen. Der dreißigjährige Waffenstillstand wurde durch keinerlei Feindseligkeit gestört. Gegen Ende dieser Zeit wurde der Thron Manuels von einem unmenschlichen Tyrannen usurpiert, der sich den gerechten Abscheu seines Vaterlandes und des Menschengeschlechtes zugezogen hatte. Wilhelm der Zweite, Rogers Enkel, wurde durch einen Flüchtling aus dem Hause der Komnenen bewogen, das Schwert zu ziehen, und die Untertanen des Andronikus bewillkommneten die Ausländer als Freunde, da sie ihren Souverän als den schlimmsten der Feinde verabscheuten. Die lateinischen Geschichtschreiber berichten ausführlich über die Fortschritte der vier Grafen, die in Romanien mit einem Heer und einer Flotte einbrachen und viele Städte und Schlösser zum Gehorsam gegen den König von Sizilien zwangen. Die Griechen erzählen und übertreiben die mutwilligen und kirchenschänderischen Grausamkeiten, die bei der Plünderung von Thessalonika, der zweiten Hauptstadt des Reiches, verübt wurden. Jene beklagen das Schicksal der unbezwinglichen und arglosen Krieger, die durch die geheimen Künste eines besiegten Feindes vernichtet wurden. Diese feierten in Triumphgesängen die wiederholten Siege ihrer Landsleute auf dem Marmarameer oder der Propontis, an den Ufern des Strymon und unter den Mauern von Durazzo. Durch eine Umwälzung wurde der verbrecherische Andronikus bestraft und die eifrigen und mutigen Auf rühr er vereinigten sich gegen die Franken; zehntausend wurden in der Schlacht getötet und dreitausend gefangengenommen, an denen der neue Kaiser Isaak Angelus seiner Rache frönen konnte. Das war der Ausgang des letzten Kampfes zwischen Griechen und Normannen; noch ehe zwanzig Jahre verflossen waren, waren beide rivalisierenden Nationen von anderen geknechtet und gedemütigt worden. Die Nachfolger Konstantins vermochten sich des Sturzes der sizilianischen Monarchie nicht lange zu freuen.

Das Zepter Rogers ging auf seinen Sohn, dann auf seinen Enkel über; beide hießen Wilhelm, doch hatte der eine den Beinamen der Böse, der andere hieß der Gute, doch war keiner wie die Beinamen anzudeuten scheinen, wirklich ganz böse oder ganz gut. Wilhelm der Erste, durch Gefahr und Schande zur Erhebung der Waffen gezwungen, zeigte die Tapferkeit seiner Ahnen; aber er war träge, hatte ausschweifende Sitten, war blind in seinen Leidenschaften. Der Monarch ist nicht nur für seine eigenen, sondern auch für die Laster seines Großadmirals Majo verantwortlich, der das Vertrauen seines Wohltäters mißbrauchte und sich gegen sein Leben verschwor. Die Sizilianer hatten von den arabischen Eroberern verschiedene orientalische Sitten, den Despotismus, die Pracht, ja selbst die Einrichtung des Harems teilweise übernommen: Ein christliches Volk wurde durch Eunuchen, die die Religion Mohammeds offen bekannten oder insgeheim ausübten, unterdrückt und mißhandelt. Ein beredter Geschichtschreiber jener Zeiten hat die Drangsale seines Vaterlandes geschildert; den Ehrgeiz und Sturz des undankbaren Majo, die Empörung und Bestrafung seiner Mörder, die Einkerkerung und Befreiung des Königs, die Privatfehden, die allenthalben ausgefochten wurden und die verschiedenen

Unglücksfälle und die allgemeine Zwietracht, die Palermo, die Insel und das Festland während der Regierung Wilhelms des Ersten und der Minderjährigkeit seines Sohnes heimsuchten. Die Jugend, Unschuld und Schönheit Wilhelms des Zweiten machte ihn der Nation teuer; die Parteien versöhnten sich, die Gesetze traten wieder in Kraft, und bis zum frühen Tode dieses Herrschers genoß Sizilien eine kurze Periode des Friedens, der Gerechtigkeit, des Glückes, deren Wert durch die vergangene schlimme Zeit und die Furcht vor der Zukunft erhöht wurde. Die rechtmäßigen männlichen Nachkommen Tankreds von Hauteville erloschen mit Wilhelm dem Zweiten; aber seine Tante, die Tochter Rogers, hatte sich mit dem mächtigsten Fürsten seines Zeitalters vermählt. Heinrich der Sechste, Friedrich Barbarossas Sohn, zog über die Alpen, um die kaiserliche Krone und das Erbe seiner Gattin in Anspruch zu nehmen. Gegen den einstimmigen Wunsch des Volkes konnte diese Erbschaft nur mit Hilfe der Waffen angetreten werden. Ich wiederhole, was der Historiker Falcandus mit dem prophetischen Blick eines Staatsmannes und den Gefühlen eines Patrioten schrieb: »Konstantia, die Tochter Siziliens, von der Wiege an die Freuden und den Überfluß dieser glücklichen Insel genießend und in ihren Sitten erzogen, ist vor langer Zeit hinweggezogen, um die Barbaren mit unseren Schätzen zu bereichern und kehrt nun mit ihren wilden Bundesgenossen zurück, um die Schönheiten ihrer ehrwürdigen Mutter zu beflecken. Schon sehe ich die Schwärme grimmiger Barbaren; die Bewohner unserer reichen Städte, der Plätze, die lange Frieden bewahrt haben, sind von Schrecken ergriffen. Schreckliche Gemetzel veröden die Ländereien, die beraubt und von den unmäßigen Eroberern befleckt werden. Ich sehe unsere Bürger gemordet oder gefangen, unsere Frauen und Jungfrauen geschändet. Wie müssen die Sizilianer (fragt er einen Freund) in dieser Not handeln? Durch die einstimmige Wahl eines tapferen Königs könnte Sizilien noch gerettet werden, denn in die leichtsinnigen Apulier, die stets nach Umwälzungen gierig waren, kann ich weder Vertrauen noch Hoffnungen setzen. Sollte Kalabrien verloren gehen, so könnten die hohen Türme, die kriegerische Jugend und die Seemacht von Messina einem fremden Eindringling die Überfahrt verwehren. Wenn die wilden Deutschen sich mit den Seeräubern von Messina verbünden, wenn sie die fruchtbare Gegend, die schon oft von den Flammen des Ätna verwüstet worden ist, mit Feuer verheeren, welche Hilfsquellen bleiben den inneren Teilen der Insel, jenen Städten, die niemals von feindlichen Barbaren betreten werden sollten? Catania ist wieder durch ein Erdbeben verschüttet worden, das alte Syrakus geht in Armut und Einsamkeit zugrunde; aber Palermo ist noch mit dem Diadem gekrönt, und seine dreifachen Mauern umschließen tatkräftige Scharen von Christen und Sarazenen. Wenn sich die beiden Völker unter einem König zu ihrem Heil vereinigen, können sie sich auf die Barbaren stürzen. Aber wenn die Sarazenen durch Erneuerung der ihnen angetanen Unbilden sich jetzt zurückziehen und sich empören, wenn sie die Schlösser in den Gebirgen und an der Küste besetzen, so müssen die unglücklichen Christen, einem doppelten Angriffe preisgegeben, sich in hoffnungslose und unvermeidliche Knechtschaft schicken.« Wir dürfen nicht übersehen, daß ein Priester hier sein Vaterland seiner Religion vorzieht und daß die Muselmanen, deren Bündnis er wünscht, im Königreiche Sizilien noch immer zahlreich und mächtig waren.

Die Hoffnungen oder wenigstens die Wünsche Falcandus wurden anfangs durch die freie und einstimmige Wahl Tankreds erfüllt, des Enkels des ersten Königs, der zwar ein Bastard war, aber besondere bürgerliche und kriegerische Tugenden besaß. Vier Jahre hindurch, bis zu seinem Tode, stand er an der äußersten Grenze Apuliens gegen die deutschen Streitkräfte in Waffen. Er machte Konstantia selbst zur Gefangenen, ließ sie jedoch ohne Lösegeld oder andere Gegenleistung frei, was wohl über das Maß auch der edelsten Politik und über eine vernünftige Handlungsweise hinausgeht. Nach seinem Tode fiel das Reich ohne Kampf in Heinrichs Hände, der von Capua nach Palermo marschierte. Das politische Gleichgewicht Italiens wurde durch seinen Erfolg gestört, und wenn der Papst und die freien Städte ihr Interesse richtig erkannt hätten, hätten sie die Mächte des Himmels und der Erde aufbieten müssen, um die gefährliche Vereinigung des deutschen Reiches mit Sizilien zu verhindern. Aber der Vatikan, der sonst wegen seiner schlauen Politik gepriesen wurde, war in diesem Falle blind und untätig, und wenn es wahr sein sollte, daß Cölestin der Dritte die kaiserliche Krone vom Haupte des knieenden Heinrich gestoßen hat, konnte eine solche Tat nur zur Zerreißung von Verpflichtungen führen und einen Feind herausfordern. Die Genuesen, die eine Niederlassung in Sizilien hatten und mit der Insel einen einträglichen Handel trieben, glaubten seinen Versprechungen und der Versicherung nach der Besitznahme unverzüglich abzuziehen. Ihre Flotte beherrschte die Meerenge von Messina, sie öffneten den Hafen von Palermo, aber seine erste Handlung war die Abschaffung der Vorrechte und Einziehung des Eigentums dieser unklugen Bundesgenossen. Die letzte Hoffnung des Falcandus scheiterte an der Zwietracht der Christen und Muselmanen; sie fochten in der Hauptstadt gegeneinander, mehrere tausend der letzteren wurden erschlagen, aber ihre überlebenden Brüder verschanzten sich in den Gebirgen und störten noch über dreißig Jahre den Frieden der Insel. Friedrich der Zweite verpflanzte sechzigtausend Sarazenen nach Nocera in Sizilien. Der Kaiser und sein Sohn Manfred wurden in ihren Kriegen gegen die römische Kirche von den Feinden Christi unterstützt. Diese arabische Kolonie bewahrte ihre Sitten und Religion im Herzen Italiens, bis sie gegen Ende des dreizehnten Jahrhunderts vom

Hause Anjou ausgerottet wurden. Alle Drangsale, die der prophetische Redner angekündigt hatte, wurden noch durch diejenigen übertroffen, die der grausame und habsüchtige deutsche Eroberer dem Lande zufügte. Er verletzte die königlichen Gräber; forschte nach den geheimen Schätzen des Palastes, Palermos, des ganzen Königreiches: Perlen und Juwelen ließen sich leicht beiseiteschaffen, aber hundertsechzig Pferde wurden mit Gold und Silber aus Sizilien beladen und fortgeführt. Der junge König, der Sohn Tankreds, seine Mutter und Schwestern und die Großen beiderlei Geschlechts wurden getrennt in den Alpenschlössern eingesperrt, und auf das geringste Gerücht von einer Empörung beraubte man die Gefangenen des Lebens, der Augen oder der Hoffnung auf Nachkommenschaft. Konstantia selbst war über das Unglück ihres Vaterlandes gerührt, und die Erbin des normannischen Hauses bestrebte sich vielleicht, ihren despotischen Gemahl milder zu stimmen und das Erbe ihres neugeborenen Sohnes, des im nächsten Jahrhunderte unter dem Namen Friedrich der Zweite so berühmten Kaisers, zu retten. Zehn Jahre nach dieser Umwälzung vereinigten die französischen Monarchen das Herzogtum Normandie mit ihrer Krone; das Zepter der früheren Herzöge war durch eine Enkelin Wilhelm des Eroberers auf das Haus Plantagenet übergegangen, und die verwegenen Normannen, die so viele Siegeszeichen in Frankreich, England, Irland, Apulien, Sizilien und im Orient errichtet hatten, vermischten sich als Sieger oder Knechte mit den von ihnen besiegten Nationen.